Esta colecção inclui
livros (léxicos, gramáticas, prontuários, etc.)
que, pelo seu carácter
eminentemente prático, se pretende
venham a constituir para os leitores
um seguro instrumento de trabalho,
em especial quanto
ao domínio da terminologia básica
dos diferentes ramos do saber.
A palavra, nas suas múltiplas
dimensões de articulação sonora,
estrutura conceptual e
expressão de pensamento e sentimento
é a matéria-prima desta colecção.

COLECÇÃO LEXIS

GUIA ALFABÉTICO DAS COMUNICAÇÕES DE MASSAS
dir. de Jean Casaneuve

DICIONÁRIO DAS GRANDES FILOSOFIAS
dir. de Lucien Jerphagnon

VOCABULÁRIO FUNDAMENTAL DE PSICOLOGIA
de Georg Dietrich e Helmuth Walter

VOCABULÁRIO FUNDAMENTAL DE PEDAGOGIA
dir. de Heinz-Jürgen Ipfling

DICIONÁRIO DE ETNOLOGIA
de Michel Panoff e Michel Perrin

GRAMÁTICA DA LÍNGUA PORTUGUESA
de Pilar Vasquez Cuesta e Maria Albertina Mendes da Luz

DICIONÁRIO GERAL DAS CIÊNCIAS HUMANAS
dir. de Georges Thines e Agnes Lampereur

DICIONÁRIO DA ARTE E DOS ARTISTAS
organizado por Herbert Read e revisto por Nikos Stangos

DICIONÁRIO DA PRÉ-HISTÓRIA
de Michel Brézillon

DICIONÁRIO DOS MÚSICOS
de Roland de Candé

DICIONÁRIO DE MITOLOGIA GREGA E ROMANA
de Joel Schmidt

VOCABULÁRIO DO CRISTIANISMO
de Michel Feuillet

DICIONÁRIO DE FILOSOFIA
de Gérard Legrand

DICIONÁRIO DE ESTÉTICA
dir. de Gianni Carchia e Paolo D'Angelo

GLOSSÁRIO DE LÓGICA
de Michael Detlefsen, David Charles McCarty e John B. Bacon

DICIONÁRIO DE FILÓSOFOS
de Noëlla Baraquin e Jacqueline Laffitte

DICIONÁRIO Đ

filósofos

Obra publicada com o patrocínio do Ministério Francês da Cultura –
- Centro Nacional das Letras

Título original:
Dictionnaire des Philosophes

Tradução: Pedro Elói Duarte

Revisão da tradução: Maria de Lurdes Afonso

Capa: FBA

Depósito Legal nº 259749/07

Impressão e acabamento:
Manuel A. Pacheco
para
EDIÇÕES 70, LDA.
Julho de 2007

ISBN: 978-972-44-1407-2
ISBN da 1ª edição: 972-44-1111-7

EDIÇÕES 70, Lda.
Rua Luciano Cordeiro, 123 – 1º Esqº - 1069-157 Lisboa / Portugal
Telefs.: 213190240 – Fax: 213190249
e-mail: geral@edicoes70.pt

www.edicoes70.pt

DICIONÁRIO DE *filósofos*

NOËLLA BARAQUIN | JACQUELINE LAFFITTE

70

Prefácio

O *Dicionário de Filósofos* apresenta a vida e a doutrina dos grandes autores clássicos e está aberto a todas as correntes contemporâneas: nele figuram os filósofos mais importantes – cerca de uma centena – do pensamento da antiguidade e das épocas medieval, clássica, moderna e contemporânea, de forma a que o leitor possa dar os primeiros passos no conhecimento filosófico. Com o auxílio de Platão, Aristóteles, Descartes e Espinosa, mas também Wittgenstein, Bataille, Foucault e Deleuze, o estudante pode aceder de forma clara à vida e ao pensamento dos grandes filósofos.

Na sua apresentação, o *Dicionário de Filósofos* segue evidentemente uma ordem *alfabética* – e não cronológica –, uma vez que se trata de um dicionário. O leitor é, em primeiro lugar, informado sobre a *vida dos grandes filósofos*, depois sobre as *suas obras*, segundo a ordem da sua elaboração e/ou publicação, com a indicação das principais *edições*. Segue-se o artigo propriamente dito, que consiste numa *análise rigorosa* da filosofia de cada autor a partir dos temas e correntes que dominam o seu pensamento e, mais precisamente, das *grandes problemáticas* que lhe são próprias. Esta exposição da doutrina realça os aspectos essenciais do pensamento por meio de *subtítulos significativos* cujo encadeamento permite, numa leitura rápida, uma primeira apreensão muito sintética da obra. Essas análises pretendem fornecer uma abordagem global para compreender os autores e elucidar os conceitos históricos: deste modo, enumeram-se *conceitos-chave* e *termos relacionados* a fim de que a articulação dos autores e das noções se possa fazer da maneira mais rigorosa. Cada um dos artigos termina com uma bibliografia de *estudos* e *reflexões críticas* suscitadas pelas grandes obras filosóficas, para que todos – estudantes universitários ou do secundário, mas também qualquer leitor interessado na organização e progressão metódica dos seus conhecimentos – se possam apoiar nas melhores bases filosóficas e pedagógicas.

Prefácio

Este livro é uma obra útil que proporciona ao estudioso uma exposição das grandes reflexões que esclarecem o nosso presente. Permitirá que, no universo filosófico, mas também na vida e na existência formadas há séculos pela reflexão filosófica, se encontre o vértice comum do feixe do saber humano, cujos raios penetram em todas as áreas do conhecimento. É esta ininterrupta e magistral tarefa da filosofia que o *Dicionário de Filósofos* pretende levar a cabo.

Permitam-nos, em conclusão, citar Hegel: os «heróis da razão pensante que, em virtude dessa razão, *penetraram* na essência das coisas, da natureza e do espírito [...] e nos revelaram pelo seu esforço o tesouro supremo, o *conhecimento racional*» ([1]), são aqueles que figuram no nosso *Dicionário de Filósofos.*

J. RUSS, N. BARAQUIN, J. LAFFITTE

Esta obra foi realizada sob a direcção de Jacqueline Russ.

Sinais

☞ Remete para as rubricas **Obras** (dos filósofos tratados), **Conceitos-chave** e **termos relacionados, Autores, Bibliografia.**

* Remete para a entrada correspondente.

([1]) *Lições Sobre a História da Filosofia* (Introdução do Curso de Berlim).

A

Adorno, Theodor Wiesengrund (1903-1969)

Filósofo, sociólogo e musicólogo alemão. Foi o mais eminente membro, juntamente com Max Horkheimer, da Escola de Francoforte*. Judeu exilado do nazismo em Oxford e depois, entre 1934 e 1949, nos Estados Unidos, afastou-se do marxismo e empreendeu uma crítica da sociedade pós-industrial burocrática e tecnocrática, responsável, segundo ele, pela tragédia contemporânea (poder-se-á ainda pensar *após Auschwitz*?). Porta-voz contestado da esquerda, acusado pela Nova Esquerda de fazer o jogo da ordem estabelecida, «apresenta-se-nos hoje como o arquétipo do intelectual desiludido pelos desastres do século assim como pela vaidade do pensamento» (M. Besnier).

☞ **Obras** (os títulos em português correspondem à tradução dos títulos em francês e não dos originais):

a) sociológicas: *A Personalidade Autoritria*(1950) – investigações sobre as origens do anti-semitismo;

b) filosóficas e morais: *Dialéctica da Razão* (1947) (co-autoria: Horkheimer); *Dialéctica Negativa* (1966); *Jargão da Autenticidade* (1964);

c) estéticas: *Filosofia da Nova Música* (1949) – a contribuição para a musicologia surge como a abordagem mais original de Adorno; *Prismas*.

[Nas Edições 70: *Minima Moralia; Teoria Estética; Experiência e Criação Artística.*]

• *A autodestruição da razão. Da frieza burguesa aos fornos de Auschwitz*

Nos anos 30, Adorno elabora, com Horkheimer, o projecto da «teoria crítica», aplicação da crítica marxista aos novos mecanismos de domínio e alienação («sociedade dirigida», padronização da cultura), sem esquecer aqueles engendrados pelo marxismo ortodoxo (totalitarismo), e expondo as transformações não previstas por Marx*: ao invés de um empobrecimento crescente, verificou-se a integração da classe operária na classe média. Os capitalistas leram Marx e encontraram os meios políticos e económicos de evitar as crises.

Em *Dialéctica do Iluminismo*, escrita com Horkheimer no fim da guerra, rejeita-se a ideia de que a vitória do proletariado bastaria para abolir o domínio do homem pelo homem. Foi a própria razão que, ao instrumentalizar-se, se tornou responsável pela alienação e pelas novas formas de barbárie. O domínio irracional da natureza teve como consequência uma «autodestruição»: o homem negou-se enquanto ser natural, esqueceu a sua própria natureza interior, o seu corpo, e tornou-se um indivíduo abstracto. A razão passou a ser «um mito» e o racionalismo uma ideologia mistificadora. A técnica e o cálculo ao serviço de interesses privados, anulando todos os valores, fazem reinar «a frieza que é o princípio da subjectividade burguesa, sem o qual Auschwitz não teria sido possível». O fascismo nazi, ao liquidar politicamente o indivíduo liberal, é a expressão moderna da lógica monopolista em que os direitos democráticos são o álibi do liberalismo.

A ilusão marxista – pensar que a razão é apanágio de uma classe social, motor revolucionário imanente à sociedade – apenas redobra a ilusão iluminista: a crença no papel emancipador da razão.

- ***Dialéctica negativa, utopia negativa***

O que é que sobrevive ao naufrágio da razão? O *indivíduo* – isolado, fragilizado pelos sistemas –, o único que pode ocupar o lugar de um sujeito revolucionário impossível de encontrar. Na condição de não ser concebido segundo a forma irracionalista que fez o jogo do fascismo! Conservaremos então o melhor da razão iluminista que já existia antes do proletariado: o livre espírito crítico individual, um individualismo esclarecido e vigilante.

A tarefa da crítica é:

1. clarificar a perversão inerente à razão que se oculta sob as entidades abstractas às quais se sacrificou o indivíduo: a Ideia e o Estado hegelianos, a História de Marx, a Essência de Husserl*, o Ser de Heidegger* e a Ciência objectiva dos neopositivistas (Círculo de Viena*, Popper*). Adorno encontra expressões dignas de Levinas* para estigmatizar a mistificação idealista: o «insaciável princípio de identidade», a «violência do tornar semelhante»;

2. desmitificar uma sociedade paródica na qual tudo se passa como se o ideal especulativo tivesse sido realizado: a aniquilação do indivíduo no universal, a *Aufhebung*.

Só o indivíduo detém algo que lhe permite diferenciar-se e irreconciliar-se com os sistemas totalitários. Como é a capacidade de *pensar* que lhe permite romper com a indiferença para discernir por si próprio e reivindicar uma unidade razão-natureza muito mais fundamental do que a identidade teoria-práxis marxista, Adorno conserva a ideia de *dialéctica,* mas *negativa*: a «consciência rigorosa da não-identidade», que faz justiça a um ser individual portador de algo universal e a uma natureza corpórea irredutível. A dialéctica conservará o particular através de uma negação determinada de qualquer retorno a algo positivo. Deste modo, evitaremos os grandes «excessos» conceptuais (sociedade sem classes e sem Estado, amanhãs que cantam).

A motivação da utopia será, pois, conservada como *utopia negativa* (não afirmativa), signo de alteridade no seio de um real uniformizante.

- ***A arte, «mimesis reflectida». Uma estética crítica***

A *arte* – a arte moderna que adquiriu uma completa autonomia – é, por excelência, a fonte de utopia subversiva e o próprio modelo da dialéctica negativa: o indivíduo criador encontra nela os meios de superar o passado sem anular a sua própria singularidade. Ela possui um *conteúdo de verdade* – proveniente da elaboração de um material por uma forma –, não como encarnação da Ideia (Hegel*), nem como mensagem separável da forma (didactismo de Brecht), nem como reflexo da sociedade (realismo marxista de Lukács, L. Goldmann). Enquanto linguagem não conceptual, a obra é uma *mimesis* – «na arte, o espírito já não é o velho inimigo da natureza» (ritmo, impulsos dionisíacos) – e uma *organização formal*. A *forma*, composição de um material, desconstrói por meio de uma organização que implica a invenção de um novo material e de novas técnicas. Ora, o *material* (por exemplo, harmonia tonal, perspectiva) é inseparável de um determinado estado histórico; é «espírito sedimentado, [é] algo socialmente pré-

-formado através da consciência dos homens», que se constituiu através de atitudes (de audição na música, visão na pintura) reificadas em cânones de expressão. «O confronto do compositor com o material é [pois] confronto com a sociedade, precisamente na medida em que esta penetrou na obra» (*Filosofia da Nova Música*). Para Adorno (musicólogo e compositor), o exemplo canónico é a operação subversiva da livre atonalidade, invenção do seu mestre Schoenberg que, tendo tomado consciência da saturação do sistema tonal, lança os fundamentos da «nova música» e faz assentar o problema musical em novas bases (tonalidade suspensa, série). Alcança assim um polifonismo generalizado, livre dos tabus harmónicos em matéria de dissonância. Esta vitória do contraponto sobre as limitações tonais, permitindo a independência das vozes, reflecte o dilaceramento do mundo moderno até ao pesadelo concentracionário (*Um Sobrevivente de Varsóvia*) e à impossibilidade de comunicação (*Moisés e Aarão*). Stravinski simboliza, pelo contrário, uma renúncia à modernidade radical, regressando a formas arcaicas e ocultando o «protesto radical» com uma lógica musical ainda demasiado complacente para com os *media*, com o fetichismo dos meios (virtuosismo instrumental, ritmo).

Esta ideia da subversão inerente à arte a partir do momento em que se liberta da sua servidão ideológica (arte «moderna») permite superar os três principais impasses da estética actual:

1. o *formalismo* idealista (por exemplo, a Arte pela Arte, o estruturalismo estético de Valéry e Barthes) que faz da obra de arte um sistema fechado sem amarras culturais nem naturais e que lhe recusa um conteúdo de verdade exterior à sua aura puramente estética;

2. o *realismo* (afectação académica burguesa, realismo socialista) que procura esse conteúdo de verdade numa mensagem objectiva (o «tema» empírico da obra);

3. a interpretação *freudiana* da arte como sublimação de pulsões.

Nos três casos, a dimensão de negatividade da arte é ignorada e, portanto, é realçada a objectividade empírica do seu conteúdo, quer para rejeitar as suas implicações históricas (formalismo), quer para se centrar somente nelas (realismo). Em nenhum dos casos a redução da arte a uma realidade empírica é tão levada ao extremo como na psicanálise: com o pretexto de revelar significados profundos, o carácter provocador e autêntico da arte, alérgico a qualquer espírito de reconciliação, é ignorado para aí se ver uma fuga na ilusão, um compromisso higiénico entre prazer e realidade, «uma doce narcose»!

Compreende-se que a *crítica* seja apelidada pela arte como o seu *complemento necessário*: as grandes obras «esperam a sua interpretação», uma vez que não é o tema mas a forma que lhes confere uma verdade revolucionária, irrecuperável por uma ideologia. O seu significado é inseparável da mais audaciosa investigação formal, tornando-se mais complexa e enigmática, pela renovação do material. «Inconsumível», a forma das obras é «testemunha da possibilidade do possível» e prefigura a crítica de um real enganador: «A ideia de uma obra de arte conservadora contém algo de absurdo. Separando-se de forma enfática do mundo empírico, as obras de arte mostram que este mundo deve tornar-se outra coisa [...] A violência do distanciamento condena implicitamente a pobreza e a falsidade daquilo de que se distancia» (*Teoria Estética*).

• *Adorno moralista: a infâmia no lugar comum. A abjecção moderna*

Na linha (em versão ateia) da *Exégèse des lieux communs* de Léon Bloy, *Minima Moralia* revela a palavra neutralizadora em que se percebe a degradação própria da época e o seu nivelamento consensual. Na denúncia heideggeriana do «*Se*» em nome da autenticidade, Adorno não deixa de reconhecer a sua própria crítica, mas desfigurada por um «jargão» em que lê a complacência conservadora, uma mentalidade que prenuncia o fascismo.

☞ **Conceitos-chave e termos relacionados:**
Arte, Burocracia, Capitalismo, Classe social, Conformismo, Conteúdo de verdade, Crítica, Cultura, Dialéctica, Estética, Forma, Idealismo, Identidade, Ideologia, Iluminismo, Ilusão, Instrumentalização, Marxismo, *Mimesis*, Mistificação, Razão, Racionalidade, Reificação, Revolução, Tecnocracia, Teoria crítica, Totalitarismo, Utopia.

☞ **Autores:**
Deleuze, Francoforte (Escola de), Freud, Habermas, Hegel, Marcuse, Marx, Popper.

☞ **Bibliografia**
R. Court, *Adorno et la nouvelle musique*, Klincksieck, 1981.
M. Jimenez, *Vers une esthétique négative. Adorno et la modernité*, Le Sycomore, 1983.

AGOSTINHO, Santo (354-430)

Santo Agostinho é uma das maiores figuras intelectuais do Cristianismo. Não só realiza a primeira grande sistematização do pensamento cristão, como também faz uma das mais poderosas sínteses da cultura antiga e do judaico-cristianismo. A sua influência é importante no pensamento religioso (Lutero, Calvino, Pascal* e jansenismo) e na filosofia (Descartes* e Malebranche*). Quanto à obra *A Cidade de Deus*, influenciou todas as grandes utopias históricas e sociais. Note-se, por fim, que a originalidade do seu pensamento consiste em estar articulado com a experiência existencial da sua conversão e com o exercício quotidiano da vida espiritual.

Cidadão romano do Norte de África, nascido em Tagaste (actual Argélia), estudou em Cartago – essencialmente retórica e literatura – e só descobre a filosofia ao ler *Hortênsio* de Cícero e ao conviver com os maniqueístas. Tendo recebido uma educação cristã de sua mãe, volta-se naturalmente para a Bíblia, mas o Antigo Testamento surge-lhe, na juventude, como uma obra bárbara e irracional e o Cristianismo como uma religião para pessoas simples e incultas.

Após ter leccionado brilhantemente a cadeira de Retórica, parte para Roma e depois para Milão. Decepcionado com o maniqueísmo e com o cepticismo da nova Academia, descobre com entusiasmo Plotino* ao ouvir os sermões neoplatónicos de Ambrósio, bispo de Milão. Graças a Simpliciano, o padre que ordenara Ambrósio, acede a uma nova compreensão da religião cristã.

Os seus tormentos, o arrependimento dos desregramentos de uma juventude conturbada, revelam uma consciência inquieta, sujeita a solicitações contraditórias, assolada pela luta interior entre a carne e o espírito. Procura fervorosamente «o obscuro objecto do desejo» que se lhe revelará no Deus de sua mãe, encaminhando-o assim para a conversão. Iluminado pela leitura do *Evangelho segundo S. Paulo*, descobre na religião cristã o que a filosofia não lhe tinha dado. Nas *Confissões*, a narração da sua «iluminação» e experiência mística é um dos mais emotivos exemplos da literatura religiosa pelo poder espiritual que encerra.

Baptizado em 387, regressa a Tagaste para se dedicar a uma vida de estudo e oração. Porém, solicitado para se tornar sacerdote e depois bispo de Hipona, renuncia parcialmente à vida contemplativa para exercer conscienciosamente as funções episcopais, tarefa muito pesada na época. Morre em 430, durante a invasão dos bárbaros.

☞ **Obras:**

A Fé Cristã (396-421); *Confissões* (397--401); *Da Trindade* (399-419); *A Cidade de Deus* (412-427).

[Nas Edições 70: *Diálogo Sobre a Felicidade.*]

• *O confronto com o mal, causa eterna de desarmonia*

Assediado pelo problema do mal, tendo, por experiência própria, uma consciência profunda da luta entre a aspiração ao bem e os maus impulsos, Santo Agostinho é, de início, tentado pelo *maniqueísmo*, que professa um dualismo fundado no conflito trágico entre dois princípios: o bem, obra do espírito, corpo subtil ou luz, e o mal, de natureza material, força corruptora e origem de desordem. Para que o bem triunfe e liberte a luz interior, o homem deve praticar uma ascese extremamente rigorosa.

A descoberta da matemática e da astronomia leva Santo Agostinho a tomar consciência da ausência de rigor científico do maniqueísmo, que não propõe qualquer explicação racional do mundo. Na sequência de uma grave doença que o faz entrar em crise e cria nele a angústia e a dúvida, é seduzido durante algum tempo pelo cepticismo da nova Academia. Mas Santo Agostinho preza demasiado a verdade e a sabedoria para se satisfazer com uma doutrina que se contenta com o verosímil. É então que descobre Plotino e o neoplatonismo, que o seduz particularmente pela sua teoria da hierarquia dos seres e pela sua concepção do *mal.* Este não implica qualquer positividade: o mal não é algo existente, é ausência de bem e não tanto uma força activa; é a limitação de cada ser que impede de alcançar a perfeição de Deus, o único que o é verdadeiramente.

Mas a sua conversão ao Cristianismo leva-o a rejeitar a ideia de uma processão de seres, que substitui pela ideia de criação. Quanto ao mal, designa a corrupção da alma pela queda testemunhada, em primeiro lugar, pela imoralidade da infância e pelos desvarios da adolescência. No entanto, Santo Agostinho recusa ver no corpo enquanto tal a causa da perversão. É na alma e só nela que se encontra a origem do mal.

• *O carácter inovador das* Confissões*: um itinerário espiritual por meio da narração de uma vida*

Contrariamente à filosofia grega, a evolução do indivíduo é uma das questões mais importantes do pensamento cristão. O Cristianismo, convertendo a salvação individual na única coisa em jogo na existência, põe a tónica na historicidade do eu. O eu existencial só pode pensar-se no tempo e a vida terrestre é a dimensão temporal em que se opera a conversão de que depende a salvação. As *Confissões* são, então, a narração dos combates, hesitações e conflito de uma alma dilacerada entre princípios contraditórios, a narração da vida que permite a perspectivação da existência em função do acontecimento capital que constitui o seu centro de gravidade e que lhe confere o seu sentido, ou seja, a conversão que determina duas épocas, um antes e um depois.

Além disso, a *confissão cristã*, cujo modelo foi fixado por Santo Agostinho, contém um duplo destinatário e uma tripla finalidade:

– Um destinatário directo que é Deus: «Imbuído do remorso pelos seus pecados, o pecador confessa-os a Deus».

– Mas ao reconhecimento das pecados, que é a primeira finalidade, deve acrescentar-se outro: a confissão é também uma acção de graças, «a confissão não é apenas o reconhecimento dos pecados, é também louvor». Oração de gratidão e de amor, a narração faz-se rememoração do tempo anterior à conversão. Santo Agostinho quer conservar presente no espírito a infelicidade de uma existência privada da Revelação, para ver de que abismo saiu por meio do maravilhoso efeito da graça divina.

– Finalmente, o pecador arrependido dirige-se também ao género humano e as confissões têm uma terceira finalidade, a edificação do leitor. Devem ser um testemunho para encorajar qualquer leitor a contribuir para a sua própria redenção.

• ***Deus presente no cerne da alma***

A primeira experiência de Santo Agostinho é a da anterioridade do amor relativamente a qualquer objecto susceptível de o satisfazer. O *amor* é, primeiro, amor do amor: «Ainda não amava e já amava amar». Ora, a errância do desejo, a procura frenética e sempre insaciável dos bens sensíveis, revelam que nenhum objecto finito pode satisfazer a alma; esta, entregue ao divertimento e ao desejo incessantemente renascente e mutável, é tolhida pela inquietação e pela angústia; aliena-se e é dominada pela concupiscência. Os anos de desvarios deixam a Santo Agostinho o sentimento de uma profunda insatisfação, de dilaceramentos íntimos que o incitam a desviar-se da sua vida dissoluta. Retomando por sua conta os intentos da filosofia antiga, atribui como fim último da existência a demanda do *Soberano Bem*, ou seja, o bem mais digno e completo, o bem supremo cuja posse pode trazer sabedoria e felicidade. Ora, se nenhum bem finito é capaz de saciar a necessidade de amar, só *Deus*, infinito, eterno, possuindo a total plenitude do ser, pode responder à espera inquieta da alma e satisfazer o desejo humano, «porque o nosso coração está inquieto até que repouse em Ti, Senhor».

Se a alma se alheou e se afastou de si própria, é porque se apartou de Deus. A via que conduz a Deus é o caminho da interioridade. Para Santo Agostinho, também a *conversão* é inseparável de um regresso da alma a si mesma, pois é no íntimo que Deus se nos revela: «Não saias de ti próprio, reentra em ti; no coração da criatura habita a verdade». A alma humana, porque feita à imagem divina, é o ponto de partida do conhecimento de Deus. O que nela existe de mais puro e perfeito é a imagem da plenitude divina em que pode participar. E a *beatitude*, esse deleite da alma na posse do bem supremo, nasce da presença de Deus no coração do homem. Só esta revelação é capaz de iluminar a totalidade da sua existência.

A conversão não se deve apenas aos esforços do homem e Santo Agostinho sabe-o por experiência própria. O homem pode aderir intelectualmente ao Cristianismo sem ter a força moral para se desviar dos bens corruptíveis, relativos e parciais, para se abrir ao único verdadeiro bem, o absoluto ou Deus, o que é próprio da *conversão* porque esta é efeito da graça divina. Quanto ao *divertimento*, designa, em Santo Agostinho, a perversão da vontade que se desvia da sua vontade espiritual para idolatrar falsos bens.

• ***Compreender para crer, crer para compreender: dialéctica da razão e da fé***

Crer não é conhecer. A *fé*, quer seja submissão sem provas à autoridade das Escrituras (*revelação exterior*) ou certeza percebida pelo coração (*revelação interior*), é, nos dois casos, incompreensível para a razão. Mas é possível crer sem compreender? Se a razão, para Santo Agostinho, deve render-se primeiro perante uma ordem que a supera, ela recupera os seus direitos quando se trata de elucidar e provar as certezas da fé. A fé, dádiva de Deus, deve ser alimentada pelo exercício da inteligência: «Ama a inteligência porque as próprias Escrituras, que recomendam a fé antes da inteligência das grandes coisas, só te podem ser úteis se as compreenderes bem». A fé, portanto, procura a inteligência; mas, inversamente, a compreensão dos ensinamentos das Escrituras exige um coração predisposto e enraíza-se no acto de fé que precede e funda o exercício da razão. Deste modo se esclarece a fórmula: «Deves compreender para crer e crer para compreender.»

• ***A liberdade e a graça***

Os pelagianos admitem dois princípios fundamentais: a responsabilidade e o livre-arbítrio, que conferem ao homem o poder de escolher, em qualquer momento, o bem ou o mal. Para Santo Agostinho, o livre-arbítrio não é a verdadeira liberdade. Esta, a *libertas*, é a confirmação da vontade do bem pela graça. Com efeito, o homem entregue a si próprio é impotente para triunfar sobre a concupiscência. É necessário o auxílio de Deus para o manter no caminho do bem. A *graça* é esta intervenção divina em favor do homem sem a qual não se alcança a salvação. O amor de Deus que a graça propõe é o apelo a tal felicidade que implica irresistivelmente a adesão da vontade. Esse apelo não suprime, porém, a liberdade que se exerce principalmente no simples facto de implorar a ajuda de Deus, mas também na possibilidade de cooperar na acção divina em nós. Com efeito, para Santo Agostinho, a *liberdade* é essencialmente libertação por meio da graça e compreende vários níveis: o homem é tanto mais livre quanto mais se submeter ao apelo da graça e mais participar na sua salvação. Este é o sentido da reflexão de Santo Agostinho: «Ao agir sobre a vontade, a graça não só respeita o livre-arbítrio como lhe confere ainda a liberdade.»

• ***Uma teologia da história: dois amores fundaram duas cidades...***

Santo Agostinho escreveu *A Cidade de Deus* na ocasião do saque de Roma por Alberico em 410. Nesta obra desenvolve a seguinte tese: se a Providência é responsável pela grandeza de Roma, foram o orgulho e o apego aos bens terrestres que causaram a perdição dos Romanos. Com efeito, movidos apenas pela *libido dominandi* – «cidadãos da única cidade terrestre cujo reino era o único fim dos seus esforços, o que podiam eles amar senão a glória?» (*A Cidade de Deus*, V, 14) – pensavam possuir em si mesmos um poder que só a Deus pertence: o Estado erigindo-se em fim supremo substitui-se a Deus, «que apenas dispensa a grandeza dos impérios segundo as necessidades do tempo que a Sua Providência governa» (*ibid.*, V. 26). Ao perseguirem apenas ambições terrestres, os Romanos só obtiveram, pois, bens efémeros. A célebre fórmula do Livro XIV resume esta teologia da história: «Dois amores fundaram então duas cidades: a terrena, o amor a si e o desprezo por Deus; e a celestial, o amor a Deus e desprezo por si. A primeira glorifica-se a si mesma e a segunda a Deus.» (*Ibid.*, XIV, 28).

Porém, não se pode concluir que as duas cidades se excluem mutuamente, segundo uma oposição maniqueísta. A «Cidade de Deus» não é senão a cidade humana vivendo segundo a lei de Deus. Enquanto Cristo declara, «O Meu reino não é deste mundo», Santo Agostinho afirma que é no mundo que as duas cidades devem coexistir, mesmo que se destinem a fins muito diferentes. A cidade católica (universal) deve, em primeiro lugar, edificar-se na alma de cada um, no seio de cada sociedade terrestre. A «Cidade de Deus» reagrupa todas as nações, reúne no mesmo respeito e amor de Deus os cidadãos de todas as urbes terrestres, para além das raças e das diferenças, para além das fronteiras, «até aos confins do Mundo». A verdadeira vocação católica universal da «Cidade de Deus» convida todo o género humano a unir-se nesta comunidade fraterna dos homens justos, em que se prefigura o universalismo kantiano, ou seja, a ideia de uma comunidade de seres livres e racionais como fim último da humanidade.

☞ **Conceitos-chave e termos relacionados:**
Beatitude, Cidade de Deus, Confissões, Conversão, Deus, Divertimento, Fé, Graça, Liberdade, Livre-arbítrio, Mal, Maniqueísmo, Soberano Bem.

☞ **Autores:**
Cépticos, Platão, Plotino.

☞ **Bibliografia**

E. Gilson, *Introduction à l'étude de saint Augustin*, Vrin, 1982.
R. Jolivet, *Saint Augustin et le néo-platonisme chrétien*, Denoël-Steele, 1932.
S. Lancel, *Saint Augustin*, Fayard, 1999.
G. Madec, *Le Dieu d'Augustin*, Cerf, 1998.
A. Mandouze, *Saint Augustin, L'aventure de la raison et de la grâce*, Paris, P. Brown, 1968.

ALAIN, Émile Chartier, conhecido por (1868-1951)

Filósofo francês, nascido na Normandia, em Mortagne-au-Perche, Alain quis ser, sobretudo, mais do que professor de filosofia do ensino secundário, um estimulador de consciências. Foi no encontro com o seu professor do último ano do liceu de Vanves, o filósofo Jules Lagneau, que decidiu a sua vocação filosófica. Aluno da ENS (École normale supérieure) e diplomado em 1892, professor e jornalista, o seu ensino original tornou-se rapidamente conhecido. Renovava os grandes textos e era um bom comunicador. Marcou gerações, em Pontivy, Lorient, Ruão, e depois, a partir de 1909, nos cursos preparatórios parisienses do liceu Henri-IV e do colégio Sévigné.

☞ **Obras:**
a) Os seus «Propos», mais de 5000 crónicas concisas e profundas publicadas de 1906 a 1936 no *La Dépêche de Rouen*, reunidas em vários volumes: *Propos d'un Normand*, *Propos sur le bonheur* (1928); *Propos sur l'éducation* (1932); b) numerosas obras, no seu estilo não sistemático de moralista e ensaísta dotado do génio da fórmula: *Système des Beaux-Arts* (1920); *Entretiens au bord de la mer* (1931); *Les Dieux* (1934); *Éléments de philosophie* (1941); *Mars ou la guerre jugée.*
Alistando-se como voluntário em 1914, aos 46 anos, como «simples soldado», Alain regressou da guerra como decidido pacifista. No Comité de vigilância dos intelectuais antifascistas – que ajudou a fundar em 1934 – escolheu, em 1936, a facção que optava pela negociação com o nacional-socialismo.

- ***«A facilidade é o mal do espírito». «Pensar é dizer não»***

Do seu professor Jules Lagneau, Alain reteve uma grande lição de racionalismo e intelectualismo: na menor percepção detecta-se todo o espírito, no mais pequeno pensamento, a actividade «reflexiva», «sem a qual 2+2=4 se transformaria em nada». Deve-se duvidar do verdadeiro, caso contrário o discernimento começa a «crer» nos seus pensamentos e torna-se cativo deles ao cortar-lhes a sua ligação humana. Porque o espírito está no mundo, «as nossas *ideias* não são seres», mas ferramentas, chaves que experimentamos. As expressões de Alain para afirmar a primazia do ser no mundo são consonantes com a mais concreta fenomenologia, em oposição expressa ao idealismo e ao dualismo.

O homem não é por natureza senhor dos seus pensamentos: o espírito, «comprometido» e preso a um corpo, tem como inimigos os seus «primeiros movimentos», a imaginação e a emoção, mestras da ilusão e da servidão. Mas, principalmente, o pensamento puro, que evita o real, toma «os signos pelas coisas» e constrói no absoluto sem encontrar resistência. Ora, é isso que o espírito deve evitar. «A facilidade é o mal do espírito»: «Ouvi Sócrates*, que contraria tudo». É contra «aquilo que é evidente» que o poder do espírito tem de se definir e lutar. Nos gestos e sinais mais simples (a cortesia), vemos como o homem procura afastar-se da tendência para a renúncia e para o abandono.

- ***Primazia do carácter superior sobre o inferior no homem: «o homem supera o homem»***

«O inferior é suplantado pelo superior»; o *humanismo* optimista e voluntarista de Alain baseia-se exclusivamente na ideia – que é «fé» – da primazia do carácter superior sobre o inferior: «Todo o homem tem o poder de se superar», «O homem só é feliz querendo e inventando». Alain critica o erro moderno das ciências humanas de reduzirem a humanidade às suas condições (o passado, o elementar): «Os psicólogos enganam-se ao insistirem em conhecer em vez de corrigir e ensinar. Conhecer o meu pensamento é originá-lo. Conhecer os meus sentimentos é corrigi-los e humanizá-los. O meu verdadeiro retrato está em Homero, Virgílio e Montaigne*».

Daqui resulta uma *pedagogia*: aprender imitando e admirando; «a criança quer que a ensinemos». A formação pelas «humanidades» é, pois, insubstituível: «o homem ou pensa a humanidade ou não pensa»; «somos escravos, se nada admirarmos»; «por querer exprimir-se sem auxílio, o homem deforma-se e descaracteriza-se». Imitar não tem outro fim que não seja conseguir pensar por si próprio. Embora Alain seja kantiano ao basear todo o valor no facto de «saber-se espírito», retém de Espinosa* que «o homem não necessita da perfeição do cavalo»: cada um possui uma natureza cuja «carácter e postura são inimitáveis» e só se salva «preservando-se no seu ser», na perfeição para que tende.

Este humanismo original, este racionalismo próximo do senso comum, da literatura e da arte, confere coerência filosófica à leitura que Alain faz dos grandes autores: vê nas suas doutrinas as diferentes expressões de uma mesma afirmação da humanidade, articuladas em redor de uma «querela universal» entre os pensamentos que marcam a distância que separa o espírito da natureza – Platão*, Descartes*, Kant* – e os que reconduzem o espírito a uma natureza na qual cada um aprende a reencontrar-se e a conhecer-se – Aristóteles*, Espinosa*, Hegel*.

☞ **Conceitos-chave e termos relacionados:**
Alma, Arte, Belo, Cidadão, Corpo, Dúvida, Educação, Espírito, Estética, Filosofia, Filósofo, Imaginação, Juízo, Liberdade, Paixões, Pedagogia, Percepção, Razão, Racionalismo, Sabedoria.

☞ **Autores:**
Comte, Descartes, Espinosa, Hegel, Platão.

☞ **Bibliografia**

R. Bourgne, *Alain lecteur des philosophes*, Dunod, 1987.

T. Leterre, *La raison politique. Alain et la démocratie*, PUF, 2000.

G. Pascal, *L'Idée de philosophie chez Alain*, Bordas, 1970.

O. Reboul, *L'Éducation selon Alain*, Vrin, 1974.

A. Servin, *Alain, un sage dans la cité*, Laffont, 1985.

ALTHUSSER, Louis (1918-1990)

Indissociavelmente filósofo marxista e sectarista, Althusser ilustra pela sua vida e obra o laço estreito que une, na sua opinião, teoria e prática, a ideia de que a filosofia é parte activa na luta política, que ela própria é um exercício teórico inseparável da prática política. Sensibilizado para os problemas epistemológicos por Bachelard*, Koyré* e Canguilhem*, tal como pelas investigações estruturalistas de Lévi-Strauss*, Foucault* e Lacan*, Althusser propõe uma leitura simultaneamente «sintomática» e científica de *O Capital*. A sua reflexão crítica renova completamente a leitura de Marx e dá um novo impulso ao marxismo, rejeitando todo o dogmatismo e operando em Marx* um «corte epistemológico» entre a pré-história ideológica (o seu cortejo de pseudoconceitos, humanismo, sujeito...) e produzindo um discurso científico em torno de categorias fundamentais como as forças produtivas, relações de produção, luta de classes e ideologia.

Nascido na Argélia, Althusser faz estudos brilhantes em Argel, depois em Marselha, e entra na ENS (École normale supérieure) de Ulm em 1939. Prisioneiro na Alemanha entre 1939 e 1945, retoma os seus estudos quando é desmobilizado. Prepara a sua tese com Bachelard, *La Notion de continu dans la philosophie de Hegel*. Diplomado em filosofia em 1948, permanecerá na ENS como professor assistente até que, em 1980, o assassínio de sua mulher, durante uma crise de demência maníaco-depressiva, o conduz ao internamento psiquiátrico. Morre em 1990, após dez anos sem escrever.

O seu itinerário intelectual é representativo das crises ideológicas da época. Estudante católico, aluno de Guitton e Lacroix, funda em Marselha a secção da Juventude Estudantil Cristã. Mas a sua fé foi abalada pela guerra e converteu-se progressivamente ao marxismo, acabando por aderir ao Partido Comunista em 1948. A sua maior preocupação consistia na recuperação do marxismo no preciso momento do seu declínio. As suas teses tiveram grande repercussão política e filosófica, tanto em França como no estrangeiro, suscitaram vivas polémicas no mundo marxista ortodoxo e envolveram toda uma geração de intelectuais militantes. A grande desilusão provocada pela queda dos regimes comunistas talvez não seja alheia à sua depressão e ao agravamento da sua doença.

☞ **Obras:**
Montesquieu, la politique et l'histoire (1959); *Pour Marx* (1965); *Lire Le Capital* (1965); *Lénine et la philosophie* (1969); *Réponse à John Lewis* (1973); *Philosophie e philosophie spontanée des savants* (1974); *Élements d'autocritique* (1974); *Ce qui ne peut plus durer dans le parti communiste français* (1978); *L'avenir dure longtemps* (1992).

• *A categoria de corte epistemológico*

A primeira ideia fundamental é a de que o marxismo não consiste num sistema harmonioso, mas que Marx se «tornou» marxista através de uma série de rupturas laboriosas e contradições superadas. A *categoria de corte epistemológico* é utilizada por Althusser e pela sua escola para designar a profunda mutação teórica que marca, em 1845, a passagem, em Marx, de um humanismo ideológico para um discurso científico sobre a história. O conceito é tirado de Bachelard que o apresenta chamando-lhe «ruptura epistemológica». O que existe de comum com Bachelard, na noção de corte epistemológico, é o facto de ambos designarem o momento em que uma disciplina supera os obstáculos epistemológicos, os erros e as ilusões da sua pré-história, para se constituir como ciência. Em Althusser, porém, o sentido de «corte» difere num ponto essencial: o corte remete simultaneamente para a constituição de uma ciência – o materialismo histórico – e de uma nova filosofia, o materialismo dialéctico. Esta filosofia é necessária precisamente para combater uma ideologia que renasce constantemente. Assim, para Althusser, o corte epistemológico designa um processo infindável, uma revolução teórica sempre inacabada. É por isso que, contrariamente à ruptura epistemológica de Bachelard, o corte de Althusser é mais estrutural, logo, mais sincrónico do que diacrónico.

Esta mutação epistemológica não deixa de ter como efeito a divisão da obra de Marx em três períodos marcados por rupturas epistemológicas: o de 1841-1847, em que dominam o idealismo hegeliano e o humanismo de Feuerbach*; de 1844 a 1847, o comunismo utópico; e a partir de 1847, o advento do comunismo efectivo com *O Capital* e a elaboração das teses fundamentais do marxismo.

A história abre-se ao marxismo graças à ruptura com o *humanismo*. Esta noção designa uma filosofia que baseia a sociedade e a história na essência do homem e é, tal como a noção de *sujeito* universal doador de sentido, um conceito abstracto e vazio, «pejado de ideologia burguesa». Se Marx a rejeita é para «chegar aos homens concretos», ou seja, aos homens tal como são, determinados e marcados por relações de força no quadro de uma dada economia – a produção capitalista – através do sistema da luta de classes. É preciso passar pelo conhecimento do sistema que constitui o conjunto dessas relações para chegar «ao conhecimento das leis que dirigem as suas vidas e lutas concretas». Desta forma, o homem deve submeter-se à relação estrutural das lutas e contradições sociais.

• ***O que significa ser marxista hoje?***

A crise que o marxismo conhece na segunda metade do século XX leva a que se coloque esta questão fundamental: o que significa ser marxista? Se o próprio Marx se tornou marxista, em que consiste o marxismo efectivo, ou seja, o marxismo autenticamente científico, aquele que pode eximir-se à contingência da sua própria interpretação ideológica?

Trata-se simplesmente de salvar o marxismo das reveses sucessivos e da falência final dos regimes comunistas. Althusser contribui para isso aclarando e definindo, com rigor e cientificidade, os conceitos fundamentais do materialismo histórico.

«Teoricamente falando», escreve Althusser, «o *marxismo* é, simultaneamente e em virtude do único corte epistemológico que o condicionou, um anti-humanismo e um anti-historicismo». Define-o primeiro como «um *anti-humanismo teórico*», doutrina materialista que rejeita qualquer concepção da história como teleologia do sujeito e que, por isso, torna vã e irrisória qualquer escatologia. Esta, com efeito, é uma das razões da queda dos regimes comunistas que sacrificaram totalmente o presente em nome do advento utópico do «grande dia», ou seja, o fim da história numa sociedade sem classes. Althusser rejeita também o *historicismo*, tributário da filosofia hegeliana da história que a considera, em termos genéricos, o princípio explicativo de qualquer fenómeno humano, o que conduz a uma forma de relativismo histórico e aceitação não crítica do presente. Ora, para preservar o carácter científico dos grandes conceitos marxistas, Althusser integra-os numa perspectiva estruturalista que privilegia o ponto de vista sincrónico em detrimento da explicação diacrónica. Afirmar que o marxismo é um anti-historicismo significa admitir que conceitos como «luta de classes» e «modos de produção», entre outros, escapam à contingência da história, mesmo que a sua elaboração seja um fenómeno histórico.

Ser *marxista*, no sentido rigoroso do termo, significa então:

1. Afirmar que *O Capital* é a teoria científica dos modos de produção. No sentido estrito, o conceito de «modos de produção» designa apenas a infraestrutura económica, ou seja, a forma como uma sociedade organiza as relações dos trabalhadores com os meios de produção, o que Marx definiu como a articulação entre forças produtivas e relações de produção. No sentido lato, a expressão «modos de produção» traduz as condições económicas, políticas e ideológicas que dirigem o conjunto dos processos de produção. Generalizando a noção de produção material das mercadorias, Althusser chama «prática» a qualquer processo de transformação de uma matéria-prima num produto determinado através da acção do homem. A prática social, no seu todo, compreende assim práticas económicas, políticas, ideológicas e teóricas.

2. Defender a teoria central do *materialismo histórico*. O ser social e económico determina a consciência, e não o contrário, e o real é irredutível na sua estrutura e funcionamento às representações que os sujeitos fazem dele.

3. Por fim, afirmar que a luta de classes é o motor determinante da história: «Ela não é o efeito resultante da existência de classes que existiam anteriormente (de direito e de facto) à sua luta. A *luta de classes* é a forma histórica da contradição (própria de um modo de produção) que divide as classes» (*Réponse à John Lewis*, p. 29). Além disso, ela não é apenas social e económica, mas reflecte-se também no plano teórico e filosófico.

• ***Filosofia, ciência e ideologia***

A «prática teórica», enquanto forma determinada da prática social, compreende a *ciência* que produz conhecimentos por meio de conceitos: 1) há uma estrutura própria da ciência; o sistema dos conceitos determina o sentido de cada um e a sua ordem de aparição na demonstração; 2) uma ciência edifica-se sempre contra a ideologia ou a partir da sua pré-história ideológica, e o corte epistemológico revela precisamente o passado da ciência como ideologia; 3) a *prática científica*, segundo Althusser, é simultaneamente transformação do objecto real pela teoria e da teoria pela prática.

No contexto da sua leitura crítica de Marx, Althusser designa como «ciência» o projecto marxista de produzir análises objectivas e de mostrar com todo o rigor os conceitos fundamentais do materialismo histórico.

Por «ideologia», entende em primeiro lugar as teorias erróneas, as evidências tidas por ciência, qualquer pensamento que não reflicta sobre a sua origem e que não determine a sua relação com a realidade, em particular com os interesses e motivações que o engendraram. Mais precisamente, «uma ideologia é um sistema (que possui a sua lógica e rigor próprios) de representações (imagens, mitos, ideias ou conceitos conforme o caso) dotado de uma existência e de relevância histórica no seio de determinada sociedade [...]. A ideologia como sistema de representação distingue-se da ciência pelo facto de a função prático-social se sobrepor à função teórica (ou função de conhecimento)» (*Pour Marx*). Althusser sublinha a diferença em Marx entre a ideologia teórica e as ideologias realizadas na prática (instituições, actos sociais, etc.), reais e concretas, como a economia e a política, que constituem forças materiais activas indispensáveis à sociedade.

Althusser insiste de forma mais particular em dois traços essenciais da ideologia:

– o seu papel e carácter vital nas práticas e relações humanas: «As sociedades humanas segregam a ideologia como o elemento e a atmosfera indispensáveis à sua respiração e à sua história»;

– o facto de a ideologia não estar, por natureza, consciente de si mesma e de só existir enquanto tal para a ciência. As forças motrizes da história agem ignorando as massas que mobilizam. É por isso que Althusser define igualmente a *ideologia* como a relação imaginária dos indivíduos com as suas condições reais de existência. Encontramos aqui «a estrutura do desconhecimento» em que o marxismo se alia à psicanálise.

A originalidade de Althusser no seio do marxismo reside na função positiva que atribui à filosofia na sua relação tanto com a ciência como com a ideologia. Os marxistas, de uma forma geral, mantêm a respeito da filosofia uma atitude negativa: ou condenam o seu aspecto abstracto e utópico em nome de um realismo pragmático, censuram as suas incertezas em nome de um positivismo científico ou rejeitam-na pelas ideologias. Em *Pour Marx* e em *Lire Le Capital*, Althusser enuncia uma nova definição de *filosofia*, distinta da ciência pelo facto de não ter objecto mas problemas e de não produzir conhecimentos – conceitos – mas categorias e teses que formam um sistema. Essas teses, não podendo ser objecto de demonstrações ou provas científicas, caracterizam-se não pela verdade que contêm (relativamente a uma teoria), mas pela sua autenticidade (relativamente a uma prática).

Por conseguinte, a *filosofia* tem uma importante função de intervenção prática na teoria ao traçar uma linha de demarcação entre a ideologia e a ciência. Trata-se de um verdadeiro gesto político, susceptível de orientar a acção militante num sentido progressista. É por isso que Althusser propõe uma nova definição da filosofia como, «em última instância, luta de classes na teoria» (*Élements d'autocritique*). Este é o papel atribuído à «leitura sintomática» que, na esteira de Espinosa*, Nietzsche*, Marx e Freud*, nos ensinou a desvendar num texto o oculto, a considerar as palavras «efeitos de sentido»: «Desde Freud começámos a desconfiar da noção de ouvir, falar (e calar). Sob a inocência da palavra e do ouvir [descobre-se] a profundidade determinável de um segundo discurso bem diferente, o discurso do inconsciente. Ousaria afirmar que é a partir de Marx que devemos começara desconfiar daquilo que, pelo menos em teoria, ler e escrever significam» (*Lire Le Capital*). A filosofia tem, pois, uma função verdadeiramente política: lutar contra a ideologia que oculta a dimensão realmente inovadora de um pensamento. Foi isso que lhe permitiu definir o *marxismo* não como uma «nova filosofia da práxis», mas «como uma nova prática da filosofia que tomou consciência da sua própria relação com a política».

☞ **Conceitos-chave e termos relacionados:**
Anti-humanismo teórico, Ciência, Corte epistemológico, Filosofia, Historicismo, Humanismo, Ideologia, Luta de classes, Materialismo histórico, Marxismo, Modos de produção, Prática teórica, Sujeito.

☞ **Autores:**
Bourdieu, Canguilhem, Engels, Marx, Montesquieu.

☞ **Bibliografia**

J.-P. Cotten, *La Pensée de Louis Althusser*, Privat, 1979.

E. Marty, *Louis Althusser, un sujet sans procès*, Gallimard, 1999.

P. Raymond (org.), *Althusser philosophe*, PUF, 1997.

ANSELMO DE CANTUÁRIA, Santo (1033/34-1109)

Teólogo inovador que elevou a reflexão teológica à especulação conceptual procurando compreender a sua fé «por meio da inteligência» (*Fides quaerens intellectum*, subtítulo da sua obra principal, o *Monologium*). O seu nome está ligado à primeira formulação do «argumento ontológico» que deduz a existência de Deus apenas da análise do conceito mental que dele temos. «Pela primeira vez desde Santo Agostinho*, um [pensador] cristão [escrevendo em latim] constrói uma obra, cria conceitos, inventa uma língua» (A. de Libera). Santo Anselmo antecipou «a maioria das novas ideias filosóficas que o pensamento de Abelardo consagrará no século XII»: a modernização da lógica de Aristóteles* num sentido nominalista, o aperfeiçoamento do método dialéctico profano, a racionalização da teologia e a autonomização da razão relativamente à fé.

Jovem nobre de Aosta, em Piemonte, os problemas familiares e uma vocação contrariada obrigam-no a viajar para França, onde ingressou na abadia dos beneditinos de Bec, na diocese do Eure. Tornar-se-á abade antes de vir a ser arcebispo de Cantuária numa época em que os conflitos entre o papado e o reino de Inglaterra lhe dão a oportunidade de defender firmemente a Igreja contra o poder temporal.

☞ **Obras**

A sua obra divide-se em duas classes: 1) lógica: *De grammatico* (1080); 2) teológica: *Monologium* (*Solilóquio*) (1076); *Proslogium* (*Alocução*) (1077); *Da Verdade* (1080, 1085).

• *Provar a existência de Deus para crer mais piamente.* *O* **Monologium** *(1076): a primeira formulação dos argumentos*

Foi a pedido dos monges da sua abadia que o prior Anselmo redigiu, em 1076, o *Monologium* (*Solilóquio*), definido pelo próprio como «um exemplo de meditação acerca da racionalidade da fé». Nesta obra, prova a existência de Deus por meio de três argumentos cuja singularidade consiste, por um lado, no facto de se apoiarem numa argumentação racional e, por outro, na particularidade de serem de tal forma simples que até um ignorante poderia compreendê-los perfeitamente.

• *O* **Proslogium** *(1077-1078): simplificação dos argumentos*

Santo Anselmo procura um único argumento suficientemente rigoroso para justificar de forma racional a fé cristã, afirmando a existência de uma substância divina, ou seja, não só que Deus existe, mas também que possui tal natureza ou tais atributos. Poder-se-á provar racionalmente que Deus é o Soberano Bem autónomo e indispensável à existência e bem-estar de todos os seres? Santo Anselmo dedicou-se a um penoso trabalho intelectual para conceber a prova e estava já a um passo de desistir quando a ideia lhe ocorreu «como uma luz fulminante». Escreveu então um novo tratado mais pequeno, *Proslogium* (*Alocução*), em que formula o argumento que Kant* baptizará para designar a forma que essa prova recebe em Descartes* na quinta *Méditation métaphysique* e em *Principes de la philosophie*: *la preuve ontologique* (do grego *on*, *ontos*, ser). A ideia de «Deus», de uma substância ou essência superior, mais perfeita e infinita do que qualquer outra, exige, só pelo facto de a pensarmos, que um tal ser possua uma existência efectiva. Se tal ser não tivesse uma existência fora do nosso espírito, de onde nos viria essa ideia?

De facto, em Santo Anselmo, o argumento é mais megalógico do que ontológico: o princípio que determina a prova não é a ideia do ser, mas a da *grandeza* ou *perfeição*. Além disso, Santo Anselmo ignora a noção de ontologia e não indica a distinção entre essência e existência. Trata-se de responder ao incrédulo, ao «Insensato» que não sabe reconhecer o valor da fé e diz para consigo: «Deus não existe». Objecção eterna, tão antiga quanto o Deus revelado, e que se encontra no *Salmo* 13:1. A prova visa fazer com que eu compreenda melhor aquilo em que creio; não tem o poder de fazer com que creia nela se não a compreender. O problema não é que possamos crer, mas que possam existir ateus: a superioridade do crente sobre o ateu reside no exercício correcto da sua inteligência: *o descrente é estúpido*. «Por que será, então, que o incrédulo diz no seu íntimo: Deus não existe, quando é tão claro para um espírito racional que Tu existes mais do que todos os outros? Porquê, senão por ser estúpido e insensato? [...] Ninguém que compreenda o que é Deus pode pensar que Ele não existe, embora possa dizer para consigo estas palavras, quer sem qualquer significado, quer dando-lhes algum sentido diferente» (cap. III-IV). Porque é estúpido, o descrente crê no que pensa – a inexistência de Deus –, mas se não tem fé é porque não tem inteligência e é incapaz de compreender o que significa para um homem poder pensar Deus, ter Deus no pensamento!

- ***O debate com Gaunilon: será a ideia de Deus tão singular?***

Com o *Proslogium*, foram publicados os argumentos da polémica suscitada pela prova: de um lado, o «Livro de Gaunilon a favor do Incrédulo», *Liber Gaunilonis pro insipiente*, em que Gaunilon, monge da abadia de Marmoutiers (perto de Tours), principal adversário de Santo Anselmo, expôs, antecipando-se a São Tomás de Aquino* e a Kant, as razões pelas quais considerava impossível passar do pensamento à existência; do outro, a resposta de Santo Anselmo a Gaunilon: *Liber apologeticus contra Gaunilonem*. Para Gaunilon, inferir a partir «do ser que não pode ser pensado em mais alto grau» a existência efectiva de Deus é tão necessário quanto inferir a existência efectiva de uma coisa duvidosa ou até inexistente que possamos ter no pensamento, mas que seria tão impossível de encontrar como, por exemplo, a mais maravilhosa ilha do oceano. É preciso que já se tenha demonstrado que uma coisa existe para poder atribuir-lhe esta ou aquela qualidade. «Quem é mais tolo», eu, se me deixo persuadir que essa ilha existe apenas pelo facto de a pensar, ou aquele que tenta convencer-me de que ela existe só por essa razão? Na sua resposta, Santo Anselmo afirma que o mais tolo é de qualquer forma o descrente; quanto ao «católico [Gaunilon] que faz de advogado do Incrédulo», trai pela sua crítica a abordagem demasiado limitada do problema, reduzindo a questão à existência de Deus; negligencia a especificidade da ideia de Deus, incomparável a qualquer outra, a única infinita e transcendente a qualquer realidade finita.

O debate, com efeito, incide no idealismo filosófico, na ideia de que uma verdade necessária pode revelar-se à inteligência pura, na noção de que existe uma via de acesso ao Infinito na compreensão humana. O cerne do debate, que não foi compreendido pelos protagonistas como será por Kant, tem a ver com a *tripla modalidade* dos juízos: o carácter factual, a simples possibilidade ou a verdadeira necessidade que a ideia de Deus é capaz de conferir à questão da existência de Deus. São Tomás de Aquino e Kant contraporão ao raciocínio de Santo Anselmo – ao negar que algo supremo existe, nega-se o seu carácter supremo relativamente a todas as coisas – a ideia de que a palavra *é* não tem o mesmo sentido na conclusão e na premissa; o *esse* substantivo que afirma a existência tem um sentido completamente diferente do *esse* predicativo que define a essência; a existência não é um predicado e não pode ser deduzida da essência. Gaunilon não contesta a conclusão de Santo Anselmo quando este afirma que a existência não seria dedutível da essência, mas indica que não se pode afirmar um sujeito de um predicado qualquer como consequência da sua essência sem possuir um conhecimento exacto dessa essência.

- ***Gaunilon distingue entre pensamento vago e entendimento, impensável e ininteligível***

Uma essência pode ser puramente *nominal*; é o caso de todas as significações que o pensamento percebe sem que a elas correspondam essências verdadeiras, bem definidas e conhecidas na sua verdade pelo *entendimento* (*intellectus*), a única fonte de conhecimento real. «A coisa maior que possa ser pensada» é uma noção confusa, um objecto que não tem, no próprio entendimento, a consistência de um enunciado tido por falso ou incerto. «Deus» em ideia é algo que só se consegue representar por meio de um grande esforço da imaginação, de forma tão pouco clara como uma fabulosa ilha perdida. Para dela concluir a necessidade da sua existência, seria necessário ter demonstrado que o prestígio superior dessa ilha ou de Deus está no entendimento como qualidade de algo que existe verdadeiramente e não como um enunciado duvidoso, uma palavra (uma essência nominal, um nome). Em vez de concluir, tal como Santo Anselmo, que «é impossível pensar que essa coisa superior não existe», é mais correcto dizer que é «impossível o entendimento conceber que ela não existe ou que pode não existir». A possibilidade da sua não-existência não é impensável, mas ininteligível: contrariamente ao falso, que não é *inteligível* – não pode *ser um verdadeiro objecto do entendimento* –, mas, porém, é pensável. «Foi assim que o Insensato», segundo Gaunilon, «pensou que Deus não existe»: embora falso, o ateísmo é pensável; mas é ininteligível por não poder ser apreendido enquanto conhecimento intelectual. Se a existência de Deus é uma certeza, tal como a fé nos ensina, não é um esforço dialéctico e racional que o pode demonstrar. Ainda que a ideia de Deus estivesse verdadeiramente no entendimento, não seria por isso que Deus existiria na realidade.

- ***A réplica de Santo Anselmo: é preciso saber se pensamos Deus. Se o pensamos, a sua existência é necessária***

Santo Anselmo afirma que «a coisa maior» tem um significado para a inteligência e é apenas um nome. Basta que possamos pensar que existe para que Deus seja necessário, e necessariamente existente. Há um elo necessário, não entre a essência de Deus e a sua existência, mas entre a sua alegada existência e a necessidade dessa suposta existência. A sua ideia é irredutível a uma imaginação vaga ou a um nome. E embora possamos objectar que dela apenas podemos retirar uma conclusão modal – «Se Deus é, ele é necessariamente» –, Santo Anselmo conserva a originalidade da ideia de Deus, impensável sem a sua existência real. Basta saber se pensamos Deus ou se o não pensamos, e daí retirar todas as consequências: «Quem pensa o absoluto não pensa o contingente, mas o necessário». Gaunilon não ficou convencido e manteve-se firme na recusa em contentar-se com a *cogitatio*, o pensamento em geral, que pretende alcançar um conhecimento pelo raciocínio puro, dialecticamente, e abster-se dos verdadeiros conceitos do entendimento (*intellectus*), que é o único que procura um conhecimento real das coisas.

• ***Sucesso histórico da prova***

A ideia de que o absoluto exige uma materialização a partir do momento em que existe no pensamento, será a ideia central de Hegel*, influenciado por Santo Anselmo, o primeiro dialéctico especulativo. A modernidade cartesiana – Descartes, Leibniz*, Espinosa* – seguiu a via idealista inaugurada no século XI. Ainda hoje, o argumento tem os seus defensores: «não tende a provar a existência ou a realidade de um ser concebido em primeiro lugar como possível; apresenta-nos a realidade do ser necessário».

• **De grammatico*: a invenção da semântica da referência***

Neste tratado de dialéctica em forma de diálogo, que coloca um problema de semântica a partir de um exemplo de Aristóteles que lhe dá o título (*As Categorias*), Santo Anselmo pretende aprofundar a semântica aristotélica recorrendo à semântica dos estóicos* (Prisciano). Santo Anselmo pergunta: «Como é que gramático é uma substância e uma qualidade?» Instaura uma distinção decisiva entre o modo de significação de «homem» e de «gramático», a partir de uma dupla diferenciação entre, por um lado, *significação e denominação*, e, por outro, significação *per se* (por si, directa) e significação *per aliud* (por outra coisa, indirecta): o nome «homem» é, a título principal, *significativo e denominativo* da substância. Neste caso, a substância é ao mesmo tempo significada e nomeada a título principal, directamente (*per se*); gramático nomeia a substância, mas não a significa propriamente, em si; significa a substância *per aliud*, mas significa *per se* um acidente que não nomeia (a qualidade propriamente significada não é nomeada). «Esta dupla dissociação de significados de um termo acidental concreto [...] não se confunde com a distinção entre significação e denominação; pelo contrário, exige-a» (A. de Libera, *La Philosophie médiévale*, PUF, 1993, p. 297). Assiste-se ao nascimento da distinção entre lógica e gramática e a raiz do terminismo, forma medieval do nominalismo que se consagrará na teoria de conotação de Guilherme de Ockham*, três séculos mais tarde, e nas teorias modernas da significação e da referência.

☞ **Conceitos-chave e termos relacionados:**
Ateísmo, Conotação, Denotação, Descrição definida, Deus (Provas da existência de -), Entendimento, Essência, Existência, Fé, Gramática, Gramatical, Nominalismo, Positivismo lógico, Referência, Significação, Substância, Suposição (Teoria da -), Termo, Terminismo, Teologia.

☞ **Autores:**
Santo Agostinho, Aristóteles, Descartes, Guilherme de Ockham, Kant, Russell, Wittgenstein.

☞ **Bibliografia**

M. Corbin, *La Pâque de Dieu*, Cerf, 1997.
A. Koyré, *L'Idée de Dieu dans la philosophie de saint Anselme*, Paris, 1923.
P. Vignaux, *De saint Anselme à Luther*, Vrin, 1976.

AREndt, Hannah (1906-1975)

Tardiamente reconhecida em França devido à influência considerável que o marxismo exercia nessa época, Hannah Arendt é uma figura marcante do pensamento político do outro lado do Atlântico. A sua reflexão sobre os grandes conceitos políticos – autoridade, domínio, democracia, liberdade, espaço público, etc. – é inteiramente dedicada à discussão do seu primeiro trabalho, *As Origens do Totalitarismo*, a que toda a sua obra tentou responder. Arendt desmonta o mecanismo implacável dos sistemas totalitários, mas o pessimismo dessa análise não exclui a esperança de «reconstrução» de uma verdadeira democracia, confiando nos antídotos que podem corrigir os vícios das sociedades modernas.

Nascida em Hanôver numa família judaica, Hannah Arendt fez os seus estudos superiores de filosofia em Marburgo, Friburgo e Heidelberg, onde teve como professores Heidegger* e Jaspers* – este último publica a sua tese sobre Santo Agostinho* em 1929 – que se tornarão, em registos diferentes, seus amigos íntimos. «Judia alemã perseguida pelos nazis» – é assim que Arendt se caracteriza –, exila-se primeiro em França, em 1933, e depois emigra para os Estados Unidos em 1941, onde se dedica à protecção do património cultural do povo judeu. Em 1951, adquire a nacionalidade americana e inicia uma carreira universitária na sequência da aclamada publicação de *As Origens do Totalitarismo*. Lecciona em Berkeley, Princeton, Chicago e, por fim, na New School for Research de Nova Iorque. Morre em 1975 deixando uma obra inacabada sobre *A Vida do Espírito*.

☞ **Obras** (os títulos em português correspondem à tradução dos títulos em francês e não dos originais):
As Origens do Totalitarismo (1951), que compreende três vols.: *O Sistema Totalitário*; *O Imperialismo*; *Sobre o Anti-semitismo*; *A Condição do Homem Moderno* (1958); *Ensaio Sobre a Revolução* (1963); *Eichmann em Jerusalém*; *Ensaio Sobre a Banalidade do Mal*; *A Crise da Cultura* (1968); *Da Mentira à Violência*; *A Vida do Espírito* (1978) em dois vols.: *1.Pensar*, *2.Querer*; *Vidas Políticas*; Hannah Arendt e Heinrich Blücher, *Correspondência-1936 a 1968*.

• ***Os sistemas totalitários***

H. Arendt questiona-se, na época do estalinismo, sobre a ascensão nas sociedades modernas de um novo tipo de regime autoritário distinto das formas tradicionais do absolutismo (despotismo, tirania, ditadura): o *totalitarismo*. Este designa uma forma de expressão política específica caracterizada pela ditadura de uma ideologia que se exerce por meio da propaganda, da violência e do extermínio, e cuja «instituição central» são os campos de concentração. Neste regime em que todo o pluralismo é excluído em favor de um partido único, o Estado detém o duplo monopólio da propaganda e do exercício da violência. Arendt elaborou este modelo para analisar as ditaduras dos países do Leste e o nazismo.

Se, nas camadas dirigentes, os meios de assegurar o domínio sobre os indivíduos são a ideologia e o terror, no que diz respeito aos governados o totalitarismo caracteriza-se por dois fenómenos estreitamente solidários, a *atomização do corpo social* e a *sociedade de massa*. Esta última noção opõe-se à de *comunidade*, que designa um conjunto de indivíduos com relações sociais bem definidas, cimentadas por uma história e por uma tradição, e que mantêm relações de solidariedade e reciprocidade. A massa, agregado de indivíduos anónimos e intermutáveis, é indissociável da atomização do corpo social. Este fenómeno, já descrito por Tocqueville* (que lhe atribui causas muito diferentes – *cf.* Tocqueville), constitui uma verdadeira destruição do tecido social: o ser humano encontra-se completamente isolado, sem pontos de contacto, sem raízes, sem laços sociais, sem iniciativa e sem poder (*cf.* *O Sistema Totalitário*, p. 47).

Este duplo processo, atomização e massificação, resulta, para H. Arendt, da fortíssima influência que a ideologia exerce, do seu terrível poder de domínio, da homogeneização dos espíritos e, consequentemente, da mobilização das massas. A *ideologia totalitária* caracteriza-se pela substituição dos valores tradicionais pela autoridade ou das leis positivas por pretensas leis naturais ou históricas susceptíveis de justificar o extermínio de um povo, raça ou classe social que estariam «condenados» pela natureza ou pela história.

- ***As origens antropológicas do totalitarismo. A condição do homem moderno***

H. Arendt relaciona as condições de aparecimento do totalitarismo com dois aspectos essenciais da sociedade moderna:

1. A indistinção entre domínio privado e domínio público. Por *domínio privado*, H. Arendt entende a ordem da produção e do consumo inteiramente subordinada às necessidades vitais. Quanto ao *domínio público*, identifica-se com a *ordem política*, ou seja, a acção livre e concertada que se exerce num verdadeiro espaço comum de discussão. O vício das sociedades modernas reside na indistinção entre estas duas ordens, em que a vida pública é inteiramente preenchida pelas actividades de produção e consumo, e a política se acantona na gestão administrativa. Esta identificação encontra a sua própria origem na não-distinção, característica das sociedades actuais, entre os diferentes modos da actividade humana. Para H. Arendt, a actividade especificamente humana não é o trabalho, sempre submetido às necessidades vitais e que encontra a sua única finalidade no consumo, ou a produção de obras, cujo fim não é com certeza vital porque engloba as obras de arte, mas que não deixa de ser ameaçado pelo utilitarismo.

A *actividade humana específica* é a *acção*, que, para H. Arendt, é a própria manifestação da nossa liberdade no exercício da livre iniciativa, do debate público e da inovação comum. Ora, as sociedades modernas caracterizam-se, contrariamente, pelo primado do «animal *laborens*» sobre a acção humana específica, o que justifica, por parte de H. Arendt, uma virulenta crítica da sociedade de consumo.

2. O segundo traço característico das sociedades actuais é «a perda do espírito original», ou seja, o esquecimento dos valores legados pela tradição. Não se trata tanto de aceitar tal e qual o conteúdo dessa tradição, que pode ser posto em causa, mas de renovar a partir do que, no passado, foi essencial e benéfico. H. Arendt distingue cuidadosamente a *autoridade* – o poder de comandar, logo, de se fazer obedecer, não por coerção, mas pela expressão dos valores para que remete – do domínio exercido pelos sistemas totalitários. Mas ainda mais fundamental nesta noção de autoridade é o sentido da responsabilidade em que se baseia e procura transmitir aos que estão em idade de formação de valores, «porque em todo o lado onde se manifestou, a verdadeira *autoridade* esteve ligada à responsabilidade da evolução do mundo».

- ***Os fundamentos de uma verdadeira democracia***

O objectivo de H. Arendt consiste em definir o quadro teórico de uma autêntica democracia, que é também o quadro do progresso da história humana e da «vida do espírito». Rejeita a noção *democracia contemporânea* cujo sistema representativo degenerou em política de partidos e em que o triunfo do liberalismo está na origem da indefinição do público e do privado.

A democracia deve exprimir a essência do político, cuja negação completa é o totalitarismo enquanto domínio dos espíritos. Ela concebe-se, então, a partir dos conceitos de liberdade e de acção tal como são definidos por H. Arendt. A *liberdade* não é uma disposição interna, mas uma capacidade de iniciativa de vários numa verdadeira «comunidade de iguais». Quanto à *acção*, entendida essencialmente como acção política, «a única actividade que estabelece relações directas entre os homens sem o intermediário dos objectos nem da matéria, [ela] corresponde à condição humana da pluralidade» (*Condição do Homem Moderno*).

Ela é, por isso, indissociável, como observa Ricoeur*, da noção cardinal de «publicidade», «não no sentido de propaganda, mas no sentido de espaço público». Portanto, a *democracia*, antes de ser um sistema político, um conjunto de instituições, é, acima de tudo, a constituição de um espaço livre de discussão pública em que se confrontam as diversas correntes de opiniões e no qual o debate e a deliberação sempre reavivados são as únicas condições possíveis de um consenso e decisão comum.

☞ **Conceitos-chave e termos relacionados:**
Acção, Autoridade, Cultura, Domínio, Liberdade, Política, Público, Publicidade, Sociedade de massa, Trabalho, Totalitarismo.

☞ **Autores:**
Aron, Heidegger, Jaspers, Montesquieu, Ricoeur, Tocqueville.

☞ **Bibliografia**

A. Amiel, *Hannah Arendt. Politique et événement*, PUF, 1996.

F. Collin, *L'Homme est-il devenu superflu? Hannah Arendt*, O. Jacob, 1999.

A. Enégren, *La Pensée politique de Hannah Arendt*, PUF, 1984.

J. Kristeva, *Le Génie féminin*, t. I, *Hannah Arendt*, Fayard, 1999.

E. Tassin, *Le Trésor perdu. Hannah Arendt, l'intelligence de l'action politique*, Payot, 1999.

ARISTÓTELES (384-322 a.C.)

Filósofo grego, aluno de Platão* durante vinte anos. Elaborou a sua doutrina a partir da crítica da teoria platónica das Ideias, ampliou a filosofia à investigação empírica (física, biologia) e inventou os principais quadros teóricos da lógica, da moral e da política que marcaram a história intelectual do Ocidente. Nasceu em Estagira (hoje Stavros), na Macedónia. O seu pai, Nicómaco, de uma linhagem de médicos e veterinários, era o médico particular do rei Amintas, pai de Filipe e avô de Alexandre Magno. O destinatário da dedicatória da *Ética*, que tem no título completo o nome de Nicómaco, é o filho que Aristóteles teve de um segundo casamento. Aristóteles viveu 17 anos em Atenas, onde foi, na Academia, um brilhante discípulo de Platão até à morte deste. Espeusipo, sobrinho de Platão, tomou a direcção da Academia e Aristóteles viajou para Assos, na Ásia Menor, onde passou três anos junto do seu amigo, o tirano Hérmias. Aí fundou uma escola platónica e depois uma outra em Lesbos, antes de se tornar preceptor de Alexandre, em Pela, de 342 a 334, data da morte de Filipe. Aristóteles regressa a Atenas onde funda, com 49 anos, a sua própria escola, rival da Academia, o Liceu, centro activo de investigações e estudos. Seguiu Alexandre nas suas conquistas de 335 a 331. À data da morte de Alexandre, em 323, Aristóteles, ameaçado, assim como a sua escola, pela facção antimacedónia, fugiu para Cálcis, em Eubeia, onde faleceu no ano seguinte.

Os escritos do Estagirita conheceram muitas aventuras, e perderam-se várias obras-primas que o tinham tornado célebre na Antiguidade. Passaram-se dois séculos até que Sila tomou posse das suas obras, escondidas e depois reencontradas na biblioteca de Apolicon de Teos e levadas para Roma. A nova classificação do *corpus* estabelecida por W. Jaeger, em 1923, modificou sensivelmente algumas questões de interpretação, estabelecendo uma evolução cronológica em que se notavam contradições internas.

☞ **Obras:**

Protréptico (ca. – 353), em *Investigações Sobre o Primeiro Aristóteles*: *Eudemo*. *Da Filosofia*, *Protréptico*; *Ética a Eudemo* (– 348-342); *História dos Animais* (ca. –345); *Poética* (– 344); *Física* (–335-332); *Metereológicos* (ca. – 334); *Da Geração e da Corrupção* (ca. –330-322); *Retórica* (329-323); *Organon*, compreendendo *Categorias* (s.d.), *Da Interpretação*; *Primeiros Analíticos*; *Segundos Analíticos*; *Tópicos*; *As Refutações Sofísticas*; *Ética a Nicómaco* (s.d.); *Metafísica* (s.d.); *A Política* (384-322); *As Políticas*; *Tratado do Céu* (s.d.).
[Nas Edições 70: *Da Alma (De Anima)*.]

• *Crítica do supra-sensível. A única realidade é a substância individual, unidade de matéria e de forma*

Aristóteles rejeita a separação platónica dos dois mundos: o inteligível é imanente ao mundo sensível. Torna pensável a *natureza* como princípio de produção e desenvolvimento autónomo, ao conferir à noção grega de *Ousia* – *essência*, realidade efectiva – o sentido de *substância*, realidade que não cessa, admitindo ao mesmo tempo o *devir* e a mudança, compreendendo em si mesma as causas das suas mudanças e do próprio devir. A *substância* é a *primeira* no duplo ponto de vista do ser e do conhecimento: designa a categoria (conceito, género) primeira, aquela a partir da qual tudo é afirmado, mas que não pode ser deduzida de algo que lhe é exterior e sem a qual nenhuma outra coisa pode existir.

A substância designa «quer a matéria, quer a forma, quer o "composto" das duas que é o indivíduo». A *matéria* é a substância informe susceptível de ser moldada. A *forma* é o *princípio* que determina a matéria e lhe confere uma determinada essência; é o princípio de inteligibilidade em cada substância, a marca da universalidade – sendo a matéria a marca da particularidade. A forma sob a qual a coisa aparece constitui a sua essência e é indissociável da matéria (hilemorfismo). Ela é também o princípio que lhe confere a existência e que faz com que um ser pertença a uma dada espécie (princípio de individuação).

• *A potência e o acto. A ciência da substância é ciência das quatro causas*

A forma é igualmente denominada «acto» ou «ser em acto»: aquilo que se está a realizar (*enérgeia*) ou ainda o ser realizado (*entelécheia*). O ser da matéria, pelo contrário, é a *potência* ou *ser em potência*: a capacidade de ganhar forma, a indeterminação relativamente a essa forma. A potência é, então, «princípio de mudança e movimento, mas também de ser transformado ou alterado». A *mudança* é «o acto daquilo que está em potência enquanto tal», transformação da substância por geração e degradação. Assim, a existência de outras espécies corresponde ao *movimento*, à mudança na ordem do lugar, da quantidade e da qualidade.

A substância depende de *quatro causas*: *material* (o elemento), *formal* (a forma, o modelo), a *causa eficiente* ou *motriz* (o agente que actualiza o potencial), a *causa final* (que não é senão a substância ou essência, a forma para a qual tende a matéria). Sendo agente e fim uma e a mesma coisa que a forma, as causas são redutíveis à *forma* e à *matéria*.

- ***A hierarquia das substâncias. Mundo lunar e supralunar***

A hierarquia das substâncias corresponde ao seu grau crescente de inteligibilidade, segundo a relação entre a matéria e a forma de cada ser – da matéria indiferenciada e incognoscível à forma pura inteligível ou Deus. A clivagem já não se verifica entre dois mundos; é imanente ao mundo, que é concebido como um universo finito e fechado, composto pelo nosso mundo, ou mundo *sublunar*, onde reinam a mudança e a contingência, em que os seres são decomponíveis pela análise em matéria e forma, e pelo mundo *supralunar*, para o qual a passagem é contínua elevando-se da Terra, centro esférico do mundo, até à abóbada celeste em que os seres são constituídos por menos matéria, são inalteráveis e giram sobre si. *Deus* está na periferia do mundo: pura forma imaterial, imóvel e eterno, pensamento puro que só se tem a si próprio como objecto («pensamento do pensamento»). Ele é também o *primeiro motor* do mundo e o *acto puro*, acto em potência do que não existe, perfeito e modelo de inteligibilidade.

- ***A hierarquia das ciências***

Em função dos tipos de causas, Aristóteles distingue diferentes *tipos de ciências* – «aptidão para demonstrar» o que é universal ou, em todo caso, «aquilo que se produz constantemente»: as ciências *poéticas* – a retórica, a poética, em que as obras são exteriores ao agente que as produz; *práticas* – a ética, a política, nas quais interessa a própria actividade do agente; *teoréticas* – de contemplação (*théoria*); *especulativas* – que dependem de um saber que tem em si próprio o seu fim; tratam quer de objectos imóveis separados e eternos (teologia), quer de objectos que aliam matéria e forma – levando em conta unicamente a forma (matemática) – quer do carácter de mudança em tais objectos, ligado às suas características materiais (física, biologia). A matemática já não é modelo de cientificidade, como em Platão. O grau hierárquico de uma ciência depende da formalidade do seu objecto: percorremos o caminho do menos ao mais formal, que é também o mais simples e o mais real, no sentido de substancial. O objecto da matemática, pura abstracção, não tem realidade. A ordem das ciências corresponde à ordem do Ser.

- ***A física, ciência dos seres sujeitos à mudança***

Os seres da natureza têm em si mesmos o princípio da sua mudança. A física aristotélica é inteiramente *qualitativa*: «prolongando a percepção natural, atribui propriedades não matematizadas às coisas» (quente, baixo). O *espaço* é o limite externo de um corpo, o seu «lugar»; o *tempo* não é senão a medida do movimento de acordo com um "antes" e um "depois" ; é eterno e o movimento requer um primeiro motor. Esta física tem apenas duas leis:

1. a força deve ser superior à resistência;

2. a velocidade de um movimento é proporcional à força e inversamente proporcional à resistência do meio.

O conceito de velocidade $v = e/t$ é impensável.

- ***A lógica, método da demonstração***

A ciência da mudança, inovadora relativamente ao platonismo, requer uma ciência do raciocínio que explique com rigor a relação das coisas com as suas causas. Aristóteles foi o inventor da *lógica*, que determina os critérios formais de validade das operações da mente: estuda a *proposição*, expressão do juízo nas palavras, e a sua peça principal é a *teoria do silogismo* – discurso em que, sendo afirmados certos dados, algo de diferente se deduz necessariamente – que assenta na utilização do termo médio, articulando o género e o indivíduo. Aristóteles rompe assim, simultaneamente, com o sensualismo que apenas conhece o indivíduo e com o dualismo platónico que não articula suficientemente o inteligível e o sensível.

- ***A ciência do ser vivo: um vitalismo. Biologia e psicologia***

A *alma* é a chave da decifração dos seres vivos. Princípio vital, ela é a forma do corpo («a sua causa e princípio») e é inseparável deste – não sua prisioneira como em Platão. Vegetativa nas plantas, sensitiva nos animais, intelectiva no homem, a alma permite conhecer, pela predisposição para receber a forma das coisas transmitida pela alma sensitiva. Este é o valor insubstituível da sensação para o conhecimento num empirismo não sensualista como o de Aristóteles.

- ***Fundação da ética e da ciência política***

O *Soberano Bem* não é separável da realização da vida concreta: corresponde à *perfeição* (actualização) das qualidades imanentes à acção, ao sentir, ao pensamento. A acção por si própria tem um valor, uma vez que corresponde à realização de uma natureza que tende para um fim superior numa natureza organizada e ela própria finalizada. Aristóteles fundou a *ética* – reflexão específica sobre as questões que dizem respeito à moralidade humana. A *Ética a Nicómaco* determina a natureza e os fins da acção virtuosa, atribui um lugar eminente à justiça e à equidade e mostra que o homem alcança a felicidade no exercício do seu pensamento e do seu ser social, ou seja, na prática habitual da reflexão intelectual e do convívio («Uma andorinha não faz a Primavera»). Deste modo, a *virtude* é definida como um *habitus*, uma disposição adquirida para adoptarmos uma boa conduta. A *justiça* (e o seu elemento moderador, a equidade, que a adapta aos casos particulares) é, por excelência, articulação do individual e do universal. Virtude das relações humanas, a justiça harmoniza todas as outras em função do bem comum, já que o homem justo faz, sempre e em toda a parte, o que é necessário e emprega todas as outras virtudes no bom sentido. Assim, a justiça assegura a passagem para as virtudes propriamente intelectuais (dianoéticas), aquelas que exigem o exercício do pensamento enquanto tal e cuja forma mais elevada no domínio prático é a *prudência* (*phronésis*) – aptidão para reflectir no que melhor convém em função das contingências, nunca perdendo de vista o maior bem do homem.

Aristóteles fundou também a filosofia e a ciência políticas: o homem é definido como um «animal político» (um «ser cosmopolita») por natureza, na medida em que possui o *logos* – razão e palavra. O homem realiza-se, então, acima de tudo na *comunidade política* e só pode ser compreendido se se tiver em conta as relações com os seus semelhantes. Comparando as formas de *Constituições* ou *regimes* – os diversos modos de repartição do poder na comunidade –, Aristóteles determina as suas formas normais e corrompidas. A monarquia degrada-se em tirania, a aristocracia em oligarquia, a república (*Politie*) ou timocracia em democracia e anarquia. A ética e a política estão estreitamente ligadas: a vida política torna possível, para além de si mesma, a *contemplação teorética do divino* em que consiste o Soberano Bem.

Aristóteles aceitou a mensagem platónica do primado da essência e da verdade do divino, mas considerou as Ideias incapazes de nos ajudarem a conhecer o real. Defendendo a inteligibilidade da realidade natural, Aristóteles procurou nela as suas razões de ser e a dimensão de verdade.

☞ **Conceitos-chave e termos relacionados:** Acção, Actividade Acto, Afecção, Afectivo, Agente, Alma, Amizade, Analogia, Anarquia, Animal, Atributo, Biologia, Categoria, Causalidade, Causa, Cidade, Composto, Conceito, Conhecimento, Constituição, Contemplação, Corrupção, Cosmos, Definição, Despotismo, Devir, Deus, Divino, Enteléquia, Equidade, Espaço, Espécie, Essência, Ética, Eudemonismo, Fim, Finalismo, Finalidade, Física, Forma substancial, Género, Governo, *Habitus*, Indivíduo, Individuação, Indução, Intelecto, Intelecto agente, Inteligibilidade, Lugar, Limite, Lógica, Matéria, Meio, Monarquia, Motor (Primeiro -), Movimento, Mudança, Mundo, Natureza, Oligarquia, Órgão, *Organon*, *Ousia*, Política, Potência, Potencialidade, Prazer, Predicado, Primeiro, Prudência, *Psiché*, Psicologia, Qualidade, Quididade, Sensação, Ser, Silogismo, Sofística, Substância, Substrato, Tempo, Teorética, Tirania, Universal, Vida, Vitalismo.

☞ **Autores:** Averróis, Maimónides, Platão, São Tomás de Aquino.

☞ **Bibliografia:**

P. Aubenque, *Le Problème de l'être chez Aristote*, PUF, 1990; *La prudence chez Aristote*, PUF, 1993.
A. Cauquelin, *Aristote*, Seuil, 1994.
[A. Cresson, *Aristóteles*, Edições 70.]
[G. Reale, *Introdução a Aristóteles*, Edições 70.]

ARON, Raymond (1905-1983)

Filósofo e sociólogo, levou a cabo uma reflexão sobre o conhecimento histórico e sobre os princípios da democracia e do liberalismo político. Aluno da ENS (École normale supérieure), diplomado em Filosofia em 1928, amigo de Sartre* e Nizan, foi influenciado pelas teorias de Brunschvicg* e Alain*. Professor assistente em Colónia, assiste à escalada do nazismo, analisa e compreende os acontecimentos que se desenrolam perante si com grande perspicácia (demonstrada pelos seus artigos no *Libres Propos* e *Europe* de 1928 a 1933 e pela sua comunicação à Sociedade Francesa de Filosofia em 17 de Junho de 1939) e descobre, ao mesmo tempo, a sociologia alemã que depois introduzirá em França. Junta-se a De Gaulle em Londres e dirige *La France libre*. «Espectador comprometido», jornalista (no *Combat*, no *Figaro* de 1947 a 1977 e no *L' Express*) e professor universitário (Sorbonne, Escola Prática de Altos Estudos, Colégio de França em 1970), Aron foi um intelectual destacado, muitas vezes criticado pelas suas posições políticas. Contra a corrente das modas, as suas análises clarividentes dos «marxismos imaginários» (Sartre, Merleau-Ponty*, Althusser*) contribuíram bastante para desmistificar alguns dogmas da *intelligentsia* de esquerda.

☞ **Obras:** *Introduction à la philosophie de l'histoire. Essai sur les limites de l'objectivité historique* (1938); *La Philosophie critique de l'histoire* (1938); *L'Opium des intellectuels* (1955); *La Société industrielle et la Guerre*, (1958); *Dimensions de la conscience historique* (1960); *Paix et guerre entre les nations* (1962); *Les Désillusions du progrès* (1969); *Marxismes imaginaires* (1970); *Histoire et dialectique de la violence* (1973); *Penser la guerre; Clausewitz* (1976); *Le Spectateur engagé* (1981); *Mémoires* (1983).

• *Crítica da razão histórica. Uma perspectiva pluralista*

A *Introduction à la philosophie de l'histoire* constitui uma crítica da «razão histórica», prolongando a *Crítica da Razão Pura* no plano das ciências humanas; investiga as condições de possibilidade da objectividade do conhecimento histórico e, ao fazê-lo, determina os limites da verdade científica na história. Aron analisa dois grandes tipos de doutrinas que, aparentemente opostas, têm contudo em comum o facto de abolirem o que há de específico na historicidade humana: por um lado, o evolucionismo determinista – ilustrado pelo marxismo vulgar, visão monista e utopista que submete dogmaticamente a História a um único princípio, o desenvolvimento das forças de produção –; por outro, o relativismo histórico ilustrado pela filosofia nietzschiana de Spengler, que afirma a pluralidade irredutível dos períodos históricos e das culturas e que faz do Homem um joguete do tempo. Aron propõe uma interpretação *pluralista* e, até certo ponto, relativista da História: não existe um primeiro motor único do devir histórico; nenhum aspecto deve ser considerado previamente como predominante. Marx* generalizou resultados que eram válidos para a estrutura social da sua época, em que observou o papel essencial do regime económico – «proposição sem dúvida exacta, mas que não se pode aplicar tal e qual a toda a História». «Deve-se atribuir ao passado a incerteza do futuro».

Tal como não há uma chave única, não se deve postular leis do desenvolvimento histórico. O sistema explicativo deve ser diversificado nos campos de racionalidade simultaneamente *parciais* e *abertos* para ser fiel a uma historicidade humana essencialmente plural e heterogénea. A relação com o tempo varia com os universos espirituais e os domínios do ser: a época em que o homem age e cria constitui uma ruptura com o tempo da evolução das espécies vivas.

Desta forma, Aron afirma uma autonomia da reflexão filosófica relativamente à História, principalmente a uma história económica que se considera que determina a filosofia «em última instância». «A possibilidade de uma filosofia da história confunde-se finalmente com a possibilidade de uma filosofia apesar da história.» Kantiano, Aron adopta, a título de princípio regulador – que permite elucidar o conhecimento histórico para além da unidade e da pluralidade –, a ideia de finalidade da História como realização racional da humanidade. Mas contesta o racionalismo monista do *progresso*, noção que se refere a «uma norma [...] superior às diversidades históricas» e «que só pode ser a projecção hipostasiada do que uma colectividade particular é ou devia ser».

Na guerra, com estratégias em que um máximo de razão é posto ao serviço de um máximo de incerteza, delineia-se o papel dos agentes sociais. *Clausewitz* é considerada a obra mais perfeita e significativa do pensamento de Aron.

• ***Uma história dos agentes sociais. A sociologia compreensiva***

Todavia, a reflexão filosófica continua a ser um plano secundário numa obra que visa compreender a História, as sociedades, as instituições e os acontecimentos em termos próprios, e não aplicar a grelha de uma filosofia da história que faria desaparecer a sua dimensão contingente e singular – compreender como os agentes os vivem, com intenções e estratégias. É por isso que Aron se centra na dimensão da *narrativa* em história, segundo o modelo inventado por Tucídides: «A passagem do acto individual ao acontecimento supra-individual faz-se por meio da narrativa...», «através do simples confronto entre o que queriam os agentes e o que se verificou» (*Dimensions de la conscience historique*).

É por isso também que, à sociologia positivista de Durkheim*, que procura leis, Aron prefere a perspectiva *compreensiva* de Max Weber*, que, para expor a especificidade da realidade social dos indivíduos e dos grupos, tenta explicar, compreender e interpretar o seu *sentido*. Na *sociologia*, Aron descobre a disciplina «dessacralizante» por excelência, que «cria uma distância entre o mundo em que vivemos e aquele em que pensamos», que «põe a descoberto os agentes sociais» e, «como qualquer ciência, embora por outras razões, implica aquilo a que Max Weber chamava o desencantamento do mundo» (*De la condition historique du sociologue*). Aron define então uma sociologia não dogmática, que utiliza os conhecimentos dos métodos explicativos e compreensivos para descobrir *significações, sentidos*, não hesitando (segundo os ensinamentos do filósofo antipositivista Dilthey) em usar a *intuição* para aceder a uma dimensão de *interioridade* dos factos. Redescobriu os precursores da sociologia: Montesquieu*, Rousseau*, Tocqueville*.

• *O ópio dos intelectuais. As religiões seculares*

Esta concepção da História, que implica uma concepção de liberdade e verdade, é considerada «pós-ideológica» pois procede de uma experiência histórica específica: o nazismo e o estalinismo. A análise dos mecanismos que favoreceram o aparecimento dos totalitarismos leva Aron a questionar as ideologias que dominaram o Ocidente nos anos 50. «Procurando explicar a atitude dos intelectuais, insensíveis ao enfraquecimento das democracias, indulgentes para com os maiores crimes, desde que fossem cometidos em nome das boas doutrinas, encontrei imediatamente as palavras sagradas: esquerda, Revolução, proletariado; [...] estes conceitos em voga são as réplicas tardias dos grandes mitos que, não há muito, animavam o optimismo político (*progresso, razão, povo*)», das «religiões seculares» (Prefácio a *L' opium des intellectuels*).

Aron foi um dos primeiros a diagnosticarem o advento da «sociedade industrial». Considerando a unificação económica do mundo e os progressos tecnológicos e industriais, vê neles «a ocasião de uma pacificação pela redução do peso das ideologias e pela aproximação dos mercados rivais constituídos pelo socialismo e pela economia de mercado liberal» (J. Roman). «A aurora da história universal, penso eu, está prestes a raiar», mas «tudo indica que [ela] será dramática» (*Dimensions de la conscience historique*).

• *O direito à verdade, essência da liberdade*

Na democracia e no totalitarismo, Aron vê as *duas formas de regime político* de que todas as outras são variantes: a *democracia* corresponde a um «regime constitucional pluralista»; o *totalitarismo* corresponde a um regime de partido «monopolista» que exclui toda a liberdade, não só «formal» mas também «real». O mais ruinoso erro para a democracia é a rejeição marxista dos ideais democráticos em nome das liberdades «reais», opondo estas às liberdades «formais» ou teóricas, reduzidas a puras ilusões ideológicas que servem os interesses da classe burguesa. É nas sociedades pluralistas e liberais que se vêem realizadas e garantidas, mesmo que de maneira imperfeita, todas as formas de liberdade, a começar pelo *direito à verdade*, «o mais simples e profundo de todos os direitos subjectivos». Aron nunca descreve a sociedade ideal; com a modéstia e o rigor do sociólogo, observa (principalmente em *Essais sur les libertés*) a realidade das nossas sociedades considerando os ideais – liberdade, igualdade – explicitamente invocados. Analisa a forma como esses ideais são concretizados, se se conjugam ou, pelo contrário, se entram em conflito a partir das realidades mais concretas, económicas (desigualdade dos rendimentos, impostos, etc.) e políticas (condições do equilíbrio do poder, papel dos partidos, etc.), comparando entre si as democracias britânica, americana e francesa. Juntar as vantagens da liberdade e da igualdade constitui uma nova forma de ilusão que Aron, leitor de Tocqueville*, mostra como ameaça comprometer simultaneamente esses dois valores. O progresso técnico e a industrialização fazem parte dos ideais modernos tal como a liberdade e a igualdade. Para resolver os problemas levantados pela junção destes ideais não se encontrará um critério exterior à História, ou seja, à consciência moral dos agentes. O relativismo de Aron não é nem um historicismo nem um cepticismo: o homem deve saber preferir (como demonstrou o envolvimento de Aron na resistência) o que deve ser ao que existe.

☞ **Conceitos-chave e termos relacionados:**
Compreensão, Conhecimento, Constituição, Crítica, Democracia, Direito, Filosofias da história, Guerra, História, Historicismo, Historicidade, Ideia da razão, Ideologia, Igualdade, Ilusão, Liberalismo, Liberdade, Marxismo, Objectividade, Pluralismo, Política, Progresso, Relativismo, Revolução, Sentido, Sociedade, Sociologia, Técnica, Totalitarismo, Verdade, Violência.

☞ **Autores:**
Alain, Althusser, Brunschvicg, Kant, Marx, Montesquieu, Sartre, Tocqueville, Weber.

☞ **Bibliografia**

S. Launay, *La Pensée politique de Raymond Aron*, PUF, 1995.
S. Mesure, *Raymond Aron et la raison historique*, Vrin, 1984.

Averróis (1126-1198)

O mais célebre filósofo de expressão árabe da Idade Média. A sua teoria da unicidade do intelecto abalou as concepções filosóficas e teológicas do Ocidente latino. Estabeleceu a possibilidade de uma *conjunção* terrena com a Inteligência divina, colocando assim de novo em questão a imortalidade da alma, mas conferindo à humanidade uma autonomia exclusivamente fruto da sua capacidade intelectual.

Os filósofos ditos «árabes» eram muçulmanos, mas não da Arábia propriamente dita: Averróis era espanhol, os restantes eram persas ou turcos. Abu al-Walid ibn Rushd, Averróis para os Latinos, nasceu em Córdova numa família de célebres juristas. Após uma formação abrangente – teologia, direito, medicina, ciências e filosofia –, torna-se *qadi* (juiz supremo) de Sevilha e, mais tarde, de Córdova, onde foi médico na corte do soberano almóada, Abu Ya'qub Yusof, e do seu sucessor, al-Mansur. Compôs uma grande enciclopédia de todo o saber grego conservado pelos Árabes. Escreveu uma série de *Comentários* a Aristóteles* e aperfeiçoou um método de exegese crítica que aplicou em *Refutação da Refutação* (ou *Incoerência da Incoerência, Destruição da Destruição*, 1174-1180) da *Refutação* (ou *Destruição, Incoerência*) *da Filosofia* (1091-1095), obra em que al-Ghazali, teólogo árabe, guiado pelo ideal da mística corânica, atacara – «refutara» – violentamente «os filósofos» (essencialmente al-Farabi e Avicena), acusados de se afastarem da ortodoxia sob a influência conjugada do peripatetismo e do neoplatonismo. Averróis viveu algum tempo coberto de honrarias, mas a sua teorização inovadora, a crítica racionalista aos teólogos e a relativização da interpretação ortodoxa do Livro suscitaram a desconfiança dos doutores da Lei. Colocado sob domicílio vigiado em Lucena, perto de Córdova, sofreu as afrontas e as sátiras vexatórias dos teólogos e da populaça. Al-Mansur chamou-o a Marrocos, onde vivera parte da sua vida, somente para o condenar à reclusão. Morreu em Marraquexe. «A condenação de Averróis põe um ponto final na cultura científica do mundo árabe; o triunfo dos teólogos inimigos da filosofia foi definitivo e os países árabes abandonaram para sempre o palco da história da filosofia» (K. Flasch).

É ao Ocidente latino que Averróis deve o seu reconhecimento póstumo. Foi «lido, estudado e traduzido em três línguas: árabe, hebraico e latim. O seu pensamento enraizou-se em três comunidades religiosas: Islão, Judaísmo e Cristianismo. Por fim, foi no seio da Europa judaico-cristã que nasceu o vocábulo averroísmo». «Fala-se de averroísmo, como se fala de tomismo ou maimonidismo». «Ibn Rushd pode ser legitimamente considerado um dos pais espirituais da Europa» (A. de Libera, M. Hayoun).

Foi através de traduções de judeus, vertidas para latim, apoiadas por Frederico II, imperador alemão herdeiro do reino da Sicília e amante da cultura árabe, que as obras de Averróis e dos filósofos, tal como grande parte dos escritos de Aristóteles, chegaram ao conhecimento dos escolásticos, que perceberam todo o seu alcance e daí formularam novas questões (Alberto Magno) continuamente debatidas. As origens do averroísmo latino remontam às traduções latinas dos *Comentários* de Averróis sobre Aristóteles fixadas por Michel Scot, sem dúvida durante a sua deslocação a Palermo (1228-1235).

☞ **Obras:**
Grande Comentário da Metafísica de Aristóteles; *Destruição da Destruição*; *Discurso Decisivo*; *A Inteligência e o Pensamento* (*Grande Comentário sobre o Livro III do De Anima de Aristóteles*); *Comentário Médio Sobre o De Interpretatione.*

- ***A exegese: adaptar o conhecimento da verdade aos vários espíritos. Religião e filosofia***

Deve esclarecer-se a perspectiva original de Averróis através dos pensamentos com os quais foi confrontado e cujos conceitos retoma no seio de uma teorização diferente. Al-Farabi (ca. 875-950) realizara uma síntese de Aristóteles e do neoplatonismo. Relacionava a emanação plotiniana com a doutrina aristotélica do intelecto. Avicena (ibn Sina, 980--1037), célebre médico filósofo, elaborou um sistema totalmente emanista em que o Uno apenas pode produzir o Uno: Deus criou uma essência espiritual (primeira inteligência) cuja existência é necessária e eterna. A hierarquia do mundo decorre da actividade espiritual da primeira inteligência criada. No limite inferior, o Intelecto activo tem como função *iluminar* o Intelecto passivo do homem e conferir *forma* à *matéria* terrestre. O objectivo da vida consiste em unir-se ao intelecto activo. Al-Ghazali não deixou de se referir a tal mundividência, em que a Criação brilhava pela sua essência, e o mundo atribuía a Deus a sua necessidade e eternidade.

A distinção entre um *nous* (Intelecto, Inteligência) passivo, cujos objectos dependem dos sentidos e da imaginação, e um *nous* activo e singular – a *noesis* divina, que é apenas consciência de si própria – havia sido elaborada por Aristóteles (*De Anima*, L. III) em oposição à tese platónica do carácter inseparável do Intelecto e da Alma. Deve perceber-se até que ponto as teses peripatéticas que fascinavam os pensadores medievais ameaçavam as suas crenças monoteístas. É o caso dos restantes princípios do

Estagirita: 1) o carácter eterno e incriado da matéria – Deus é metaforicamente denominado *criador* do mundo; 2) o carácter *inteligível* da relação de Deus com os seres: imperecível, Deus conhece o universal, as leis gerais do universo, não as circunstâncias particulares ou acidentais, o que nega toda a providência; 3) a alma humana, racional, não é senão a *faculdade de receber* toda a espécie de perfeição; ela é o *Intelecto passivo*, que se torna próprio, pelo estudo e costumes, para receber a acção do *Intelecto activo* divino. O fim da existência da alma racional do homem consiste em identificar-se com o Intelecto activo por meio da contemplação teorética (*theoria*). Seja qual for a religião que um homem professe, a sua alma alcança a beatitude eterna assim que atinge essa perfeição puramente intelectual. Tudo o que a religião refere acerca do Inferno e do Paraíso é apenas uma imagem de castigos e recompensas puramente espirituais associados ao nível de perfeição atingido *neste mundo* pela inteligência e pelos hábitos.

Como actua no universo a substância absoluta, forma sem matéria e energia pura (acto)? Que relação existe entre a matéria e Deus? E, sobretudo, que elo existe entre a alma humana e o Intelecto activo que lhe é exterior? Para Averróis, não pode haver contradição entre a filosofia e a lei de Deus: não apela esta a estudar racionalmente, a observar e reflectir («ir procurar o saber até ao fim do mundo»)? Mas, sobretudo, «o verdadeiro não pode contradizer o verdadeiro». Pode, pois, tentar-se legitimamente «unir o racional e o tradicional». A razão não deve de forma alguma destruir a fé daqueles que dela necessitam. Reserva-se a racionalidade aos filósofos e, mais geralmente, aos homens que têm o gosto pela argumentação racional. Esses não crêem em milagres, dispensam os mistérios. Não hesitarão em *interpretar* os textos obscuros, procurando não os levar à letra, reconhecendo neles as metáforas. Mas os homens comuns, os homens «de argumentos *oratórios*», os «homens de exortação», incapazes de entender uma demonstração racional, deverão levar à letra todos os símbolos sem excepção, tudo o que aos outros parece absolutamente obscuro.

Existe uma terceiro espécie de espírito, intermédio: os teólogos, os homens de argumentos *dialécticos* (não demonstrativos), capazes de perceber as obscuridades dos textos, mas impotentes para os interpretar na sua verdade. A esta espécie de espírito pouco comum e híbrido os filósofos devem apresentar – o único remédio apropriado para a sua doença dialéctica – interpretações de ordem inferior. Averróis distingue três tipos de ensino, adequados às três classes de homens: 1) ensino esotérico ou filosofia, 2) ensino exotérico ou religião, 3) ensino misto ou teologia. Há que tomar em consideração também a diferença entre os níveis de inteligência. A verdade pode ser perigosa. Assim acontece, por exemplo, com a corporeidade de Deus: o *Alcorão* dá a entender que Deus possui um corpo mas não desenvolve a questão. Os teólogos que se esforçaram por provar que não tinha corpo, não convenceram ninguém. Porém se se transmite directamente um tal conhecimento às pessoas comuns, estas pensarão que um Deus sem corpo reúne todas as condições para não existir. Devemos ater-nos então à estrita Lei, não afirmando nem uma coisa nem a outra e partilhar a ideia do Profeta – «Deus é Luz» –, convidando as pessoas comuns a respeitar uma existência assim qualificada como real e particularmente nobre. Aos sábios, deve recordar-se uma fórmula do Filósofo (Aristóteles, *Metafísica*, L. II, 1) segundo a qual a inteligência é incapaz de compreender Deus assim como os olhos dos morcegos são incapazes de ver o Sol.

Outro género de espírito é o dos profetas, homens perfeitos, os únicos superiores aos filósofos. Enquanto a alma destes está votada à abstracção e não se sente à vontade na metáfora e na imaginação, a alma dos profetas elabora muito naturalmente a tradução da verdade em imagens e termos simbólicos. O Intelecto activo *emana* duplamente nestas almas: não só produz no seu Intelecto, tal como no dos filósofos, representações racionais, como ainda se repercute na imaginação para transpor as ideias puras em representações metafóricas. Nos profetas coexistem a fé e a razão, o espírito religioso e o espírito filosófico.

Para que reine a harmonia entre filosofia e religião, a condição necessária é que a pluralidade das expressões da verdade permaneça secreta, que nunca os filósofos revelem as suas interpretações aos outros géneros de espírito e que os teólogos nunca revelem ao homem vulgar as interpretações que lhes são próprias.

Atribuiu-se a Averróis uma teoria polémica denominada «dupla verdade», que aconselha a professar cinicamente, conforme as circunstâncias, duas verdades: uma conveniente aos filósofos e outra – a religião – adequada ao homem comum. Averróis parece ter sinceramente tentado conciliar o *Alcorão* e a Revelação com a filosofia e a lógica: situa a verdade superior na Revelação e a inferior na formulação teológica. Sempre que a filosofia dispõe de provas racionais, deve explicá-las. Mas acerca das questões das origens e do fim último, o homem não pode responder pela via demonstrativa. Se o filósofo pode continuar a procurar a verdade pela sua razão, o homem comum precisa de respostas, as mesmas que a Revelação oferece. Temos de acreditar nela, embora nada possamos provar, porque se manifesta onde a razão se cala. «O racionalismo de Averróis é, então, limitado por esta justificação da fé» (R. Arnaldez).

«Como todos os esotéricos, Averróis tem a firme convicção de que se provocaria as piores catástrofes psicológicas e sociais ao revelar-se intempestivamente aos ignorantes e aos fracos o sentido esotérico das prescrições e dos ensinamentos da religião. Não obstante esta reserva, sabe que se trata sempre de uma mesma verdade apresentada em diferentes planos de interpretação e compreensão [...]» (H. Corbin). A palavra de Deus dirige-se a todos os tipos de homem. A tarefa de exegese consiste em adaptar as interpretações.

- ***Aplicação da exegese na crítica do misticismo de Avicena***

A distinção entre verdade exotérica e esotérica constitui um precioso instrumento de crítica. Averróis servir-se-á dela principalmente na sua crítica do emanatismo neoplatónico de Avicena. Considera tão obscura a ideia de *criação* como a de *processão* sucessiva das Inteligências a partir do Uno: existe simultaneidade num começo eterno e é por homonímia que chamamos «alma» à energia motriz ou desejo que é o motor de cada esfera. Trata-se de um acto de intelecção pura. A hierarquia cosmológica decorre do facto de o motor de cada esfera aspirar não só à Inteligência do seu Céu, mas também à Inteligência suprema. Esta é, não emanente, mas propriamente final, no sentido em que «aquilo que é compreendido (o que é inteligível) é *causa* daquilo que o compreende».

Na célebre *Refutação da Refutação*, em que se dirige a al-Ghazali (1058-1111), Averróis aponta a contradição interna de uma teoria que se autodestrói, utilizando, de forma inteiramente sofística, armas da filosofia para demonstrar a sua incoerência e misturando de forma indistinta conceitos religiosos e filosóficos. Os conceitos religiosos são os *símbolos* de uma verdade filosófica superior; tomá-los como realidades em si é o erro típico dos que não são filósofos. Averróis dedica-se a fundamentar a capacidade racional de aceder a um verdadeiro conhecimento sem o auxílio da revelação; acusa al-Ghazali de procurar não a verdade, mas Deus e a sua piedade, e os teólogos de fazerem de Deus, princípio eterno, uma espécie de homem imortal. O avicenismo deve ser criticado, mas por uma argumentação filosófica, demonstrativa e não «dialéctica» (retórica, sem rigor objectivo), como a de al-Ghazali.

Pode acusar-se Averróis, tal como al-Ghazali, de reduzir consideravelmente o alcance espiritual da doutrina de Avicena, ao restringir ao plano dos conceitos racionais um conhecimento que traduz através de símbolos uma demanda mística de espiritualidade. Mas a preocupação de Averróis consiste precisamente em não confundir símbolos com conceitos; também rejeita aquilo que introduz a confusão por *continuidades* abusivas. No plano prático e moral, favorecem as ideologias sincréticas e a deriva irracionalista que elas favorecem: «Aí reside uma das causas pelas quais se encontram num tal estado de corrupção os hábitos e costumes dos que se dedicam à filosofia». É para assegurar a ordem no universo que Averróis introduz, em cada nível do ser, um novo princípio, estruturando a finalidade do todo em função do desejo *específico* que cada coisa, a seu nível, tem de Deus. Assim, o conhecimento mais grosseiro, que consiste em distinguir as formas da matéria, traduz «a intenção de Deus»: «que as formas, que são eternas genericamente, como universais, alcancem uma forma numericamente una [...]. Deus concedeu às formas a graça de poderem atingir outras formas completamente distintas». Estamos nos antípodas do sufismo oriental caro a Avicena, em que as *passagens* entre as doze «moradas» são vistas como outros tantos «obstáculos», até à extinção final em Deus.

- ***A teoria da unicidade do intelecto. Negação da imortalidade da alma***

Tal como os outros filósofos árabes, Averróis adoptou a mundividência de Aristóteles modificada por algumas teses neoplatónicas e debateu-se com a questão do dualismo aristotélico dos dois mundos: ao retomarem «a doutrina peripatética da hipótese das *Inteligências das esferas*, situadas entre o Primeiro Motor e o mundo, e ao admitirem uma emanação universal pela qual o movimento se transmite gradualmente a todas as partes do universo até ao mundo sublunar, os filósofos árabes pensavam, sem dúvida, fazer desaparecer o dualismo da doutrina de Aristóteles e acabar com o abismo que separa a *energia pura*, ou Deus, da matéria primeira» (T. Munk). Não só a matéria eterna é a faculdade de todo o devir pela forma que vem do exterior, como também a própria forma se encontra *potencialmente* na matéria; o Primeiro Motor fá-la sair dela, porque se a forma fosse apenas produzida pela causa primeira, haveria criação *ex nihilo*. O elo entre o homem e Deus é concebido como inteiramente racional e inteligível, mesmo que o homem não possa compreendê-lo na totalidade. É pela ciência, a contemplação de ordem teorética, e não pela mística, contemplação estéril, que apreendemos o ser. Averróis dá também pouca importância à moral (às «obras»). Deus não interfere nos assuntos humanos e, enquanto acto puro, não permite qualquer providencialismo.

Averróis distingue-se, acima de tudo, pela sua engenhosa *teoria do Intelecto* (Intelecto agente, Inteligência agente) que será controversa no século XIII entre os teólogos cristãos. Esta teoria conduziu, certamente, à negação da imortalidade da alma individual e, portanto, da ressurreição da carne, mas teve, ao mesmo tempo, implicações práticas decisivas que, até ao século XVII, alimentaram os debates do «averroísmo político». No seu *Comentário* da enigmática terceira parte do *Tratado da Alma* de Aristóteles, que se tornaria lei para os séculos vindouros, Averróis interpretou a questão do «Intelecto possível». Nesse texto, Aristóteles afirma a transcendência do Intelecto: analisando a função espiritual da alma, a parte da alma que pensa e tem querer, refere o «espírito» (*nous*, Intelecto), chamando a essa função «espírito da alma», «aquilo pelo qual a alma pensa e compreende». Já não aplica a sua definição da alma («forma de um corpo organizado») ao «espírito da alma»; deixa a este mais autonomia, dota-o de atributos quase divinos, chamando-lhe, de forma estranhamente platónica, «o lugar das formas» («lugar das Ideias»). Antes de pensar, o espírito (da alma), em acto, não tem qualquer realidade. Da mesma forma, é razoável admitir que o espírito não se liga ao corpo. Para poder conceber todas as coisas corpóreas, é preciso que o espírito não seja uma delas; para poder pensar tudo, deve estar *isolado* de tudo, ser «puro», sem *natureza*, «impassível» – imune a qualquer efeito exterior directo, não ser determinado ou limitado por natureza. Averróis adere plenamente a esta concepção do pensamento: o conhecimento intelectual, acedendo ao que é universal, permanente e eterno, torna-se idêntico à essência – universal, permanente e eterna – das coisas. Não distingue Aristóteles dois níveis no Intelecto, um Intelecto que é *em potência* tudo o que é inteligível e um Intelecto em acto? O intelecto capaz de se *transformar* em todas as coisas e o Intelecto capaz de as *produzir*, sendo este último semelhante a uma espécie de estado como a luz. Aristóteles chega ao ponto de escrever: «Somente quando está isolado o Intelecto é aquilo que é e só ele é imortal e eterno», «mas não nos lembramos».

Nesse Intelecto-luz-produtor, puro acto de pensar que nos ilumina eternamente no mundo, interpretado como sendo o próprio Deus pelo neoplatónico Alexandre de Afrodísia, Averróis vê a Razão, mas não como faculdade individual. Mesmo que não seja algo natural, o pensamento implica, porém, uma distinção entre a *receptividade* (poder de se tornar tudo) e a *actividade* (o poder de tornar tudo inteligível). É o que a terminologia latina exprime ao dizer que o pensamento é tanto um *Intelecto possível* (ou *potencial*) quanto um *Intelecto agente*. Segundo Aristóteles, o Intelecto agente actua como a luz: tal como o Sol ilumina as cores para que o olho as possa percepcionar, o Intelecto agente ilumina as nossas imagens sensíveis para que o Intelecto potencial possa apreender nelas as formas ou ideias (estruturas universais). Tal pressupõe que ele não é uma cera virgem, uma tábua rasa passiva, nem, como pretendia Alexandre de Afrodísia, uma simples disposição temporal ligada à compleição do nosso organismo – isso seria considerar o Intelecto como algo corpóreo.

Se, embora potencial, o Intelecto é espiritual e puro, devemos dizer que é eterno e universal, está apto a apreender o universal e o permanente, a receber sem limites todo o conteúdo que o Intelecto agente lhe imprime. Mas ele nada tem de individual: só existe um *Intelecto possível*, único para todos os homens, comum à espécie humana, uma única «razão», impessoal e imortal ou, mais precisamente, *eterna*. A singularidade, a finitude espacial e temporal, não pode ser uma característica do Intelecto.

Mas o que dizer, então, da procura *individual* do conhecimento? Quando conheço ou esqueço algo, outra pessoa não o conhece ou não o esquece ao mesmo tempo. No entanto, entendemo-nos. Se o saber consiste no facto de o Intelecto agente esclarecer o intelecto em potência também intemporal, o conhecimento intelectual deixa de ser um processo que se desenrola no tempo, ou seja, de forma diferente para indivíduos diferentes. Averróis baseia a solução na teoria aristotélica da imaginação: nada podemos conhecer intelectualmente sem imagens; conservamos imagens dos sensíveis porque, uma vez que somos também constituídos por forma e matéria, reconhecemos compostos de forma e matéria. Forma e matéria são inseparáveis. Ora, a operação intelectual do conhecimento implica a sua diferenciação. A operação pratica-se, então, nas *imagens* dos sensíveis, conservadas na imaginação. Os *intellecta* ou formas, objectos da inteligência, encontram-se na inteligência *potencial*, estão nela «em potência»: trata-se de fazê-los passar ao acto. Para isso são necessários *os dois Intelectos*: o Intelecto *agente*, que ilumina as imagens e faz sobressair a sua forma (tal como a luz faz com as cores), e o Intelecto *potencial*, também chamado «material» (por analogia com a matéria que recebe a forma), que é *capaz* de captar a forma. As formas recolhidas na imaginação – formas *em potência* inteligíveis – tornam-se inteligíveis *em acto* pela acção da luz do intelecto agente. Por sua vez, elas estimulam o intelecto material.

Esta é a controversa teoria da *unicidade do Intelecto*: os dois intelectos são ambos eternos e comuns, exclusivos ao homem. É neles, por meio da imaginação, ligada aos corpos individuais e à sua alma sensível, que o pensamento realmente opera. Pensar pressupõe que se transcenda a natureza individual à qual se liga a imaginação. A individualidade constitui uma limitação, uma barreira que o ser pensante ultrapassa quando pensa. O processo do *conhecimento* é uma interacção de três operações: a formação temporal de esquemas da imaginação, a actividade de abstracção de estruturas universais e a recepção dessas estruturas no Intelecto possível. O *conhecimento humano* (Alberto Magno, quando empreendeu, em 1255, a primeira verdadeira crítica do pensamento de Averróis, adoptou a sua ideia) é «uma iluminação produzida de forma muito metódica pela luz universal e eterna no seio de um processo natural» (K. Flasch).

• *Eternidade da espécie humana*

A interacção das três instâncias no ser pensante não deixa, pois, de pressupor um processo *individual*: articula-se com organismos naturais e com a produção de imagens no espaço e no tempo. Mas o ser pensante, a alma pensante, é *eterno*, e não *imortal*. Eterno na medida em que o pensamento puro lhe permite transcender a natureza individual. Mesmo que a razão impessoal se ligue à alma individual para lhe permitir exercer as suas faculdades intelectuais e orientar-se, ela é infinitamente superior à alma limitada pelo corpo e que morre com ele. Uma alma só sobrevive no Intelecto, fundida nele. «Só o Intelecto agente é imortal», diz Aristóteles. O *Intelecto possível* não é senão a receptividade do Intelecto penetrando na estrutura sensorial do sujeito cognoscente. Cada alma individual possui uma inteligência e um conhecimento *diferentes*, mas a alma intelectiva tem sempre a mesma *quantidade* de conhecimentos intelectuais, independentemente do número de almas individuais, de seres humanos. A morte não é o fim do pensamento, mas o fim do homem: do homem *individual*, não da *espécie* humana. Esta, eterna como o mundo, fornece aos dois intelectos eternos e únicos para todos os homens o material para realizar eternamente a operação do Pensamento. Os indivíduos perecem, mas outros os substituem, e se a ciência deixasse de existir nalguma parte da Terra, estaria presente noutro lado. Enquanto espécie, enquanto ser específico, o *homem* está necessariamente «ligado» aos Intelectos. Mas não enquanto homem particular, membro individual da espécie. Face a esta fusão da alma individual com a alma intelectiva impessoal, falou-se de um «panteísmo». Na Europa, a teoria da unicidade do Intelecto, deformada em teoria da «alma comum», recebeu o nome de «panpsiquismo» ou «monopsiquismo».

O intrépido Averróis não recuou diante de qualquer exigência do seu mestre grego, que admirava como um deus: tanto pior para o dogma da imortalidade da alma, esse pilar do Islamismo (e do Cristianismo). A verdade exige que a pessoa individual se dissolva no espírito humano universal. A morte apenas retira ao homem a sua alma *pessoal* (a forma do *seu* corpo). Ligada ao corpo, a imaginação morre com ele, e, portanto, o pensamento individual é perecível. Após a morte, para retomar a fórmula de Aristóteles, «não nos recordamos». Isso significa não dar qualquer importância à ressurreição da carne.

- ***Intelecto aristotélico contra a iluminação agostiniana***

Esta concepção da unidade do Intelecto tinha, no entanto, um alcance diferente da problematização de um dogma consolador: fundamentou racionalmente a comunicação dos pensamentos com argumentos inteligíveis. Ao fazê-lo, respondia às novas exigências dos homens do século XIII, cada vez mais conscientes da sua autonomia, em termos mais claros do que *De Magistro* de Santo Agostinho* que começava a ficar desactualizado; até então, recorria-se a ele para se ter uma garantia divina de que o saber era o mesmo em toda a parte: no grau zero do intelectualismo, Agostinho confiava nas «iluminações» do Verbo presente em cada um de nós para garantir a transmissão do saber. «Não seria mais conforme a Deus ter dotado o homem, imagem de Deus, de uma faculdade autónoma de inteligência e compreensão (o Intelecto), em vez de intervir constantemente por meio da revelação? Haveria assim a possibilidade de desenvolver uma ideia mais elevada de Deus [...], um Deus que dotou o homem de autonomia, que lhe ofereceu o domínio sobre a natureza e lhe permitiu considerar as ciências já não uma forma de revelação, mas uma actividade humana.» Não tinha o Ocidente aceite a mensagem de Aristóteles a partir de tais novos pontos de vista? Em *Da Alma*, Aristóteles descreve o homem como um ser da natureza, origem única dos seus próprios conceitos. Entre 1227 e 1230, na corte da Sicília, o imperador Frederico II mandou traduzir para latim o *Comentário* que Averróis fizera. Em 1231, ofereceu o texto latino à universidade de Bolonha. «Foi o início de uma longa discussão e de uma nova fase da ciência ocidental. O primeiro autor em quem se pode verificar uma profunda influência de Averróis é Alberto de Colónia» (K. Flasch).

- ***A doutrina da conjunção: a beatitude pela junção dos intelectos***

Como é que nos «encaminhamos» para a *junção* com o Intelecto agente? A esta questão, debatida desde há muito pelos filósofos muçulmanos, Averróis dá uma resposta muito firme (*Comentários a De Anima* e três *Epístolas* sobre o problema): ao passar a acto, o Intelecto possível torna-se Intelecto em *habitus*, na posse de conhecimentos e conceitos absolutos, cujo número pode crescer indefinidamente. Quando todos os inteligíveis que o «nosso» Intelecto material tem em potência são actualizados, «imediatamente o intelecto agente se junta a nós». A *beatitude* corresponde a este aumento do saber, obtido pela *junção* (ou *conjunção*) com o acto puro da Inteligência, que é o inteligível puro, elo entre o sensível e o inteligível por meio dos dois Intelectos. Foi ao pensar *o sensível* que o homem se elevou «de perfeição em perfeição, de forma em forma», até ser «comparado a Deus por aquilo que é e por conhecer todos os seres: porque os seres e as suas causas mais não são do que a ciência de Deus». Recordemos que o Intelecto agente não é Deus. Mas, ao juntar-se a esse Intelecto eterno e actual, eleva o homem ao nível das *substâncias separadas*. Ei-lo, então, no inteligível puro, na perfeição do saber. Esta é a única forma de contemplação ou de elo «místico» admitida por Averróis, que critica os místicos sufis, dos quais se aproximava Avicena, por negligenciarem a via especulativa e confiarem em intuições vagas e irracionais. Em Deus identificam-se o ser e o conhecer: a essência criadora divina é co-extensiva à ciência que Deus possui das suas criaturas. A criação, objecto de conhecimento, é a diferenciação do Intelecto agente no cosmos.

Divisa-se uma beatitude inteiramente grega e de espírito pouco monoteísta? Certamente, mas Averróis alega como sempre a diversidade das expressões da verdade. Se o *Alcorão* e o Profeta nos dizem que Deus é *luz*, deixemos o vulgo contemplá-lo como um Sol e compreendamos a metáfora, expressão do profetismo: adquirir o saber conduz-nos à felicidade suprema, que é divina (*Descoberta do Método*). O facto de não sermos capazes de compreender com a nossa razão todo o conteúdo da Revelação não significa que a razão deva ser menorizada face à mensagem revelada e satisfazer a sua necessidade de conceitos inteligíveis com a ajuda de símbolos obscuros. Preparando o caminho para São Tomás*, Averróis admite a necessidade de distinguir os dois modos de conhecimento: a revelação e a razão. Esta distinção rigorosa abre caminho à autonomia da razão mas permite igualmente não abalar o edifício da fé – e apreciar melhor a sua mensagem servindo-nos o melhor possível das nossas diferentes faculdades.

• *O «averroísmo»: erros teóricos e implicações políticas*

Denomina-se «averroísmo» a corrente de pensamento do Ocidente latino, que se prolongou do século XIII ao século XVII e é identificada, pelo menos inicialmente, com a interpretação de Aristóteles por Averróis, mas que se orientava para um estado de espírito que foi condenado como céptico e «libertino». Tratava-se, de facto, de uma ética predominantemente *racionalista* que lançou os fundamentos da modernidade: baseava-se na vocação do homem – género humano – para alcançar *nesta vida* uma «felicidade intelectual», cuja possibilidade está inscrita na doutrina segundo a qual existe uma conjunção entre o Intelecto humano e o Intelecto agente.

«A história do *averroísmo*», escreveu Renan, «com rigor, não é senão a história de um vasto contra-senso. Intérprete muito livre da doutrina peripatética, Averróis foi interpretado, por sua vez, de uma forma ainda mais leviana. De alteração em alteração, a filosofia do Liceu reduziu-se a isto: negação do sobrenatural, dos milagres, dos anjos, dos demónios, da intervenção divina e explicação das religiões e das crenças morais pela impostura» (*Averroès et l'averroïsme*, 1852). À tese da «dupla verdade», Averróis, o incrédulo, teria acrescentado a dos «"três impostores": Moisés, Jesus, Maomé e as suas três religiões, das quais uma é absurda, o Cristianismo (come-se o Deus que se adora); a outra, uma religião infantil, o Judaísmo; a terceira, uma religião de grosseiros, o Islamismo». Renan tentou limpar a imagem de Averróis de blasfemador, mas, investigando «até que ponto mereceu tornar-se o representante da incredulidade e do desprezo pelas religiões existentes», confirma a sua reputação de livre pensador e traça o retrato de um racionalista vítima de perseguições religiosas. Dado que agora se conhece melhor o *corpus* de Averróis, podemos perceber as deformações e caricaturas de um pensamento cujas repercussões, assentando em parte em mal-entendidos, desempenharam um papel importante em lutas políticas e ideológicas. A famosa doutrina da dupla verdade foi, de facto, o contributo mais significativo do averroísmo político latino.

Na verdade, a concepção da Inteligência agente dava azo a implicações teológicas e políticas. Todas as épocas e países da Europa no Ocidente cristão tiveram os seus averroístas. As soluções para o problema da Inteligência agente «revelar-se-iam muito significativas [...]. Averroísmo e alexandrinismo iriam dividir os espíritos no Ocidente, como se o primeiro representasse uma ideia religiosa e o segundo a incredulidade».

O termo «averroísmo» deve-se a Alberto Magno e a São Tomás de Aquino, que escreveram tratados contra a unidade do Intelecto (ca. 1250; ca. 1225-1274) – manifestando, ao mesmo tempo, uma grande estima pelo pensamento de Averróis –, assim como Raimundo Lúlio (1232-1316), cristão árabe de espírito ecuménico chegado a Paris em 1309, onde «encontrou uma nova espécie de infiéis, aquilo a que se pode chamar os Sarracenos do interior: os "averroístas" [...], cristãos subvertidos pela leitura de Averróis [...]», é preciso «combatê-los em Paris tal como se combatem os infiéis na Terra Santa» (A. de Libera, M. Hayoun). O que mereceria condenação na obra do cordovês? Há uma expressão que pode resumi-lo (para além dos mal-entendidos que, a coberto do averroísmo, atribuíam habitualmente a Averróis teses a que o próprio se opusera): *a ideologia da conjunção* (da alma humana e do Intelecto isolado) – ideal de *felicidade mental*, de sabedoria teorética, espécie de aristocracismo intelectual ligado à doutrina da junção dos intelectos. Esta, com efeito, representa a possibilidade para o homem de se unir com a alma intelectiva isolada. O pensamento humano é um fenómeno de «conjunção» ou «continuidade» com a substância espiritual mais inteligível. Tal incitava a reivindicar uma autonomia e dignidade específicas para a filosofia.

Esta ideologia reuniu alguns mestres da faculdade de artes (liberais) de Paris na segunda metade do século XIII (1260-1300). Os *averroístas* distinguiam-se mais por esse orgulho ético intelectualista do que pela reivindicação doutrinária do monopsiquismo. Tratava-se, de facto, da recuperação do maior denominador comum do peripatetismo greco-árabe: a conjunção da alma num universo hierárquico em que «aquilo que é comum a todas as coisas deste mundo é a aspiração a uma conjunção com a substância primeira, segundo aquilo que é próprio a cada uma delas devido à sua natureza» (Alexandre de Afrodísia).

Na existência *neste mundo*, é possível alcançar – intelectualmente – a visão de Deus. Alberto resume assim Averróis:

«Nenhum bem deste mundo terrestre é suficiente para saciar o Intelecto do homem. [...] A felicidade humana reside na união do Intelecto do homem à Causa primeira». A esta concepção aderem, em Paris, Sigério de Brabante e o dinamarquês Boécio de Dácia. Aubry de Reims recorre ao Exegeta para escrever de forma exemplar: «Quem ignora a filosofia não é um homem, a não ser num sentido equívoco!» E lança a palavra de ordem dos «filósofos»: «*Ibi statur*!» Conservemo-nos nela! (Ou seja, conservemo-nos na filosofia.) «Quando sabemos que chegámos ao fim, nada mais há a fazer do que saboreá-lo e degustá-lo com prazer. É isso que se chama sabedoria. Este sabor pode ser um prazer em si: é a filosofia. É aí que se deve parar.»

Em *O Bem Supremo* (obra-prima do averroísmo), Boécio de Dácia formula o programa do averroísmo como ascese intelectual permitindo alcançar «o melhor e mais elevado fim da vida humana», o género de vida espiritual que se chama «filosofia». Jean de Jandun (início do século XIV), para falar do orgulho em ser filósofo, insiste no papel do «Intelecto adquirido», em que Averróis vê a actualização, na alma individual, da aptidão para exercitar e desenvolver a inteligência.

O movimento averroísta atingiu o seu apogeu na Itália, onde Dante (1265-1321) sistematizou o primeiro ideal de «felicidade intelectual» a que chamou «Nobreza» (*nobiltade*). A dimensão política da conjunção («o averroísmo político») adquiriu o seu pleno sentido, prefigurado no *Tratado Decisivo*, em que Averróis encarava o alcance crítico e reformador da sua doutrina, relacionado com as *Opiniões dos Habitantes da Cidade Virtuosa*, de al-Farabi. Em *A Monarquia*, Dante recorre a Averróis para unir a especulação à acção, necessárias ao aristocratismo intelectual cujo manifesto se encontra no seu *Banquete*: «Como a potência ou faculdade intelectiva da humanidade não pode ser actualizada inteira e simultaneamente, nem por um indivíduo, nem pelas comunidades particulares, é necessário que exista no género humano uma multidão pela qual toda essa potência intelectual seja actualizada». Não consistirá «a tarefa própria ao género humano considerado na sua totalidade, no *Comentário Sobre os Livros da Alma*, em actualizar continuamente toda a potência do Intelecto possível, num primeiro tempo tendo em conta a especulação, e depois, por consequência, a acção?» Dante procura a unidade do Intelecto já não no cosmos, mas na Cidade, ou antes no Império. «A sua Monarquia universal é o monopsiquismo como doutrina social, como vida política, como História» (A. de Libera, M. Hayoun).

O averroísmo encaminhou-se, então, no sentido dessa nova política, «laica», que Frederico II (1212-1250) desenvolveu no plano cultural, financiando as suas traduções e a difusão dos *corpus* greco-árabes. Havia uma terceira via para além do agostinianismo – que deixava à Igreja o cuidado de estabelecer a *Cidade de Deus*, justificando a teocracia como um mal necessário provocado pelo pecado original – e para além do tomismo – que, ao enraizar quase biologicamente a sociedade na natureza humana, colocava a política ao serviço de uma monarquia pontifícia universal. Dante, opondo-se à Igreja e ao papa, devolve à humanidade a sua vocação política autónoma: aplica a teoria do intelecto possível à acção e ao trabalho humanos, atribui como intuito da humanidade o desenvolvimento total do espírito humano na técnica e nas artes. Este fim só pode ser atingido se a humanidade se propuser viver em paz: a *paz universal* será o mais elevado princípio político. Rejeitando qualquer fundamento naturalista da política, Dante parte de uma filosofia da cultura e da paz, assente na vocação universal do género humano, numa função intelectual com implicações culturais (actividades técnicas, artísticas e éticas). Trata-se de intensificar a vida, de permitir que a humanidade desenvolva as riquezas espirituais que estão adormecidas. Encontramo-nos aqui na origem de uma concepção da história da humanidade que iria ter uma influência decisiva no pensamento das Luzes, em Kant* (o primeiro filósofo secularizado da história) e nos teóricos da paz perpétua. A esfera política reencontrava a sua dignidade. O valor atribuído à paz inscrevia-se numa sensibilidade franciscana favorável à mensagem de Averróis.

No seu *Tratado do Defensor da Paz* (1324), Marsilo de Pádua (1275/1280-1343), outro averroísta, descreve as consequências práticas e políticas do princípio de Averróis que Alberto Magno adoptara: salvaguardar as teorias filosóficas de qualquer ingerência teológica. Assim nascia uma concepção da política secularizada e laicizada. O Estado podia ser reconhecido como um organismo dotado do seu próprio sentido e fins, contra toda a desvalorização que beneficiaria a Igreja.

☞ **Conceitos-chave e termos relacionados:**
Acto, Agente (Intelecto -), Alma, Analogia, Beatitude, Conjunção, Criação, Essência, *Habitus*, Intelecto, Inteligível, Mística, Pensamento, Potência, Primeiro Motor, Racionalismo, Razão, Ser, Uno, Unidade, Vontade.

☞ **Autores:**
Aristóteles, Guilherme de Ockham, Plotino, São Tomás de Aquino.

☞ **Bibliografia**
R. Arnaldez, *Averroès, un rationaliste en Islam*, Balland, 1998.
A. Badawi, *Averroès (IBN Rushd)*, Vrin, 1998.
A. Benmakhlouf, *Averroès*, Les Belles Lettres, 2000.
A. de Libera, M. Hayoun, *Averroès et l'Averroïsme*, «Que sais-je», PUF, 1991; *Penser au Moyen Âge*, Seuil, 1991.
S. Munk, *Des principaux philosophes arabes et de leur doctrine*, Vrin, 1982, pp. 314-328, 418-458.
D. Urvoy, *Averroès, les ambitions d'un intellectuel musulman*, Flammarion, 1998.

B

BACHELARD, Gaston (1884-1962)

A obra de Bachelard desenvolve-se segundo uma dupla oposição: por um lado, a razão científica e, por outro, a actividade onírica da imaginação. Quanto ao primeiro aspecto, propõe uma nova concepção da história das ciências, que progride por crises e rupturas sucessivas, e uma epistemologia assente na negatividade e na contestação. Daí resulta um novo racionalismo que recusa a estrutura imutável e eterna da razão. Nenhuma categoria *a priori* preside à constituição da ciência, mas a razão põe em causa os seus princípios e conceitos, ajustando-os às revoluções científicas que se sucedem. A noção de *obstáculo epistemológico* define a dupla orientação da filosofia de Bachelard: a formação do espírito científico contra as valorizações inconscientes, o conhecimento sensível e qualquer forma de evidência imediata; a reabilitação, no domínio do imaginário, das experiências desvalorizadas no plano da racionalidade.

Bachelard era neto de um sapateiro e os seus pais tinham uma loja de tabaco em Champagne. Começa modestamente a sua carreira na administração dos Correios, prosseguindo ao mesmo tempo os seus estudos universitários. Licenciado em Matemática em 1912, casa-se em 1914. Mobilizado de 1914 a 1919, só aos 35 anos entrará para o ensino, como professor de Física e Química na sua cidade natal. Aí educa sozinho a filha após a morte da esposa. Começa então a interessar-se pela filosofia e faz sucessivamente a licenciatura, as provas de agregação em 1922 e o doutoramento em Letras, em 1927, com uma tese intitulada *Essai sur la connaissance approchée* que assinala o surgimento de uma nova epistemologia. É sucessivamente professor na faculdade de Dijon, professor da cadeira de História e Filosofia das Ciências na Sorbonne, e depois director do Instituto de História das Ciências e das Técnicas. Morre em Paris em 1962.

☞ **Obras:**

Essai sur la connaissance approchée (1928); *La Dialectique de la durée* (1936); *L'Expérience de l'espace dans la physique contemporaine* (1937); *La Formation de l'esprit scientifique* (1938); *La Psychanalyse du feu* (1938); *La Philosophie du non* (1940); *L'Eau et les Rêves, Essai sur l'imagination de la matière*, (1942); *L'Air et les Songes*, (1943); *La Terre et les Rêveries de la volonté* (1948); *La Terre et les Rêveries du repos* (1948); *Le Rationalisme appliqué* (1949); *L'Activité rationaliste dans la physique contemporaine* (1951); *Le matérialisme rationnel* (1953); *La poétique de l'espace* (1957); *La Poétique de la rêverie* (1961).
[Nas Edições 70: *O Novo Espírito Científico*; *O Materialismo Racional*.]

- ***Uma epistemologia da descontinuidade***

A ciência não progride de forma contínua. Constrói-se a partir de rupturas sucessivas. Estas *rupturas epistemológicas*, mutações bruscas que o espírito deve efectuar para ajustar os seus modelos de pensamento às novas experiências, são outras tantas transformações de métodos e conceitos no próprio interior do devir científico. Bachelard utiliza de forma muito livre a lei dos três estados de A. Comte* para designar as três grandes etapas do progresso científico:

1. *O estado pré-científico*, que se estendeu da Antiguidade até ao século XVIII, é caracterizado pela ausência de ruptura entre a experiência quotidiana e a experiência científica, e pelo carácter empírico do objecto científico em continuidade com as aparências: «pensamos como vemos», ou seja, de forma substancialista, com um olhar fascinado pelo objecto e prisioneiro da imaginação, das ideias gerais e dos conceitos imutáveis.

2. *O estado científico*, que se estendeu do final do século XVII até ao início do século XX, é marcado pela ruptura com o senso comum. O conhecimento dá os primeiros passos e o pensamento científico diferencia-se do seu passado pré--científico pela tendência crescente para a abstracção em que o realismo elementar se torna um obstáculo à tentativa de racionalização. Todavia, o estado científico permanece tributário de uma «epistemologia cartesiana», ou seja, de uma filosofia da intuição, do imediato, dos fenómenos simples e de um espírito científico que confia nas verdades primeiras e nas noções de base.

3. A era do *novo espírito científico* iniciou-se em 1905, com a teoria da relatividade de Einstein, e prolonga-se até à actualidade. Esta etapa consagra a ruptura com as naturezas simples cartesianas. «Apercebemo-nos de que o estado da análise das nossas intuições comuns é bastante enganador e que as ideias mais simples como a de choque, reacção, reflexão da matéria ou da luz precisam de ser revistas. O mesmo é dizer que as ideias simples precisam de ser complexificadas para que possam explicar os microfenómenos» (*Le nouvel esprit scientifique*). A *simplicidade* é uma ilusão e os fenómenos pretensamente simples revelam-se um encadeamento de relações complexas; o novo pensamento científico não deixa de aperfeiçoar e diferenciar as estruturas.

Este terceiro período caracteriza-se pela tomada de consciência reflexiva por parte da ciência. É por isso que se define não como um estado, mas como um espírito: a nova epistemologia que anima a ciência, ou filosofia do não, toma em consideração as rupturas epistemológicas – epistemologia não cartesiana, geometria não euclidiana, relatividade não newtoniana – e, ao descobrir que «tudo o que é essencial nasce apenas contra vontade», vê no estado de crise o motor e o dinamismo internos da ciência.

Quais são, então, os princípios e os conceitos fundamentais desta nova epistemologia?

«Nada é um dado adquirido, tudo é construído», este é o axioma fundamental da epistemologia de Bachelard. A ciência não é uma invenção a partir do nada. Não se pode dizer que "começa", mas sim que se edifica contra um saber prévio: não há verdade primeira, apenas existem erros primeiros. Assim, para Bachelard, o *progresso científico* não segue a via cumulativa de uma soma de conhecimentos: é antes um processo redutor que se realiza por subtracção de opiniões erróneas, de imagens incómodas e preconceitos, e a *verdade*, noção polémica por excelência, não é um ponto de partida, mas um resultado. Termo de um processo discursivo de erros corrigidos, a verdade denuncia retrospectivamente todo o princípio como ilusório. O *conhecimento científico* é, essencialmente, um trabalho permanente de rectificação que, por recorrência reflexiva da verdade sobre o seu passado, atribui uma nova configuração à totalidade do saber.

Mas o que, sobretudo, deve ser rectificado e combatido são os «obstáculos epistemológicos» insidiosos e insuspeitos: intuições espontâneas, hábitos de pensamento, valorizações inconscientes que constituem entraves e resistências inerentes ao próprio acto de conhecer. Quer se trate da experiência imediata, da generalidade, do animismo, do realismo ou do substancialismo, não podemos superá-los de uma vez por todas, porque são sempre recorrentes e é a esse título que exigem uma psicanálise do conhecimento.

A filosofia do não induz assim a ideia «de uma mutabilidade essencial do conhecimento» que só pode ser um *conhecimento aproximado*. Não deve ser compreendido no sentido pejorativo de um saber aproximativo e vago que se contenta com o "quase". O conhecimento aproximado exclui a exactidão própria do conhecimento absoluto, mas considera-se, porém, exacto e aplica ao seu objecto cálculos por aproximação. Se a rectificação discursiva é o processo fundamental do conhecimento objectivo, a *aproximação* e o carácter parcial do conhecimento que daí resultam necessariamente prendem-se tanto com a exigência científica de superar os obstáculos epistemológicos quanto com a complexidade ilimitada inerente à própria realidade.

Desta forma, o *objecto*, definitivamente inalcançável, é apenas o produto da rectificação permanente do saber: «O que é o *átomo* senão a soma das críticas a que submetemos a sua primeira definição?»

Quanto à *razão*, já não pode ser considerada uma estrutura imutável e definitiva. Nenhuma categoria *a priori* pode presidir à constituição do saber: o pensamento produz as suas próprias categorias num diálogo permanente com a experiência, diálogo que esclarece e informa a razão.

Em Bachelard, isso implica a distinção entre uma *razão constituída* – que corresponde à obtenção de conhecimentos científicos – e uma *razão constituinte* que designa «o novo espírito científico». Este exige uma pedagogia orientada para a rejeição das intuições primeiras, do realismo reificante, das certezas definitivas, pedagogia que desenvolve o sentido do problema, da complexidade e da abstracção crescentes.

• ***Uma ontologia des-realizante***

«Pensávamos que a ciência era real pelos seus objectos e hipotética pelas relações que entre eles estabelecia» (*Noumène et micro-physique*). Ora, na ciência actual, o que é hipotético é o fenómeno. É a coordenação racional, a relação matemática, que passa por realidade. Para Bachelard, a ciência contemporânea é numenal: rompe com a «fenomenologia do objecto» que é substituída pelo ideal ascético do pensamento racional que recusa voluntariamente submeter-se às intuições da realidade sensível. O facto de a ciência ser numenal significa, para Bachelard, que o mundo oculto de que nos fala a física já nada tem a ver com o mundo em que vivemos, que «a intuição intelectual toma agora a dianteira» e que a coerência racional suplanta por força de convicção a coesão da experiência usual.

A novidade dos objectos da microfísica destrói a noção de algo fixo, sólido e permanente, e o *objecto científico* designa uma matéria dessubstanciada em que o acto prima sobre o ser, a relação sobre a coisa, e que se dissolve, afinal de contas, na imaterialidade das construções matemáticas.

• ***A poética de Bachelard***

O interesse atribuído por Bachelard à imaginação não é fruto do acaso, pois uma mesma actividade imagética opera nas duas direcções opostas, actividade científica e actividade onírica, que não são meramente justapostas, mas articuladas por uma dialéctica de inspiração psicanalítica. Mas se a *psicanálise do conhecimento*, tendo como finalidade a formação do espírito científico, do seu rigor e objectividade, deve purificar o espírito de todas as ilusões e valorizações que constituem outros tantos obstáculos epistemológicos, a *psicanálise da experiência poética*, pelo contrário, deve estar atenta à subjectividade profunda e manter-se fiel ao onirismo dos arquétipos inconscientes.

Ora, o que é *imaginar*? Não é a capacidade de formar imagens à semelhança da percepção, mas, pelo contrário, a faculdade de deformar as imagens iniciais para constituir um domínio específico, o imaginário, que suplanta toda a realidade dada. A imaginação autêntica é, portanto, imaginação criadora.

As *imagens*, produtos da imaginação, transcendem a subjectividade fechada do indivíduo. A sua força e dinamismo exprimem o poder cósmico dos elementos – água, ar, terra e fogo. Enquanto *arquétipos*, as imagens constituem um verdadeiro «transcendental» da percepção e fazem-nos participar numa simbólica universal. A *imaginação*, tal como o novo espírito científico, define-se, então, em ruptura com a percepção comum. Tal como ele, é negatividade, mobilidade, experiência própria da novidade. Assim, tanto no registo poético como no da ciência, Bachelard mostra-nos faculdades abertas e inovadoras, expressão da transcendência do homem e da sua infinita liberdade.

☞ **Conceitos-chave e termos relacionados:**
Arquétipo, Catarse, Ciência, Conhecimento (- aproximado, - científico), Dialéctica, Epistemologia, Estado (- pré-científico, - científico), Física, Imagem, Imaginação, Materialismo, Novo espírito científico, Objecto científico, Obstáculo epistemológico, Psicanálise, Racionalismo, Razão, Ruptura epistemológica, Simples.

☞ **Autores:**
Althusser, Bernard, Canguilhem, Comte, Foucault, Freud, Jung.

☞ **Bibliografia**
D. Gil, *Bachelard et la culture scientifique*, PUF, 1993.
P. Ginestier, *Pour connaître la pensée de Bachelard*, Bordas, 1968.
P. Quillet, *Bachelard*, Seghers, 1964.
[F. Dagognet, *Bachelard*, Edições 70.]

BACON, Francis (1561-1626)

Bacon é a figura de proa da filosofia pós-medieval na Grã-Bretanha. É apontado como fundador da ciência moderna e a sua actualidade reside na importância que atribui à observação e à experiência, na concepção de um novo método indutivo, na união estreita que estabelece entre ciência e técnica com o objectivo de assegurar o reinado do homem sobre a natureza e, por fim, na ideia inteiramente original, à época, do progresso da ciência como obra de uma comunidade de sábios.

No entanto, continua a ser um «antigo», porque a sua teoria da ciência mantém-se tributária da religião. Além disso, o primado atribuído à experiência levou-o a ignorar o papel essencial da matemática na interpretação da natureza: a sua física é ainda qualitativa e não quantitativa.

Nascido em Londres, prossegue os seus estudos em Cambridge e inicia-se ainda muito jovem nos assuntos políticos, auxiliado pelo pai que desempenhava na altura funções importantes na corte inglesa. Ambicioso e astuto, frequenta assiduamente os centros do poder e torna-se Lorde Chanceler em 1678, com o título de barão. Mas, em 1621, é acusado de prevaricação e de numerosos actos de corrupção. Destituído do cargo, dedica-se então à elaboração da sua obra filosófica que terá beneficiado com o seu exílio forçado da vida política. Fundou duas cátedras de Filosofia nas universidades de Cambridge e Oxford.

Reza a lenda que morreu de pneumonia quando levava a cabo uma experiência na neve sobre a putrefacção da carne.

☞ **Obras:**
Os seus escritos em inglês ou em latim foram, na sua maioria, concebidos como parte de uma única obra: *Instauratio Magna*, a grande restauração das ciências. Nela inclui-se: *Ensaios* (1597); *Sobre o Progresso das Ciências* (1607); *Novum Organum* (1620); *A Nova Atlântida* (1627).

• *O projecto de uma reforma radical das ciências*

Bacon apresenta-se como o teórico e o arquitecto desta reforma. Este projecto, exposto tanto em *Sobre o Progresso das Ciências* como no *Novum Organum* ou *A Nova Atlântida*, será louvado por D'Alembert e Diderot na *Enciclopédia*. Trata-se de um vasto projecto que compreende:

1. um balanço crítico das práticas filosóficas e científicas correntes, assim como dos erros inerentes ao espírito humano e entraves ao progresso da ciência;

2. um inventário dos processos cognitivos;

3. uma *repartição* ou *divisão das ciências* (*partitiones scientiorum*), destinada a orientar a investigação científica e cujo princípio consiste em fazer corresponder os diferentes ramos do saber às faculdades do espírito. Assim, a história corresponde à memória, a poesia à imaginação e a filosofia à razão.

O propósito fundamental de Bacon consiste em contribuir para o progresso das ciências da natureza, analisando as causas da inércia do espírito.

Deste modo, previamente a qualquer projecto epistemológico, a primeira tarefa consiste em enumerar as principais fontes de erros que resultam, segundo Bacon, da perversão da natureza humana pelo pecado original. Este será o objecto da célebre teoria dos «ídolos», definidos como predisposições para o erro, ilusões que falseiam o juízo e que constituem «verdadeiros obstáculos» (*offendicola*) ao progresso do saber. Podemos certamente ver nos «ídolos» reminiscências platónicas do Livro VII da *República* (as imagens que desfilam na parede da caverna). Mas devem ser compreendidos também na perspectiva metafísica e religiosa em que se inscreve a teoria do conhecimento de Bacon. Com efeito, o *conhecimento* é o esforço pelo qual o espírito se separa de si para aceder às coisas que são absolutamente elas próprias (*ipsissima*) e que existem independentemente do conhecimento que temos delas, porque são ideias no espírito de Deus.

O *Novum Organum* classifica os ídolos em quatro categorias:

1. os *idola tribus* ou «ídolos enraizados no espírito humano» em geral (por exemplo, o facto de se generalizar prematuramente a partir de um pequeno número de casos);

2. os *idola specus* ou «ídolos da caverna», que são próprios a cada indivíduo, quer tenham a sua origem na natureza de cada um, quer resultem dos preconceitos fruto da educação;

3. os *idola fori* ou «ídolos do fórum» são imputáveis à linguagem e às suas ambiguidades. As palavras criam muitas vezes relações enganadoras com as coisas porque podem designar realidades inexistentes ou abstracções vazias: o espírito, em vez de apreender as coisas em si, raciocina sobre abstracções;

4. os *idola theatri* ou «ídolos do teatro», que estão ligados aos diferentes modos de transmissão do saber, mais precisamente ao ensino em que muitos mestres procuram brilhar às custas da verdade.

Estes ídolos não são todos extirpáveis, mas conhecendo-os e demonstrando o seu mecanismo, tornamos o espírito apto para a verdade.

• ***O método***

O *Novum Organum* é um tratado do *método*, ou seja, da «arte de interpretar a natureza». A atitude filosófica ideal, liberta dos ídolos, não é nem a do empirista que se contenta em acumular factos sem método, nem a do racionalista que pensa poder concluir tudo da sua própria substância. O único método que permite a instauração e o progresso da ciência reside na união íntima entre razão e experiência.

O empreendimento de Bacon consiste em abandonar o método dedutivo que se contenta em raciocinar no abstracto e se mostra totalmente estéril. Só a experiência é capaz de fornecer novos conhecimentos. Convém então proceder a uma verdadeira «caça aos factos», na condição, todavia, de os ordenar racionalmente, caso contrário a simples recolha seria igualmente estéril. Assim, apenas a indução se mostra fecunda. Ela é a própria chave para a interpretação da natureza.

Bacon rejeita, porém, a *indução aristotélica* – que procede por uma enumeração de casos particulares para deles extrair o geral –, uma vez que basta um só caso para contradizer uma tal diligência. A esta indução pela soma de factos opõe a *indução por subtracção* ou eliminação sistemática de experiências inconclusivas. Nesta perspectiva, parece que a verdade só pode ser afirmativa no termo de um longo processo de exclusão, cuja conclusão nunca é garantida. É por isso que Bacon indica que o *axioma* (a lei) não pode ser senão uma esperança. Neste ponto, está muito próximo da epistemologia contemporânea. O privilégio concedido às experiências negativas no processo de indução prefigura o critério popperiano de «falsificabilidade» (*cf.* Popper*), pois o método de exclusão apenas é capaz de evitar os perigos inerentes às generalizações prematuras. Porém, para Bacon, não deixa de se aplicar a indução (afirmação que o aproxima de Popper). Esta revela toda a sua fecundidade graças às «tabelas de comparência» que, mais tarde, se tornarão um modelo para o método experimental. Consistem em três grelhas de observação:

1. a tabela de presença que regista os casos em que o fenómeno é observado;

2. a tabela de ausência em que o fenómeno não se verifica apesar de um contexto similar;

3. a tabela de grau ou comparação que permite relacionar o objecto observado com uma escala e calcular o grau numa certa relação.

• ***A ideia de uma república científica***

Bacon manifesta igualmente a sua modernidade em *A Nova Atlântida*, utopia de uma sociedade organizada cientificamente tendo em vista o progresso da ciência. Este, segundo Bacon, não pode ser obra de um único espírito, nem sequer de um grupo de investigadores isolados, mas deve ser fruto de um trabalho colectivo. Bacon concebe assim o projecto de uma *república científica*: uma comunidade de sábios que dividem tarefas, partilham uma ética – um conjunto de regras morais susceptíveis de acautelar a sociedade contra os desvios da ciência – e constituem uma organização social e política cuja responsabilidade é do Estado. O seu papel consiste em instituir centros de investigação e ensino, criar laboratórios e conceder subsídios aos investigadores. É essencialmente a este projecto que Kant* se refere quando dedica a *Crítica da Razão Pura* à memória de Bacon.

☞ **Conceitos-chave e termos relacionados:**
Axioma, Conhecimento, Divisão das ciências, Indução, Método.

☞ **Autores:**
Aristóteles, Bernard, Hume, Kant, Popper.

☞ **Bibliografia**

M. Malherbe e J-M. Pousseur, *Francis Bacon: Science et méthode*, Vrin, 1885.
P. M. Schuhl, *Pour connaître la pensée de lord Bacon*, Bordas, 1949.

BATAILLE, Georges (1897-1962)

Escritor e pensador francês, nascido em Billom (Puy-de-Dôme). Desempenhou um papel determinante no pensamento e na filosofia contemporâneas (Deleuze*) e na renovação da literatura (M. Blanchot, P. Klossowski). Convertido ao catolicismo em 1914, perdeu a fé antes de levar por diante a sua decisão de se tornar monge. Não tendo participado nas duas guerras mundiais por razões de saúde, exerceu as profissões de cartógrafo, bibliotecário (Biblioteca Nacional: 1922-1942) e conservador (Carpentras, Orleães). Em 1923, descobre Nietzsche*. Em 1931-32, assiste, «sufocado, abismado», às aulas de A. Kojève* sobre Hegel* na École des Hautes Études. Participa no movimento surrealista, funda a revista *Acéphale* em parceria com Klossowski. Em parceria com Roger Caillois e Michel Leiris, inaugura o *Collège de sociologie* para estudar as funções sociais do sagrado e, em 1946, cria a revista *Critique.*

☞ **Obras:**

a) os contos eróticos constituem uma parte importante da obra de Bataille, de início sob pseudónimos: *Histoire de l'œil* (1928); *L'Anus solaire* (1931); *Le Bleu du ciel* (1935); *Madame Edwarda* (1937); b) a sua obra principal é *L'Expérience intérieure* (1943), seguido de *Le Coupable* (1944); *L'Érotisme* (1957); *La Haine de la poésie* (1947); *La Part maudite* (1957); *La Littérature et le Mal* (1957); *Ma Mère* (1966); *Le Mort* (1967); *Les Larmes d'Éros* (1978); *Théorie de la religion* (1986).

• *A experiência interior, derrota do pensamento*

A base do pensamento de Bataille encontra-se na «experiência interior»: a «viagem ao limite das possibilidades do homem», «estados de *êxtase*, de arrebatamento», como «a ebriedade, o fervor erótico, o riso, a expressão do sacrifício, a efusão poética». Bataille descreve o «desvanecimento do real discursivo» nos termos da experiência mística. A ausência de toda a racionalidade na transgressão dos limites – a mortificação do sujeito, a dilaceração do ser – conduz à rejeição da filosofia, tentativa de reduzir o pensamento ao saber. Mas leva também a conjurar o irracionalismo, as «viagens» no desconhecido, a procura de satisfações místicas por meio de pretensos exercícios espirituais. Só «aquele que não está *além*» pode encontrar-se *fora* dos limites. Se o visionário «engana mais facilmente do que um filósofo», então está «sempre a fazer teatro». A *passagem para o limite* exige o «apagamento da inteligência». O êxtase não é presença, mas ausência; não modera qualquer transcendência, mas procede na imanência, nos limites.

A *escrita* tensa, aforística e fragmentária de Bataille é uma mistura de géneros (ficção, ensaio teórico). Tenta, de forma encantatória e repetitiva, alcançar *os limites* do pensável, da linguagem. Procurando exprimir aquilo que é impossível através do discurso, a sua escrita deve transgredir a forma. «Escrever nunca é mais do que um jogo com uma realidade inapreensível.»

Pois «o êxtase significa a derrota do pensamento»: nele realiza-se uma *fusão* pela ausência de toda a distinção, em que sujeito e objecto, ignorância e desconhecimento, se confundem. Esta fusão faz-se *sem unidade nem identidade*: vive a diferença absoluta, o impensável das singularidades, dos acontecimentos. É um desafio aos sistemas que pretendem tornar homogéneo o heterogéneo; um desafio a Hegel para quem o pensamento *supera* as diferenças, o negativo, a morte. O ser não é o Ser, definido e inteligível, mas *aquilo que tem lugar*, «que não pode ser justificado nem recusado a partir de princípios», inconcebível, inacabado, heterogéneo, como a história e a ciência.

Na filosofia, Bataille busca a permanência da inquietude aporética, que retoma incessantemente *a questão*, nos limites do impensável. O seu «sistema», que certamente devia manter-se inacabado, era uma *Suma ateológica*, que ambicionava ser o «Sistema inacabado do não-saber»: «O ateólogo [...] toma [...] a ausência de *Deus* [...] como objecto da sua reflexão.» A *ateologia* ou *heterologia*, ciência paródica do contraponto da filosofia, «expõe» a experiência do não-saber. Trata-se, suprimindo o fundamento e o *telos*, de considerar exteriormente ao saber aquilo que existe, reflectir sobre o excessivo, aquilo que ultrapassa tudo o que é conhecido e conduzir o ser para além dos seus limites. Mesmo aqui, não há qualquer irracionalismo: se a razão deve destruir os seus limites, esta prática para ela faz sentido. É «pelo desprezo, não da razão em si mesma, mas da estreiteza dos seus mandamentos, que encontramos a força de regressar a esse mundo de morte e encantamento de que nos priva o uso exclusivo da razão» (*Critique* nº 39).

• ***Interdição, transgressão, angústia***

Duas experiências-chave ambivalentes alienam o pensamento, forçam-no a confrontar «o limite do possível»: *a angústia*, medo extremo sem objecto, antecipação do vazio, «sentimento de um perigo ligado à inexaurível espera» do desejo que «toma o "para além do ser" como objecto»; *a interdição*, que suscita a angústia e o gozo da sua transgressão. Sancionada pela sociedade ao longo da sua evolução que tende para a homogeneização, a interdição visa excluir toda a violência para impor a ordem. A angústia aliena o sujeito e só prevê duas saídas: a fuga por regressão para o conhecido ou a superação extática pela qual «comunico com um além inapreensível». A *transgressão* é para o homem a própria condição de existir: procurar o excesso, gastar em excesso, no fascínio da perda e da morte, conhecer «a apoteose do que é perecível, apoteose da carne e do álcool assim como os transes do misticismo». Perpétuo recomeço, a transgressão desafia a dialéctica. Bataille descreveu-a em Gilles de Rais, soberano no excesso, tanto do crime como do arrependimento.

• ***A soberania***

O êxtase nada tem de hedonista. Realiza-se na *soberania*, «operação que não está subordinada a nada e que nada subordina», a recusa de «submeter a acção a considerações prévias», como é o caso em todos os estados heterogéneos que são «decompostos em *nada*» ou que apenas são decompostos pela imaginação ou pela «imitação». São o riso, as lágrimas, a poesia, a tragédia e a comédia, o jogo, a cólera, a ebriedade, o êxtase, a dança, a música, o combate, o macabro, o encanto da infância, o sagrado, o sacrifício, o divino e o diabólico, o erótico, a beleza, o crime, a crueldade, o terror e o desgosto. No «momento soberano, apenas conta o próprio momento». «Para além da utilidade», a vida isenta de inquietação já não subordina o tempo. Este conceito, central em Bataille, é muito diferente do conceito de *domínio* em Hegel*, que continua dependente do negativo e da servidão (mediação, trabalho). O pensamento como *não-saber* é soberano na medida em que «detém o movimento que o subordina» (a discursividade) e identifica-se com a ruptura dos laços que o subordinavam. O ser é soberano na medida em que já não está subordinado ao conhecimento e se apresenta como «i-numerável», «in-definível», resiste a ser catalogado ou *racionalizado.*

• ***A sorte***

Sob a influência conjugada de Nietzsche* e Heidegger*, Bataille elabora uma «ontologia do jogo», não dialéctica, que opõe ao saber a *sorte*: instante miraculoso em que a angústia e o desespero se transformam em júbilo. Na demanda do impossível, a sorte tem valor de método: vontade de apostar, exacerbação das forças na imanência absoluta, afirmação pura do possível (sem outra autoridade que não ela mesma). Aliada à descontinuidade – heterogeneidade e singularidade do sujeito –, a sorte fractura o tempo: a aposta insensata rompe a ordem económica; o *golpe de sorte* no entusiasmo do momento torna o tempo vertiginoso, extermina qualquer valor, consome tudo imediatamente e ignora o futuro.

• ***A morte, o riso, o erotismo***

Tudo seria demasiado simples se a *morte* fosse apenas um apagamento da vida. A morte é, por excelência, o *nada*, não-objecto de um não-saber, face ao qual só há três soluções: negá-la (saber, ignorância ou fuga), sucumbir a ela (*pathos*, suicídio) ou *enfrentá-la* pelo riso. A morte é uma «impostura» e não um acontecimento sério, excepto para quem se pense *a priori* eterno: «A seriedade da morte é o servilismo do pensamento.» Faz parte daqueles instantes «miraculosos» em que «o impossível se mostra», em que «a espera se reduz a *nada*», como «as lágrimas que destroem o pensamento, subtraem-nos o saber». Esse nada só pode provocar o «júbilo trágico». O «exercício da alegria em face da morte é a única via de probidade intelectual que pode ser seguida pela procura do êxtase». Interiormente, ao grito da angústia responde o riso.

Contra toda a *economia* que a reduziria a uma função reguladora, Bataille vê na morte superabundância, excesso, prodigalidade, luxo, despesa, dádiva, sacrifício, ambivalência. A vida só existe na troca com a morte: «Uma agitação febril em nós pede à morte que exerça os seus estragos às nossas custas». «Não há diferença entre a morte e a sexualidade [...], ambas auge de uma festa que a natureza celebra com a inesgotável multidão dos seres, ambas tendo o sentido do esbanjamento ilimitado que a natureza realiza contrariamente ao desejo de perdurar próprio a cada ser».

«O erotismo é a confirmação da vida mesmo na morte.» «A experiência interior do erotismo», tal como a morte, desafia a economia reprodutiva que converte os sujeitos em indivíduos e os devolve à continuidade do ser. Misto de angústia e alegria, não é o hedonismo, esse «enfraquecimento da corja», que acumula (economicamente) prazeres, ignorando o espírito da transgressão, condição para sucumbir ao soberano irracionalismo. Necrofilia, orgias, suplícios, abjecção, coprofagia: o *erótico*, em Bataille, é «tudo o que está ligado à sexualidade profunda, por exemplo, sangue, terror súbito, crime, tudo o que destrói indefinidamente a beatitude e a honestidade humanas».

• ***A Parte maldita***

Bataille projectou uma *economia geral* para inverter os dogmas fundadores da economia – escassez, produtividade, utilitarismo. Noção fundamental: a *despesa* (*cf.* Mauss*) na qual a troca é compreendida na sua dimensão de «consumo», de esbanjamento. Uma sociedade vive graças à *parte maldita*, energia que não é consumida e apenas pode ser dispendida em actividades improdutivas (luxo, guerras).

A influência de Bataille na filosofia contemporânea da imanência absoluta é particularmente marcante em Deleuze: a destruição do pensamento representativo, a procura do alheamento do racional, o desejo errante, o tempo fragmentado, o espaço plural, as diferenças puras num *continuum*. Notam-se também influências em Baudrillard*: o efeito de sedução do simbólico como troca incessante, reversibilidade absoluta, improdutiva.

☞ **Conceitos-chave e termos relacionados:**
Angústia, Dádiva, Economia, Erotismo, Escrita, Experiência, Êxtase, Imanência, Interdição, Mal, Misticismo, Morte, Sagrado, Sacrifício, Sadismo, Senhor-escravo, Soberania, Sorte, Troca.

☞ **Autores:**
Baudrillard, Deleuze, Hegel, Mauss, Nietzsche.

☞ **Bibliografia**

J. Durançon, *Georges Bataille*, «Idées», Gallimard, 1976.

R. Sasso, *Georges Bataille: le système du non-savoir. Une ontologie du jeu*, Minuit, 1978.

M. Surya, *Georges Bataille, la mort à l'œuvre*, Gallimard, 1992.

BAUDRILLARD, Jean (1929)

Sociólogo e filósofo francês, brilhante ensaísta com traços de moralista sacrílego. Baudrillard revela e radicaliza os paradoxos da sociedade de consumo «após a orgia», quando o *consumo*, que foi sempre simbólico (consumo de *signos*), tende a libertar-se do real para entrar na lógica infernal da produção de simulacros que transforma o *real* em fantasma obsidiante.

Baudrillard leccionou Sociologia na universidade de Paris-X-Nanterre e fez parte do IRIS (Institut de recherche sur l'innovation sociale da universidade de Paris-Dauphine). A forma breve adequa-se ao seu pensamento e o seu domínio é a contemporaneidade. É autor de numerosos artigos de jornais (crónicas regulares no *Libération*). Resume assim o seu itinerário: «Patafísico aos 20 anos, situacionista aos 30, utopista aos 40, transversal aos 50, viral e metaléptico aos 60: eis toda a minha história» (*Cool Memories*, II).

☞ **Obras:**

Le système des objets (1968); *Oublier Foucault* (1977); *De la séduction* (1979); *L'Autre par lui-même* (1987); *La Transparence du mal* (1990); *La pensée radicale* (1994); *Le Crime parfait* (1995); *L'Échange impossible* (1999).

[Nas Edições 70: *A Sociedade de Consumo*; *Para Uma Crítica da Economia Política do Signo*; *A Troca Simbólica e a Morte*.]

- ***«Após a orgia». Uma sociedade hiper-realista e obscena***

O que fazer «após a orgia»? «A orgia é todo o momento explosivo da modernidade, a libertação em todos os domínios» (*La transparence du mal*): político, sexual, das forças de produção, dos impulsos destrutivos, da mulher, da criança, das pulsões inconscientes, da arte, da representação, da anti-representação. «Foi uma orgia total [...] Percorremos todos os caminhos da produção e da superprodução virtual de objectos, signos, mensagens, ideologias e prazeres. Hoje, tudo foi libertado [...] O que fazer após a orgia?» (*Ibid.*, p. 11).

Depois de demonstrar, nas suas três primeiras obras, que a *sociedade de consumo* metamorfoseia todas os aspectos negativos em positivos na medida em que alimentam o grande mito da produtividade, Baudrillard encena a sociedade para a qual «já não há *cena*», mas antes uma «simulação gigantesca, técnica e mental».

A *sociedade de consumo* tornou-se *sociedade de simulação* em que a produção, para além da lei da troca, se envolveu numa sucessão infindável de imagens, informações, comunicação: tudo se diz, tudo ganha força ou forma de símbolo, mas, como iconoclastas de um novo género, fabricamos uma profusão de imagens em que já *nada* há a ver (imagens digitais, vídeo, artes audiovisuais...), imagens sem traços, sem sombra, sem consequências (*La guerre du Golfe n' a pas eu lieu*, Galilée, 1991), a não ser através dos comentários intermináveis de eventos invisíveis. Esta nova *obscenidade* – hiper-realidade daquilo que se dissolve na comunicação, êxtase das funções e dos objectos na sua legibilidade, transparência generalizada, expressão livre, revelação do oculto e do recalcado, fluidez, disponibilidade, solicitação incessante – supera a obscenidade da lógica da mercadoria e do mercado. «Já não nos encontramos no drama da alienação, estamos no êxtase da comunicação» (*Les stratégies fatales*, p. 93). «Somos a cultura da ejaculação precoce.»

A autonomia do virtual dissipa a ilusão de que o pensamento possa aceder a um real que precederia o funcionamento infinitamente auto-referencial dos seus procedimentos; ela anula-o como referencial exaltando-o simultaneamente como modelo. Alienado do seu próprio princípio, o real torna-se um fenómeno extremo, um fantasma. O real e a ilusão identificam-se (holograma).

• ***Sedução* versus *produção***

Qual é a nossa derradeira hipótese? A eternidade da *sedução* – princípio de reversibilidade e de irreconciliação que conserva o domínio da ilusão, da aparência, do artifício, põe em cheque a comparação do simbólico com o real. Ou ainda: «o esgotamento do sentido no signo efémero, em que transparece o extremo do prazer.» Eis o tema-chave de Baudrillard (*cf.* a análise do *Diário de um Sedutor* de Kierkegaard* em *Da Sedução*): opor uma espécie de eternidade da sedução à fuga para a frente da produção – perda dos signos no sentido, do objecto na lei do valor, princípio de irreversibilidade hoje tornado princípio de circulação, de conciliação de todas as instâncias em dissolução. Pura troca de signos, a sedução «passa pelo gozo subtil que sentem os seres e as coisas em manter-se secretas no seu próprio signo». A sedução desvia, introduz a realidade no grande jogo dos simulacros. *Seduzir* significa inverter todos os signos: é *seduzido* aquilo que se oculta no seu próprio signo. Assim é a *sedução amorosa* ou mesmo a estratégia das *artes marciais*: esquivas, simulações para ocultar as evidências, afastando até as aparências para alcançar o âmago vazio e estratégico das coisas, como por encantamento; assim é o *dito espirituoso* (o *Witz*), sedução da linguagem, em que as palavras se seduzem (desviam) reciprocamente como se a linguagem funcionasse sozinha, sem recorrer à razão, sem esta saber, numa vertigem – a palavra é aí *traço*, já não signo portador de sentido, mas vector puro da aparência. Toda a sedução é *fatal* pois converte os seus efeitos num encantamento de uma necessidade mais elevada do que a causalidade, conduz as coisas a um ponto sem regresso.

A sociedade (*obscena*) da «exibição produtiva», em que é preciso «que tudo seja dito, acumulado, recenseado, catalogado», perdeu o sentido da distância, do jogo, da encenação (do social, do político, do teatro): «Produzir significa forçar algo que é de outra ordem, da esfera do secreto e da sedução, a materializar-se.» Como refazer a «ilusão», reencontrar «essa força, simultaneamente imoral e maléfica, que subtrai o mesmo ao mesmo e se chama sedução»?

• ***Refazer a ilusão. Redescobrir o desafio simbólico***

O paradoxo consiste no facto de a exigência do simbólico assediar a sociedade da simulação generalizada, mas «incessantemente restringida pela lei do valor». «Já não existe troca simbólica ao nível das formações sociais modernas, nem como forma organizadora»: eis a primeira frase de *L'échange simbolique et la mort* (cujos primeiros três capítulos são essenciais no pensamento de Baudrillard). A lógica do simbólico realiza-se no princípio de reversibilidade ao passo que a simulação, assediada por um simbolismo *leucémico* (a hiper-realidade, o real fantasmático), tem como lógica o *código*. A sociedade moderna extermina o valor: a lei do valor adquiriu um carácter irreversível, já não é a mensagem que o objecto veiculava (o seu valor de troca). Esquecido o objecto e a sua função, a lei do valor tornou-se irreversível, um intermediário que se impõe na sua circulação pura. Existe uma saturação de sentido, a informação já não remete para o acontecimento, antes promove a própria informação (função puramente *fática*). Vivemos assim o fim do Apocalipse e da revolução: esta foi realizada parodicamente, pela generalização do social e pela morte da política (agora tudo – ou seja, nada – é política). Tudo é pois recuperado pelo código: «Todos os movimentos que jogam apenas com a libertação, com a emancipação, com a ressurreição de um sujeito da história, do grupo, da palavra, com a tomada de consciência, e até com uma "tomada do inconsciente" dos sujeitos e das massas, não vêem que vão no sentido do sistema, cujo imperativo é hoje precisamente de superprodução e regeneração do sentido e da palavra...» (*Simulacres et simulation*). «O movimento glorioso da modernidade não conduziu a uma transmutação de todos os valores, como tínhamos sonhado, mas a uma dispersão e involução do valor...» (*La transparence...*). Um sistema assim não se *destrói*. Só a reversibilidade simbólica poderia ser *mortal* (sedutora) para o sistema invertendo-lhe todos os signos («a Morte» é a única ordem de reversibilidade, superior à ordem do código).

Há três eventos teóricos que envolvem, segundo Baudrillard, uma reversibilidade total na condição de os inverter: *a pulsão de morte* freudiana, a *troca-dádiva* de Mauss* e a teoria dos *anagramas* de Saussure*; os três conceberam uma mesma forma para além do valor e da lei. Mas fizeram-no ocultando o extermínio do valor pela sociedade moderna, de maneira que as suas interpretações prolongam a lei em vez de a exterminar. É preciso inverter em Freud* a pulsão de morte – ideia que implica a inversão de toda a positividade psicanalítica com a sua lógica pulsional; inverter em Mauss o carácter reversível da troca-dádiva; inverter em Saussure o carácter estrutural do sistema linguístico pela sua própria teoria dos anagramas. Por meio de uma violência teórica, *invertê-los* – dirigi-los contra eles próprios – a fim de que o seu princípio de reversibilidade venha pôr fim à saturação do sentido, com a imensa tautologia na qual tudo é recuperado pelo código, como é o caso da lei do Pai (Freud), da revolução (Marx*) e da estrutura (Saussure).

Por exemplo, a troca simbólica que forma a base das sociedades não deve ser analisada, como fez Mauss, em termos de «dádiva-contradádiva»: a *irreversibilidade* da dádiva (de sentido único, gratuita...) é ignorada pelas sociedades «primitivas» que apenas conhecem «o desafio e a inversão das trocas». Baptizámo-las de «dádivas» («troca-dádiva»), em função dos nossos mitos, relacionados com a possibilidade de reter valor e de o transferir num único sentido, o que elimina a relação dita simbólica. A dádiva não pode constituir «um princípio alternativo à lei do valor e à economia política» (*L'échange...*, nota p. 63).

Ora, para onde tende a sociedade de generalizada simulação hiper-realista senão para radicalizar a eficácia simbólica? Esta forma de sociedade «redescobre o que os primitivos sabem»: que é impensável «resumir o valor a um termo», «isolar um segmento da troca», «que nada há sem contrapartida», porque «o processo da troca é inexoravelmente reversível», porque as relações não podem abstrair-se do «incessante reacender da ambivalência e da morte na troca».

Mas não se pode confundir o princípio de reversibilidade com a tautologia obscena da sociedade de simulação: nesta, «o domínio tem a ver com o facto de o sistema deter a exclusividade da dádiva sem contradádiva – dádiva do trabalho à qual não se pode responder pela destruição ou sacrifício, a não ser no consumo que é apenas mais uma espiral do sistema de gratificação sem saída, portanto, mais uma espiral do domínio; dádivas dos *media* e das mensagens, às quais, pelo monopólio do código, nada se pode opor; dádiva, em toda a parte e a todo o momento, do social, da instância de protecção, de segurança, de gratificação e de solicitação do social à qual já nada pode escapar». Portanto, «a única solução consiste em voltar contra o sistema o próprio princípio do seu poder: a impossibilidade de resposta e réplica» (*ibid.*, pp. 63-64).

• ***Ambivalência do fascínio, paixão moderna. Os abismos superficiais***

Niilismo? O sistema é hoje niilista, pelo seu poder de tudo converter, mesmo aquilo que o nega, à indiferença! As ideologias deram lugar aos simulacros. As formas de neutralidade e indiferença eclipsaram o sentido. Niilismo da transparência: Deus está morto, mas já não há ninguém para dizê-lo; Deus tornou-se hiper-real e o niilismo já não tem sentido, já a nada se opõe. Neste deserto, simbolizado, por Baudrillard, pelas luzes de Las Vegas, imagem de saturação superficial, eis que renasce «a forma vazia e sem apelo da sedução»: a alucinação hiper-realista, o fascínio próprio do universo simulatório em que real e ilusão se confundem, não difere muito da sedução e da elipse da presença. Não corresponderá ao «fim da produção» (título do cap. I de *L'échange...*)? O fascínio pelas formas desérticas da nossa modernidade recorda-nos que «a cena apaixona-nos, mas o obsceno fascina-nos». Ambivalente, o fascínio, essa paixão moderna, não deixa de pisar um terreno comum à sedução: o mesmo processo conduz à vertigem encantada da sedução e à fusão do mesmo com o mesmo, ao obsceno, esse absoluto onde apenas o vazio transparece. «Talvez seja necessário opor radicalmente os efeitos da obscenidade e os da sedução, mas talvez seja também necessário acumulá-los e apreendê-los conjuntamente na sua anamorfose inextricável.» *Anamorfose*: entrever uma forma noutra, detectar uma força na que se lhe opõe, quando a energia do Falso resplandece no poder do Verdadeiro, o Bem da energia do Mal.

Ora, quando o obsceno – mais verdadeiro do que o verdadeiro – se metamorfoseia em mais falso do que o falso – o abismo absoluto do artifício –, eis que nos encontramos novamente no âmago da sedução! Será próprio desta não usar signos que são já artifícios para lhes fazer perder o sentido, iludir os signos e os homens? Abismos superficiais, abandono à ilusão total dos signos, ao domínio imediato das aparências, para além do falso. Êxtase e desaparecimento: como o dinheiro (ou qualquer outro domínio, política, poder...) é *seduzido* no jogo, no qual desaparece enquanto valor e ressurge como aparência, rendido à sua aparência pura, na reversibilidade imediata do ganho e da perda. Nesta escalada dos extremos joga a lógica da simultaneidade dos efeitos inversos: 1) *obscenidade total* – uma vez que não existe nem profundidade nem valor, mas circulação pura, metamorfose do dinheiro em fascínio puro, paixão formal, alegria superficial, transparente –, lubricidade desencarnada, forma extática do valor; 2) mas também *segredo*: o que o jogo diz é que o dinheiro apenas existe como aparência, ele não tem existência nem sentido em si (o mesmo se aplica à sedução, cujo *segredo* é que o desejo não existe).

Da *paixão moderna* – fascínio por um sistema de simulacros assediado pelo real – nasce uma nova estética, na linha da de Baudelaire e de W. Benjamin (grande influência de Baudrillard que dele retoma muitos temas; cf. *Paris, Capitale du XIX siècle*): fantasmagoria irónica, sedução perversa e aventurosa do mundo moderno. Esta estética explora novas formas de sedução ligadas à desumanidade do valor de troca na sua alegria extática, venalidade, mobilidade, efeitos irreferenciais de acaso e de vertigem, objectos puros de uma maravilhosa comutabilidade, pois, tendo as causas desaparecido, todos os efeitos são virtualmente equivalentes. Podem também ser nulos, mas não consiste a tarefa da obra de arte em fetichizar a sua nulidade e daí retirar efeitos extraordinários?

• ***A regra do jogo conduz tudo ao seu fim, ao desenrolar cerimonial***

O *jogo* tem a sua virtude sedutora – e importância teórica – na *regra*: a sua arbitrariedade permite recomeçar do nada, desfazer os encadeamentos racionais e, assim, levar as coisas às suas conjugações secretas, ao seu *destino*, outro tema-chave de Baudrillard. Um «destino» é a evidência de que nada é neutro nem indiferente, é a precedência do efeito sobre as causas, e, actualmente, a dos simulacros sobre as coisas, o encadeamento *fatal* daquilo que (como a sedução, o *Witz*...) atinge o seu fim sem passar pelos meios, que não procede pelos desvios do sentido, mas pelas vias ultra-rápidas da aparência. Se existe uma «sedução» da catástrofe é porque ela elimina a relação de causalidade, precipita o encadeamento causal para a sua perda, leva as coisas à sua aparição ou ocultação puras, à dimensão *fatal* do seu encadeamento. É o destino, não o acaso, que a razão tem como função quebrar – originando o indiferente, desmagnetizando as constelações. A ideia de destino designa a sedução fulgurante das formas, o que adquire força de signo antes de ter sentido, impõe-se como fim antes de ser justificado. Pois a lei das coisas é a da *predestinação* total – «As coisas andam mais depressa do que as suas causas» – e a sedução ambígua do acaso pode querer traduzir quer a indiferença soberana das coisas entre si, quer uma vontade secreta que retira prazer das conjugações insólitas.

Contra a ordem *irreversível* do tempo, da lei e do sentido (razão), a regra conduz tudo a outra ordem, que exprime a noção de *cerimónia* – ordem regulada irreferencial, em que gestos e corpos, preservando a sua *aura*, conjurando todo o acaso, toda a promiscuidade (poder do *tabu*), conduzem as coisas para o seu apogeu que nos *seduz*: a sua verdade linear (irreversível) mas agindo no ciclo das suas aparências (metamorfoses, reversibilidade).

Neste ponto, a «sociologia» irónica de Baudrillard dá lugar a uma ontologia em que as coisas, com os seus *signos* e encadeamentos próprios, se antecipam ao sentido, ontologia do *segredo das coisas*, da sua «curvatura secreta». «A sedução é aquilo que segue essa curvatura e que a acentua subtilmente», até que, cumprindo o seu próprio ciclo, as coisas atingem aquele abismo superficial em que se anulam» (*L'Autre par lui-même*, p. 61). A sedução surge como uma forma maior da *paródia* – inversão ou promessa dos signos.

• ***O estatuto da teoria: reabilitar o desafio do niilismo moderno. Sejamos estóicos***

Não há qualquer ideologia de transgressão em Baudrillard que rejeite tanto «a economia libidinal» (Lyotard) como o consumo/gasto de Bataille*: essas são «paixões ardentes» («Temos de acreditar apaixonadamente na lei para a transgredir»!). A própria sociedade permissiva encarrega-se de transgredir todas as interdições. É mesmo isso que lhe falta, aquilo que perdeu, que desbaratou: o sentido do tabu, do jogo cerimonial, o domínio do artifício, da regra arbitrária. Como os estóicos*, temos de reabilitar um desafio que nos supera: melancólicos (não nostálgicos), não devemos recusar o fascínio intenso que emana desta dissolução de todas as instâncias, de todos os eixos do valor, espectáculo fantástico da agonia e do apogeu do capital, todas as instâncias pondo fim à lei do lucro, a mais-valia, os objectivos da produção, as estruturas de poder, e encontrando no termo do seu processo a imoralidade profunda, mas também a sedução dos rituais primitivos de destruição. Esse desafio deve ser reabilitado numa promessa insensata: «Devemos tornar-nos os nómadas desse deserto». «O *pensamento radical* aposta na ilusão do mundo, julga-se ilusão restituindo a *não*-veracidade dos factos, a *não*-significação do mundo, considerando a hipótese inversa de que talvez não haja nada em vez de alguma coisa, e perseguindo esse *nada* que corre sob a aparente continuidade do sentido» (*La pensée radicale*).

Qual poderá ser o estatuto da teoria? Ela não pode ter como fim ser o reflexo do novo real – mais um reflexo – nem entrar com ele numa relação de negatividade crítica, o voto piedoso das Luzes que rege ainda o estatuto moral do intelectual. Também não se trata de regressar à via dialéctica da razão; a teoria não é feita para dialectizar e universalizar os conceitos nem para dominar todos os signos por uma lógica final, mas antes, tal como a cerimónia, para impedir que as coisas ou os conceitos *se toquem* de alguma forma. Se o mundo não é conciliável com o conceito de real que lhe impomos, a teoria não existe para reconciliá-lo, mas para *seduzir*, apartar as coisas da sua condição, obrigá-las a uma sobreexistência incompatível com a do real. A teoria utilizará a mesma estratégia do seu objecto, tornar-se-á excessiva e sacrificial para falar de excesso e sacrifício e tornar-se-á simulação para falar de simulação. Para que serve *dizer* que o mundo *é* extático, obsceno, irónico? O que a teoria pode fazer é desafiá-lo a ser mais: mais extático, mais irónico, mais sedutor, mais real ou irreal, etc. Desafio simbólico. E só pode fazer-se recomeçando do nada. Redistinguir aquilo que foi confundido, produzir a discriminação. Reinvente-se a proibição do incesto em toda a lucidez, creiamos na pura arbitrariedade («em vez de nos entregarmos à comédia de uma liberdade presa ao seu próprio fundamento, entreguemo-nos antes ao trágico do arbitrário puro»). Trata-se de devolver à *cena* um novo prestígio. Antiteatro, antipsiquiatria, antipedagogia, todas as cenas desapareceram; em toda a parte os pólos que sustentam uma intensidade ou uma diferença foram feridos de inércia. Projectemos a ilusão cerimonial contra a transparência, a *alteridade* contra a *diferença* – devolvamos à diferença a sua dimensão de alteridade, o seu exotismo (no sentido de Ségalen). Reconhecer e acolher *diferenças* em todo o lado significa negar a alteridade na indiferença, retirar todo o poder de ilusão aos signos, anular toda a austeridade do real. Devolvamos aos signos o poder de ilusão: têm por detrás de si a sociologia, a semiologia, a psicanálise, que lhes retiraram o impacto de metamorfose, o cerimonial, obrigando-os a depender de uma *história*, em vez de serem testemunha de um *destino*. Devolvamos-lhes a sua maior intensidade, que está ligada a sistemas de regras, não de valores ou de interpretações. Os signos apenas requerem a observação pura, o rigor da marcação, o arbitrário da discriminação. Cada um de nós prefere secretamente uma ordem arbitrária, cruel e inexorável, às aflições de uma ordem liberal, na qual não se sabe o que se quer, e se é forçado a reconhecer que não se sabe o que se quer e se é votado então à indiferença.

Por detrás da ironia de Baudrillard, um novo tipo de cínico, vemos então desenhar-se uma *ética*, sob o signo da cortesia (ritual e cerimonial conjurando as promiscuidades do social), inscrita em filigrana na sua crítica-radicalização da transparência forçada, e até uma *pedagogia*, inscrita em filigrana na sua crítica-radicalização da banalização da cultura (*L'effet Beaubourg*). As duas articulam-se: hoje em dia, por termos apostado tudo no modo de produção e por termos esgotado a sua ilusão, colocamos a lei moral acima dos signos; o jogo das formas convencionais é considerado hipócrita, imoral; comprazemo-nos a opor a delicadeza do coração ou indelicadeza do desejo à simples cortesia (ritual). Acreditamos numa verdade escondida das relações de força, cuja superstrutura expressiva seriam os signos, numa profundidade do sentido cujo destino é franquear um caminho na confusão superficial dos signos. Na violência que exercem sobre o real, estes conservaram algo da cerimónia e do ritual. Na arte preservou-se algo do poder cerimonial e iniciático: arte, teatro, linguagem trabalharam sempre para salvar a ilusão, o ínfimo desvio que faz funcionar o real com a sua própria realidade, para dominar o eclipse do real, a sua desaparição na exaltação das suas aparências. A banalização da cultura – em particular, sob a forma intencional que lhe dá o centro Beaubourg: ideologia de visibilidade, transparência, polivalência dos espaços, consenso e contacto – ilustra, segundo Baudrillard, a «violência *cool*» das relações sociais actuais, violência implosiva, resultante já não da extensão de um sistema, mas da sua saturação e retracção interna, consecutiva à densificação desmesurada do social, aos sistemas super-regulados e às redes (de saber, de informação, de poder) sobrecarregadas. A própria ideia de «produção cultural» é antitética de *qualquer cultura* – lugar do segredo, da sedução, da iniciação, de uma troca simbólica restrita e altamente ritualizada, de uma partilha colectiva de simulacros, à qual se opõe hoje, para nós, a partilha forçada do real e do sentido. Esquecemos essa forma de «soberania» – termo emprestado de Bataille* – como exercício de simulacros enquanto tais, domínio das aparências. A cumplicidade a que se chama «cultura» é a partilha dessa ilusão e desse segredo.

A cultura – *qualquer* cultura, até a «*contra*-cultura», que devia ser *outra* cultura – soçobra com o desaparecimento da cena e com o domínio da ilusão. O escândalo, hoje, é o do desaparecimento do artifício na evidência do natural, a exacerbação da indiferença, do vazio, o triunfo da promiscuidade em todos os domínios.

«Sejamos estóicos. Se o mundo é fatal, sejamos mais fatais do que ele. Se é indiferente, sejamos mais indiferentes do que ele. É preciso vencer o mundo e seduzi-lo por meio de uma indiferença pelos menos igual à dele» (final de *L'Autre...*).

☞ **Conceitos-chave e termos relacionados:**
Alteridade, *Amor fati*, Artifício, Cepticismo, Destino, Diferença, Estoicismo, Estruturalismo, Fatal, Ilusão, Indiferença, Ironia, Linguagem, Niilismo, Outro, Paradoxo, Realidade, Revolução, Rito, Signo, Simbólico, Simulacro, Sistema, Social.

☞ **Autores:**
Bataille, Cépticos, Cínicos, Estóicos, Kierkegaard, Mauss, Nietzsche, Saussure.

☞ **Bibliografia**
«Baudrillard», *Dictionnaire des intellectuels*, Seuil, 1996.
«Baudrillard», *in* Huisman (org.), *Dictionnaire des philosophes*, PUF, 1984.

BERGSON, Henri (1859-1941)

Bergson pertence à geração de filósofos que, no início do século XX, se esforçou por mostrar que «o contacto com a realidade», o retorno ao concreto, nada tem de utópico. Numa época em que o cientismo exercia a sua tirania sobre os espíritos, as suas aulas e conferências conheceram um imenso sucesso e Bergson propunha restaurar a metafísica com o intuito de alcançar o absoluto e de nos transportar pela intuição ao próprio âmago do real. Eclipsado durante a segunda metade do século XX pelas três correntes do pensamento – existencialismo, marxismo e estruturalismo –, Bergson suscita um novo interesse num contexto contemporâneo que procura esquivar-se da influência das filosofias do conceito.

Se a principal característica de uma grande filosofia consiste em renovar o sentido dos conceitos e forjar outros novos, o nome de Bergson permanece ligado às noções de duração, memória, *élan* vital, intuição. Rigorosamente, como ele próprio declarou, a noção de duração é o ponto central da sua doutrina. Ao revelar a duração – ou seja, o tempo vivido, a vida, a liberdade – como «criação contínua», «o brotar ininterrupto de novidade», Bergson foi considerado por Deleuze*, com toda a justiça, um filósofo da diferença: «O ser é alteração, a alteração é substância» (*La Pensée et le Mouvant*, 5). A isso Bergson chama «duração», pois todos os traços com que a definiu em *Os Dados Imediatos* se resumem ao seguinte: «A duração é aquilo que difere ou que muda de natureza, a qualidade, a heterogeneidade, aquilo que difere ao mesmo tempo de si.» É nesta apreensão do absoluto como singularidade e diferença que reside a originalidade e a actualidade de Bergson.

Nascido em Paris, Bergson é filho de um músico judeu polaco naturalizado francês. Aluno brilhante, particularmente em matemática, da qual aprecia sobretudo o rigor e a exactidão, entra em 1878 na ENS (École normale supérieure) na segunda posição, a seguir a Jaurès, e faz as provas de agregação de Filosofia em 1881. Professor inspirado que exercia grande fascínio sobre os seus alunos, leccionou durante dezasseis anos nos liceus de Angers, Clermont-Ferrand, depois em Louis-le-Grand e Henri-IV. Em 1889, Bergson obtém o doutoramento em Letras com uma tese importante, *Données immédiates de la conscience*. A Sorbonne recusou-o, mas o Collège de France, reconhecendo o seu valor, ofereceu-lhe uma cátedra em 1901. Desempenha também um importante papel diplomático junto do presidente Wilson a favor da entrada dos Estados Unidos na Primeira Guerra Mundial. Em 1927, é-lhe atribuído o prémio Nobel. A partir de 1925, a sua saúde ressente-se, mas combate a escalada do nazismo, por solidariedade para com os judeus e também porque concebe a filosofia como comprometimento com o mundo e com a História. Em 1937, escreve: «As minhas reflexões aproximaram-me cada vez mais do catolicismo, em que vislumbro a realização completa do judaísmo. Ter-me-ia convertido se não tivesse visto uma vaga de anti-semitismo prestes a dominar o mundo. Quis permanecer entre aqueles que amanhã serão os perseguidos». Morre a 3 de Janeiro de 1941 no seu apartamento parisiense.

☞ **Obras:**

Le rire (1900); *L'Énergie spirituelle* (1919); *Durée et simultanéité* (1922); *Les Deux Sources de la morale et de la religion* (1932); *La Pensée et le Mouvant* (1934); *Écrits et paroles* (3 t., 1957, 1958, 1959); *Mélange* (1972).

[Nas Edições 70: *Ensaio Sobre os Dados Imediatos da Consciência*; *A Evolução Criadora*.]

• *Uma filosofia do imediato: a intuição como método*

O *imediato*, em Bergson, não caracteriza, como nas filosofias racionalistas e reflexivas, as formas da ilusão e do erro. O termo possui a riqueza e a densidade ontológica própria do dado original. É a marca do essencial, de tudo o que não é relativizado pela análise e pela discursividade da linguagem.

«Imediato» qualifica, em primeiro lugar, o objecto de conhecimento depurado de tudo o que não lhe é intrínseco e, por conseguinte, despojado de qualquer elaboração conceptual. Mas «imediato» qualifica também o modo de conhecimento que dispensa intermediários entre o sujeito cognoscente e o objecto conhecido. Opõe-se a qualquer conhecimento que seja exterior ao seu objecto e que «exprima uma coisa em função daquilo que ela não é». Mesmo que seja uma personagem de romance, a análise e a linguagem podem multiplicar de forma infinita os pontos de vista e os símbolos, mas estes permanecem exteriores à pessoa: «Apenas me dão dela aquilo que é comum a outras e que não lhe pertence propriamente. Mas aquilo que lhe é intrínseco, aquilo que constitui a sua essência, não se pode captar a partir do exterior, sendo interno por definição, nem exprimir-se por símbolos ou ter um termo de comparação. Descrição, história e análise reportam-me ao relativo. Apenas a identificação com a própria pessoa me daria o absoluto» (*La Pensée et le Mouvant*, pp. 178-179).

É precisamente graças ao carácter imediato da *intuição* que, nela e através dela, algo se dá no indivíduo, sem que isso seja inferido ou concluído a partir de qualquer outra coisa. A intuição é, assim, «consciência imediata, visão quase indistinta do objecto observado, conhecimento que é contacto e mesmo identificação». Revela-nos aquilo que contitui a individualidade de um ser ou de um objecto, a sua singularidade irredutível, ou seja, a sua diferença. «Denominamos intuição a empatia pela qual nos transportamos para o interior de um objecto, para nos identificarmos com o que tem de único e, por conseguinte, de inexprimível.»

O *ser* ou o *absoluto*, para Bergson, não é, portanto, o geral ou o imutável, mas aquilo que confere a cada ser singular a sua própria *nuance*. Ora, esta *nuance* não é apenas diferença em relação a outra coisa ou a tudo aquilo que não é a coisa, pois esta relação seria ainda demasiado abstracta. A diferença, como especifica G. Deleuze, é o que difere de si mesmo, e é precisamente a isso que Bergson chama «duração». A duração é aquilo que a ciência e a metafísica deixaram escapar. A metafísica afastou-nos da duração para apreender essências imutáveis e pensar *sub specie aeternitatis*. Quanto à *ciência*, desvia-nos da duração porque apenas nos fornece construções simbólicas do mundo em que o futuro e o presente são coincidentes. «Apercebi-me, para grande espanto meu, de que o tempo científico não tem duração.»

Assim, o *dado imediato* não é aquilo que é imediatamente conhecido. O imediato é o que devemos encontrar porque se perdeu. A imediatidade da duração só pode ser alcançada depois de uma dissociação do falso imediato que constitui a sua desnaturação pelo tempo espacializado, apreendido como multiplicidade numérica. A primeira tarefa que Bergson propõe consiste na inversão de todos os hábitos intelectuais adquiridos no contacto com os objectos materiais distribuídos no espaço em função das necessidades da acção. Trata-se de afastar do campo do conhecimento os obstáculos que a linguagem encerra para satisfazer as necessidades da vida social. Reencontrar o imediato ou pensar intuitivamente traduz um esforço para reapreender a realidade, cuja essência é a mobilidade, e implica o exercício de pensar a duração.

Compreende-se, então, o privilégio que Bergson atribui à *arte*. Com efeito, menosprezando a orientação utilitária e pragmática da vida, afastando o véu tecido pela percepção normal, pela vida social, pela linguagem e até pela ciência, a arte convida-nos a recuperar a propensão para os nossos hábitos. «Não há outro objectivo senão afastar os símbolos úteis na vida quotidiana, as generalidades convencionais e socialmente aceites, enfim, tudo o que disfarça a realidade», para nos colocar em presença das coisas em si, na sua singularidade, movimento e dinamismo criador. «Se pudéssemos entrar em comunhão com as coisas e connosco próprios, penso que a arte seria inútil ou seríamos todos artistas.» Ao restabelecer um contacto genuíno com as coisas, oferecendo-nos «uma visão mais directa da realidade», a arte predispõe à conversão filosófica.

- ***A duração vivida: experiência privilegiada e modelo de toda a imediatidade***

É antes de tudo a psicologia que nos fornece o imediato, na medida em que pode fazê-lo sem símbolo nem elaboração conceptual mediada, ou seja, na intimidade da consciência que, desviando-se do mundo e do espaço, apreende por transparência todas as inflexões da vida interior, sem as alterar. Ora, o que apreende mais precisamente essa consciência? Onde Descartes* pensava descobrir a permanência de um *Eu penso*, Bergson vê essencialmente um eu que dura e flui. «Há pelo menos uma realidade que podemos apreender inteiramente por intuição e não pela simples análise. É a nossa própria consciência no seu fluir através do tempo. Podemos não simpatizar intelectualmente, ou até espiritualmente, com qualquer outra coisa, mas simpatizamos de certeza connosco» (*La Pensée...*, p. 182.).

O ponto de partida da filosofia é, portanto, a intuição da *duração vivida*, compreendida como fluxo intemporal irreversível, estados heterogéneos sucessivos que, no entanto, se interpenetram, fusão íntima de todos os elementos da vida psíquica. Esta duração, que é difícil de conceber ou representar sem a reduzir ao tempo espacializado e homogéneo que a ciência descreve, «sentimo-la, vivemo-la». Aparece-nos como a transformação do passado no presente, formando com ele um todo indiviso; é-nos oferecida como um impulso ininterrupto de mudança que prossegue sem tréguas, em suma, «como criação contínua, como o brotar ininterrupto de novidade». Co-extensiva à vida psicológica cujo próprio teor ela constitui, a duração encontra a sua mais pura expressão naquilo a que Bergson chama o «eu profundo». A superfície do nosso ser, aquilo pelo qual comunicamos com o mundo, ou seja, aquilo pelo qual nos tornamos comuns, é o lugar dos determinismos, dos automatismos, da inteligência orientada para o espaço e para a acção e que, procurando forjar uma representação intelectual do eu, «alinha sucessivamente estados distintos». Esse é o *eu superficial* que, em vez de se pensar como duração, se apreende *partes extra partes*.

Quanto ao *eu profundo*, é o que nos é mais pessoal, aquilo a que nada se pode assemelhar, por outras palavras, aquilo que constitui a nossa vida interior na sua singularidade irredutível. «Unidade orgânica», «totalidade melódica», o eu profundo identifica-se com o poder criador da duração, origem dos nossos actos livres. Vivemos normalmente ao nível superficial do eu, ou seja, divididos, exteriores a nós próprios, prisioneiros de determinismos psicológicos ou sociais. «Muitos morrem sem ter conhecido a verdadeira liberdade», que é total imprevisibilidade mas, porém, não arbitrariedade pura, ou seja, indistinção entre duas possibilidades, escolha contingente entre isto ou aquilo. Pelo contrário, ela é libertação da nossa mais íntima e profunda singularidade. O *acto livre*, para Bergson, «corresponde ao conjunto dos nossos sentimentos, pensamentos e aspirações mais íntimas», pelo qual somos inteiramente nós próprios. «Somos livres quando os nossos actos emanam de toda a nossa personalidade, quando a exprimem, quando partilham com ela a indefinível semelhança que encontramos, por vezes, entre a obra e o artista.»

- ***Uma nova concepção da relação entre o corpo e o espírito***

Sabemos actualmente que, «para um ser consciente, *existir* consiste em mudar, em amadurecer, em criar-se indefinidamente» (*L'Évolution créatrice*). Devemos considerar igualmente o facto incontestável de que a duração é continuidade indivisível, por outras palavras, que a *consciência* é co-extensiva à totalidade do seu passado. «Quem diz espírito, diz, antes de mais, consciência. Mas, o que é a consciência? A consciência significa, em primeiro lugar, memória. Se, a cada instante, o passado se aniquilasse, o pensamento aniquilar-se-ia com ele. O presente puro é a inconsciência» (*L'Énergie spirituelle*). Todo o passado está, pois, atrás de nós. Só *a atenção à vida*, ou seja, o interesse que atribuímos ao presente, restringindo o campo da nossa memória para o fazer coincidir com as memórias úteis à acção, nos impede de compreender o passado na sua totalidade. Basta então que a consciência se torne desinteressada, ou seja, deprecie a acção e se entregue ao devaneio, para que o passado lhe seja restituído. E, à semelhança de Proust, se cultivássemos de forma sistemática esta atitude desinteressada, o tempo perdido seria reencontrado na totalidade.

Se todo o *passado* existe, se se conserva e constitui a própria matéria da consciência, não é a memória que constitui um mistério, antes o esquecimento. Portanto, é necessário clarificar o verdadeiro papel do cérebro, cujo produto, segundo o materialismo, só pode ser a consciência. Colocando-se no domínio dos factos – área, por excelência, da tese materialista –, Bergson refuta a *teoria*, válida na época, *das localizações cerebrais*, segundo a qual as recordações estão impressas no cérebro sob a forma de traços. Se esta teoria fosse exacta, as lesões cerebrais deveriam implicar o desaparecimento definitivo das recordações. Ora, há casos em que as recordações esquecidas voltam. Deve concluir-se, portanto, que o *esquecimento patológico* não tem a ver com a destruição das recordações por lesões, mas antes com a alteração dos mecanismos cerebrais que possibilitam a sua evocação. Quanto ao *esquecimento normal*, aquele que implica a quase totalidade das nossas recordações, não é senão o contrário da nossa atenção à vida, por outras palavras, o passado inútil à acção presente.

Compreende-se, então, o papel do *cérebro* como «o órgão da atenção à vida». O cérebro assegura, por intermédio do sistema nervoso, a função de relação, de adaptação ao meio, e, por conseguinte, permite concentrar a atenção sobre a acção a realizar. «Este é o papel do cérebro na operação da memória: não serve para conservar o passado mas para, em primeiro lugar, disfarçá-lo, e depois transmitir aquilo que é útil para a vida quotidiana. É, se quisermos, um filtro ou uma protecção. Na amnésia patológica, é essa função dos mecanismos cerebrais que se encontra alterada.»

Auxiliado por esta nova concepção demonstrada por dados científicos, Bergson rejeita a teoria fisiológica da memória que a identifica, afinal, com o hábito. A *memória*, tal como o eu, apresenta um nível superficial: a *memória-*

-*hábito*, orientada para a acção e essencialmente motriz, que integra um conjunto de automatismos fixados no organismo (capacidade de recitar um texto depois de o ter lido várias vezes). Ela utiliza o passado enquanto presente sem poder evocá-lo como tal. A *memória pura*, essencialmente contemplativa, desinteressada, «retém e ordena sucessivamente todos os estados à medida que se produzem». Visando o passado enquanto passado, evoca cada ser, cada acontecimento na sua singularidade e irreversibilidade. Essência espiritual, a *memória pura* afirma a autonomia do eu profundo e revela assim a sua dimensão metafísica.

Desta nova concepção da relação entre o espírito e o corpo ligada à teoria bergsoniana da memória resulta uma consequência de grande alcance metafísico: se o *passado*, que é a dimensão do espírito, não tem de sobreviver nem espacial nem psicologicamente, porque nunca deixou de ser e porque existiu sempre, e se o *cérebro* apenas desempenha um papel instrumental relativamente ao espírito, limitando-se a traduzir apenas uma ínfima parte do que se opera na consciência, isso significa que o espírito extravasa totalmente a vida cerebral. Assim, já não temos qualquer razão para supor que o espírito e o corpo sejam inseparáveis. E embora a *imortalidade da alma* não possa ser provada de forma experimental, a sobrevivência possível e até provável da alma resulta da «independência da quase totalidade da consciência relativamente ao corpo» que é um facto que se verifica (*L'Énergie...*).

• *Um novo plano da duração: o* **élan** *vital criador*

A passagem da duração vivida à duração cósmica, do eu à vida em geral, é legítima na medida em que a intuição da duração interior se apresenta como um acesso ao absoluto apesar do seu carácter limitado. E se o absoluto tem, por essência, a mesma natureza em toda a parte, o modo de existência da Natureza não é fundamentalmente diferente do modo de existência do eu, e a duração cósmica ou *evolução* deve ser concebida segundo o modelo da duração vivida, ou seja, como espontaneidade criadora.

Mas como compreender esta evolução? Bergson rejeita tanto o finalismo como o mecanicismo. A *doutrina finalista* supõe um fim predeterminado, um projecto que se actualiza no seio da vida, de tal forma que a evolução não é mais do que um processo em que tudo está previamente determinado. Mas o *mecanicismo darwinista*, baseando-se apenas na explicação físico-química e no princípio de selecção natural segundo o qual apenas as variações favoráveis à espécie são preservadas, é igualmente falso, uma vez que a associação de pequenas variações não pode justificar toda a complexidade da evolução. Ora, num mundo em que tudo é determinado, em que a *matéria* é inércia, geometria e necessidade, «a *vida* é precisamente a liberdade inserindo-se na necessidade e usando-a para seu interesse» (*L'Énergie...*). O que resiste à explicação mecanicista e à análise da vida e fica por explicar é o impulso vital criador que Bergson designa com a expressão «*élan* vital». O *élan vital*, «impulso que se propaga de um germe a outro por intermédio de um organismo desenvolvido», não é, rigorosamente falando, um conceito (demasiado abstracto), nem uma intuição (demasiado concreta) da vida, mas uma imagem, uma metáfora privilegiada que abraça cada vez mais estreitamente a experiência e permite esclarecer e coordenar um certo número de factos:

– a irredutibilidade da vida a uma explicação físico-química;

– o curso da evolução como mais do que um produto do simples acaso;

– o carácter inventivo da vida que, ao longo da sua evolução, cria as suas formas de modo imprevisível e por saltos descontínuos.

A *evolução* assenta nesse *élan* vital ou impulso original que é, por essência, diferenciação, foco de múltiplas linhas de evolução. Bergson descreve-a como um movimento «em forma de feixe, originando, à medida que se propaga, direcções divergentes pelas quais o *élan* se dividirá» (*L'Évolution*...). O *élan* vital procede por dissociação: nesta perspectiva genética surge o desdobramento entre o instinto e a inteligência, duas vias de adaptação para o *élan* vital: o *instinto*, transmitido pela espécie, é uma força inconsciente, imediata e segura, mas rígida, sem possibilidade de fazer variar a sua adaptação, portanto condenada à repetição; quanto à *inteligência*, procede por tentativas e desvios, mas inventa soluções para novas situações. Na sua acção inicial, ela é essencialmente instrumental. «Faculdade de fabricar objectos artificiais, em particular ferramentas para fazer utensílios, e de variar indefinidamente a sua produção», a inteligência caracteriza o *homo faber*, cuja essência consiste em usufruir da matéria em proveito próprio.

Mas a dualidade essencial inscrita no *élan* vital consiste em dois movimentos, um ascendente rumo à *espiritualização*, «impulso interior que conduz a vida a destinos cada vez mais elevados» por intermédio de formas cada vez mais complexas e adaptativas, mas também movimento para a *materialização*, que mais não é do que a queda inevitável do dinamismo criador no decurso das etapas da sua evolução. Se a duração criadora e o *élan* vital são, simultaneamente, contracção (ou acumulação lenta de energia) e distensão, a *matéria* reside precisamente nessa distensão, aquilo que Bergson traduz pela imagem do «gesto criador que cessa». A matéria não é senão a inércia inevitável do *élan* criador que é obrigado a fixar-se em formas particulares. Compreende-se, portanto, que a evolução criadora seja travada, e até imobilizada, pela queda do seu próprio *élan* e que a materialização que possui em si se torne a antítese da vida. Assim, a vida, para manter o seu *élan* criador, deve também ser composta pela materialidade que lhe resiste, e a matéria é então indissociavelmente um obstáculo e um meio para o *élan* vital que a atravessa e a utiliza em seu proveito. Qualquer espécie, qualquer organismo é uma resistência vencida, um compromisso entre o impulso interior da vida e a inércia da matéria. É por isso que Bergson vê na *evolução criadora* «uma realidade que se constrói através daquela que cessa» (*ibid.*).

- ***O fechado e o aberto. O estático e o dinâmico***

O ser humano é a última etapa do *élan* vital cujo desdobramento – ascensão criadora e queda – se traduz desta vez na sociedade, na moral e na religião, pela oposição entre o fechado e o aberto, entre o estático e o dinâmico. O *élan* vital, ao encontrar a resistência da matéria, teve de se cindir em espécies e de se disseminar e dispersar em individualidades distintas. Mas a aspiração original e essencial da vida à unidade, à concentração de energia, só se realizaria plenamente na sociedade. «A *sociedade* – a convergência das energias individuais – beneficia dos esforços de todos e torna as actividades mais fáceis a todos» (*L'Énergie*...). A sociedade, quer humana, quer animal, imanente tanto ao instinto como à inteligência, é organização, ou seja, coordenação e subordinação entre as partes. A vontade de viver de uma sociedade engendra assim uma tendência para o fechamento, e o modelo perfeito de uma sociedade fechada é a sociedade animal cuja organização invariável é fixada pelos automatismos do instinto que impõem ao animal um comportamento adequado aos interesses do grupo. Nos seres humanos dotados de inteligência, logo de uma certa liberdade, a sociedade tem uma forma variável e aberta ao progresso. Mas as resistências que os indivíduos opõem à exigência de coesão do grupo são compensadas, num ser sem instinto, pelos automatismos adquiridos no hábito. A *sociedade fechada*, na dimensão humana, traduz-se por um sistema de hábitos mais ou menos enraizados que correspondem às necessidades da comunidade e por um conjunto de obrigações e interdições orientadas inteiramente para a conservação do grupo. Esta é, para Bergson, a origem da *obrigação moral* que exprime apenas a resistência do grupo às vontades individuais e a vontade de conservação do grupo. A obrigação moral não é senão a pressão que a sociedade exerce sobre os nossos desejos individuais. O seu carácter impessoal traduz-se nos costumes e nas instituições estáticas.

A sociedade fechada, fruto do fraccionamento da humanidade, «é aquela cujos membros são indiferentes aos restantes, sempre prontos a atacar ou a defender-se. Assim é a sociedade humana recém-criada pela Natureza». Aquilo que assegura o seu equilíbrio e segurança é, ao mesmo tempo, o que impede o seu progresso e que nela fixa o *élan* vital.

Enquanto a *moral fechada*, impessoal, tem origem puramente social, contrariamente, a *moral aberta* é aquela que se encarna nas *individualidades superiores*, capazes de quebrar os compartimentos estreitos em que a humanidade se arriscava a ser encerrada, de superar a solidariedade social necessariamente exclusiva na qual se fundava a sociedade fechada, para se elevar à fraternidade humana. O papel desempenhado por essas individualidades exemplares consiste em revelar a comunidade humana invisível que transcende todas as sociedades fechadas. Baseando-se no ascendente moral e espiritual dessas personalidades privilegiadas, a moral aberta é simultaneamente *élan* e aspiração, e a força desse *apelo* reside no *élan* criador de *heróis* e *santos* geradores de acção e novas ideias: «Criador, por excelência, é aquele cuja acção, ela própria intensa, é capaz de intensificar a acção dos outros homens, e de criar, de forma generosa, focos de generosidade» (*Les Deux Sources...*). Enquanto a generalidade da moral fechada assenta na universalidade da lei, a da moral aberta prende-se com a comum imitação de um modelo. «Por que razão têm os *santos* seguidores e por que é que os grandes homens arrastaram multidões atrás de si? Nada exigem e, porém, obtêm. Não precisam de exortar; basta-lhes existir; a sua existência é um apelo. Pois esse é o carácter desta outra moral. Enquanto a obrigação natural é pressão ou impulso, na moral completa e perfeita existe um apelo» (*Ibid.*, pp. 29-30).

O equivalente à oposição aberto/ /fechado na moral é, no domínio da religião, a oposição entre estático e dinâmico. A *religião estática* «deduz-se das condições de existência da espécie humana». Designa as crenças primitivas, a mitologia, mas também todos os cultos e dogmas religiosos. Bergson, com efeito, constrói a hipótese de uma função a que chama «fabuladora» e de onde provêm, segundo ele, as representações religiosas. A *função fabuladora* tem origem na franja de instinto que subsiste paralelamente à inteligência; surge como uma reacção defensiva, uma garantia contra a desorganização; o seu papel, com efeito, consiste em contrabalançar a inteligência que permite o progresso, mas desenvolve, em contrapartida, o egoísmo individual e a reflexão negativa sobre a morte.

A moral fechada e a religião estática podem bastar para a conservação do grupo, mas não implicam qualquer progresso e são o sintoma do enfraquecimento do *élan* vital. Completamente diferente é a *religião aberta e dinâmica*, que se baseia no *élan* criador da vida e transcende as condições de existência da espécie humana, ou seja, os limites que lhe são impostos pela materialidade. Alcança a sua forma mais elevada nos *grandes místicos* que tendem a coincidir com o esforço criador da vida e prolongam assim a acção divina.

É em *Évolution créatrice* que o termo «Deus» surge pela primeira vez. *Deus*, enquanto energia criadora, confunde-se inicialmente com o *élan* vital que dele emana: Deus é evocado como «o centro de onde brotam os mundos, tal como os foguetes de um grandioso fogo-de-artifício», e é concebido como uma emanação contínua. Mas, em *Les deux sources de la morale et de la religion*, já não pode ser considerado um simples princípio. Tal como em Pascal*, não é o Deus dos filósofos e dos sábios, mas um Deus vivo. Certamente, não é o Deus das Escrituras, mas o Deus da revelação individual. Neste contexto anti-intelectualista de Bergson, Deus só pode ser percepcionado. Interrogando os grandes místicos com a preocupação de objectividade que o caracteriza, Bergson verifica a convergência de todas as respostas:

– A *certeza do místico* não é de ordem intelectual; confunde-se com a fusão íntima do seu ser com Deus. É por isso que o místico não exige qualquer prova, pois Deus é experiência e pura presença.

– A contemplação realiza-se na acção e, mais do que o êxtase, é intensidade da vida, a força criadora de renovação no seio da religião que caracteriza o místico. O objectivo do *misticismo* é o contacto, a união com Deus, uma coincidência com o esforço criador que, embora parcial, não deixa de ser muito estreita.

☞ **Conceitos-chave e termos relacionados:**
Acto livre, Arte, Atenção à vida, Cérebro, Consciência, Criação, Deus, Duração, *Élan* vital, Espírito, Esquecimento, Eu profundo, Evolução, Finalismo, Função fabuladora, Heróis (e santos), *Homo faber*, Imediato, Imortalidade da alma, Instinto, Inteligência, Intuição, Matéria, Mecanicismo, Memória, Místico, Moral (- aberta, - fechada), Obrigação, Passado, Religião (- estática, - dinâmica) Sociedade (- aberta, - fechada).

☞ **Autores:**
Deleuze, Halbwachs, James, Jankélévitch, Kant, Morin, Pascal.

☞ **Bibliografia**
G. Deleuze, *Le Bergsonisme*, PUF, 1966.
J. Delhomme, *Nietzsche et Bergson*, Deux temps Tierce, 1992.
V. Jankélévitch, *Bergson*, PUF, 1959.
M. Madaule, *Bergson*, Seuil, 1985.
A. Philonenko, *Bergson ou De la philosophie comme science rigoureuse*, Cerf, 1994.
J.-L. Vieillard-Baron, *Bergson et le bergsonisme*, «Synthèse», A. Colin, 1999.

BERKELEY, George (1685-1753)

Se é verdade que o imaterialismo é e continuará a ser a afirmação exemplar da filosofia de Berkeley, se também é verdade que não teve verdadeiro reconhecimento filosófico, a sua crítica da linguagem e a teoria fenoménica da ciência não deixaram de ter desenvolvimentos lógicos e epistemológicos notáveis, os primeiros no positivismo lógico (Círculo de Viena*), os segundos no fenomenismo de Popper*.

Berkeley, nascido na Irlanda, fez os seus estudos em Dublin. Com 22 anos aprende grego e lê Descartes*, Locke*, Malebranche* e Newton. Ainda muito jovem, descobre a ideia fundamental da sua filosofia: «Ser é ser percebido» (*Esse est percipi*). Em 1709, é ordenado diácono, e, com 28 anos, já tinha escrito o essencial das suas obras filosóficas. Conhece Malebranche e Voltaire em França e projecta criar um colégio nas Bermudas para evangelizar os indígenas. Embarca para a América, onde permanece de 1729 a 1731; passa algum tempo em Rhode Island e trava amizade com S. Johnson, principal representante do imaterialismo na América, o que o leva a aprofundar as suas próprias teses. Espera em vão as subvenções prometidas e, em 1731, regressa à Irlanda. Nomeado bispo de Cloyne, dedica-se então ao sacerdócio e aos problemas socioeconómicos da Irlanda. Morre em Oxford em 1753.

☞ **Obras** (os títulos em português correspondem à tradução dos títulos em francês e não dos originais):
Salientam-se essencialmente: *Ensaio Para Uma Nova Teoria da Visão* (1709); *Tratado dos Princípios do Conhecimento Humano* (1710); *Três Diálogos entre Hilas e Filonous* (1713); *Alcifron ou o Pequeno Filósofo* (1732); *O Perguntador* (1736); *Siris* (1744).

• *As armadilhas da linguagem e a teoria nominalista do conhecimento*

O *Tratado dos Princípios do Conhecimento Humano* inicia-se com uma das mais radicais críticas da linguagem e das ideias abstractas já alguma vez realizada pela filosofia. Considerando-a totalmente absurda e ininteligível, Berkeley rejeita a noção de *ideia abstracta*, ou seja, uma ideia produzida por um espírito que pensa isoladamente aquilo que, na realidade, não é separável, e que pretende assim isolar uma essência comum de uma pluralidade de objectos singulares. A ideia de um homem que não seja nem pequeno nem grande, nem branco nem preto, é uma noção vazia de sentido. Igualmente, não podemos imaginar um espaço desprovido de cor, tal como não podemos pensar a dimensão, o movimento e a forma sem remeter para um objecto singular.

É a crença em ideias abstractas que nos leva a afirmar a existência de uma realidade substancial independente do espírito cognoscente e que sustenta a tendência aberrante do espírito para se reportar ao que nunca percepcionou nem poderá percepcionar.

O conhecimento sensível, para Berkeley, não é enganador em si mesmo: «aquilo que percepciono, percebo-o, não pode haver erro nisso». Os *erros ou ilusões* não têm origem nos sentidos, nem sequer no entendimento, mas nas sínteses operadas sobre os dados sensíveis pela imaginação sujeita às armadilhas da linguagem. A *imaginação*, marca de Deus na sua obra, é a capacidade de distinguirmos aquilo que é concebido pelos sentidos. Expõe-nos à ilusão e ao erro, não porque perverta os sentidos e o entendimento, mas porque combina e reúne os dados sensíveis heterogéneos e os associa por contiguidade ou semelhança, permitindo assim à linguagem formar palavras gerais e hipostasiá-las em ideias gerais.

Desta ideia decorre o *nominalismo* de Berkeley, teoria segundo a qual apenas existem seres singulares que associamos a termos gerais. A partir daqui, Berkeley desenvolve uma teoria pragmática do conhecimento e uma concepção semiológica da ciência. A *ciência* não é senão uma língua bem feita com um objectivo utilitário e sem qualquer alcance ontológico.

• *O imaterialismo: um realismo dos espíritos*

O nominalismo de Berkeley tem como consequência o *imaterialismo*, doutrina que nega a existência da *matéria* enquanto substância corpórea, independente do espírito cognoscente e substrato das nossas percepções sensíveis. A primeira hipótese imaterialista formulada por Berkeley baseia-se na rejeição da distinção cartesiana e leibniziana entre *qualidades segundas* – «faculdade dos corpos para produzir certas sensações em nós», cores, sons, etc. – e *qualidade primeiras* – consubstanciais aos objectos materiais: dimensão, solidez, forma, movimento. Segundo Berkeley, os argumentos apresentados para mostrar a subjectividade das qualidades segundas aplicam-se igualmente às qualidade primeiras em que se recusa a reconhecer um alcance ontológico.

A segunda hipótese imaterialista é mais radical: ao analisar o termo «matéria», Berkeley descobre que é vazio de sentido porque a noção é contraditória em si mesma. Como podemos afirmar sem contradição a realidade substancial de coisas existentes independentemente da nossa percepção, por conseguinte, independentemente dos espíritos que percepcionam, quando apenas podemos afirmar a sua existência confiando nos nossos sentidos e entendimento, e apenas conhecemos a representação que temos delas? Uma vez que não podemos libertar-nos das nossas representações, é-nos totalmente impossível estabelecer uma conexão necessária entre as nossas impressões e os corpos que julgamos que as produzem. «Quando nos aventamos a conceber a existência de corpos exteriores, durante esse tempo apenas contemplamos as nossas próprias ideias» (*Tratado dos Princípios...*, § 23).

O *imaterialismo* é, então, a teoria segundo a qual a matéria não tem outra existência senão pela sua percepção. Mas temos tendência para identificar erradamente o idealismo de Berkeley com um solipsismo radical segundo o qual só o eu individual existiria e absorveria nas suas percepções e modificações subjectivas o mundo e o outro. Se os objectos dos sentidos só existem quando captados por um indivíduo, o mundo reduzido ao que eu sinto deixa de existir quando eu deixar de sentir. Ora, Berkeley objecta: «Quando digo que os corpos não têm qualquer existência fora do espírito, não quero dizer este ou aquele espírito particular, mas qualquer espírito que seja». Se as ideias (coisas percebidas ou objectos imediatos do entendimento) não estão num espírito, estão noutro. O *imaterialismo* é, no fundo, a doutrina segundo a qual apenas existem os espíritos que comunicam através das ideias. Assim escapamos ao solipsismo.

• *Uma nova definição do termo «existir»*

«Interrogai a primeira pessoa que encontrardes: dir-vos-á que ser percebido é uma coisa e existir é outra». Esta é, para Hilas, o filósofo materialista, uma verdade de bom senso. Ora, é igualmente ao senso comum que Filonous, porta-voz de Berkeley, recorre para justificar o seu fenomenismo. A experiência imediata da visão remete-nos para um só tipo de existência: «ser percebido» (*percipi*). Se examinarmos atentamente em que consiste a existência de algo, somos levados a reconhecer que nada existe sem ser percebido e, por conseguinte, nada existe sem o espírito cognoscente. O que é, então, *existir* senão perceber, ser entendido, querer ou agir? A existência absoluta das coisas, sem qualquer relação com o facto de serem pensadas, é totalmente ininteligível.

Mas o *imaterialismo* não consiste, porém, em rejeitar o carácter real do mundo: o esforço de Berkeley não tem como finalidade a redução do real ao pensado, mas antes a legitimação do mental como real. «Não procuro transformar as coisas em ideias, mas as ideias em coisas» (*Três Diálogos*). O *realismo* de Berkeley é a teoria segundo a qual «tudo aquilo que vemos, tocamos ou percepcionamos pelos sentidos está conforme ao princípio de que abarcamos um ser real» (*Três Diálogos*). Assim, existe «uma *natura rerum* e a distinção entre realidade e quimera conserva toda a sua força» (*Tratado dos Princípios*, § 34). Berkeley observa ainda: «Aquilo que vejo, ouço e sinto existe, ou seja, não duvido daquilo que capto, da mesma maneira que não duvido do meu próprio ser». Todas estas fórmulas são eloquentes: o imaterialismo não retira qualquer consistência ao real, à diversidade e à riqueza do mundo. Finalmente, para Berkeley, o céptico, o extravagante, é o próprio Hilas – e não o imaterialista – que remete a realidade das coisas para uma substância desconhecida porque imperceptível e que, no mundo, apenas vê ilusão.

• ***As ideias integram um espírito omnipresente e eterno***

O nominalismo origina, no pensamento de Berkeley, o imaterialismo que tem por correlato o realismo dos espíritos. Ora, este conduz logicamente à afirmação da existência de Deus. Com efeito, não podemos atribuir às nossas ideias outra causa que não aquela que tem origem numa inteligência activa, porque as ideias que são impressas nos nossos sentidos não são criações da nossa vontade. Além disso, para justificar que as impressões sensíveis não se formam de acordo com a vontade de cada um, e para conservar a persistência e a coerência da experiência, é preciso admitir que elas se produzem em nós através de um espírito infinito. Deus é assim a única causa pensável. O *mundo*, concebido como conjunto das coisas pensadas e das coisas percepcionadas, só se realiza em nós pela intervenção divina. Na sua sabedoria e benevolência, Deus é o garante da objectividade, da ordem e da coerência no encadeamento dos fenómenos. As leis a que submete a natureza revelam-se-nos na conexão constante das nossas ideias. Assim, para que a ciência seja possível, não há necessidade de recorrer ao dualismo e à interacção cartesiana do corpo e dos espíritos, nem às causas ocasionais de Malebranche. O Deus de Berkeley age sem intermediário: a *natureza* é um vasto sistema de signos (as nossas ideias), linguagem pela qual Deus fala. Assim, na medida em que não sucumbimos às armadilhas da linguagem, a ciência é uma língua bem estruturada.

A filosofia de Berkeley revela, então, a intenção apologética do seu autor. O imaterialismo, quando bem compreendido, tem valor de ascese e deve concorrer para a salvação da alma porque restitui a verdade da nossa dependência relativamente a Deus «em que vivemos, em que nos movemos e temos o nosso ser».

☞ **Conceitos-chave e termos relacionados:**
Erro, Existir, Ideia abstracta, Imaginação, Imaterialismo, Matéria, Mundo, Natureza, Nominalismo, Qualidade (- primeira, - segunda), Realismo.

☞ **Autores:**
Descartes, Leibniz, Malebranche, Guilherme de Ockham, Wittgenstein.

☞ **Bibliografia**
G. Brykman, *Berkeley et le voile des mots*, Vrin, 1993.
R. Dégremont, *Berkeley. L'idée de nature*, PUF, 1995.
M. Guéroult, *Berkeley*, Aubier, 1956.

BERNARD, Claude (1813-1878)

Médico e ilustre fisiologista francês, fundador e teórico do método experimental e da medicina científica. A sua reflexão sobre o método experimental constitui uma viragem decisiva na história das ciências e da epistemologia. Nascido no Ródano, no seio de uma família pobre, foi auxiliar de farmacêutico antes de estudar medicina. O seu mestre Magendie, um empirista que se dedicava ao estudo de factos concretos, fê-lo seu assistente e apoiou as suas primeiras investigações. Claude Bernard sucede-lhe na cátedra de Medicina Experimental no Collège de France, em 1847. A sua vida foi a de um grande cientista, inteiramente dedicado ao trabalho de laboratório. Em 1854, a sua descoberta da função glicogénica do fígado é louvada, principalmente por Pasteur, como acontecimento inaugural da medicina científica, até então em busca dos seus conceitos e do seu método. Leccionou a recém-criada cadeira de Fisiologia Geral na Sorbonne.

☞ **Obras:**
De 1855 a 1859 foi publicada uma parte das suas *Leçons*; em 1865, publica o seu escrito mais célebre, *Introduction à l'étude de la médecine expérimentale*, que seria o prefácio aos *Principes de la médecine expérimentale*, inacabados.

• *O método experimental. A verificação experimental da hipótese*

Claude Bernard partilha com Auguste Comte* a ideia de que nada se pode encontrar se não se procurar algo determinado; a prática científica não pode separar a dedução da indução: «O homem nada pode aprender senão fazendo o percurso do conhecido para o desconhecido; mas [...] como não possui à nascença a ciência infusa e só sabe aquilo que aprende, parece que estamos num círculo vicioso e que o homem está condenado a nada poder conhecer.» Podemos sair do ciclo vicioso se admitirmos um mínimo de pré-requisitos teóricos, que legitimarão as primeiras deduções. *A experiência científica* – «investigação de um fenómeno modificado pelo observador» – é, então, concebida como experimentação activa, distinta da observação: esta é passiva, procedendo-se à verificação e à notação dos fenómenos. Posteriormente, formula-se a *hipótese*, «ideia experimental» ou «ideia antecipada»: «Uma ideia nova surge como uma relação nova ou inesperada que o espírito detecta entre as coisas.» Deve ser provocada pela observação – ter como ponto de partida a realidade observada – e ser verificável experimentalmente – ser «tão provável quanto possível». A ideia é, pois, o ponto de partida necessário de todo o *raciocínio experimental*, que consiste em verificar, sob o controlo da experiência, as suposições e os raciocínios respeitantes às relações mútuas de causalidade entre fenómenos naturais. Aqui, Bernard distingue-se de Bacon* e Comte*, para quem a hipótese desempenha apenas um papel subalterno. Não há experiência fecunda sem teoria antecipada. É a condição para não cair nos dogmatismos que esterilizaram a ciência. Todavia, o primado da hipótese deve preencher alguns requisitos: é preciso que seja «próxima» e esteja relacionada por analogia com os factos observados; o cientista deve duvidar sistematicamente das deduções prematuras e das teorias quando parecem em contradição com um facto: «A dúvida é a melhor conselheira do cientista.» Também a contraprova é necessária para que uma hipótese seja plenamente demonstrada.

Não existem regras para a invenção de uma hipótese: ela tem origem numa intuição, numa antecipação espontânea. «O método experimental não dará ideias novas e fecundas a quem não as tem; servirá apenas para guiar o pensamento e desenvolver ideias a fim de obter os melhores resultados possíveis.»

A teoria de Bernard encontrar-se-á, mais tarde, na crítica de K. Popper, como a ideia de «pôr à prova» as teorias (falsificabilidade), baseando-se num método dedutivo e não numa inferência indutiva. Todavia, o autor estabeleceu limites e restrições aos seus postulados e técnicas de experimentação. Essas restrições surgem hoje como o aspecto mais interessante da obra, que abriu caminho a críticas ulteriores.

- ***Primórdios da medicina experimental ou científica***

Foi, em particular, no domínio da vida que Bernard introduziu restrições aos seus postulados ao observar que esta implica uma quebra permanente do protocolo experimental. Assim, encontramos em Bernard «uma filosofia implícita de previsão e regulação inovadoras». A metodologia está estreitamente ligada ao seu trabalho de laboratório. O método que guiou a sua descoberta metódica da função glicogénica do fígado (experiência do fígado lavado) condu-lo a outra maneira de definir o ser vivo, e a «essência do organismo», o «meio interior», é descrita como autodeterminação por mecanismos reguladores; o ser vivo já não é caracterizado pelos seus órgãos (anatomia) nem pelos fluidos (o sangue), mas por uma auto-regulação no interior das células, como as células do fígado com uma dupla função: externa (biliar) e interna (regulação glicémica). Já nem a ideia de *totalidade* define o organismo: conforme a actividade do animal, esta ou aquela parte do seu corpo funciona; deve proceder-se a segmentações, sem, porém, excluir as ligações. É a revolução da fisiologia e dos princípios da medicina. «Graças a ele, o panorama da biologia altera-se completamente», favorecendo o desenvolvimento da bioquímica. «Não aprofundou ou aperfeiçoou uma disciplina: renovou-a» (F. Dagognet). Para Bernard, a medicina do seu tempo é uma ilusão: ignorando os procedimentos internos, a nosografia mais não faz do que caracterizar uma disfunção. É preciso transformar o hospital num laboratório de investigação.

O conceito de «meio interior» invalida a oposição mecanismo/vitalismo: por um lado, o organismo surge como autónomo relativamente aos mecanismos físico-químicos; por outro, o ser vivo não opõe às forças materiais uma força específica, mas dá a essas forças uma forma e um sentido específicos.

Autodidacta em filosofia, conhecedor de Descartes, mas sobretudo de Comte, Bernard, pela sua prática científica, põe à prova todas as teses positivistas, corrigindo-as e depois rejeitando-as para privilegiar a experiência, conceder a primazia à dinâmica sobre a estática (órgãos), às funções sobre os aparelhos, na medida em que elas operam diferenciações não anatómicas. A prática da comparação revela-se manifestamente insuficiente no que diz respeito a experimentações reais e explicativas. «A *Introduction* é a primeira obra de epistemologia histórica num sentido pré-bachelardiano» (A. Stanguennec).

«Pouco importa ao cientista deter a verdade absoluta»: «a verdade não é uma simples noção do conhecimento, é uma conquista» que não pode superar a contingência da sucessão dos fenómenos: «Não podemos conhecer o princípio ou o fim das coisas, mas podemos compreender o *meio*, ou seja, aquilo que nos rodeia» e que está ao nosso alcance. Esta conquista, graças à observação e à experiência metódica, permite realmente «aumentar progressivamente o nosso domínio sobre a natureza.»

☞ **Conceitos-chave e termos relacionados:** Biologia, Ciência, Conhecimento, Empírico, Empirismo, Epistemologia, Experiência, Experimentação, Falsificabilidade, Hipótese, Ideia, Indução, Intuição, Mecanismo, Método, Observação, Organismo, Positivismo, Verdade, Verificacionismo, Vida, Vitalismo, Vivente.

☞ **Autores:**
Bachelard, Bacon, Bergson, Canguilhem, Comte, Locke, Mill, Popper.

☞ **Bibliografia**
P. Gendron, *Claude Bernard. Rationalité d'une méthode*, Vrin, 1992.
A. Prochiantz, *Claude Bernard, la révolution physiologique*, PUF, 1990.
J. Schiller, *Claude Bernard et les problèmes philosophiques de son temps*, Éd. du Cèdre, 1967.

BOURDIEU, Pierre (1930-2002)

Sociólogo francês, professor no Collège de France. Um dos mais importantes teóricos da sociologia francesa contemporânea e da epistemologia das ciências humanas.

☞ **Obras:**
Les Héritiers. Les Étudiants et la Culture (1964); *L'Amour de l'art. Les œuvres d'art et leur public* (1966); *La Distinction; Critique sociale du jugement* (1979); *Le Sens pratique* (1980); *Ce que parler veut dire* (1982); *Homo academicus* (1984); *Choses dites* (1984); *La Noblesse d'État* (1989); *La Misère du monde* (1993); *Raisons pratiques. Sur la théorie de l'action* (1994); *Méditations pascaliennes* (1997).

Desde 1961, leva a cabo as suas pesquisas em colaboração com outros sociólogos (J.-C. Passeron, R. Castel, L. Boltanski, etc.) integrado no Centro de Sociologia Europeia. Em 1975, funda a revista *Actes de la recherche en sciences sociales*. A sua obra tem uma ampla dimensão filosófica (ex. crítica a Sartre*), assim como traços de envolvimento político-social (responsabilidade na organização da educação nacional francesa, obra teatral sobre a miséria contemporânea).

• ***Superação da oposição objectivismo/subjectivismo. Conceitos de* habitus*, campo social, capital simbólico***

Bourdieu decide romper com a oposição entre o ponto de vista objectivista, que pensa encontrar na realidade social leis tão independentes da consciência como as leis físicas, e o ponto de vista subjectivista, para o qual tudo o que provém da consciência se exime a uma abordagem experimental. Na natureza humana, «existe interiorização da exterioridade e exteriorização da interioridade»: as condições sociais objectivas de existência são interiorizadas pelos indivíduos na forma de *habitus* (do latim «maneira de ser»). Estas disposições adquiridas tornadas «naturais» compõem as estruturas da subjectividade e são o instrumento da interiorização da exterioridade», nunca cessando a realidade social de se reconstruir por meio da acção de factores «subjectivos».

Ao adquirirem este ou aquele *habitus* (facilidade em falar, aversão ou gosto pela leitura ou pela música clássica, valorização exclusiva de actividades físicas, etc.), os indivíduos incorporam as atitudes que tornam inevitável a sua inclusão num grupo social e num dado *campo* – ou seja, num espaço social específico (escolar, cultural, agrícola, político, etc.) constituído por relações objectivas entre posições analisáveis independentemente das características dos que as ocupam, segundo uma lógica própria a cada área. Este espaço põe em causa principalmente o *capital simbólico*, os recursos sociais e culturais de um indivíduo ou grupo, que constituem o conjunto dos seus *habitus* e consolidam, muitas vezes mais eficazmente do que os rendimentos materiais, o sentimento de identidade social: relações, cultura, domínio da língua confirmam a pertença a uma classe social. O *habitus* é a capacidade que permite a um indivíduo, no momento certo e como que por instinto, agir de forma correcta e apropriada a esta ou aquela esfera. Assim, os «herdeiros» das classes favorecidas receberam como herança o «capital simbólico» que se encontra articulado com a Escola e a Universidade. A Escola assegura uma função de selecção em proveito da classe dominante, por meio de uma verdadeira «violência simbólica» exercida sobre as crianças. Em *Les Héritiers*, estabelece-se uma correlação evidente entre sucesso universitário e origem social. A educação de massa seria então uma ilusão necessária à reprodução de um sistema social baseado no domínio económico e simbólico de uma minoria.

- ***Uma sociologia libertadora***

Ao demonstrar a existência de um domínio verdadeiramente simbólico, o sociólogo convida a que não se aceite com naturalidade as divisões sociais. Os excluídos da cena social devem tentar adquirir aquilo de se viram privados: informações, relações, práticas de lazer, cultura e de ideal. O conhecimento das articulações do subjectivo e do objectivo fornece aos agentes sociais os meios teóricos e práticos de agir sobre as estruturas, portanto, a possibilidade de serem menos limitados por elas e mais responsáveis.

- ***Um estruturalismo construtivista***

Bourdieu caracteriza o seu trabalho em duas palavras: «um estruturalismo construtivista», muito diferente da tradição de Saussure ou de Lévi-Strauss. A um estruturalismo científico que tende a eliminar o sujeito em proveito de um funcionamento quase inerte das estruturas, Bourdieu opõe uma perspectiva genética e funcionalista. Censura-se-lhe (é o caso dos defensores do *individualismo metodológico*) um excesso de *funcionalismo* ou *holismo*, que consiste em atribuir exageradamente a qualquer aspecto social (amor à arte, prática da fotografia) uma função útil para a multiplicação de privilégios de classes. Mas, em princípio, o *habitus* é o instrumento da «interiorização da exterioridade» e a realidade social não pára de se *reconstruir* – e, portanto, mudar – através da acção de factores «subjectivos».

A articulação construtivista do subjectivo e do objectivo tem implicações *epistemológicas fundamentais*: deve permitir superar a oposição clássica entre verdades «de razão» e verdades «de facto», não através de mais um discurso, mas por uma «prática científica», dispondo de conceitos e métodos adequados para tratar os factos sociais como sistemas de relações inteligíveis. É uma posição privilegiada para defrontar certos impasses da filosofia pura, como por exemplo a teoria sartriana da subjectividade, que Bourdieu refuta pormenorizadamente em *Le Sens pratique*.

☞ **Conceitos-chave e termos relacionados:**
Aculturação, Campo, Capital, Classe social, Insucesso, Distinção, Estruturalismo, Funcionalismo, Genética, Grupo, *Habitus*, Holismo, Marxismo, Objectividade, Poder, Simbólico, Social, Socialização, Sociologia, Subjectividade, Violência.

☞ **Autores:**
Durkheim, Marx, Weber.

☞ **Bibliografia**
A. Accardo e P. Corcuff, *La Sociologie de Bourdieu*, Le Mascaret, 1997
L. Pinto, *Bourdieu et la théorie du monde social*, Seuil, 1998.

BRUNSCHVICG, Léon (1869-1944)

Filósofo francês, o mais eminente representante da «filosofia científica», muito influente no período entre as duas guerras. Nascido em Paris, aluno de Darlu no liceu Condorcet e aluno da École normale supérieure, Brunschvicg formou-se em Filosofia, leccionou no liceu

Henri-IV e, depois, na ENS e na Sorbonne onde, de 1909 a 1939, teve um papel determinante na Universidade francesa. Acossado pela perseguição anti-semita, fugiu para a zona livre e morreu em Aix-les-Bains, fiel à sua imagem de rectidão e bondade, sem nunca trair as suas convicções.

☞ **Obras:**

Les Étapes de la philosophie mathématique (1912); *L'Expérience humaine et la causalité physique* (1922); *Le Progrès de la conscience dans la philosophie occidentale* (1927); *De la connaissance de soi* (1931); *Les Âges de l'intelligence* (1934); *La Physique du XXe siècle et la Philosophie* (1936); *La Raison et la Religion* (1939); *Héritage de Mots, héritage d'idées* (1945); *De la vraie et de la fausse conversion* (1950); *Écrits philosophiques* (1951).

• *Uma filosofia do espírito baseada na história das ciências*

Brunschvicg segue uma tradição racionalista, cartesiana e kantiana, que, no limiar do século XX, tendia a privilegiar a epistemologia e a teoria do conhecimento. A história da ciência é interpretada como uma história da verdade capaz de revelar o sentido de todo o devir humano. Neokantiano que passara pelo idealismo absoluto de Fichte*, crítico do dualismo e do substancialismo, Brunschvicg reivindicou um «idealismo crítico» e um «espiritualismo moderno» – «da consciência» – distinto de Maine de Biran*, que confunde a vida do espírito com a interioridade do indivíduo empírico, e do espiritualismo vitalista de Ravaisson e Renouvier, que o filósofo tende a assimilar à actividade vital. A *vida do espírito* é baseada na verdade, a actividade de conhecimento própria do sujeito racional. Brunschvicg retém do *Cogito* cartesiano a concepção da ideia como acto do espírito; acto traduzido não pelo conceito, mas pelo juízo, acto de associar, de relacionar, cujas ilações são susceptíveis de verificação científica. Na linha de Lagneau e Lachelier, Brunschvicg privilegia o *método reflexivo*: observação da actividade judicatória do sujeito pensante, universal, que supera as particularidades (do eu psicológico e social), ocupando-se da ciência. O *espírito* não é uma realidade transcendente, uma entidade cognoscível, mas princípio de acção, origem do conhecimento, actividade inacabada que se apreende na sucessão histórica das suas produções e que as excede sem cessar. Essencialmente reflexão, o espírito «não se contenta com um objecto que seja fixo e permaneça diante dele [...], mas procura apreender-se a si próprio na sua actividade, alcançar a produção viva, não o produto que uma abstracção ulterior possa pôr de parte» (*La Modalité du jugement*).

O progresso da ciência, «laboratório do filósofo», exprime esse trabalho incessante do espírito, cujo poder de avaliar supera as suas próprias estruturas, impulsiona-a a renovar não só os seus princípios, mas também, com eles, a experiência em que tem origem. Brunschvicg revela os mecanismos do conhecimento matemático a partir do seu próprio desenvolvimento. A sua perspectiva é um monismo intelectualista, que identifica o espírito com a inteligência e a análise reflexiva com a via para o intelecto agente, a *unidade* do espírito através das suas obras: «Todo o esforço mental conduz à formulação de novos juízos, ou seja, ao estabelecimento de uma nova articulação entre as ideias; de juízo em juízo, o espírito tende a coordenar todas as ideias num sistema único, que constituiria a síntese do nosso conhecimento» (*Introduction à la vie de l'esprit*). A actividade do espírito em devir é o confronto com a opacidade de um real desconhecido: não há nem inteligibilidade em si, nem racionalidade intrínseca à natureza que permita um finalismo; a verdade de que o homem é capaz é a verificação; esta já não se deixa interpretar em termos de um *realismo ontológico* nem nos de um *convencionalismo*: a ciência não é mais do que uma linguagem e a matemática é irredutível à lógica.

A *filosofia* é «a actividade intelectual que toma consciência de si própria»: «O filósofo não tem de inventar uma solução para o problema da verdade, só tem de descobrir como foi, de facto, resolvido pela humanidade.» Quanto às operações fundamentais do espírito, a história da ciência manifesta níveis ou «estádios da inteligência»: a inteligência de Aristóteles* corresponde à de uma criança de nove anos porque reifica o espírito, converte o homem numa substância, não toma consciência da sua livre acção (*Les Âges de l'intelligence*).

- ***A religião do espírito. O «progresso da consciência»***

Aos diversos estádios da inteligência correspondem diferentes níveis de espiritualidade. Tal como Lagneau, Brunschvicg descreve o papel unificador da inteligência nos termos do sagrado e da religião. O destino superior para o qual o espírito convoca a humanidade não está inscrito no seu passado. Deve interpetar-se a partir dele esse passado, que se eleva do *antropocentrismo* infantil até a um *humanismo* adulto. Brunschvicg rejeita a concepção do progresso como «acumulação passiva e material» assim como o *sociologismo* de Durkheim, desenvolvimento de uma «consciência colectiva» autónoma. O progresso reside na própria actividade do juízo, e assim ele deve muito às figuras dos inventores e dos grandes homens. A racionalização do universo é fonte de liberdade moral. Há, também, o «dever de ser inteligente»; «A inteligência do saber surgiu-nos ligada à formação de uma *consciência intelectual* [...] capaz de sustentar e elucidar o progresso de uma consciência moral e de uma consciência religiosa» (*L'Expérience humaine...*). Despojando-se da sua individualidade para se tornar puro sujeito pensante cujo ideal é a unidade espiritual, o espírito identifica-se com a Razão, exigência universal de unidade e de criação que o assemelha ao amor. «O homem possui em si mesmo o princípio superior que é a sua razão de ser», um «Deus» não antropomórfico.

Delegado francês para a cooperação intelectual na Sociedade das Nações (1922), Brunschvicg militou pela transformação da Europa numa comunidade espiritual. Mas o prestígio intelectual daquele que escreveu *Le Progrès de la conscience dans la philosophie occidentale* nas vésperas da Segunda Guerra Mundial soçobrou depois desta, com a ilusão de que «a saúde intelectual da humanidade domina qualquer outra forma de saúde» (G. Gusdorf).

☞ **Conceitos-chave e termos relacionados:**
Antropomorfismo, Ciência, Conhecimento, Deus, Epistemologia, Espírito, Espiritualismo, Eu, Filosofia, Futuro, História, Humanidade, Humanismo, Idealismo, Intelecto, Intelectualismo, Inteligência, Juízo, Liberdade, Matemática, Progresso, Reflexão, Relação, Religião, Unidade, Verificação.

☞ **Autores:**
Canguilhem, Cavaillès, Descartes, Durkheim, Kant, Maine de Biran.

☞ **Bibliografia**
G. Bachelard, «La philosophie scientifique de Léon Brunschvicg», *L'Engagement rationaliste*, PUF, 1949.
M. Deschoux, *La Philosophie de Léon Brunschvicg*, PUF, 1972.

C

CANGUILHEM, Georges (1904-1995)

A obra de Georges Canguilhem baseia-se na dupla formação de filósofo e médico. É essencialmente dedicada à epistemologia das ciências da vida e a uma reflexão crítica sobre a história das ciências. Prolongando o intento de Bachelard*, a sua obra progride em estreita conivência com o pensamento de Foucault* e Althusser*. A sua originalidade reside essencialmente na reabilitação do vitalismo, na reflexão sobre a normatividade do ser vivo e na constituição da história das ciências como disciplina filosófica. A sua influência é considerável em toda uma geração de filósofos, como Dagognet, Foucault, Althusser e Michel Serres.

Nascido em Castelnaudary (França) onde fez os seus estudos secundários, Canguilhem foi aluno de Alain* no liceu Henri-IV e ingressou na École normale supérieure em 1924. Formado em Filosofia em 1927, lecciona primeiro em liceus e, destacado para Toulouse em 1936, inicia, ao mesmo tempo que ensina, estudos de medicina que terminará em 1943 com a sua tese *Le Normal et le Pathologique*. Demite-se depois do ensino secundário para não colaborar com o regime de Vichy. Director de departamento na faculdade de Estrasburgo concentrada em Clermont-Ferrand, colabora activamente na resistência. Inspector-geral de Filosofia de 1948 a 1995, defende a sua tese de doutoramento em Filosofia, *La Formation du concept de réflexe au XVIIe et au XVIIIe siècle*, e substitui então, na Sorbonne, Bachelard na cátedra que este ocupava. É nomeado director do Instituto de Histórias das Ciências, em que leccionará Filosofia e História das Ciências até à sua aposentação em 1971.

☞ **Obras:**
La connaissance de la vie (1952); *La Formation du concept de réflexe au XVIIe e XVIIIe siècle* (1995); *Le Normal et le Pathologique* (1966); *Études d' histoire et de philosophie des sciences* (1968).
[Nas Edições 70: *Ideologia e Racionalidade nas Ciências da Vida*.]

• ***«A vitalidade do vitalismo»***

Canguilhem desenvolve uma filosofia do ser vivo que extravasa a epistemologia da biologia no sentido rigoroso. Na controvérsia entre o mecanicismo e o vitalismo, dedica-se a reabilitar o vitalismo, demasiadas vezes caricaturado, repleto de conotações metafísicas obscuras e totalmente anticientíficas. Mas reabilita-o enquanto método e não como doutrina: o *vitalismo* apenas exprime, com efeito, a rejeição de duas metafísicas opostas: o mecanicismo e o animismo, ou seja, a equivalência do ser vivo a uma máquina ou a uma alma. Interpretado por Canguilhem, designa apenas o simples reconhecimento da originalidade e da especificidade do facto vital. Com efeito, é o *mecanicismo* que Canguilhem considera metafísico, porque reintroduz a finalidade por referência à actividade produtora do homem. Ora, a afirmação do carácter metafísico do mecanicismo tem um alcance considerável, pois questiona o modelo metódico considerado o cânone imutável da cientificidade, a saber, a explicação apenas pela mecânica, física e química.

Assim, ao demonstrar que o conceito de reflexo não teve origem no contexto mecanicista em que foi descrito por Descartes* e no qual o século XIX também o situa, mas que o seu lugar real de formação é antes um contexto histórico vitalista (o de Willis, um médico vitalista reputado), Canguilhem procurou revalorizar o vitalismo e defender uma racionalidade inerente à biologia. O *vitalismo racional* é a tese segundo a qual «o pensamento do ser vivo deve conservar a imagem do ser vivo»; além disso, deve compreender-se a construção das máquinas a partir da estrutura e do funcionamento do organismo e não o contrário. Como o ser vivo antecede qualquer construção e fabricação, situa-se o mecanismo que se inscreve no organismo e não o organismo que se reduz ao mecanismo. Trata-se de uma mudança radical de perspectiva. Prolongando a epistemologia de Bachelard, Canguilhem garante assim à biologia o racionalismo aplicado que se lhe adequa.

«A biologia contemporânea também mudou de linguagem. Deixou de utilizar a linguagem e os conceitos da mecânica, da física e da química clássicas. Utiliza agora a linguagem da teoria da linguagem e a da teoria da comunicação. Mensagem, informação, programa, código, instrução, descodificação, estes são os novos conceitos do conhecimento da vida» (*Études d'histoire et de philosophie des sciences*). No estado mais recente da biologia, a especificidade da vida inscreve-se na materialidade de um código e a *vida* é definida como «um sentido inscrito na matéria». Todas as propriedades que constituem a originalidade do ser vivo – as estruturas que asse-guram a autoconservação por auto-regulação, o crescimento, a organização, a reprodução, a continuidade hereditária – estão inscritas no código genético.

O próprio conhecimento é reinterpretado no contexto desta mudança de perspectiva: concebido «como o aventuroso projecto da vida», é repensado à luz do vitalismo racional. Se é na vida que se deve «procurar a referência da vida», é então enquanto ser vivo e não apenas enquanto «eu penso» que conhecemos a vida e o não-ser. E se a biologia contemporânea formula os seus conceitos a partir da teoria da informação, é em termos de informação, ou seja, à luz da biologia genética que deve ser repensado todo o problema do conhecimento. Tal significa que a vida tende toda ela para a informação, ou seja, aspira ao conceito.

• ***A normatividade da existência***

Segundo a concepção clássica desenvolvida no século XIX por A. Comte* e C. Bernard*, existe apenas uma diferença de grau, e não de natureza, entre os fenómenos normais e patológicos. O *patológico*, então, é apenas uma variação quantitativa do estado normal por excesso ou defeito, podendo estes ser corrigidos ou compensados por uma acção terapêutica que mais não é do que a aplicação de um conhecimento objectivo das leis biológicas. Nesta perspectiva, o *normal* pertence à ordem do facto e não da norma e exprime-se em termos de média estatística. Ora, observa Canguilhem, no plano biológico, o normal não corresponde de todo a fenómenos que possam ser objectivamente descritos. O *estado normal* só assim é chamado porque é sentido pela pessoa viva como um valor e pelo doente como um fim com que confronta o seu estado presente e pretende restaurar. O normal pertence assim à ordem do normativo e a especificidade do *fenómeno vital* reside em última instância na *normatividade* do ser vivo, ou seja, na sua capacidade de inventar as suas próprias normas em relação ao meio onde vive.

Quanto ao *patológico*, ele não é a contradição lógica do normal, porque não é ausência de normas mas presença de novas normas, e a *doença* não é uma existência fora de normas como o seria se o patológico fosse um simples facto objectivo, uma média estatística. A doença é a existência segundo normas inferiores, aquelas que obrigam o indivíduo a viver num meio limitado. Um *estado patológico* apenas é reconhecido como tal porque é sentido pelo indivíduo como a degradação da sua qualidade de vida. O contrário do patológico, então, não é o normal, mas o saudável, no sentido em que a *saúde* é a capacidade de tolerar o máximo de normas, de não estar dependente de um meio particular e, no fundo, é o luxo de poder adoecer e de assim ficar, porque *viver* não é procurar a simples conservação (a homeostase), é correr riscos a fim de realizar tarefas consideradas essenciais. Como afirmava já Goldstein, a tendência para a conservação não é senão o sinal de uma vida em declínio. Para um organismo saudável, a perturbação da existência que constitui a doença, na condição, evidentemente, de que o desequilíbrio seja momentâneo e superável, é mais suportável do que o obstáculo à realização das suas possibilidades pela limitação do meio.

• *Uma nova concepção da história das ciências*

Esta concepção é, antes de tudo, directamente inspirada em Bachelard: «Ao renovar tão profundamente o sentido da história das ciências, promovendo-a ao nível de uma disciplina filosófica, Bachelard fez mais do que desbravar um caminho, determinou uma orientação.» Bachelard ensinou-nos que o progresso da ciência não é de todo linear. Canguilhem rompe com a concepção cumulativa do progresso científico à qual opõe uma concepção descontinuista. Conserva a força polémica dos conceitos bachelardianos: obstáculo epistemológico, ruptura epistemológica, novo espírito científico. Mas, mais particularmente, privilegia a noção de *história recorrente* que o leva a elaborar uma concepção original das relações entre história das ciências e epistemologia. A *recorrência* não deve ser concebida como um «efeito retroactivo de validade dos conceitos científicos», efeito que negaria toda a historicidade das ciências em nome dos seus sucessos e faria da história das ciências o «museu dos erros do entendimento».

Por *actividade recorrente*, Canguilhem entende o papel regulador e crítico da epistemologia filosófica em relação à história das ciências, que consiste particularmente em distinguir a evolução recente do significado de um conceito da sua significação prescrita e ultrapassada: «Uma ciência é um discurso normalizado pela sua rectidão crítica. Se esse discurso tem uma história cujo percurso o historiador pensa reconstituir, é porque se trata de uma história cujo sentido deve ser reavaliado pelo epistemólogo». A história das ciências, elucidada pela epistemologia, deve dissociar assim o contexto de inteligibilidade de um conceito científico do contexto da sua formação original, aquele de que fala a história do conceito de reflexo. Deste modo, *a história das ciências* deve ser considerada não a revelação progressiva do verdadeiro, o inventário das descobertas, mas sim a história crítica dos conceitos através da sucessão das aporias, obstáculos e insucessos com que a sua elaboração se depara, segundo um processo em que as fronteiras do saber são incessantemente deslocadas e em que os resultados são modificados por sucessivas reformas.

Esta reflexão crítica de desconstrução de conceitos que define a história das ciências e da qual Canguilhem é um dos iniciadores, revela a sua estreita interacção com a *epistemologia*. Por um lado, a história das ciências não pode ser «epistemologicamente neutra» e não é pensável sem a epistemologia que fornece as normas do processo histórico. Mas, inversamente, sem relação com a história das ciências, uma epistemologia ou discurso sobre as ciências seria um mero conjunto de generalidades ou «uma simples redundância perfeitamente supérflua da ciência da qual ela pretenderia discorrer». É preciso que a epistemologia reconheça a historicidade da ciência e o modo singular pelo qual se criam conceitos científicos, no qual o falso pode de início implicar o verdadeiro.

É esta reflexão sobre a complementaridade entre epistemologia e história das ciências que leva Canguilhem a forjar o conceito de ideologia científica, em concordância com os trabalhos de Foucault e Althusser.

A expressão «ideologia científica» é, numa primeira abordagem, «um monstro lógico» porque, por definição, a noção de ideologia exclui toda a cientificidade. No sentido marxista, a expressão designa, enquanto falsa consciência, um sistema de representações que, confundindo-se com a expressão daquilo que são as próprias coisas, mais não é do que um meio de protecção e salvaguarda de uma situação política e económica de classe. A *ideologia científica* não é uma ideologia no sentido marxista do termo. A ciência, embora dependente de práticas económicas e técnicas, conserva, porém, a sua autonomia. «Também não é uma *falsa ciência*, pois a característica própria de uma falsa ciência é o facto de nunca encontrar o falso. Para uma falsa ciência não existe estado pré-científico.» A ideologia científica é um sistema explicativo com objectivo totalizante cujo «objecto é hiperbólico», ou seja, cuja extensão é ilegítima. A ideologia científica exporta, para domínios estranhos aos da sua formação, conceitos que perdem imediatamente a sua validade científica. Por exemplo, a ideologia evolucionista é um resíduo inoperante daquilo que era a teoria científica da evolução que invadiu todo o tipo de disciplinas no século XIX. Assim, existe sempre uma ciência antes de uma ideologia, mas também há sempre uma ideologia científica antes de uma ciência; a *ciência* constrói-se contra a ideologia, como uma crítica das ilusões sedimentadas nos discursos ideológicos.

☞ **Conceitos-chave e termos relacionados:**
Biologia, Ciência(s) (Falsa -, História das -), Doença, Epistemologia, Fenómeno vital, Finalidade, Ideologia científica, Mecanicismo, Normal, Normatividade, Obstáculo, Patológico, Recorrência, Ruptura epistemológica, Saúde, Vitalismo (racional).

☞ **Autores**
Alain, Althusser, Bachelard, Bernard, Cavaillès, Foucault.

☞ **Bibliografia**
Hommage à Georges Canguilhem, Revue de métaphysique et de moral, Jan.-Março de 1985.
Obra colectiva, *Georges Canguilhem, philosophe historien des sciences*. Bibliothèque du Collège international de philosophie, Paris, A. Michel, 1992.

CAVAILLÈS, Jean (1903-1944)

Cavaillès foi o maior filósofo da matemática do período entre as duas guerras. O seu projecto, fundar uma teoria da ciência adequada à revolução da matemática, substituindo as filosofias da consciência por «uma filosofia do conceito», teve o mérito de definir a via que a epistemologia da matemática seguiria depois dele.

Cavaillès nasceu em Saint-Maixent (França), onde o seu pai era professor de Geografia na Escola Militar. Atraído tanto pelas letras como pelas ciências, obtém uma licenciatura em Filosofia, entra em 1923 para a École normale supérieure de Ulm onde aprofunda os seus conhecimentos de matemática e obtém uma licenciatura em Ciências, depois um doutoramento dirigido por L. Brunschvicg* sobre o cálculo de probabilidades nas teorias dos Bernoulli. Tendo feito as provas de agregação em Filosofia em 1925, estuda, graças a uma bolsa da fundação Rockefeller, na Alemanha, onde conhece Heidegger* e Husserl*. Prossegue as suas investigações sobre a teoria dos conjuntos tendo em vista a tese de doutoramento que defenderá em 1938. Nomeado para a faculdade de Letras de Estrasburgo, é convidado em 1941 a leccionar na Sorbonne e junta-se à Resistência, participando na criação de diversas redes. Várias vezes preso e evadido, é capturado pelos Alemães, torturado, condenado à morte e fuzilado no início de 1944.

☞ **Obras:**

Cavaillès só escreveu durante um período de dez anos; a sua obra limita-se : a) às suas duas teses, *Méthode axiomatique et Formalisme. Essai sur le problème du fondement des mathématiques* e *Remarques sur la formation de la théorie abstraite des ensembles*; b) a alguns artigos póstumos, *Transfini et continu*, (1947), *Mathématiques et Formalisme* (1949); c) a um curso de lógica escrito na prisão e publicado após a sua morte pelos seus amigos G. Canguilhem e C. Ehresmann, *Sur la logique et la théorie de la science* (1947).

• ***Crítica do idealismo***

Cavaillès criticou a filosofia da consciência cujo modelo é a filosofia transcendental de Kant* e a fenomenologia de Husserl. O autor designa por «filosofia da consciência» qualquer filosofia que faça da consciência o absoluto a que todo o conhecimento se subordina e que incorpore o ser de todos os objectos na subjectividade transcendental. O idealismo é incapaz de dar origem a uma teoria da ciência (por esta entenda-se uma filosofia do pensamento científico, porque, ao partirmos da consciência como pura forma – a apercepção transcendental –, não podemos determinar o menor conteúdo). Portanto, é impossível constituir uma teoria da ciência negligenciando o contributo do objecto, e as filosofias da consciência são incapazes de levar em conta o carácter apodíctico da matemática, a sua inesgotável fecundidade e o seu devir imprevisível. Só uma *filosofia do conceito* pode fundar uma teoria da ciência, porque admite a autonomia dos seres matemáticos que não são meras construções do espírito, mas o resultado de um processo dialéctico entre o pensamento e aquilo que o não é; a filosofia do conceito é a filosofia que admite «que a necessidade geradora não é a de uma acção mas de uma dialéctica». Note-se que ela torna possível a compreensão do devir matemático «como um encadeamento dialéctico dos conceitos» paralelo ao progresso da intuição.

• ***O estatuto específico dos seres matemáticos. A sua existência* sui generis**

Cavaillès coloca o problema da *ontologia matemática*, ou seja, da natureza, existência e manifestação dos *seres matemáticos*. Observa, desde logo, que a *matematicidade* não é um dado *a priori*. Rejeitando tanto o idealismo transcendental como o platonismo das essências, afirma que a *matemática* surge por abstracção de técnicas naturais e de manipulações de objectos efectivos. Afirma igualmente o carácter *sui generis* e irredutível da experiência matemática, mesmo nas matemáticas mais formalizadas que recusa identificar com a lógica. O *ser matemático* é um misto abstracto-concreto: «uma intuição abstracta». Por outro lado, é preciso subscrever a sua ideia da autonomia do devir matemático. Este obedece a uma necessidade interna que o torna irredutível apenas a si próprio e, em particular, totalmente independente da história. Não há nada, diz ele, de menos histórico do que a história das matemáticas.

Todavia, fica por resolver o difícil problema do modo de ser daquelas «intuições abstractas» e da sua geração.

• ***Limites do formalismo***

Contra o intuicionismo, Cavaillès afirma que «não existe absoluto à partida [...], uma intuição irredutível é uma mera paragem sem pensamento». Ele questiona a concepção kantiana das matemáticas, que opera uma distinção demasiado marcada entre o conceito e a intuição em que se efectua a construção matemática, e rejeita qualquer intuição *a priori*, todo o absoluto que julgamos apreender intuitivamente, porque o processo real pelo qual houve construção de objecto foi ocultado.

A noção de sistema formal está no centro da sua reflexão. O método axiomático continua a ser, para Cavaillès, tal como para Hilbert, o essencial do trabalho matemático. Por *axiomático*, deve entender-se um sistema hipotético-dedutivo que compreende:

1. um conjunto de proposições admitidas a título de hipóteses – os axiomas – que respeitam determinadas regras lógicas como a compatibilidade (ou não contradição), a independência (ou não dedutibilidade) e a suficiência;

2. o conjunto dos teoremas que daí resultam necessariamente. Regras que explicitam as operações que permitem transformar ou combinar os axiomas de forma a deles deduzir os teoremas (regras de substituição, por exemplo). Toda a *axiomatização* é um método de exposição de teorias sob a forma de axiomas e termina necessariamente em formalização. A noção de *sistema formal* designa a axiomática isenta de qualquer conteúdo intuitivo, geométrico ou empírico. Por essência, as *matemáticas* exercem-se no espaço abstracto dos símbolos cujas regras de utilização dominamos perfeitamente e cuja capacidade de extensão está na origem do alcance objectivo e da fecundidade dos axiomas.

Ao mesmo tempo que Cavaillès justifica o recurso à formalização, sublinha os seus limites e rejeita um formalismo radical tal como o exposto por Hilbert e a sua escola e posto em causa pelos famosos teoremas de Gödel: «Tal como não existe intuição irredutível, nunca há sistema formal irredutível.» O papel da intuição nas matemáticas, mesmo formalizadas, é muito mais importante do que se poderia pensar inicialmente.

Cavaillès, superando tanto o intuicionismo como o formalismo, recupera o dinamismo dialéctico do conceito e da intuição como fundamento da experiência matemática, tal como o do modo de ser próprio das «intuições abstractas».

☞ **Conceitos-chave e termos relacionados:**
Axiomática, Axiomatização, Filosofia (- da consciência, - do conceito), Formalismo, Intuicionismo, Matemática(o) (Ser -), Sistema Formal, Teorema de Gödel, Teoria da ciência.

☞ **Autores:**
Bachelard, Brunschvicg, Canguilhem, Husserl, Kant, Russell, Espinosa, Wittgenstein.

☞ **Bibliografia**

G. Canguilhem, *Vie et mort de Jean Cavaillès*, Éd. Allia, 1996.

G. Ferrières, *Jean Cavaillès, un philosophe dans la guerre*, Seuil, 1982.

G. G. Granger, *Pour la connaissance de la philosophie*, O. Jacob, 1988, cap. III.

D. Lecourt, *L'Ordre et les Jeux*, Grasset, 1981, pp. 221-226.

H. Sinacœur, *Jean Cavaillès, philosophie mathématique*, PUF, 1994.

CÍRCULO DE VIENA:
➔ VIENA, (Círculo de)

CÉPTICOS, os

O termo «céptico», do grego *skepsis*, «exame», designa na Antiguidade a escola de Pirro (século IV a.C.), mas convém distinguir duas etapas sucessivas naquilo a que se chamou *cepticismo* – doutrina segundo a qual o espírito humano é incapaz de conhecer alguma coisa com certeza. O primeiro cepticismo é dirigido contra Platão*, o segundo contra os estóicos*.

☞ **Obras:**
Sexto Empírico, *Esboços Pirronianos*; Diógenes Laércio, *Vida, Doutrinas e Frases dos Filósofos Ilustres.*

• *O pirronismo, o cepticismo de Pirro (ca. 365-275 a.C.) e Tímon (320-230 a.C.)*

O cepticismo corresponde à rejeição da ideia platónica de realidade inteligível que pretendia resolver o problema do relativismo levantado pelos sofistas* a respeito da percepção sensível. Concebia-se então esta como *fenómeno* – no sentido de algo que se revelava aquando da coincidência entre o que provém dos sentidos e do objecto. Para os sofistas, a natureza real dos objectos escapa ao conhecimento. Pirro e Tímon recusam a solução das essências, dos «númenos» platónicos (do grego *noumenon*, a coisa pensada). Afirmam, como os sofistas, que «o fenómeno é o único critério» e que tudo é relativo. Propõem-se a praticar a *epoché*, abstenção de qualquer juízo, recusa em exercer o entendimento, decisão de manter a alma inactiva e de nos atermos apenas às evidências pessoais. É injusto acusar estes primeiros pirronistas de niilismo pois não afirmam que a verdade seja inacessível, mas apenas que todas as coisas, sendo indiferentes, se equivalem. O que procuram não é a verdade teórica, mas a *ataraxia*, a paz de alma (em matéria de *opiniões*) e a *metriopatia*, equilíbrio e contenção das paixões (em matéria de *necessidade*). **Pirro de Elis** (365-275 a.C.), fundador da escola céptica, participou na campanha de Alexandre na Ásia onde teve a oportunidade de observar os sábios hindus, a seita dos «gimnosofistas», ascetas contemplativos que viviam nus. Praticou *activamente* a indiferença (*adiaphoria*) ao ponto de Anaxarco (seu mestre, discípulo de Diógenes, o Cínico*) o elogiar por não o ter socorrido quando tinha caído à água. Não escreveu nada e o seu pensamento foi-nos transmitido pelo seu discípulo **Tímon de Flionte** (320-230 a.C.) que pôs em verso o cepticismo do seu mestre nos *Silos* (*Pequenos poemas satíricos*) e nos *Indalmoi* (*Imagens*). Nestas obras, critica com virulência o dogmatismo dos que pretendem (como Xenófanes ou Platão) transmitir os métodos de uma arte de viver. Para a conduta da vida, preconiza que se confie simplesmente nos costumes e leis do país.

• *O cepticismo dogmático da nova academia: Arcesilau (315-240 a.C.), Carnéades (214-129 a.C.), Anasidemo (final do século II a.C.)*

É à segunda escola de cépticos que se aplicam as objecções mais conhecidas de dogmatismo e incoerência. Os defensores do «segundo pirronismo» interessam-se pela verdade como tal e a sua crítica visa a teoria «da representação compreensiva» pela qual os estóicos (Crísipo) pensavam ter encontrado a teoria empírica da percepção capaz de rivalizar, no antiplatonismo, com o pirronismo: explicam a percepção pela *phantasia* – acção da imaginação perceptiva que se considerava produzir uma imagem correcta do objecto que tinha impressionado os sentidos. Os novos cépticos recusam fazer da representação compreensiva um critério válido de conhecimento: como verificar, pergunta **Anasidemo**, que a imaginação apreende a verdade das coisas? Qualquer afirmação dogmática de ordem «numenal» é, de facto, incerta, pois deriva de fenómenos relativos. A filosofia céptica propriamente dita constitui-se por meio de conjuntos de argumentos, armas de luta antidogmática: os dez modos de Anasidemo (relativismo dos fenómenos), os cinco modos de Agripa (contradições do entendimento numenal).

Aquilo que, em Pirro, mais não era do que *abstenção*, transforma-se em verdadeira suspensão, visando impossibilitar o entendimento de seguir a sua tendência dogmática. Arcesilau conclui – dogmaticamente! – que nada se pode conhecer. É contra ele que reagirão Santo Agostinho*, Pascal* e Hegel*, ao denunciarem a contradição interna do cepticismo. **Carnéades**, mais flexível, admite graus de probabilidade na verdade, principalmente na moral.

Sexto Empírico foi um médico grego que deu ao cepticismo uma orientação empírica, no espírito dos nossos modernos métodos de observação, e que iria influenciar Hume*. Além dos argumentos do antigo cepticismo acerca da impossibilidade de um critério de verdade, Sexto mostrou a impossibilidade de estabelecer relações objectivas entre os fenómenos. A crítica da noção de causa ligava-se a uma reflexão sobre a acção da causa no tempo. Esta perspectiva consistia num *fenomenismo*: conservava a distinção ontológica entre o ser das coisas e a sua aparência, admitia a existência do objecto – Pirro duvidava disso –, mas afirmava que o sujeito não conhecia mais do que aquilo que lhe era revelado: os *fenómenos*. Não deixava de haver uma perspectiva ética: Sexto preconizava um modo de vida «empírico», levando em conta os ensinamentos da experiência. Não se tratava, portanto, de um indiferentismo: reconhecia-se uma hierarquia entre as condutas.

A tradição propriamente pirronista encontra-se em Fílon de Alexandria, Aulo Gélio, Sexto Empírico e Diógenes Laércio. Entre os modernos, destacam-se desta tradição Montaigne*, Scarron, Gassendi, Huet, Bayle e positivistas como Renouvier. De forma contrária, foi a tradição académica que fomentou a concepção do cepticismo em Cícero, Santo Agostinho, Pascal, Hume*, Kant* e Hegel.

• ***O cepticismo moderno***

Na Renascença, o pensamento céptico conheceu enorme difusão: os editores H. Estienne e G. Hervet encontram (em 1562 e 1569) as obras de Sexto Empírico. A sabedoria céptica – a sua reserva e a sua ligação, para além do relativismo, com os valores de lucidez e antidogmatismo – podia constituir então, como aconteceu na opinião de Montaigne, um antídoto para as teses dogmáticas com que os teólogos, políticos e filósofos alimentavam as guerras civis e religiosas. O século XVI foi atravessado por uma grande corrente de cepticismo que encontrava na inspiração de Sexto Empírico uma escola de humildade perfeitamente compatível com a fé cristã, favorecendo o regresso à verdadeira religião para além das vãs disputas dos filósofos. No século XVII, a objecção céptica conserva ainda o seu vigor para abalar as ideias de verdade e de autoridade, contra o saber e os métodos aristotélicos da Universidade e a omnipotência dos dogmas religiosos: os «Libertinos eruditos» (La Mothe Le Vayer) recorrem a Pirro e a Montaigne para defender Copérnico e Galileu, dos quais se condenava as novas teorias científicas em nome de saberes dogmáticos ultrapassados, ao serviço de poderes temporais. Se, para Pascal, «o pirronismo é a verdade», é-o na medida em que leva a razão a humilhar-se e a servir-lhe assim de auxiliar.

O cepticismo não deixará de se aperfeiçoar: assim, Hume, reivindicando um cepticismo «mitigado», recusa o modelo de Pirro para dar um estatuto ao cepticismo na teoria do conhecimento: da tradição céptica recupera o probabilismo, o acento colocado no papel do hábito contingente na constituição dos nossos pensamentos (conexões estabelecidas entre os fenómenos por associações). Em Hume, o cepticismo corresponde à criação de uma nova tradição crítica e racionalista (*Investigação sobre o Entendimento Humano*, cap. IV e XII). «Ao contrário do cepticismo grego, "excessivo", trata-se de um cepticismo "mitigado" puramente "académico", um pirronismo corrigido pelo senso comum. [...] É um cepticismo de método, mais próximo em certos aspectos de uma dúvida metódica do que do cepticismo grego» (P. Kahn). Não se trata de fundar uma sabedoria, mas de traçar limites ao conhecimento.

A filosofia analítica anglo-saxónica (Russell*, Wittgenstein*) retomará esta perspectiva, recorrendo à análise lógica da linguagem para «purificar o nosso conhecimento comum».

☞ **Conceitos-chave e termos relacionados:**
Ataraxia, Cepticismo, Certeza, Conformismo, Conhecimento, Convenção, Dogmatismo, Dúvida, Entendimento, *Epoché*, Fantasia, Fantasma, Felicidade, Fenómeno, Imagem, Juízo, Probabilidade, Probabilismo, Provável, Relativismo, Representação, Sensação, Verdade.

☞ **Autores:**
Cínicos, Hume, Montaigne, Russell, Sofistas, Viena (Círculo de), Wittgenstein.

☞ **Bibliografia**
V. Brochard, *Les Sceptiques grecs*, Vrin, 1981.
M. Conche, *Pyrrhon ou l'apparence*, PUF, 1994.
F. Cossutta, *Le Scepticisme*, «Que sais-je», PUF, 1994.
J.-P. Dumont, *Le scepticisme et le phénomène*, Vrin, 1985.
La Mothe Le Vayer, *Dialogues faits à l'imitation des anciens*, «Corpus», Fayard, 1988.
Montaigne, *Essais*, II, 12.

CHOMSKY, Noam (1928)

Célebre linguista americano e fundador da gramática gerativa transformacional, teoria linguística que teve grande influência a partir dos anos 60. A «revolução chomskyana» alterou os métodos e os princípios da linguística estrutural; actualmente, nota-se um refluxo. Na universidade da Pensilvânia, Chomsky assistiu às aulas de Harris que introduzia a noção de *transformação* para explicar numerosos fenómenos, como a diferença de significação de frases com estruturas aparentemente idênticas. Professor desde 1955 no Instituto de Tecnologia do Massachusetts (MIT), Chomsky empenhou-se resolutamente na luta contra o imperialismo americano.

☞ **Obras** (os títulos em português correspondem à tradução dos títulos em francês e não dos originais):
A Linguística Cartesiana; *A Linguagem e o Pensamento* (1968); *Ensaios Sobre a Forma e o Sentido.*
[Nas Edições 70: *Estruturas Sintácticas; A Gramática Generativa* (co-autoria Nicolas Ruwet); *Reflexões sobre a Linguagem*; *Teorias da Linguagem, Teorias da Aprendizagem.*]

• *Uma linguística genética. A gramática gerativa transformacional*

Esta nova definição da natureza formal da linguagem e da gramática substitui o ponto de vista estático do estruturalismo por um ponto de vista genético: a tarefa da teoria linguística já não consiste em dividir em elementos um *corpus* de enunciados já produzidos, mas explicar a capacidade humana de *gerar* e compreender enunciados linguísticos em número infinito. Chomsky distingue a *competência* (linguística), «conhecimento que o locutor-ouvinte tem da sua língua» – a aptidão, inata, do sujeito falante para produzir e compreender frases que não conhecia antes – e o desempenho [*performance*], «uso efectivo da língua em situações concretas». O sujeito emite juízos de *gramaticalidade*: reconhece como correctamente construídas frases desprovidas de sentido; qualquer sequência assim reconhecida como *gramatical* pode ser descrita como produção por um autómato de um certo tipo; chega-se a uma matematização forçada que mostra que as gramáticas de certo tipo não são suficientes para criar frases de determinadas línguas. Esta matematização leva Chomsky a supor *universais linguísticos*, estruturas comuns a todas as línguas, inerentes ao espírito humano: uma gramática universal. O conhecimento de uma língua (*competência*) deve ser considerado um sistema abstracto que sustenta o *desempenho*; esse sistema é constituído por leis que determinam a forma e o sentido intrínseco de um número infinito de frases. É este sistema que se chama «gramática gerativa»: define as propriedades formais de toda a linguagem humana possível. «Uma gramática gerativa é um sistema de várias centenas de princípios de diferentes tipos, organizados segundo certos parâmetros fixos de ordem e aplicabilidade, e contendo uma subestrutura fixa que, tal como os princípios gerais de organização, é comum a todas as línguas.» É o modelo, construído pelo linguista, das regras – no sentido de instruções a seguir para uma construção – que permitem ao locutor gerar as novas frases que serão reconhecidas como pertencendo à sua língua. O linguista constrói-a como um «programa» informático: com a ajuda de um número finito de regras, a criatividade produz enunciados de número infinito.

• ***Uma linguística cartesiana***

Na esteira do racionalismo e do inatismo cartesiano, Chomsky define a especificidade da linguagem humana como a capacidade de inventar e combinar livremente novos enunciados. Retoma de Descartes* a ideia de gramática inata e universal preexistindo à particular possibilidade de aprender e, como ele, postula uma natureza humana dotada de uma criatividade infinita. Opõe-se ao empirismo, principalmente ao behaviorismo: a linguagem não é aprendida pela criança a partir de uma capacidade geral de aprendizagem. Para Chomsky, a aprendizagem de uma actividade cognitiva como a linguagem tem a ver com uma capacidade específica inata, biologicamente determinada no homem, e que não é apenas «um exemplo mais complexo de algo que se possa encontrar em todo o mundo animal». O seu racionalismo consiste em reconstruir «racionalmente» – a partir de regras lógicas de coerência e economia – os mecanismos necessários e suficientes para a explicação dos factos de língua. As funções da linguagem (comunicar) não explicam a linguagem, sistema formal autónomo.

Numerosos linguistas, lógicos e psicólogos, principalmente Piaget*, objectam a Chomsky que as estruturas que tornam possível a aquisição da linguagem não lhe são específicas e não são outras senão as estruturas cognitivas gerais, não pré-formadas, mas construídas progressivamente pelo sujeito no seu desenvolvimento activo em ligação com o meio.

Após se ter desenvolvido nas décadas de 60 e 70 como uma das vias mais fecundas da linguística, a escola generativa abandonou finalmente a noção de transformação. Actualmente, sofre a concorrência de novas hipóteses ligadas ao desenvolvimento da informática e à invenção de novos formalismos.

☞ **Conceitos-chave e termos relacionados:**
Gramática, Estruturalismo, Inato/Adquirido, Língua, Linguagem, Palavra, Universais.

☞ **Autores:**
Descartes, Piaget, Saussure.

☞ **Bibliografia**
J.-C. Milner, *Introduction à une science du langage*, Seuil, 1989.
N. Ruwet, *Introduction à la grammaire générative*, Plon, 1967.

CÍNICOS, os (século V a.C. – século IV d.C.)

A Escola Cínica é uma corrente herdeira do ensino de Sócrates*; difundiu-se por todo o mundo antigo e perdurou durante quase dez séculos. Teve como fundador **Antístenes** (445-365 a.C.) e como figura mais marcante **Diógenes de Sinope** (413-327 a.C.). Aluno de Górgias*, e depois um dos mais fervorosos discípulos de Sócrates, estando presente no momento da sua morte, Antístenes foi o primeiro a afirmar como princípio que a *virtude*, única verdadeira riqueza capaz de conduzir à felicidade, pode ensinar-se, mas depende exclusivamente dos actos. Ao contrário de Platão*, de Aristóteles* e dos sofistas*, não acredita nas virtudes da linguagem, da dialéctica e da retórica; a educação deve ser, acima de tudo, moral, não intelectual. Ensinando no lugar chamado «No Cão Ágil» (o Cinosarges, perto de Atenas), denominava-se a si próprio «cão» para ilustrar a atitude de *desprezo pelas convenções* que caracterizará o *Cinismo*, latindo com rabugice contra os preconceitos e vivendo sem pudor à maneira dos animais. Diógenes teria abandonado Sinope, colónia de Mileto, onde nascera, por ter falsificado moeda, como o seu pai, um banqueiro desonesto. Vendido como escravo, ter-se-ia tornado no pedagogo estimado dos filhos do seu amo, em cuja casa faleceu. Dedicou-se, em Atenas e Corinto, a um esforço de «falsificação» sistemática dos valores estabelecidos, causando escândalo e provocação para os contrariar e mostrar assim o seu carácter convencional e artificial, substituindo-os por novos valores.

☞ **Obras:**
Diógenes Laércio (início do século III) fez o repertório dos seus comportamentos anticonformistas e das farpas trocistas que lançava aos seus contemporâneos no capítulo VI de *Vida, doutrinas e ditos dos filósofos ilustres*, em que encontramos os ensinamentos de outros pensadores cínicos, principalmente Antístenes.

• *Actos, não discursos. O primeiro nominalismo*

Os falsos valores trazem infelicidade. Os cínicos partilham esta ideia com os estóicos* e com os epicuristas*, duas escolas posteriores que, em alguns aspectos, aqueles antecipam. Mas a pedagogia dos cínicos é original; baseada num cepticismo a respeito do valor do discurso e das ideias que os distingue de Platão, aproxima-os dos Megáricos e faz deles os precursores do nominalismo. Só existem seres concretos: sensíveis e individuais. «Vejo perfeitamente um cavalo», diz Antístenes a Platão, «mas não vejo o conceito de cavalo. As ideias são meros nomes, o discurso é uma associação puramente verbal de nomes». Diógenes «procura um homem» (*anthropos*) à luz do dia com uma lanterna para denunciar o conceito de homem em si. Uma definição é uma abstracção que nada dá a conhecer; uma argumentação especulativa nada prova: Diógenes levanta-se e começa a andar para ridicularizar aqueles que discorrem sobre a impossibilidade do movimento.

• ***O processo de desmistificação: a pedagogia cínica. A sabedoria: liberdade, autarcia, impassibilidade* (apatheia)**

Nenhuma dialéctica pode ajudar-nos na via da *felicidade*, da qual os Cínicos fazem uma ideia exigente e difícil: não reside na busca do prazer, mas na lucidez, na independência relativamente a falsas necessidades e a preconceitos que criam frustrações. Não há nada que torne o homem feliz que não implique a liberdade, a qual exige que não sejamos enganados por ilusões. «É devido à estupidez que os homens se tornam infelizes.» Mas tal não significa que o melhor método seja opor-lhes raciocínios: a estupidez não traduz falta de inteligência, os seus juízos erróneos são efeito da mediocridade do espírito que receia a sua liberdade, não ousa encarar a realidade. Existe apenas um bem, a *liberdade*, ou seja, a independência e o autodomínio: «Só é livre aquele que nada espera e nada teme.» Esta felicidade na liberdade encontra-se na *apatia* (*apatheia*), impassibilidade, serenidade intelectual e autodomínio que permitem afrontar a adversidade sem receio de fraquejar. Existe um duplo modelo da apatia: a divindade, definida pela *autarcia*, perfeita autonomia do ser sem necessidades, que se basta a si próprio; e o animal, que tem poucas necessidades e se contenta com pouco, despreocupado com as complicações supérfluas do pudor.

Se a virtude está «nos actos, e não precisa de muitos discursos nem de ciências» (Antístenes), ensiná-la é praticar uma pedagogia directa – «a via curta do Cão» –, não baseada no discurso, antes no desprezo pelos discursos. Não se trata de demonstrar aptidões intelectuais superiores, de assimilar conhecimentos ou elaborar sistemas do universo – isso sabem fazer as piores mistificações! Trata-se antes de inquietar, levantar o problema no seio das certezas, por meio de actos perturbadores, um uso irónico da linguagem (trocadilhos, chistes) que choca e provoca a reflexão. Sendo o conformismo engano, caricatura da virtude e da verdade, os Cínicos caricaturam a caricatura, restabelecendo assim uma transparência que espanta qualquer um e destabiliza um laço social dominado pela convenção. Assim, encontramo-los em toda a parte em que se constitui e se perpetua esse laço hipócrita: nos mercados, nas praças, à entrada dos jogos ístmicos, nos templos. Falam daquilo de que não «se fala»: é mais vergonhoso falar de procriação do que de roubo, de fraude, de adultério, coisas vergonhosas debatidas correntemente? Fazem em público o que se faz apenas em privado, pela obscenidade chamam a atenção para o absurdo do pudor. A «verdadeira franqueza» (*parrhésia*) afirma as coisas tal como são e constitui uma força de resistência absoluta, primeira arma contra os falsos valores: por que razão Diógenes não se lava? «Não quero ter somente o aspecto, mas ser verdadeiramente um cão!». O animal não é um modelo porque obedece ao seu instinto, mas porque o faz sem rodeios, com simplicidade, na transparência, revelando a inanidade do aparelho simbólico que os homens acrescentam a todos os seus actos.

• ***A ascese cínica: um ideal de libertação individual. O esforço, garantia de independência: superar a natureza***

Tal como a estupidez com que se defronta, uma tal atitude pertence à ordem do comportamento. Consiste numa «força» (*ischus*), tanto física quanto moral, herdeira da famosa resistência de

Sócrates, ao calor, ao frio, ao amor! Os Cínicos encontram os seus modelos míticos em Ulisses, o viajante solitário que não hesitou em vestir as roupas de um mendigo para esmagar os pândegos e conquistar a harmonia na sua vida pessoal, em Hércules, herói do esforço sobre si mesmo, «temperamento forte que se dominava, procurava vencer-se e recusava-se à brandura», «colocando a liberdade acima de tudo».

De facto, o que os Cínicos estigmatizam é a entropia da vida, que vai ao mais provável e tende apenas para evidência do prazer, que se deixa prender em todos os logros e degrada a humanidade em vez de tirar o melhor dela, que é o mais difícil: «Inconsiderados que são na vossa conduta, sem usar nem o vosso juízo nem a vossa razão, apenas tomam como guia o costume ou o ardor dos vossos apetites. Não diferis, pois, em nada dos infelizes que são arrastados por uma enchente no curso da cheia; igualmente, correis para onde quer que os vossos apetites vos levem» (Luciano de Samósatos). De igual forma, Diógenes «troçava das pessoas que fecham os seus tesouros com ferrolhos, chaves e selos, mas que abrem todas as portas e janelas dos seus corpos, a boca, o sexo, as orelhas e os olhos». A postura dos Cínicos não simboliza o deixa andar, mas a resistência à moleza. «Andar sujos, cobertos de pêlos, usar o burel, cabelos compridos, descalços» serve-lhes de palavra-passe: não se assemelharem àqueles cuja vida adulterada rejeitam, mas, pelo contrário, atrair a convivência «dos espíritos mais delicados, mais moderados, aqueles que só veneram a virtude». «Este burel do qual gozais, os meus cabelos compridos e todo o meu exterior possuem um tal poder que me permitem viver em paz, fazendo o que me apetece e escolhendo os amigos que quero.» Diógenes rejeita também a dialéctica comercial e interesseira dos sofistas, esses «eunucos» do pensamento, não da verdadeira cultura, «sabedoria dos jovens, consolação dos velhos, riqueza dos pobres, ornamento dos ricos». Se o maior dos bens é, para ele, «a liberdade de linguagem», denuncia a grosseria como contrária à harmonia.

«Tornar selvagem a vida» (Plutarco), identificar-se com a rudeza animal (Diógenes terá morrido ao lutar com cães por um polvo cru), com o seu tranquilo impudor (copulava em público), não se trata, para Diógenes, de regressar à animalidade por desprezar o ser humano, mas proceder simbolicamente à inversão dos valores: o homem esqueceu o carácter elementar e limitado das suas verdadeiras necessidades. A sua mediocridade incita-o a ser enganado por todas as tentações do artifício, a alienar-se a falsos valores, engendrando as falsas necessidades que o tornam infeliz e suscitam a avidez, a instabilidade e a decepção.

Sem resistência física não há independência espiritual. A filosofia deve consistir numa *ascese*, método preventivo susceptível de auxiliar o homem a lutar contra todos os sofrimentos, não a ascese espiritual dos estóicos, baseada em exercícios próprios à alma, mas uma ascese do corpo com finalidade moral, treino físico à maneira do atleta ou do flautista: tentar, através da força de vontade, manter-se o mais perto possível da natureza, a tornar-se tão forte quanto ela, a fim de resistir às solicitações do artifício. Por mais curta que seja, a via não é fácil, exige força da vontade, um treino intensivo. Trata-se de *se superar a si próprio*, conseguir transpor a ascese física no terreno da alma.

Diógenes elegera como domicílio um «tonel» (um grande barril vazio): no Verão rebolava na areia escaldante, no Inverno abraçava as estátuas cobertas de neve, tirando partido de tudo para se endurecer – lavar-se com água fria, deixar para os efeminados o vinho de Quios e Lesbos. Assim, era suficientemente resistente para não ter qualquer necessidade de pactuar com o social, nada achar de vergonhoso ou humilhante: mendigava o seu pão em troca de insultos cáusticos, escarnecendo de todos os valores, a começar pelas leis políticas. Diógenes considera-se *a-polis*, sem cidade, *a-oikos*, sem casa, *kosmopolités*, sem pátria; é cidadão do universo – todas as cidades se equivalem. Preconiza a abstenção relativamente a qualquer compromisso político, familiar ou social considerados entraves à liberdade individual. Admite a antropofagia, o incesto, a total liberdade sexual, defende o desaparecimento das armas e do dinheiro. «Afasta-te do meu sol», respondeu ele a Alexandre que o admirava e queria fazer algo por ele; tal significava que o tirano nada podia fazer para favorecer ou prejudicar o verdadeiro filósofo. Só uma lei não é convencional, a do *kosmos*, a lei natural. Existem, assim, dois níveis da ascese:

1. *o regresso a esta natureza* que nos deu uma vida fácil que podemos reencontrar se nos limitarmos apenas às necessidades naturais e essenciais, fugindo dos prazeres artificiais da civilização – «a pobreza é um contributo instintivo para a filosofia» (Stobée, *Anthologie*, IV, 2, 32, 19);

2. *a superação da natureza*: trata-se de se tornar mais resistente do que o homem natural. A ascese cínica, mais severa do que a epicurista, rejeita qualquer eudemonismo numa fuga para a frente em direcção a um cada vez maior despojamento: vendo uma criança que comia lentilhas no seu único pedaço de pão, Diógenes deita fora a sua tigela supérflua!

• *Uma libertação interior*

A ênfase não é colocada na felicidade alcançada pela simplicidade, mas na libertação interior possibilitada pela lucidez e vontade exercitadas: antes evitar as infelicidades dos enganos do que satisfazer-se a si próprio – «antes a loucura do que a sensação» (Antístenes *in* Aulo Gélio, *Noites Áticas*, IX, 5, 3). «O desprezo pelo prazer torna-se agradável quando o treinamos.» O único prazer válido resulta de um esforço. O sábio cínico, com os apetrechos elementares da sua independência – o alforge, o pau e o *tribôn*, pequeno manto de linho grosseiro que serve de veste –, é o melhor exército para defrontar os *ponoi*, os males da condição humana, a doença e a morte. A sua figura, familiar à sociedade grega e romana durante tantos séculos, é fiel à ideia socrática de uma filosofia individualista mas acessível a todos, envolvendo todo o ser, passando mais por uma conversão interior do que pelo saber e buscando a felicidade menos incerta e mais digna do homem – uma felicidade que se traduz pela disponibilidade. O resultado da ascese é, com efeito, uma liberdade soberana que permite ao sábio não precisar de procurar a não ser nele próprio a norma das suas acções.

O Cinismo conheceu uma grande difusão no Império Romano: os Cínicos deambulavam em grupo por Alexandria, Constantinopla, fustigados pelo satírico Luciano de Samósatos e pelo imperador Juliano, o Apóstata. No século I d.C., foram uma das poucas forças de oposição às ditaduras de Nero e de Calígula. A sua influência no estoicismo é assinalável: Zenão foi aluno de Crates de Tebas, Epicteto* idealizou a figura de Diógenes. Contactaram com o Cristianismo, pois partilhavam algumas ideias essenciais, a radicalidade de um ideal vivido: «a virtude não pode habitar numa cidade ou numa casa rica.» Agostinho* estigmatiza o impudor deles e Sidónio Apolinário junta a «turba cínica» com a dos epicuristas. O termo «cinismo» deixou de ter múltiplos sinónimos para significar exclusivamente a afectação de imoralidade. Mas o ideal e a pedagogia dos Cínicos nunca deixaram de assediar a imaginação moderna, de Montaigne* a Diderot (*Le Neveu de Rameau*): «os imperativos fundamentais do cinismo antigo – a liberdade interior, o espírito de independência, a liberdade de expressão, a contestação das opiniões aceites, da ordem social e dos poderes estabelecidos, a "fuga do mundo", o regresso à natureza, o cosmopolitismo – encontram-se, em vários graus, entre as principais ideias que inspiraram o monaquismo primitivo, as ordens mendicantes da Idade Média, os reformadores do século XVI e alguns revolucionários dos séculos XVIII e XIX» (L. Paquet), e estão longe de ser estranhos a certas aspirações características do mundo contemporâneo.

☞ **Conceitos-chave e termos relacionados:**
Acto, Apatia, Ascese, Autarcia, Autenticidade, Cinismo, Conformismo/Anticonformismo, Convenção, Engano, Epicurismo, Esforço, Estoicismo, Eudemonismo, Felicidade, Filosofia, Ironia, Liberdade, Nominalismo, Nós, Pedagogia, Prazer, Pudor, Riqueza, Sabedoria, Simplicidade, Sinceridade, Veracidade, Virtude.

☞ **Autores:**
Agostinho, Alain, Cépticos, Epicteto, Estóicos, Montaigne, Nietzsche, Sócrates.

☞ **Bibliografia**
A. Comte-Sponville, *Valeur et vérité. Études cyniques*, PUF, 1994.
M. Onfray, *Cynismes*, LGF, 1992.
P. Sloterdijk, *Critique de la raison cynique*, Bourgois, 1987.

COMTE, Auguste (1798-1857)

Fundador do *positivismo*, sistema baseado numa reorganização mental geral que aperfeiçoaria as conquistas do «espírito positivo» próprio da era industrial. Este sistema é igualmente denominado por Comte como «filosofia positiva», que procura a certeza apenas nos saberes das ciências e no seu método bem compreendido – procura de constâncias observáveis, relações entre fenómenos e não causas absolutas – e rejeita, opondo-se ao cientismo, separar as ciências da sua utilidade humana e da sua ligação à história.

☞ **Obras:**
Esta doutrina enciclopédica, que devia, segundo o seu autor, resolver todas as crises modernas, encontra-se essencialmente nos seis volumes do *Cours de philosophie positive* (1830-1842); *Discours sur l'esprit positif* (1844), *Système de politique positive ou traité de sociologie instituant la Religion de l'Humanité* (1851-1854).

Nascido em Montpellier no seio de uma família católica legitimista, Comte, no Prefácio do tomo VI do *Cours*, em que esboça a sua autobiografia, conta que com apenas 14 anos sentia «já a necessidade fundamental de uma regeneração universal, simultaneamente política e filosófica», e isso de pleno acordo com o espírito da grande Revolução que toda a sociedade, sob a liderança do futuro Napoleão, se dedicava agora a realizar. Entra com 16 anos na Escola Politécnica, adquirindo aí os métodos que pretende «aplicar às especulações vitais e sociais» sob a forma da biologia e da física sociais que se tornarão a sua «sociologia». De 1817 a 1824, é secretário de Saint-Simon, o doutrinador do industrialismo e do socialismo moderno, sob a assinatura do qual publica os seus primeiros escritos, nomeadamente a primeira parte do *Système de politique positive*. Em 1822, com 24 anos, traçou já o plano de toda a sua obra num *Plan de travaux scientifiques nécessaires pour réorganiser la société*. A partir de 1826, ele próprio organiza o ensino do seu *Cours de philosophie positive*. Por detrás do pensador com ambição enciclopédica imponente, que interpretou toda a sua existência através da grelha da sua teoria e procurou «a notoriedade», manifesta-se um perfil atormentado: a demência nunca deixou de o perseguir, um casamento com uma prostituta e, por fim, «o ano sem igual» (1844-1846) que iria inflectir o sistema para uma religião da humanidade de que Comte se erigiria Sumo-Sacerdote: o amor por Clotilde de Vaux, cujo sublime desfecho não podia deixar de ser a morte romântica desta. Alguns discípulos de Comte, como Littré, atribuíram directamente à loucura a metamorfose final do sistema em culto.

• ***«Instituir a humanidade». Rumo à ordem pelo progresso***

Ao invés do materialismo e do espiritualismo, o positivismo afirma que o que está em questão nas ciências é um ser que é o mais real de todos os seres: «a *Humanidade*», no duplo sentido de ser humano e de conjunto dos homens – o «Grande Ser» social, composto «mais por mortos do que por vivos» e tanto da sociedade futura como das sociedades passadas. Ora, a Humanidade está em crise, esmagada entre forças retrógradas que concebem a ordem de forma reaccionária e forças revolucionárias que sabem apenas destruir. Mas «só destruímos o que respeitamos»: uma novidade radical é impossível na História, que manifesta um *progresso* contínuo do espírito humano, desde o estado em que o homem era pouco superior ao macaco até à condição moderna em que a ciência e a indústria lhe indicam os caminhos para a plena realização da sua humanidade. É preciso ajudar a humanidade a lutar contra o que atrasa a sua marcha: a *desordem*, no duplo sentido do termo – anarquia social e ausência de hierarquia (confusão de todos os planos da realidade) –, significando a «ordem», simultaneamente, comando e hierarquia. O progresso não destrói a ordem, ele é o seu desenvolvimento. «Ordem e Progresso» é a divisa do *positivismo*, selando o seu projecto grandioso de «instituir a humanidade», de estabelecê-la sobre bases sólidas e organizá-la segundo os seus fins.

• ***A lei do progresso da humanidade ou lei dos três estados***

A humanidade desenvolve-se passando por três estados sucessivos igualmente conhecidos pelo indivíduo (infância, adolescência, idade adulta):

1. *o estado teológico* (fetichismo, politeísmo, monoteísmo) em que o homem explica o mundo por agentes que possuem uma vontade, as potências divinas;

2. *o estado metafísico*, que substitui as potências divinas por entidades, abstracções personificadas (como o Princípio vital em biologia, a Alma, a Natureza), que produz um modo de pensamento puramente crítico, que argumenta em vez de observar (p. ex., a filosofia das Luzes) e pensa descobrir causas, penetrar na natureza íntima dos fenómenos;

3. *o estado positivo*, único regime normal e definitivo da razão humana em que a inteligência renuncia a procurar o «porquê» para se contentar com o «como» e descobre leis que permitem previsões racionais. O *espírito positivo* rejeita o que é quimérico, ocioso, incerto, vago e negativo, para admitir exclusivamente o que é real, útil, certo, rigoroso e «orgânico» (possuindo funções diferenciadas graças a uma hierarquia natural). Distingue-se do empirismo que acumula factos sem ligação e que apenas leva à dispersão dos conhecimentos. A ciência apenas admite relações: para um espírito positivo, «tudo é relativo, esse é o único dado absoluto».

O estado teológico só satisfaz a necessidade de ordem, o estado metafísico satisfaz a necessidade de progresso; o positivismo procura fazer justiça ao carácter indissociável de ambos.

- ***A lei de classificação das ciências fundamentais. A sociologia***

A lei dos três estados é confirmada pela lei que exprime a *ordem de sucessão das ciências* segundo uma generalidade decrescente e uma complexidade crescente: matemática, física, química, biologia, sociologia. Uma ciência só pode alcançar o estado positivo se as ciências que a precedem o tiverem alcançado. Esta classificação demonstra, segundo Comte, que se deve fundar uma nova ciência positiva, a *sociologia*, física social ou ciência dos factos humanos (antropologia), a única ciência capaz de sintetizar todos os conhecimentos relacionando-os com o homem.

- ***Moral laica e religião da humanidade***

A sétima ciência positiva é a *moral*, que significa a inteligência, a actividade e a afectividade. Ela indica a via de uma *religião*, cujo objecto de amor (o «Deus») é a Humanidade, e o sociólogo o sacerdote que realiza o culto dos Grandes Homens.

O moralismo laico e neoconservador do comtismo teve alguma influência na III República e conheceu uma fortuna singular até aos nossos dias na América Latina.

☞ **Conceitos-chave e termos relacionados:**
Causa, Causalidade, Ciência, Conhecimento, Desordem, Determinismo, Entidade, Estados (Lei dos três -), Fictício, Filosofia, Humanidade, Lei, Meio, Metafísica, Ordem, Positivismo, Positivo, Progresso, Relativismo, Relativo, Sociologia, Teológico (Estado -).

☞ **Autores:**
Cournot, Durkheim, Mill.

☞ **Bibliografia**

H. Gouhier, *La Philosophie d'Auguste Comte*, Vrin, 1987.
J. Grange, *La Philosophie d'Auguste Comte. Science, politique, religion*, PUF, 1996.
P. Macherey, *Comte. La Philosophie et les Sciences*, PUF, 1989.

CONDILLAC, Étienne Bonnot de (1714-1780)

Filósofo francês, foi o principal representante do empirismo em França e teve grande influência na formação da linguística moderna. Nascido em Grenoble, numa família de parlamentares, irmão do abade de Mably, igualmente filósofo, renunciou ao sacerdócio. Próximo dos Enciclopedistas, conheceu d'Alembert, Fontenelle e Diderot. Em 1776, Rousseau* confiou-lhe o manuscrito *Rousseau juge de Jean-Jacques*. Foi preceptor do neto de Luís XV (filho do infante de Parma), mas levou uma vida discreta exclusivamente dedicada à sua obra.

☞ **Obras:**
Essai sur l'origine des connaissances humaines (1746); *Traité des systèmes* (1749); *Traité des sensations* (1755); *Logique* (1780); *La Langue des calculs* (1798).

- ***Um sensualismo. A sensação, explicação universal. A ficção da estátua-odor de rosa***

Condillac continua e desenvolve as teses de Locke*. Retoma a *tese empirista* – a sensação é a origem dos conhecimentos e um sistema deve deduzir o encadeamento dos factos pela observação da realidade. Mas generaliza-a e complexifica-a ao juntar *ideias* à totalidade das nossas *faculdades*. *Essai sur l'origine des connaissances humaines* de 1746 é uma teoria do conhecimento e contém os três temas-chave do seu pensamento: todo o conhecimento provém da transformação da sensação original; as faculdades humanas não são inatas, mas engendradas sucessivamente; o progresso do conhecimento humano deve-se ao desenvolvimento da linguagem.

Trata-se de um *sensualismo*, tese segundo a qual só podemos pensar em contacto com a realidade externa. Condillac pretende ser mais radical do que Locke (que admitia o inatismo das faculdades): empreende a genealogia do espírito unicamente a partir da experiência; sem recorrer a qualquer poder inato do espírito, a reflexão pode ser engendrada apenas a partir da sensação. No *Traité des sensations* (1755), afirma o seu carácter original. A fim de evitar qualquer confusão entre o empirismo e o idealismo de Berkeley* (crítico de Diderot), tenta demonstrar que não só a totalidade das funções do espírito, mas também a certeza da existência do mundo exterior podem ser deduzidas apenas das sensações. Para demonstrar que cada sentido pode activar todas as nossas faculdades, todo o nosso pensamento a partir da sua própria sensação usa uma ficção que representa o homem no estado original da natureza: uma estátua «organizada internamente como nós», cuja matéria, o mármore, não permitia qualquer uso dos sentidos, mas que, ao animar-se, adquire sucessivamente cada um dos cinco sentidos e descobre o mundo. Se partirmos do olfacto, a estátua cheirando uma rosa identifica-se com o odor da rosa; toda a actividade do espírito, a *consciência* da estátua, está na sensação. A partir dessa sensação, pode reconstituir-se a génese de todo o funcionamento do espírito: o entendimento (atenção, memória, juízo, consciência da duração), a afectividade (sentimento de interesse, prazer ou sofrimento, desejo) e a acção desenvolvem-se ao mesmo tempo afectando-se reciprocamente. Cada *faculdade é uma transformação da sensação inicial*: a atenção é a presença de uma primeira sensação; a memória é a persistência da sensação; a comparação é a atenção à sensação presente e à sensação passada, etc. A ideia de duração é activada pela sensação da sucessão de estados que afectam a estátua (de estado agradável a desagradável, etc.). O espírito enriquece-se com o coincidência dos sentidos ou *sinestesia*: um odor pode lembrar um som e auxiliar o desenvolvimento da memória. Tal como em Locke, já não é a vista, mas o tacto, prova da resistência dos corpos, que engendra a descoberta do espaço, da exterioridade do mundo.

- ***A primeira filosofia da linguagem. Necessidade dos signos para o pensamento***

O pensamento de Condillac desenvolve-se num plano duplo, lógico e psicológico, porque o sensualismo implica um nominalismo linguístico: sendo a realidade externa – aquilo que faz pensar – composta por indivíduos, precisamos de *nomes* para pensar, para, a partir dos dados particulares dos sentidos, formular ideias *gerais*, características comuns a um determinado número de ideias particulares que, sem a linguagem, nada seriam para o espírito. A originalidade de Condillac, relativamente a Locke, consiste em integrar a linguagem no conhecimento. A necessidade de uma linguagem provém do que distingue o homem do animal – a *reflexão*, o poder que o espírito tem de dirigir livremente a sua atenção. A *atenção* – faculdade que nos permite captar mais ou menos sensações, e mais ou menos distintas – permite-nos dispor das percepções «quase como se tivéssemos o poder de produzi-las e aniquilá-las». «Para ter ideias sobre as quais possamos reflectir, precisamos de imaginar signos.» Sem signos, o pensamento permaneceria sujeito à exterioridade do meio, limitado à percepção e à imaginação, que nos tornam senhores do nosso pensamento e capazes de raciocínio – análise e combinação de ideias. Os signos refreiam a imaginação e abreviam o raciocínio, ordenam as ideias, libertam o pensamento do sensível permitindo-lhe distinguir essas *ideias de reflexão* das ideias que resultam imediatamente da sensação. Os *signos da linguagem* são «instituídos», distintos dos signos acidentais (associações de circunstância) e naturais (ligados aos sentimentos: gritos, choros); a sua relação com aquilo que representam é arbitrária. Precursor de Saussure*, que parece ter sido influenciado por ele, Condillac faz da *linguagem articulada* uma convenção humana e já não um dom de Deus ou da natureza. Só a *palavra* é voluntária: as leis do funcionamento da *língua* são independentes dos indivíduos.

• ***Uma abordagem genética da linguagem***

Coloca-se então a questão da origem da linguagem (*cf. Essai...*), pois sendo passivo o estado inicial do entendimento, o tratamento ulterior da informação recebida das sensações exige faculdades activas: a linguagem permite essa actividade pelo carácter arbitrário (hoje diríamos a *independência semântica*) dos seus signos. Foi necessária uma longa génese histórica para que a linguagem articulada, de início auxiliar verbal da «linguagem de acção» primitiva, sugestiva e metafórica, se tornasse meio privilegiado de expressão e comunicação. A linguagem evoluiu ao mesmo tempo que o pensamento, favorecendo o nascimento de formas mais racionais deste. Por conseguinte, a razão não é inata e imutável, mas o produto de uma longa maturação como testemunham as etapas da história das línguas. Condillac sublinhou tanto a origem pré-reflexiva do pensamento a partir de uma genealogia da linguagem como as condições sociais e históricas do desenvolvimento da razão e do conhecimento.

• ***Um conceptualismo linguístico***

Trata-se de um nominalismo – o mundo é feito de indivíduos, os nossos pensamentos apenas existem em contacto com a materialidade do mundo, o signo é sensação do objecto material – ou, mais exactamente, um «conceptualismo linguístico» (S. Auroux), porque as ideias gerais «existem», sendo uma parte da sensação particular: qualquer signo é signo de uma ideia (é a concepção clássica).

A linguagem é modelo do rigor científico. «Criar uma ciência não é mais do que inventar uma língua, e estudar uma ciência não é senão aprender uma língua bem estruturada.» A demonstração reconstitui a ordem das ideias combinando símbolos escolhidos. Em *La Langue des calculs* (1789), Condillac preconiza um método geral: a *análise* – a faculdade do espírito mais natural, que vai do conhecido ao desconhecido e consiste na decomposição do objecto para encontrar a ordem dos elementos. A *lógica* já não é a teoria das proposições, mas a arte da análise que se introduz na arte dos sistemas.

Condillac foi autor de um sistema pedagógico que aplica estas noções genéticas (*Cours d'étude*, 1775, em que o tema da linguagem é aprofundado) e que servirá ao doutor Itard para a educação de Victor de l'Aveyron, o menino selvagem (*cf.* L. Malson, *Les Enfants sauvages*, 1964).

A concepção de Condillac exerceu uma enorme influência até cerca 1830; Lavoisier, Stendhal reivindicam a sua influência, e os Ideólogos (Destutt de Tracy) prosseguiram a sua teorização e adoptaram o seu método antimetafísico antes de o contestar; Maine de Biran* rejeitou-o em nome da experiência interior, demonstrando que a passividade das afecções sensíveis não é suficiente para definir o homem, no qual se encontra uma actividade voluntária assim como um poder de reflexão necessário ao conhecimento. Pode encontrar-se em Condillac um panlogismo, uma metafísica intelectualista, sob a forma de um empirismo erradamente considerado espírito científico (G. Le Roy). O seu pensamento é hoje alvo de interesse renovado. S. Auroux vê nele «a primeira filosofia crítica, a primeira filosofia analítica e o primeiro programa logicista». O pensamento de Condillac prefigura o conjunto da crítica kantiana (excepto a dimensão do transcendental): a estética transcendental – «os nossos conhecimentos estendem-se apenas às nossas sensações» –, a ilusão transcendental da razão – a mania dos sistemas desvia-nos para «conhecimentos ocos». Muito longe das teses materialistas que propicia involuntariamente (La Mettrie, d'Holbach, Helvetius), Condillac afirmou a especificidade intrínseca da alma, a distinção (espiritualista) de estrutura entre processos materiais e operações do pensamento (demonstra a existência de Deus e refuta Epicuro*). Todavia, faz depender as operações cognitivas da estrutura material, atribuindo a diferença em relação ao animal a uma organização distinta (opondo-se a Descartes* e Buffon). De facto, interessa-se pelo funcionamento do espírito que descreve em termos não fisiológicos; a estátua é «um *autómato sem maquinaria*, cuja matéria importa tão pouco como a das máquinas de Turing» (S. Auroux).

☞ **Conceitos-chave e termos relacionados:**
Abstracção, Atenção, Cálculo, Combinação, Conceptualismo, Conhecimento, Crítica, Empirismo, Entendimento, Epistemologia, Experiência, Faculdade, Filosofia analítica, Génese, Genética, Gravitação, Ideia, Ideólogos, Língua, Linguagem, Linguística, Lógica, Logicismo, Nominalismo, Psicologia, Razão, Sensação, Sensualismo, Signo.

☞ **Autores:**
Comte, Kant, Locke, Maine de Biran, Newton, Rousseau, Saussure.

☞ **Bibliografia**
S. Auroux, *La Sémiotique des Encyclopédistes*, Payot, 1979.
J.-B. Mérian, *Sur le problème de Molyneux: Diderot, Mérian et l'aveugle*, Flammarion, 1984.
N. Rousseau, *Conscience et langage chez Condillac*, Droz, 1986.

COURNOT, Antoine Augustin (1801-1877)

Cournot alcançou mais êxito com a sua obra científica do que com a sua reflexão filosófica, cuja verdadadeira amplitude não foi compreendida pelos seus contemporâneos. Pouco lido no seu tempo, foi progressivamente descoberto e apreciado e o valor das suas análises é hoje incontestado.

O carácter específico da sua obra deve-se ao estilo heterogéneo em que as investigações matemáticas, as análises económicas e as considerações filosóficas se interligam. A corência da sua obra prende-se essencialmente com a considerável importância atribuída ao cálculo infinitesimal que torna plenamente inteligível uma teoria – agora clássica – do acaso e a generalização do probabilismo a todos os domínios do saber.

Nascido no Franco Condado, no início do século XIX, Cournot faz ainda parte do século das Luzes pela sua cultura excepcionalmente vasta e conhecimento enciclopédico. Formado pelos jesuítas em humanidades clássicas, prosseguiu de forma brilhante estudos superiores de Matemática a que se juntou uma licenciatura em Direito. Foi aluno de Laplace, Ampère e de todos os grandes nomes da época. Doutor em Ciências em 1829, com uma tese em Mecânica, é sucessivamente professor de Matemática na faculdade de Lyon, depois reitor em Grenoble e inspector-geral de Matemática em 1836, cargo em que substituiu Laplace. Cournot prossegue uma carreira administrativa como reitor em Dijon. Após um longo período inteiramente orientado para as pesquisas científicas, dedica-se, na fase final da vida, à elaboração da sua obra filosófica. Morre em Paris após ter prosseguido incansavelmente o seu trabalho intelectual, apesar de estar quase cego.

☞ **Obras:**
Recherches sur les principes mathématiques de la théorie des richesses (1836); *Exposition de la théorie des chances et des probabilités* (1843); *Essai sur les fondements de nos connaissances et sur les caractères de la critique philosophique* (1851); *Traité de l'enchaînement des idées fondamentales dans les sciences et dans l'histoire* (1861); *Considérations sur la marche des idées et des événements dans les temps modernes* (1872); *Matérialisme, Vitalisme, rationalisme* (1875).

• *Alcance filosófico da análise matemática*

Deve-se a Cournot o facto de se ter demonstrado a imensa importância do *cálculo infinitesimal* e as suas diversas aplicações. Ao invés do método dos limites que, procedendo do finito para o infinito, entra em conflito com as célebres antinomias suscitadas pela noção de infinito, o cálculo infinitesimal procede sempre do infinito para o finito por variações contínuas. Assim, para Cournot, para além da lógica da descontinuidade inerente à linguagem, o cálculo infinitesimal introduz uma lógica superior que restitui a continuidade do real e encontra a ordem racional que a própria natureza adopta. É por isso que, afirma Cournot, só a análise matemática permite aceder à essência última das coisas que consiste no «infinitamente pequeno».

• *Cournot, pioneiro da economia matemática, fundador da econometria*

A sua abordagem racional das riquezas constitui a primeira tentativa rigorosa de matematização da economia. Note-se que se trata de um matemático que reflecte sobre a economia e não tanto de um economista que recorre à matemática. «A utilização de signos e símbolos matemáticos é algo natural, sempre que se trata de relações entre grandezas» que podemos avaliar numericamente. Enquanto as noções de escassez e adequação às necessidades são vagas, subjectivas e indeterminadas, a noção abstracta de *riqueza*, definida como valor permutável, é uma noção objectiva e determinada, adequada às combinações rigorosas da análise matemática.

O novo modelo que propõe na história do pensamento económico baseia-se no cálculo infinitesimal. A *economia matemática* designa assim a aplicação da análise matemática ao estudo das correlações entre as diferentes variáveis da vida económica: oferta e procura, produção, consumo, preço, lucros, etc.

• *O acaso: uma ideia fundada na razão*

A *teoria do acaso* é central na obra de Cournot e parece ainda essencial que actualmente lhe façamos referência. A concepção original que propõe do acaso só se compreende em relação às teses dominantes da época: o acaso ou era considerado o resultado de uma desordem e de uma contingência inerentes ao próprio universo (Poincaré evocará a noção de uma «ordem caótica»), ou então, como defendia Laplace, o acaso prende-se com a ignorância das causas complexas e múltiplas que concorrem para a produção de eventos denominados «fortuitos». Para Laplace, o acaso está relacionado com a finitude do homem, com os limites de uma inteligência que não pode aceder ao conhecimento total do universo. Em virtude do princípio do *determinismo universal*, um conhecimento e uma previsibilidade totais são teoricamente possíveis, pois requerem uma inteligência superior que conhecesse, num dado instante, a totalidade das forças que animam a natureza assim como as suas interacções (Laplace, *Essais philosophiques sur les probabilités*, 1814). O real, de direito, é então totalmente inteligível e transparente para uma inteligência infinita.

Para Cournot, o *acaso* não é sinónimo de ausência de causas, pois não admite, como Laplace, que algum evento escape ao determinismo universal. Mas o acaso também não se prende com a ignorância das causas e a impotência da razão. É por isso que Cournot tem o cuidado de distinguir a *probabilidade* matemática objectiva («que se compara com a possibilidade das coisas independentemente do conhecimento que temos delas») da probabilidade matemática subjectiva «que se relaciona com uma certa extensão dos nossos conhecimentos».

Se a *causalidade* é o elo necessário que une os acontecimentos entre si numa série linear – «cadeia indefinida de causas e efeitos que se sucedem» e cujo «presente forma um anel» (*Essai*, § 29) –, o *acaso*, para Cournot, é antes de mais definido negativamente como o carácter de um facto inexplicável num encadeamento linear de causas e efeitos. Mas pode ser definido positivamente a partir do seguinte postulado: «O bom senso diz que há séries solidárias e séries independentes» (*ibidem*, § 30). Por *séries independentes* deve entender-se encadeamentos de causas e efeitos paralelos que se desenvolvem simultaneamente «sem ter entre si conexões e sem exercer influências mútuas consideráveis» (*ibidem*). Estas séries podem manter-se separadas como dois mundos totalmente estranhos e irredutíveis, mas podem também cruzar-se. O *acaso* resulta, pois, do «encontro de fenómenos que pertencem a séries independentes na ordem da causalidade», por exemplo, num acidente no sentido corrente, o encontro entre uma série intencional e uma série mecânica.

O *acontecimento fortuito*, portanto, não é um facto sem causa, mas um facto estritamente determinado, e mesmo plurideterminado, resultante «da independência de várias séries de causas e efeitos, que concorrem acidentalmente para produzir tal fenómeno, para provocar tal acontecimento que, por essa razão, é qualificado de fortuito». Por conseguinte, deve distinguir-se os fenómenos que se explicam pelos seus antecedentes numa única série linear dos fenómenos ditos fortuitos resultantes da confluência de duas ou mais séries causais independentes. O acaso faz parte da inteligibilidade do universo e podemos estudar as suas leis por meio do cálculo de probabilidades. A contingência metafísica, portanto, não existe. É em relação ao rigor interno do encadeamento causal próprio a uma série linear que se considera um acontecimento fortuito. A ideia de *contingência* resulta, no seio do determinismo universal, da inalterabilidade das cadeias causais e da sua independência.

• *O histórico e o racional*

A teoria do acaso restitui à temporalidade a consistência e a densidade que o universo laplaciano excluíra. Com efeito, já no domínio da natureza a contingência ligada à serialidade e às conjunções fortuitas impede que o universo seja totalmente previsível e transparente.

A fortiori, o papel do acaso na História é preponderante: «O acontecimento histórico contém factos primordiais, arbitrários e contingentes.» A *História* é uma disciplina que centra toda a sua atenção na individualidade, na influência dos grandes homens, na singularidade dos acontecimentos. As particularidades não são totalmente apagadas pela lei dos grandes números e é apenas a partir da análise de grandes períodos de tempo que a história permite a manifestação do universal no particular. As leis da probabilidade devem permitir ao historiador alcançar o seu objectivo – distinguir o essencial do acidental e o universal do singular – pois a tarefa da racionalidade, a procura da razão última das coisas, exige a abstracção do acidental para reter apenas o racional, por outras palavras, aquilo que, a diversos níveis, escapa à cronologia e à história.

• ***Para uma lógica do grau de probabilidade***

Cournot critica a concepção kantiana de uma ciência composta apenas por certezas apodícticas e a sua modernidade consiste em substituir a lógica da verdade pela *lógica do provável*. Esta assenta na ideia de que a racionalidade do mundo é meramente parcial, que, já que nem tudo é susceptível de ser explicado, a certeza implica graus, em função de uma maior ou menor probabilidade: «Devemos contentar-nos com as grandes probabilidades na solução dos problemas da filosofia, tal como nos contentamos na astronomia, na física, na história, na economia; e, tal como na física e na história existem coisas indubitáveis, embora não logicamente demonstradas, elas podem e devem existir também no campo da especulação filosófica. É preciso saber reconhecer a diminuição gradual e contínua da probabilidade onde ela se encontra, tanto na filosofia como noutra área» (*Essai*, § 87).

☞ **Conceitos-chave e termos relacionados:**
Acaso, Aleatório, Cálculo infinitesimal, Contingência, Causalidade, Determinismo, Economia, História, Probabilidade.

☞ **Autores:**
Aron, Kant, Leibniz

☞ **Bibliografia**

Études pour le centenaire de la mort de Cournot, org. de A. Robinet e J. Brun, Vrin-Economica, 1978.
C. Ménard, *La Formation d'une rationalité économique: A. A. Cournot*, Flammarion, 1978.
B. Saint-Sernin, *Cournot*, Vrin, 1998.

D

DELEUZE, Gilles (1925-1995)

Filósofo francês de rara originalidade que se consagrou como o pensador da «imanência radical». Descreveu «a filosofia como uma componente da vida» e tentou dotá-la de «novos meios de expressão», segundo o desejo de Nietzsche*. Nascido em Paris, agregado em 1948, ensina em Amiens, Orleães e Paris no liceu Louis-le-Grand, e depois nas universidades da Sorbonne, Lyon e Paris VIII-Vincennes (1969-1987). Em 1968, defende a sua tese, *Différence et répétition*, e, em 1969, conhece Félix Guattari com quem escreverá em colaboração. De 1968 a 1987, participa em diversas acções políticas no movimento contestatário. Pondo fim a uma grave doença respiratória, «a sua morte voluntária e "sensata", no sentido que os estóicos* (os materialistas que Deleuze tão bem compreendeu) davam a essa palavra, realiza um destino verdadeiramente filosófico» (P. Veyne).

☞ **Obras:**

Empirisme et subjectivité (1953); *Nietzsche et la philosophie*, (1962); *Marcel Proust et les signes* (1964); *Le Bergsonisme* (1966); *Présentation de Sacher-Masoch* (1968); *Différence et répétition* (1968); *Spinoza et le problème de l'expression* (1968); *Logique du sens* (1969); *L'Anti-Œdipe* (com Félix Guattari) (1972); *Dialogues* (com Claire Parnet) e *Mille Plateaux* (1980); *Cinéma 1. L'image-mouvement* (1983); *Cinéma 2. L'image-temps* (1985); *Le Pli. Leibniz et le baroque* (1988); *Pourparlers* (1990); *Qu'est-ce que la philosophie?* (com Félix Guattari) (1991); *Critique et clinique* (1993).

[Nas Edições 70 : *A Filosofia Crítica de Kant*; *Nietzsche*.]

• ***O sistema da imanência radical***

Deleuze construiu o *sistema* da imanência radical, inseparável do pluralismo. Nietzsche inspira-lhe:

– *o projecto central*: «inverter o platonismo», o pensamento representativo, que se encontra na filosofia clássica, na dialéctica, no estruturalismo e na psicanálise;

– *as principais dimensões*: a) um *mobilismo heraclitiano das intensidades ou dos fluxos*: tudo, objecto ou conceito, resulta do jogo de variações intensivas, pré-individuais, pré-pessoais cujas formas e estruturas são apenas o efeito momentâneo; b) um *pluralismo diferenciado*: tudo é diferença positiva, sem hierarquização; a ontologia é então teoria das multiplicidades; c) um *vitalismo ou monismo da vida num sentido não biológico*, sendo a «vida» entendida como capacidade de abertura ao ilimitado: as diversas formas de existência diferenciam-se, em sentido e em valor, segundo a sua actuação no mundo – inventividade e criação; d) uma *imanência* radical: as diferentes formas de existir e pensar manifestam-se na própria vida. A vida julga os discursos.

Pretende dotar-se a filosofia de novas formas de expressão – Deleuze realiza o desejo de Nietzsche através da estruturação inovadora de algumas das suas obras após 1968: já não capítulos traduzindo, pela sua sucessão e encaixe, a evolução do pensamento reflectido e totalizado por um sujeito, mas *séries* paralelas, *cenários*, convidando o leitor à desmontagem e remontagem.

• ***Pensar o que é exterior ao pensamento. Crítica da representação***

O que se deve pensar é a relação do pensamento com uma exterioridade que é o *fora* absoluto *dele próprio* e o obriga a pensar. A filosofia chamou «verdade» à apreensão de um conteúdo necessário e exterior independente, mas admitindo-o como transcendente e impondo-lhe *a priori* a forma da identidade – homogeneidade e permanência, projecção da sua própria interioridade. Todo o conhecimento é, pois, reconhecimento, reminiscência. Ora, como pode o pensamento *saber* o que tem a pensar? «A filosofia correu sempre o perigo que consiste em comparar o pensamento com ocorrências tão desinteressantes como dizer "bom dia Teeteto" quando é Teodoro que passa!» Imagem servil do pensamento limitado a preencher provisoriamente uma distância fortuita entre sujeito e objecto.

Colocando a questão da sua *origem* (*arché*, princípio fundador, Ideia, *Cogito*...), a filosofia pensa ter como ponto de partida um conceito sem pressupostos. Mas, ao fazê-lo, serve-se de pressupostos do senso comum (todos pensam «saber sem conceitos o que significa eu, pensar, ser»). O origem deve ser exterior ao conceito e a sua relação com a necessidade da ordem do evento, o *exterior* deve ser imanente. Só pensamos *estimulados* por alguma coisa. Um pensamento imanente não sabe *de antemão* o que significa pensar.

Não estimulada, a verdade é um mero universal abstracto, desprovido «das forças reais que constituem o pensamento». «A essência do pensamento», diz Deleuze, inspirado em Nietzsche, «não é o verdadeiro, mas o sentido e o valor»: «compreendemos pensamentos imbecis, discursos imbecis que são inteiramente compostos por verdades.» «O carácter verdadeiro do que pensamos» é o *sentido*, que se refere mais a uma avaliação do que a uma significação, mais a uma vontade e a uma afirmação do que a um ser, introduzindo-se no verdadeiro diferenças de valor: entre verdades *baixas* (simples reconhecimentos) e verdades *altas* (levantar *problemas*). O contrário da verdade é a *estupidez*, que não é o erro nem a ignorância, mas o espírito falso, «perpétua confusão entre o essencial e o acessório, o geral e o particular» (*Différence et répétition*). Essa é a condição natural do pensamento.

- ***Forças e afectos. Libertar o pensamento da língua binária***

Para pensar é preciso ser *sensível* a alguma coisa, às diferenças, àquilo que se destaca, que faz sair do torpor inerente ao pensamento. «Pensar depende de forças que se apoderam do pensamento.» Por exemplo, Foucault* distinguiu «forças de elevação ao infinito no século clássico, à sombra das quais o pensamento elabora um "composto-Deus"», «forças de finitude no século XIX, que inspiram um "composto-Homem"; e hoje talvez forças do finito ilimitado». A *força* é o poder de afectar e ser afectado (ideia comum a Espinosa* e a Nietzsche); «em relação estreita com a sensação», ela não é aquilo que age», mas, «como o sabiam Leibniz* e Nietzsche, aquilo que percebe e sente».

«Pensar, filosofar, é libertar o pensamento de tudo o que o aprisiona» e, desde logo, do funcionamento imediato da língua, cujas oposições binárias engendram o domínio da representação. A linguagem filosófica tende a reduzir-se ao manuseamento dos grandes opostos: sensível/inteligível, uno/múltiplo, em si/para si, eu/outro, etc. Deleuze não opõe à razão o seu oposto, mas procura outra forma de racionalidade, a do acontecimento, do *sentido*, que restitui o factor risco ao pensamento, faz dele «um exercício perigoso», um confronto de singularidades.

- ***Um empirismo superior ou transcendental. O plano de imanência. Pensar não é fundamentar***

O que «violenta o pensamento» são os *signos* como hieróglifos, focos de sentido: objectos estranhos, palpáveis ou imaginados, que se furtam à representação, objectos de confronto e não de reconhecimento. O sentido encontra-se neles em estado de implicação, de envolvimento, como um «mundo possível», incompatível com o meu, mas que se tornaria meu se eu me tornasse outro. É o tema de *Marcel Proust et les signes*: a recordação afectiva «subtrai o pensamento ao seu entorpecimento natural», «das suas possibilidades meramente abstractas».

Condição transcendental do pensamento, o *exterior* é denominado «plano de imanência» – esfera transcendental informal em que nada é pressuposto senão a exterioridade e que «escapa a qualquer transcendência do sujeito ou do objecto». Kant* foi o primeiro a pensar o *transcendental* na imanência (definiu as circunstâncias em que o pensamento faz uma experiência – entra em relação com o que não depende de si), mas desnaturou-a vendo nela uma forma de interioridade, redobrando o empírico. O exterior «transcendental» do pensamento ou plano de imanência é o *não representável* – «existe um acéfalo no pensamento...» (Artaud); «ainda não pensamos» (Heidegger) – e a sua *consistência*: a exterioridade das relações, o seu campo informal. *Plano, cenário*, indicam a dupla face do pensamento e do ser, em que as ideias do indivíduo se constroem e ganham consistência em horizontalidade. Pensar não é fundar, mas aventurar-se, *criar*, *experimentar* novos problemas.

• ***Os pensadores da imanência: Espinosa, Hume, Nietzsche, Bergson***

«Todos os autores de que me ocupei projectaram um plano de imanência.» O *empirismo* de Hume* não indica que o inteligível proceda do sensível, mas antes que um pensamento metódico opera de um ponto de vista puramente imanente, a teoria das relações enquanto exteriores aos seus termos.

Com o *pluralismo* de Nietzsche, a filosofia torna-se uma arma de guerra contra o monismo platónico (e schopenhaueriano), que reduz à aparência a pluralidade das forças, e contra a dialéctica, último avatar da metafísica e do niilismo do pensamento representativo.

Em Bergson*, Deleuze encontra a definição da *filosofia como empirismo superior*: superar a experiência, não em relação às condições *a priori* de toda a experiência possível, mas às condições concretas de uma experiência real, de tal forma que essas condições não superem o condicionado, que entre a condição e o condicionado não exista qualquer distância. Os conceitos devem ser moldados na coisa. Em vez da oposição dos contrários, desenvolver «uma fina percepção da multiplicidade».

«Príncipe dos filósofos», Espinosa inventou o plano de imanência que se relaciona com a substância e os atributos. Imanência teórica e prática que distingue a *ética* – «tipologia dos modos de existência imanentes» – e a *moral* – que «associa sempre a existência a valores transcendentes». Em Espinosa, o empirismo está ligado à satisfação com a diversidade e à rejeição das paixões mórbidas.

• ***O esquema antidialéctico***

O negativo dialéctico anula a diferença em termos de oposição e contradição, restabelecendo o primado da unidade. Mas apenas existe o positivo sem identidade. Três operadores compõem o esquema antidialéctico de Deleuze:

1. o conceito de *menor* ou *micro*. A diferença é afirmativa enquanto «pequena» – não débil mas *nuance*, variação de intensidade, *diferenciação*. A imanência *faz sobreposições* sem ter em conta lacunas e alteridade;

2. o carácter *paradoxal* da filosofia. Não há senso comum, *arché* comum, referenciais comuns em que se possam enquadrar as oposições. Quando pensamos opor-nos ou objectar, estamos simplesmente em paralelo, «de lado» (*para*). Não há unidade da história da filosofia; Descartes* considerava inofensivas as objecções de Espinosa. Com efeito, não colocavam ambos as mesmas questões;

3. o conceito de *linha de fuga*. Não podemos atacar frontalmente as grandes oposições duais ou dialécticas; temos de desfazê-las a partir do seu interior, traçar uma linha de variações intensivas a partir de pequenas diferenças suscitando um novo discurso, novas formas de pensar e sentir. O pensamento é poder de *desterritorialização*, ligado ao seu exterior que o *força*.

• ***O que é a filosofia? Uma invenção de conceitos***

O próprio *conceito* é uma intensidade, tal como as singularidades com que lida: um *continuum* de variações. Ele mesmo sem identidade, coordena outras intensidades, outros conceitos: «O

Cogito de Descartes condensa as variações intensivas respectivas de *duvidar*, *pensar*, *ser*, num co-funcionamento com consistência, não no agrupamento comum sob um género. A verdade de um conceito é a sua consistência.»

• ***A expressão, o rizoma***

A imagem do *rizoma*, bolbo que lança raízes adventícias e cresce à superfície por ramificações não unificadas, opõe-se à imagem clássica da filosofia «como uma árvore» (Descartes). «Os signos trabalham as próprias coisas, ao mesmo tempo que as coisas se desenvolvem ou se manifestam através dos signos» (*Mille plateaux*). O pensamento já não ocupa um lugar exterior em relação ao mundo; reflecte sobre as coisas, entranha-se nelas como um *rizoma*. Entre a forma de *expressão* (domínio dos signos) e o *conteúdo* (domínio do concreto), a relação já não é de representação, mas de implicação recíproca. Os signos, fluxos semióticos (não limitados à relação significante/significado), são considerados em *disposições* ligadas a elementos extralinguísticos, fluxos extra-semióticos, práticas extradiscursivas, sem que exista prioridade ou inferioridade.

• ***A vida. A arte pela vida***

Deleuze reivindica um *vitalismo* – no sentido do «grande vigor» de Nietzsche ou Espinosa: «poder de uma vida não orgânica», vitalidade nem biológica nem quotidiana. *Vida* significa o princípio de desapropriação que está no centro da capacidade de renovação do ser e que coloca o pensamento em crise. «A vida mais extravagante e intensa», «aquela que pode existir numa linha de desenho, de escrita ou numa pauta de música» é poder de abertura ao ilimitado. Ela tem como mola do seu poder uma máquina abstracta: aquilo que numa disposição opera o poder de desterritorialização, produz linhas de fuga e abre uma saída.

É para a sobriedade da linha abstracta que tendem o escritor, o artista, o cientista, o político, o filósofo. A *arte*, longe de fugir da vida e de ser um fim em si mesma, é «um instrumento para traçar linhas de vida» (*Marcel Proust et les signes*). Ela «capta forças» tal como o real: a escrita fende as palavras, mostra uma linha que não representa mas faz entrar em contacto partículas de coisas e terminações de palavras: «O livro como imagem do mundo... que ideia insípida». Metáfora e metonímia, antes de serem operações da linguagem, estão integradas numa força de desapropriação: invenção, deslocamento. A pintura «mostra as presenças sob a representação»; a música «eleva a alma»; o cinema trouxe «o movimento que iria exigir uma nova compreensão das imagens e dos signos».

• ***Um pensamento afirmativo do desejo: O* Anti-Édipo*, crítica da psicanálise***

O conceito de *indefinido* – finito ilimitado – inaugura uma dimensão para além da oposição negativo/positivo. O desejo é pensado, desde Espinosa e Nietzsche, como superabundância, poder doador ou criador nos moldes da energia pulsional. Relaciona-se com o que o engendra positivamente. O prazer é a sua interrupção, não o seu sentido, daí a sua essência «esquizofrénica»: os esquizofrénicos ensinam-nos que o *desejo* é produto e disseminação a partir dos órgãos, fluxo, conexão e corte de fluxo. Não existe nem fim, nem termo que não seja a libertação do seu próprio estado de espírito, o seu estiramento em linha abstracta levando os devires à sua mais elevada realidade.

O Anti-Édipo [*L'Anti-Oedipe*] envolve a dupla crítica do freudismo e do estruturalismo. A psicanálise reduz o desejo a uma falta causada pela interdição, a uma máquina de produzir fantasmas; confina-o a um sistema fechado de representações/repressões e desvia as grandes forças do inconsciente para pequenas necessidades. Ora, o poder do desejo não se deve resumir ao contexto familiar; o recalcamento deve ser inserido num movimento de repressão social mais amplo: «As figuras parentais são indutores insignificantes.»

Contra o sujeito freudiano, o conceito de *máquina desejante* faz do inconsciente uma máquina num universo de máquinas cuja função é produzir. A análise será *esquizo-análise*: libertar o sujeito que deseja da repressão indissociável do seu desejo e para a qual a psicanálise, com os seus efeitos de poder, contribui largamente.

O estruturalismo também reduz a disposição múltipla do desejo à lei binária da estrutura e da falta.

- ***O tempo, intensidade dos corpos***

A verdade do tempo não é a sucessão, mas a heterogeneidade nos corpos. Se os presentes *passam* é porque existe entre eles uma diferença de intensidade e de relação de forças: «o tempo é a intensidade dos corpos», diferença pura, relação de heterogéneos, imediata, não subsumida numa identidade. O *passado* não é a acumulação de diversos tempos presentes; ele «não se forma depois»; é passado puro ou virtual, campo da diferença de natureza entre os presentes, da substituição de um presente por outro. O *tempo* – devir, mudança pura, passagem de uma dimensão a outra – confunde-se com as dimensões que reúne virtualmente: ele é *actualmente* sucessivo.

- ***Individuação: o evento no vazio do tempo***

Cada dimensão é *individualizante*, faz mudar o sujeito no qual ela se actualiza. «Uma vida» não é um alinhamento de presentes entre nascimento e morte num presente contínuo homogéneo; ela implica rupturas profundamente *temporais*, na acepção negativa que damos a esse termo, quando, por exemplo, já não nos reconhecemos naquele que fomos.

Diferença das diferenças, anónimo e individuante, ele mesmo sem identidade, a não ser por diferir de si, *o tempo é a multiplicidade*, relação de pura diferença entre os termos. Deleuze vai buscar a Duns Escoto o termo «hecceidade» para designar a singularidade intensiva, a individualidade eventual, móvel e sem forma prévia. Princípio informal de individuação, a intensidade, nascente e desvanecente, confunde-se com o *evento* – tudo o que se verifica, dimensão de emergência ainda não distinta da que a precede. Cume de variações intensivas e diferenças singulares, em que coexistem instantaneamente duas dimensões heterogéneas, futuro e passado, confundindo-se nesse vazio: o tempo.

- ***O destino. Diferença e repetição***

Como é que a diferença pode fazer convergir? Sendo diferenciação, a diferença repete-se diferindo, noutra dimensão. Deleuze interpreta o *eterno retorno* como a afirmação da multiplicidade intensiva virtual do tempo, implicação recíproca das diferenças, correlação da diferença e da repetição. Uma fase da vida não é constituída pelas etapas anteriores: continuar significa, para a vida, relançar os dados, colocar-se de novo em causa inteiramente noutro plano. A ideia de *destino* encontra aí uma significação na imanência em termos de intensidade: ela afirma a condensação ou coexistência de épocas num único evento, segundo um sistema de ecos ou de correspondências não causais. Longe da «insípida monocentragem de círculos» da dialéctica hegeliana, o presente é afirmado no seu acaso absoluto, em dois modos temporais: simultaneamente efectuado em corpos e inexequível ou incorpóreo, excedido por uma eternidade paradoxal. Tendo lugar num *tempo* vazio, sem *duração*, em que nada se passa, o evento não cessa de advir e é impossível que acabe. Assim é o tempo incorpóreo dos estóicos*: o *Aiôn*, «o tempo sempre já pretérito e eternamente vindouro» que excede o horizonte do presente, o Instante que não passa e do qual deriva a sucessão, «Cronos (o «curso empírico do tempo»), para quem só o presente preenche o tempo».

• ***Política nómada, ética do evento***

O primado ontológico da variação contínua, do informal e do ilimitado, justifica em política a rejeição da ordem e do equilíbrio; traduz-se por um *nomadismo radical*, forma de anarquismo que recorda que a filosofia não tem como tarefa defender os valores em curso, mas desmistificar os adquiridos, a «revolução oficial». Contra o primado do senso comum veiculado hoje na ideologia da comunicação e do consenso (Habermas*) manifesta-se a ética intempestiva da resistência, das minorias e, no sentido estóico, do *evento*: «Ou a moral não tem qualquer sentido, ou é esse o seu único significado, nada mais tem a dizer: estar à altura daquilo que nos acontece» (*Logique du sens*).

☞ **Conceitos-chave e termos relacionados:**
Acto, Afirmar, Conceito, Corpo, Criação, Desejo, Destino, Devir, Dialéctica, Diferença, Édipo (Complexo de -), Efeito, Empirismo, Esquizofrenia, Estruturalismo, Eterno retorno, Evento, Experiência, Expressão, Exterioridade, Filósofo, Filosofia, Força, Hecceidade, História da filosofia, Identidade, Ilimitado, Imanência, Imanente, Implicação, Incompossível, Infinito, Máquina, Meio, Mesmo, Negativo, Ontologia, Opinião, Pensamento, Pensar, Pluralismo, Psicanálise, Repetição, Representação, Saber, Sentido (- comum), Signo, Simulacro, Singularidade, Tempo, Transcendência, Transcendental, Transcendente, Unidade, Valor, Verdade, Verdadeiro, Vida, Vontade.

☞ **Autores:**
Bataille, Bergson, Epicuro, Espinosa, Estóicos, Foucault, Habermas, Hegel, Hume, Kant, Leibniz, Lucrécio, Nietzsche, Platão.

☞ **Bibliografia**

E. Alliez, *La Signature du monde. Ou qu'est-ce que la philosophie de Deleuze et Guattari*, Cerf, 1993.
A. Gualandi, *Deleuze*, Les Belles Lettres, 1998.
P. Mengue, *Gilles Deleuze ou le système du multiple*, Kimé, 1994.
F. Zourabichvili, *Deleuze. Une philosophie de l'événement*, PUF, 1994.

DEMÓCRITO (ca. 460 a.C. - ca. 370)

Contemporâneo de Sócrates*, aluno de Leucipo e a figura mais marcante da escola abderiana, Demócrito foi, acima de tudo, o fundador do atomismo ou teoria atomista que tem como princípio da realidade os átomos e o vazio.

Nascido em Abdera, na Trácia, dedicou-se, na juventude, aos estudos e à aprendizagem, a «viajar até ao fim do mundo» (Cícero). Dotado de profunda curiosidade e de grande vontade de saber e compreender, preferia, dizia ele, encontrar uma só explicação causal do que herdar o reino dos Persas. A sua vida foi longa e preenchida a julgar pela amplitude considerável e diversidade da sua obra. Esta, de que em grande parte apenas conhecemos os títulos, parece verdadeiramente enciclopédica, pois tem como objecto a filosofia, a física, as matemáticas, a natureza do homem, a ética, a medicina, a geografia e a poesia.

☞ **Obras:**

De todos os pré-socráticos*, Demócrito é aquele de quem subsistem mais fragmentos. Conhecemos a sua doutrina sobretudo através de Platão*, Aristóteles* e Sexto Empírico.

As grandes linhas da *teoria atomista* são comuns a Leucipo e a Demócrito, mas este último aprofundou-as. Fiel ao eleatismo parmenidiano, rejeita toda a criação *ex-nihilo* e toda a destruição radical: «Nada nasce daquilo que não é» e «nada se destrói naquilo que não é» (Diógenes Laércio, *Vida, doutrinas e frases dos filósofos ilustres*). O universo ou o Todo é eterno, está inteiramente sujeito ao acaso e à necessidade, isento de providência e finalidade. Para Demócrito, tal como para Leucipo, a teoria atomista não se baseia na observação nem na experiência, mas tem uma origem ontológica: responde ao desafio de Parménides da filosofia do Ser uno, imutável e eterno, que exclui o não-ser, portanto o movimento, a mudança e o vazio (Aristóteles, *Geração, Corrupção*, I, 8, 325a). Os *átomos* possuem as características do ser de Parménides. Invisíveis devido à sua pequenez, são corpos por definição indivisíveis, totais, não gerados e incorruptíveis. Em número infinito, só se distinguem pelas suas coordenadas espaciais: a sua forma (*skéma*), disposição (*taxis*) e direcção (*tropé*) (Aristóteles, *Metafísica*, A, IV, 958b).

Para Leucipo e Demócrito, os *princípios* dos quais todas as coisas derivam são o ser e o não-ser, os átomos e o vazio. A novidade relativamente ao eleatismo é a introdução do vazio em que se movem os átomos. O *vazio* corresponde, de certa forma, ao não-ser de Parménides. Comparado com a totalidade dos átomos, o vazio é insignificante, mas preenche de certa forma o espaço entre os corpos. Por isso, torna possível:

1. a existência do múltiplo. Como o vazio os separa, os átomos são vários;

2. o movimento. Os átomos movem-se porque o vazio lhes fornece um espaço que eles podem ocupar;

3. a mudança, logo a existência de corpos visíveis sujeitos à multiplicação e à corrupção. Os átomos chocam entre si e, em função das suas afinidades, combinam-se ou repelem-se. Os *corpos visíveis* são assim compostos pela reunião de corpúsculos atómicos que, no seio desses compostos, podem encontrar a sua independência mantendo-se simultaneamente, na sua multiplicidade infinita, idênticos e imutáveis como o ser de Parménides.

A *alma* do homem é também uma substância corpórea, composta por átomos esféricos minúsculos que se desagregam no momento da morte. Assim, a alma é corruptível como o corpo. Só uma causalidade mecânica e motriz pode explicar a geração e a corrupção dos mundos e dos seres vivos no seio do universo eterno.

A *teoria do conhecimento* segundo Demócrito é contestada: os fragmentos são, sobre este assunto, muitas vezes contraditórios. Alguns são bastante marcados pelo *cepticismo* segundo o qual o homem não acede à realidade oculta das coisas e está condenado a conhecer apenas as aparências sensíveis. «A verdade está num abismo» (frag. B 117). No entanto, noutros fragmentos, Demócrito faz corresponder à dicotomia entre aparências sensíveis e realidade atomista dois modos de conhecimento, um chamado «obscuro» e o outro «verdadeiro», em função de duas escalas a que nos referimos: a escala macroscópica das qualidades sensíveis e a escala microscópica dos crepúsculos atómicos. Se as aparências sensíveis resultam da composição dos átomos e das suas propriedades objectivas – forma, ordem, posição –, podemos destacar analogias e correspondências que permitem assim aceder do visível ao escondido e concluir o que se passa realmente ao nível macroscópico, a partir das qualidades sensíveis. O cepticismo apenas se justifica à escala macroscópica do devir sensível e das suas contradições. É por isso que Demócrito considera a sua teoria atomista inteiramente fundada, embora faltem os meios de acesso directo à escala microscópica.

A ideia pioneira de Demócrito teve grandes repercussões, pois inspirou não só o atomismo de Epicuro* e Lucrécio*, mas viu-se, de alguma forma, confirmada pela experiência e pelo cálculo na física contemporânea.

☞ **Conceitos-chave e termos relacionados:**
Alma, Átomo, Cepticismo, Conhecimento, Corpo, Teoria atomista, Universo, Vazio.

☞ **Autores:**
Bachelard, Epicuro, Lucrécio, Marx, Pré-Socráticos.

☞ **Bibliografia**
G. Bachelard, *Les Intuitions atomistiques*, Vrin, 1975, pp. 5-9.
L. Robin, *La Pensée grecque et les Origines de la pensée scientifique*, A. Michel, 1973, cap. VI, pp. 137-146.

DERRIDA, Jacques (1930)

Filósofo francês, nascido em El-Biar, perto de Argel. A sua crítica da tradição filosófica ocidental em nome de uma nova concepção da escrita exerceu uma profunda influência a partir das décadas de 60-70, principalmente nos Estados Unidos. Professor agregado na École normale supérieure de 1964 a 1983, é actualmente director de estudos na EHESS (seminário sobre as instituições filosóficas) e professor em várias universidades americanas. Defendeu a causa da filosofia na instituição escolar no seio do GREPH (grupos de investigação para o ensino da filosofia, 1975) e nas instâncias governamentais. Esteve activamente empenhado no apoio aos intelectuais oprimidos (foi preso em 1981 em Praga). Co-fundador, em 1983, do Colégio Internacional de Filosofia.

☞ **Obras:**
De la grammatologie (1967); *L'Écriture et la Différence* (1967); *La Dissémination* (1972); *Marges de la philosophie* (1972); *Glas* (1974); *La Carte postale* (1980); *Du droit à la philosophie* (1990).

Em *Positions* (1972), Derrida resume o seu pensamento na ocasião de uma entrevista. Escreve muitas vezes nas «margens» de obras literárias (poetas: P. Celan, Adonis), refere incessantemente a sua relação próxima com Heidegger* (*De l'esprit*, 1987) e com a filosofia anglo-saxónica da linguagem (*Limited Inc.*, 1990).
[Nas Edições 70: *A Voz e o Fenómeno.*]

• *A desconstrução*

O livro *De la grammatologie* contém a ideia-chave da obra de Derrida: na esteira da *Destruktion* de Heidegger da metafísica da presença, pretende proceder-se à *desconstrução* do grande pressuposto da filosofia ocidental: o *logocentrismo*, concepção do primado do *logos*, da verdade ou do sentido como idealidade, que assenta num *fonocentrismo*, privilégio atribuído à voz, à palavra viva tomada como uma expressão sem distância nem intermediário relativamente ao pensamento. O logo-fonocentrismo exprime-se numa série de pares conceptuais: inteligível/sensível, interior/exterior, sujeito/objecto, essência/aparência, sentido/signo, fala/escrita. A voz é sobrevalorizada como se fosse portadora directa do sentido, do significado, e a escrita é relegada para a exterioridade como *suplemento*, artifício contingente, perigo mortal para o pensamento, sendo este concebido como proximidade absoluta de si a si próprio, «diálogo silencioso da alma consigo própria» (Platão*, *Fedro*). Tal como a tradição logocêntrica a representa, a *escrita* seria «signo significando um significante que significa ele próprio uma verdade eterna, eternamente pensada e dita na proximidade de um *logos* presente». O modelo do *logos* é a palavra e o pensamento tem a ilusão, ao falar, de ser a mesma coisa do que ele, de descobrir directamente o sentido. Porque nos ouvimos falar, o sentido parece imanente à palavra.

A metafísica atribui um carácter secundário à *escrita* e particularmente ao *acto de escrever* como marca material, incisão, traço, mas também ao *estilo*, à forma; isto não constitui de todo uma evidência, mas uma «construção» da metafísica ocidental ligada à invenção da escrita alfabética, que tende a apagar o gesto material de escrever ao serviço de *palavras* que reivindicam o estatuto de significações puras, induzindo a ilusão de que uma escrita puramente fonética está mais próxima da voz e do *logos*. A metafísica e todo o pensamento ocidental desde Platão, ilusão do Ser como presença, constituiu-se às custas de um abandono da escrita e em benefício de um pressuposto do sentido puro que favoreceu as ideologias centralistas e unitárias (ordem do mundo, ordem moral, autoridade de Deus, do Pai, do Estado, etc.). Ora, a materialidade da palavra, apesar da aparente espontaneidade da voz, pode ser também considerada uma forma de escrita: a língua, acto de proferir sons organizando-os espácio-temporalmente – definindo-os no espaço e no tempo –, é, tal como o mostrou o estruturalismo, um jogo regulado de diferenças, portanto de traços, do qual surge um sentido que nunca é um referente exterior ou transcendente àquelas.

A *desconstrução* consiste em evidenciar o pressuposto logo-fonocêntrico e em destabilizar as suas *montagens* – as suas hierarquias, pontos centrais, dicotomias, em particular a dicotomia fala/escrita. Desconstruindo o empreendimento fenomenológico (*La Voix et le Phénomène*), Derrida mostra que Husserl*, mesmo quando pensa deparar-se com uma pura presença da experiência expressiva, admite uma auto-afecção que supõe um afastamento de si, uma não plenitude, um *desfasamento original*: o presente vivo é já traço, a voz é já escrita. Em *De la grammatologie*, aplica a desconstrução aos grandes textos fundadores do estruturalismo:

– Saussure*, mesmo dessubstancializando o conteúdo do significado e unindo na palavra sentido e som, conserva o primado do significante fónico e, ao fazer do signo uma noção fundadora, contradiz o seu carácter *arbitrário*. Derrida opõe-lhe a glossemática de Hjelmslev que, libertando o significante do significado, permite desconstruir a noção saussuriana, e mais genericamente estruturalista, de signo e substituir o significante gráfico pelo significante fónico.

– O mesmo recalcamento da escrita em Lévi-Strauss*, que reactiva as categorias logocêntricas de Rousseau*, principalmente a oposição natureza/cultura, induzindo um etnocentrismo invertido.

• *A diferência* [différance], *arquiescrita. A gramatologia*

A *gramatologia* (ou *grafemática*) é a *ciência* que reabilita a escrita – não evidentemente na forma negativa da sua subordinação à palavra, mas, rompendo com o fonologismo, numa nova definição que mostra que o seu carácter pretensamente derivado e secundário «só foi possível numa condição: que a linguagem "original", "natural", etc., nunca tenha existido, que nunca tivesse estado intacta, intocada pela escrita, que tenha sido sempre ela própria uma escrita». É esta escrita *originária* ou fundamental que Derrida baptiza – fazendo-a jogar com *arché* (pois ela é o não-fundamento por excelência) – como *arquiescrita* ou *arquitraço*: *primeira* escrita, *primeira* articulação, implicando (sempre já) perda de imediatidade, desmembramento de presença, fluidez para aquém da distinção fala/escrita, movimento de diferir no duplo sentido de *ser outro e noutro lado* (relativamente à presença) e de *diferir a presença* (temporalizar). A unidade distintiva objecto da gramatologia seria o *grafema*, grama ou significante gráfico, elemento literário de base, diferença articulando a linguagem, mas não sujeita ao primado do princípio fonológico.

A arquiescrita é a *diferência*: primeiro movimento de diferir que caracteriza qualquer articulação e constitui assim a própria possibilidade da linguagem. Tem o duplo sentido de *diferir* (do idêntico) e de *temporizar*, «temporização que é também temporalização e espacialização, devir-tempo do espaço e devir-espaço do tempo». O primado do *logos* dá lugar ao do *traço*, termo com que Derrida denomina o enredar do outro-no-mesmo que é a condição do mesmo, um diferir que é a condição do próprio e a condição de existência do signo. O traço escapa a qualquer redução a um ente-presente; dissimula-se continuamente a si mesmo e não permite fixar a significância. A diferência é o primeiro de uma série de conceitos *indecidíveis*, que servem de instrumentos para a desconstrução e para a destabilização das oposições consagradas «riscando a oposição intrínseco/extrínseco»: o *Pharmakon* (Platão) – nem remédio nem veneno, nem bem nem mal –, o *suplemento* (Rousseau) – nem mais nem menos –, o *hímen* (Mallarmé) – nem conjunção nem distinção. Unidades de simulacro, instilam uma nova ordem, que dissolve conceitos-base e hierarquias consagradas (o sujeito da fenomenologia, a unidade e identidade hegelianas, etc.).

- ***Nova crítica literária, estética do traço***

A gramatologia não visa o estatuto de uma ciência positiva, mas pretende dar à cientificidade tradicional um novo tipo de rigor desembaraçando-a dos pressupostos logo-fonocêntricos. Nem crítica no sentido estrito, nem pura e simples destruição, a des-construção *constrói* enquanto desfaz: ao assinalar o pressuposto fonocêntrico por detrás da escrita clássica, promove um novo tipo de escrita. O emprego de termos vedados, sob rasura, faz parte de uma estratégia desconstrutiva que deve utilizar certas palavras (escrita, signo, significante) para pensar aquilo que as excede em princípio. Pois a própria língua excede os seus próprios recursos, nomeadamente ao enunciar o verbo ser. Impõe-se, portanto, uma nova maneira de ler os textos, atenta à *diferência* pela qual um texto excede a sua clausura logocêntrica, escapa às categorias clássicas: Rousseau, ao afirmar a prioridade da voz sobre a escrita, «tinha sentido o ocultamento na própria palavra, na miragem da sua imediatidade». Privilegiando *margens*, lacunas e omissões, quebrando as fronteiras entre filosofia e literatura, entre as artes, constitui-se uma nova crítica literária subversiva, que seduziu a geração da revista *Tel Quel*. «Ultra-estruturalista» (F. Dosse), afirma uma autonomia máxima da escrita relativamente às suas géneses, ao seu contexto referencial, pratica a intertextualidade, questiona o trabalho da significação até ao cerne do significado. É o movimento inverso da hermenêutica, porque se abandona o significado para acentuar o indefinido textual, a deriva dos signos. Simulacro da presença, a diferência (ou traço) é por si só literatura e os escritos de Derrida tiveram um carácter cada vez mais literário, lendo/escrevendo nas margens de Artaud, Kafka, Jabès, Blanchot. Além disso, Derrida confere à filosofia um lugar que o cientismo estruturalista tendia a tirar-lhe tendo em conta a contribuição das ciências humanas (linguística, psicanálise, etnologia) para o questionamento filosófico.

☞ **Conceitos-chave e termos relacionados:**
Diferência, Diferença, Desconstrução, Escrita, Estruturalismo, Palavra, Sentido, Significante.

☞ **Autores:**
Heidegger, Husserl, Lévi-Strauss, Rousseau, Saussure.

☞ **Bibliografia**

F. Dosse, *Histoire du structuralisme*, La Découverte, t. II, 1992, pp. 30-59.
S. Petrosino, *Jacques Derrida et la loi du possible*, Cerf, 1994.
R. Steinmetz, *Les Styles de Derrida*, De Boeck Université, 1994.

DESCARTES, René (1596-1650)

Se, como diz Hegel*, Descartes é o herói da filosofia moderna, é porque, ao fazer tábua rasa do passado e rompendo com a tradição, se encontrava numa solidão total e teve a extraordinária ambição de empreender tudo por si só.

O seu pensamento tem origem no reconhecimento da autonomia de um sujeito que reivindica a autoridade única da razão em matéria de conhecimento. Com Descartes, símbolo do espírito racionalista, inicia-se o declínio dos dogmatismos e afirma-se a omnipotência de uma razão consciente da sua capacidade de tornar o homem dono e senhor da natureza.

A filosofia de Descartes visa três objectivos fundamentais:

1. formular o verdadeiro método «para atingir o conhecimento de todas as coisas na medida das possibilidades do meu espírito»;

2. investigar os princípios de base que permitem a constituição de um sistema total do saber;

3. preparar a via para «a mais elevada e mais perfeita moral que, pressupondo um conhecimento total das outras ciências, é o último grau de sabedoria» (Prefácio à tradução dos *Principes*).

Filho de um conselheiro do parlamento da Bretanha, Descartes nasceu em Haia, Touraine. Perde a mãe pouco tempo após o seu nascimento e é criado pela sua avó materna. Com 10 anos, entra no colégio dos jesuítas de La Flèche, «uma das mais célebres escolas da Europa» (*Discours de la méthode*). Devido à sua frágil constituição, tem direito a um regime especial: é autorizado a trabalhar todas as manhãs na cama. É seduzido pelas matemáticas por causa «da certeza e da evidência dos seus pressupostos» (*Discours de la méthode*) e pensa em alargar o seu campo de aplicação. Em contrapartida, fica decepcionado com o ensino das restantes disciplinas, em particular da Filosofia, que «fornece o meio de falar verosimilmente de todas as coisas e de se fazer admirar pelos menos sábios». Por isso, terminados os estudos, nunca deixou de criticar tudo de raiz e procurar apenas uma ciência fundamentada na razão ou no grande livro do mundo.

Após ter obtido, em 1616, a sua licenciatura em Direito, como muitos jovens nobres, inicia-se na carreira militar na Holanda e depois na Alemanha. Iniciava-se a guerra dos Trinta Anos e foi em Ulm, a 10 de Novembro de 1619, que se lhe revelou numa intuição quase extática e em três sonhos sucessivos a sua vocação intelectual e o projecto de uma nova ciência fundamentada na razão. Depois do seu treino militar, viaja para a Alemanha, Holanda, Suíça e Itália. Passa três anos em Paris, onde tenta com grande dificuldade conciliar a vida mundana e a reflexão. Em 1628, decide instalar-se na Holanda para encontrar a tranquilidade de espírito e a calma propícias à reflexão filosófica. Ali passou vinte anos. Manteve uma correspondência frequente com a comunidade científica e filosófica europeia: Mersenne, Huygens, Arnauld, Gassendi, Hobbes*, etc.

Escreve as *Règles pour la direction de l'esprit*, obra que será publicada apenas após a sua morte. A notícia do processo e condenação de Galileu incita-o à prudência, e o seu *Traité du monde* manter-se-á na gaveta. Em 1637, publica o *Discours de la méthode*, seguido de *Dióptrique*, *Météores* e *Géométrie*, que são aplicações do seu método. Tem a coragem de o publicar em francês, para o endereçar não aos doutos e eruditos, qualificados de obscurantistas, mas a todos os indivíduos de bom senso que dão livre uso à razão. A comunidade científica rejeita esta obra. Em contrapartida, as *Méditations*, escritas em latim, acompanhadas de objecções de filósofos célebres como Hobbes, Arnauld, Gassendi, são notadas e suscitarão acalorados debates.

Com a publicação de *Principes de la philosophie* (1644), Descartes sente que realizou a sua obra, que descobriu «a verdadeira filosofia», ou seja, a metafísica «que contém os princípios do conhecimento», e, por outro lado, a física que expõe os verdadeiros princípios das coisas materiais. É por solicitação da princesa Isabel da Boémia, com quem mantém uma correspondência assídua, que escreverá o tratado *Les Passions de l'âme*, alcançando assim o seu terceiro objectivo: preparar a via para «o último grau de sabedoria», o que pode ser considerado a justo título a sua moral definitiva.

Em 1648, tenta reinstalar-se em França, mas as primeiras manifestações da Fronda fazem-no regressar à Holanda onde se confrontaria com as vivas polémicas suscitadas pelos calvinistas. Estes contratempos incitam-no, apesar da sua falta de entusiasmo, a aceitar o convite de Cristina da Suécia: tendo de dar aulas à rainha muito cedo pela manhã, Descartes, pouco matinal como se sabe, contrai uma pneumonia. Fica de cama e morre em Estocolmo a 11 de Fevereiro de 1650.

☞ **Obras** (os títulos correspondem à tradução dos títulos em francês e não aos originais):

Règles pour la direction de l'esprit (1701); *Méditations métaphysiques* (1641); *Lettres à la Princesse Élisabeth* (1643-1649); *Les Passions de l'âme* (1649); *Traité de l'homme* (1662).

[Nas Edições 70: *Discurso do Método; Princípios da Filosofia.*]

• *O método*

A razão. Descartes escreve: «É preferível nunca procurar a verdade sobre qualquer objecto do que fazê-lo sem método». Pode compreender-se a necessidade do método se tivermos presente o sentido e a finalidade do instrumento de conhecimento de que dispomos, a saber, a *razão*. Esta, a única faculdade que nos faz realmente humanos, é o poder de discernir o verdadeiro do falso. Como tal, ela está completa em cada um de nós e confunde-se com a luz natural e com o *bom senso* que, diz Descartes, é a coisa mais equitativamente distribuída no mundo.

Mas pelo facto de a razão ser um instrumento universal, comum a todos os homens, daí não resulta que todos os espíritos sejam iguais, pois diferem por uma maior ou menor vivacidade e perspicácia, por uma memória mais ou menos abrangente, por uma imaginação mais ou menos fértil. Além disso, não estão todos desenvolvidos de modo idêntico no conhecimento.

É neste sentido que o método tem uma importância decisiva. A diversidade das opiniões não decorre do facto de algumas serem mais razoáveis do que outras, mas porque simplesmente procedem por diferentes vias. «Pois não basta ter um espírito bom, o principal é aplicá-lo bem.» O poder de conhecer deve, então, ser dirigido e o *método* é a arte de bem conduzir a razão, que não pode ser exercida ao acaso.

A regra da evidência e o critério das ideias claras e distintas. O método cartesiano não é um corpo de regras ou um método, como o *Organon* de Aristóteles*, mas consiste em alguns preceitos simples e fáceis de aplicar que se destinam tanto ao entendimento como à vontade. Trata-se, neste sentido, de uma verdadeira ética do conhecimento.

A primeira regra é a da *evidência*, ou seja, da verdade, pois a verdade não tem outro signo senão ela própria. A evidência é o carácter daquilo que se impõe imediatamente ao espírito e que implica o assentimento deste. Esta regra, tal como é apresentada no *Discours de la méthode*, reitera a necessidade de o verdadeiro ser afirmado apenas no termo de uma ascese do espírito, que envolve a desconfiança relativamente à precipitação e à premeditação e que passa pela prova da dúvida. Esta ascese permite aceitar apenas como verdadeiras as ideias claras e distintas, as que representam os verdadeiros critérios de verdade.

É *clara* a ideia presente e manifestada a um espírito atento. É *distinta* aquela cujo conteúdo nos surge de forma suficientemente nítida para que possamos diferenciá-la das outras.

A ordem. As três últimas regras do método mostram o papel primordial da ordem. Esta tem a ver com o espírito e não com o objecto. O método é o empreendimento de um espírito mostrando a ordem dos seus argumentos e não o encadeamento das matérias. Aqui, as regras são:

– da análise: reduzir as proposições mais complexas, mais difíceis às mais simples;

– da dedução: elevarmo-nos gradualmente do mais simples ao mais complexo, tendo o cuidado de começar pelos princípios, ou seja, pelos termos de base que são evidentes por si próprios;

– da enumeração: a ordem consiste também no facto de o pensamento visar séries exaustivas, evitando qualquer omissão.

Intuição e dedução. A matemática fornece-nos um modelo de certeza em que o rigor não exclui a pluralidade, o que leva Descartes a rejeitar a lógica aristotélica, considerada formal e estéril, e a conceber a ideia de uma *mathesis universalis* capaz de resolver indiferentemente todos os problemas.

As realizações mais significativas da matemática baseiam-se na intuição e na dedução, os meios mais seguros para alcançar o conhecimento. A *intuição*, concepção de um espírito puro e atento que nasce apenas da luz da razão, conhece o seu objecto sem risco de erro, porque o apreende imediatamente apenas com um olhar, sem recorrer à memória. A *dedução*, processo discursivo que supõe um encadeamento lógico, retira toda a sua certeza da intuição. Com efeito, só difere desta porque recorre à sucessão, pois é constituída pela intuição de cada proposição e do elo interproposicional. Trata-se, então, de uma cadeia de intuições, uma intuição continuada.

A dúvida metódica. Enquanto a *dúvida* dos cépticos* tem um fim em si própria, uma vez que resulta, segundo eles, da impossibilidade de distinguir o verdadeiro do falso, a *dúvida cartesiana* é uma dúvida provisória e metódica, subordinada a uma intenção de verdade à qual deve permitir aceder. Esta dúvida metódica caracteriza-se:

– pelo seu carácter voluntário: baseia-se na pura decisão de duvidar;

– pelo seu radicalismo: ataca os fundamentos das nossas opiniões;

– pelo seu carácter hiperbólico: com efeito, com a hipótese de se tratar de um génio maligno que nos pode enganar permanentemente, a dúvida é generalizada e levada ao extremo, uma vez que considera incerto não só aquilo que é manifestamente duvidoso, mas também o testemunho da razão (as ideias claras e distintas) e até a crença na existência da realidade, do corpo e do mundo que nos rodeia.

Assim, a dúvida, convertida no instrumento de um pensamento crítico, permite desde logo afastar qualquer possibilidade de erro provocado pela suspensão geral do raciocínio, mas, mais positivamente, a dúvida hiperbólica mostra-se apta a operar a sua própria superação.

- ***O itinerário metafísico: a investigação dos fundamentos absolutos***

O *Cogito*. A dúvida radical encontra os seus limites no próprio acto de duvidar, o pensamento em acto. Mesmo que o génio maligno me engane sempre, não pode fazer com que eu, que duvido, não exista. Porque duvido, existo. Certamente, não existo enquanto objecto, pois nenhum objecto pode ser excepção à dúvida e escapar ao génio maligno, nem o meu próprio corpo. O *Cogito* é, pois, a consciencialização da minha existência como sujeito da dúvida e, por isso mesmo, como sujeito do pensamento. Esta é a primeira verdade que se apresenta intuitivamente ao espírito que duvida. Mas o que sou eu que existo? Só existo enquanto me penso: sou, portanto, apenas uma coisa que pensa. Mas enquanto coisa que pensa, posso atribuir-me todas as modalidades do pensamento. Duvido, imagino, concebo. Assim, *imaginar* é a faculdade de representar as figuras ou as imagens corpóreas, o que muitas vezes exige um esforço, «uma aplicação do espírito» que o acto de conceber não requer. Este é o trabalho do *entendimento*, faculdade pela qual percebemos as ideias.

A ideia de infinito ou como podemos passar do objecto ao mundo? Examinemos as ideias que encontramos em nós (entenda-se por *ideias* tudo o que está presente no espírito, tudo o que o nosso espírito concebe).

As ideias que chegam do exterior são as *ideias adventícias* ou sensíveis, como a ideia de uma coisa exterior, da terra, do céu, etc. Encontro também aquelas que são inventadas por mim: as *ideias factícias*, como a ideia de quimera. Por fim, temos as *ideias inatas*, que não vêm por intermédio dos sentidos e da experiência, mas que estão «naturalmente nas nossas almas». O pensamento toma de imediato consciência da sua condição de inato e as ideias inatas são também naturezas verdadeiras e imutáveis, sendo em nós germes de verdade.

Ora, entre essas ideias inatas, encontro em mim a ideia de Deus, ou seja, de um ser infinito, eterno, que possui todas as perfeições: ideia bastante surpreendente num ser finito como eu. E não basta dizer simplesmente que o *pensamento do infinito* é apenas a negação do finito, pois «tenho primeiro em mim a ideia de perfeição». Ora, em virtude do princípio de causalidade segundo o qual não pode haver maior realidade objectiva no efeito do que na causa, só o infinito pode produzir a sua própria ideia e o pensamento do infinito passa necessariamente por uma causa infinita de que ele é expressão. A ideia de um ser infinito não pode, portanto, proceder de um ser finito e terá sido necessariamente delegada no indivíduo por Deus, que é um ser infinito. Esta é a *prova da existência de Deus pela ideia de perfeição*. Tem a sua origem na experiência do *Cogito* e na consciência que o sujeito tem da sua finitude.

Assim, *Deus existe* e é um ser soberanamente perfeito, sem defeito ou limitação por natureza. Esse ser perfeito só pode ser *veraz*: garante não só a validade do critério cartesiano de verdade (tudo o que concebemos clara e distintamente é verdadeiro), mas também as nossas certezas existenciais a respeito do mundo material, as ligações coerentes entre os eventos, que me asseguram aqui a presença do real.

A liberdade e o erro. A *liberdade* é o poder absoluto de afirmar ou negar. Como tal, não tem limite nem grau. E, como o demonstra a dúvida radical, pode afirmar-se mesmo contra as evidências mais constrangedoras. Assim é o *livre-arbítrio* infinito do homem, pelo qual nos igualamos a Deus.

Porém, Descartes distingue dois níveis da liberdade:

– a *liberdade de indiferença* é o estado em que está a vontade quando não é levada, pelo conhecimento daquilo que é verdadeiro e bom, a tomar um partido em detrimento de outro;

– a verdadeira liberdade exclui a indiferença e designa a *escolha esclarecida* pelo conhecimento da verdade: «Pois se eu conhecesse sempre claramente aquilo que é verdadeiro e bom, nunca teria dificuldade em deliberar que juízo e escolha deveria fazer, e assim seria inteiramente livre sem nunca ser indiferente.»

Se a uma maior clareza no entendimento se segue uma maior propensão na vontade, como é possível o *erro*? Enquanto faculdade de conceber ideias de coisas e de apreender o seu grau de clareza e distinção, o entendimento é incapaz de se enganar. «Apenas pelo *entendimento*, não garanto nem nego», diz Descartes. Ora, o erro só pode encontrar-se num juízo e este situa-se no terreno da vontade. *Julgar*, com efeito, é afirmar ou negar, dar o seu assentimento ou não a alguma representação. É certo que depende sempre de nós suspender o nosso juízo na ausência de ideias claras e distintas, pois o *erro* produz-se quando a minha vontade aceita uma ideia confusa do entendimento. Neste sentido, o erro é um juízo irreflectido fruto da precipitação e da antecipação, que resulta de uma falta de método e pode ser corrigido. Mas o fundamento metafísico do erro reside antes na contradição entre uma liberdade infinita e um entendimento limitado e finito. A finitude do entendimento, como qualquer finitude, é uma imperfeição, mas não é responsável em si mesma pelo juízo falso, tanto mais que a vontade somente activa não intervém para dar assentimento ou reprovar. A vontade é infinita e, enquanto tal, é uma perfeição; mas o erro é-lhe imputável quando afirma ou nega na ausência de ideias claras e distintas; em suma, quando extravasa as evidências apresentadas pelo entendimento.

• ***A ciência mecanicista***

A física cartesiana, puramente dedutiva, desdobra-se segundo a ordem das razões a partir da definição da matéria como substância extensa. Não existe como ciência experimental e, por isso, marca uma regressão relativamente a Galileu ou até a Pascal*. O seu único mérito consiste em eliminar todo o mistério da Natureza e em libertá-la das forças ocultas e das considerações qualitativas originárias do aristotelismo, para assegurar a vitória do *mecanicismo* que assenta no princípio segundo o qual, através da extensão e do movimento, pode explicar-se tudo, até o ser vivo.

Tudo o que a física pode conhecer pela luz natural e com total certeza é a *matéria*. Esta consiste apenas na *extensão*, espaço homogéneo cujas qualidades sensíveis são excluídas e do qual está ausente qualquer espontaneidade: numa tal física, não pode então haver lugar para a força de atracção. A *extensão*, em rigor, é apenas figura e movimento. Dos três movimentos definidos por Aristóteles*, Descartes apenas retém a mudança de lugar que se propaga na natureza segundo as leis do choque. E a *causalidade* é reduzida à acção mecânica dos corpos entre si.

O *corpo vivo* deriva igualmente de uma explicação mecanicista. Ele é um simples autómato montado por Deus. Apenas há a considerar os aspectos e o movimento das suas partes. O *animal* é uma junção de mecanismos comparável à de um relógio, portanto desprovido de sensibilidade, pensamento e linguagem. Esta é a célebre teoria do *animal-máquina*.

• ***Moral e sabedoria cartesiana***

Uma moral provisória. Se, na ordem do conhecimento, podemos suspender o seu juízo na ausência de uma certeza definitiva da razão, a acção não tolera a irresolução e não sofre qualquer dilação. Uma vez iniciada, a acção não pode aceder ao conhecimento das regras definitivas que a devem reger.

A ideia de uma *moral provisória* designa, em Descartes, um conjunto de máximas de vida, imperfeitas mas necessárias, para evitar a irresolução, esperando a edificação de uma moral baseada na razão. Note-se que esta moral provisória foi inicialmente concebida por Descartes para presidir à organização da sua própria existência, porque era preciso viver e criar as condições da vida moral necessárias à procura paciente e contínua da verdade. Todavia, é válida em todas as circunstâncias em que a acção não espera que o juízo seja esclarecido pela razão.

A primeira das *máximas* é obedecer às leis e aos costumes do seu país, escolhendo as opiniões mais moderadas. A segunda consiste em ser o mais resoluto possível nas acções e seguir em frente, firme, tal como deve fazer um viajante perdido na floresta. Significa que não se deve agir conforme as circunstâncias; o mal é a inconstância: característica do espírito fraco que engendra o remorso e o ressentimento. A terceira máxima, de inspiração estóica, consiste em empenharmo-nos mais para nos aperfeiçoarmos do que para procurar o sucesso, e alterarmos os nossos desejos em vez de procurar mudar a ordem do mundo.

As paixões do homem ou uma ética técnica. As *paixões* são estados de alma – percepção, sentimento ou emoção – que têm a sua origem numa acção do corpo e são causadas, conservadas e fortalecidas pelo impulso dos *espíritos animais* (matéria ínfima que circula nos nervos e que serve de intermediária entre a alma e o corpo). As paixões têm um fim útil – reavivar o corpo – e, neste sentido, são todas benéficas. A alma não deve rejeitá-las, mas utilizá-las e dominá-las, domínio que reside no conhecimento do seu mecanismo, tal como dominamos a natureza ao conhecer as suas leis.

Se conhecermos os elos que existem entre os impulsos do corpo e do pensamento e se tomarmos consciência de que esses elos pertencem unicamente à ordem dos que são adquiridos por hábito, temos meios de modificar a orientação dos impulsos dos corpos por procedimentos semelhantes aos que utilizamos para adestrar os animais. Este é o fundamento do domínio técnico das paixões que é o começo da *sabedoria*, e a *ética* cartesiana é essencialmente uma ética intelectualista, no sentido em que o autoconhecimento confere um poder sobre si mesmo. Encontramos aqui a concepção de uma liberdade esclarecida: se a uma maior clareza do entendimento se segue uma maior propensão da vontade, é claro que basta julgar bem para fazer bem.

Todavia, o tratado das *Passions de l'âme* é também uma ética voluntarista cujo sentido se realiza na *generosidade* que, sendo uma paixão, é a pedra angular de todas as virtudes. A generosidade – sentimento de auto-estima – é, simultaneamente, tomada de consciência do nosso livre-arbítrio infinito e firme e constante resolução de nos servirmos bem dele.

Esta *sabedoria* pode ser considerada a moral definitiva de Descartes. Para este filósofo voluntarista e profundamente racionalista, o valor supremo do homem, o mais estimado e através do qual este provará melhor a sua humanidade, é a plena disposição de um livre-arbítrio, cujo bom uso consiste em privilegiar a clareza do entendimento e em tomar o partido da razão.

☞ **Conceitos-chave e termos relacionados:**
Atenção, *Cogito*, Dedução, Deus, Dúvida, Entendimento, Erro, Evidência, Extensão, Generosidade, Ideia (- adventícia, - clara, - distinta, - factícia, - inata), Intuição, Juízo, Liberdade, Matéria, Mecanismo, Método, Moral, Ordem, Paixão, Racionalismo, Razão, Sujeito, Verdade.

☞ **Autores:**
Aristóteles, Berkeley, Espinosa Leibniz.

☞ **Bibliografia**
F. Alquié, *La Découverte métaphysique de l'homme chez Descartes*, PUF, 1987.
J.-M. Beyssade, *La Philosophie première de Descartes*, Flammarion, 1979.
K. S. Ong-Van-Cung (coord.), *Descartes et la question du sujet*, «Débats philosophiques», PUF, 1999.
G. Rodis-Lewis, *L'Œuvre de Descartes*, Vrin, 1971; *La Morale de Descartes*, «Quadrige», PUF, 1999.

DURKHEIM, Émile (1858-1917)

Sociólogo e fundador da escola sociológica francesa, Durkheim conferiu à sociologia o estatuto de ciência e instituição universitária. Aluno da École normale supérieure e posteriormente professor de Filosofia, foi para a Alemanha, em 1885, para estudar ciências sociais com Wundt. Interessando-se pelo socialismo e influenciado por Comte*, aliou a procura de um método rigoroso aos problemas sociais do seu tempo: a sociologia deve poder explicar os males da sociedade e, inclusivamente, edificar uma ciência moral. Em 1896, fundou o *L'Anné sociologique*.

☞ **Obras:**
De la Division du travail social (1893); *Les Règles de la méthode sociologique* (1895); *Le Suicide* (1897); *Les Formes élémentaires de la vie religieuse* (1912).
[Nas Edições 70: *Educação e Sociologia.*]

• *O facto social*

Em *Les Règles de la méthode sociologique*, Durkheim formula, à maneira de Descartes*, as «Regras» de um «Método» que confere à sociologia o estatuto de ciência exacta. O seu objecto é determinado com rigor: é o *facto social*, cuja existência objectiva não é o resultado de uma acumulação de factos individuais. O social precede o individual e nunca se reduz a este; a sociologia não é uma psicologia: «A causa determinante de um facto social deve ser procurada entre os factos que o antecedem, e não entre os estados da consciência individual.» O método rompeu com o espiritualismo e o subjectivismo reinantes, com o inatismo cartesiano e o método introspectivo que, na mesma altura, dominava a filosofia do conhecimento e o idealismo moral baseado na crença na autonomia do sujeito.

• *A consciência colectiva*

Embora exista apenas nas consciências individuais, a *consciência colectiva* possui uma realidade em si mesma como «conjunto de crenças e sentimentos comuns à maioria dos membros de uma sociedade». O indivíduo apercebe-se da especificidade da consciência colectiva quando, ao tentar opor-se-lhe, sente os constrangimentos que ela exerce – pressão exercida pela sociedade para obrigar os seus membros a conformarem-se às normas dessa mesma sociedade. Para Durkheim, esse constrangimento é o traço distintivo do facto social. A consciência colectiva é «o tipo psíquico da sociedade, tipo que tem as suas propriedades, as suas condições de existência e o seu modo de desenvolvimento, exactamente como os tipos individuais».

• *O método: «considerar os factos sociais como coisas»*

Face aos factos sociais, o sociólogo deve proceder como o cientista, tratá-los como dados resultantes da observação das *coisas*, renunciando a considerá-los directamente inteligíveis para o observador: a) a sociologia deve utilizar apenas informações verificáveis e condicionadas a um tratamento objectivo, deve «tratar os factos sociais como coisas»; b) deve ordenar os dados recolhidos para elaborar tipos sociais que permitam a comparação. As tipologias exibirão variações e produzirão assim a hipótese explicativa. A análise e a interpretação dos dados estatísticos serão privilegiadas, com o método das variações concomitantes: análise de correlações (variáveis de sexo, idade, religião, categoria socioprofissional, localização geográfica, etc.). O *método comparativo* é o único que pode firmar uma prova em sociologia: «Só se explica comparando.» A sociologia deve ter como objectivo explicar séries de fenómenos e estabelecer leis.

• *A integração. O normal e o patológico numa sociedade*

Tal como a biologia, a sociologia permite estabelecer as características gerais de um tipo *médio*, o que fornece um critério para apreciar o grau de saúde ou de doença de uma sociedade. Assim, a ciência social pode adquirir uma função moral, «servir para orientar a conduta». A taxa de suicídio indica o grau de anomia de uma sociedade, ou seja, de desregramento moral que provoca nos indivíduos uma incerteza quanto às normas a seguir, e essa taxa «varia em proporção inversa ao grau de *integração* dos grupos sociais em que o indivíduo se inclui». Este termo-chave, em Durkheim, designa a interiorização das normas e valores dominantes que produzem um sentimento de identificação no grupo. Isso implica: a) a existência de uma consciência comum, a partilha das mesmas crenças, objectivos e práticas; b) uma interacção intensa entre os membros do grupo. Por exemplo, as tendências suicidas têm como origem não o indivíduo mas a colectividade, o grau e o tipo de integração que esta permite. Os factores psicológicos, hereditários, etc., são consideráveis, mas não na taxa social dos suicídios. Pelo contrário, são determinantes a religião, o isolamento familiar e a falta de autoridade moral da sociedade. Em todas as suas obras, Durkheim coloca a questão da origem da ordem social em termos de integração: por que estão os indivíduos integrados na sociedade? Também rejeita a explicação artificialista do contrato social, que transforma o laço social numa associação voluntária de indivíduos. A integração estabelece a regra (norma e sanção) que é a condição primeira da vida em sociedade.

• *A divisão do trabalho, princípio de diferenciação social*

A anomia moderna tem origem numa nova forma da *divisão do trabalho social* –

separação das actividades de concepção e execução, e especialização das tarefas – que favorece o individualismo. Nas sociedades arcaicas, a diferenciação dos indivíduos traduz-se numa *solidariedade de tipo mecânico*, «por similitude»: todos os indivíduos são semelhantes, todos fazem as mesmas coisas. Nas sociedades complexas, em que a divisão do trabalho é muito maior, a diferenciação faz-se por *solidariedade orgânica*: o laço social baseia-se na separação das actividades, repartidas de forma complementar e mais ou menos parcelar. Assim, a sociedade cria o «indivíduo, a pessoa». «Foi a sociedade que consagrou o indivíduo e que dele fez algo respeitável.»

• ***A função social da religião***

«A divindade é a sociedade transfigurada.» Durkheim explica a *religião* – fenómeno particularmente rico em que coexistem todas as formas de pensamento e de acção – como um facto social universal. Tudo o que é tido por crença numa transcendência assenta, de facto, na oposição entre *sagrado* e *profano* que tem uma função: o sagrado é objecto de prescrições e interdições categóricas, independentes da contestação e da opinião pessoal; «são sagradas as coisas que as interdições favorecem e destacam e profanos os aspectos visados por essas mesmas interdições que se devem distinguir das primeiras». O fenómeno religioso é uma representação transfigurada da sociedade e uma expressão simbólica das relações sociais: «A religião é a forma eminente e como que uma expressão resumida de toda a vida colectiva. Se a religião engendrou o que há de essencial na sociedade, tal deve-se ao facto de que a ideia da sociedade é a alma da religião.»

☞ **Conceitos-chave e termos relacionados:**
Anomia, Coisa, Divisão do trabalho, Facto, Integração, Norma, Normal, Patológico, Religião, Sociedade, Sociologia.

☞ **Autores:**
Aron, Bourdieu, Comte, Mauss, Weber.

☞ **Bibliografia**

J.-M. Berthelot, *Durkheim. L'avènement de la sociologie scientifique*, PU Le Mirail, 1995.
J.-C. Filloux, *Durkheim et le socialisme*, Droz, 1977.
P. Steiner, *La Sociologie de Durkheim*, La Découverte, 1998.
[J. Duvignaud, *Durkheim*, Edições 70.]

E

ESCOLA DE FRANCOFORTE

➔ FRANCOFORTE (Escola de)

ENGELS, Friedrich (1820-1895)

O nome de Engels está associado ao de Marx*, de quem foi fiel amigo, colaborador, executor testamentário e que apoiou moral e materialmente. Prosseguiu a acção de Marx no movimento operário na II Internacional. Proveniente de uma família de ricos algodoeiros de Barmen, na Renânia, associada a uma empresa inglesa de Manchester – a casa Ermen & Engels – Engels abandonou muito cedo os estudos para se tornar homem de negócios. Revoltado contra a sua educação pietista e a hipocrisia do mundo capitalista, torna-se, como Marx, «hegeliano de esquerda». Aderiu muito cedo às ideias comunistas e colaborou nos jornais da esquerda alemã. Conheceu Marx durante a sua primeira visita à Inglaterra (1842-44) e, quando regressou, redigiu a sua primeira obra, *A Situação da Classe Trabalhadora em Inglaterra*, «simultaneamente erudita e arrebatada, misto de acusação e análise», escrito em que alguns viram «uma obra-prima de grande qualidade literária, que assinala um marco na história do capitalismo e uma primeira etapa na elaboração da teoria marxista».

☞ **Outras Obras** (os títulos em português correspondem à tradução dos títulos em francês e não dos originais): *Esboços Para Uma Crítica da Economia Política* (1844); *A Guerra dos Camponeses* (1850); *Dialéctica da Natureza* (1873); *Anti-Dühring* (1878); *A Origem da Família, da Propriedade Privada e do Estado* (1844); *Ludwig Feuerbach e o Fim da Filosofia Clássica Alemã* (1888).

• *O comunismo, causa de toda a humanidade*

A *Situação da Classe Trabalhadora* é considerado o «primeiro tratado da luta de classes e do materialismo histórico»: nesta obra, Engels mostra que a abolição da concorrência se confunde com a necessidade da revolução comunista; o jogo da *concorrência* – competição capitalista entre empresas cada vez mais centralizadas que acelera a decadência da pequena burguesia e a multiplicação dos proletários – é visto como o princípio do capitalismo, que provoca a «guerra» entre as classes sociais e no interior de cada uma delas. O agravamento da situação do proletariado torna inevitável a *revolução* – derrube do poder político de classe e de um sistema económico nefasto. O grau de violência daquela diminuirá na proporção exacta em que as ideias socialistas e comunistas forem acolhidos nas fileiras do proletariado. Por princípio, o *comunismo* supera o antagonismo entre burguesia e proletariado; pretende abolir esse antagonismo no futuro e «representa a causa de toda a humanidade». «Se fosse possível tornar comunista todo o proletariado antes de eclodir o conflito, a revolução desenrolar-se-ia de forma muito calma; mas tal já não é possível.» Basta esperar que «o Partido Comunista, com o tempo, esteja em posição de controlar a violência da revolução».

• *«Marxismo»*

Engels emprega pela primeira vez o termo «marxismo» na sua última obra, *Ludwig Feuerbach e o Fim da Filosofia Clássica Alemã*, escrita após a morte de Marx com o objectivo de dar a conhecer o seu pensamento a um vasto público. Apresenta esse pensamento através da crítica ao idealismo de Hegel* – cujo método dialéctico revolucionário realça – e através da tentativa de Feuerbach* superar Hegel, do qual mostra os limites devidos a um materialismo mecanicista incapaz de conceber o mundo como um processo e de integrar as ciências do seu tempo (transformação da energia, evolucionismo, célula). Embora Feuerbach reconheça o homem como ponto de partida (este inventou Deus como a sua própria essência invertida), torna o mundo humano concreto uma abstracção, não concebe as relações humanas dialecticamente, mas apenas do ponto de vista sentimental e sexual, caindo no «*pathos* do socialismo verdadeiro» que seria a paixão dos homens. Apenas Marx, ao repor a dialéctica «no seu devido lugar», e aplicando-a à história da sociedade, detecta a luta de classes no âmago de todas as lutas políticas e aponta como motor determinante da história a sociedade civil e já não o Estado, como no pensamento de Hegel. Este é o significado, inseparavelmente filosófico e revolucionário, do «marxismo». Em apêndice à obra, Engels publicou as *Teses Sobre Feuerbach* de Marx.

• ***A filosofia inútil***

Em *Anti-Dühring* – crítica a Dühring, social-democrata alemão, representante do socialismo pequeno-burguês –, Engels procedera já a uma revisão do método hegeliano, mas apenas para definir em que sentido o falhanço do seu conteúdo correspondia ao da própria filosofia, da qual o sistema de Hegel constituía a forma «acabada» em todos os sentidos do termo: «A tarefa da filosofia não é mais do que pedir a um filósofo particular que realize aquilo que apenas a humanidade pode fazer no seu desenvolvimento progressivo.» «Significa acabar com toda a filosofia, no sentido até aqui dado a esta palavra.» A filosofia corresponde a uma «ilusão» de emancipação idealista subjectiva, anulada pela verdadeira revolução universal.

• ***«Engelsianismo»***

G. Labica justifica o termo «engelsianismo» (*Dictionnaire critique du marxisme*, PUF, 1982) pela necessidade de realçar a especificidade do contributo de Engels para o marxismo, face a exegeses (por exemplo, M. Rubel) que chegam ao ponto de opô-lo ao de Marx e inclusivamente a acusá-lo de «desvio teórico». Ora, por um lado, Engels, tal como Marx não deixa de o reconhecer, foi o primeiro em muitos domínios: crítica da economia política (Marx considera «geniais» os *Esboços* de 1844 em que Engels interpreta a economia política como a «teoria» da propriedade privada), crítica da religião, da análise de classe, da adesão às teorias de Feuerbach, do conhecimento dos mecanismos internos do capitalismo e da nova ciência. Forneceu a documentação para *O Capital*, tendo elaborado os livros II, III e IV, e também redigiu os artigos políticos do *New York Times* assinados por Marx. Por outro lado, a sua contribuição para a própria teoria é importante. Marx e Engels partilharam tarefas: enquanto Marx se debruçava sobre a economia em *O Capital*, Engels dedica-se à filosofia, psicologia, história das ciências, antropologia e teoria do Estado. Após a morte de Marx, actualiza as obras deste e torna-se conselheiro activo dos dirigentes operários no âmbito da II Internacional.

Todavia, «engelsianismo» traduz também alguns desvios à teoria marxista, principalmente no sentido de um materialismo dogmático, cientista e mecanicista, que reduz o marxismo a um economismo, ou seja, valoriza as infra-estruturas materiais, negligenciando a autonomia das superstruturas. «A prova do pudim consiste em comê-lo»: se o *Dictionnaire critique du marxisme* citado fez do termo uma entrada, é porque a fórmula condensa bem a redução do marxismo a uma «filosofia marxista, facilmente adulterada em *materialismo dialéctico*» (Lenine leitor de Engels) e institucionalizada como «Dia Mat» [abreviatura de Materialismo Dialéctico](Estaline leitor de Engels). «Engels serviu de bode expiatório aos olhos dos críticos que recusavam atribuir a Marx os aspectos menos positivos do seu pensamento» (G. Labica).

☞ **Conceitos-chave e termos relacionados:**
Capitalismo, Classe social, Comunismo, Economia política, Engelsianismo, Marxismo, Materialismo, Revolução.

☞ **Autores:**
Feuerbach, Marx, Stirner.

☞ **Bibliografia**

E. J. Hobsbawm, Prefácio a *La Situation de la classe laborieuse en Angleterre*, Éd. sociales, 1973.

G. Labica, M. Delbraccio (org.), *Friedrich Engels, savant et révolutionnaire*, PUF, 1997.

EPICTETO
(ca. 50-ca. 125)

Escravo em Roma, foi o pensador mais representativo da renovação estóica* da época imperial. O seu método de ensino baseava-se na oralidade e é referido principalmente por Ariano, a quem se deve as *Conversas* e o *Manual*.

☞ **Obras:**
Aquilo que Depende de Nós. Manual e Conversas; *Conversas*.

• *Saber desejar aquilo que depende de nós e reconhecer uma ordem das coisas: o* logos *universal*

Epicteto introduz a distinção fundamental entre *as coisas que não dependem de nós*, que não são obra nossa – corpo, bens, reputação, cargos –, e *aquelas que dependem de nós* – opinião, desejo, aversão. Apenas estas últimas são livres por natureza; sobre as restantes não temos qualquer poder e a origem dos nossos males está em pensar o contrário.

Esta distinção ganha sentido no plano do panteísmo estóico que concilia um materialismo e um finalismo providencialista: o *logos* é a razão no duplo sentido de princípio de ordem unificadora do universo e de faculdade de julgar que exprime a participação do homem na razão universal.

• *A serenidade ou ataraxia, objectivo da sabedoria*

O objectivo da sabedoria é a *apatia* (*a-patheia*), a *ataraxia*, serenidade da alma que aprendeu a não temer nem desejar e a adaptar-se às leis que regem a natureza. Ao deixar tranquilamente que o seu amo torcionário lhe partisse a perna, Epicteto ilustrou o desapego estóico, libertação relativamente a todos os sofrimentos pela previsão e aceitação da ordem natural das coisas.

• *A liberdade interior*

O único poder absoluto do homem em qualquer situação é a sua *liberdade*, interior e puramente intelectual, o domínio das suas representações e opiniões que se exprime pelo juízo – assentimento que damos à nossa opinião e que é sempre possível reger porque depende apenas da nossa vontade. O pensamento de Epicteto exerceu grande influência em Marco Aurélio* e na sua concepção do «mestre interior».

O *corpus* de Epicteto foi a fonte privilegiada da influência estóica nos séculos XVI e XVII.

☞ **Conceitos-chave e termos relacionados:**
Apatia, Assentimento, Ataraxia, Coragem, Desejo, Destino, Escravo-filósofo, Estoicismo, Fatalismo, *Fatum*, Indiferença, Liberdade, *Logos*, Sabedoria, Virtude, Vontade.

☞ **Autores:**
Cínicos, Estóicos, Marco Aurélio, Montaigne, Pascal, Séneca.

☞ **Bibliografia**
J.-J. Duhot, *Épictète et la sagesse stoïcienne*, Bayard, 1996.
G. Germain, *Épictète et la spiritualité stoïcienne*, Seuil, 1964.

EPICURO
(341-270 a.C.)

Epicuro foi o pensador que elevou o prazer ao nível de sabedoria e, para isso, introduziu uma crítica da religião considerada exemplar.

Cidadão ateniense filho de colonos, viveu primeiro em Samos. Interessado pela filosofia desde criança, defende muito cedo um materialismo original contra vários mestres: o democritiano Nausífanes, o platónico Panfílio e o peripatético Praxífanes. O seu método de ensino era controverso mas teve sempre muitos discípulos em Lesbos e, posteriormente, em Lâmpsaco (Ásia Menor). Em 306, fixa-se em Atenas onde compra uma propriedade com um parque (próxima da Academia) que se tornará o *Jardim*, comunidade filosófica onde se põe em prática um ideal de frugalidade, serenidade e amizade, a rejeição das superstições religiosas e das vaidades sociais. Epicuro foi um mestre venerado, mas também contestado por outros materialistas, difamado e caluniado pelos estóicos. Os seus ensinamentos foram cultivados até ao século II d.C. em toda a bacia mediterrânica.

☞ **Obras:**

Das suas obras, chegaram até nós 3 *Cartas*, transcritas por Diógenes Laércio, em que resume a sua doutrina: uma a *Heródoto* (física), outra a *Pitocles* (meteorologia) e a última a *Meneceu* (ética); 40 *Máximas Capitais* sobre a política e a ética; *Doutrinas e Máximas*.

• *Um materialismo contra a angústia. Os quatro males do homem*

Se há, como se disse, alguma coisa de elementar ou arcaico no pensamento de Epicuro, é o carácter pouco teórico do seu materialismo: as suas hipóteses físicas e epistemológicas pretendem apenas ser os pensamentos mais aptos a conduzir-nos ao Soberano Bem, à felicidade. Para saber em que consiste esta felicidade, temos de descobrir o que nos afasta dela: os quatro grandes medos humanos – o medo dos deuses, da morte, do desgosto e da dor. Ora, estas angústias não têm verdadeira razão de ser porque são provocadas por crenças vãs, que engendram paixões insensatas. A primeira tarefa da filosofia consiste em determinar aquilo que o homem pode saber com certeza.

Os critérios de verdade são definidos pela *canónica* – teoria de regras e critérios dos juízos, de realidade e de valor. A nossa única fonte de conhecimento está nas sensações e afecções, critérios daquilo que é bom ou mau para nós, que são verdadeiras em si mesmas. As sensações são produzidas pelos *simulacros*, emanações materiais que fornecem à alma a réplica dos corpos. O que nos ilude são as interpretações que fazemos delas, os nossos juízos; a partir da repetição das experiências, deixamos que se antecipem os encadeamentos de sensações, daí as noções prévias, indispensáveis, mas onde o erro é possível.

A canónica articula-se com uma *física* – um estudo da natureza – que permite vencer os medos causados pelas antecipações e pelas expectativas sem fundamento. A física estabelece a dependência de todas as coisas relativamente à matéria e ao movimento, e, assim, a ausência de finalidade. «Se não fôssemos atormentados pelo terror que nos inspiram os fenómenos celestes ou pelo medo que a morte não seja algo para nós, e pela ignorância que traça limites tanto aos nossos sofrimentos como aos nossos desejos, não precisávamos de estudar a natureza» (*Máxima XI*).

Para extirpar a natureza dos mitos religiosos, geradores de superstições aterradoras, a física retoma a hipótese de Leucipo e de Demócrito* segundo a qual a *realidade* é composta por *átomos* e *vazio*: os corpos mais simples são átomos, elementos indivisíveis, inalteráveis (eternos), em número infinito. O vazio é a condição dos movimentos.

Atribui-se tradicionalmente a Epicuro a invenção do *clinamen*, desvio dos átomos no seu movimento unidireccional vertical, causado pelo seu peso e que explica a possibilidade da liberdade, aquilo que não permite o movimento desordenado dos átomos. Estes caem no vazio a uma velocidade igual mas não infinita, e um desvio mínimo, sem causa, da queda permite explicar a iniciativa, a espontaneidade, o «movimento livre e voluntário da alma» que escapa ao determinismo, esse «destino dos físicos» tão opressivo quanto as mitologias. Faz compreender igualmente a formação dos mundos que nascem e morrem, em número infinito, no vazio e no tempo infinitos.

- ***Uma ética: a ataraxia, serenidade alcançada por uma escolha rigorosa dos prazeres***

Tudo no universo se explica sem a intervenção de deuses. Epicuro não nega a sua existência, provada, segundo ele, por visões directas (por exemplo, o sonho), porém, já não os considera demiurgos justiceiros ou providenciais. Os deuses, seres quase corpóreos, habitam os espaços entre os mundos, são eternos e bem-aventurados, indiferentes ao que se passa nos diversos mundos criados e ao homem, mas são modelos de felicidade para o sábio.

Desta forma, é possível uma ética, uma arte de viver segundo um determinado ideal de sabedoria: uma *sabedoria prática* não relacionada com a contemplação de outros mundos mas que procure ou evite certas sensações, conforme forneçam prazer ou dor. Para o homem, enquanto ser corpóreo, o Soberano Bem é o *prazer*, mas no sentido da *ataraxia*, equilíbrio espiritual, ausência de perturbação da alma e de dor física. A procura do prazer traduz-se, de facto, num ascetismo, numa reflexão acerca daquilo que é o melhor prazer para o homem: trata-se de evitar a instabilidade e a insatisfação perpétuas. A moral epicurista não é de todo um hedonismo, um convite à busca de prazeres nos moldes do pensamento cirenaico, mas uma verdadeira ascese, um cálculo do valor comparado dos prazeres para a alma. Esta, composta por finas partículas disseminadas por todo o corpo e votada a dissolver-se em átomos, apenas sente a paz na ausência de dor física; também a razão se encarregará de prever as consequências dos prazeres, de corrigir a opinião que nos engana sobre o encadeamento das sensações vindouras e que nos oculta a desarmonia causada pela satisfação de determinados desejos. Bem escolhido, o prazer não é insaciável, isso é uma ilusão da opinião. Privilegiam-se os *prazeres naturais* e *necessários*, aqueles cuja não satisfação causaria uma real dor e pelos quais a natureza, pluralidade activa, exprime aquilo que é bom para nós, sem obstáculos provenientes das crenças e da linguagem (por exemplo, o prazer de beber quando se tem sede). Evitam-se os prazeres que *não são naturais nem necessários*, cuja não satisfação não causaria verdadeira dor (por exemplo, as necessidades artificiais da vaidade, efeitos de opiniões fúteis: «oferecer coroas e estátuas»). Evitam-se igualmente os prazeres *naturais mas não necessários* («beber um bom vinho»), porque são inúteis. Assim é o amor, que não é uma dádiva dos deuses («embora bom se não for nocivo»!). O sábio não deve casar. O mesmo cuidado em não provocar sofrimentos inúteis conduz Epicuro a eximir-se à participação na vida política («Oculta a tua vida»): a justiça, as leis, são feitas apenas para garantir a segurança elementar.

- ***A morte nada é. A amizade é o único bem imortal***

O maior medo, o da morte, pode ser superado se pensarmos que a alma, corpórea e mortal, não tem de desejar a imortalidade e que a morte «nada é relativamente ao homem: ou ela é e ele não é, ou então ele é e ela não é». Como tal, a morte não produz qualquer sensação, uma vez que é ausência desta. Os únicos bens imortais que o homem possui são aqueles que não podem ser apartados dele. O primeiro desses bens é a *amizade*. Ligada à necessidade, a amizade fortalece-se sempre na partilha dos prazeres e na vida comunitária; é a forma imperecível da troca entre seres perecíveis. Nem a morte de um amigo nos deve tornar infelizes porque não é um grande mal para ele. Epicuro, agonizando em duros sofrimentos, numa carta ao seu amigo Idomeneu afirma que a recordação das conversas entre ambos lhe permite conservar a alegria da alma.

A lucidez sobre o seu destino e a prática da temperança fornecem ao homem um *quádruplo remédio*: os deuses não devem ser temidos; a morte não nos pertence; o sofrimento e a dor são suportáveis (caso contrário, o indivíduo perde a consciência); a felicidade é acessível.

• ***Uma filosofia do distanciamento***

O estatuto da amizade e o relevo atribuído ao prazer por uma sabedoria muito austera, baseada na pureza da vida e na ascese, estão interligados. Ambos têm lugar numa filosofia que dá todo o seu sentido ao «distanciamento»: «Nunca me preocupei em agradar às pessoas. Porque o que lhes agradava, eu ignorava, e o que eu sabia superava bastante o entendimento delas» (Frag. B 43). Num sentido, esta sabedoria tem algo de mais aristocrático do que a dos estóicos, cidadãos do mundo mas muito preocupados em desempenhar bem os seus papéis sociais. O sábio mantém-se à distância mas para constituir uma comunidade de amigos. «A primeira Sociedade de Amigos que se conhece na nossa história do Ocidente foi criada em Atenas no início do século III a.C. por um filósofo: Epicuro. A primeira, não porque antes a palavra "amigo" não fosse empregada para designar os membros de um grupo unidos no mesmo objectivo, mas porque, pela primeira vez, o princípio que reunia os membros dessa sociedade não era religioso, nem social, nem sequer político. Essa palavra, desde então, designa um conceito completamente diferente. Com efeito, exprime uma relação ética e um comportamento escolhido livremente por homens que se reconhecem como iguais e que estabelecem essa igualdade apenas de acordo com o seu ser individual e a comum condição humana» (C. Diano). Tal como os deuses vivem à distância, os sábios, por uma *exchorésis*, criam uma pequena comunidade de amigos onde reina livremente a sabedoria, cosmos em *descontinuidade* radical com o grande universo, pequeno espaço protegido consciente dos seus contravalores mas aberto a todos, mulheres, crianças, escravos, estrangeiros. Por que razão é a solidão rejeitada por uma sabedoria tão individual, em busca de paz sensível? Precisamente porque a sensação, a base carnal, ganha aí toda a carga de sentido que tradicionalmente os Gregos reservam ao «ser» – infinito no finito, limite em que o instante coincide com a eternidade («*Carpe diem*...»). A amizade é *querida* pelo sábio; não podemos deduzi-la dos princípios do atomismo. É desejada como manifestação criadora, na medida em que tem origem no imprevisto: «o encontro com o próximo é uma coisa muito bela quando nos apercebemos de que temos as mesmas ideias ou de que tudo fazemos para as ter» (*Sentenças Vaticanas* 61); «desejável por si só», a amizade merece que «se invista nela». A amizade implica um estilo de vida, definido pelo reconhecimento mútuo: ser um modelo para os outros, com o estímulo que isso representa (um pouco como os deuses são nossos modelos). Trata-se, inclusivamente, de um princípio: «Deve escolher-se uma pessoa virtuosa, amá-la e tê-la sempre perto de si, para viver como se ela nos observasse e agir sempre como se nos visse.»

Este estatuto original atribuído à amizade demonstra a fraqueza das interpretações do epicurismo nos termos do pragmatismo, reduzindo-o a uma sabedoria frívola, meramente preocupada em afastar a angústia. Não é desadequado chamar «prazer» ao Soberano Bem porque «aprender e ter prazer andam a par» (*Sentenças* 27). Sabedoria, ciência e amizade são a mesma coisa. Não é uma precaução utilitária ou um desígnio securitário que estão expressos em fórmulas como «uma vida sem amigos é apenas uma vida de leão ou de lobo» (*Sentenças* e citações das *Cartas* de Séneca), nem uma consolação mútua: «Estejamos em harmonia com os nossos amigos, não lamentando-nos, mas meditando.» Também não se trata de um contrato, que Epicuro reserva ao direito, não pensando, como Pitágoras, que seja preciso partilhar as riquezas, que «o bem dos amigos é comum»; «Agir assim é desconfiar e se desconfiam não são amigos» (Diógenes Laércio, X, 11). Nesta forma de sociabilidade tipicamente grega, dominada pela inteligência, e que implica a sensação no conhecimento, exalta-se o laço pessoal nos termos de um cumprimento: «Essas coisas, não é às pessoas que o digo, mas a ti. Cada um de nós é um auditório suficientemente vasto.»

☞ **Conceitos-chave e termos relacionados:**
Amizade, Ataraxia, Atomismo, *Clinamen*, Espaço, Eudemonismo, Hedonismo, Materialismo, Morte, Prazer, Sabedoria, Sentido, Simulacro, Vazio.

☞ **Autores:**
Deleuze, Demócrito, Feuerbach, Lucrécio, Kant, Marx, Montaigne.

☞ **Bibliografia**

J.-F. Duvernoy, *L'Épicurisme et sa tradition antique*, Bordas, 1990.
P. Nizan, *Les Matérialistes de l'Antiquité*, Maspero, 1971.
C. Rosset, *L'Anti-Nature*, PUF, 1973, pp. 153-182.
J. Salem, *Tel un dieu parmi les hommes. L'éthique d'Épicure*, Vrin, 1994.
É. Weil, *Logique de la philosophie*, Vrin, 1974, p. 157 e *ss*.
[J. Brun, *O Epicurismo*, Edições 70.]

ESPINOSA
Baruch d'Espinosa, conhecido por Benedictus de (1632-1677)

Ser autenticamente filósofo, não será, como o pressentiram Hegel* e Bergson*, ser espinosista? Incompreendido e odiado em vida e mesmo após a sua morte, Espinosa, tal como Sócrates*, encarna a figura eterna do filósofo com o seu poder subversivo. A sua crítica radical das ilusões metafísicas, morais e religiosas converte Espinosa no primeiro filósofo da suspeita, muito antes de Nietzsche*. Todavia, Espinosa não está apenas na origem da desagregação dos dogmatismos: encarna também uma das concepções mais rigorosas da filosofia, em que a reflexão do ser sobre si próprio se eleva ao absoluto – o eu, o mundo e Deus –, em que a verdadeira vida se identifica com o conhecimento mais elevado e a união intelectual com Deus ou toda a natureza se funde com a liberdade, a virtude e a alegria. Por fim, Espinosa é também o primeiro teórico moderno da democracia, defensor das liberdades individuais, da tolerância e da independência do Estado relativamente aos poderes religiosos. Exerceu uma influência determinante no pensamento crítico e revolucionário do século XVIII e, em particular, em Rousseau*, cuja inspiração em Espinosa é evidente.

Espinosa nasceu em Amsterdão numa família judia de origem espanhola. Os seus pais, emigrados antes em Portugal, tinham-se juntado à comunidade judaica de Amsterdão. A sua família pertence à tradição dos marranos, judeus obrigados a converter-se ao catolicismo que continuavam a praticar em segredo a religião judaica. Espinosa recebe uma sólida formação na escola hebraica e pensa tornar-se rabino. Inicia-se no latim, o que lhe permite descobrir Descartes* e o universo científico da sua época. O seu espírito crítico exerce-se então em relação à Bíblia e a todos os dogmas; recusa sujeitar-se aos rituais da sua religião e rejeita qualquer filiação religiosa. É acusado de ateísmo, excomungado em 1656, excluído da comunidade judaica e expulso de Amsterdão. Também não beneficia da simpatia dos cristãos, para os quais continuará a ser sempre o judeu odiado de Woorburgo. Tem então 24 anos: como judeu, não pode exercer uma profissão liberal mas também não lhe é permitido, devido à excomunhão, prosseguir as actividades comerciais do seu pai. Aprende, portanto, o ofício de cortador e polidor de lentes para instrumentos de óptica, actividade da qual passará a viver, e, em 1660, retira-se para perto de Leida. Escreve o *Breve Tratado Sobre Deus*, o *Tratado da Reforma do Entendimento* e os *Princípios da Filosofia de Descartes*, única obra sua publicada em vida, com a qual ganha notoriedade na Holanda e mesmo no estrangeiro. Em 1663, instala-se perto de Haia, em Woorburgo, e é nesta época que começa a escrever a *Ética*, cuja redacção se prolongará até 1675. A sua reputação vale-lhe a amizade de João de Witt, chefe de Estado republicano com ideias liberais, interessado em filosofia e defensor da emancipação da política em relação à teologia. É sem dúvida sob a influência desta amizade que Espinosa escreve um tratado sobre o livre pensamento, publicado anonimamente em 1670 com o título *Tratado Teológico-político*. Esta obra provoca uma acesa polémica e ninguém duvidou que Espinosa fosse o seu autor. Assiste à invasão da Holanda pelos exércitos de Luís XIV e ao assassinato do seu protector, João de Witt, o que o afecta profundamente. Tendo recusado então a cátedra de Filosofia na universidade de Heidelberga, que lhe fora oferecida pelo Eleitor Palatino, passa a viver de forma solitária em Haia e morre, em 21 de Fevereiro de 1777, com 45 anos, na sequência de uma tuberculose pulmonar, deixando inacabado o seu *Tratado Político*.

☞ **Obras:**

Breve Tratado Sobre Deus (1660-1662); *Princípios da Filosofia de Descartes* (1663); *Tratado Teológico-Político*; *Ética* (1663--1675); *Tratado Político* (1677).
[Nas Edições 70: *Tratado da Reforma do Entendimento.*]

• *O método*

O *método* deve ser entendido principalmente num sentido ético e o termo «reforma» (*emmendatio*), na expressão «reforma do entendimento», designa de forma mais adequada uma purificação, ou uma ascese, ou seja, não um esforço intelectual para alcançar a verdade, como é o caso em Descartes, mas uma conversão ao verdadeiro bem. O conhecimento da verdade, para Espinosa, é indissociável da renúncia aos bens volúveis, prazeres, honras, riquezas, e da tomada de consciência de que o verdadeiro conhecimento constitui por si mesmo o soberano bem ao igualar-nos à nossa verdadeira natureza. Com Espinosa, aprendemos de uma vez por todas que o problema do conhecimento é inseparável do problema moral e que a *salvação* reside no conhecimento verdadeiro e adequado, ou seja, na união da alma com a natureza absoluta, ou seja, com Deus.

Não se trata de um método no sentido intelectual do termo: não há uma via que conduza a razão a um conhecimento verdadeiro do qual se teria afastado. De facto, para se atingir a verdade, o método não tem de ser procurado antes do conhecimento da verdade: é preciso possuir a ideia verdadeira para deduzir reflexivamente os princípios do método porque a verdade é, em si mesma, o seu próprio critério: a *ideia verdadeira – index sui et falsi* – não precisa de correspondência exterior e reconhece-se como verdadeira sem nenhum termo de comparação, apenas pela consideração intrínseca da sua própria natureza. Assim, longe do método ser necessário como norma do verdadeiro, é a ideia verdadeira que constitui a norma do método: «Daí resulta que o método não é outra coisa senão o conhecimento reflexivo, ou a ideia da ideia; e, não havendo ideia de uma ideia se esta não for dada inicialmente, não haverá então qualquer método se uma ideia não for dada antes. O bom método é, portanto, aquele que mostra como o espírito deve ser dirigido segundo a norma da ideia dada» (*Tratado da Reforma do Entendimento*). Este é o *intelectualismo* radical de Espinosa, segundo o qual o entendimento e a vontade são uma e a mesma coisa: a *certeza* não reside, como em Descartes, na afirmação ou num juízo distinto da própria ideia. A ideia verdadeira afirma-se por si mesma e equivale à sua afirmação.

Desta definição de verdade resultam os imperativos do método. A ideia verdadeira serve de modelo para se alcançarem outras verdades: daí resulta a necessidade de aceder rapidamente à ideia mais elevada, a do Ser perfeito ou Deus, a partir da qual se poderá deduzir todas as outras. A ideia verdadeira servirá ao mesmo tempo – enquanto *index falsi* – de critério para distinguir as ideias verdadeiras das ficções – ou *idea ficta* –, ideias falsas e ilusórias.

O método, segundo Espinosa, é também um modo de exposição das verdades da ética segundo a ordem geométrica – ou *método geométrico* – que parte de definições, axiomas e postulados, dos quais procede o desenvolvimento total e rigoroso das implicações: teoremas, demonstrações e corolários. Este método não é a expressão de uma concepção matemática do mundo, mas uma forma de persuadir que exprime a exigência de rigor e racionalidade do filósofo. Além disso, tem uma função completamente diferente: eliminar toda a explicação finalista, logo todo o antropomorfismo. Permite, portanto, abdicar de Deus ou da natureza dos seus pretensos mistérios, para atingir o verdadeiro conhecimento das coisas. Por outro lado, alguns comentadores, como Léo Strauss ou Yovel, vêem neste rigor uma estratégia de prudência para escapar à perseguição ou um hermetismo voluntário, destinado a ocultar verdades profundas às pessoas vulgares, pouco aptas para as compreender.

• *O que é conhecer? Os diferentes géneros de conhecimento*

A teoria dos três géneros de conhecimento distingue o *conhecimento do primeiro género*, constituído pelo sistema das ideias inadequadas. Começa pelas sensações ou afecções do corpo. O *conhecimento sensível* – ou a imaginação – não é falso, porque os sentidos não nos enganam, mas é um conhecimento inexacto, ou seja, impreciso, parcial e truncado, porque não nos instrui sobre o que são as coisas, mas sobre a forma como nos afectam. O conhecimento do primeiro género compreende, além disso, o *conhecimento por ouvir dizer*, que apenas assenta na confiança atribuída ao testemunho de outrem, e a *experiência vaga*, que se apoia na observação de uma certa constância no aparecimento dos fenómenos e numa relativa generalidade dos casos. Este conhecimento não envolve qualquer certeza: os homens prisioneiros da imaginação não duvidam daquilo em que acreditam, mas não estão, porém, certos, porque, dependentes dos acontecimentos, são influenciados por estes e levados a rever sem cessar o seu conhecimento.

O conhecimento do segundo género, tal como o do terceiro, é um conhecimento através da razão. O *conhecimento do segundo género* é um conhecimento demonstrativo, necessário e universal que, apoiando-se na dedução matemática, se contenta em formar ideias claras e distintas. Mas ao concluir a essência de uma coisa a partir de outra, não a conhece em si mesma. Conceptual e abstracto, mantém-se na generalidade e só apreende propriedades dos objectos, ou seja, determinações parciais sem atingir a sua essência singular. Sendo toda a determinação uma negação, o conhecimento abstracto tem, portanto, falhas e, enquanto tal, não é um conhecimento pleno e totalmente adequado.

O *conhecimento do terceiro género* efectua-se apenas pela essência ou pela causa próxima. É uma ciência intuitiva e, como tal, exclui toda a negação e toda a falha. Tem por princípio a ideia precisa de Deus em cada um de nós, da qual se deduzem as essências das coisas singulares. Toma cada coisa como produto da natureza divina, ou seja, da necessidade natural, e conhece qualquer coisa simultaneamente na sua singularidade e na sua ligação com a totalidade. Conhecer através do conhecimento do terceiro género já não é conhecer enquanto homem ou partes da natureza dispostas de certa forma relativamente à totalidade do universo, mas enquanto Deus ou, pelo menos, do mesmo modo que Deus compreende. Este conhecimento, sendo exacto, ou seja, totalizante e que se basta a si mesmo, é uma verdadeira *certeza*, isto é, um saber que se percebe imediatamente ser baseado na natureza das coisas. Mas, apesar de ser um conhecimento intuitivo, não tem, porém, uma efusão mística: continua a ser um conhecimento intelectual, uma vez que se trata da apreensão de uma relação entre o todo que é Deus, ou a natureza, e a singularidade de cada ser.

Da análise dos três géneros de conhecimento, mas também das considerações sobre o método, podemos deduzir a teoria espinosista da verdade e do erro.

A definição do *erro* não passa, como em Descartes, pelo dualismo entendimento/vontade, que Espinosa recusa. Para Descartes, o *erro* consistia em julgar de forma demasiado precipitada, na ausência de ideias claras e distintas. Resultava, portanto, da desproporção entre um entendimento finito e uma vontade infinita. Espinosa, ao pôr em causa as tradicionais faculdades da alma, reduz a *vontade*, na sua função cognitiva, à «afirmação que envolve toda a ideia enquanto ideia». Assim, o erro é apenas uma ideia inadequada: a falha de conhecimento que envolve toda a ideia parcial, mutilada e confusa. Não contém qualquer poder de afirmação: "Engano-me sempre que não sei o suficiente." O erro situa-se, portanto, do lado da ignorância. «Ideias falsas ou ficções não têm nada de positivo ao ponto de as apelidarmos falsas ou fictícias. É apenas em virtude de uma falta de conhecimentos que as consideramos como tais» (*Reforma do Entendimento*). De maneira inversa, a ideia verdadeira contém em si mesma o seu poder de afirmação. Isto conduz a determinar com rigor a noção de adequação em Espinosa.

Estabelecemos com Espinosa que a verdade é necessariamente intrínseca à ideia. É impossível comparar uma ideia e o seu objecto senão com a ajuda de outra ideia desse objecto, depois outra e assim até ao infinito. *Conhecer* não é descobrir primeiro a presença de ideias e depois julgar se essas ideias estão conformes ou não ao seu objecto. Conhecer significa ver plenamente; é afirmar. As ideias não são quadros mudos acerca dos quais a vontade decide se representam fielmente ou não uma realidade exterior: «Entendo por ideia adequada aquela que, tal como a consideramos em si mesma e sem relação a um objecto, tem todas as propriedades ou características intrínsecas da ideia verdadeira.» E Espinosa afirma posteriormente: «Digo intrínsecas para excluir a denominação que é extrínseca, ou seja, a concordância da ideia com aquilo de que ela é a ideia» (*Ética*, II, def. IV).

Ora, Espinosa, no início da *Ética*, dá uma definição de ideia adequada que se refere a uma compreensão completamente diferente da verdade: «a ideia verdadeira deve corresponder àquilo de que ela é a ideia.» Como conciliar estes dois pontos de vista? Como pode a verdade ser definida como a correspondência intrínseca da ideia num caso, e como extrínseca no outro? Esta contradição só pode ser superada recorrendo à estrutura da filosofia de Espinosa. A teoria espinosista do conhecimento assenta num *racionalismo radical* que afirma a inteligibilidade universal do ser: «A ordem e a conexão das ideias são as mesmas que a ordem e a conexão das coisas.» Este princípio decorre da doutrina do *paralelismo*, segundo a qual os atributos da substância infinita, tal como a infinidade dos modos que a exprimem, constituem séries paralelas, e a cada um dos modos finitos de um atributo corresponde um modo finito do atributo «pensado». Assim, a ideia adequada é simultaneamente, e sem contradição, a verdade intrínseca da ideia (*index sui et falsi*) e a adequação, entendida como correspondência entre a conexão das coisas e a conexão das ideias. De forma mais geral, é correspondência entre os diferentes modos que exprimem o poder infinito de Deus.

- ***Deus ou a natureza: um imanentismo radical***

A filosofia, para Espinosa, começa necessariamente por Deus: a razão disso é de ordem metodológica. Com efeito, vimos que o método reflexivo coloca em primeiro lugar o modelo e a norma da ideia verdadeira e *a ideia verdadeira por excelência*, que não tem necessidade de nenhuma outra para ser conhecida e da qual decorrem todas as outras, aquela que serve de norma ao conjunto dos nossos conhecimentos, só pode ser a do ser mais perfeito, ou seja, Deus. *Deus* identifica-se então com a verdade: «Deus ou a verdade: para mim, trata-se precisamente da mesma coisa» (*Breve Tratado sobre Deus*). Ora, a verdade, tanto em Espinosa como em Hegel*, é o todo, e o sistema exposto *more geometrico* apenas desenvolve a imanência das partes ao todo. A filosofia espinosista encarna por excelência a ontologia da imanência, segundo a qual Deus não é um princípio transcendente relativamente ao mundo, mas designa a totalidade do ser sob a infinidade dos seus aspectos. Em virtude da sua unicidade e infinitude, Deus identifica-se com toda a natureza que nada limita e tudo engloba.

Assim, Espinosa utiliza o termo «Deus» para designar algo completamente diferente do Deus transcendente e pessoal judaico-cristão que funda, num acto intencional de criação, um mundo que lhe é exterior. Segundo Espinosa, a essência divina exclui toda a representação antropomórfica forjada pela imaginação: Deus não é nem um ser infinitamente bom, nem o Deus vingador do Antigo Testamento, nem o Deus providencial ou o Deus de amor e misericórdia do Novo Testamento.

Porém, o imanentismo de Espinosa não é um panteísmo, embora seja interpretado muitas vezes como tal (o termo «panteísmo» está de resto ausente do seu sistema e foi inventado no século XVIII). O *panteísmo*, de facto, não é compatível com a existência de um princípio distinto e pessoal e afirma o carácter imanente de Deus relativamente ao mundo. Mas as conotações vitalistas que lhe são próprias estão excluídas da ontologia espinosista. Com efeito, o *Deus panteísta* é antes concebido como um princípio vital, uma força oculta e irracional como o Deus de Schelling* (primeira fase), dos românticos alemães e de Schopenhauer*. Espinosa insurge-se contra a ideia de uma incompreensibilidade, de um mistério de Deus, quer se trate do *Deus absconditus* judaico-cristão, quer se trate do Deus panteísta.

A força do espinosismo consiste em afirmar a plena inteligibilidade, a total racionalidade do ser: se *Deus* designa a natureza infinita, o seu verdadeiro nome é *substância*, ou seja, substracto e condição permanente de tudo o que existe. É preciso entender por substância (que por definição só pode ser única) aquilo que é causa de si, que subsiste por si só e que tem necessidade de nada para além de si mesmo para ser pensado. A substância infinita é, para Espinosa, a essência intrínseca do todo: tudo o que é em Deus; nada pode existir ou ser concebido sem Deus.

O Deus substância exprime-se na forma de uma infinidade de *atributos* e *modos*. Entendamos por isto, não as etapas sucessivas de uma progressão hierárquica dos seres na perspectiva emanatista neoplatónica, mas o sistema racional da totalidade das manifestações da substância na sua imanência recíproca. A substância manifesta-se e exprime-se tanto através dos atributos infinitos como dos modos infinitos e finitos. Os *atributos de Deus*, infinitos e eternos, mais não são do que os diferentes aspectos ou géneros sob os quais se manifesta a sua essência. Só dois atributos podem ser apreendidos pela inteligência humana, a extensão e o pensamento, que se modificam por sua vez na forma da alma e do corpo. Os *modos* infinitos ou finitos são apenas as modificações da substância infinita, as modalidades segundo as quais os atributos se manifestam no aspecto de seres particulares e singulares.

O *paralelismo* já mencionado resulta deste aspecto, uma vez que, se a natureza de Deus é única, os atributos da substância são apenas uma e a mesma coisa e os modos que dela resultam correspondem-se. Existe uma perfeita adequação entre as coisas cujo atributo é a extensão e a ideia cujo atributo é o pensamento.

Só Deus é *causa livre*, ou seja, só Deus existe e age apenas pela necessidade da sua natureza. A liberdade faz de Deus a causa eficiente das essências e das existências: «Deus é a causa de todas as coisas no mesmo sentido em que é causa de si», porque a essência de Deus é também o seu *poder*; ou seja, o poder infinito de produção da infinidade dos seres. É, portanto, causa eficiente. Mas, enquanto totalidade infinita, Deus é *causa imanente* de todas as coisas: por outras palavras, diferentemente de uma causa transitiva que produz efeitos noutra coisa, Deus nada produz fora de si.

A fusão em Deus da sua essência e do seu poder, assim como a sua total imanência na natureza, garantem a qualquer modo o estatuto de causa produtora de efeitos. Tudo na natureza é, portanto, igualmente necessário e determinado: «Na natureza, nada existe de contingente, mas todas as coisas estão determinadas pela necessidade da natureza divina de existir e de produzir um efeito de determinada forma.» Este é o princípio da universal e absoluta *necessidade*; e sendo todas as coisas tudo o que podem ser, a *contingência*, que designa o que pode ou não existir ou ser de outro modo, é inteiramente derivada da nossa ignorância das causas e deve, por isso, ser rejeitada.

Nesta perspectiva em que o princípio de imanência é a pedra angular de todo o sistema, a ideia verdadeira da *criação* só pode ser a da essência divina manifestando os seus atributos e modos, e não a de um livre decreto de Deus que cria o mundo. As únicas distinções que podemos, então, legitimamente estabelecer entre Deus e as coisas são:

1. a do infinito (enquanto totalidade) e do finito (qualquer determinação é uma negação);

2. a de uma causalidade livre e de uma causalidade necessária, que tem por correlato a distinção entre aquilo que é concebido em si e por si e aquilo que é concebido em e por outra coisa;

3. finalmente, a distinção entre *natureza naturante* e *natureza naturada*, que remete para a oposição da substância no seu poder infinito de produção e a mesma substância considerada do ponto de vista dos seus produtos. Assim, por natureza naturante Espinosa entende Deus como produtor da infinidade das coisas existentes, e por natureza naturada compreende tudo o que segue a natureza de Deus e dos seus atributos, ou seja, as coisas singulares apreendidas enquanto tais, e não na sua causa imanente.

- ***Uma antropologia racional do desejo: crítica do moralismo***

A ontologia funda, em Espinosa, uma antropologia racional do desejo numa perspectiva estritamente determinista. Cada *modo finito* é uma manifestação particular e singular do poder divino e o *conatus*, essência própria do modo finito, é vontade, ou seja, esforço de cada ser particular para permanecer no seu ser. O *conatus* não deve ser concebido como simples instinto de conservação, mas como tendência para aumentar o seu poder: não no sentido de vontade de domínio, mas no sentido da auto-afirmação, da plena e total manifestação da actividade do seu ser.

O *desejo* designa, então, o apetite consciente. Em virtude da teoria do paralelismo, o desejo pode ser lido nos dois níveis do corpo e do espírito. O poder que o desejo manifesta pode ir aumentando ou diminuindo e o *afecto* designa esta variação do nosso poder de agir: aumento no caso da alegria, diminuição no caso da tristeza. Destes três afectos primitivos que origina – o desejo, a alegria e a tristeza – decorrem todos os outros afectos: amor, generosidade, coragem, esperança; ou temor, inveja, ódio, etc. Assim, por exemplo, o amor e o ódio são afectos derivados, ou seja, alegria num caso, tristeza no outro, relacionados com a ideia de uma causa exterior.

A originalidade de Espinosa consiste em afirmar que a essência do homem não é a razão, mas o desejo e não concebe este último como a parcela inferior da alma, fonte do mal e da alienação que se deve dominar pela razão. Com efeito, o desejo, enquanto poder e vontade de existir, não é, por essência, passividade. Todavia, pode tornar-se paixão porque os desejos são passíveis de sofrer a acção de causas exteriores. Como seres integrados na natureza, estamos, com efeito, submetidos à sua acção, e as *paixões* são, assim, alterações passivas do nosso ser, quando o poder de agir do nosso corpo é modificado por causas exteriores.

Esta antropologia positiva não tem outro objectivo senão o de compreender os mecanismos e o funcionamento do desejo. Assim, não se trata de prescrever, louvar ou censurar as paixões em nome da razão, mas de distinguir os afectos livres e activos daqueles que são fonte de alienação. Nesta perspectiva estritamente naturalista, a teoria do desejo, antes de ser a base da ética espinosista, começa por arruinar todo o moralismo.

É necessário começar por lembrar algumas proposições fundamentais: em primeiro lugar, que «a natureza procede segundo uma necessidade eterna e uma soberana perfeição» e, por conseguinte, que «todas as causas finais são apenas ficções humanas». Supor que as coisas na natureza ajam em função de um fim é puro antropomorfismo e, por isso, pura ilusão da imaginação, ou seja, detecta-se em Espinosa uma total ignorância do universal e absoluto determinismo. É também necessário notar que o termo «perfeição» não deve ser tomado num sentido finalista: «A perfeição das coisas deve ser considerada apenas segundo a sua natureza e poder. As coisas não são mais ou menos perfeitas consoante lisonjeiem ou ofendam a moral dos homens, consoante estejam de acordo com a natureza humana ou a repugnem.»

Daqui resulta que não existe no real nada de bom ou mau em si mesmo. As coisas só são boas e más relativamente àquele que as procura ou que as evita. Não desejamos uma coisa por ela ser boa, mas dizemo-la boa porque a desejamos. Nesta ontologia imanentista, o *bem* não consiste em realizar um ideal transcendente mas, para cada modo finito, em realizar a sua essência e em fazer tudo o que pode para aumentar o seu poder de acção.

Assim, a *alegria*, enquanto passagem a uma maior perfeição, é sempre positiva. Ao invés, a paixão é heteronomia e alienação do desejo na imaginação que nos faz crer que as coisas são boas e desejáveis em si mesmas. É um desejo que se perverteu, se perdeu e se esgota na perseguição de um objecto ilusório. Como tal, a paixão é a dependência ou a impotência, e não o mal; ou, de forma mais rigorosa, o mal só reside nessa servidão.

Mas o facto de ser sábio ou insensato não está inscrito nos limites do *conatus* de cada modo infinito? A via da ilusão e do desejo escravo da imaginação não será necessária e inevitável?

- ***A ética espinosista: uma libertação pelo conhecimento***

A dificuldade consiste em compreender a finalidade ética do sistema espinosista. Como será possível uma ética numa ontologia imanentista e inteiramente determinista? Não existe ética sem possibilidade de escolha: não pode ser a escolha entre o bem e o mal, uma vez que Espinosa demonstrou que estes são ficções e rejeitou todo o moralismo inerente a uma ontologia dualista.

A tese de Espinosa pode parecer, à primeira vista, paradoxal. Com efeito, é a própria liberdade que é proposta como um dos dois termos da escolha: escolha da liberdade contra a servidão, do afecto activo contra o afecto passivo, do desejo esclarecido contra o desejo cego pela imaginação. Para compreender a possibilidade de libertação do desejo num sistema em que o homem está submetido à necessidade enquanto parte da natureza, é absolutamente necessário repensar o conceito de liberdade à luz da ontologia e da antropologia espinosistas. Devemos, desde logo, libertar-nos da ideia profundamente enraizada em nós que nos impede de conceber a liberdade de outro modo que não seja como livre-arbítrio ou livre decreto da vontade.

O *livre decreto* – ou *livre-arbítrio* –, com efeito, não é senão uma ilusão decorrente da imaginação. É apenas uma ideia truncada ou inadequada, a consciência das acções à qual falta o conhecimento das causas. «Os homens crêem-se livres apenas para estarem conscientes das suas acções e ignorarem as causas pelas quais são determinados» (*Ética*, III). Não existe livre-arbítrio nem no homem nem em Deus. Aquilo que designamos por «decretos» são apenas apetites e estes mais não são do que a percepção dos impulsos do corpo.

Todavia, resta definir de forma muito precisa o sentido dos termos «cativeiro» ou «servidão», «necessidade» e «liberdade» no contexto da filosofia de Espinosa. Aquilo que se opõe à liberdade não é a necessidade mas o cativeiro. O *cativeiro*, ou servidão, é dependência relativamente a causas exteriores; longe de se confundir com a necessidade, supõe, pelo contrário, a ignorância do determinismo. «Quanto a mim, chamo *livre* a uma coisa que existe e age apenas pela necessidade da sua natureza; neste caso, chamo *cativa* à que está condicionada por outro a existir e agir de certa forma» (*Carta* LVIII a Schuller). Neste sentido mais elevado da palavra «liberdade», só Deus pode ser considerado livre uma vez que apenas ele é a sua própria causa (*causa sui*).

A *causa sui* não pode, em caso algum, ser confundido com o livre-arbítrio, e a *ideia verdadeira da liberdade* não consiste, pois, «num livre decreto mas numa livre necessidade». O que se deve então entender por «livre necessidade»? Poderá a liberdade reduzir-se à consciência da necessidade? Não há dúvida de que daríamos um passo em direcção à liberdade dissipando uma ilusão e descobrindo a necessidade pela qual agimos. Mas não se deve cometer o erro de crer que Espinosa só deixa ao homem a liberdade de se saber escravo.

Desmascarando a ilusão do livre-arbítrio, Espinosa oferece-nos a libertação através do conhecimento adequado. O *conhecimento adequado* salvaguarda o desejo dos falsos bens: não o suprime, mas transforma um desejo ignorante, alienado e passivo num desejo esclarecido, autónomo e activo. Aqueles que estão prisioneiros dos apetites sensuais não passam, com efeito, de ignorantes, uma vez que lhes falta o conhecimento da «sua utilidade própria», quer dizer, o objecto mais elevado do seu desejo, o bem verdadeiro que apenas é concedido pela *intuição intelectual* ou a *união intelectual* com Deus. Esta, como é relação reflexiva do espírito com a totalidade, permite-nos compreender a manifestação da essência divina, o encadeamento necessário do todo. A intuição intelectual é o acto pelo qual o espírito se identifica com a própria força da natureza naturante, recuperando assim o movimento e o dinamismo pelo qual Deus produz a natureza. Esta é a «livre necessidade» que constitui a intuição fundamental do espinosismo, a saber, «o sentimento de uma correspondência entre o acto pelo qual o nosso espírito conhece totalmente a verdade e a operação pela qual Deus a engendra» (Bergson, *La Pensée et le Mouvant*).

Apenas a *beatitude*, «essa alegria soberana e permanente», realiza o mais elevado contentamento do espírito, uma vez que, ao resguardar o desejo da procura dos falsos bens, não pode estar sujeita a desilusões. A beatitude não é uma recompensa que se acrescenta à virtude, mas a própria virtude para o espírito, ou seja, a realização mais perfeita da sua essência. Do mesmo modo, o conhecimento adequado não é o instrumento da beatitude nem a forma de aumentar o poder ou alcançar a liberdade: é a realização da alegria mais total, da liberdade e do poder. Se pretendemos alcançar o sentido profundo desta ética do conhecimento fundada no desejo, através de uma perspectiva imanentista, convém então pensar a equação espinosista entre conhecimento adequado, poder, perfeição, livre necessidade e beatitude, identificação a que repugnam os nossos hábitos de pensamento dualista que separam Deus e o mundo, o conhecimento e o seu objecto, o entendimento e a vontade, etc.

É na beatitude, logo na união intelectual com Deus, que reside a *salvação*, a qual Espinosa reconhece como «algo tão difícil como raro». Permite-nos gozar de uma certa eternidade. Não se deve entender por *eternidade* a imortalidade da alma enquanto substância distinta do corpo a que ela sobreviveria, mas como o acesso ao conhecimento adequado e a uma determinada forma de pensar e viver segundo a verdade que, por essência, é intemporal.

• ***A filosofia política de Espinosa***

Os objectivos visados e o desvio através da leitura crítica da Bíblia. A filosofia política de Espinosa decorre necessariamente da sua ontologia naturalista e da sua antropologia; é indissociável da ética filosófica cujo fim último deve permitir pôr em prática o pensamento livre e a verdadeira vida. Ora, as condições de realização da verdadeira vida pressupõem que afastemos os obstáculos fundamentais ao livre desenvolvimento da faculdade de discernir, que correspondem a dois tipos de opressão que mantêm entre si uma estreita conivência: o dogmatismo dos teólogos (figura antagónica do filósofo), que sujeitam as consciências, e o despotismo do poder civil. A filosofia política de Espinosa responde à urgência de combater as ameaças à liberdade de expressão que emanam do bloco teológico-político da moral judaico-cristã: conjuntura de um Estado despótico e de uma Igreja de ortodoxia totalitária. Compreende-se então o duplo objectivo da filosofia política de Espinosa:

1. libertar as opiniões individuais a respeito da fé e, para isso, livrar o conhecimento da submissão às Escrituras, produzindo uma interpretação não religiosa da Bíblia. Recusando o pressuposto segundo o qual ela é uma mensagem cifrada da palavra de Deus, Espinosa aborda a Bíblia como historiador crítico: torna-se assim o fundador de uma nova exegese bíblica. «A história crítica» consiste em abordar primeiro o sentido do texto antes de atendermos à sua verdade. Analisa o texto da mesma forma que se observa a natureza e, a partir dos dados fornecidos pelas Escrituras, deduz o pensamento dos seus autores. A crítica interna não confronta a Bíblia com normas exteriores, mas interroga-se sobre o seu sentido, simplesmente a partir da sua coerência interna.

O desvio pelo método histórico de interpretação da Bíblia permite dissociar a Escritura da sua referência vertical a uma transcendência: a Bíblia diz respeito a uma fé prática, ou seja, a um sistema de regras morais para a condução da vida, ensinamento adaptado à mentalidade comum dominada pela imaginação e pelas paixões. Assim, em Espinosa, o carácter elitista e aristocrático do conhecimento adequado do terceiro género é compensado pelo carácter democrático da salvação pela fé, uma vez que a maioria dos homens é incapaz de ultrapassar o conhecimento do primeiro género.

2. O segundo objectivo da filosofia política de Espinosa é subtrair à autoridade do Estado a liberdade de pensar, o que pressupõe a laicização. Assim, surge a necessidade de mostrar que o Estado não é uma instituição de direito divino e propor uma teoria política da sua origem e fundamento.

O direito de natureza e o estado de natureza. Espinosa estabeleceu, segundo uma ordem quase geométrica, o laço ontológico que reúne o poder de Deus e o dos *conatus*. Deus, senhor absoluto da natureza, tem o direito de fazer tudo o que pode fazer, ou seja, tudo. Nele, alia-se o direito soberano e o poder infinito. Ora, uma vez que Deus é a causa imanente de todas as coisas, é correcto concluir que o *direito* de cada indivíduo iguala a parte de poder que lhe está atribuída pelo e no poder da natureza. Daí resulta que o *direito natural* se identifica com as leis que regem cada existência determinada.

O *estado de natureza*, regido pelo desejo que une e opõe, em relações de força, os homens ignorantes e apaixonados, define o estado dos homens tal como agiriam se estivessem entregues à espontaneidade anárquica dos seus desejos. Espinosa mostra a lógica implacável do conflito das vontades que impede os indivíduos de exercerem em paz e segurança o direito que recebem da natureza de conservarem e desenvolverem o seu ser. Este poder aplicam-no à destruição mútua. O estado de natureza é, portanto, o da avidez, da competição e da guerra, sem que haja qualquer noção de mal ou de injustiça, uma vez que cada um só obedece ao determinismo da sua natureza.

Sendo o *conatus* a única norma, o único princípio de legitimação, sábios e insensatos têm igual direito ao seu poder, uns para viver segundo as leis da razão, outros segundo as leis dos seus apetites. E o *mal moral* é apenas uma ficção da imaginação, ou, mais exactamente, o mal engendrado pela lei do desejo é apenas a insegurança, a impotência e a servidão.

O pacto social e a génese da sociedade civil. O *pacto social*, engendrado pela necessidade de ordem passional de pôr fim ao estado de insegurança e de temor suscitado pelo conflito das vontades, designa a promessa segundo a qual cada um se compromete perante todos a transferir os seus direitos naturais para uma autoridade soberana que, dispondo de todos os poderes reunidos, está em posição de obrigar cada um a obedecer. Este é o *Estado* eficaz, dado que assenta no poder colectivo de todos os cidadãos. Na decisão comum de cooperar, é o peso das paixões que é decisivo. Cada um está obrigado «por força» a alienar o seu direito natural, mas é da sua «plena vontade» que o consenso siga a força nos indivíduos em que a razão já está mais desenvolvida e intervenha como princípio de utilidade e de cálculo de um interesse bem evidente.

A fundação da ordem política no seu alcance universal é intrinsecamente democrática. Em Espinosa, a *democracia* tem um duplo estatuto: o de um regime particular, mas também de uma exigência imanente a qualquer Estado. É o regime mais natural, aquele em que nenhum indivíduo se submete a outro porque cada um delega o seu poder à colectividade erigida em poder soberano no qual ele participa. Assim, ninguém se torna escravo e todos conservam inteiramente a sua liberdade. A democracia tem o privilégio teórico de ser o regime político que assegura de forma mais rigorosa a finalidade do pacto social. Na sua essência democrática, o Estado desempenha uma dupla função:

– a instauração de um Estado de direito que garanta a paz, a segurança e a liberdade pelo respeito de uma lei comum;

– uma função mais elevada: criar condições que possibilitem uma «vida verdadeira do espírito», ou seja, uma vida liberta das paixões, que não poderia realizar-se no clima de violência que é o estado de natureza. A sua finalidade é promover o desenvolvimento constante dos conhecimentos, permitindo a cada indivíduo o acesso à verdadeira liberdade agindo enquanto ser de razão. A democracia, neste sentido, representa a melhor antecipação de uma comunidade racional.

Todo o regime político deve permitir a conciliação da soberania absoluta do Estado com a liberdade individual. O objectivo final de Espinosa é mostrar que a máxima liberdade de pensar e de expressar opiniões não só é compatível com a paz e a segurança do Estado, mas também é a condição necessária da sua manutenção. O pensamento é inalienável por um direito superior de natureza. Cada um é livre de ter opinião e, mesmo que o queira, não pode alienar a sua liberdade de julgar. Como poderia o Estado exercer um direito onde o seu poder cessa?

Todavia, a liberdade de pensar nada significa se não fôr realizada através da liberdade de expressão. Esta não é a reivindicação de uma simples tolerância. A liberdade activa do indivíduo é a força do Estado e condiciona a própria existência de qualquer democracia na medida em que qualquer lei promulgada é fruto do livre confronto das opiniões. A liberdade de expressão encontra, porém, o seu limite nas opiniões que – implícita ou explicitamente – tendem a pôr em causa o pacto social, pacto que o indivíduo aceitou livremente.

Em conclusão, a sociedade democrática, longe de ser fruto de uma razão evoluída, deve criar as condições para o desenvolvimento da vida racional, pôr fim à servidão e para os indivíduos se tornarem *causa sui*.

☞ **Conceitos-chave e termos relacionados:**
Afecto, Atributo, Beatitude, Bem, Causa (- imanente), *Conatus*, Conhecimento, Contingência, Criação, Desejo, Deus, Direito natural, Erro, Ética, Ideia adequada, Imaginação, Imanentismo, Intuição intelectual, Liberdade, Livre (- arbítrio, - decreto), Mal, Método, Modo, Natureza (estado de -, - naturante, - naturada), Necessidade, Panteísmo, Paralelismo, Perfeição, Poder, Salvação, Substância, Vontade.

☞ **Autores:**
Descartes, Hegel, Leibniz, Locke, Maimónides.

☞ **Bibliografia:**
V. Delbos, *Le Spinozisme,* Vrin, 1993.
G. Deleuze, *Spinoza et le problème de l'expression,* Minuit, 1969.
J.-C. Fraisse, *L'Oeuvre de Spinoza,* Vrin, 1978.
C. Lazzeri (coord.), *Spinoza, puissance et impuissance de la raison,* «Débats philosophiques», PUF, 1999.
P. Macherey, *Avec Spinoza. Études sur la doctrine et l'histoire du spinozisme,* PUF, 1992.
A. Scala, *Spinoza,* Les Belles Lettres, 1998.
A. Tosel, *Spinoza ou le crépuscule de la servitude,* 1984, Aubier.
[J. Moreau, *Espinosa e o Espinosismo,* Edições 70.]

ESTÓICOS, os (século IV a.C. – século II d.C.)

O estoicismo foi uma doutrina filosófica que se prolongou pela Antiguidade ao longo de quase cinco séculos e que se baseava na harmonia do homem com a ordem divina do mundo. O estoicismo compreende três períodos.

1. O estoicismo antigo, fundado por Zenão de Cício (336-264 a.C.), a quem sucedeu Cleantes e cuja doutrina foi aperfeiçoada por Crísipo. Zenão, nascido em Chipre, foi para Atenas onde, antes de frequentar a Academia, foi discípulo de Crates, o Cínico. É a ele que se devem as principais noções do estoicismo. Com 42 anos (ca. 315 a.C.), fundou a sua própria escola, rival do epicurismo, no lugar chamado *Stoa poikilé*, o Pórtico das pinturas. Esta escola foi frequentada pelo rei da Macedónia e Zenão foi coberto de honrarias pelos Atenienses. O seu sucessor, Cleantes de Assos (331-232), ex-atleta, foi autor do *Hino a Zeus* que será citado por S. Paulo dois séculos e meio mais tarde (*Actos dos Apóstolos*, 17: 28), mas toda a sua obra se perdeu, tal como a do seu sucessor Crísipo de Soli (ca. 280-205), que passou da Academia para o Pórtico. Os três suscitaram uma admiração geral, vivendo na pobreza e pondo em prática os seus austeros ensinamentos. Conhecemos os seus numerosos escritos através das compilações de Diógenes Laércio (século III d.C.).

2. O estoicismo da fase intermédia, com Panécio de Rodes (180-110), o seu discípulo Posidónio de Apameia (130--50) e Cícero (106-43), é um período de decadência e ecletismo em que se verificou um sincretismo entre as visões estóicas e o platonismo da Nova Academia, com alguns traços de cepticismo. O antigo ideal do sábio dá lugar a uma virtude mais moderada, contentando-se em estipular «deveres médios» mais acessíveis ao homem.

3. O estoicismo romano da época imperial (séculos I e II a.C.) abandona a maioria das preocupações físicas e lógicas e privilegia a dimensão moral e religiosa: os textos de Séneca* (4 a.C.--65 d.C.), de Epicteto* (século I d.C.) e de Marco Aurélio* (121-180), de grande qualidade literária, constituem praticamente o essencial daquilo a que se chamará «filosofia» durante séculos, em especial a partir do renovado interesse pela Antiguidade durante a Renascença (Montaigne*, Charron, Corneille, etc.). A mensagem estóica continua a ser considerada e a manifestar-se no pensamento contemporâneo (M. Yourcenar, *Memórias de Adriano*; Nietzsche*, Deleuze* e o *amor fati*, o Eterno Retorno, Aiôn e Cronos).

☞ **Obras:**
Manual de Epicteto; *Pensamentos Para Mim Próprio*, de Marco Aurélio; *A República, As Leis, Dos Fins, Sobre a Natureza dos Deuses, Dos Deveres, Do Destino*, de Cícero; *Da Providência, Da Constância do Sábio, Da Vida Feliz, Cartas a Lucílio*, de Séneca; *Teles e Mersonius, Exortações*, de Mersonius Rufus.

- ***A filosofia natural: uma física materialista e finalista. Unidade e necessidade da razão universal***

O primeiro estoicismo constituía um sistema completo centrado na física materialista, que se opunha às concepções de Platão* e Aristóteles*, e estava próxima dos moldes epicuristas, mas era completamente diferente do atomismo democritiano destes últimos. Excluindo o vazio e a contingência, o estoicismo fornece uma resposta muito diferente à questão da felicidade ou Soberano Bem. O *mundo* é um Todo uno e pleno, totalmente determinado. A sua unidade e necessidade pertencem a um imenso organismo em que cada elemento está unido aos restantes por uma harmonia universal, desde o elemento mineral até ao divino. Tudo é corpo, exceptuando quatro *incorpóreos* – o vazio, o tempo, o lugar e o discurso (o significado ou o exprimível) –, quatro pseudo-realidades que apenas afectam a superfície dos corpos, não o seu interior. Esta noção permite afirmar que o tempo e as palavras mais não fazem do que deslizar sobre as coisas e que o mundo é eternamente o mesmo. Este grande organismo é um ser vivo animado divino: possui uma *alma divina* ou *logos universal*, sopro ígneo ou *pneuma*, que o governa racionalmente a partir do seu interior. Tudo o que existe – os corpos, as almas, os deuses, os astros – é animado pelo mesmo fogo, e o Sol é a inteligência que ordena o *cosmos* – ordem universal que dá sentido à vida humana. *Deus* é a centelha criadora, princípio imperecível imanente ao mundo perecível e inteligência universal. O mundo vivo nunca está em repouso; perecível, nunca se destrói; consome-se periodicamente numa conflagração universal (*ekpirosis*, do grego *puro*, o fogo), mas é restaurado ciclicamente: o *eterno retorno* – as mesmas pessoas voltarão a viver, os mesmos acontecimentos terão lugar. O *destino* (*eimarmené*) é entendido como lei racional que estrutura o mundo e dispõe cada coisa na sua ordem própria. Se o mundo é divino, nada acontece por acaso, mas sempre de acordo com a ordem de uma *providência* (*prónoia*) que dirige divinamente na imanência o curso das coisas e orienta de forma prévia o destino dos homens. Um *amor do destino* (*amor fati*) é então legítimo porque esta regeneração cadenciada confere ao mundo uma eternidade para além da corruptibilidade.

• ***O conhecimento da racionalidade imanente. Uma lógica do acontecimento***

Sendo o universo identificado com o *logos*, os estóicos construíram uma teoria do conhecimento e uma lógica cujo carácter original é hoje reconhecido. Empiristas e precursores do nominalismo, os estóicos rejeitam o inatismo: os conceitos derivam da experiência, o espírito é como uma «página branca» (Écio, *Opiniões*, IV). O conhecimento implica quatro etapas: a representação (*phantasia*), alteração ou impressão da alma, distinta da imaginação (*phantasma*) porque procede de uma impressão proveniente das coisas existentes; a sua forma realizada é a *representação compreensiva*, critério de verdade, na medida em que dá das coisas uma imagem tão exacta que não se pode rejeitar a realidade do seu objecto. Do mesmo modo, não se pode recusar o *assentimento*, ou seja a realização do conhecimento quando a alma já não se contenta em receber passivamente dados, mas demonstra uma plena adesão, o que é próprio do sábio. A «compreensão» é relação entre representação compreensiva e assentimento. Quando a *compreensão* é inabalável, toma o nome de «ciência». Deixando o plano da opinião, o sábio eleva-se às relações entre as partes do mundo e às leis que as regem e, sobrepondo-se à razão universal, pode agir sobre si mesmo e sobre o mundo.

A lógica, completamente diferente da de Aristóteles, vê no geral e no conceito termos vazios. Só existem indivíduos corpóreos. A ideia de lei substitui a ideia de essência. Os acontecimentos («esta cadela pariu») tomam o lugar das relações sujeito-predicado («Sócrates é um homem»); as relações temporais de necessidade – entre um antecedente e um consequente – substituem as articulações dos conceitos («todos os homens são mortais»). Lógica da consequência, e já não da inerência, a lógica associa juízos de facto e não proposições formais: o silogismo já não consiste numa relação demonstrada entre conceitos, mas numa implicação evidente de acontecimentos («se é dia, há luz»).

• ***A sabedoria: harmonia com a natureza. A primeira moral universalista***

A natureza impele todos os seres vivos. Estes obedecem a uma *tendência*, «movimento da alma», «percurso do pensamento que se desloca para qualquer coisa» e que obedece não a um desígnio de prazer mas de conservação ou desenvolvimento da sua própria constituição. Para o animal, trata-se de seguir o seu instinto no presente; para o homem, trata-se de se guiar pela razão, para a qual tende, e libertar-se assim do presente, permitindo a invenção da linguagem, das ciências e das artes. O homem é responsável pelo seu destino e pela forma como se integra na ordem universal.

Desta noção decorre uma *sabedoria* naturalista: «viver segundo a natureza», esforçar-se por se conformar ao plano divino, compreender o carácter necessário do que acontece e não se resignar com isso, mas querê-lo tal como é porque se trata de uma ordem racional e provindencial. A sabedoria é, ao mesmo tempo, serenidade intelectual e autodomínio. Não há nenhum fatalismo passivo: a natureza humana é dupla, racional e passional. Pela razão, é possível deter um controlo intelectual e assim orientar ou inibir as *paixões* (de *pathos*, «perturbação»), impulsos da alma contrários à natureza, doenças da alma que suscitam erros de juízo por adesão a opiniões falsas. Substituir a opinião falsa por uma *representação compreensiva* é a forma de a curar, de aceder à *apatheia*: impassibilidade, equilíbrio, ausência de afectações passionais. A *virtude*, qualidade moral própria das acções do sábio, é conhecimento e vontade, resultado da compreensão justa e da exigência consigo mesmo, constância de alma daquele que sabe alterar os seus desejos e não a ordem do mundo, que sabe distinguir o que depende ou não dele e tornar-se assim invulnerável às contrariedades da vida. A virtude é o Soberano Bem, a felicidade que convém ao homem pela conformidade com a natureza que lhe é própria, a razão. A sua forma fundamental é a *phronesis*, a prudência esclarecida. A virtude implica um papel de primeiro plano atribuído à *vontade* (*boulesis*), definida como «a tendência na qual o desejo se alia à razão». A *liberdade* é entendida como o reconhecimento, por parte do ser, daquilo que é mais apropriado na lei universal à sua natureza primeira. Mas se a virtude é «grandeza de alma e desprezo pelas coisas humanas», isto não significa que o sábio se mantenha distante destas, como faz o epicurista; pelo contrário, deve desempenhar o melhor possível o papel social que lhe é atribuído no Todo, e os estóicos, distinguindo-se pela sua elevada compreensão da realidade, eram por vezes políticos ou conselheiros de políticos.

Os estóicos conceberam o mais elevado modelo do sábio: independente e livre que encontra a felicidade suportando os males com uma constância e uma elevação provenientes da inteligência. Apenas Sócrates*, diziam eles, se aproximava de tal modelo. Mas se a sabedoria não admite graus, o mesmo não acontece com a insensatez: o homem pode escolher uma conduta *conveniente* – conforme à natureza, mas não alcançando a sabedoria – constituída por acções *preferíveis* e que se situa numa posição intermédia entre a insensatez passional e a perfeição do sábio. Este acede à *acção recta* – conforme à virtude, livremente escolhida pela razão que coopera com a razão universal e com ela se confunde (p. ex., ser prudente, agir de forma justa). O estoicismo é a primeira moral universal baseada na igualdade de princípio de todos os homens: cada um deve pensar-se como um «cidadão do mundo». A lei não é uma convenção humana: como lei universal do mundo definida pela sua eternidade, rege o agir moral do homem, tal como dirige o curso das acções e também coincide com a «recta razão» do sábio.

• *A filosofia como «psicagogia»*

A *filosofia*, por um lado, é o discurso sistemático que exprime a unidade racional do universo e, por outro, é uma «arte da existência», «uma cultura de si», o exercício da alma que procura a sabedoria (Séneca, Epicteto, Marco Aurélio). Temos a capacidade de tomar decisões, princípio director da alma (*hegemonikon*) que deve permitir o seu aperfeiçoamento, levando-a a desenvolver as suas três actividades próprias: o juízo sobre o valor das coisas, o desejo de adquirir o melhor e o impulso para a acção. Como não há bem ou mal moral que não sejam voluntários, trata-se de treinar a vontade para escolher os verdadeiros valores e circunscrever os limites do nosso poder sobre os acontecimentos. Assim se atinge a *felicidade*: soberania da «fortaleza interior», onde o indivíduo se sente invulnerável e «possui reservas de energia» fornecidas pela vontade esclarecida pela razão.

☞ **Conceitos-chave e termos relacionados:**
Alma, Apatia, Assentimento, Bem (Soberano -), Compreensão, Coragem, Cosmopolitismo, Cosmos, Definição, Destino, Determinismo, Deus, Empirismo, Energia, Estoicismo, Eterno (- retorno), Fantasma, Fatalidade, Fatalismo, *Fatum*, Felicidade, Filósofo, Finalidade, Finalismo, Física, Fortuna, Harmonia, Imanência, Incorpóreos, Indiferença, Juízo, Lei natural, Lógica, *Logos*, Moral, Naturalismo, Natureza, Necessidade, Nominalismo, Optimismo, Ordem, Organismo, Paixão, Panteísmo, Providência, Razão, Representação, Sabedoria, Sábio, Silogismo, Tempo, Tendência, Teodiceia, Unidade, Universalidade, Virtude, Vontade.

☞ **Autores:**
Baudrillard, Deleuze, Epicteto, Leibniz, Marco Aurélio, Montaigne, Nietzsche, Séneca, Sócrates.

☞ **Bibliografia**
É. Bréhier, *La Théorie des incorporels dans l'ancien stoïcisme*, Vrin, 1997.
G. Deleuze, *Logique du sens*, Minuit, 1969, pp. 7, 17, 30-31, 175, *passim*.
V. Goldschmidt, *Le Système stoïcien et l'idée de temps*, Vrin, 1998.
M. Spanneur, *Permanence du stoïcisme*, Duculot, 1973.
A. Virieux-Reymond, *Pour connaître la pensée des stoïciens*, Bordas, 1976.

F

FEUERBACH, Ludwig (1804-1872)

Filósofo alemão cujo nome está ligado à influência que exerceu sobre o pensamento de Marx*, à primeira tentativa de oposição ao hegelianismo e à primeira crítica da religião como alienação do homem de e por si próprio. Depois de abandonar a teologia protestante para frequentar em Berlim os cursos de Hegel*, de 1824 a 1826, adere ao idealismo absoluto. Em 1830, uma sua primeira obra que justificava o ateísmo vale-lhe ser rejeitado na Universidade. A sua vida será a de um fidalgo rural industrial apolítico e ao mesmo tempo defensor do «socialismo verdadeiro», no castelo Bruckberg (Francónia). Em 1839, publica nos *Annales de Halle*, o órgão dos hegelianos de esquerda, a primeira crítica *radical* ao pensamento de Hegel. Em 1841, surge a obra que lhe confere notoriedade, *A Essência do Cristianismo*, referência do humanismo ateu. O seu pensamento conhece um declínio a partir de 1845 (*A Essência da Religião*) e inflecte para um materialismo vulgar influenciado pelo biólogo Jacob Moleschott.

☞ **Obras** (os títulos em português correspondem à tradução dos títulos em francês e não dos originais)**:**
Pensamentos sobre a Morte e a Imortalidade (1830); *Contribuição para a Crítica da Filosofia de Hegel* (1839); *A Essência do Cristianismo* (1841); *Teses Provisórias em vista da Reforma da Filosofia* (1842).
[Nas Edições 70: *Princípios da Filosofia do Futuro*.]

• *O ateísmo, «segredo da religião». A antropologia, «segredo da teologia»*

A Essência do Cristianismo instaura uma forma de ateísmo radicalmente nova, que é muito mais do que uma negação de Deus e dos dogmas da religião. Esta obra *interpreta* a fé religiosa, descobre o seu *sentido* na alienação da essência humana, ao ponto de, se o homem fizer correctamente uma análise crítica da religião, recuperará a sua essência alienada e, ao invés de abandonar a dimensão do divino, descobri-la-á em si próprio. Aquilo que funda a religião é a *transcendência* intrínseca à *essência* humana relativamente ao *indivíduo* humano. O homem não pôde criar Deus a partir de nada; era preciso que a natureza em que participava possuísse uma dimensão divina. Ora, esta não podia encontrar-se no homem individual, finito, mas no *género* humano, que contém a semente do infinito. Com efeito, o desejo humano pelo infinito prende-se com o carácter infinito do próprio desejo humano; a nossa consciência do infinito é apenas a consciência da infinitude da consciência humana. O homem chama «Deus» à sua própria *essência genérica*, ou seja, *colectiva* – aquilo que o caracteriza enquanto espécie, *género humano*, essência infinita, metaforicamente «divina», que erige em *objecto absoluto* («O facto de os Deuses de Homero comerem e beberem significa: comer e beber é um prazer divino»). Depois ele torna-se o objecto desse objecto absoluto, a que presta um culto – admira-o e adora-o –; passagem necessária, uma vez que a consciência constitui a essência do homem, é pelo objecto que o homem se torna autoconsciente: «Sem objecto, o homem nada é. Os grandes homens, [...] que nos revelam a essência humana, testemunham pelas suas vidas esta verdade. Só tinham uma paixão: realizar o fim que constituía o objecto essencial das suas actividades. Ora, o objecto com o qual um sujeito se relaciona por essência e necessidade é apenas a sua própria essência, no entanto *objectivada*. É no seu objecto que se conhece o homem; é nele que transparece a sua essência.»

Mas a autoconsciência implica uma divisão fundamental entre o indivíduo e a sua essência: o *si* desse indivíduo consciente é a *realidade*, profundamente original, *da sua espécie*; há um «si» porque o indivíduo da espécie humana não é, como o animal, dominado pela espécie, mas está antes votado a realizá-la como *totalidade dos possíveis*. Esta, com efeito, constitui um precioso núcleo afectivo e activo; é «a razão, a vontade, o coração». A relação entre o indivíduo e a sua essência corresponde ao sentimento de uma «potência» infinita a realizar, a aperfeiçoar. Assim é o «divino em nós: se o homem não fosse o modelo da sua metáfora, se a sua própria essência não fosse plena de valor e de atracção por ele, não se tornaria um ser religioso. «O segredo da teologia é a *antropologia*», ou seja, a filosofia do homem: «A consciência de Deus é a autoconsciência do homem; o conhecimento de Deus é o conhecimento deste pelo homem»; «Tanto vale o homem quanto o seu Deus, e não mais»; «O ser divino não é senão [...] o ser do homem, liberto dos limites do homem individual (real e corpóreo), depois objectivado, ou seja, contemplado e adorado como um ser [...] diferente e distinto; é por isso que todas as determinações do ser divino são determinações do ser humano». A verdade do culto é a cultura, a verdadeira religião é a religião do homem (*«Homo homini deus»*).

Mas o homem religioso não está directamente consciente de ter como objecto a sua própria essência e «é precisamente esta *falta de consciência* que funda a essência da religião». Assim, «o homem exterioriza a sua essência» e começa por representar a sua relação consigo próprio como uma relação com um ser exterior e superior, tal como, «na infância, ele é objecto para si mesmo sob o aspecto de outro homem». A religião é a «infância» da humanidade, o que é comprovado pelo progresso histórico das religiões: «Consideramos agora como subjectivo o que as religiões primitivas tomavam por objectivo», por outras palavras, reconhecemos agora como humano o que antes era contemplado e adorado como Deus. «Para aquele que a ela adere, qualquer religião é idolatria: o homem adorou a sua própria essência.»

- ***Hegel invertido. Exterioridade da existência ao pensamento***

«Quem não abandona a filosofia hegeliana não abandona a teologia.» Feuerbach foi o primeiro de entre os jovens hegelianos que pretendeu «reorganizar» a dialéctica hegeliana. Para ele, Hegel conduziu a filosofia moderna a um beco sem saída, inaugurou a exigência de uma novidade radical na história, mas a custo de uma mistificação especulativa: para resolver a contradição entre realidade e pensamento, atribuiu ao Conceito todos os atributos do Deus da teologia, fez do Espírito a chave do sistema, converteu o Pensamento no ser absoluto, sem que nada lhe fosse exterior. Mas que seria o Espírito sem a existência real do homem que o pensa, sem a subjectividade sensível do corpo, a *natureza* (no sentido mais universal da palavra), irredutivelmente exteriores ao Espírito? Ao considerar a Natureza como uma etapa do desenvolvimento do Espírito, Hegel anula completamente a sua realidade, distingue o pensamento do acto subjectivo de pensar, menoriza a realidade do humano, despoja o homem da sua própria actividade. Feuerbach reabilita a alteridade da natureza – primeira e divina porque produziu o divino –, dos sentidos e da existência: «Só um ser sensível é um ser verdadeiro»; «Só onde se esgotam as palavras começa a vida e se descobre o segredo do ser». A filosofia pressupõe uma realidade estranha ao pensamento.

- ***Um materialismo sensualista e altruísta***

O objectivo da *Philosophie de l'avenir* consistirá em realizar a dialéctica especulativa: converter finalmente «a teologia em antropologia», substituir o Espírito pelo «homem real e total» a que o jovem Marx conferirá um papel político («o Homem Total» será um farol da escatologia comunista). Nas suas obras de 1842 e 1843, Feuerbach edifica o seu próprio pensamento, «uma filosofia sensualista e altruísta com ressonâncias existenciais» (H. Arvon), cujos vários aspectos anunciam a modernidade. É o caso do carácter constitutivo da *intersubjectividade*:

– A essência do homem está contida apenas na *comunidade*, na união do homem com o homem. Assenta na diferença entre Eu e Tu. «Só o amor faz a diferença entre o ser e o não-ser.»

– A intersubjectividade é *sexuada*: o eu verdadeiro é complementar de um outro ser. «O verdadeiro diálogo não é um monólogo do pensador solitário consigo próprio; é um diálogo entre Eu e Tu.»

- ***Ambiguidade do humanismo ateu. Dupla posteridade de Feuerbach***

A doutrina religiosa de Feuerbach é, simultaneamente, ateia e religiosa; pode ser qualificada de *humanismo*, «não só porque o homem é nela representado como algo de absoluto, como um fim em si, mas, também e sobretudo, porque os valores humanistas se encontram aí exaltados» (H. Arvon). *Humanismo ateu* porque Feuerbach identifica Deus com o homem, mas só admite o epíteto «ateu» com algumas reservas: «O verdadeiro ateu não é aquele que nega Deus, é aquele para quem os atributos da divindade, como o amor, a sabedoria, a justiça nada representam.» Feuerbach não nega o divino, transfere-o para o coração do homem; «contrariamente aos pensadores ateus do século XVIII [...], esforça-se por reintroduzir num mundo laicizado os valores tradicionais na forma de uma nova fé» (*idem*). Esta ambiguidade vai valer-lhe a dupla repercussão das suas ideias: o ateísmo moderno retira dele os seus temas principais (o homem que cria Deus à sua imagem, a providência como obstáculo ao progresso, etc.), mas a teologia moderna (K. Barth) agradece-lhe por ter colocado o problema religioso ao nível das aspirações eternas da alma ao reconhecer na religião «uma forma essencial do espírito humano» que «revela com pompa os tesouros escondidos da natureza do homem... os mistérios do seu amor».

☞ **Conceitos-chave e termos relacionados:**
Alienação, Antropologia, Ateísmo, Cristianismo, Deus, Especulação, Essência, Existência, Fé, Futuro, Homem, Humanismo, Materialismo, Naturalismo, Religião, Sensualismo, Teologia.

☞ **Autores:**
Engels, Hegel, Marx, Stirner.

☞ **Bibliografia**
H. Arvon, *Ludwig Feuerbach ou la transformation du sacré*, PUF, 1957.

FICHTE, Johann Gottlieb (1762-1814)

Nascido na Saxónia no seio de uma família de camponeses pobres, auxiliado pelo rico barão de Miltitz, Fichte estudou teologia em Iena (1780-1784). As inquietações ao longo da sua vida relacionam-se com as paixões intelectuais: em 1790, a *Crítica da Razão Prática*, de Kant, «destrói as proposições [que ele considerava] irrefutáveis», as do dogmatismo espinosista, e revela-lhe a liberdade e a possibilidade de conciliação entre fé e saber. Todavia, ao invés dos seus contemporâneos que procuravam as falhas do criticismo kantiano (Maïmon, Reinhold, Schulze), compreende bem os limites de um empreendimento que, tomando como ponto de partida um facto (o Eu e as suas representações), corre o risco de cair no empirismo e no cepticismo: «Kant* detém a verdadeira filosofia, mas não nos seus princípios.» Um golpe de teatro inaugura a sua carreira: Kant recomendou o jovem Fichte ao seu próprio editor e a primeira obra deste, *Ensaio de Uma Crítica de Toda a Revelação*, publicada em 1792 sem nome de autor, é tomada como a quarta Crítica de Kant e obtém um grande sucesso. Fichte alcança depois a glória em Iena onde expõe os seus *Princípios da Doutrina da Ciência*. Mas, em 1799, a sua concepção de Deus como ideal moral desencadeia a querela do Ateísmo; censura-se-lhe também o papel de democrata adepto da Revolução Francesa e Fichte refugia-se em Berlim. Fará novas versões da sua *Doutrina* e popularizará o seu pensamento. Gozou de renovada notoriedade com os *Discursos à Nação Alemã*, texto fundador do nacionalismo alemão, em que procura exaltar os seus contemporâneos na ocasião da derrota da Prússia e da invasão napoleónica.

☞ **Obras** (os título em português correspondem à tradução dos títulos em francês e não aos originais)**:**
Ensaio de Uma Crítica de Toda a Revelação (1792); *Considerações sobre a Revolução Francesa* (1793); *Os Princípios da Doutrina da Ciência* (1794); *Fundamentos do Direito Natural segundo os Princípios da Doutrina da Ciência* (1796-1797); *O Sistema da Ética segundo os princípios da Doutrina da Ciência* (1798); *O Fundamento da nossa Crença numa Divina Pro-*

vidência (1798); *O Estado Comercial Fechado* (1800); *Doutrina da Ciência* (1801); *A Teoria da Ciência* (1804); *A Iniciação à Vida Bem-aventurada ou A Doutrina da Religião* (1806); *Discursos à Nação Alemã* (1807-1808); *A Doutrina da Ciência*; *Querela do Ateísmo; Nova Apresentação da «Doutrina da Ciência»* (1797-1798); *Meditações Pessoais sobre a Filosofia Elementar*.

[Nas Edições 70: *Lições sobre a Vocação do Sábio*.]

• *Uma filosofia do eu absoluto e da liberdade. A questão da interpretação da primeira parte de* Os Princípios da Doutrina da Ciência

Na primeira parte de *Os Princípios da Doutrina da Ciência*, Fichte enuncia na sua estrutura sintética os três princípios que definem e fundam a objectividade no conhecimento e na acção:

1. *Eu = Eu*: o Eu afirma-se e afirma em si toda a realidade.

2. *Ao Eu opõe-se um Não-Eu*: o Eu opõe-se a si mesmo através do Não-Eu.

3. *Oponho no Eu um Não-Eu divisível ao Eu divisível*: síntese formal dos dois primeiros princípios, que parte do facto de o Eu e o Não-Eu não poderem suprimir-se mutuamente de forma completa, mas apenas limitarem-se. Aquilo que pode ser limitado parcialmente é *divisível*.

Fichte pretende devolver ao criticismo o seu alcance «revolucionário». Para isso é necessário completar a doutrina de Kant e eliminar as suas teses insuficientemente críticas, incompatíveis com o primado da subjectividade; é preciso, então, suprimir a coisa em si a fim de desenvolver a ideia de autonomia da vontade e, desta forma, tornar pensável o aparecimento da liberdade em determinada circunstância: «O meu sistema, do princípio ao fim, é apenas a análise do conceito de liberdade [...] o primeiro sistema da liberdade.» A dualidade das fontes do conhecimento (intuição sensível e conceito) não é um dado último: a sua raiz encontra-se na própria natureza da representação, que implica uma dupla relação: do objecto (dado) e do sujeito com a actividade que a constrói. Fichte esforça-se por fundar um *sistema absoluto* excluindo qualquer constatação de facto. O seu primeiro princípio deve ser, simultaneamente, forma e conteúdo de si mesmo; é o caso da auto-afirmação do Eu – *Eu = Eu* – que constitui um acto no qual o conteúdo e a forma são idênticos. O ser do Eu é apenas a auto-afirmação perante si mesmo; não tem origem numa constatação que observaria como facto a identificação do Eu consigo mesmo. Este primeiro princípio não é real, mas ilusão transcendental. A primeira parte de *Os Princípios* constitui hoje objecto de uma alteração radical de interpretação. Durante quase dois séculos prevaleceu a de Hegel*, que atribuía a Fichte o projecto – falhado – de deduzir a realidade (*Não-Eu*) a partir da consciência (*Eu*). Considerava-se que o sistema – baptizado como «idealismo subjectivo» – expunha as etapas da finitização do Eu absoluto de um ponto de partida que consistia numa *intuição intelectual* do sujeito como absoluto (*Cogito* cartesiano). Tal significava acusar Fichte de uma estranha inconsequência formal: pretendendo dotar Kant de uma coerência perfeita, teria tomado como ponto de partida precisamente a intuição que rejeita a concepção kantiana da finitude e tornado, assim, impossível pensar o Não-Eu (a oposição própria ao ser finito entre Eu e Não-Eu) e, portanto, a existência real de um mundo e a vocação prática da razão. Foi A. Philonenko (tese hoje contestada por I. Thomas-Fogiel) que deu à obra a sua coerência demonstrando que Fichte, quando enuncia os seus três princípios, não quis estabelecer os seus próprios fundamentos, mas, pelo contrário, formular o falso para depois concluir o verdadeiro. Com efeito, Fichte começa por construir a ilusão transcendental – todas as interpretações possíveis dos três princípios (Eu absoluto, Eu divisível e Não-Eu, as três Ideias da Razão de Kant) –, depois (segunda parte da *Doutrina*) destrói as interpretações falsas para finalmente obter a única interpretação verdadeira: se Fichte parte do sujeito, não é para o construir, mas para criticar a sua interpretação dogmática (o Eu como pura egoidade vazia) e ver nele o princípio de acção.

O *Eu = Eu* é a ilusão da alma que Kant denuncia como paralogismo do *Cogito* cartesiano: este primeiro princípio só surge na sua verdade como resultado, capaz de construir a realidade depois de a termos desconstruído como ilusão e revelado as suas condições de possibilidade. Engendra-se assim o terceiro princípio, cuja verdade consiste em revelar que o primeiro princípio (*Eu absoluto*) não era o ser fundador da metafísica teorética, mas a exigência da razão prática de se auto-afirmar. Somos obrigados a afirmar o segundo princípio – *o Não-Eu* –, pois «o Eu só pode afirmar-se distinguindo nele próprio um Eu sujeito e um Eu objecto (predicado)». Ora, o Eu predicado não é absoluto, mas *finito*. Não podendo a sua limitação vir do primeiro Eu (incondicionado), obriga a afirmar o segundo princípio (Não-Eu). Se é o Eu (incondicionado) que afirma o Não-Eu, este não é *absolutamente* o Não-Eu, nega-se como auto-afirmação, nega a autonomia do Não-Eu (sendo este *afirmado pelo Eu*). A solução encontra-se na categoria da *limitação*: substitui-se a oposição qualitativa de duas *realidades* heterogéneas por uma oposição quantitativa. O terceiro princípio – *no seio do Eu absoluto opõe-se o Eu divisível ao Não-Eu divisível* – constituirá a estrutura do real: aquilo que é dado é a oposição do Eu e do Não-Eu, intrínseca ao Eu absoluto tendo ele próprio interiormente afirmado a diferença do Eu e do Não-Eu. Esta é a formulação do primeiro princípio real (não-ilusório): *o Eu afirma-se como determinado pelo Não-Eu.*

O primeiro princípio, que considerado de forma absoluta era uma ilusão, deve ser compreendido idealmente: o facto de o Eu se afirmar de forma absoluta não é um dado, mas antes a exigência da razão prática, a própria consciência da liberdade (aquilo a que Kant chamava «o facto da razão»): *ideal* de alcançar a autonomia absoluta, de anular o que se opõe à racionalidade e à liberdade, ou seja, o Não-Eu (a natureza, os constrangimentos arbitrários...). Ora, esse contrário não pode ser suprimido, porque sem a oposição Eu/Não--Eu não haveria consciência; a oposição só pode ser anulada no infinito. O primeiro princípio formula o *primado da razão prática*, exigência de auto-afirmação da liberdade que, para se realizar, deve erguer-se como um obstáculo, o Não-Eu. Para se afirmar como liberdade, a razão prática deve afirmar o Não-Eu como condição de realização da liberdade: é isso que produz a consciência teórica e o conhecimento. Num segundo momento, a razão prática deve reduzir ao infinito o Não-Eu pela acção. Para compreender Fichte, é preciso partir, não do Eu absoluto (o que tanto Schelling* como Hegel* pensavam que Fichte fazia), mas da oposição *Eu finito/Não-Eu*, da exigência do Eu finito em tornar-se Eu absoluto, em realizar a liberdade e a razão.

Estamos nos antípodas de uma concepção dogmática do Eu absoluto que faria do Eu o ser, a realidade. O *Eu absoluto* é o horizonte prático do Eu finito (o único Eu verdadeiro), o «esforço» infinito do Eu finito para suprimir a sua determinação pelo Não--Eu, ou seja, afirmar-se como livre. O célebre *Eu* = *Eu* significa a Ideia do Eu infinito, fundamento da exigência prática de liberdade. Trata-se de um *idealismo prático*: pelo carácter absoluto do Eu, o princípio «não determina aquilo que *é* mas aquilo que *deve* ser». «Os *Princípios* podem ser apresentados como uma crítica de toda a filosofia. Apoiam-se numa noção do sujeito em que todas as concepções filosóficas erróneas são já ao mesmo tempo exteriores à sua concepção verdadeira; em suma, partimos do ponto em que a consciência finita se confunde com um Deus transcendente e temos dificuldade em ver qual a concepção mais elevada que se podia fazer do sujeito. A partir desse ponto, basta raciocinar correctamente para afastar, a pouco e pouco, o erro» (A. Philonenko).

- ***Dedução da intersubjectividade e do corpo. O indivíduo, «conceito recíproco»***

A consciência não se torna apenas para-si, mas compreende-se como indissociável do outro, que já não é apenas percebido como coisa, mas como sujeito. Em *O Fundamento do Direito Natural*, Fichte deduz a individualidade e todas as suas condições, a começar pela intersubjectividade e pelo corpo. O Eu, que se «afirma» como determinando o Não-Eu, como causalidade livre, não pode ter como objecto um mecanismo material que o determine, mas apenas outro ser livre, um livre apelo feito por uma vontade à vontade, outro Eu no exterior do Eu: «O ser racional finito não pode atribuir a si próprio uma causalidade livre no mundo sensível sem a atribuir também a outros, por conseguinte, sem admitir também outros seres racionais finitos fora dele». «O ser racional não pode afirmar-se como tal com consciência de si sem se afirmar como indivíduo, como um no seio de uma pluralidade de seres racionais.» Esta pluralidade não significa simples coexistência, mas uma intersubjectividade que é reciprocidade: o verdadeiro conceito de *indivíduo* é «um conceito recíproco [...] que apenas pode ser pensado em relação a outro pensamento e que é condicionado por ele. Nunca é, por conseguinte, meu, mas meu e seu, seu e meu: um conceito comum, em que duas consciências se reúnem numa só».

Tal como a intersubjectividade, o *corpo* é conceito *a priori*, deduzido. É pelo seu corpo que o homem se manifesta como um ser livre. O corpo é o único espaço da sua liberdade, a única realidade que existe sob o poder do seu livre-arbítrio. Reconhece-se um ser livre na forma do seu corpo. Do meu próprio corpo não tenho qualquer intuição, a não ser externa; não experienciamos o *corpo* da nossa liberdade, pensamo-lo. Como *meu*, ele não é senão o Eu no mundo sensível, um *Eu exteriorizado*: o olhar humano é uma «alma visível».

- ***Dedução do direito e do Estado, condições da liberdade***

Pela mediação da intersubjectividade, surgem as necessidades – distintas – de um direito e de uma moral: o direito é deduzido independentemente da lei moral. Esta constituirá o domínio da liberdade pura, sem relação com o sensível; mas a liberdade só é efectiva numa situação determinada, tendo em conta a pluralidade dos corpos. A *relação jurídica* consiste na atribuição a cada um da sua esfera privada, sendo o seu corpo concebido como lugar de inscrição das suas actividades no mundo. O outro limita a sua liberdade ao reconhecer-me como livre e vice-versa. O *direito* é a condição *a priori* da emergência e do exercício da liberdade no mundo. O direito estabelece um elo entre o teórico e o prático: é o único mediador entre o mundo exterior, corpóreo e social, e o Eu. A meio caminho entre a violência (natureza) e o dever (apanágio de liberdades), ele não é necessidade física nem obrigação puramente moral, mas constrangimento: relação que os homens estabelecem pela sua liberdade e pela defesa desta.

O constrangimento requer uma força para o instaurar que não pode ser obra da vontade moral, mas de um mecanismo de relação exterior, o *Estado*, que é a própria intersubjectividade enquanto garante da liberdade e da racionalidade dos homens. Se o homem apenas é homem entre os homens, o verdadeiro *estado de natureza* dos homens é o Estado, poder que obriga as liberdades a manter-se nos seus limites e que só pode emergir na vontade comum de um *contrato social*, que Fichte orienta para a concepção de um Estado socialista e orgânico, de um direito internacional e de uma democracia mais representativa do que a de Rousseau*.

- ***Uma moral da acção, da vontade e do esforço. A intenção de progresso até ao infinito: superação do dualismo e do formalismo kantianos***

O direito associa os indivíduos apenas exteriormente; abre caminho à moralidade, unidade das consciências que se realiza na exigência da lei moral ou da razão compreendida como liberdade e autonomia. A *moral* afirma a necessidade da comunidade social que o direito torna possível e que não é senão o Eu absoluto para o qual tendem infinitamente as consciências finitas. A *lei moral* já não é, como em Kant, o facto único da razão pura, mas o projecto de realizar a liberdade num progresso até ao infinito por parte do ser racional: cada consciência tem o seu dever que marca a sua posição na história de uma humanidade compreendida como progresso infinito para a realização do Eu absoluto. A vocação do Eu finito consiste em limitar a sua finitude, elevar a sua potência causal, actuar para tornar a sua aparência cada vez mais próxima da sua essência, tanto em relação a si mesmo como ao mundo, libertar-se das dependências e escravidões interiores e exteriores. Dado a si mesmo como uma realidade natural, heterogénea, o Eu tem então de conjurar tudo o que lhe é exterior. O *esforço*, pulsão elementar de domínio de si e do mundo, deve ser desenvolvido pela vontade até que o homem se determine na integralidade do seu desejo, do seu sentir e pensar. O conceito de esforço tem valor de *conceito crítico*; em vez de uma causalidade absoluta impossível do Eu sobre o Não-Eu, reúne a finitude da consciência e a infinidade do Ideal: «O Eu é infinito, mas apenas no seu esforço; ele tende a ser infinito. Mas a finitude é já intrínseca ao próprio conceito de esforço.»

A *acção* é o valor supremo, na medida em que se distingue das actividades suscitadas por móbiles heterogéneos para ser um *agir* submetido à vontade, sem descontinuidade (entre o sujeito e a sua acção) nem constrangimento externo. O Eu é essencialmente um agir; a acção não é para ele um atributo contingente, ela é idêntica à *vontade*. Devemo-nos «tornar vontade»: «Só me encontro a mim próprio ao querer.»

Nenhum indivíduo é, como tal, fim em si mesmo mas o instrumento da lei moral, meio para a realização do Eu absoluto pela acção moral. «A lei moral em mim, enquanto indivíduo, tem como objecto *toda a razão* e não apenas eu próprio.» O dever moral é, antes de tudo, social: «satisfazemos o dever apenas por actos realizados na sociedade e para a sociedade.» Fichte supera o dualismo kantiano da razão e da sensibilidade ao considerar o homem numa unidade de princípio, a da razão como ligação de todas as consciências (Deus): a natureza e o corpo não são obstáculos à moralidade, mas *órgãos*. O corpo, veículo da razão, é o instrumento do absoluto.

• ***O mal radical: a preguiça***

Se a acção é a vocação do Eu e o seu único Bem, o *mal radical* é a «inércia», a *preguiça*, já não a sensibilidade oposta à razão, mas o efeito da inércia da natureza no homem, que se opõe ao progresso e o converte numa coisa em vez de num Eu. É a inconformidade das nossas actividades e condutas com o nosso verdadeiro Eu, a tendência em entregar-se ao Não--Eu: não o Outro contingente do Eu, mas a *sua própria possibilidade* que o define na totalidade. É por um acto livre que deixo que as minhas representações se imponham como coisas e que a minha consciência se turva na inconsciência e na rotina em vez de «alargar os seus limites».

Assiste-se hoje a um «regresso a Fichte» (*cf.* L. Ferry, A. Renaut) como a um pensamento ético-político capaz de conjurar, graças a uma vontade temporalizada, as ambiguidades da filosofia da história de Kant e os perigos totalitários inscritos nas de Hegel e de Marx*.

☞ **Conceitos-chave e termos relacionados:**
Corpo, Dialéctica transcendental, Direito, Eu, Idealismo, Ideia, (- da razão), Indivíduo, Intersubjectividade, Liberdade, Mal radical, Sistema, Solipsismo, Tempo, Vontade.

☞ **Autores:**
Hegel, Kant, Schelling, Weil (É.)

☞ **Bibliografia**

J.-C. Goddard, *La Philosophie fichtéenne de la vie. La question transcendantale et le pathologique*, Vrin, 1999.

A. Philonenko, *L'Œuvre de Fichte*, PUF, Vrin, 1984.

A. Philonenko, *La Liberté humaine dans la philosophie de Fichte*, Vrin, 1966, (2ª ed. aumentada, 1980).

A. Renaut, *Le Système du droit*, PUF, 1986.

J. Rivelaygue, *Leçons de métaphysique allemande*, Grasset, 1990.

FOUCAULT, Michel (1926-1984)

O pensamento de Foucault ocupa um lugar considerável na filosofia contemporânea, e talvez seja prematuro avaliar todo o seu alcance. Partindo de um questionamento dos universais antropológicos – a ideia de uma natureza humana intemporal, de uma estrutura imutável da razão e, por conseguinte, do carácter universal da loucura, da delinquência e da sexualidade –, Foucault empreende uma arqueologia do saber articulada com uma genealogia dos poderes. Se tal projecto se inscreve na tradição crítica de Kant*, não é certamente para determinar as condições imutáveis da possibilidade de conhecimento. O que Foucault procura dar a conhecer são os *a priori* históricos, as diversas configurações do saber cujas rupturas fazem a história. Porém, a originalidade de Foucault reside igualmente na análise das práticas e relações de poder que acompanham a emergência de diferentes «ordens do saber». Procura mostrar as estreitas interacções que o saber e o poder mantêm entre si. Se o saber engendra poderes, o poder produz igualmente saber. Por fim, apoiando-se na análise das relações de poder nas sociedades modernas, Foucault elabora uma ética «como arte de viver sob o signo do cuidado de si».

Foucault nasceu em Poitiers (França) em 1926. Antigo aluno da École normale supérieure de Ulm, agregado de Filosofia, fez uma brilhante carreira. Após a publicação da sua tese em 1961, *Histoire de la folie à l'âge classique*, ensinou sucessivamente na faculdade de Clermont-Ferrand, em Tunis e Paris--Vincennes. Foi eleito em 1970 para o Collège de France onde leccionou, até à sua morte, a cadeira de História dos Sistemas de Pensamento. *Les mots et les choses* fizeram dele uma das figuras marcantes do estruturalismo, e a sua obra ganhou rapidamente o reconhecimento de um vasto público.

☞ **Obras:**

Maladie mentale et psychologie (1954); *Histoire de la folie à l'âge classique* (1961); *La Naissance de la clinique* (1963); *L'Archéologie du savoir* (1969); *L'Ordre du discours* (1971); *Surveiller et punir* (1975); *Histoire de la sexualité*: 1) *La volonté de savoir*, 2) *L'usage des plaisirs*, 3) *Le souci de soi* (1976-1984); *Dits et écrits* (1994); *Il faut défendre la société* (lições do Collège de France, 1976).
[Nas Edições 70: *As Palavras e as Coisas.*]

• *«A descontinuidade anónima do saber»*

Foucault critica a teoria hegeliana da História e denuncia a ilusão de uma continuidade histórica. Não há «uma» História em que se filiem os acontecimentos retrospectivamente ligados por um sentido, mas devires, radicalmente distintos, sem qualquer princípio unificador. Em vez de representar a *história das ciências* e das ideias como um progresso contínuo, uma soma de conhecimentos que permitem uma visão unificada do saber, Foucault descreve-a como a emergência de discursos científicos que constituem outras tantas imagens heterogéneas na sua descontinuidade factual. «Como a história contínua é indissociável da função fundadora do sujeito», Foucault rejeita igualmente qualquer sujeito absoluto tido por princípio fundador de uma história unificada. O objectivo consiste então em pensar «a descontinuidade anónima do saber», a teia de relações que estruturam a existência. Na mesma perspectiva, Foucault critica a antropologia, entendida como a afirmação de uma ordem humana imutável, divulgação de pretensos universais como a ideia de natureza humana una e universal. O objectivo da arqueologia é mostrar de que forma o conceito de razão, tal como o seu contrário – a loucura –, a noção da sexualidade ou ainda de crime e delinquência, se modificam ao longo da História e constituem um modo de experiência historicamente singular.

• *Um novo objecto atribuído à filosofia: a arqueologia do saber*

Foucault detecta na epistemologia da cultura ocidental duas grandes descontinuidades: a primeira, no final do século XVII, define a idade clássica e caracteriza-se pela configuração da teoria da representação e da linguagem, a análise das riquezas e a história natural. A segunda, no início do século XIX, marca o princípio da modernidade: define-se pela configuração constituída por três outros domínios do saber: a filologia, a economia política e a biologia. A teoria da representação torna-se, então, problemática. O sujeito representante, para ver nitidamente na representação, deve tornar-se objecto de conhecimento. É então que a figura do homem surge no campo do saber e que as ciências humanas se desenvolvem. A problematização do homem corresponde a uma etapa bem determinada na história da racionalidade, uma vez que o homem é paradoxalmente o objecto que o saber deve determinar para descobrir as suas próprias condições de possibilidade. Porém, a introdução do homem no campo do saber põe em causa, pelo estatuto sujeito-objecto, a própria cientificidade das ciências humanas. A auto-reflexão, fundamento de toda a certeza, torna-se paradoxalmente o lugar da própria incerteza. «A cultura ocidental institui, sob o nome de homem, um ser que por uma só e mesma lógica deve ser domínio positivo do saber e não pode ser objecto de ciência» (*Les mots et les choses*). Esta análise das ciências do homem mostra que a introdução do homem como objecto do homem é também o sinal do seu desaparecimento inevitável: «O homem é uma invenção cuja data recente (e talvez o fim próximo) é demonstrada pela arqueologia do nosso pensamento.» Daí decorre, segundo Foucault, o carácter quimérico da antropologia. O homem talvez não seja «mais do que uma certa fractura na ordem das coisas» (*ibidem*). O projecto de Foucault é o de uma *arqueologia do saber* que é para as ciências humanas aquilo que a *Crítica da Razão Pura* foi para as ciências da natureza: um sistema de análise crítica da forma como os objectos de um saber possível se tornam objectos de conhecimento e, reciprocamente, das regras que fazem com que o sujeito se possa tornar objecto de um saber.

A noção de *arqueologia*, inspirada directamente na noção nietzschiana de genealogia, deve ser compreendida não como uma história das ideias ou uma história das ciências, mas como investigação das condições de possibilidade do saber. Esta investigação tem apenas uma relação de homonímia com o sistema kantiano. Não se trata, com efeito, de uma teorização transcendental que pretende descobrir os fundamentos imutáveis e eternos do conhecimento, mas dar a conhecer os *a priori* históricos que constituem a base positiva e variável sobre a qual se edifica o saber científico de uma época.

Foucault designa esse conceito paradoxal de *a priori* histórico com o termo «epistema»: «espaço de ordem», imagem do mundo e dos seres que ele contém, a partir do qual a ciência e o conhecimento podem elaborar-se. Assim, em cada época, constitui-se um *epistema* que lhe é próprio, configuração subterrânea do saber que torna possível qualquer discurso científico.

• *As relações de poder*

Saber e poder. Foucault não se contenta em apresentar as revoluções no saber e descreve também a emergência das novas práticas e das *relações de poder* que as acompanham. Estas designam o modo como os diferentes contextos institucionais agem sobre o comportamento dos indivíduos considerados isoladamente ou em grupos e dirigem ou modificam a sua forma de conduta.

Foucault denuncia a ideia tradicional segundo a qual só podendo desenvolver-se exteriormente às relações de poder o saber teria necessidade de renunciar ao poder para se tornar sábio. «Poder e saber implicam-se reciprocamente. Não há relação de poder sem um estabelecimento correspondente de um campo de saber, nem saber que não constitua, simultaneamente, relações de poder.» Esta ideia essencial de *poder-saber* designa o processo pelo qual as ciências do homem (por exemplo, a psiquiatria, a medicina, a criminologia) objectivam o homem num saber sujeitando-o, simultaneamente, a um poder.

O homem, segundo Foucault, constitui-se indissociavelmente no campo do saber e no do poder. Foucault procede assim à genealogia do poder nas suas relações com o saber. Por um lado, as ciências humanas aprendem a conhecer melhor o homem para o dominar, disciplinar, em suma, para o governar. Em *Histoire de la folie à l'âge classique*, a razão surge como uma figura do poder que legitima a exclusão e a reclusão dos loucos, permitindo ao homem dominar o homem. Igualmente, a medicina mental, como saber que atribui a si próprio a tarefa de curar a loucura, aliena o homem mais profundamente pela coerção exercida pela psiquiatria. Da mesma forma, a genealogia do poder punitivo e prisional ensina-nos que a substituição dos castigos físicos violentos e do horror dos suplícios por sanções correctivas e reintegradoras passa pelo progresso das ciências do homem. Encerramos para dominar, corrigir, educar, e o poder aliado ao saber passa por formas humanas e suaves cujos efeitos constrangedores são mais insidiosos mas igualmente eficazes.

Esse poder pertence à mesma ordem do que se exerce nas fábricas, nas escolas, nas casernas, nos hospitais, que Foucault apelida *«sociedade de vigilância»* ou «sociedade disciplinar». Esta visa, através das instituições prisionais, militares, educativas e médicas, dominar os indivíduos para os tornar úteis e produtivos. Encerra-os numa teia de regras minuciosas, de métodos graduais e calculados, que permitem ao homem governar o homem.

Todavia, inversamente, é preciso admitir também que «o poder produz saber». Com efeito, para Foucault, o *poder* não é apenas uma instância repressiva. É também produtor, no sentido em que modela os espíritos e os corpos. Foucault mostra-nos como, por meio de certas práticas – as técnicas médicas, psicanalíticas e punitivas, por exemplo –, se moldam os indivíduos para fazer deles objectos de conhecimento, na qualidade de doentes, loucos e delinquentes.

A «microfísica do poder». O poder como estratégia. Nas suas últimas obras, Foucault elabora um novo conceito de poder. Contrariamente à tradição que identifica o poder com o Estado, Foucault afirma a sua infinita dispersão nas sociedades modernas: «Por *poder*, não me refiro a um conjunto de instituições e órgãos que garantem a sujeição dos cidadãos num dado Estado. Também não o entendo como um modo de sujeição que, por oposição à violência, toma a forma de norma. Por poder, parece-me que se deve compreender, acima de tudo, a multiplicidade das relações de força imanentes ao domínio em que se exercem.» E observa igualmente: «O poder não é uma instituição ou uma estrutura. Não é um certo poder de que alguns beneficiam. É o nome que se atribui a uma situação estratégica complexa numa dada sociedade.» O poder não é, pois, concebido como «um centro único de soberania», como o Estado ou o poder exercido por uma classe dominante. Anónimo, omnipresente através de relações de força locais, instáveis e heterogéneas, difusas em qualquer sociedade disciplinar, o poder designa uma rede complexa de *estratégias*, ou seja, de tácticas e procedimentos múltiplos e diversificados, verdadeiros micropoderes móveis e mutáveis que se desenvolvem em todos os níveis da sociedade.

- ***«Uma arte de viver sob o signo do cuidado de si»***

Em Foucault, o conceito de ética é profundamente marcado pela análise do poder, em particular pela distinção entre «as relações de poder» que são, em princípio, reversíveis e «os estados de domínio» com carácter unilateral. Ora, apenas a multiplicidade das relações de poder, opondo-se à consolidação de uma instância central de domínio, pode garantir aos indivíduos a sua liberdade, fundamento de qualquer ordem ética. A função da ética consiste, com efeito, em impedir que as relações de poder se fortaleçam ou se consolidem em «estados de domínio». É preciso notar que a reflexão ética de Foucault se desenvolve no plano histórico constituído pelas experiências dos totalitarismos – fascismo ou estalinismo –, puros estados de domínio. Trata-se de proteger o indivíduo da subalternização, e até da sua aniquilação, pelos regimes totalitários. Com efeito, nestes regimes, os indivíduos perderam todo o cuidado de si e, simultaneamente, a possibilidade de governar as suas existências. Só uma arte de viver se pode opor «a todas as formas já presentes ou ameaçadoras do fascismo».

Nesta perspectiva, Foucault considera a releitura dos filósofos da Antiguidade rica em ensinamentos e adequada para iluminar um projecto ético. No contexto de uma filosofia imanentista que é própria da cultura moderna, ou seja, na ausência de qualquer referência a princípios transcendentes, importa meditar no reencontro entre a experiência antiga do mundo e a nossa. Tal como os Gregos e os Romanos, vivemos sem interdições e sem leis transcendentes.

Inspirando-se, então, na *sabedoria antiga*, dominada pelo princípio de que é essencial o cuidado de si e aprender a conhecer-se melhor, a fim de melhor reger a própria existência, Foucault preconiza «uma arte de viver sob o signo do cuidado de si». É em Epicteto* que entrevê a mais elevada elaboração filosófica deste tema: o homem está dotado de razão com o único objectivo de agir livremente. «Na medida em que é livre e racional – e livre de ser racional – o homem é, na natureza, o ser que foi incumbido de cuidar de si mesmo. O cuidado de si, para Epicteto, é um privilégio-dever, uma dádiva-obrigação que nos assegura a liberdade, fazendo com que nos consideremos o objecto de todas as nossas diligências» (*Le souci de soi*).

A «genealogia do homem do desejo» conduz Foucault a uma *ética* concreta feita de um conjunto de «técnicas e de práticas de si», que visa estabelecer para o homem livre uma relação harmoniosa «entre o exercício da sua liberdade, as formas do seu poder e o acesso à verdade».

Todavia, não nos devemos enganar acerca do sentido atribuído por Foucault às noções de «cuidado de si», «criação de si», «estética da existência». A *arte de viver sob o signo do cuidado de si* nada tem a ver com a procura de uma qualidade hedonista da existência à maneira de Gide. Além disso, a *ética*, em Foucault, não consiste numa simples relação do indivíduo consigo mesmo e ultrapassa em larga medida o interesse despertado exclusivamente pela própria existência. Por um lado, a dialéctica entre indivíduo e sociedade está sempre presente. A definição de uma arte de viver é indissociável da organização política da sociedade, e não se pode ser activo na criação de si mesmo sem contribuir, ao mesmo tempo, para a formação das estruturas que permitem a sua realização. Mas, sobretudo, é evidente que só o desenvolvimento da capacidade de julgar, fundamento da liberdade, nos torna aptos para constituir relações de poder fundadas na reciprocidade, a nossa única garantia contra o risco de degradação dessa relação num estado de domínio.

☞ **Conceitos-chave e termos relacionados:**
Antropologia, Arqueologia do saber, Arte de viver, Cuidado de si, *Epistema*, Epistemologia, Estratégia, Ética, História das ciências, Poder (Relação de -), (- saber), Sabedoria antiga, Sociedade de vigilância.

☞ **Autores:**
Althusser, Canguilhem, Deleuze.

☞ **Bibliografia**

P. Billouet, *Foucault*, Les Belles Lettres, 1999.

G. Deleuze, *Foucault*, Éd. de Minuit, 1986.

H. Dreyfus e P. Rabinow, *Michel Foucault, Un parcours philosophique*, Gallimard, 1984.

F. Gros, *Michel Foucault*, «Que sais-je», PUF, 1996; *Foucault et la folie*, PUF, 1998.

A. Kremer-Marietti, *Michel Foucault, archéologie et généalogie*, Le Livre de poche, «G-F», «Biblio Essais», 1985.

FRANCOFORTE, Escola de

Movimento de pensamento alemão que teve a sua origem na criação, em Francoforte, em 1923, de um Instituto para a Investigação Social independente da universidade, funcionando através de mecenato. Escola de filosofia social crítica, tem como objectivo, simultaneamente, a investigação científica e a reflexão filosófica. A iniciativa da sua criação deveu-se ao filósofo M. Horkheimer (1875--1973), ao economista F. Pollock, a T. Adorno* e a um grupo de pensadores que se encarregaram da tarefa de proceder livremente a uma crítica social em múltiplos domínios (filosofia, sociologia, política, psicologia social, história, economia, estética, literatura), baseando-se nas fontes vivas do marxismo e tomando em consideração todos os contributos das ciências sociais, principalmente a psicanálise, para pensar a sociedade. Dos inúmeros projectos realizados, o estudo sobre *A Personalidade Autoritária* tornou-se um clássico nas ciências sociais. Além de Horkheimer, cuja biografia se confunde com a história do Instituto, e Adorno, os principais pensadores foram H. Marcuse*, W. Benjamin, E. Bloch, E. Fromm e, actualmente, J. Habermas*. Quase todos os membros eram judeus e, em 1934, o Instituto «exilou-se» em Nova Iorque. Várias «extensões» foram criadas em Genebra, Londres, Paris – associadas ao Colégio de Sociologia (Bataille*, Leiris). A *Revue de Recherches Sociales* foi publicada por Alcan até 1940. Horkheimer dará um novo alento à Escola, em 1949, em Francoforte.

Dois factos caracterizam o período após a Primeira Guerra Mundial e presidem ao nascimento do movimento (após o exílio, será denominado «Escola de Francoforte»): por um lado, a grande renovação do pensamento alemão (tradução completa das obras de Kierkegaard*, publicação dos escritos do jovem Marx*, redescoberta de Nietzsche*, retorno à problematização filosófica com Husserl* e Heidegger*); por outro, Freud* e Reich trouxeram um novo alento. Paralelamente, os postulados marxistas eram abalados (cisão do movimento operário na Alemanha de Weimar, mudanças das condições socioeconómicas no capitalismo em evidência). Neste contexto, a vontade de emancipação e a reflexão sobre a sua exigência histórica constituirão um tema fundamental, interpretado nos termos de uma «crise da razão».

☞ **O programa da Escola de Francoforte encontra-se nos ensaios de Horkheimer** (os títulos em português correspondem à tradução dos títulos em francês e não dos originais)**:**
Teoria Tradicional e Teoria Crítica (1937); *Teoria Crítica* (1968) – reúne a obra anterior e outras dos anos 30-40; *Sociedade em Mutação* (1972) – agrupa os textos dos anos 50-70; *Eclipse da Razão* (1947) e *Dialéctica do Iluminismo* (1947), escritos em colaboração com Adorno, que empreendem a crítica da racionalidade industrial tecnocrática e burocrática.

• ***A «teoria crítica»***

Quando assumiu a direcção do Instituto, em 1930, Horkheimer formulou os seus requisitos teóricos no discurso intitulado «A situação actual da filosofia social e as tarefas de um Instituto de Investigação Social». Entre 1931 e 1937, elabora a distinção entre *teoria tradicional* e *teoria crítica*. A teoria tradicional, que segue o modelo das ciências da natureza, não questiona a sua relação com o mundo social. A teoria crítica terá como função introduzir na própria teorização um questionamento acerca da implicação da teoria na sociedade. Um sistema de conhecimento não é separável das formas sociais que o sustentam e a pretensão da linguagem científica à universalidade constitui muitas vezes um notável instrumento de domínio. As teorias tradicionais, as filosofias acumuladas ao longo da história são, em geral, descrições da sociedade tal como ela é e podem parecer sancionar a sua ordem. A intenção de emancipação é inerente à *Teoria Crítica* na medida em que permite que se apresente como instância crítica. Também será – contra o positivismo da teoria tradicional que separa as ciências da natureza das ciências do espírito – *dialéctica*, tomando como objecto de reflexão a sua própria implicação na realidade, *negativa*, no sentido em que a negatividade hegeliana é o motor dialéctico tanto do pensamento como da história e por isso fonte de emancipação, *repensando o marxismo* sem determinismo (histórico) nem dogmatismo (científico).

• ***Do Iluminismo a Auschwitz. A Razão, bárbara por natureza?***

O núcleo da *Teoria Crítica* é a crítica da *razão instrumental e identitária*. A razão já não é passiva nem intemporal. Se se tornou cúmplice do poder, é porque foi afectada por uma «doença» inerente à sua essência bastante anterior às vicissitudes do capitalismo: a tendência *identitária* para produzir sistemas fechados integradores. Em *Eclipse da Razão* e *Dialéctica do Iluminismo*, Horkheimer e Adorno relacionam a desumanização do industrialismo com a história desse poder identitário, cujos pretensos «progressos» consistiram em dissolver a unidade entre o homem e a «ordem do mundo», dominando a natureza, e em «instrumentalizar-se», em servir interesses de classes e em manipular as massas. Cada vez mais pessimistas acerca das possibilidades de transformar a realidade, nenhum dos pensadores se voltou para o irracionalismo, mas formularam de forma diferente as suas desilusões, conforme o valor emancipador que ainda concediam à razão (ao fomentar a barbárie, esta realizou ou perverteu a sua vocação original?): Horkheimer, nos anos 60, regressa a Schopenhauer* e à tradição judaica; Adorno, o mais «negativista», encontrou na arte moderna um terreno precário de emancipação; Marcuse, na sua última obra (*A Dimensão Estética*), esperava tudo da arte; E. Fromm retomou posições «identitárias» com um discurso de psicologia moralizante e com o projecto de reconciliar libido e sociedade. Actualmente, Habermas reconstrói o racionalismo sobre novas bases, enriquecendo o espírito da *Teoria Crítica* com os grandes contributos contemporâneos (da linguística, pragmática, sociologia).

• ***Filosofia social, «sociologia crítica»***

Se a *filosofia social*, superando a clivagem entre a exigência de emancipação e as práticas sociais, de facto pode produzir conhecimentos capazes de transformar as práticas, formulará novas problemáticas nas ciências humanas e sociais: a análise sobre *A Autoridade e a Família* (1836), estudo sobre a mentalidade dos operários na República de Weimar, mostra que as relações de autoridade, que se exercem desde logo na família, não são um dado adquirido; o proletariado não tem, como tal, uma consciência de classe e um destino revolucionário.

A *Querela das Ciências Sociais* ou *do Positivismo* (1955-1965) opôs a Escola de Francoforte às ciências sociais alemãs (Popper*, etc.). Ligadas à teoria tradicional, as ciências sociais pensam poder separar a objectividade da subjectividade. Mas a sua epistemologia tem de integrar a tensão entre o subjectivo e o objectivo, se, como pensa a teoria crítica, a sociedade fôr objecto e resistir a qualquer abstracção.

• ***A crítica da cultura. Dignidade da crítica***

A dimensão reflexiva filosófica introduzida em todas as formas da crítica social explica a distância cada vez maior em relação ao marxismo e a reserva em recorrer a determinadas doutrinas como a psicanálise: Adorno destrói a interpretação freudiana da arte e da cultura, as ideias de «formação de compromisso» e de adaptação psicossocial.

A crítica da cultura deu origem aos contributos mais originais da Escola, na qual melhor se exprime a sua modernidade, até, e sobretudo, em projectos inacabados e parcialmente fragmentários, como *Paris, Capital do Século XIX*, de Benjamin. Na estética literária, a escrita de Adorno sabe igualar as obras – de Kafka, Beckett, Dickens – que interroga. A sua estética musical trata a forma e a matéria como uma palavra em revolta mais percuciente do que qualquer linguagem. Para estes pensadores, a crítica da cultura faz aparecer a sua ambiguidade: reflexo da barbárie, instrumento de domínio, mas também promessa de emancipação. Benjamin mostra que a obra de arte, «na era da sua reprodução técnica», mesmo que se insurja contra o estado social, é obrigada a servir-se dele para se difundir. Embora a arte não escape à dialéctica social, goza de um privilégio crítico: é prova de verdade. A *crítica* ganha com ela uma nova dignidade, reclamada pelo próprio conteúdo das obras como complemento da arte.

☞ **Conceitos-chave e termos relacionados:**
Arte, Classe(s), (Luta de -, - social), Ciências (- humanas), Crítica, Cultura, Decepção, Dialéctica, Estética, História, Ideologia, Irracionalismo, Libido, Marxismo, Negatividade, Positivismo, Progresso, Psicanálise, Racionalismo, Razão, Sociologia, Teoria.

☞ **Autores:**
Adorno, Freud, Habermas, Hegel, Kant, Marcuse, Marx, Popper.

☞ **Bibliografia**
P.-L Assoun, *L'École de Francfort*, «Que sais-je», PUF, 1987.
M. Jay, *L'Imagination dialectique*, Payot, 1989.
J.-M. Vincent, *La Théorie critique de l'École de Francfort*, Galilée, 1976.
R. Wiggershau, *L'École de Francfort. Histoire, développement, signification*, PUF, 1993.

FREUD, Sigmund (1856-1939)

Médico e psiquiatra austríaco fundador da *psicanálise*: 1) método de tratamento puramente psíquico das doenças mentais; 2) processo de investigação específico das formações inconscientes do pensamento; 3) nova disciplina no campo da psicologia. Freud deu à noção de *inconsciente* – conjunto de elementos psíquicos que escapam à consciência – o estatuto de hipótese científica, sem relação com as concepções filosóficas, permitindo definir o psiquismo nas suas relações obscuras com o instinto.

☞ **Obras de diferentes períodos da constituição da teoria psicanalítica** (os títulos em português correspondem à tradução dos títulos em francês e não dos originais):
a) período preparatório: *Estudos Sobre a Histeria*, em colaboração com J. Breuer (1895); b) teses fundamentais: *A Interpretação dos Sonhos* (1899); *Psicopatologia da Vida Quotidiana* (1901); *Três Ensaios sobre a Teoria da Sexualidade* (1905); *O Dito Espirituoso e a sua Relação com o Inconsciente* (1905); c) maturidade e prática da psicanálise: *A Técnica Psicanalítica* (art. 1904-1918); *Cinco Psicanálises* (art. 1905--1918); *Totem e Tabu* (1912); *Metapsicologia* (1915); no início de 1920, Freud reformula a sua teoria do inconsciente: *Para Além do Princípio de Prazer* (1920), *Psicologia das Massas e Análise do Eu* (1921), *O Eu e o Ego* (1922); *Inibição, Sintoma, Angústia* (1926); *O Mal-estar da Civilização* (1929); *Moisés e a Religião Monoteísta.*

O grande talento de Freud, escritor, homem de cultura, exprimiu-se com uma notável originalidade em *Delírios e Sonhos na «Gradiva» de Jensen* (1907). Os «anos de nascimento da psicanálise» são revisitados através da correspondência de Freud com o seu amigo W. Fliess (otorrinolaringologista berlinense), de 1887 a 1901, e em *A Minha Vida e a Psicanálise*.

Freud descreveu a sua vida como a de um «conquistador» que explora novas terras. Nascido em Friburgo, na Morávia, viveu em Viena de 1859 a 1938. A perseguição nazi obrigou-o a exilar-se em Londres onde faleceu no ano seguinte. Considerou como um dos dois factos marcantes da sua biografia as origens judaicas (os seus pais eram negociantes de lãs), por terem favorecido nele um espírito crítico livre de preconceitos e o hábito de enfrentar as maiorias hostis. O segundo facto é a estrutura «edipiana» da sua família: Freud foi o primeiro filho de um segundo casamento do seu pai, idoso, com uma rapariga tão nova como o primogénito do primeiro casamento. Em 1881, já formado em medicina, entra como interno no hospital onde realiza pesquisas em histologia e neurologia, publica estudos sobre os efeitos da cocaína e sobre as afasias (1891). Volta-se para o estudo da histeria influenciado por J. Breuer que lhe apresenta, em Novembro de 1882, o caso de Ana O. (a jovem Bertha Pappenheim). Em 1885, habilitado a ensinar neuropatologia, obtém duas bolsas de estudo determinantes: em Paris (1885-1886) na Salpêtrière no serviço do psiquiatra francês J.-M. Charcot que utilizava a hipnose para criar e suprimir sintomas nos histéricos, e em Nancy (1889) junto de H. Bernheim que também praticava a sugestão sob hipnose. Após a morte do pai, Freud sofreu uma grave crise pessoal: quase com 40 anos, sentindo alguns sintomas de neurose, realiza a sua auto-análise, que originaria um salto decisivo para a teoria e de onde surgiria, em 1900, a sua teoria do sonho, a primeira grande obra que o tornou conhecido, *A Interpretação dos Sonhos*. Até então, o meio vienense tinha uma grande aversão à «teoria psicossexual». No entanto, Freud tinha-se rodeado desde muito cedo de um grupo de discípulos fervorosos – A. Adler, P. Federn, W. Stekel, C. G. Jung*, O. Rank – com os quais terá um relacionamento acalorado e conflituoso. Este círculo vienense constituiu o ponto de partida do movimento psicanalítico que rapidamente se tornou internacional: em 1909, Freud pronuncia conferências na Clark University de Manchester; em 1910, é criada a Associação Psicanalítica Internacional. Uma crise estala no movimento com a dissidência de Adler em 1911 e de Jung em 1912 a respeito essencialmente da interpretação da noção de *libido*. Freud analisa-a em *Para a História do Movimento Psicanalítico* (1914). A vida de Freud, pai de família, era a de um médico que praticava a psicanálise no seu domicílio; mas a sua aventura intelectual foi um combate apaixonado em duas frentes para fazer reconhecer a sua «porção de verdade», mas também para defender a sua teoria de interpretações erróneas – desvios irracionalistas (Jung) ou redução a uma psicologia adaptativa e normalizadora.

• ***A psicanálise, terapêutica das neuroses por transferência***

Freud formulou a hipótese do inconsciente a partir de uma dupla observação: por um lado, alguns sucessos inexplicados da hipnose no tratamento de doenças mentais – parecia que os histéricos procuravam sem o saber algo que tinha a ver com a origem das suas doenças, mas que não podiam evocar, como se estivesse oculto à própria consciência –; por outro, o carácter benéfico para os doentes da rememoração de certas recordações dissimuladas. Pensando que «os histéricos sofrem essencialmente de reminiscências», Freud experimentou uma terapia baseada já não na hipnose, demasiado aleatória, mas nas *associações livres*, deriva verbal que se considerava favorecer o aparecimento de recordações ligadas a acontecimentos patológicos na vida do doente. No decurso da cura, notava a constância da *transferência* – projecção para o médico dos sentimentos perturbadores que teriam marcado a infância do paciente. Freud conferir-lhe-ia um papel decisivo na cura.

A novidade da hipótese freudiana consiste no carácter puramente psíquico da origem do problema mental. Também as *neuroses* – doenças mentais sem lesões reconhecidas e profusas em elementos psíquicos bizarros ligados a comportamentos inexplicáveis – serão o terreno predilecto da cura psicanalítica. Os sintomas desaparecem quando o elemento inconsciente volta à consciência.

• ***O complexo de Édipo. Sexualidade infantil e sublimação***

Freud encara muito cedo a hipótese de uma «etiologia sexual das neuroses»: imagina um trauma, uma alteração relacionada com uma «cena primitiva», agressão de ordem sexual, «sedução precoce» por um adulto (sem dúvida, o pai) que teria realmente originado a neurose na sua infância. A sua própria análise conduz Freud a abandonar a ideia de um trauma real para elaborar a noção de *complexo de Édipo*, que fará da sedução originária um *fantasma*, representação imaginária compensatória, expressão disfarçada de um desejo recalcado. A atribuição da sedução ao pai seria apenas a máscara do desejo incestuoso da criança. Um *complexo*, com efeito, é um «conjunto organizado de representações carregadas de afecto» ligado à *situação edipiana*, conflito profundo e constitutivo da personalidade, que deve ser superado para se tornar normal. Freud imagina que os desejos sexuais precoces conduzem a criança para o progenitor do sexo oposto, tornando-o ciumento do outro e expondo-o à proibição social do incesto e do parricídio (a culpa de Édipo). Todas as frustrações ulteriores seriam vividas como uma «repetição» da frustração original, mais ou menos evidentes conforme o complexo fosse mais ou menos solucionado. Trata-se de uma frustração ligada à socialização, que implica a necessidade de «sublimar» muito cedo os desejos – transformá-los em sentimentos superiores, não sexuais e socialmente reconhecidos. Freud interpreta todos os factos de civilização pela sublimação e dar-lhe-á uma importância decisiva na evolução da criança e na liquidação das formas normalmente «perversas» da sexualidade infantil. O *recalcamento*, operação pela qual o sujeito procura reprimir ou conservar no inconsciente representações ligadas a uma pulsão, traduz-se por diversos sinais de *resistência* (palavras menos sinceras, paragem da cura, etc.): o paciente resiste a deixar transparecer aquilo que recalca.

• ***O inconsciente, produto do recalcamento. Os seus sintomas na vida quotidiana: sonhos, actos falhados, lapsos, ditos de espírito***

Os conteúdos recalcados manifestam-se por meio de sintomas patológicos: são o resultado de um *compromisso com o recalcado*, constituindo uma forma de expressão disfarçada que compõe com a censura. Na vida normal, o inconsciente deixa entrever o seu dinamismo por bizarrias, manifestações aparentemente desprovidas de sentido: lapsos, actos falhados, fantasmas e, sobretudo, pela actividade onírica: «O *sonho* é a via principal para o inconsciente». É a satisfação alucinatória de um desejo, tornado possível durante o sono, que reduz, sem os suprimir, os poderes do recalcamento. O *conteúdo manifesto* do sonho – o seu cenário, a narração que dele fazemos – deve ser distinguido do seu *conteúdo latente* – as ideias e os desejos escondidos que o motivaram. A interpretação do sonho consiste em descodificar, como numa charada, o conteúdo latente original (o sentido oculto do sonho) através da análise do conteúdo manifesto cujos elementos formam um compromisso entre as exigências do desejo e as da censura. Este compromisso opera-se no sono por meio de um jogo de *deslocamentos* (por exemplo, de uma representação interdita sobre outra lícita), de *condensações* (uma mesma representação aglomerando várias), de *simbolizações* (uma representação simbolizante permitida que esconde a representação interdita). Da mesma forma, o conteúdo manifesto, produto dos ardis do desejo, parece absurdo.

• ***A natureza do psiquismo. Os dois tópicos freudianos***

Há dois «tópicos» (de *topos*, lugar) freudianos sucessivos: antes de 1920, na *Metapsicologia*, Freud descreve o *aparelho psíquico* – estrutura do psiquismo, organização da vida interior – como, por um lado, a combinação de um *consciente* (percepção, sensação, memória) e de um *pré-consciente* (representações que podem passar para a consciência ou manter-se inconscientes), e, por outro, de um *inconsciente* que a cura deve «transformar em consciente». Entre os dois, a *censura* – interiorização das interdições sociais – recalca as representações em conflito. Os conflitos mais evidentes entre os diferentes tipos de representações são as neuroses para as quais será necessário encontrar compensações. Estas são regidas pelo *princípio de prazer*, que afirma que o conjunto da actividade psíquica tem como objectivo procurar o prazer e evitar o desprazer, e pelo *princípio de realidade*, que afirma que essa actividade procura a satisfação em função de condições impostas pelo mundo exterior. Neste primeiro tópico, o inconsciente constitui-se a partir do recalcamento. Mas Freud observa que existem mecanismos inconscientes com os quais o sujeito «defende» (dos desejos inconscientes) a representação que tem do seu Ego – mecanismos de identificação com determinadas representações ou mecanismos de defesa. O inconsciente não pode, então, identificar-se com o recalcado, tal como o Ego não pode coincidir com o pré-consciente-consciente.

Daí um segundo tópico. Em 1920, surge a primeira reformulação decisiva da teoria: Freud já não faz do inconsciente uma instância específica no mesmo plano que o recalcado; emprega-o como um adjectivo para qualificar o Ego e o Superego. O aparelho psíquico é agora constituído por três instâncias cujas relações e conflitos constituem a vida psíquica, produzem os complexos e os seus sintomas: o *Id*, pólo pulsional da personalidade, conjunto de necessidades de ordem biológica (a fome e o desejo sexual ou *libido*) que procuram satisfazer-se. É a parte integrante do Ego inconsciente que este tem como tarefa refrear, adaptar à vida social, pois o *Id* obedece apenas ao princípio de prazer, ao passo que o Ego aceita o princípio de realidade, leva em conta o Superego ou «ideal do ego», interiorização em grande parte inconsciente no Ego das exigências morais e sociais necessárias a uma vida adaptada (interdições parentais). «O Ego está submetido a uma tripla servidão: o mundo exterior, a libido do *Id* e a severidade do Superego». É sede da consciência e engloba a maior parte do pré-consciente, mas só em parte é consciente: pólo defensivo da personalidade, contém os mecanismos de defesa inconscientes pelos quais o sujeito conserva a imagem ideal do seu Ego e que a cura deve derrubar. O papel das *pulsões* – impulsos de carácter irreprimível que fazem tender o organismo para um fim – amplia-se: as diferentes instâncias emergem e diferenciam-se progressivamente a partir de um sistema de pulsões originárias cujas raízes estão na organização biológica. Tudo o que é consciente já foi antes inconsciente. Paralelamente às pulsões sexuais e da autoconservção – instintos de vida –, Freud reconhece pulsões ou instintos de morte, que tendem para a destruição da unidade vital, para a redução das tensões: Tânato, oposto a Eros (*libido*).

• ***A pulsão entre o somático e o psíquico. A «teoria da libido»***

Freud explicou o funcionamento do psiquismo totalmente em termos de investimentos de energia. Notando a omnipresença da sexualidade nas dificuldades das neuroses, concebeu-a como *libido* – energia constituída pelo conjunto das pulsões de ordem sexual. Ao contrário do instinto, a pulsão não obedece a um estrito determinismo biológico; a sua origem é um estado de tensão orgânica que se tem de suprimir, mas nem o seu objecto nem o seu modo de satisfação estão predeterminados, pois dependem da história pessoal do sujeito; trata-se, então, de um conceito-limite entre o psíquico e o somático. A pulsão tem, assim, uma dimensão simbólica: ela «firma-se» em diferentes órgãos em ligação com representações variadas susceptíveis de alterações; tem, pois, uma história, que a cura pode inflectir. Paralelamente às pulsões sexuais, Freud aponta as «pulsões de autoconservação do Ego», primeiras pulsões vitais elementares (essencialmente as funções de nutrição) que fornecem às pulsões sexuais uma origem orgânica e um objecto.

As neuroses devem-se a disfunções da sexualidade: por um lado, a quantidade de libido parece aqui anormal e difícil de satisfazer; por outro, têm como origem uma *fixação* da libido bloqueada em certas etapas na evolução da função sexual. A neurose resulta de um desequilíbrio entre a sexualidade e as exigências do ego, e os sintomas provêm de compromissos insuficientes entre essas duas forças instintivas. A cura deve desbloquear a fixação libidinal, tornando assim possível um tipo superior de compromisso, logo, a inutilidade dos sintomas. Diminui a necessidade de um recalcamento da libido, que está na origem dos sintomas, e restabelece o equilíbrio entre o Ego e a libido. Esta interpretação da libido em termos de *economia* só é compreensível a partir da outra hipótese freudiana: a libido obedece a uma evolução cujas etapas normais a expõem a uma fixação característica das diferentes formas que a doença pode adquirir. Investida primeiro no Ego, encerra o indivíduo numa fase auto-erótica: é o *narcisismo primário* da criança, já que ela ignora que o mundo exterior pode ser fonte de satisfação. Depois investe o mundo exterior e separa-se do Ego: o indivíduo torna-se autónomo, «corta o cordão umbilical», conhece o amor *objectal*; sem que o narcisismo desapareça, a libido circula do ego aos objectos. Se esta circulação for bloqueada e se a libido torna a investir o Ego (*narcisismo secundário*) surgem perturbações do equilíbrio psíquico.

Freud distingue três grandes etapas da sexualidade.

1. Na primeira infância, os estados: *oral*, investimento narcísico da libido sobre a boca, zona erógena exclusiva do lactente; *anal*, investimento objectal e narcísico sobre as funções de excreção (2-3 anos), e *fálico* (4-5 anos), sobre as zonas genitais, antes de se voltar para os pais.

2. O período de *latência*, em que os desejos são recalcados pela necessidade de socialização (pudor).

3. O estado *genital*, no qual a libido se reinveste em condutas sexuais ligadas aos órgãos genitais do adulto. «A criança é um perverso polimorfo»: passa por uma gama de fixações libidinais sobre objectos não genitais que constituirão as diversas formas de perversões no adulto (fetichismo, auto-erotismo, etc.).

Freud, acreditando no isomorfismo entre a evolução do indivíduo, da sociedade e da espécie, procurava no «homem primitivo» o narcisismo infantil e pensava que nos fundamentos da civilização se encontravam os mesmos conflitos que o indivíduo deve ultrapassar.

A teoria freudiana não só renovou profundamente as concepções do sujeito e do psiquismo, como também criou um verdadeiro fenómeno de sociedade. No entanto, debate-se hoje com a oposição da comunidade científica: a natureza «irrefutável» das suas interpretações é o indicador, segundo K. Popper*, de que se situa «fora da ciência». A sua fraqueza consiste no facto de escapar ao critério de «falsificabilidade»: não pode ser refutada por um facto da experiência. É o seu «poder de interpretação infinito» que a torna vulneravel.

☞ **Conceitos-chave e termos relacionados:**
Ab-reacção, Acto falhado, Afecto, Amor, Anamnese, Angústia, Associação livre, Auto-conservação do ego, *Id*, Catarse, Censura, Condensação, Conflito, Culpabilidade, Desconfiança, Desejo, Édipo (Complexo de -), *Ego*, Energia, Eros, Fantasma, Fetichismo, Frustração, Histeria, Incesto, Inconsciente, Instinto (- de morte, - de vida), Interpretação, *Libido*, Narcisismo, Neurose, Objectal, Prazer, Princípio (- de prazer, - de realidade), Processo (- primário, - secundário), Psicanálise, Pulsão, Queda, Recalcamento, Repetição, Sexualidade, Sintoma, Sobredeterminação, Sonho, Sublimação, Sugestão, Transferência.

☞ **Autores:**
Deleuze, Jung, Lacan, Popper, Sartre.

☞ **Bibliografia**
P.-L. Assoun, *Le Freudisme*, «Que sais-je», PUF, 1990.
E. Jones, *La Vie et l'œuvre de S. Freud*, PUF, 1969.
D. Lagache, *La Psychanalyse*, «Que sais-je», PUF, 1993.
P. Landman, *Freud*, Les Belles Lettres, 1997.
J. Lefranc, *Freud*, Hatier, 1996.
J. Nassif, *Freud l'inconscient : sur les commencements de la psychanalyse*, «Champs», Flammarion, 1992.
[E. Pesch, *Para Compreender Freud*, Edições 70.]

G

GADAMER, Hans-Georg (1900-2002)

Filósofo alemão fundador da hermenêutica filosófica. Historiador de arte, estudou filosofia com os neokantianos de Marburgo (Natorp, Hartmann) e depois com Heidegger*, de quem foi assistente de 1923 a 1928. Tal como os descreveu, os *Anos de Experiência Filosófica* levam-no ao centro da vida intelectual alemã, em Breslau, Marburgo, Leipzig, Francoforte e Heidelberga, onde estudou, leccionou e investigou. Gadamer criou em seu redor uma comunidade filosófica internacional de discussão e investigação com os maiores pensadores alemães do século, filósofos, filólogos, teólogos e poetas. Reitor da universidade de Lipsie durante a ocupação soviética em 1946-1947, sucedeu a Jaspers* na universidade de Heidelberga onde foi professor jubilado em 1968. Continuou a leccionar em vários países no espírito de diálogo caro à sua filosofia.

☞ **Obras** (os títulos em português correspondem à tradução dos títulos em francês e não dos originais):
A sua obra principal, *Verdade e Método. As Grandes Linhas de uma Hermenêutica Filosófica* (1967), conferiu-lhe uma celebridade internacional e suscitou o debate sempre actual sobre a hermenêutica. Citemos também: *A Arte de Compreender, Escritos I: Hermenêutica e Tradição Filosófica* (1982); *A Arte de Compreender, Escritos II: Hermenêutica e Campo da Experiência Humana* (1991); *A Filosofia Hermenêutica* (1996); numerosos estudos sobre filósofos (Platão*, Aristóteles*, Hegel*, Husserl*, Heidegger) e escritores (Goethe, Hölderlin, Rilke, Celan). Em *Hermenêutica e Crítica das Ideologias*, o autor resume o seu debate com J. Habermas*.
[Nas Edições 70: *O Mistério da Saúde*; *Herança e Futuro da Europa*; *Elogio da Teoria*.]

• *A hermenêutica filosófica*

O Problema da Consciência Histórica, obra publicada em 1958, expõe o problema para o qual Gadamer propõe uma solução em *Verdade e Método*, a obra pioneira da hermenêutica moderna: após a descoberta da historicidade no século XIX, como pode o conhecimento aspirar à verdade? Dilthey não soube conciliar o ponto de vista da historicidade (da vida) com a sua intenção de construir uma metodologia científica. A perspectiva ontológica de Heidegger permite pensar a historicidade, a relação com a tradição nos termos da *apropriação* e não exclusivamente do conhecimento. Gadamer propõe uma via inesperada: procurar a verdade universal pela *hermenêutica*. Este termo genérico designava a disciplina clássica que se ocupava da arte da compreensão dos textos. Inicialmente, era praticada sobretudo em Teologia e em Direito, em que se tratava de conciliar a autoridade dos textos antigos com as novas exigências ligadas à evolução histórica: encontrava-se a solução remetendo o sentido aparente de um texto para um sentido oculto, portanto, desligando um texto consagrado da sua referência a uma imediatidade empírica (em Teologia, Direito e História). Para lá dessas teorizações díspares, Gadamer visa recuperar a operação que lhes é comum – *compreender* – o que implica a compreensão de si e do mundo, e que abarca dois sentidos:

1. a *compreensão de um conteúdo de verdade*, pressupondo uma percepção de objecto: por exemplo, apreender a verdade de qualquer coisa – da geometria, do carácter inaceitável da morte;

2. a *compreensão das intenções*: recurso a um conhecimento das circunstâncias psicológicas, biográficas ou históricas, por exemplo, das razões pelas quais alguém age ou julga.

Isto é a compreensão no verdadeiro sentido: «chegar a um entendimento sobre alguma coisa». Schleiermacher (1768-1834) tinha promovido a hermenêutica a uma teoria do conhecimento: situando o espírito na sua unidade com a matéria, orientava-se para uma interpretação psicológica das Escrituras porque só se compreende verdadeiramente um pensamento se for considerado como *um instante de vida*, integrado na vida do ser. Gadamer mostra que o centro de interesse da hermenêutica, desde Espinosa* até à hermenêutica romântica, de Schelling* a Dilthey, se deslocou: inicialmente, com intuitos pedagógicos – facilitar a compreensão do conteúdo de verdade da Bíblia –, orientou-se para a compreensão das *intenções* que sustentam os textos. A *hermenêutica* já não é uma técnica de compreensão, mas uma reflexão sobre as condições de possibilidade de toda a compreensão.

• *A verdade hermenêutica*

Existe um *círculo hermenêutico*: toda a interpretação pressupõe uma pré-compreensão. A compreensão está assente em condições históricas e existenciais, num passado já impregnado de sentido. Não se pode eliminar o contributo da subjectividade interpretativa, que é a *estrutura de pertença* do homem às suas obras, o que implica polaridade entre familiaridade e estranheza. Gadamer coloca a *questão da verdade* a partir da experiência da *arte*, privilegiada (contrariamente ao que pensa Kant*) como experiência da verdade na qual o homem é modificado pela relação que mantém com a obra. O método científico não é o único que instaura e que garante uma experiência da verdade; a arte tem valor de paradigma para a totalidade da nossa experiência que encontra o *sentido* na equivocidade. A existência humana, plena de historicidade, é um processo aberto: o encontro actual com uma obra de arte ou com um documento do passado constitui um acontecimento novo, que penetra na história daqueles e neles se integra. As ciências humanas devem ser ciências hermenêuticas: não devem visar uma cientificidade que se contenta em demonstrar factos contando exclusivamente, à maneira das ciências exactas, com métodos e técnicas, mas devem tentar interpretar o *sentido* das intenções ou das acções.

• *Historicidade e linguagem. Tradução e interpretação*

A *linguagem* – e, principalmente, a *língua* – é o mediador privilegiado de uma tal experiência do sentido. Cada acto interpretativo constitui uma nova mediação que se produz no seio da linguagem, porque a língua, longe de nos encerrar na nossa particularidade finita, desperta-nos para toda a riqueza, presente e passada, do mundo, dos indivíduos e da história. Os problemas da *tradução*, se provam a existência de relações estreitas entre a estrutura de uma língua e uma concepção do mundo, manifestam sobretudo a possibilidade de transcender a língua, de exprimir «por outras palavras» um comum estado de coisas. Quando uma transposição exacta se torna impossível, a tradução torna-se interpretação, demonstrando, para além da variedade das línguas e das suas visões do mundo, uma unidade original do pensar e falar.

• *Valor da tradição. Reabilitação do preconceito*

Se é possível rever os significados originais para adaptar as palavras à evolução dos seus conteúdos, a *tradição* não é um elemento estranho; ela encontra-se conservada em nós, essencialmente na língua que falamos, como uma espécie de pré-compreensão entre o intérprete e o seu documento, resultante de um encadeamento inconsciente de interpretações passadas. Gadamer recupera o valor desta *tradição inconsciente* a que chama «preconceito»: «os preconceitos do indivíduo são, mais do que os seus juízos, a realidade histórica do seu ser», «a reflexão sobre si mesmo do indivíduo é apenas um ponto na corrente da vida histórica». Se a linguagem não fosse no intérprete um *solo de crença*, o que compreenderia ele? Na crítica da autoridade da tradição feita pelo Iluminismo, Gadamer denuncia «o preconceito contra os preconceitos»: o homem não é o artesão das suas certezas; viver no seio de tradições não significa estar limitado na sua liberdade. Viver, pela tradição, no centro do sentido de coisas já ditas significa estar no seio da verdade possível. «Toda a hermenêutica histórica deve começar por abolir a oposição abstracta entre tradição e ciência histórica, entre o curso da história e o saber da história.» A Habermas*, que defende a

Aufklärung, Gadamer faz notar que «é verdade que a nossa cultura assenta na concepção unilateral da razão, herdada do Iluminismo, mas também naquilo que corrige essa unilateralidade [...] a nossa herança romântica». A hermenêutica favorece a *tolerância*, contra «a pretensão de uma consciência julgadora, erigida em tribunal da história e ela própria imune a qualquer preconceito».

• ***A filosofia, «ontologia hermenêutica»***

A hermenêutica não pretende produzir qualquer interpretação definitiva, mas antes manter de parte a parte *questão e diálogo, tensão entre saber e não--saber*. O fenómeno da interpretação adquire valor de fundamento para uma ontologia universal. É na sua perspectiva que se pode aprofundar a superação realizada por Heidegger da metafísica clássica do infinito (o Absoluto hegeliano) por meio de uma ontologia da finitude humana. Tal como Heidegger numa fase tardia, Gadamer identifica ser e linguagem, «discursividade original do homem», elemento constitutivo do mundo e do homem, e não instrumento neutro. A linguagem é um vestígio do factual, a tarefa hermenêutica consiste em desafiar a sua resistência a deixar-se dissolver no universal, mesmo quando se trata de sentido e verdade.

☞ **Conceitos-chave e termos relacionados:**
Círculo (- hermenêutico), Compreensão, Diálogo, Hermenêutica, Historicidade, História, Interpretação, Língua, Linguagem, Ontologia, Preconceito, Sentido, Tradição, Verdade.

☞ **Autores:**
Habermas, Heidegger, Ricoeur.

☞ **Bibliografia**

P. Fruchon, *L'Herméneutique de Gadamer. Platonisme et modernité*, Cerf, 1994.
J. Grondin, *Introduction à Hans-Georg Gadamer*, Cerf, 1999.

GÓRGIAS
➔ SOFISTAS, os

GUILHERME DE OCKHAM (ou OCCAM) (ca. 1285-ca. 1347)

Franciscano inglês, teólogo e filósofo de língua latina nascido em Ockham, a sul de Londres, morreu em Munique durante a peste negra, após uma vida agitada. Foi o Hume* da Idade Média, cujo pensamento assinalou o fim da escolástica. Estudou em Oxford, onde o ambiente franciscano era antitomista e aí foi influenciado por João Duns Escoto (1265-1308) que considerava Deus ininteligível à filosofia, sendo a razão incapaz de conhecer com certeza alguma coisa fora do plano sensível. No seu *Comentário Sobre as Sentenças de Pedro Lombardo* (exercício obrigatório para obter o grau de mestre em Teologia), Guilherme põe em causa a lógica antiga e moderna, a realidade das essências e alguns dogmas (Eucaristia, Trindade). Precursor do empirismo inglês, recusa aplicar o termo «ser» a outra realidade que não seja a totalidade do dado, e raciocinar senão sobre a experiência que temos do real; significa que rejeita qualquer prova racional da existência de Deus. Acusado de heresia, desloca-se a Avinhão onde então se encontrava o papa João XXII. Cerca de cinquenta das suas proposições foram condenadas em 1326 na sequência de um processo de quatro anos. Guilherme continuaria a ser o *Venerabilis Inceptor*, o *aspirante* que nunca chegou ao grau de mestre, mas que foi, sobretudo, o *criador* de uma nova filosofia. Apoiou, contra o papa, a luta dos franciscanos espirituais pela pobreza voluntária, aliado ao imperador excomungado Luís IV da Baviera junto do qual se refugiou em 1328. Acompanhou-o a Pisa e a Munique. Os seus últimos escritos defendem os direitos do imperador relativamente ao papa. Teve numerosos discípulos em vida e o nominalismo ganharia destaque nas universidades dos séculos XIV-XV, principalmente em Paris, ao lado do tomismo e do escotismo. Teve grande influência na Alemanha até ao século XVI: Lutero descobre nele o alcance reformador por meio de um fervoroso ockhamista, o teólogo alemão Gabriel Biel (*ca.* 1425-1495).

☞ **Obras:**
Comentário Sobre as Sentenças (1318-1319); *Suma de Toda a Lógica* (1323); *Brevilóquio Sobre o Poder do Papa* (1334-1342).

• ***Contra o realismo. Crítica dos conceitos inúteis e princípio de economia: a navalha de Ockham***

Deve considerar-se os *conceitos* ou *universais* como realidades exteriores ao entendimento? Na querela dos Universais, iniciada um século antes, e para cujo ressurgimento contribui, Ockham defende um *nominalismo*, mais exactamente um *anti-realismo* (os seus discípulos agrupam-se sob o nome já em vigor de «*Nominais*»), mais inovador e firmemente baseado numa lógica do que o de Abelardo (1097-1142) e de Roscelino (meados do século XI – 1120). Para este último, os universais (géneros, espécies, diferenças) são palavras (*voces*) e sopros de voz (*flatus vocis*); apenas os indivíduos são reais. Ockham vai alterar ligeiramente esta fórmula elementar do nominalismo: a novidade e a coerência das suas teses – teológicas, lógicas, ontológicas e políticas – deve-se à exigência de rigor que o teólogo quis instaurar na relação entre a teologia e a filosofia natural. Relativamente à realidade dos universais, destaca o *princípio de economia* que tem o seu nome (metáfora da *navalha de Ockham*): não multiplicar as entidades sem necessidade, ou seja, não avançar sem provas, não forjar conceitos ilusórios (entidades, seres imaginários) para justificar seja o que for. Tratava-se de colocar já a questão dos poderes exactos do entendimento, da sua autonomia e dos limites do conhecimento.

O realismo favoreceu a proliferação das «distinções formais» nos doutores do século XIII. Ockham demonstra que elas disfarçam uma incapacidade intelectual devida à confusão entre o espiritual e o temporal. O inteligível, para o homem, encontra-se exclusivamente na actividade da alma; pois se a alma é uma substância não podem existir nela outras substâncias: os universais (Tomás de Aquino* já o dissera) não têm existência real (*in re*), tal como também não a têm as ideias individuais. O único intermediário entre o objecto e o conceito que existe no entendimento é a palavra, o termo, o *nome*, signo convencional que não implica qualquer essência da coisa, mas cujo sentido provém da sua referência a uma coisa singular, que é a única que possui existência. Os *universais* são conceitos expressos por palavras, logo eles próprios signos convencionais que designam uma pluralidade de coisas singulares. Apenas existem as coisas e os termos que as designam. Um *conceito* universal não é um conteúdo objectivo, a intuição de uma essência, mas um acto, a súmula de uma pluralidade de indivíduos semelhantes. Esse acto tem apenas uma existência «subjectiva», é «um acidente real do espírito», a «qualidade inerente a um sujeito, a alma». A relação que esse conceito mantém com os seus objectos é de semelhança, ou seja, de significação natural. Ockham é mais conceptualista do que estritamente nominalista.

Pela primeira vez, desde Aristóteles*, deixa-se de acreditar num intermediário inteligível entre a coisa e o pensamento (*cf.* relação entre o agente e a espécie inteligível) que seria exigido pela compreensão intelectual. Só existe o conhecimento intuitivo do singular. Para se passar à apreensão dos universais, não é necessário um acto de *abstracção*: basta o conhecimento intelectual de uma coisa singular para produzir no espírito, simultaneamente, o próprio conceito da coisa apreendida e o da espécie a que esta pertence. Ockham anula a distinção tradicional entre essência e existência: esta distinção é apenas vocal; trata-se de duas formas de afirmar o singular. Tudo aquilo que existe é uma essência individual concreta, indiscernivelmente essência e existência.

• ***Independência do temporal e do espiritual***

As questões – ontológicas, teológicas, morais e políticas – daquilo a que se chamará a «*via moderna*» não são menores (embora não convenha, segundo A. de Libera, aumentar a sua convergência para um progressismo): se os universais não têm realidade, se as coisas são deixadas à contingência do individual, sem essência que as transcenda, que ordene géneros e espécies, já não há *ordem no mundo*. Mas este universo – literalmente existencialista – ganha em autonomia o que perde em legitimidade: contra o aristotelismo árabe, para o qual Deus age por necessidade da natureza, Ockham concebe a «omnipotência» divina como contingente, vontade soberanamente livre, da qual depende este mundo sem necessidade. Tal como não pode provar a existência de Deus, a razão natural não pode provar o carácter imaterial ou imortal da alma. Enquanto o realismo dos universais favorece um excesso de intelectualismo, a crença em Deus apenas tem como justificação o *Credo*; nestas matérias, «a nossa inteligência tem muitas dificuldades para apreender as verdades indispensáveis à salvação»! Só a Revelação nos permite julgar as coisas como Deus. Daqui resulta um certo fideísmo: muitos discípulos de Ockham foram místicos, não satisfeitos com os racionalistas averroístas e que, fartos dos excessos de intelectualismo, desejavam regressar à mensagem dos profetas e dos Doutores da Igreja, principalmente a Santo Agostinho*.

Separando o domínio temporal do espiritual, rejeitando qualquer mediação entre eles a não ser a Revelação e a fé, Ockham surgiu como o primeiro teórico do direito natural moderno. Os poderes humanos, do papa ou dos príncipes, não podiam invocar uma ordem do mundo hierarquizada e consolidada pela omnipotência divina. O ideal unitário da cristandade medieval é assim abalado e os direitos temporais do homem são fortalecidos pela rejeição da omnipotência divina, pela ausência de uma ordem necessária sobre a qual se deviam fundar as condutas; nenhum indivíduo está autorizado a valer-se de um poder temporal sobre o seu semelhante, cada qual tem o *direito natural* de escolher a sua própria conduta, segundo o seu livre-arbítrio. O único critério de valor é a vontade de Deus, sempre justa. Ockham recorreu a este argumento para contestar a autoridade do papa no *Brevilóquio Sobre o Poder do Papa*, texto polémico com uma sólida argumentação: o Vigário de Cristo não herda a Sua omnipotência; Cristo é a fonte de liberdade; se rejeitou a lei de Moisés não foi para submeter os cristãos ao jugo de uma servidão «ainda mais tirânica», para encorajar aqueles «tiranos que, para grande prejuízo do universo, se vangloriam de se sentar na cadeira de Pedro», usurpando a autoridade de Cristo contra direitos e liberdades (*jura et libertates*) que os homens recebem directamente de Deus. Não obstante, Ockham tem posições variadas: se rejeita a teocracia pontifícia, também não cai nas teses dos averroístas, antepassados dos libertinos, que negam ao papa qualquer caução divina e que submetem a Igreja ao Estado. Aquilo que ele rejeita, e que concilia as duas teses extremas, é a indistinção entre o temporal e o espiritual, que fornece ao poder civil alibis espirituais e sujeita os poderes espirituais a todos os vícios dos poderes temporais.

A. de Libera lembrou, de forma magistral, a complexidade de uma teoria que, por um lado, criticando o *abstraccionismo*, engendrou alguma desconfiança a respeito da actividade racional, mas, por outro, hostil às deduções *a priori* a partir de entidades duvidosas, favorável a um empirismo radical, abriu caminho às ciências de observação na linha de Robert Grossetête (*ca.* 1175-1253) e Roger Bacon (*ca.* 1210-1292), tal como a uma emancipação completa da filosofia relativamente à teologia.

☞ **Conceitos-chave e termos relacionados:**
Conceito, Conceptualismo, Economia (Princípio de -), Empirismo, Fideísmo, Natural (Direito -), Nominalismo, Poder, Realismo, Suposição, Temporal, Terminismo, Termo, Universais (Querela dos -), Universal.

☞ **Autores:**
Santo Agostinho, Santo Anselmo de Cantuária, Averróis, Russell, São Tomás de Aquino, Viena (Círculo de), Wittgenstein.

☞ **Bibliografia**

P. Alferi, *Guillaume d'Ockham. Le Singulier*, Minuit, 1989.
P. A. Hamman, *La Doctrine de l'Église et de l'État chez Occam. Étude sur le «Breviloquium»*, Éd. franciscaines, 1942.
A. de Libera, *La Philosophie médiévale*, PUF, 1993, pp. 429-434, 441, 501, 518.
C. Michon, *Nominalisme. La théorie de la signification d'Occam*, Vrin, 1994.
Commentaire sur le livre des Prédicables de Porphyre, précédé du «Proême» du Commentaire sur les livres de l'Art logique, Sherbrorke, 1978.
C. Panaccio, *Le Discours intérieur*, Seuil, 1999.

H

HABERMAS, Jürgen (1929)

Filósofo, sociólogo, jornalista alemão e professor da universidade de Francoforte. Representa a segunda geração da Escola de Francoforte*– uma evolução da «Teoria Crítica» para um racionalismo mais afastado do marxismo – e restabelece com o espírito das Luzes, sob o signo da «comunicação», da capacidade da razão para produzir um «espaço público», um acordo democrático entre os espíritos para além das clivagens económicas e sociais. O seu sucesso foi precoce e internacional e as suas obras foram bastante traduzidas. Assistente de Adorno* de 1956 a 1959 no Instituto de Investigação Social, a sua carreira universitária – em Heidelberga, Francoforte (cátedra de Horkheimer), Starnberg (Instituto Max Planck de pesquisa sobre as condições de existência do mundo científico e técnico), Nova Iorque a partir de 1968 (Nova Escola de Investigação Social) – é acompanhada de uma intervenção activa nas lutas estudantis ao lado de Adorno, E. Bloch e Marcuse*. Progressista pouco rígido, denuncia o «accionismo» estudantil, cuja irracionalidade e elitismo fazem o jogo do conservadorismo tecnocrático. Mas enquanto a Nova Esquerda o acusava de liberalismo pelo seu «reformismo radical», a direita acusava-o de complacência para com o terrorismo. Combate hoje o neo-revisionismo alemão (E. Nolte), justificação do nazismo como resistência do espírito nacional ao comunismo. Herdeiro de Adorno, Habermas surge como a consciência política da Alemanha.

☞ **Obras** (os títulos em português correspondem à tradução dos títulos em francês e não dos originais):
O Espaço Público (1961); *Teoria e Prática* (1963); *Conhecimento e Interesse* (1965); *Pragmática da Comunicação* (1981); *Moral e Comunicação* (1983); *O Discurso Filosófico da Modernidade* (1988); *Escritos Políti-cos* (1990); *Da Ética da Discussão* (1991); *A Paz Perpétua. Bicentenário de uma Ideia Kantiana* (1996); *Direito e Democracia* (1997).
[Nas Edições 70: *Técnica e Ciência como Ideologia*; *Racionalidade e Comunicação*.]

• *Uma defesa da modernidade do Iluminismo. A teoria da razão comunicacional e do agir comunicacional*

Habermas descobre uma contradição na crítica da razão instrumentalizada e da comunicação de massas feita pela Escola de Francoforte e, sobretudo, por Adorno: ela pressupõe que a sociedade não ocultou completamente o modelo ideal de uma comunicação desinteressada, que se conservou como modelo de uma razão emancipadora, de uma universalidade não ideológica. Qualquer procura de consenso democrático não constitui, como pensava Adorno («ser sociável é participar na injustiça»), um perigo de reificação. O que torna a razão irredutível à sua perversão utilitária é a sua função «comunicacional»: um profundo enraizamento em todas as formas de comunicação quotidiana, e, acima de tudo, na linguagem, verdadeira forma de acção que induz nos homens uma «interacção» inseparável de uma exigência de universalidade irredutível à instrumentalidade. Na linha da «viragem linguística» da filosofia (Frege, Wittgenstein*, teoria dos «actos de linguagem» de Austin, Searle, Strawson, Grice), a *Pragmática da Comunicação* põe em evidência um potencial crítico no seio da linguagem vulgar. Se cada enunciação se insere numa acção, se instaura uma comunicação intersubjectiva, só o acto de falar implica, mais do que uma exigência de *compreensibilidade*, um triplo ideal de validade que define a dimensão «comunicacional» da razão. Qualquer enunciado aspira:

1. à *exactidão* objectiva;

2. à *correcção* (*right*) – relação com o social, com normas intersubjectivas, a respeito das regras de acção;

3. à *sinceridade* (veracidade subjectiva).

Habermas substitui a «monologia» do foro interior (meditação cartesiana, filosofia da consciência) por uma *pragmática universal*, análise da forma como os actos de linguagem legitimam a sua validade, da forma como a interacção comunicacional estabelece e conserva o laço social, um mundo comum. É uma filosofia pragmática da linguagem que explica a dimensão irredutível da comunicação (discussão). Além das actividades instrumentais – que têm como único objectivo o sucesso e que são mediatizadas pela economia e pelo poder –, existe todo um agir comunicacional – actividades orientadas para a comunicação, para a intercompreensão.

• *A ética da discussão. Uma nova razão prática*

A racionalidade comunicacional, longe de servir os meios como a racionalidade instrumental, procura o entendimento e o assentimento entre sujeitos com vista a uma acção comum; apoia-se na «força sem violência do discurso argumentativo». Tal constitui a verdadeira mudança de paradigma relativamente à crítica anarco-marxista que caracterizava a Escola de Francoforte sem fornecer qualquer alternativa ao racionalismo clássico. Habermas inscreve-se na perspectiva de K. O. Apel: a partir dos saberes da revolução linguística, fundar uma *ética da discussão* cujas normas são apenas as pressupostas pela argumentação lógica e pela comunicação enquanto tal. Contra o cepticismo que desde Hume despreza a preocupação com a *validade*, Habermas pergunta em que é que a validade é fundamentada: em que condição pode ser considerada *válida* uma norma que nos diz aquilo que *devemos* fazer. Descobre no horizonte da linguagem e da sua necessidade de ser válida um «princípio passagem», que permite passar do mundo dos *valores* concretos (diversificados) ao mundo das *normas justas* válidas para todos: a saber, um «princípio de universalização» («U») cujo alcance é directamente ético. Estas exigências de validade requerem: o carácter lógico do enunciado; a imparcialidade dos interlocutores; a pressuposição de que cada um deles «não é uma pessoa desonesta, um psicótico ou um bêbedo» («À quoi pensent les philosophes?», *Autrement*, nº 102). No diálogo, todos se universalizam, se envolvem numa troca em que apenas contam princípios éticos: reconhecimento e respeito mútuos, sinceridade entre pessoas responsáveis.

Sem ir tão longe quanto Apel, que pretende reeditar uma filosofia transcendental de tipo kantiano, Habermas procede a uma dedução empírica das normas morais ligada a processos, não a determinados *a priori*. Procura acima de tudo articular as ciências sociais com a reflexão filosófica. O princípio de universalização evita o «emprego monológico» do imperativo categórico: «o centro de gravidade já não reside no que cada um pode impor como lei universal, sem ser contestado, mas naquilo que todos podem, unanimemente, reconhecer como norma universal.»

A formulação do princípio de universalização assim enunciado visa efectivamente tornar a argumentação uma forma de *cooperação*. Numa tal óptica pragmática, a *discussão* é a mediação pela qual o interesse privado se afere à luz de um ideal comum de universalização imanente ao uso da linguagem. O ponto de vista moral é inseparável da questão intelectual, «cognitiva», da *validade* da argumentação. Não depende da adesão a um Soberano Bem (questão antiga da vida boa) ou a uma exigência de facto da razão (a prática no sentido kantiano, autónoma relativamente à razão teórica). As questões morais são susceptíveis de «verdade» no sentido em que têm a ver com uma racionalidade superior (a do interesse para a razão, dirigido para a emancipação) que nos permite reflectir sobre o sentido das escolhas de normas que aceitamos ao entrar numa comunidade de interacção. Esta racionalidade pensa a exigência de verdade como a autenticidade de um processo de interpretação da sua própria história pela comunidade, que se entrega a uma auto-reflexão, espécie de «psicanálise social». É neste sentido que as questões morais são temas de discussão, dando lugar a consensos. De igual forma, Habermas pretende fundar racionalmente uma «ética do diálogo». Ele pergunta: como é que a universalização possível de uma norma faz dela uma norma *moral*? A originalidade da sua resposta consiste em não imputar o princípio de universalização à razão humana, cuja universalidade é uma concepção «ocidental», mas aos «pressupostos» de *qualquer* argumentação, as quais não são convenções arbitrárias, nem regras explícitas como as do jogo. Uma norma ética só é válida se for objecto de uma livre *discussio*, se se tornar universalizável no âmbito da acção comunicacional que tende para o entendimento entre os agentes. Ética e verdade, moral e política são, pois, conciliáveis na ética do diálogo.

Nas bases desta nova razão prática, a teoria comunicacional permite opor uma «reconstrução» da moralidade tanto ao cepticismo contemporâneo pós-nietzschiano como à redução marxista da moral à história. Torna legítima a articulação entre moral e política que anula a tentação contemporânea de identificar poder com violência (Arendt*) ou de considerar a tradição e o preconceito como fontes de verdade (Gadamer*).

Encontrar assim no comportamento dos homens o que permite o funcionamento de uma democracia convida mais a «levar a sério as potencialidades da democracia burguesa» do que a desesperar, como Adorno, com o «fim do indivíduo» ou, como Horkheimer, a abandonar a razão pela fé! A «autodestruição» não está inscrita como um destino no devir da razão. «As estruturas deterioradas da comunicação [...] têm o seu fundamento na lógica de uma comunicação linguística funcionando normalmente.»

Habermas relativiza hoje o alcance da sua ética, e pensa que os problemas mais graves da sociedade contemporânea podem ser apenas regidos pelo direito; também reformulou todas as suas teorias morais e jurídicas em *Direito e Democracia.*

- ***Os conceitos críticos de espaço público e de opinião pública***

A amplitude da abordagem aberta pela dimensão comunicacional da acção permite que Habermas considere como unilaterais ou confusas muitas das teorias modernas, na medida em que negligenciam a especificidade da actividade comunicacional. A começar pela teoria marxista, desarmada face aos fenómenos de domínio: Marx* reduz o espaço público à ideologia, identifica o *domínio* com a *exploração* (que não é mais do que uma forma restrita daquele), confunde manipulação (das coisas) com emancipação (dos sujeitos), interesses técnicos (valores do trabalho) com morais (valores da interacção entre sujeitos falantes). O realismo de M. Weber* já não tem lugar no mundo da intercompreensão e limita-se, na sua interpretação da «racionalização» social moderna, à análise da actividade instrumental. Quanto a Adorno, este fica limitado a um subjectivismo ao estabelecer a oposição entre sujeito em busca de emancipação e sociedade alienada. Ora, o debate entre o indivíduo em revolta e a racionalização social prende-se com um conflito *interior* à razão comunicacional; chamado e prefigurado por ela, prende-se com a discussão num «espaço público»! Na «opinião pública», princípio comunicacional da razão, cuja origem remete para os salões literários e a imprensa no século XVIII, Habermas vê uma instância de autocrítica social muito mais fundamental do que a que Marx colocava na teoria económica.

• *A crítica do* **Discurso da Modernidade**

Em *O Discurso Filosófico da Modernidade*, Habermas procede a uma releitura crítica da tradição filosófica; confronta-se com todos os pensamentos que, desde Kant, mas sobretudo Hegel*, identificaram a filosofia com uma «modernidade» do pensamento, ou seja, com uma racionalidade que é fonte das suas próprias normas. Três perspectivas se manifestam: o hegelianismo de direita (liberalismo conservador), de esquerda (marxismo, realização da modernidade pela práxis), ambos de acordo para negar a conciliação entre modernidade e razão. Mais radical é o pensamento de vanguarda (Nietzsche*, Heidegger*, Bataille*, Lacan*, Foucault*, Derrida*) que pretende acabar com a razão: este pensamento «acusa uma razão que se funda no princípio de subjectividade» e «só denuncia todas as formas aparentes de opressão e de exploração para substituí-las pelo intangível domínio da própria racionalidade». «Reconstrutor» da razão, Habermas está em boa posição para descobrir as falhas de todas as críticas «derrotistas» daquela, que não conseguem libertar-se do modelo que denunciam (Foucault*).

• ***Uma «antropologia filosófica» interdisciplinar***

A *Pragmática da Comunicação* não é, em rigor, nem filosófica nem sociológica. Na «Controvérsia do Positivismo» (anos 60, Tübingen, 1961), Habermas toma o partido de Adorno contra Popper*, que representa «a ilusão objectivista da teoria pura», identificando o conhecimento com a ciência exacta e distinguindo a objectividade científica de toda a dimensão social. A sociologia, ao aplicar a noção de racionalidade, baseia-se numa intercompreensão que implica o observador. Uma descrição neutra é impossível por causa da «pretensão de validade» inerente à questão de se procurar a racionalidade de um facto.

Ao conservadorismo universitário do positivismo que circunscreve as áreas do saber, Habermas opõe o valor da interdisciplinaridade que, ao esclarecer as estruturas racionais subjacentes, põe em diálogo as diversas áreas. É actualmente «o intelectual das ciências humanas» que elabora a teoria da relação das diferentes áreas com a filosofia e que rejeita qualquer solução de continuidade com a filosofia. Esta é-lhes imanente e a noção dessa imanência constitui a perspectiva de uma «antropologia filosófica» interdisciplinar.

A filosofia «mantém-se fiel à sua grande tradição renunciando a ela». Tornando-se «sociologia crítica», ela continua a sua tarefa crítica por outros meios.

☞ **Conceitos-chave e termos relacionados:**
Acção, Actos de linguagem, Alienação, Alienado, Antropologia filosófica, Ciências Humanas, Comunicação, Crítica, Diálogo, Discurso, Discussão, Enunciação, Ética, Filosofia, Interacção, Interesse, Intersubjectividade, Marxismo, Moral, Norma, Opinião pública, Positivismo, Pragmática, Público, Publicidade, Razão, Tecnocracia, Trabalho, Universal, Universalização, Universalismo, Validade, Válido, Valor.

☞ **Autores:**
Adorno, Arendt, Francoforte (Escola de), Gadamer, Kant, Popper, Weber.

☞ **Bibliografia**

C. Bouchindhomme e R. Rochlitz (org.), *Habermas, la raison, la critique*, Cerf, 1996.
J.-M. Ferry, *Éthique de la communication*, PUF, 1987.
S. Haber, *Habermas et la sociologie*, PUF, 1998.

HALBWACHS, Maurice (1877-1945)

Halbwachs foi um discípulo fiel de Durkheim*, cujo pensamento exerceu uma forte influência sobre a sua obra. O seu comprometimento com o socialismo, no entanto, orienta-o para uma abordagem mais concreta dos fenómenos sociais, e as suas obras sobre a classe operária constituem verdadeiros ensaios de sociologia aplicada, ao mesmo tempo que revelam algum parentesco com a sociologia marxista. Mas o seu contributo mais original continua a ser, incontestavelmente, a aplicação da noção de Durkheim da «consciência colectiva» ao estudo da memória individual.

Halbwachs foi aluno de Bergson* e contemporâneo de Lévy-Bruhl* e de Durkheim. Sucessivamente professor nas universidades de Caen, Estrasburgo e de Paris, termina a sua carreira no Collège de France para onde fora nomeado pouco tempo antes da sua deportação para Buchenwald, onde morre em 1945.

☞ **Obras:**
La Classe ouvrière et les Niveaux de vie (1913); *Les Causes du suicide* (1930); *L'Évolution des besoins de la classe ouvrière* (1933); *Esquisse d'une psychologie des classes sociales* (1935); *Les Cadres sociaux de la mémoire* (1935); *La Morphologie sociale* (1938); *La Mémoire collective* (1950); *Classes sociales et morphologie* (1950).

• *Observação directa dos fenómenos sociais*

Halbwachs retoma temas já tratados por Durkheim (por exemplo, o suicídio e a consciência colectiva). Porém, mais interessado do que o seu mestre num contacto estreito com a experiência, propõe um *método sociológico* que se baseia num conjunto complexo de investigações. Estas tomam em consideração a multiplicidade de combinações de factores e de influências sociais que se entrecruzam, as quais só um aparelho estatístico rigoroso pode organizar e tratar cientificamente. A *estatística* tem como objectivo, com efeito, «aceder aos caracteres que se registam em todo o grupo mas que não se detectam em nenhum membro desse grupo considerado isoladamente». Halbwachs pretende também determinar com rigor o alcance e os limites deste tratamento quantitativo.

• *Fundamentos da hierarquia das classes sociais*

A *consciência colectiva*, que, para Durkheim, se encontra no centro da sociologia, designa uma realidade psicológica autónoma: modos de vida, comportamentos e crenças colectivas específicas. Implica o reconhecimento pelos membros de um grupo da sua pertença comum, da sua solidariedade e dos interesses colectivos. Em Halbwachs, ela torna-se «a consciência colectiva da classe operária». A consciência colectiva é o critério fundamental da realidade e da unidade efectiva da classe. Para uma classe social, ter consciência de si consiste em situar-se numa hierarquia de níveis sociais reconhecida pelas outras classes e pela sociedade no seu todo.

Halbwachs tem o mérito de ter integrado na sua concepção de *classe social* definições diversas e até opostas: 1) a definição de tipo marxista que se refere ao papel da classe no processo de produção; 2) a referência à consciência colectiva de Durkheim, em particular à memória colectiva que permite à classe social subsistir no tempo e criar a sua identidade de classe; 3) na perspectiva nominalista, mais próxima de M. Weber*, a definição de classe como conjunto de indivíduos com necessidades e hábitos de consumo comuns. Halbwachs explica, por fim, a hierarquia das classes pelos «graus diferentes em que os diversos grupos podem participar nas formas, por excelência, da actividade social» (*Classes sociales et morphologie*).

• ***Os quadros sociais da memória***

A originalidade de Halbwachs não consiste em estudar a dimensão social da memória da mesma forma como Bergson fez a análise da memória individual. É verdade que esta existe realmente, mas está profundamente enraizada na consciência colectiva e a sua irredutibilidade aparente dissimula a grande complexidade das influências sociais que se sobrepõem e se enredam. Assim, opondo-se a Bergson, afirma que a *memória* não é a recuperação de recordações que preexistem à sua rememoração, mas a reconstituição do passado a partir de pontos de referência fornecidos pelas diferentes memórias colectivas: memória familiar, memória de classe, grupo profissional, etc. Rememorar é também colocar-se no ponto de vista de um grupo ou da fusão de vários grupos. A *memória colectiva* é criadora; porque não se contenta em reter o passado, ela reconstrói-o a partir do presente: «Não conserva o passado, mas reconstrói-o com a ajuda de traços materiais, ritos, tradições legadas, mas também com o auxílio de dados psicológicos e sociais recentes». (*Les Cadres sociaux de la mémoire*).

☞ **Conceitos-chave e termos relacionados:**
Classe social, Consciência (- colectiva, - de classe), Memória, Método sociológico.

☞ **Autores:**
Bergson, Durkheim, Marx.

☞ **Bibliografia**

R. Hess, *Dictionnaire des Philosophes*, PUF, 1984, reed. 1993.
G. Namer, *Mémoire et société*, Méridiens Klincksieck, 1987.

HEGEL, Georg Wilhelm Friedrich (1770-1831)

Filósofo do *idealismo absoluto*, Hegel foi o autor do maior sistema filosófico, um sistema que pretendia conciliar e fundar pela razão todas as doutrinas e formas da cultura. Nascido em Estugarda, no seio de uma família modesta, ingressa em 1788 na universidade protestante de Tübingen. Adere ao espírito romântico e às novas ideias, trava conhecimento com Hölderlin e Schelling* e, com estes, acolhe a Revolução Francesa como uma ressurrcição da democracia grega. A partir de 1793, Hegel torna-se preceptor: primeiro em Berna (1793-1796), onde descobre o pensamento de Kant* e aprofunda a via racionalista, influência visível na sua *Vida de Jesus* que só será publicada no século XX; depois em Francoforte (1797-1800), onde rompe com o kantismo moral e tenta conciliar o romantismo e o racionalismo; em Iena, onde defende, em 1801, a tese em latim que lhe permite leccionar na Universidade. Junta-se a Schelling e publica o seu primeiro escrito, em que esboça a sua concepção da dialéctica, *A Diferença dos Sistemas Filosóficos de Fichte e de Schelling* (1802). Em 1807, abandona a sua ainda modesta carreira de professor universitário para se tornar redactor-chefe da *Gazeta de Bamberg*. Dirige com Schelling o *Jornal Crítico de Filosofia*. No mesmo ano, surge *A Fenomenologia do Espírito*, terminada em Iena, poderosa conciliação de todas as perspectivas que assinala, porém, a ruptura com os românticos e com Schelling. Em 1808, assume a direcção do novo liceu clássico de Nuremberga; os cursos que lecciona de 1809 a 1811, publicados após a sua morte em 1840 com o título de *Propedêutica Filosófica*, prefiguram a sua obra maior, a *Enciclopédia das Ciências Filosóficas*. É publicado também *A Ciência da*

Lógica (1812), denominada «*Grande Lógica*», para se distinguir da *Lógica* que forma a primeira parte da *Enciclopédia das Ciências Filosóficas*. Em 1816, obtém finalmente um cargo universitário à sua medida. Reúnem-se à sua volta discípulos que contribuirão para difundir os suas teorias, cuja notoriedade atingirá o apogeu em Berlim, para onde Hegel foi convidado para assumir a cátedra de Fichte*, e ensinará até à sua morte, treze anos mais tarde, vítima de cólera.

☞ **Obras:**
Fenomenologia do Espírito (1807); *Ciência da Lógica* (1816); *Lições Sobre a História da Filosofia*, (1805-1830); *Lições Sobre a Filosofia da História* (Lições de Berlim, 1818, 1828, 1830); *Lições Sobre a Filosofia da Religião* (1818-1830); *Princípios da Filosofia do Direito* (1821); *Textos Pedagógicos*.
[Nas Edições 70: *Introdução à História da Filosofia*; *Enciclopédia das Ciências Filosóficas em Epítome* (3 vols.); *A Razão na História*; *Propedêutica Filosófica*.]

Na última década multiplicaram-se as traduções das grandes obras de Hegel, implicando múltiplos problemas de interpretação, como o estatuto atribuído pelo sistema ao Estado e a noção de fim da História.

• ***A substância-sujeito. O absoluto como sistema***

A filosofia de Hegel é considerada a forma definitiva e exemplar do «idealismo alemão». A grande crítica kantiana visava fundar na razão a relação do conhecimento com o seu objecto e descobriu no «eu penso» o princípio da compreensão da relação da consciência com o ser. Mas esta descoberta encontra rapidamente um obstáculo na «coisa em si», que o espírito humano não pode conhecer nem pode evitar pensar. Colocar, como Kant, limites ao conhecimento finito e interditar-lhe o acesso à Verdade absoluta, ao Universal, pressupõe a possibilidade de uma comparação com o Infinito. Os três grandes pós-kantianos, Fichte, Schelling e Hegel, confrontaram-se com esta dificuldade do kantismo: todos quiseram eliminar a coisa em si de forma a que a filosofia pudesse efectivamente constituir-se como sistema da razão e como compreensão da realidade.

A originalidade de Hegel consiste em considerar esta realidade absoluta, declarada incognoscível por Kant, não só como substância – Espinosa* já o fizera –, mas também como sujeito. Nisso segue Fichte contra Schelling: o mundo não se deixa deduzir ou construir a partir de uma unidade que seria a «indiferença absoluta»; a substância é sujeito: ela possui em si mesma o princípio das suas determinações; é objecto para si própria, inteligibilidade, espírito. Mas o conhecimento dela não é, como para Fichte ou Schelling, acessível na forma de intuição; ela requer a forma do conceito: as categorias nas quais o espírito explicita o seu conteúdo não podem ser os meios pelos quais um entendimento finito interpreta o real, mas antes os próprios conceitos do Absoluto. Ciência do Absoluto, a filosofia não tem qualquer objecto que lhe seja exterior: ela é o seu próprio sujeito. Lógica e metafísica coincidem, sendo toda a realidade o fenómeno do espírito que se dá a compreender como o momento de um desenvolvimento necessário, o desenvolvimento que constitui o discurso do mundo na sua unidade.

Ora, o Absoluto apenas pode aceder ao conhecimento de si na forma que se lhe adequa, a de um *sistema* – modo de desenvolvimento científico racional, e não puramente formal, que possui uma necessidade interna – que constrói a totalidade do saber enquanto «saber absoluto» – sem outro fundamento que não seja ele próprio e compreendido por ele próprio como autoprodução da Razão.

Conceito e *razão* são sinónimos: o *conceito* (*Begriff*, apreensão conceptual) designa a verdadeira natureza do acto de pensar, que não consiste em opor uma ideia, uma representação mental, a um real, a um objecto exterior, a uma essência das coisas que seria o seu ser, separado do pensar. Pensar, conhecer racionalmente, é compreender: a) que não se pode separar o pensamento como actividade do sujeito pensante (a razão como faculdade subjectiva de julgar, de «discernir o verdadeiro do falso») e a realidade como objecto de pensamento (a razão como ordem inteligível das coisas); b) que o verdadeiro se reflecte naquilo que é. O pensamento enquanto «conceito», a Razão, apreende-se como estando «absolutamente junto de si próprio» na realidade, como simultaneamente subjectivo – proveniente do sujeito pensante – e objectivo – proveniente da realidade pensável. O Absoluto é *reflexão*: o sistema especulativo é como uma imensa proposição cujo único sujeito se reflecte em predicados que possuem a marca da sua relação necessária com o sujeito. Todo o conhecimento de um objecto deve compreender que tem o pensamento como sujeito único, centro de todas as determinações.

• *O desenvolvimento dialéctico do conceito. A negatividade mediadora*

Se o Absoluto é sujeito, a sua realização será «dialéctica»: a sua identidade deverá surgir-lhe na contradição entre uma forma imediata de subjectividade e a subtracção da subjectividade à imediatidade; inversamente, esta forma de subjectividade como ruptura com o imediato – liberdade, interioridade, transcendência infinita – deverá surgir, por sua vez, na identidade (do Absoluto), ou seja, reconciliada com a imediatidade, numa imediatidade segunda, «transformada». O Absoluto é «essencialmente resultado»: só no fim é que é o que deve ser. O discurso do filósofo em que o Absoluto se autocompreende só pode intervir no final do processo da sua realização e como a própria reflexão final do processo: «Só compreendemos depois»; «A coruja de Minerva levanta voo ao cair da noite» (*Fenomenologia do Espírito*).

A *dialéctica*, processo pelo qual o Absoluto-sujeito se desenvolve (se auto-realiza) até ao conhecimento total de si, envolve um desenvolvimento ternário: um primeiro momento *em si* no qual a razão está como que em germe no estado de plenitude imediata inconsciente; um segundo momento em que se nega, se exterioriza num *ser-aí* – «se aliena», se torna outra a fim de poder auto-afirmar-se e compreender-se; por fim, um terceiro em que ela nega a primeira negação, integra e supera os dois primeiros momentos como parciais e unilaterais e chega assim ao que os tornou possíveis e necessários: a consciência de si e a completa autocompreensão; aqui reside uma nova modalidade de existência, um novo tipo de imediatidade *para si*.

O motor da dialéctica é a *negatividade*, «a seriedade, a dor, a paciência e a acção do negativo», negação do imediato e negação da negação que permite a afirmação de uma verdade superior, a elevação ao ponto de vista do Universal concreto, a Razão identificada com a totalidade do real. «O que é racional é real e o que é real é racional» (*Princípios da Filosofia do Direito*), fórmula do *idealismo absoluto*, fundador de uma ontologia em que a razão não é apenas o que é próprio ao sujeito humano, mas a base e o motor de qualquer realidade.

A «superação dialéctica» (*Aufhebung*) – o termo foi traduzido por «ab-rogação e sublimação» (É. Weil*), «revezamento» (Derrida*), «Sobressunção» (P.-J. Labarrière) – é o resultado de uma dupla negação sob o efeito da negatividade que produz as mediações assegurando a integração de cada momento numa verdade mais elevada. Se a dialéctica é a manifestação da Ideia como realidade, não deixa de ser, como em Platão*, o método pelo qual o filósofo se eleva até ao conhecimento da Ideia. Mas o método, em Hegel, não é separável do conteúdo.

• *A lógica, ciência fundamental e as ciências filosóficas concretas*

Os três momentos em que se desenvolve a dialéctica do Absoluto-resultado são:

1. *a Ideia*, forma lógica pura em si mesma do conceito pensado como realizado, ou o *conceito* no elemento abstracto do pensamento, a verdade no seu nível mais formal. É o momento da lógica, estritamente ligada à ontologia. Ela diz o que é a razão que os outros saberes filosóficos deverão explorar e como a procurar;

2. *a Natureza*: a Ideia dando a si própria a existência de um Ser-aí, «a Ideia na forma da alteridade», o conceito (ou razão) alienando-se na matéria a fim de, perdendo-se nela, reassumir-se nela *para si*. A Ideia *deve* perder-se como natureza na «irracionalidade da exterioridade» (o espaço) e na forma imediata da multiplicidade de existências indiferentes, exteriores umas às outras. O parágrafo 244 da *Enciclopédia das Ciências Filosóficas* é, a esse respeito, emblemático do idealismo;

3. *o Espírito*: «a Ideia no elemento do espírito humano», a Ideia chegada à existência em si e para si ou a Natureza aparecendo a si própria (*para si*) como Ideia. «O Espírito é o conceito concreto», em que o pensamento se encarna e se torna Espírito do mundo. Portanto, é o sujeito da História, a única «verdade realmente substancial, essencialmente individual e subjectiva» (*A Razão na História*); exprime na experiência humana aquilo que o Conceito é abstractamente: a unidade do pensamento e da realidade. As suas três configurações são:

1. *o espírito subjectivo* – vida interior individual, cuja alma sensível a dialéctica eleva à liberdade e à vontade;

2. *o espírito objectivo* – realização da vontade livre na História, no mundo das instituições jurídicas, onde as leis garantem a passagem do Universal ao individual, encontrando a sua forma consumada no Estado. Falta a esta figura do Espírito a consciência de si como a dimensão espiritual imanente ao mundo, o Absoluto efectivo;

3. *o Espírito absoluto*, no qual o Espírito supera os pontos de vista separados da subjectividade e da objectividade para conceber a sua unidade substancial; torna-se o Espírito em si e para si, o Absoluto como Espírito, puro saber de si da Ideia. Os seus três momentos são a *arte*, a *religião* e a *filosofia*.

Expressão do Espírito que se apreende na imediatidade sensível, como identidade imediata do finito e do infinito, «a *arte* possui em si própria a sua limitação», uma vez que a verdade se exprime nela através de materiais relativamente refractários à espiritualização. A história da arte – simbólica (hindu, egípcia), clássica (grega), romântica (cristã) – corresponde à supressão progressiva da contradição entre o conteúdo espiritual das obras e as suas formas sensíveis, sendo a poesia, cujo material é a palavra, a arte mais aperfeiçoada: como a sua forma é espiritual, adequa-se ao conteúdo.

Na *religião*, o Espírito nega esta primeira expressão imediata e separa o conteúdo espiritual da forma sensível; ele separa-se do sensível para tomar consciência de si como Absoluto no elemento da interioridade pura; mas a consciência religiosa dá ainda ao Absoluto uma forma exterior; pensa o Absoluto por meio da *representação*, como a singularidade de uma existência exterior, a de «Deus».

Só na *filosofia* – na sua forma pura, especulativa, o Saber absoluto – o Espírito se eleva a si próprio como ao verdadeiro Universal concreto: Deus e o Homem não são exteriores um ao outro; a filosofia dissolve a exterioridade do Absoluto, da Ideia, a contradição que subsistia na religião entre o conteúdo do saber (o conceito) e a forma do saber (a representação); a forma é idêntica ao conteúdo. Como pensamento puro, ela mostra o seu objecto (o pensamento) na sua pureza (no elemento puro do pensamento), manifestando a liberdade do Espírito.

A filosofia abarca toda a história da cultura. Nela se reconciliam natureza e liberdade, subjectividade e objectividade, finito e infinito. Arte, religião e filosofia têm o mesmo conteúdo, a ideia da unidade do finito e do infinito, do humano e do divino, mas só a filosofia especulativa dá uma forma adequada a esse conteúdo. A filosofia não impõe por um método exterior a conciliação das contradições, ela apenas faz reflectir o Absoluto no movimento da sua autoprodução. A sucessão de doutrinas filosóficas contraditórias corresponde à historicidade da Ideia, ao seu desenvolvimento conflitual interno; cada uma delas exprime a cultura do seu tempo, que por si própria não podia superar, e não é refutável como falsa mas como unilateral; o sistema absoluto que Hegel constrói, porque a sua época o torna possível e a isso apela, integra todas as doutrinas do passado como outros tantos momentos parciais que compõem «a essência imperecível do Espírito» e, a esse respeito, não «envelheceram», porque «o objecto da história da filosofia não envelhece, é actualmente vivo» (*Lições Sobre a História da Filosofia*).

- ***O saber absoluto: «enciclopédia das ciências filosóficas»***

Com a substância-sujeito e o seu saber de si absoluto, Hegel pensa ter superado todas as contradições – nomeadamente aquelas que constituem a história da filosofia. A filosofia que se elevou à especulação dialéctica tornou-se capaz de encontrar na realidade e no pensamento o desenvolvimento dos três momentos do Conceito: universal, particular, singular, ou os três momentos da Ideia: em si, ser-aí, para si. Tornou-se assim uma ciência, com a forma de uma «enciclopédia» que não é um agregado de conhecimentos independentes, mas antes o sistema que constrói a unidade racional de todos os conhecimentos. A *Ciência da Lógica* ocupa uma posição inaugural no sistema: a razão mostra em si as determinações abstractas da Ideia, cujas três primeiras dão o tom da dialéctica; o Ser – ser puro imediato, indeterminado –, a figura mais abstracta do pensamento, só é pensável na sua identidade com o Nada – não-ser imediato, igualmente indeterminado. A sua respectiva abstracção torna-os impensáveis sem a superação na sua síntese dialéctica, primeiro conceito concreto, a categoria do devir. A *Filosofia da Natureza* encontra nesta a necessidade racional do conceito: concreção e individuação progridem, do mecanismo ao organismo, pelo momento intermédio da físico-química. A *Filosofia do Espírito* mostra a Natureza a tornar-se racional *para si*, Ideia para si mesma, e isso nos três níveis do Espírito: subjectivo («fenomenologia do Espírito» na consciência individual); objectivo (a

História, instituições, família, sociedade civil, Estado); absoluto (a cultura).

- ***A filosofia da história. O artifício da razão***

A *história* dos homens corresponde à dialéctica do Espírito objectivo, compreendida como o desenvolvimento da mais elevada necessidade espiritual: conflitos e crises já não surgem nela desprovidos de sentido, nem como o efeito ininteligível dos projectos de uma Providência exterior, mas como a realização da Razão, que encontra a sua forma definitiva no Estado moderno.

Certamente, a racionalidade global do processo escapa aos indivíduos, que realizam a necessidade sem dar conta disso: a Razão realiza-se por meio do seu contrário, o irracional; o universal pelo particular; o direito pela força; o bem pelo mal; a consciência pela inconsciência; a razão pelas paixões. «Podemos chamar *artifício da razão* ao facto de esta deixar agir as paixões em seu lugar»: «Nada de grande se faz no mundo sem paixão.» Mas, como se trata do desenvolvimento necessário do Espírito absoluto que não é nada sem o espírito dos homens, a grande questão da História não é senão a libertação humana; os seus efeitos perversos vão no sentido de a vontade humana poder desejar o melhor. A História não é uma força cega, mas o progresso na consciência da liberdade, o devir-Espírito da humanidade a caminho de uma consciência cada vez mais distinta do seu destino profundo: libertar-se do *ser-aí* natural para encarnar uma Verdade em acto, realizada na vida concreta de cada indivíduo. Por exemplo, Hegel justifica a guerra, mas esta deve acabar por perder o seu carácter de violência irracional. Quanto à existência de «grandes homens» que parecem inventar a História através de actos do seu livre génio, são indivíduos naturais, nos quais a Natureza (a Ideia feita Natureza) produz como um instinto a intuição daquilo que o Espírito exige e que coincide com a própria espontaneidade deles, com as suas paixões e caracteres. Ao lutar pelas suas ambições pessoais, César estava a trabalhar para a história de Roma e do mundo.

- ***Crítica do pensamento iluminista e da visão moral do mundo***

Vendo o Iluminismo como um momento necessário, Hegel criticou de forma decisiva a concepção do progresso dos pensadores da época das Luzes: ignorando a negatividade, pensando nas categorias dualistas ingénuas apenas do *entendimento* – pensamento analítico e abstracto que engendra o dogmatismo porque apenas lida com as oposições ignorando a sua unidade –, espera que a verdade triunfe sobre o erro por um progresso contínuo, apenas sob o efeito da perfectibilidade do homem. Ora, das trevas não pode sair luz: é preciso que a luz do Espírito esteja inteiramente em germe no «começo» de uma História que constitui o seu advento.

O dualismo kantiano é sintomático desta concepção do entendimento, estigmatizado como «visão moral do mundo», encontrando-se a moral sob o signo do *dever* ser, por desconhecimento da racionalidade imanente do real, que produz a dimensão do ideal não como um absoluto, mas como um dos seus momentos. Esse voluntarismo com origem em Rousseau* engendra o terror, na medida em que a vontade moral deve impor a universalidade da lei à realidade, forçar esta a conformar-se a um ideal abstracto. Para lá de Kant e de Fichte, Hegel pretende ultrapassar a dualidade ser/dever ser e reconciliar o ponto de vista da *vontade* – querer o incondicionado, o Absoluto, o ideal – com o da *inteligência* – compreender aquilo que é. Não se pode aplicar aos acontecimentos um juízo moral. A História «é o único Tribunal» relativamente ao Absoluto. A verdadeira autonomia do homem não decorre de um critério formal e vazio da intenção conforme à lei moral; esta recebe os seus conteúdos de éticas concretas: os costumes familiares, sociais, políticos. A *autonomia* é adquirida quando o indivíduo vive a lei como uma libertação – relativamente às suas paixões egoístas, à sua individualidade empírica –, não quando a sente como um constrangimento (um «dever»). Qualquer homem *sabe* onde está o seu dever e o seu direito, porque não o aprende ao consultar a lógica da sua razão, mas pela *moralidade objectiva* adquirida pela educação, pela integração num todo social concreto. Se a ideia de *bem* moral, a *moral subjectiva*, corresponde ao objecto da *vontade*, expressão realizada da dialéctica do Espírito subjectivo, em contrapartida, a *verdade* da Ideia moral requer o ponto de vista do Espírito objectivo, da *moralidade objectiva* – «vida ética», costumes, valores – que se liga às três esferas do Espírito objectivo: a família, a sociedade civil e, sobretudo, o Estado, no qual a vontade se torna livre em si e para si, e onde se reconciliam o universal e o particular.

Esta conclusão da filosofia, no duplo sentido de realização e fim, provocou uma profunda crise do pensamento filosófico: por um lado, a rejeição do sistema, da dialéctica na qual o indivíduo, o acto existencial de pensar, é absorvido – Kierkegaard* e Nietzsche* abrem um caminho que seria utilizado principalmente por Heidegger*; por outro, uma dupla posteridade contraditória, a «direita hegeliana», composta por pensadores tradicionalistas (C. L. Michelet) que enfatizam a realidade do racional e, portanto, contentam-se em gerir o real; e a jovem «esquerda», da qual faziam parte Feuerbach* e Marx*, que privilegia a racionalidade do real, mas que rejeita o idealismo: a realidade concreta – para Feuerbach, é a natureza sensível e uma realidade antropológica antes de tudo afectiva e intersubjectiva, para Marx, dialéctico, é antes a realidade sensível, mas enriquecida com toda a dimensão económica e social com os seus conflitos históricos (trabalho e lutas); o sistema é capaz de uma *realização*, mas ela exige a *Aufhebung* [superação] da filosofia, o seu fim, a sua transformação em revolução (*11ª tese sobre Feuerbach*).

☞ **Conceitos-chave e termos relacionados:**
Absoluto, Alma (-Bela), Arte, *Aufhebung*, *Aufklärung*, Belas-artes, Belo, Cidade, Círculo, Civil, Conceito, Concreto, Conhecimento, Consciência, Contradição, Cristianismo, *Dasein*, Desejo, Destino, Deus, Devir, Dialéctica, Diferença, Direito, Educação, Entendimento, Escravo (dialéctica do senhor e do -, Senhor -), Especulativo, Espírito, Espiritualismo, Estado, Estética, Eterno, Experiência, Expressão, Fenomenologia, Filosofia, História, Idealismo, Ideia, Identidade, Imediato, Infinito, Interiorização, Ironia, Liberdade, Lógica, Mediação, Nada, Negatividade, Outro, Paixão, Razão, Real, Religião, Ser, Simbolismo, Sistema, Sociedade, Substância, Tempo, Totalidade, Trabalho, Universal, Verdade, Vontade.

☞ **Autores:**
Adorno, Engels, Espinosa, Feuerbach, Fancoforte (Escola de), Kierkegaard, Marcuse, Marx, Nietzsche.

☞ **Bibliografia**
G. Lebrun, *La Patience du concept. Essai sur le discours hégélien*, Gallimard, 1972.
B. Mabille, *Hegel. L'épreuve de la contingence*, Aubier, 1999.
A. Stanguennec, *Hegel*, Vrin, 1997.
É. Weil, *Essais et conférences*, Plon, t. 1, 1970.

HEIDEGGER, Martin (1889-1976)

Filósofo alemão cujo pensamento de profunda originalidade está no centro dos debates contemporâneos. Heidegger reedita o radicalismo de uma atitude questionadora e pensante esquecida, segundo ele, muito cedo, desde Platão*, pela metafísica e por todo o pensamento ocidental. Mostra que, para o homem que tomou consciência desse esquecimento, a metafísica já não pode ser uma especulação, mas uma maneira autêntica e profunda de viver o seu *ser--no-mundo*.

Heidegger nasceu em Messkirsh, pequena cidade católica a norte do lago de Constância, em Baden, onde o seu pai era tanoeiro e sacristão. Na universidade de Friburgo, de 1909 a 1913, fez estudos de Teologia, Filosofia e Ciências. A sua dissertação de fim de curso foi sobre *A Doutrina do Juízo no Psicologismo* e demonstra o seu interesse pelas *Investigações Lógicas* de Husserl*. A partir de 1907, toma como objecto de estudo a dissertação de F. Brentano sobre «A Significação Múltipla do Ser em Aristóteles*». De 1915 a 1923, foi assistente e amigo de Husserl na universidade de Friburgo. Nomeado em 1922 professor na universidade de Marburgo, feudo do neokantismo, inicia a redacção de *Ser e Tempo*, dedicado a Husserl, que escreverá na sua pequena casa de Todtnauberg, na Floresta Negra. A obra é publicada em 1927 e torna-o imediatamente célebre. Husserl convida-o a suceder-lhe na sua cátedra de Friburgo. Em Abril de 1933, quando os nazis tomaram o poder, aceita o cargo de reitor da universidade, mas demite-se em Fevereiro de 1934. O alcance da sua adesão ao partido nacional-socialista é objecto de controvérsias: publicou discursos e apelos a favor do regime de Hitler, ao mesmo tempo que apoiou a autonomia da Universidade alemã (*Discurso de Reitorado* de Maio de 1933: «A Auto-afirmação da Universidade Alemã») e tomou várias medidas contra a propaganda anti-semita. Suspenso das suas funções de professor em 1945 pelas autoridades das forças de ocupação, pronuncia conferências. A sua influência aumentou em França. Em 1946, recebe J. Beaufret, a quem dedicará, em 1947, a *Carta Sobre o Humanismo*. Readmitido em 1951, leccionou até 1957 como professor jubilado. Em 1955, pronuncia a sua conferência *O Que É a Filosofia?* no colóquio de Cérisy, trava conhecimento com numerosos filósofos e conhece o poeta René Char na casa do qual organizará seminários com os seus amigos franceses no Vaucluse. Em 1958, pronuncia em Aix--en-Provence uma conferência sobre *Hegel e os Gregos* e faz a sua primeira viagem à Grécia em 1962. Entre 1966 e 1967, dirige com E. Fink um seminário sobre Heraclito* em Friburgo. Em 1973, faz o seu último seminário em França sobre a *6ª Investigação Lógica* de Husserl. Nesta altura está no auge da sua carreira e pensadores de todo o mundo deslocam-se para dialogar com ele. Os últimos anos foram dedicados à preparação das suas obras completas cujo primeiro volume ainda viu publicado no ano da sua morte.

☞ **Obras** (os títulos em português correspondem à tradução dos títulos em francês e não dos originais)**:**
Ser e Tempo (1927); *O Que É a Metafísica?* (1929); *Kant e o Problema da Metafísica* (1929); *Caminhos Que Não Levam a Lado Nenhum* (1950); *Introdução à Metafísica* (1953); *O Princípio da Razão* (1962); *Caminhos Para a Palavra* (1959); *Nietzsche* (1961).
[Nas Edições 70: *O Que É Uma Coisa?*; *A Essência do Fundamento*; *A Origem da Obra de Arte*.]

• ***A procura do sentido do ser. A diferença entre o ser e o ente. Ser e Tempo***

Heidegger pretende reavivar a antiga questão da noção do Ser a partir da distinção essencial entre o *ente*, realidade tal como se apresenta, que existe empiricamente, e o *Ser*, misteriosa origem da presença de todo o ente. Só os poetas conseguiram pôr esta questão, ou pelo menos fazê-la sentir-se. Os filósofos ocultaram a diferença, reduziram o Ser a um ente superior (o Absoluto, Deus) e o ente à forma degradada do Ser. Substituíram a pergunta «O que é o Ser?» pela questão do ente na sua totalidade. Para evitar este erro, é preciso, em primeiro lugar, abordar a questão do sentido do Ser a partir da diferença entre o Ser e o tempo, dar a prioridade ao tempo para pensar o Ser e não à eternidade, como foi o caso em toda a história da metafísica. Esta precisava de abolir o tempo para garantir um Ser reduzido a um ente eminente, a uma realidade. Porque procurava uma presença estável, conferiu uma importância excessiva à fixidez do presente como centro que assegura o movimento constante. Fez do tempo um ente, um continente natural, tempo do mundo, mensurável, funcional. Ora, o tempo partilha com o Ser o facto de escapar ao ente: não é uma coisa nem outra; tal como o Ser, ele dá aos entes o poder de se manifestarem, de aparecerem. Ser e tempo implicam-se reciprocamente. O *tempo* tem uma significação mais remota se o compreendermos como o lugar da revelação do *Dasein* – revelação ao próximo e ao distante, ao mundo e ao Ser, a si e aos outros –, lugar da transcendência ilimitada do homem, a própria fonte de onde jorram as dimensões da temporalidade de um ser definido a partir do futuro, a partir de um futuro projectado. Assim, *Ser e Tempo* descreve o ente humano que se *temporaliza*, que está sujeito em si ao tempo. Coloca a pergunta pelo sentido do Ser ao único ente que está em causa: o homem.

• ***O Dasein: o ente que coloca a questão do ser. As estruturas da existência***

As descrições de *Ser e Tempo* não se inscrevem numa perspectiva antropológica nem estritamente fenomenológica, mas na perspectiva de uma ontologia fundamental que Heidegger pensa ser a condição prévia necessária a qualquer questionamento ontológico radical. O ser humano é o *Dasein*, o ser que está aí para si próprio, ou seja, o ente singular que tem como modo de ser não o modo das coisas, mas a possibilidade; ele compreende-se a partir da sua possibilidade de ser ou de não ser ele próprio (*cf.* carta de 23 de Novembro de 1945 a J. Beaufret, em anexo à *Carta Sobre o Humanismo*). Pois ser *si* não remete, no caso do homem, para uma dada essência, mas para uma existência; ora, *existir* não é ser em si como uma coisa, mas pôr-se fora de si, vir a ser sem poder ser verdadeiramente (ser em si); é estar incessantemente em dúvida. *Existência* designa o carácter que leva o *Dasein* a estar sempre à frente de si próprio, a assumir a sua finitude – o facto de ser temporal e mortal. As principais estruturas da existência (que não dependem do existencial empírico mas do existencial primeiro) são:

– a *temporalização*; *existir* é transcender-se para as três dimensões temporais: passado, presente e futuro;

– a *facticidade*: o ser que está aí para si próprio descobre-se como estando sempre já aí, sem razão de si mesmo, contingente;

– o *desamparo*: consciência de ser lançado no mundo, ser para morrer, abandonado à contingência;

– a *angústia*: situação afectiva do ser face ao nada;

– o *cuidado*: antecipação de si próprio, tendência para o que iremos ser. Com ele apaga-se a angústia porque dá um sentido à vida do homem, a impressão de existir com uma determinada plenitude no tempo.

O cuidado mostra as duas possibilidades extremas que o homem tem sempre à escolha: a) ou a *inautenticidade*, fuga da angústia pelo refúgio na banalidade, a degeneração do seu destino autêntico, o mergulho no quotidiano que se traduz principalmente pela degradação da discurso em palavras ocas, sob o domínio conformista e superficial do «a gente»; para evitar perguntar pelas nossas próprias possibilidades, preferimos fazer, pensar, dizer, sentir aquilo que «a gente» faz, pensa, diz ou sente; b) ou a *autenticidade*, forma de assumir o seu ser no mundo de um existente que não teme encarar a sua responsabilidade, desdenha a opinião e não oculta a liberdade das suas escolhas (existência «resoluta»).

• **Aletheia:** ***a verdade como desvelamento e as suas duas modalidades. O alheamento do ser, a insondável origem***

O ser-aí implica desde logo uma pressuposição de verdade – na medida em que é o «aí» numa experiência de manifestação, um desvelamento das coisas e, através delas, do Ser. Na etimologia de *aletheia*, o primeiro termo que na Grécia significava verdade (não-velamento: *a*, privativo, *lanthanô*, dissimular, esquecer, *léthé*, esquecimento), Heidegger entrevê a acepção primordial do verdadeiro sentido da verdade: a ocultação e a dissimulação são-lhe constitutivos. Os pensadores pré-socráticos falavam da *verdade* como se se tratasse do desvelamento de um Ser obscuro que ora se revela ora se oculta. A filosofia despontou no seio deste pensamento de uma verdade clara-escura que apontava o enigma do Ser. Mas não deixou de se voltar para uma concepção da verdade que cada vez mais desconsiderava o mistério, confundindo o Ser com a realidade prosaica dos entes. Heraclito e Parménides* ficavam simplesmente admirados, meditando sobre esta estranha revelação. Com Platão e Aristóteles, verificou-se o *alheamento do Ser*, ou seja, a anulação da sua diferença radical relativamente ao ente – a diferença ontológica ou ôntico-ontológica. Assim, conferiu-se à *filosofia* o sentido que haveria de se manter por muito tempo: um saber e uma doutrina sobre o Ser, o ente e as suas relações. Platão dá o passo decisivo quando transforma a dádiva misteriosa da presença do Ser em que os entes aparecem em *essência*, no *eidos* dos entes, aquilo que neles há *a ver*, aquilo que os torna claros e perceptíveis. A confusão entre o Ser e o ente faz com que se explique o ente pelo ente e, de causa em causa, se remonte a um princípio único de explicação, um ente primeiro, «o mais digno e poderoso». Tal significava abrir caminho ao domínio da presença objectiva, empirismo superior que vê na essência ou na substância um facto, meramente mais consistente e permanente do que todos os outros. Esta será a onto-teologia em que culmina a metafísica. No pensamento ocidental, a ideia de revelação da verdade será alvo de caricatura, tornando-se o desvelamento do ente, a racionalidade explicativa e triunfante que tem como objectivo o domínio científico e técnico do real: desvelar é, para a *técnica*, originar um «ser» que mais não é do que a natureza dada ao saber e à acção, um simples reservatório de energia, de forças calculáveis e aproveitáveis. O projecto cartesiano de domínio, através da razão centrada no poder humano, culmina nos excessos da técnica e na planificação à escala planetária, na normalização do homem (*cf.* «A Questão da Técnica», 1954, trad. fr. *Ensaios e Conferências*, Gallimard, 1958, pp. 9-48).

O ser humano destrói o seu vínculo com o Ser ao tornar-se o sujeito soberano, a consciência clara, que define a sua relação com a verdade pela certeza das suas representações. Perde também o seu ser-no-mundo, reduzindo o mundo a uma imagem ou a uma representação matemática. Para Nietzsche*, que Heidegger considera o último metafísico, o sujeito auto-suficiente triunfa na *Vontade de Poder* como vontade de vontade. Esta ontologia não deixou de se aperfeiçoar desde Descartes* para culminar na teoria hegeliana do saber absoluto que afirma a identidade previamente adquirida entre a Presença e o que está presente. É por isso que Heidegger vê na necessidade da desconstrução da ontologia a condição prévia a qualquer revisão da questão do Ser caído no esquecimento.

- ***O impasse de* Ser e Tempo. *A viragem de 1930. O apelo do ser***

Mas se tal era a tarefa anunciada em *Ser e Tempo*, ela não foi realizada, e Heidegger deixou a obra inacabada. Em 1930, apresentou como ponto de viragem (retorno, inversão, conversão) do seu pensamento a sua compreensão da razão pela qual a análise do *Dasein* constituía um impasse enquanto preliminar para o questionamento sobre o Ser. Em *Ser e Tempo*, Heidegger conferia uma importância excessiva ao ente particular que é o *Dasein*. Ora, não é a consciência de si que convoca o Ser, é ele que se mostra à existência e que a chama a pensar. Anterior à relação do homem com o Ser é a relação do Ser com o homem: não é o Ser que destina o homem à existência? Ser-aí, para o homem, é ter de responder a um apelo que vem do próprio Ser e que abala toda a realidade, que o afecta por contingência, que nos encaminha para o desconhecido, para o abismo da origem. O esquecimento do Ser é, antes de tudo, o esquecimento, o desleixo do homem pelo Ser, mas porque o Ser é aquilo que dá enquanto retira. O *Dasein* deve reconhecer-se sempre já lançado para si pela dádiva do Ser, dádiva de uma riqueza escondida, de um mistério inesgotável, gratuitidade da presença que é a medida de tudo. Heidegger comenta assim a fórmula de Angelus Silesius: «Uma rosa existe sem um motivo. E floresce porque floresce.»

O esquecimento do Ser não é o efeito de uma negligência, rectificável por uma decisão humana, mas uma viagem interior ao Ser, o insondável que está na origem e encerra toda a história da razão ocidental. Não existe actualmente outra tarefa para o pensamento senão estar atento à forma como esse esquecimento se manifesta na história da metafísica. Tomando em consideração as lições dos grandes filósofos, Heidegger não pretende refutá-los, mas meditar sobre o insondável nas suas teorias, sobre as respostas que deram à convocação velada do Ser, sobre a forma como contribuíram para o desvio do sentido do Ser. Também não propõe um sistema filosófico, mas um «passo atrás» relativamente à metafísica: não rejeitá-la, mas desconstruí-la, introduzir nos seus principais assuntos o esquecimento da diferença na medida em que esse esquecimento é a própria estrutura que constitui as suas questões e o insondável que as sustenta. Heidegger privilegia uma abordagem meditativa, interiorizante e rememorativa, que deixa o essencial aflorar espontaneamente ao ocultar-se. O pensamento renuncia à vontade de fundamentar, encaminha-se para o fim da filosofia, quer-se pobre, fragmentário, como a errância e o jogo sem cálculo e sem objectivo da dádiva do Ser.

Trata-se de renunciar a toda a soberania do homem, principalmente a uma determinada concepção do *humanismo*, que apenas compreende o homem relativamente ao ente, atitude metafísica e voluntarista fruto da ilusão de que o homem, autoconstituinte e auto-suficiente, está na origem de tudo.

- ***O ser na língua. O homem pertence à linguagem***

Ser e Tempo exprimia-se numa linguagem metafísica, submetida à língua e à gramática quotidianas. Para retomar a questão do Ser, era preciso romper com a língua do ente. Não com o intuito de inventar uma nova linguagem, mas falar e ouvir com mais verdade a nossa. Pois a linguagem é testemunha, por excelência, da pertença do homem ao Ser, não no seu papel de instrumento de domínio, mas como lugar de escuta e de resposta, em que se opera uma dádiva, uma passagem: a palavra não é representação da coisa, mas antes aquilo que lhe atribui ser e presença. O homem está preso no jogo original da língua. A linguagem não é o seu instrumento, é ele que pertence à linguagem. É a língua que fala e não o homem, e a relação do homem com a língua é a sua própria relação com o Ser – profunda e velada. O homem é comparado a um vigia ou a um pastor que se mantém à porta do Ser. Os pensadores e, por excelência, os poetas conferem à linguagem a possibilidade de revelação do Ser. Pensar exige a linguagem da metáfora, do claro-escuro, porque é preciso apoiar-se nos entes para falar do que não é um ente. Heidegger esteve sempre atento aos poetas (Hölderlin, G. Trakl), à linguagem sibilina, nos limites do silêncio. Dizer o Ser por meio de uma palavra incessantemente devotada ao serviço do ente exige um cuidado extremo com o rigor de um verbo, assim como com a riqueza herdada pelas palavras (em Heidegger, está em causa um «etimologismo»). A distância relativamente à influência do ente é marcada igualmente por uma rigorosa conduta existencial: reserva, serenidade, comportamento desinteressado (eco da bondade do Ser).

☞ **Conceitos-chave e termos relacionados:**
Aletheia, Angústia, Aniquilação, Autenticidade, Coisa, Conformismo, Consciência, Conversão, Dádiva, *Dasein*, Desamparo, Desconstrução, Desvelamento, Diferença ontológica, Ente, Esquecimento, Existência, Existencial, Existencialismo, Existir, Ex-sistir, Êxtase, Fenomenologia, Filosofia, Finito, Finitude, Fundação, Futuro, Gente (A), Gratuitidade, Historialidade, Historicidade, Homem, Humanismo, Jogo, Língua, Linguagem, Metafísica, Mistério, Morte, Ôntico, Ontologia, Palavra, Pensamento, Poesia, Para si, Presença, Questão, Razão, Ser, Ser-aí, Técnica, Temporalização, Tempo, Trabalho, Transcendência, Transcendente, Verdade.

☞ **Autores:**
Derrida, Husserl, Jaspers, Kant, Merleau-Ponty, Nietzsche, Platão, Pré-socráticos.

☞ **Bibliografia**

F. Dastur, *Heidegger et la question du temps*, PUF, 1990.
F. Guibal, *Et combien de dieux nouveaux... Heidegger*, Aubier, 1980.
D. Janicaud, J.-F. Mattéi, *La Métaphysique à la limite*, PUF, 1983.
J.-F. Mattéi, *L'Ordre du monde, PUF*, 1989.
J.-M. Salanskis, *Heidegger*, Les Belles Lettres, 1997.
[P. Trotignon, *Heidegger*, Edições 70.]

HERACLITO (ca. 576-480 a.C.)

Heraclito é considerado, juntamente com Parménides*, um dos fundadores da ontologia ocidental. A sua filosofia do Uno e do devir anuncia a dialéctica do uno e do múltiplo, do Ser e do não-Ser. De Platão* a Hegel*, são inúmeros os filósofos (Nietzsche* e Heidegger*, por exemplo) que se referem ao seu pensamento globalista e sintético.

Não dispomos de qualquer dado biográfico exacto sobre Heraclito, excepto que era proveniente do Éfeso, que teria estado no apogeu da fama na altura da 69ª Olimpíada e que terá sido o autor de um livro (tábuas gravadas) depositado no templo de Ártemis.

☞ **Obras:**

Possuímos de Heraclito 126 fragmentos reconhecidos como autênticos. Mas conhecemo-lo também através de Platão, Pseudo-Aristóteles e Sexto Empírico.

• *O mobilismo universal e o fluxo incessante do devir*

«Quem entra no mesmo rio, nunca se banha nas mesmas águas.» Esta passagem inspirou as famosas frases de Crátilo atribuídas a Heraclito: «Tudo passa e nada fica [...], não podemos entrar duas vezes no mesmo rio» (*Crátilo*, 402, 1).

O *princípio supremo*, simultaneamente matéria e espírito, é o *Fogo* e tudo resulta da sua transformação: «O fogo transforma-se primeiro em mar; metade do mar torna-se terra e a outra sopro ígneo» (frag. 31). Sendo o fogo o único princípio de um mundo uno e ilimitado, tudo aquilo que é engendrado pelo fogo deve regressar ao fogo, o uno torna-se múltiplo e o mesmo torna-se outro num perpétuo movimento. O devir designa assim este fluxo das coisas, a passagem do uno ao múltiplo, do mesmo ao outro, e a superação desta oposição na unidade dos contrários. Todavia, o devir não é o devir do próprio Ser, mas o devir no seio do Ser, porque o *Ser* é o Todo que, como perpétuo devir, é eterno.

• *A razão, lugar das contradições e a superação destas na harmonia dos contrários*

O fogo, princípio de todas as coisas, é, também, *polémos* (guerra), pois a todos os níveis, cósmico ou antropológico, os contrários confrontam-se numa luta e num conflito permanentes. Mas o fogo também é *logos*, razão, pensamento, e a oposição material dos contrários torna-se, então, contradição dialéctica. A lei universal da conciliação dos contrários que se confrontam chama-se «harmonia». Pseudo-Aristóteles comenta assim Heraclito: «Talvez a natureza ame os contrários e saiba encontrar neles a harmonia, e não se interesse pelos semelhantes [...]; ela compôs a concórdia original por meio dos contrários [...]. É isto que encontramos em Heraclito [...]. O Uno nasce de todas as coisas e todas as coisas nascem do Uno.» Pode ver-se, a justo título, na exigência da *razão*, lugar dos contrários e da superação destes, a primeira forma da dialéctica.

• *Justiça, saber, sabedoria*

A arte de estabelecer o equilíbrio e de harmonizar os elementos em guerra, de os impedir de lutarem entre si e de manter uma «justa proporção» entre eles tem o nome de «*diké*» (justiça). Ela reina tanto no cosmos como nas actividades humanas.

A justiça confunde-se com a razão universal e, no homem, é sabedoria. Todos os homens têm uma *alma* imortal, de essência espiritual, parcela do fogo celeste. O homem, portanto, tem o poder de pensar e de conhecer e participa «na coisa comum a todos», a saber, no *logos*. No entanto, a maior parte dos homens, «mesmo com os olhos abertos», «age e fala como se estivesse adormecida». Eles precisam de um mestre que os mantenha acordados. Ora, qual o papel do mestre numa filosofia do devir? Parece que esta não pode ser ensinada, nem mesmo proferida, porque cada palavra introduz a instabilidade no fluxo universal. Só um mestre da palavra pode encontrar a conciliação velada que dá sentido às frases. Para abarcar a fluidez do devir, o *logos*, com efeito, deve introduzir a sucessão ou a alternância de termos contrários: dia/noite, vivo/morto, acordado/adormecido, mesmo/outro, etc. E deve encontrar igualmente os termos que exprimem a unidade dos contrários: Uno, Todo, etc.

Mas, como «pensar é comum a todos», os homens devem acabar por dispensar o mestre e graças à sua vigilância – vontade de estar sempre acordado – «a sabedoria descobre-se no acordo entre eles» (frag. 50).

☞ **Conceitos-chave e termos relacionados:**
Alma, Devir, Dialéctica, Harmonia, Jogo, Justiça, *Logos*, Mobilismo, Razão, Sabedoria, Tempo, Uno.

☞ **Autores:**
Estóicos, Hegel, Nietzsche, Parménides, Pré-socráticos.

☞ **Bibliografia:**
Heidegger e Fink, *Héraclite*, Gallimard, 1973; *Introdution à la Metaphisique*, «Tel» Gallimard, 1987, p. 134 e *ss*; *Essais et Conférences*, «Tel» Gallimard, 1992, pp. 249-278.
J.-F. Mattéi, *La Naissance de la raison en Grèce*, PUF, 1990.
C. Ramnoux, *Héraclite entre les choses et les mots*, Les Belles Lettres, 1968.

HOBBES, Thomas (1588–1679)

Raramente um autor foi tão incompreendido como Hobbes. Contestado em vida, o autor do *Leviatã* foi ignorado ou permaneceu desconhecido durante cerca de três séculos. Durante muito tempo, foi considerado como o teórico da ditadura, precursor do totalitarismo. Só na nossa época é que uma leitura mais atenta da sua obra o reabilitou, reconhecendo-o como um dos primeiros grandes pensadores, depois de Maquiavel*, da realidade política e, em particular, o primeiro teórico do Estado representativo. Além disso, muitos consideram que, longe de ser um defensor da tirania, advoga o carácter inalienável dos direitos do indivíduo e que a sua interpretação da lei natural ou «lei da razão» pode ser qualificada de liberal.

Depois dos estudos secundários na sua cidade natal, Westport, Hobbes é enviado para Oxford; quando sai da universidade possui já uma cultura verdadeiramente enciclopédica. Entra, então, ao serviço do futuro conde de Devonshire e irá passar quase toda a sua existência em funções diversas ao serviço da família. De 1610 a 1636, desloca-se várias vezes ao continente; torna-se amigo de Mersenne e, graças a ele, conhecerá os grandes cientistas e filósofos da sua época como Galileu, Gassendi, etc. Contemporâneo das guerras civis inglesas que opunham o parlamento e os monárquicos, refugia-se em França para fugir à revolução de 1648 que conduz à decapitação de Carlos I. Aí ficará no exílio durante dez anos e este será o seu período mais fecundo de actividade científica e filosófica.

De regresso a Inglaterra, no final de 1651, será alvo de violentos ataques por parte dos teólogos e dos cientistas do seu tempo. No entanto, conserva a protecção e a confiança de Carlos II. Hobbes morre em 1679 numa das residências dos condes de Devonshire.

☞ **Obras** (os títulos em português correspondem à tradução dos títulos em francês e não dos originais)**:**
Elementos do Direito Natural e Político (1640); *De cive* (1642-1647); *O Leviatã* (1651); *De homine* (1658); *Tratado do Homem; Behemoth* (1682); *Da Liberdade e da Necessidade* (1682); *As Questões Acerca da Liberdade, Necessidade e o Acaso* (1656).

• *Do materialismo mecanicista ao empirismo nominalista*

Hobbes defende um *materialismo* radical segundo o qual toda a substância é corpórea. Contrariamente ao dualismo de Descartes que afirma a irredutibilidade da substância pensante, para Hobbes «uma coisa que pensa é uma coisa corpórea» e o espírito é «um corpo de uma tal subtileza que nem age sobre os sentidos». Ele designa por *corpo* aquilo que ocupa um espaço, que tem uma grandeza e forma determinadas. Enquanto mecanicista, afirma, como Descartes, que qualquer corpo é constituído por corpúsculos homogéneos de extensão e de formas geométricas variáveis, que actuam uns sobre os outros apenas por meio de choques, segundo um determinismo rigoroso e leis quantitativas. O *materialismo mecanicista* tende a explicar toda a realidade pela acção recíproca dos corpos.

O *materialismo* de Hobbes só pode ser um empirismo («todo o conhecimento tem origem na experiência», *Elementos do Direito Natural e Político*) porque o *conhecimento* é o efeito produzido em nós pela acção das coisas exteriores e resulta da propagação dos choques corpóreos sobre o sujeito. O corpo exterior é a causa das nossas sensações. Os nossos órgãos sensoriais são sensibilizados por essa acção do corpo que se propaga até ao cérebro. O *nominalismo* resulta desta noção: se a representação de alguma coisa é o movimento causado por essa coisa, então só tenho acesso a representações particulares. O empirismo nominalista reconhece existência apenas aos indivíduos. É a *linguagem* que irá fixar e ordenar a experiência feita de sensações descontínuas. Não dispomos de ideias gerais, mas de *palavras*, conjunto de signos arbitrários, seres particulares capazes de designar uma multiplicidade de coisas igualmente particulares. A *razão* é apenas um jogo de denominações justas, um cálculo efectuado sobre as palavras.

• *A antropologia de Hobbes e a hipótese de um estado de natureza*

Hobbes funda a sua ciência política numa antropologia que descobre as causas do comportamento do homem e das sociedades em dois tipos de realidade psíquica, o conhecimento do mundo que evocamos e as paixões, funcionando o sistema de forma puramente mecânica e não deixando qualquer espaço ao livre-arbítrio.

Para tentar explicar a realidade psíquica do desejo, Hobbes recorre à noção de *conatus*, «o mais pequeno começo do movimento imperceptível», movimento através de um espaço e de um tempo menores do que qualquer espaço e tempo assinaláveis. O *conatus* designa «o movimento vital» que se traduz em desejo de durar e em poder de agir. O homem, amadurecido pelo seu movimento vital, é pois um conjunto de desejos e de apetites. Mais precisamente, é assediado por duas paixões contrárias. Por um lado, é devorado pelo orgulho e pela vaidade, pela aspiração à glória, «desejo perpétuo e incessante de adquirir cada vez mais poder, desejo que só termina com a morte». Este apetite pela glória leva o homem a entrar em conflito com os seus semelhantes e a colocar-se em perigo para satisfazer a sua paixão. Mas, por outro lado, «qualquer homem deseja aquilo que lhe parece bom e foge do que lhe parece mau, e aquilo que mais quer evitar é o pior dos males, a saber, a morte» (*O Cidadão*). O medo da morte é uma paixão igualmente fundamental que exprime o desejo de conservação que irá atenuar o apetite desenfreado pela glória. Estas duas paixões são especificamente humanas, a primeira enquanto desejo de reconhecimento, a segunda porque só o homem é capaz de ser atormentado pelo medo da morte violenta.

Baseando-se nesta antropologia, Hobbes define um *estado de natureza* que, tal como em Rousseau*, não é uma realidade histórica concreta, mas uma ficção teórica que exprime a condição pura do homem se excluirmos a sociedade e o poder político. Nesta situação sem normas nem leis, o *direito natural* é o direito de todos os homens «sobre todas as coisas e sobre todos» e, tal como em Espinosa*, é proporcional, em cada indivíduo, à extensão do seu poder. Na ausência de um poder transcendente e constrangedor que limite o poder de cada um, é o orgulho, fonte de rivalidade, que vai transformar o homem «no lobo do homem» e contribuir fortemente para que o estado de natureza seja um estado de guerra perpétuo: a guerra de todos contra todos. Mas, inversamente, o medo da morte é a paixão que vai fazer com que o homem procure a paz com os seus semelhantes.

• ***A passagem do estado de natureza para a sociedade civil: o contrato fundador do Estado***

O risco permanente criado pelo confronto inevitável das forças individuais engendra uma angústia mortal mas saudável. A revelação da morte une os homens na consciência de uma condição comum e provoca uma acção propriamente racional. Com efeito, a *razão*, que é essencialmente cálculo, vai antecipar os riscos e perigos inerentes ao estado natural: substituirá o *direito de natureza*, que é o direito do mais forte, pelo «direito natural» ou «lei natural», consumando assim a ruptura com o estado primitivo. «A lei natural é uma lei de razão que tem a ver com as coisas que não concorrem para a preservação constante da vida e do corpo.» A sua primeira e fundamental regra consiste em procurar e manter a paz. Aquilo que esta lei de natureza – ou de razão – inspira aos homens é a ideia de um contrato fundador do Estado e da sociedade civil. Este *contrato* designa a convenção pela qual os homens, por meio de um consentimento mútuo, renunciam reciprocamente aos seus direitos naturais sobre todas as coisas e entregam o seu poder a um soberano (monarca ou assembleia, que pode ser aristocrática ou democrática). O *Estado* ou *República*, quer se encarne no indivíduo ou numa assembleia que exerça o poder político, é, então, pura criação humana e, enquanto tal, constitui uma «pessoa artificial»: «o homem artificial». Efectivamente, para Hobbes, que rejeita qualquer sociabilidade instintiva na origem das sociedades, o Estado não pode, como em Aristóteles*, ser um prolongamento da natureza humana (o homem não é um animal político).

Assim, pode dizer-se que, na lógica da filosofia de Hobbes, ao nominalismo do conhecimento corresponde o artificialismo na ordem política. Além disso, num sistema nominalista, só se pode partir dos indivíduos, cada um deles amadurecido pelo seu próprio movimento vital. A originalidade de Hobbes consiste em pensar a essência do *poder* do Estado como a omnipotência do soberano que resulta da soma dos poderes de todos os indivíduos.

A característica principal do *contrato* de Hobbes é o facto de ser redigido e assinado por todos em proveito de um terceiro. Não se trata, portanto, de um pacto de associação. Mas também não é um pacto com o soberano, ou seja, um pacto de submissão. É, exactamente, uma delegação de poder que se exprime assim: «É como se todos dissessem a todos: autorizo este homem ou esta assembleia, e entrego-lhe o meu direito de me governar a mim mesmo, na condição de que lhe entregues o teu direito, e que autorizes todas as suas acções da mesma maneira» (*Leviatã*, cap. 17). «Autorizar», no sentido em que Hobbes o compreende, significa «fazer o seu representante de...». Assim, o *soberano* não é uma pessoa transcendente, é apenas o delegado do conjunto dos sujeitos. O problema político que doravante se coloca com Hobbes já não é o do melhor regime, mas o da legitimação da obediência fundada na delegação da autoridade, por outras palavras, na representação. Nenhum dos sujeitos será autorizado a censurar qualquer acção do Estado, porque cada um autorizou previamente essa acção, ou seja, reconheceu-a como sua. A *soberania* do Estado é absoluta porque resulta da renúncia dos direitos ilimitados do indivíduo a favor daquele.

O *Estado* caracteriza-se, então, por uma tripla finalidade:

– tem uma *função representativa* no sentido em que «personifica» os cidadãos que delegaram nele livremente todos os seus direitos e poderes. É assim que se encontra legitimada a submissão de todos à autoridade soberana, pois, fazendo do soberano o representante deles, é a si próprios que os cidadãos obedecem;

– assegura a *ordem*, ou seja, a protecção e a segurança de todos: detentor de todo o poder colectivo, deve respeitar os indivíduos e dirigir as suas acções em vista do bem comum;

– porque a soberania tem de ser absoluta, o Estado é a *única fonte da lei*: é ele que dita o justo e o injusto. Facto que torna os seus actos indiscutíveis.

Todavia, não se pode fazer de Hobbes o teórico do Estado totalitário. O Estado dispõe de um poder absoluto, uno, indivisível e inalienável, mas que não se confunde com o despotismo ou com a tirania. Embora tivesse sido sempre um monárquico resoluto, Hobbes está para além das diferentes formas de governo. É o princípio democrático que está no fundamento do contrato porque este resulta do consentimento de todos, seja qual for o regime. No entanto, este absolutismo não deixa de ter reservas. No *Leviatã*, tal como em *De cive*, o dever de obediência termina quando uma ameaça pesa sobre a vida ou sobre a liberdade, o que é uma forma de reconhecer os direitos inalienáveis do indivíduo.

☞ **Conceitos-chave e termos relacionados:**
Conatus, Conhecimento, Contrato, Corpo, Direito (- de natureza, - natural ou Lei de natureza), Empirismo, Estado (- de natureza), Materialismo, Nominalismo, Poder, Razão, República, Soberania, Tirania.

☞ **Autores:**
Aristóteles, Espinosa, Locke, Montesquieu, Rousseau.

☞ **Bibliografia**

A.-L. Angoulvent, *Hobbes ou la crise de l'État baroque*, PUF, 1991.

L. Jaume, *Hobbes et l'État représentatif moderne*, PUF, 1986.

M. Malherbe, *Hobbes*, Vrin, 1984.

P.-F. Moreau, *Hobbes. Philosophie, science, religion*, PUF, 1989.

P. Naville, *Thomas Hobbes*, Plon, 1988.

L. Strauss, *La Philosophie politique de Hobbes*, Belin, 1991.

C. Y. Zarka, *Hobbes et la pensée politique moderne*, PUF, 1995; *Philosophie et politique à l'âge classique*, PUF, 1998; *La Décision métaphysique de Hobbes. Les Conditions de la politique*, Vrin, 1999.

HUME, David (1711-1776)

Hume é, incontestavelmente, o maior filósofo empirista inglês e um dos fundadores da filosofia moderna. Transforma radicalmente a forma de questionar filosoficamente, já não de natureza ontológica. A questão não é saber se existe ou não uma substância material, uma alma ou Deus, mas procurar a origem das nossas crenças e faculdades. Pela sua crítica do dogmatismo metafísico e por esta perspectiva genealógica, é percursor de Kant* e Nietzsche*. Ao denunciar as ilusões substancialistas da linguagem, origem das falsas questões metafísicas, Hume anuncia as críticas contemporâneas da linguagem, por exemplo, as da filosofia analítica e do positivismo lógico (Círculo de Viena*).

O empirismo de Hume, longe de conduzir ao cepticismo e ao relativismo radical, longe de destruir a ciência e a moral, funda a objectividade científica, a normatividade moral e o consenso político sobre o poder «de um senso comum» enraizado na subjectividade universal da natureza humana.

Nascido em Edimburgo, no seio de uma família da pequena nobreza, David Hume fez os seus estudos na sua cidade natal. Estava-lhe destinada uma carreira de advogado, mas prefere as letras e a filosofia e apaixona-se pelos autores latinos, pelos pensadores cépticos* como Montaigne* e, no campo da filosofia moderna, essencialmente por Locke* e Berkeley*. Concebe o projecto de elaborar uma obra filosófica. Vai para Paris e depois para o La Flèche, colégio onde Descartes* estudou. Aqui redige o *Tratado Sobre a Natureza Humana* que só publica em 1739, em Londres. A obra é recebida de forma muito reservada e Hume ganha mesmo reputação de céptico e imoral. Os seus *Ensaios Morais e Políticos* obtêm, finalmente, sucesso e é admitido no meio filosófico e literário de Edimburgo. Apesar da sua notoriedade, rejeitam-lhe a cátedra de Filosofia em Glasgow, devido à hostilidade do clero que não lhe perdoa o ateísmo. Aceita, então, o cargo de conservador numa grande biblioteca universitária, o que lhe permite satisfazer o gosto pela pesquisa histórica e escrever *A História da Grã-Bretanha*, obra que obtém um enorme sucesso. No auge da fama, confiam-lhe um posto de diplomata em Paris onde é acolhido com entusiasmo pelos enciclopedistas e recebido nos salões literários. Trava amizade com Rousseau*, e leva-o para Londres para o proteger das perseguições reais ou imaginárias das quais se dizia vítima. Mas os dois filósofos incompatibilizam-se rapidamente. De regresso à Escócia em 1768, abandona um ano depois toda a actividade devido a uma doença que o levará à morte em 25 de Agosto de 1776.

☞ **Obras** (os títulos em português correspondem à tradução dos títulos em francês e não dos originais):

Tratado da Natureza Humana (1739); *Resumo do Tratado da Natureza Humana* (1740); *As Paixões*; *Ensaios Morais, Políticos e Literários*; *Investigação Sobre os Princípios da Moral* (1748); *História Natural da Religião e Outros Ensaios Sobre a Religião* (1757); *Diálogos Sobre a Religião Natural* (1779).

[Nas Edições 70: *Investigação sobre o Entendimento Humano.*]

• *Projecto de uma ciência do homem*

«A natureza humana é a única ciência do homem e, até ao momento, foi a mais negligenciada» (*Tratado da Natureza Humana*). O projecto de Hume é simples mas ambicioso: constituir uma *ciência da natureza humana* que, à imagem da ciência newtoniana da natureza física, aplique ao espírito o método de investigação experimental. Esta ciência assenta num duplo postulado: o postulado empirista do regresso à experiência originária; a exigência analítica de decomposição do complexo nos seus elementos simples. Por fim, determina como objecto a procura da origem de todas as nossas faculdades e a investigação dos princípios que regem as operações do espírito.

A natureza humana é, para Hume, a matriz a partir da qual se vai edificar «o sistema completo das ciências». Além disso, procedendo a uma anatomia da estrutura interna do espírito, a ciência do homem não só fornece os meios para compreender toda a acção cognitiva como também põe à prova «uma moral prática», uma política, uma economia, unificando assim o saber e a acção.

• ***A génese empirista das faculdades cognitivas***

O conjunto dos elementos do espírito – a que hoje chamaríamos «factos psíquicos» – é constituído pelas «percepções». Ver, ouvir, sentir, pensar, odiar, amar: tudo é percepcionar. «Todas as percepções do espírito se reduzem a dois géneros distintos a que chamarei impressões e ideias.» O espírito é, fundamentalmente, passivo porque recebe as *impressões de sensações* (cores, sons, etc.) e as *impressões de reflexão* (alegrias, prazeres, tristezas) que designam «todas as nossas percepções vivas quando ouvimos, vemos, tocamos, amamos, odiamos, desejamos ou queremos». As impressões sensíveis constituem, assim, o material primitivo que está na base de todo o conhecimento.

Por outro lado, o espírito tem o poder de evocar as impressões. Torna-se, então, *memória*, ou seja, faculdade de evocar uma impressão passada, ou *imaginação*, poder de formar uma imagem a partir de uma impressão existente ou possível. Nos dois casos, o espírito só tem a imagem ou a cópia de uma impressão, aquilo a que Hume chama «ideia». Esta não é um conceito mas uma impressão não tão viva. Pensar é, então, imaginar, e as *ideias* só se distinguem das impressões pela sua menor vivacidade: «Todas as nossas ideias ou percepções atenuadas são cópias das nossas impressões ou percepções mais vivas.» Este é o *empirismo* de Hume, segundo o qual, tendo todo o nosso conhecimento origem nas sensações, só se pode avaliar a verdade das nossas ideias identificando a relação genética com a impressão da qual provêm. Esta afirmação tem consequências de grande importância porque nos fornece um critério que permite estabelecer a demarcação entre ciência e metafísica: «Quando desconfiamos que um termo filosófico é empregue sem nenhum sentido nem corresponde a nenhuma ideia (como acontece muito frequentemente), temos apenas de procurar de que impressão deriva essa suposta ideia.» Uma noção como «substância» encontra-se assim desqualificada na medida em que, como Berkeley já tinha visto, não se pode estabelecer qualquer relação com uma impressão da qual derivaria. Esta noção é preponderante para a filosofia da linguagem, para o positivismo lógico e para o Círculo de Viena.

• ***A teoria da associação de ideias e os princípios da natureza humana***

Se o empirismo impõe o regresso ao dado sensível original, isto significa que nos confrontamos logo com o diverso, o singular e o contingente. Por definição, as *impressões* constituem dados caóticos, um fluxo ininterrupto de percepções heterogéneas que se sucedem incessantemente. Assim, a questão essencial da organização dos elementos não pode deixar de se pôr: como se formam as ideias complexas a partir das ideias simples fornecidas pelas sensações? De forma mais geral, como é que se efectuam a ligação e a conexão das ideias? A resposta encontra-se na *imaginação*. Esta constitui, para Hume, a própria essência do pensamento. É, antes de tudo, a faculdade de formar ideias novas a partir das ideias simples já conhecidas. Pode assim forjar quimeras. Mas se a imaginação é o poder de superar o dado conhecido, não é, porém, criadora. Só tem a liberdade de uma combinatória e a sua capacidade de inovar só se pode exercer dentro dos limites dos materiais fornecidos pelos sentidos. Além disso, esse poder de combinação não é nem arbitrário nem fantasista: tal como se verifica em relação aos fenómenos naturais na física, existem leis de atracção entre as ideias. Toda a vida psíquica se compreende pela *associação de ideias*, propriedade que as representações têm de se convocar, evocar, implicar reciprocamente, segundo os princípios da natureza humana – semelhança, contiguidade no espaço e no tempo, causalidade – que estruturam a imaginação e impõem ordem e regularidade às associações.

Graças a esses princípios obscuros, profundamente enraizados na natureza humana, a imaginação amplia bastante o seu poder: explica o processo de abstracção e produção das *ideias gerais*. Estas, com efeito, são apenas as ideias particulares, associadas por semelhança e agregadas num termo geral, mas que a imaginação tende a hipostasiar em essências independentes das impressões particulares. A imaginação está igualmente na origem da *ilusão substancialista*: pela sua tendência em preencher com imagens os intervalos entre cada percepção, ela conduz-nos a transformar em identidade o que se nos apresenta como simples semelhança. A imaginação é responsável, por isso mesmo, pela nossa crença espontânea na existência permanente de objectos que nos são exteriores e independentes das nossas percepções. Mas Hume vai mais longe do que Berkeley e não se contenta em depreciar a matéria: a imaginação é igualmente responsável, segundo ele, pelo sentimento de identidade pessoal e engendra a ficção de um Eu idêntico a si próprio que seria o substrato permanente das nossas percepções descontínuas. Neste plano, Hume antecipa também a dissolução nietzschiana do sujeito.

Pode calcular-se as consequências desta concepção da imaginação do ponto de vista ontológico: justifica-se a crítica de Hume da *metafísica* considerada como o lugar das ficções da imaginação, das ilusões substancialistas (a matéria, a alma e Deus), mas, ao mesmo tempo, o lugar por excelência dos falsos problemas. Com efeito, a questão legítima não é «há ou não corpos?», mas «quais são as causas que nos levam a crer na existência de corpos?» (*Tratado da Natureza Humana*). O problema não consiste em saber se existe uma substância pensante ou um Deus único no fundamento de todas as coisas, mas em proceder à génese dessas crenças. Neste aspecto reside a modernidade de Hume.

- ***A causalidade: uma simples crença fundada na experiência e no hábito***

Hume ficou para a posteridade como filósofo pela crítica radical da *causalidade*. Esta, tão importante para a ciência, que nela baseia toda a inferência, como para a metafísica, que se serve da ideia de causa para provar a existência de Deus, não é senão um princípio subjectivo de associação. A originalidade de Hume reside também na própria forma de colocar o problema. A questão já não é, como em Malebranche* ou em Berkeley, saber onde reside a eficácia da causalidade, mas compreender por que razão cremos na necessidade da relação causal. Este método genealógico, que prefigura as filosofias da dúvida, é já uma forma de denunciar a própria legitimidade da ideia de conexão necessária.

Se nos ativermos aos dados estritos da experiência, não vemos uma causa produzir um efeito. A experiência só nos permite observar conjunções regulares e constantes. Quanto à razão que afirma que a toda a causa corresponde um efeito e reciprocamente, ela apoia-se numa ideia de causalidade que não é demonstrada. Apenas pela razão, não podemos deduzir *a priori* qualquer efeito. No entanto, o *princípio de causalidade* leva-nos a superar a experiência: «Raciocinamos superando as nossas impressões imediatas e concluímos que tais causas particulares têm efeitos particulares» (*Tratado da Natureza Humana*). Hume sublinha o paradoxo dessa superação. Quando dois eventos se sucedem numa ordem determinada e essa conjunção se repete um certo número de vezes, nada garante que o passado possa servir de lei ao futuro e que estejamos em posição de esperar que a conjunção se repita. Portanto, em que se funda a ideia de conexão necessária?

Hume parte do princípio de que qualquer ideia deriva de uma impressão (de sensação ou de reflexão). A ideia de conexão necessária, tal como qualquer ideia, tem, então, origem numa impressão: «Nenhuma impressão produzida pelos sentidos pode engendrar essa ideia. Esta deve, pois, derivar de alguma impressão interna ou de impressões de reflexão. Não há outra impressão interna em relação com o facto, que nos ocupa actualmente, senão a tendência produzida pelo hábito de passar de um objecto à ideia de outro objecto que o acompanha habitualmente. Esta é, pois, a essência da necessidade. Em suma, é algo que existe no espírito, mas não nos objectos.» O hábito é o princípio da natureza humana que explica a nossa expectativa do fenómeno B quando A se verifica e quando a experiência nos revelou uma conjunção regular entre A e B.

O *princípio de causalidade*, que prescreve a experiência futura a partir da experiência passada e em que se funda toda a indução científica, é um princípio subjectivo da imaginação, que se atribui a uma ideia viva na ausência de qualquer impressão presente, sob o efeito conjugado da experiência, ou seja, da observação de uma conjunção regular entre dois fenómenos, e do *hábito* ou tendência inevitável para crer que essa conjunção se vai repetir quando confirmada um determinado número de vezes. O princípio de causalidade, afinal de contas, é apenas uma crença que tem como fundamento, não da sua justificação mas da sua produção, os princípios subjectivos da natureza humana que são a imaginação e o hábito, associados à experiência cuja acção só é susceptível de nos fazer compreender a passagem de uma ligação subjectiva entre duas coisas.

Não poderá esta concepção fazer ruir os fundamentos de toda a certeza científica? A crítica da conexão necessária, confrontando-nos com a total contingência do real, não nos conduzirá a afirmar que «qualquer coisa pode produzir qualquer coisa»? Em Hume, esta constatação não engendra, porém, um cepticismo radical. Pelo contrário, justifica a necessidade de fixar regras e de estabelecer critérios que permitam decidir o que é verdadeiramente causa e efeito: por exemplo, as regras segundo as quais a causa deve ser anterior ao efeito, a causa e o efeito devem ser contíguos no tempo e no espaço, as mesmas causas devem produzir os mesmos efeitos. Contudo, na vida quotidiana, nenhum cepticismo pode abalar a confiança numa ordem e numa regularidade e as certezas pragmáticas e vitais recuperam o seu direito.

• *Os fundamentos da moral*

A filosofia moral de Hume obedece aos princípios fundamentais do seu empirismo. Tal como o conhecimento, a moral não tem um fundamento racional. Hume opõe-se ao *racionalismo* que defende que a razão nos ensina directamente as noções de bem e mal e que fornece à acção os seus fins. Com efeito, a *razão* é apenas a faculdade de conhecer e não um poder de determinação prática. Neste sentido, não dá qualquer impulso à acção: não pode produzir uma acção, impedir uma volição ou «disputar a preferência entre paixões». «Não falamos nem com rigor nem filosoficamente quando falamos do combate da paixão e da razão. A razão não pode senão ser a escrava das paixões.» A única coisa que, eventualmente, a razão pode fazer é dar às nossas paixões um impulso numa direcção contrária.

Uma paixão só pode, então, ser decretada irracional quando se baseia em objectos inexistentes ou num juízo erróneo acerca das relações de causa e efeito. A única competência da razão na ordem moral consiste em descobrir a conexão entre objectos capazes de nos afectarem e em fornecer as regras da adaptação dos meios a um fim, sem julgar o valor desse mesmo fim acerca do qual apenas o sentimento pode decidir. Como já dizia Pascal*, não é a razão que confere um valor às coisas. Além disso, ela é totalmente indiferente tanto ao egoísmo mais arrebatado como à generosidade mais extrema. «Não é contrário à razão preferir a destruição do mundo inteiro a um arranhão no meu dedo. Não é contrário à razão que eu escolha arruinar-me completamente para evitar o menor incómodo de um índio ou de uma pessoa completamente desconhecida.»

A *razão*, faculdade axiologicamente neutra, não pode instruir-nos acerca do bem e do mal e a moral não pode, então, ter outro fundamento senão o sentimento. Ora, no domínio da vida afectiva, o empirismo explica a génese do eu prático a partir das paixões, e impõe igualmente uma análise das paixões a partir dos seus componentes mais simples, o prazer e a dor. A *moral*, obedecendo aos princípios gerais do empirismo, apenas pode basear-se, em última instância, nas impressões do prazer e da dor, única fonte da aprovação ou reprovação moral.

Hume confronta-se, então, com dois problemas:

1. ao fundar a moral no sentimento não vai arruinar a sua pretensão à universalidade? A resposta de Hume é simples: agimos e apreciamos as acções humanas em virtude de um *sentido moral* inscrito naturalmente em nós e que se traduz em impressões agradáveis ou desagradáveis conforme a acção esteja relacionada com a virtude ou o vício. Esse sentido moral, enraizado na subjectividade universal da natureza humana, está na origem de um consenso dos espíritos sobre a aprovação ou reprovação moral;

2. de que natureza é esse sentido moral? Hume critica os filósofos como Hobbes e Locke que fundam todas as acções e paixões no egoísmo e para os quais a *moral* se define como um cálculo do interesse bem compreendido. A moral não é um conjunto de regras proclamadas pela razão, mas enraíza-se no dado irredutível do sentimento: juntamente com o amor de si, Hume admite um sentimento primitivo de simpatia e de benevolência que, fortalecido pelo hábito, pela educação, pela autoridade do Estado, se converte numa disposição duradoura. Assim, a *justiça* que governa as sociedades políticas não é uma virtude racional, mas confunde-se com o «sentido do interesse comum» que resulta de um misto de egoísmo e altruísmo, amor-próprio e simpatia. «É unicamente no egoísmo do homem e na sua generosidade limitada, a par da parcimónia com que a natureza proveu à satisfação das suas necessidades, que a justiça encontra a sua origem.»

☞ **Conceitos-chave e termos relacionados:** Causalidade, Cepticismo, Ciência da natureza humana, Empirismo, Hábito,

Ideia(s) (- gerais), Imaginação, Impressões (- de reflexão, - de sensação), Justiça, Memória, Metafísica, Moral, Percepções do espírito, Princípios (- de causalidade, - da natureza humana), Racionalismo, Razão, Sentido moral.

☞ **Autores:**
Bacon, Condillac, Deleuze, Descartes, Locke, Kant, Viena (Círculo de).

☞ **Bibliografia**

J.-P. Cléro, *Hume*, Vrin, 1998.
G. Deleuze, *Empirisme et subjectivité*, PUF, 1953.
M. Malherbe, *La Philosophie empiriste de Hume*, Vrin, 1976.

HUSSERL, Edmund (1859-1938)

Husserl foi o fundador da *fenomenologia*, movimento filosófico que pretende instaurar «a filosofia como ciência rigorosa» através de um regresso aos «fenómenos» – aquilo que se revela, que se manifesta –, ou seja, às «próprias coisas» na medida em que aparecem na relação directa do sujeito com o mundo.

☞ **Obras** (os títulos em português correspondem à tradução dos títulos em francês e não dos originais)**:**
Investigações Lógicas (1900-1901); *Lógica Formal e Lógica Transcendental* (1929); *A Crise das Ciências Europeias e a Fenomenologia Transcendental* (manuscrito de 1935-1937); *Da Síntese Passiva.*
[Nas Edições 70: *A Ideia de Fenomenologia*; *Conferências de Paris.*]

Nascido em Prossnitz (Morávia), estudou astronomia e matemática em Berlim. O interesse pela filosofia leva-o a assistir às aulas do filósofo e psicólogo F. Brentano (1838-1917), em Viena. A sua carreira universitária é feita em Halle até 1901, depois em Göttingen (1901-1906) e Friburgo (1916). Na Sorbonne, em 1929, apresenta as quatro conferências de «Introdução à Fenomenologia Transcendental» que virão depois a ser as *Meditações Cartesianas*. A influência de Husserl afirma-se a partir de um artigo de 1911 publicado na revista *Logos*, «A Filosofia Como Ciência Rigorosa», em que formulou o seu projecto de fundar um pensamento racional especificamente filosófico tão rigoroso quanto o das ciências exactas, mas rompendo com todo o naturalismo e historicismo. Em 1933, Husserl foi expulso da universidade pelos nazis por ser judeu. Na sua última obra, *A Crise das Ciências Europeias*, fez o balanço da sua filosofia numa perspectiva histórica, pondo em relevo a sua responsabilidade espiritual face à crise dos valores europeus e operando uma verdadeira «viragem» humanista. O drama do final da sua vida será a recusa dos seus discípulos mais próximos em prosseguir a sua obra no sentido que ele começava a entrever. Os numerosos inéditos, conservados em grande parte em Lovaina e prestes a ser publicados, são a soma dos escritos (estenografados) que registam dia após dia a sua pesquisa, e que ele próprio reuniu, a fim de nada perder da reflexão intensa e difícil que ficou, do ponto de vista do autor, inacabada.

• *Nas origens do fenómeno. A fenomenologia, «regresso às próprias coisas», à sua evidência originária. A crítica do psicologismo*

Contra a essência dos seus primeiros trabalhos (*A Filosofia da Aritmética*), em que tentava explicar noções matemáticas pelas leis da psicologia empírica, Husserl concebeu o projecto de fundar uma «lógica pura», retrocedendo às «evidências originárias» da lógica. *Evidência* será um dos conceitos operatórios da fenomenologia: designa um estado que apenas pode ser alcançado por meio de uma descrição rigorosa, exigindo uma radical «conversão do olhar». Com efeito, tudo o que aparece – e que constitui as significações da linguagem – esconde a sua forma de aparecer, as origens da sua evidência. Assim, tem de «transparecer», ver-se à transparência, aquilo que, por essência, está votado a des-aparecer, mas que, porém, constitui uma evidência.

Por *fenómeno*, Husserl entende não a aparência oposta ao ser como em Platão*, nem o correlato de um númeno como em Kant*, mas a manifestação daquilo que é como que captado por uma consciência de forma primordial – antes de qualquer reflexão e conhecimento. Pode tratar-se de objectos, entidades lógicas ou matemáticas ou estados de consciência (recordações, percepções, imagens).

Longe de procurar coincidir com uma vivência empírica imediata, um tal projecto pressupõe, pelo contrário, a presença irredutível na existência de uma dimensão de verdade, de apodicidade – necessidade e universalidade não sujeitas a verificação factual ou experimental –, a independência de toda a significação, principalmente lógica, a respeito dos processos psíquicos. Husserl realça o carácter contraditório do psicologismo que, pretendendo fundar a psicologia como ciência, propõe como juízo logicamente verdadeiro a tese segundo a qual não existe verdade lógica. Ora, as leis lógicas possuem um conteúdo objectivo ideal, os objectos lógicos afirmam-se como a sua única norma e como critérios para julgar a qualidade dos processos mentais. É por isso que se deve romper com a atitude «natural» se quisermos apreender o tipo de evidência própria não só aos objectos lógicos, mas também a todo o tipo de «objectos», a todas as significações que se propõem à consciência quando pensamos ou produzimos um enunciado com sentido.

- ***As duas formas de redução da experiência natural: a redução eidética às essências, a redução fenomenológica à consciência intencional. O método de variação eidética***

A *redução eidética*: redução das significações à sua essência fenomenológica. Uma redução é uma operação que consiste em depurar um objecto de conhecimento dos seus elementos estranhos ou acessórios. Desviamo-nos do fluxo dos estados subjectivos e das suas significações dadas para nos centrarmos nas «essências fenomenológicas» visadas pelas significações, ou seja, as formas como a consciência as apreende numa intuição directa ou *eidética* (do grego *eidos*, objecto de visão, essência), que está ausente na atitude natural e apenas se alcança no termo da *análise eidética*, cujo método é a *variação eidética*: fazer variar imaginariamente a significação para descobrir o que é constitutivo da sua essência (por exemplo, para «triângulo», ter menos ou mais de três lados). O método fenomenológico é uma *descrição*: explicitar, tornar manifestas as estruturas universais que estão implícitas na experiência vivida. O ser do fenómeno não reside na sua ocultação ou no seu relevo, mas somente no seu aparecimento.

Rumo à consciência intencional do *Ego* puro pela *redução fenomenológica* ou *epoché*. A *intencionalidade* da consciência. O acto da consciência que *visa* esta ou aquela essência não é neutro: o seu conteúdo difere conforme o seu objecto seja lógico, percebido, imaginado, animado ou inanimado, animal, coisa, etc. Existe, nomeadamente, uma especificidade da intenção de outrem: esta noção de um para-outrem especificamente distinta do para-si permitiu à filosofia romper com o solipsismo – impossibilidade do sujeito aceder a qualquer outra realidade que não seja ele mesmo – que marcara o idealismo clássico.

A *redução fenomenológica* é o acto de pôr em evidência uma actividade intencional da consciência por meio de uma nova operação metódica: a colocação entre parêntesis (*epoché*) de toda a crença a respeito da existência dos objectos e do eu. Assim, apenas subsiste uma certeza: a *intencionalidade* da consciência, a sua propriedade de se dirigir para outra coisa que não ela e de anular o seu acto intencional para afirmar um objecto ou um sentido que a transcende. «Toda a consciência é consciência de alguma coisa.»

A redução fenomenológica é também *redução transcendental*: põe em evidência um *Ego* puro, «transcendental» no sentido fenomenológico, uma consciência pura de qualquer determinação empírica. Contrariamente ao Eu transcendental kantiano, o sujeito husserliano não é intemporal nem está separado do sujeito empírico, porque é definido pela experiência vivida intencional da consciência. A experiência vivida e o empírico não se sobrepõem como em Kant.

A fenomenologia renovou profundamente a reflexão filosófica, principalmente confrontando-se com o seu próprio paradoxo: o carácter transcendente dos objectos que se visa intencionalmente (o *noema*) é imanente a isso que se visou (a *noese*). Como pode a consciência constituir aquilo que ela própria encontra numa experiência vivida?

☞ **Conceitos-chave e termos relacionados:**
Alteridade, Aparência, Aritmética, Ciência, Consciência, Descrição, Eu, Eidética, *Epoché*, Essência, Evidência, Experiência, Fenómeno, Fenomenologia, Filosofia, Intenção, Intencionalidade, Intersubjectividade, Intuição, Lógica, Noema, Noese, Outrem, Psicologismo, Puro, Redução, Sentido, Significação, Solipsismo, Suspensão, Transcendental, Transcendente, Variação, Vivido.

☞ **Autores:**
Descartes, Heidegger, Lévinas, Merleau-Ponty, Sartre.

☞ **Bibliografia**

F. Dastur, *Husserl. Des mathématiques à l'histoire*, PUF, 1995.
N. Depraz, *Transcendance et incarnation. Le statut de l'intersubjectivité comme altérité à soi chez Husserl*, Vrin, 1995.
E. Lévinas, *En découvrant l'existence avec Husserl et Heidegger* (1947), Vrin, 1981; *Théorie de l'intuition dans la phénoménologie de Husserl*, Vrin, 1930.
J.-M. Salanskis, *Husserl*, Les Belles Lettres, 1998.

J

JAMES, William (1842-1910)

Filósofo americano, filho de Henry James, filósofo, teólogo e discípulo de Swedenborg, e irmão do romancista, o seu nome está ligado a uma doutrina filosófica, o pragmatismo, e à criação da psicologia científica. A sua juventude foi passada no seio de uma família inteligente e unida que viajava bastante pela Europa. Tentado pela mística, conheceu um período de angústia, e prosseguiu estudos de medicina. A partir de 1872 lecciona Fisiologia em Harvard onde funda o primeiro laboratório de psicologia experimental (1876) que testemunha o nascimento do behaviorismo. Os seus primeiros cursos de psicologia (1875) conferem-lhe a notoriedade que se prolongará por toda a sua vida de empenho e dedicação: conferências, correspondência com numerosos cientistas e filósofos da Europa (Renouvier, Bergson*).

☞ **Obras** (os títulos em português correspondem à tradução dos títulos em francês e não dos originais):
Os Princípios de Psicologia (1890); *A Vontade de Crer* (1897); *Compêndio de Psicologia* (1909); *A Experiência Religiosa* (1902); *O Pragmatismo* (1902); *Filosofia da Experiência* (1910); *Ensaios Sobre o Empirismo Radical* (1912), *Introdução à Filosofia* (1914).

- ***O pragmatismo***

O pensamento de James enquadra-se no *pragmatismo*, corrente filosófica do final do século XIX que surge na América como reacção contra o hegelianismo dominante: pluralismo, realismo e experiência opõem-se ao monismo, idealismo e especulação. Em *O Pragmatismo*, W. James enunciou os princípios da nova escola filosófica. Aplica à verdade a teoria de C. S. Peirce (1839-1914) sobre a significação; este substituía a intuição cartesiana pela acção que decide da clareza de uma ideia: «A regra pragmática consiste no facto de a significação de um conceito poder encontrar-se sempre, se não em algum particular que ele designa directamente, pelo menos em alguma diferença particular no decurso da experiência humana que faz com que ele seja verdadeiro.» Três teses resumem esta filosofia de vida e de acção cujo objectivo é aplicar ao espírito o evolucionismo darwinista:

1. a vida, concebida como evolutiva, é o único critério legítimo de compreensão e valor;

2. o conhecimento não é determinado pelo objecto conhecido, mas pelo acto de conhecer: a ideia é o que ele faz;

3. a verdade é um atributo da ideia e o seu critério é o seu sucesso, uma confirmação na prática que leva em conta o benefício obtido, o facto de a ideia ter permitido uma relação com a realidade satisfatória para o indivíduo.

A *verdade* é a concordância da ideia e do resultado obtido a partir da ideia: uma ideia é verdadeira quando «tem êxito», quando realiza a sua função ou corresponde àquilo que se espera, à sua finalidade. A verdade não é uma propriedade estagnada, mas um processo de veri-*ficação*. A ciência deve ser considerada não uma explicação do mundo, mas um modo de agir sobre ele. A pretensão científica de aceder a uma verdade total e definitiva é rejeitada e a crença recebe um estatuto privilegiado, uma vez que a acção é fonte de conhecimento: uma crença verdadeira é uma regra de sucesso para a acção, e a possibilidade de uma crença melhor continua sempre em aberto. Quando a razão não nos fornece qualquer explicação, *crer* (escolher uma via) é um dever. Russell* denunciará os perigos deste laxismo, que se satisfaz demasiado com uma «plausibilidade suficiente».

- ***Fundação da psicologia científica.* Os Princípios de Psicologia**

Desta teoria do conhecimento resulta uma concepção geral do real, que James confirma por pesquisas psicológicas, principalmente por uma análise da experiência religiosa. A sua primeira obra (1890), que obteve imediatamente um grande sucesso, estabeleceu a psicologia como disciplina científica independente. O objectivo consistia em explicar o espírito nos termos de um evolucionismo darwinista ao estilo de H. Spencer como a mais importante faculdade pela qual o organismo humano se adapta ao meio. Mas, para James, cuja concepção do espírito é um *funcionalismo*, não podia tratar-se de uma faculdade passiva: o espírito, «francamente teleológico», é função do organismo (ele próprio dinamismo activo) que consiste em tornar o homem capaz não só de se adaptar ao meio, mas também de modificá-lo em vista de determinados fins. A consciência não é uma *entidade*, mas uma *função*. James, que prenunciou quase todos os desenvolvimentos ulteriores da psicologia, traça duas perspectivas, pelas quais foi criticado por as não ter sabido conciliar:

1. o método (tradicional) da introspecção, que o conduziu a uma teoria da *corrente de consciência*; como Bergson, de quem foi amigo e cuja importância teórica reconheceu plenamente, criticava a tendência psicologista em homologar as constantes da língua que disfarçavam a continuidade dos nossos estados mentais;

2. os novos métodos do experimentalismo e do behaviorismo, ilustrados pela *teoria periférica da emoção* criticada por Sartre*: a emoção, estritamente fisiológica, consiste em sentir as manifestações orgânicas – ligadas na história da espécie a movimentos úteis – que se seguem à percepção do estímulo: «Sentimo-nos tristes porque choramos...». Mas James rejeita a psicologia científica materialista que reduz a consciência a um epifenómeno; a sua concepção teleológica do espírito leva-o a atribuir à consciência uma função original: favorecer certos interesses mais do que outros, «fazer escolhas» e exercer sobre as vontades próprias do organismo a sua pressão e as suas inibições.

A *vontade* torna-se assim a faculdade fundamental do espírito enquanto forma genérica de todos os modos específicos da consciência – atenção, conceptualização, etc. – pelos quais a consciência se reúne com as ideias e se torna capaz de perseguir os desígnios do organismo. James, afirmando o valor da introspecção, rejeita a atomização associacionista – «nunca ninguém sentiu uma sensação isolada» – e insiste na continuidade do processo mental – cria a metáfora da *corrente* de consciência que revolucionará a concepção da consciência na psicologia –, assim como no carácter *pessoal* da consciência e no seu ser em perpétuo *devir*.

- ***Um pensamento contrastado: empirismo radical e espiritualismo religioso***

Este pensamento não deixou de caucionar a consolidação do funcionalismo em behaviorismo e a sua evolução conduziu-o a um *realismo naturalista* e a um *empirismo radical*, rejeitando qualquer distinção entre a qualidade dos pensamentos e a substância material («O *Eu penso*, que, segundo Kant*, devia acompanhar todos os meus objectos é, de facto, o *Eu respiro* que os acompanha realmente»). Mas James, antipositivista, não pretende reduzir a consciência a uma função cognitiva da experiência pela adaptação vital; ele não desconhece o interesse teórico da verdade, a sua universalidade; evoca a acção como meio, não como fim. Se defende um pluralismo é para fazer justiça à continuidade da experiência vivente e movente num mundo superabundante e em devir. Interessado pelos fenómenos ocultos e pela diversidade das patologias mentais, James prepara o caminho para a psicanálise, principalmente na sua relação com o pensamento de F. Myers (1843-1901), primeiro teórico do subconsciente, e para a psicologia fenomenológica que conservará a sua noção de uma *franja* de consciência, correspondendo à estrutura intencional desta.

Pioneiro do estudo científico da religião, rejeita o «materialismo médico» que identificava as experiências religiosas com os estados patológicos e dá uma justificação pragmática da fé: a validade desta depende não da causa mas da qualidade psicológica interior e das suas consequências. Por *religião* deve entender-se «a crença na existência de uma ordem de coisas invisíveis» ou «os sentimentos, os actos e as experiências do indivíduo tomado isoladamente, na medida em que se considera como estando em relação com o que lhe aparece como divino». James, que se salvara da loucura pela conversão, defende que a existência de um poder superior é justificada pelas experiências de bem-estar que ela proporciona, pela sua *função* indispensável à vida. Uma tonalidade voluntarista marca este espiritualismo, cuja originalidade consiste em associar uma filosofia à experiência vitalista e pluralista, um humanismo optimista e dinâmico. Encontramos algumas influências na pragmática contemporânea e na noção de *verdade-consenso*, tema de debates actuais.

☞ **Conceitos-chave e termos relacionados:**
Behaviorismo, Crença, Emoção, Empirismo, Espiritualismo, Experiência, Fé, Funcionalismo, Pragmatismo, Psicologia, Religião, Voluntarismo.

☞ **Autores:**
Bergson, Deleuze, Habermas, Russell, Sartre.

☞ **Bibliografia**
Bergson, «Sur le pragmatisme de William James. Vérité et réalité», *in*: Bergson, *Œuvres*, Éd. du Centenaire, PUF, 1991, pp. 1440-1450.
E. Callot, *William James et le pragmatisme*, Paris-Genebra, Champion-Slatkine, 1985.

JANKÉLÉVITCH, Vladimir (1903-1985)

Filósofo francês, professor na Sorbonne (cátedra de Filosofia Moral) entre 1951 e 1978, foi uma personalidade rara, cujo discurso lúdico e talento de improvisação veiculavam uma mensagem de generosidade e dignidade. Nascido em Bourges, entrou para a École normale supérieure em 1922, fez as provas de agregação em 1926 e ensinou no Instituto Francês de Praga e nos liceus de Caen e de Lião. Doutorado em 1933, foi demitido da universidade de Toulouse por ser judeu. Participou activamente na Resistência e empenhou-se em manter viva a memória do genocídio. Foi também um filósofo da música, essencialmente a russa e a francesa, inseparável do seu pensamento.

☞ **Obras:**
La Mauvaise Conscience (1933); *L'Alternative* (1938); *Le Mal* (1947); *Traité des vertus* (1949); *Philosophie première* (1954); *L'Austérité et la Vie morale* (1956), *Le Je-ne-sais-quoi et le Presque-rien* (1957); *Le Pur et l'Impur* (1960); *La Musique et l'Ineffable* (1961); *La Mort* (1966); *Fauré et l'inexprimable* (1974); *Ravel* (1975); *Debussy et le mystère de l'instant* (1976). As suas conversas com B. Berlowitz constituem uma admirável introdução ao seu pensamento e ao seu universo: *Quelque part dans l'inachevé* (1978).

• *Uma mensagem moral de puro amor. O* quid *e o* quod

Teórico da poesia, com uma cultura impressionante, Jankélévitch conferiu um estatuto filosófico a muitos temas insólitos que pertencem mais à arte, à literatura e à mística: o mistério do essencial, a *nuance*, o encanto, o «não-sei-quê» e o «quase-nada», a vertigem, o instante impalpável, o inefável. Todavia, a sua mensagem, embora multiplique as metáforas musicais e estéticas, é, acima de tudo, moral e desenvolve-se através de distinções: verdadeiras e falsas virtudes, boa intenção e farisaísmo, Eros e Areté, a expectativa e a esperança, a justiça e a caridade, o instante e a suspensão, a ironia e o humor, o segredo e o mistério, a letra e o espírito, o *quid* e o *quod* – 'aquilo que' e 'o que' –; *quod*, o imperativo moral na sua pureza e simplicidade, *dever-fazer*; e o conteúdo do imperativo: *quid, aquilo que* se deve fazer, registo da casuística, do como e do porquê, que abre o universo dos compromissos, das desculpas e das falsas aparências, do «prestígio dos conceitos demasiado flexíveis» e do «outro campo» dos discursos sem princípios. A moral é imperativamente categórica, «escola de rigor e de probidade» que, rompendo com toda a casuística, exige, porém, uma síntese do *quod* e do *quid*, da forma e do conteúdo. Diferentemente do instinto, que apenas honra a generalidade do *quod*, a lei do Bem – gratuitidade, generosidade do *quod* – comanda igualmente o *quid*, *aquilo que* se deve fazer: «A sua forma é já um conteúdo e o seu conteúdo tem uma significação ontológica.»

A lei do bem é ilustrada pela «boa vontade» de Kant*, a «pureza do coração» segundo Kierkegaard*, mas, sobretudo, o puro amor «desinteressado» de Fénelon, caridade sem dissimulação que resulta de «outra ordem» metaempírica, mistério da criação, ordem do tudo ou nada, do agora ou nunca – «três formas de exprimir essa imperatividade categórica e intransigente de um amor que pretende sempre apenas um grau, o máximo, e uma porção, toda a alma». Como o «vértice» ou «cume da alma» de S. Francisco de Sales, a «generosa loucura e a bela hipérbole», a «séria e frenética quodidade» não se obtém, nem na moral nem na arte, pelo esforço ou pela vontade. Uma acumulação de méritos não substitui um gesto sincero, o amor não é uma gradação da amizade ou da estima, tal como o labor não chega ao génio. O final do *Traité des vertus* apresenta o quadro comparativo dos dois registos: no do *quid* encontram-se as *virtudes do intervalo* – fidelidade, paciência, modéstia, amizade –, as que o homem pode *possuir* e *conservar*, mas que se transformam em mecânica virtuosa, dislate, complacência farisaica e hipocrisia; no do *quod*, as *virtudes de ponta* – humildade, generosidade, sacrifício –, as que o homem nunca possui, aflora o tempo de um instante metaempírico, de uma «aparição que desaparece». Será melhor ser um capitalista da virtude e um virtuoso tratante, ou o santo do instante e o herói de um milésimo de segundo? Só o amor resolve «a alternativa»!

• ***A «má consciência»***

Jankélévitch não pretende inventar a moral; no estoicismo, platonismo, plotinismo, cristianismo, está contido o essencial. Retira destas correntes uma ética da intenção, muito próxima da ética cristã, que privilegia a inocência e a caridade, virtudes superiores da amável dádiva do ser, as mais opostas à *malvadez*, que é a essência do mal. Igualmente, a *falta* não é ignorância, nem delírio, nem um princípio, nem uma livre escolha indiferente, mas ausência de amor (*Traité des vertus*, vol. 3). E a *má consciência*, que não é nem a consciência infeliz da bela alma de Hegel*, nem a consciência cúmplice ou má-fé de Sartre*, não é senão a *consciência moral*, experiência concreta e singular do escrúpulo, do remorso, do arrependimento, ligada à irreversibilidade do tempo. Esse *dever* que está sempre diante de nós, sempre por cumprir, solicita a *nossa* responsabilidade em todos os momentos. A moral não é um dogmatismo formalista rigoroso indiferente à experiência; ela elabora um sentido infinitesimal do «princípio», que sabe arriscar o sacrifício, no impulso da generosidade elementar. Jankélévitch nunca quis esquecer que foi o princípio moral que esteve ausente nas horas negras da colaboração anti-semita. Mas, em nome do mesmo princípio, não recua face ao paradoxo de um «perdão» do «imperdoável», daquele que não pediu perdão (*L'Imprescriptible*).

• *O «não-sei-quê»*

«O clarão tímido e fugaz, o instante claro, o silêncio, os signos evasivos – é sob esta forma que se dão a conhecer as coisas mais importantes da vida.» «Tema inesgotável de inquietude e de perplexidade para o intelectualismo», o *não-sei-quê*, que é «quase-nada» mas que faz toda a diferença, designa o ponto que distingue o essencial do seu simulacro não essencial; «mantém em nós essa espécie de desconforto intelectual e de má consciência, a doença nascida da incompletude a que Platão* chamava *aporia* e que é, à sua maneira, [...] uma nostalgia erótica», esse «desejo de coisas inexistentes» com um encanto quase doloroso. Jankélévitch vai buscar o termo a S. João da Cruz e a Baltasar Gracián, ilustra-o pelo «algo de diferente» de Platão, a graça cristã, «a divina frase do *adagio* do *Segundo Quarteto* de Fauré». Remete para a *ipseidade*: mistério essencial do sujeito para além dos epítetos e das formas de ser.

Crítico do intelectualismo e do formalismo (Kant), Jankélévitch não constrói um sistema e convoca, juntamente com Kierkegaard e Bergson*, Mélisande e o príncipe Muichkine. Não distingue a estética da moral: gratuitidade, inocência e generosidade são as qualidades próprias da criação.

☞ **Conceitos-chave e termos relacionados:**
Alma, Amor, Arrependimento, Bem, Bondade, Caridade, Casuística, Consciência (Boa -, Má -), Conversão, Coração, Criação, Dever, *Empiria*, Esperança, Espírito de finura, Essencial, Êxtase, Falta, Fazer, Generosidade, Graça, Humanidade (crime contra a -), Imperativo, Intenção (Boa -), Ipseidade, Mal, Meta-*empiria*, Mística, Moral, Moralidade, Paradoxo, Perdão, Perfeição, Princípio, Puro, Qualitativo, Quididade, Virtude.

☞ **Autores:**
Bergson, Kierkegaard, Schelling.

☞ **Bibliografia**

L. Jerphagnon, *Vladimir Jankélévitch ou de l'effectivité*, Seghers, 1969.
J.-J. Lubrina, *Vladimir Jankélévitch*, Éd. Josette Lyon, 1999.
G. Suares, *Vladimir Jankélévitch. Qui suis-je?*, La Manufacture, 1986.
J.-J. Wunenberger, *Questions d'éthique*, PUF, 1993, *passim*.

JASPERS, Karl (1883-1969)

Filósofo existencialista alemão. Jaspers foi, acima de tudo, professor de Psicopatologia na universidade de Heidelberga e, influenciado por Husserl*, foi autor de um *Manual de Psicopatologia Geral* (1913). Enveredou pela filosofia em 1921. A sua cátedra em Heidelberga ser-lhe-á retirada em 1937 (era opositor do nazismo e casado com uma judia). A partir de 1945, multiplica os escritos políticos sobre a história e a actualidade (culpabilidade alemã, reunificação): «Uma filosofia mostra aquilo que é manifestando-se no seu pensamento político» (*Origem e Sentido da História*, 1949).

☞ **Obras** (os títulos em português correspondem à tradução dos títulos em francês e não dos originais)**:**
Filosofia (1932); *Da Verdade* (1947); *Razão e Existência* (1935); *Os Grandes Filósofos* (1957); *A Culpabilidade Alemã* (1946); *A Fé Filosófica* (1949); *Strindberg e Van Gogh* (1949); *Introdução à Filosofia* (1950); *Liberdade e Reunificação* (1960). [Nas Edições 70: *O Médico na Era da Técnica*.]

• *O «englobante»*

Um pensamento «existencial não deve apenas ampliar o pensamento a conteúdos existenciais, mas deve também inventar um método de filosofar que constitua um «esclarecimento da existência»: «um modo de pensamento aparentemente impossível», capaz de remontar à origem do objecto pensado e do pensamento do sujeito que o concebe. Jaspers chama a esta origem comum *«das Umgreifende», o Englobante*: aquilo no qual o Todo está envolvido, «incluso», «o Uno, o Original ou o Ser»; o ser enquanto totalidade não pode ser objecto ou sujeito, mas antes o misterioso «Englobante» que se manifesta na cisão sujeito-objecto. Só ao tomar consciência dele é «que estamos aptos para a investigação filosófica. Uma tal reflexão desliga-nos de qualquer ser particular. Obriga-nos a sair de todos os impasses em que um saber definitivo pretendia fixar-nos, e converte-nos» (*Introdução à Filosofia*). A existência apenas tem a ver com o ser assim concebido, o ser que ela própria não é.

• ***A metafísica como «esclarecimento da existência»***

Da mesma forma, não é a existência vivida enquanto tal (a condição humana) que constitui o objecto da reflexão existencial, mas a existência na medida em que nos surge como insustentável, paradoxal, oscilando entre ser no mundo e *transcendência*: transcender é rejeitar os modos do ser que são apenas o ser como objecto, é procurar o ser em si. A filosofia «tem a existência como centro mas não como fim último; a sua intenção leva-a a ultrapassar a existência e tende a fazê-la desaparecer, por sua vez, na transcendência. A filosofia da existência encontra-se na sua intenção metafísica». A metafísica abre o caminho que conduz à transcendência, o que a distingue da «ontologia» – sistema fechado que objectiva e totaliza o ser –, ao passo que se trata antes de pensá-lo na sua *cisão* interna por um existente único. Distingue-se igualmente de uma metafísica geral com pretensões científicas que procederia a partir de uma razão neutra e se dirigiria ao homem em geral. O «pensamento esclarecedor» da existência implica muito mais do que submeter-se às regras lógicas da razão (mesmo que tenha de o fazer); implica formar-se numa ascese mental, em procedimentos em que o espírito encontra os seus limites. «Filosofar é estar a caminho.» «Esclarecer» filosoficamente a existência requer a elaboração de noções que tornem comunicáveis as experiências inefáveis: por exemplo, as noções de *ser-em-situação* e de *historicidade* do homem nas quais coincidem liberdade e destino, facto e possibilidade, empírico e eterno.

O que o pensamento existencial descobre é que a relação da existência com o *Dasein* é trágica. A *existência* é aquilo que constitui o meu Eu e depende de factores que me são alheios; é a parte do mundo empírico, a que Jaspers chama «*Dasein*» («ser-aí») num sentido muito diferente do de Heidegger*. Ora, a minha existência é também para mim uma tarefa da minha liberdade, a exigência de transcender o *Dasein* para uma unidade mais elevada de mim próprio. A filosofia de Jaspers não é um existencialismo imanente, uma filosofia da existência enquanto tal, mas da existência possível, a respeito do ser que tem de «decidir por ele próprio aquilo que ele é essencialmente».

• ***As «situações-limite», experiências de transcendência***

Mas o ser está mergulhado, enquanto *Dasein*, em condições externas (naturais, culturais, históricas) que lhe escondem o carácter especificamente trágico do seu destino. Só as «situações-limite» (*Grenzsituationen*) – o sofrimento, a privação, as adversidades, os conflitos, a morte – podem dissolver as evidências tranquilizantes da vida quotidiana e levar o ser a esclarecer mais profundamente a sua existência. Partilham a característica de tornar inviável a minha situação, de fazer sentir que «a existência é empiricamente impossível». Assim, a culpa, ou a indignidade do mal, é encarada como a própria infelicidade de existir. A única salvação encontra-se então na escolha existencial, na *decisão*, pela qual se exprime o Eu mais autêntico, que aceita assumir a precariedade da existência, o carácter incompreensível do mundo. O valor da decisão será o grau de compreensão da existência. «Filosofar é vencer sempre o mundo.»

- ***«As cifras», sinais da transcendência na imanência***

Apenas podemos ter uma experiência indirecta da essência transcendente do homem: «O ser em si, o fundamento universal, o absoluto, deve aparecer objectivamente diante dos nossos olhos, mesmo que seja numa forma inadequada porque objectiva e que se autodestrói, deixando em nós a pura clareza do englobante» (*Introdução à Filosofia*). Jaspers chama «cifras» àquilo que pode surgir como um sinal do Englobante, uma «mediação entre existência e transcendência». «Tudo pode ser cifra»:

1. a natureza, domínio por excelência da primeira conversão do objecto à cifra, uma vez que tudo nela pode servir de símbolo que deixa «transparecer» um mistério do Ser;

2. tudo o que remete para uma dimensão metafísica da realidade vivida – a comunicação, que revela a fractura da existência, designando, pelo seu próprio defeito, o Uno transcendente, e a queda, que mostra a oscilação da existência entre a aspiração infinita e o ser-aí;

3. os mitos, as «ontologias e metafísicas milenárias» (do fogo, da matéria, do espírito, do devir universal, etc.); eles são «a língua imediata do Ser», tal como o homem indirectamente a fala, «designando o ser por meio de uma escrita cifrada; o filósofo, após a ter descrito em presença do Englobante para esclarecer o seu próprio ser e o Ser, laborou no erro de a considerar uma realidade objectiva definida que seria, ao mesmo tempo, o ser em si» (*Ibidem*).

- ***A fé filosófica***

«O absoluto, fundamento da acção, não é objecto de conhecimento, mas de uma fé.» «Enquanto exploro os motivos e os fins dos meus actos, atenho-me ao finito e ao subjectivo. A minha vida é que se alimenta de uma fonte objectivamente injustificável que retira do absoluto.» O absoluto «só é real na fé que permite vivê-lo e pela fé que permite vê-lo». Jaspers recupera de Kierkegaard* a ideia de *fé* como adesão da liberdade à transcendência: «O que crês, és», «A fé é o ser» (contrariamente a Descartes* e a Hegel*, para os quais o pensamento é o ser). Mas, se Jaspers retoma os paradoxos de Kierkegaard, é fora da sua dimensão cristã: sem dúvida, nada é mais contrário à «fé filosófica» do que o *ateísmo* que ignora o essencial, mas também a *fé religiosa*, solidária de um advento (revelado) incompatível com o carácter «evanescente» das cifras da transcendência e que recorre à autoridade absoluta de uma palavra e de uma comunidade, igualmente incompatível com o acto filosófico, que só tem a liberdade como absoluto. «Face à religião e ao ateísmo, o filósofo vive da sua fé» (*Razão e Existência*); ele *não objectiva* uma transcendência que deva manter-se em conflito com os enigmas da existência. Não é o crente, nem o místico, que está mais próximo de «Deus», mas o homem vulgar, a criança, o alienado: «A exigência absoluta chega até mim como a do meu eu essencial a respeito da minha simples realidade vital». É por isso que ela transparece não só nas situações-limite, mas sempre que ameaçamos «ser infiéis a nós próprios». A decisão traduz a fé filosófica, que se vê na dimensão do *amor*, que implica «a vontade de alcançar a realidade em si»: «Aquilo que amo, quero que seja; e o ser em si só posso entrevê-lo se o amar.» «Um amor verdadeiro garante, ao mesmo tempo, a autenticidade da conduta.»

A filosofia de Jaspers procura responder a este desafio: sem deixar o plano da razão, pensar a existência nos limites do inexprimível, «compreender a significação do que normalmente nos esforçamos por esconder ou ignorar».

☞ **Conceitos-chave e termos relacionados:**
Absoluto, Amor, *Dasein*, Decisão, Existência, Fé, Historicidade, Metafísica, Morte, Ontologia, Queda, Religião, Ser, Símbolo, Situação, Sofrimento, Transcendência, Uno.

☞ **Autores:**
Heidegger, Kierkegaard.

☞ **Bibliografia**
M. Dufrenne e P. Ricoeur, *Karl Jaspers et la philosophie de l'existence*, Seuil, 1947.
J. Hersch, *Jaspers*, L'Âge d'homme, 1979.
J.-M. Paul (org.), *Karl Jaspers*, PU Nancy, 1986.

JUNG, Carl Gustav (1875-1961)

Médico e psicólogo suíço, freudiano dissidente, Jung fundou, em oposição à psicanálise de Freud, a *psicologia analítica* ou *psicologia das profundezas*, caracterizada pelo reconhecimento no homem de uma dimensão transubjectiva, de um «inconsciente colectivo» enraizado no passado imemorial da humanidade.

Depois dos seus estudos de medicina na universidade de Basileia, defende uma tese de doutoramento sobre *A Psicologia dos Fenómenos Denominados Ocultos* (1902). Director clínico num hospital psiquiátrico de Zurique a partir de 1906, trabalha com Janet em Salpêtrière, lecciona na universidade de Zurique e conhece Freud* em 1907, com quem trava laços de amizade que pressagiam uma colaboração frutuosa. Acompanha-o aos Estados Unidos e, em 1911, é nomeado presidente da Associação Psicanalítica Internacional. Mas a sua correspondência com Freud mostra as divergências precoces que existiam entre os dois: a ruptura definitiva será consumada em 1912-1913 a propósito do papel da sexualidade na etiologia das neuroses. Posteriormente, empreende várias viagens ao estrangeiro, principalmente ao Norte de África, Novo México e Índia. Durante os anos 30, lecciona em Londres, Harvard, Yale e será nomeado professor no Politécnico de Zurique. Morre com 86 anos.

☞ **Obras:**
Metamorfoses e Símbolos da Libido (1912); *Tipos Psicológicos* (1921); *Dialéctica do Eu e do Inconsciente* (1928); *Problemática do Homem Moderno* (1931); *O Homem à Descoberta da Sua Alma* (1934); *A Minha Vida. Recordações e Pensamentos* (1961); *Correspondência com Freud* (1975).

• *O inconsciente colectivo*

O primeiro ponto de divergência com Freud diz respeito à concepção da *libido*. Longe de estar limitada à pulsão sexual, ela identifica-se, em Jung, com a energia psíquica, a corrente vital transindividual, muito próxima do querer-viver de Schopenhauer* e do *élan* vital bergsoniano. Jung opõe-se a Freud num segundo ponto fundamental: a noção de *inconsciente*. A concepção freudiana do inconsciente está demasiado limitada às fronteiras do indivíduo, do seu desenvolvimento e da sua história pessoal. A originalidade da doutrina de Jung reside na sua concepção do *inconsciente colectivo*, que designa uma instância psíquica subjacente ao inconsciente pessoal, estrutura inata, filogenética, em que se cruzam pulsões primitivas, fonte de energia colectiva anterior ao indivíduo. Jung vê no inconsciente colectivo «um precioso depósito de experiências ancestrais acumuladas durante milhares de anos».

- ***O imaginário colectivo: os arquétipos***

Os modos de manifestação do inconsciente colectivo são os *arquétipos*, imagens primordiais e inconscientes, modelos arcaicos de produção onírica e imaginativa. Estes esquemas universais de pensamento e de conduta não são representações estáticas, mas figuras dinâmicas dotadas de uma forte carga emocional. Constituem imaginários *a priori* e uma simbólica transubjectiva. O inconsciente colectivo exprime-se assim através dos mitos, das obras de arte, das religiões, todo um universo cultural rico em criações simbólicas.

- ***Os tipos psicológicos***

Jung procede a uma vasta pesquisa sobre a história da cultura ocidental e tenta compreender a variedade de opiniões como as diversas manifestações das «disposições» (*eintellungen*) características de cada idivíduo. Não se trata de uma verdadeira caracterologia, mas antes de uma concepção dinâmica das grandes orientações psíquicas. Esta *tipologia* designa, antes de tudo, a oposição entre dois tipos psicológicos fundamentais: o tipo *extrovertido*, no caso em que a libido se orienta para o exterior; o tipo *introvertido*, no caso em que ela se direcciona para o interior.

Esta tipologia é complexificada com uma distinção entre os papéis respectivos desempenhados pelas quatro funções psíquicas que se opõem por pares, pensamento e sentimento, por um lado, intuição e sensação, por outro, o que permite uma diferenciação mais rigorosa das capacidades de cada indivíduo.

- ***A individuação***

Enquanto não tiver acedido à consciência e não tiver integrado os arquétipos inconscientes, o ser não tem autonomia, não se distingue dos outros e do universo com os quais vive em estado de fusão primordial. O *processo de individuação* ou «realização do eu» é um trabalho progressivo de diferenciação, trabalho, no início, quase inconsciente, depois consciente, durante o qual o Eu aprende a conhecer os seus limites e acede a uma verdadeira liberdade. Esta individuação é igualmente o objectivo da psicologia analítica.

Na perspectiva da sua última obra, a *individuação* seria a aptidão própria do inconsciente de se realizar numa vida e numa obra. É neste sentido, talvez, que se deve compreender a frase que abre a sua última obra: «A minha vida é a história de um inconsciente que alcançou a sua própria realização» (*A Minha Vida, Recordações, Sonhos e Pensamentos*).

☞ **Conceitos-chave e termos relacionados:**
Arquétipo, Extroversão, Inconsciente (-colectivo), Individuação, Introversão, Libido, Psicanálise, Símbolo, Tipologia.

☞ **Autores:**
Bachelard, Freud.

☞ **Bibliografia**

C. Gaillard, *Jung*, «Que sais-je», PUF, 1995.
E.-G. Humbert, *Jung*, Éd. universitaires, 1983.
J. Jacobi, *La Psychologie de Jung*, Genebra, Mont-Blanc, 1964.

K

KANT, Immanuel (1724–1804)

Kant opera uma revolução total na apreensão dos problemas filosóficos, e o *criticismo*, ao substituir as ontologias dogmáticas por uma concepção crítica sobre os fundamentos do saber, inaugura uma nova era para a filosofia.

Kant é considerado, a justo título, o grande pensador da modernidade. A sua filosofia é duplamente actual: em primeiro lugar, convida-nos a pensar o direito, a moral, a ética, a cultura, independentemente de qualquer fundamento teológico; em segundo lugar, ao proclamar o fim da filosofia como sistema completo do saber e como construção metafísica, define as novas tarefas da filosofia moderna: tarefa teórica, essencialmente genealógica e crítica; tarefa prática de filosofia moral e política, que nos convida a compreender o destino da humanidade, o sentido da sua história, em nome das promessas e potencialidades que ela possui, sem qualquer referência a um ideal transcendente.

Kant nasceu em Königsberg numa família de origem modesta. A sua educação é marcada pelo rigor puritano do pai, artesão seleiro de grande probidade, e pelas convicções pietistas da mãe. Em 1740, na universidade de Königsberg, estuda Filosofia, Teologia, Matemática e Física. A morte do seu pai, em 1746, obriga-o a dar aulas para sobreviver; depois trabalha como preceptor durante dez anos. As duas teses que publica em 1755 dão-lhe o direito de leccionar na universidade como *professor particular* (professor pago pelos seus alunos).

A carga horária é muito pesada – dezasseis a vinte e oito horas de aulas por semana –, o que não lhe deixa qualquer tempo para trabalhar para si próprio. Em 1770, com 46 anos, obtém a cátedra há muito esperada de Metafísica na mesma universidade de Königsberg. A carreira universitária, assim como os seus escritos, conferem-lhe fama e honras, tal como a sua nomeação para a Academia de Ciências de São Petersburgo. Dará as suas últimas aulas em 1797 e morrerá sete anos mais tarde. Nunca tendo saído da sua cidade natal, ensinou quarenta e dois anos na mesma universidade onde fez os seus estudos. A sua vida celibatária, minuciosamente regrada segundo um aproveitamento rigoroso do tempo e consagrada inteiramente à investigação e ao ensino, não apresenta qualquer evento notável.

☞ **Obras:**

Dissertação de 1770 (seguido de *Carta a Marcus Herz*); *Crítica da Razão Pura* (1781); *Ideia de Uma História Universal do Ponto de Vista Cosmopolita e Resposta à Questão: «O que são as Luzes?»* (1784); *Crítica da Faculdade do Juízo* (1790); *Antropologia do Ponto de Vista Pragmático* (1798).

[Nas Edições 70: *Prolegómenos a Toda a Metafísica Futura*; *Fundamentação da Metafísica dos Costumes*; *Crítica da Razão Prática*; *A Religião Nos Limites da Razão*; *A Paz Perpétua*; *A Metafísica dos Costumes*; *O Conflito das Faculdades*.]

• ***A génese do projecto crítico***

O projecto crítico nasce de uma dupla constatação: o carácter irrefutável das demonstrações matemáticas, a necessidade e a universalidade das leis da natureza baseadas na experiência e no cálculo provam que a matemática e a física encontraram o caminho seguro da ciência; em contrapartida, a metafísica, ao longo da história da filosofia, não deixou de oferecer o espectáculo de um campo de batalha em que os filósofos se defrontam em lutas infindáveis.

O problema consiste, então, em saber se a metafísica será possível enquanto ciência, o que implica que se responda a uma questão prévia: em que condições é possível a ciência?

Se conhecer é *julgar*, ou seja, converter o particular numa regra geral, em que tipo de juízos se funda o conhecimento científico?

Os *juízos analíticos*, que apenas apresentam o que está compreendido no conceito, possuem um carácter necessário porque *a priori* (ou seja, independente de toda a experiência). Mas são tautológicos e não fazem avançar o conhecimento. Em contrapartida, os *juízos sintéticos* são fecundos porque descobrem na experiência algo com que enriquecer o conhecimento. Mas são *a posteriori*, ou seja, empíricos, e a experiência sensível fornece apenas conhecimentos contingentes. Ora, os juízos que constituem a ciência, para serem racionais, ou seja, necessários e universais, devem ser *a priori*. Mas, ao mesmo tempo, para que a ciência progrida, é preciso que sejam sintéticos. Como é que podemos conhecer *a priori*, sair do conceito sem o apoio da experiência? Como é que são possíveis os juízos sintéticos *a priori*? Este é o problema geral da razão pura, questão «crítica» por excelência porque se trata de explicar os fundamentos e as condições de validade dos nossos conhecimentos.

O termo «crítica» designa, com efeito, o processo que propõe, não a extensão do conhecimento racional, mas a sua legitimação. O termo implica igualmente a noção de separação, de discernimento (do grego *Krinein*, separar): Kant procede, com efeito, à análise das faculdades do conhecimento a fim de separar o princípio do verdadeiro e o da ilusão, a lógica da verdade, em que são reconhecidos os direitos legítimos da razão, e a lógica da aparência na qual denuncia as suas pretensões abusivas.

• ***A lógica da verdade e o idealismo transcendental***

O problema geral da razão pura encontra a sua solução na revolução copernicana das ideias: por meio de uma inversão de perspectiva, que ele próprio compara à revolução copernicana na astronomia, Kant afirma que não é o conhecimento que se deve reger pela natureza dos objectos, mas que estes se devem submeter à nossa faculdade de conhecer. A revolução copernicana das ideias faz do entendimento o legislador universal da natureza.

As duas fontes do conhecimento são a sensibilidade e o entendimento. A *sensibilidade* é a forma como somos afectados pelos objectos da intuição. A *sensação*, matéria da nossa intuição sensível, é a impressão do objecto na sensibilidade. É o dado e, como tal, é pura diversidade a que as formas *a priori* da nossa intuição sensível, o espaço e o tempo, conferem unidade. Espaço e tempo não são, portanto, nem propriedades das coisas nem conceitos formados por abstracção, mas os quadros necessários de toda a intuição sensível sem os quais nenhum objecto nos é dado.

Por conseguinte, deve distinguir-se os *fenómenos*, a saber, as coisas tal como nos aparecem, aquilo que são para nós relativamente ao nosso modo de intuição espácio-temporal, dos *númenos*, ou as coisas tal como são em si, ou seja, para um espírito que não esteja sujeito às nossas mesmas limitações.

O *idealismo transcendental* designa, assim, uma teoria do conhecimento que funda a objectividade da ciência na subjectividade e na idealidade transcendental do espaço e do tempo, condições *a priori* de toda a experiência possível. Tem como correlato a realidade objectiva dos fenómenos e o carácter incognoscível da coisa em si.

É o *entendimento*, faculdade de conceber e função do juízo, que tem de ordenar os dados e unificar os fenómenos. *Julgar* significa unificar aquilo que se oferece na intuição por meio de um acto de síntese e o entendimento efectua a ligação dos fenómenos com a ajuda das *categorias*, que não são conceitos de objectos, mas regras de agrupamento. Pelo seu carácter puro e *a priori*, garantem a universalidade e a necessidade das leis da natureza. Por exemplo, a *causalidade* não se deixa reduzir a uma sucessão de fenómenos. Ela é a regra e a condição *a priori* da ligação necessária dos fenómenos, de forma que o efeito resulta da causa em vez de simplesmente lhe suceder. Sem as categorias não conheceríamos nada: as intuições sem conceito são cegas, tal como os conceitos sem intuição são inoperantes.

Mas sendo o entendimento e a sensibilidade faculdades totalmente heterogéneas, «é evidente que deve haver um terceiro termo que seja similar, quer à categoria quer ao fenómeno; essa representação intermediária deve ser pura (sem qualquer elemento empírico) e, porém, é preciso que seja, simultaneamente, intelectual e sensível. Este terceiro termo é o «*esquema transcendental*». O esquema não é uma simples imagem, mas a representação de um método de construção, e o *esquematismo* é exigido para permitir a aplicação das categorias às intuições sensíveis. Só ele, pela sua função mediadora, permite o uso legítimo das categorias limitando-as ao dado fenomenal.

Mas sínteses sucessivas não constituem por si só um conhecimento. Para que este seja possível, é preciso que as operações do entendimento sejam, por sua vez, submetidas à unidade de um sujeito. Esta subjectividade ou apercepção originária é chamada transcendental, porque só ela torna possível, *a priori*, as sínteses puras do entendimento e, em última análise, o conhecimento *a priori* dos fenómenos dados na intuição.

- ***A lógica da aparência e o uso ilegítimo do poder da razão***

A analítica transcendental ou lógica da verdade estabelece que o único uso legítimo das categorias se exerce nos limites da experiência possível. Em primeiro lugar, a *metafísica*, conhecimento especulativo da razão pura, «que se eleva acima dos ensinamentos da experiência por simples conceitos», está condenada na sua pretensão a alcançar o supra-sensível por meio de um uso transcendente das categorias. Só é possível, segundo Kant, uma *metafísica da natureza* que se limite a ser a ciência daquilo que se pode conhecer *a priori* dos objectos. A *dialéctica transcendental*, ou lógica da aparência, tem como objectivo denunciar as ilusões em que a razão cai inevitavelmente quando se aventura para além da experiência e pretende conhecer a coisa em si.

A *razão*, com efeito, não pode contentar-se com a ligação dos fenómenos operada pelo entendimento. Faculdade da mais elevada unidade, a sua vocação natural consiste em concluir a operação do entendimento, ou seja, em seguir a série das condições até chegar ao incondicionado, condição última de todas as condições.

As *ideias* da razão são os conceitos por meio dos quais esta pensa, por um dado condicionado, a totalidade das condições. A razão forma assim a ideia de alma (totalidade dos fenómenos internos), do mundo (totalidade dos fenómenos externos) e de Deus, totalidade absoluta dos objectos pensados. A *ideia* é um conceito ao qual não corresponde qualquer intuição sensível e a aparência dialéctica ou *ilusão transcendental* é o erro natural e inevitável da razão na sua tendência para procurar o incondicionado para além da experiência sensível. Consiste em tratar a ideia como um conceito com valor objectivo e em considerar simples pensamentos como verdadeiros conhecimentos.

Ao enveredar por este caminho, a razão engendra apenas raciocínios falaciosos. É a sede de um conflito interno e dá lugar a *antinomias*, contradições inultrapassáveis em que as forças em presença se confrontam de forma irredutível. Assim, ela concluirá, com a mesma lógica aparentemente irrefutável, que o mundo é finito e que é infinito, que existe uma causalidade livre e que todos estamos sujeitos à necessidade das leis naturais.

A *metafísica*, procura do incondicionado, leva-nos assim a abandonar o campo da experiência de forma a tentarmos escapar à nossa finitude. A originalidade da filosofia crítica de Kant consiste em desmontar o mecanismo produtor das ontologias dogmáticas ao revelar a génese das ilusões – alma, mundo e Deus – a partir das próprias leis de funcionamento do entendimento e da razão. A este respeito, se as ilusões parecem inerentes e necessárias à natureza humana, é, no entanto, possível desconstruí-las e revelar o seu carácter usurpado.

Kant reconhece, todavia, no plano especulativo, uma função heurística e reguladora nas ideias da razão. Com efeito, a ideia de um princípio não hipotético, de uma lei incondicionada que constitui a experiência em sistema, incita o entendimento a prosseguir sempre a sua exigência de unificação e a procura das condições. Mas a razão, afirma Kant, ao querer conhecer o supra-sensível, não respeita o seu verdadeiro destino, que não é especulativo, mas prático.

• ***A filosofia prática de Kant***

O problema consiste, então, em perguntar como é que a razão pode ser prática por si mesma, ou seja, obrigar *a priori* a nossa vontade.

A boa vontade: uma vontade absolutamente boa. Em *Fundamentação da Metafísica dos Costumes*, Kant propõe ir até ao princípio supremo da moralidade apoiando-se nos juízos morais da consciência comum. Nenhum ser dotado de razão, segundo Kant, deve esperar que a filosofia ou a religião lhe ensine o que é o bem moral. Ele é que tem de decidir por si próprio. Ora, entre os bens que se pode conceber neste mundo, fortuna, sucesso, etc., nenhum é absolutamente bom, uma vez que se pode sempre dar-lhe um mau uso; apenas a boa vontade pode ser considerada boa em si mesma, absolutamente e sem restrição, porque aquilo que a faz assim não foram nem os seus sucessos, nem as suas obras, mas apenas o querer, a pura intenção que a anima. A boa vontade é aquela que não inspira qualquer inclinação sensível, mas que se determina a agir unicamente por dever, o que significa que o dever é um mandamento ditado apenas pela razão. E se no homem adquire o aspecto de um constrangimento é porque o ser humano não é puramente racional, mas igualmente dotado de sensibilidade, ou seja, sujeito a tendências e inclinações sensíveis.

O imperativo categórico. Kant coloca três questões fundamentais: 1) O que posso fazer? 2) O que devo fazer? 3) O que me é permitido esperar?

A *Crítica da Razão Pura* esforçou-se por responder à primeira questão. A resposta à segunda questão apresenta-se na forma de um imperativo: é preciso, deves. Os imperativos chamados «hipotéticos» exigem o recurso a determinados meios para se alcançar um fim. Esses são os imperativos de prudência e de astúcia. Mas é na forma de ordem incondicionada, o imperativo categórico, que se apresenta o dever moral: deves porque deves. O imperativo categórico é denominado «absoluto» porque deve ser formulado como uma lei; a minha máxima (princípio subjectivo da minha acção) deve ser prescrita como um princípio objectivo, que obrigue toda a vontade: «Age de tal modo que a máxima da tua vontade possa valer sempre como princípio de uma legislação universal.» Se a razão é por si só prática, tal significa que o princípio da acção moral não pode recorrer a motivos empíricos. Não é da consideração do conteúdo material dos fins perseguidos que a acção moral pode retirar o seu valor, mas antes da forma do princípio *a priori* da vontade, a saber, a universalidade da regra racional. A razão ordena que a vontade tome a forma da lei: a vontade moral é a vontade do universal.

O respeito pela lei moral. Kant distingue as acções realizadas por simples *conformidade com o dever*, ou seja, em acordo objectivo com a lei moral, das acções realizadas por dever. A simples *legalidade* não é suficiente para definir a *acção moral*, que implica um acordo subjectivo com o princípio da moralidade e, por conseguinte, um sentimento pela lei moral. Ora, o formalismo tem como consequência que o único móbil possível da acção moral pode ser apenas um sentimento determinado *a priori* meramente pela representação da lei: este é o *respeito*, sentimento de um género particular, uma vez que não tem a sua origem na sensibilidade, mas na razão prática. Inspirado pela lei moral cuja eminente dignidade exprime, o respeito abarca todos os seres racionais na medida em que detém a lei moral e revela ao mesmo tempo a sua vocação supra-sensível.

Kant chama «pessoa moral» ao ser humano enquanto portador da lei moral e, por conseguinte, digno de respeito. Como tal, a pessoa tem um valor infinito e não pode ser tratada como um meio ou como uma coisa, mas apenas como um fim em si. «Age sempre de forma a tratar a humanidade tão bem na tua pessoa como na pessoa de outro, sempre como um fim e nunca como um meio.» Ao respeitarmos a nossa condição humana como a de outrem, fazemos do ser racional o fim moral último da nossa acção.

A autonomia. Não é apenas porque detém a lei moral que o sujeito possui uma eminente dignidade, mas antes porque ele está na sua origem. Não se pode considerar como pessoa moral um ser *heterónimo*, ou seja, submetido às suas tendências ou que receba a sua lei moral de outro lado (da religião, da filosofia). Toda a heteronomia reduz a pessoa a simples meio e o imperativo categórico a imperativo hipotético. O ser racional é *livre*, na medida em que é causa numenal e não causa natural sujeita ao determinismo; e essa liberdade, condição de possibilidade da obediência à lei moral, implica a *autonomia*: com efeito, o sujeito só pode submeter-se livremente à lei que ele próprio prescreve. A autonomia consiste, para o sujeito moral, em reconhecer-se como ser racional e em submeter-se à sua razão legisladora. Toda a influência de motivações sensíveis torna a vontade heterónima. É o carácter formal da lei que constitui o garante da autonomia da vontade. A autonomia, princípio supremo da moralidade, é a condição de possibilidade de uma vontade absolutamente boa.

Os postulados da razão prática. Para responder à questão «O que posso eu esperar?», deve ter-se como ponto de partida a ideia de *Soberano Bem*. A virtude é o *Bem Supremo*, o mais elevado em dignidade, mas não é o bem completo. Este deve conciliar a felicidade (fim real perseguido pelo homem) e a virtude (submissão à lei moral incondicional). O Soberano Bem é a ideia da felicidade associada à consciência de se ter tornado digno pela submissão à lei moral.

Este conceito leva a postular um «reino das finalidades», a saber, uma ordem inteligível, uma sociedade ideal, constituída pela totalidade dos seres racionais unidos por leis comuns. Ora, para conceber a realização do soberano bem, é preciso recorrer a *postulados*, hipóteses teóricas indemonstráveis, mas necessárias, porque exigidas pela razão prática cujas leis incondicionais são irrecusáveis. A razão prática postula assim: a liberdade, império do sujeito moral sobre a natureza empírica, para cumprir o dever moral; a imortalidade da alma, para permitir o progresso infinito para a conformidade total da vontade à lei moral; por fim, a existência de Deus como condição de possibilidade do Soberano Bem e capaz de assegurar ao homem uma felicidade de acordo com a sua virtude. Estas ideias, cujo conhecimento especulativo era interdito pela *Crítica da Razão Pura*, encontram uma verdade prática que não é objecto de conhecimento, mas de crença; trata-se de uma *fé racional*, uma vez que os postulados são os da razão pura.

• ***A estética kantiana***

A universalidade do juízo de gosto. O juízo de gosto é um juízo desinteressado. Com efeito, a satisfação fornecida pelo objecto não depende da faculdade de desejar e, por conseguinte, da posse do objecto. Ela é totalmente livre e liga-se apenas à contemplação: chama-se «belo» ao objecto dessa satisfação desinteressada.

O juízo estético é um juízo singular que não pode justificar-se por nenhum conceito, porque, exprimindo apenas o prazer que sentimos ao perceber que uma coisa é bela, não nos ensina nada sobre a natureza do objecto e não pode, portanto, aspirar à objectividade de um juízo de conhecimento. Kant distingue o *juízo determinante* do *juízo de reflexão*. O juízo determinante converte o particular num universal previamente dado, que é o caso do juízo constitutivo do conhecimento. No juízo de reflexão, e é o caso do juízo de gosto, a imaginação, não sendo determinada pelo entendimento a esquematizar, não estando limitada por um conceito, pode desenvolver-se livremente: ela pensa e reflecte livremente as suas formas. Só o particular é conhecido e é o juízo que tem de inventar o universal.

Mas se o princípio do juízo de gosto é subjectivo, não é ao mesmo título do agradável, que é suscitado apenas pela sensação e que é relativo à sensibilidade de cada um. O juízo de gosto reivindica a universalidade, mas trata-se de uma universalidade subjectiva. Este é o paradoxo do belo: é belo o que agrada universalmente sem conceito. Aquilo que elevo à universalidade é o sentimento vivido face ao belo que postulo que todos devem experimentar: «Suponho que, em todos os homens, as condições subjectivas da faculdade de julgar são as mesmas.» Kant afirma assim a existência de um «senso comum estético» que reconcilia, na intersubjectividade, a subjectividade da experiência estética com a objectividade necessária do belo.

Por fim, o belo é finalidade sem fim: o fim não é conceptualizável e não se obtém pela representação de um plano. A única finalidade que se descobre num objecto belo é o poder que esse objecto tem de estimular harmoniosamente as nossas faculdades. Portanto, é uma finalidade subjectiva e formal, resultante do livre jogo do entendimento e da imaginação no juízo de reflexão.

O génio, as ideias estéticas e o simbolismo. Se o belo não é conceptualizável, não pode haver regras que garantam a sua produção e a obra não pode ser a realização de um modelo preexistente. Kant enfatiza a originalidade radical do processo de criação: a actividade genial, fruto de uma espontaneidade cega.

O *génio* é o poder de superar a natureza que se inscreve na própria natureza, a disposição inata do espírito pela qual a natureza dá a sua regra à arte. É o génio que está na origem das ideias estéticas. Enquanto a *ideia racional* é um conceito a que não corresponde qualquer intuição, a *ideia estética* é uma intuição a que nenhum conceito se adequa. Neste sentido, ela contém o inexprimível e obriga o entendimento a um esforço infinito de explicitação, daí o parentesco da ideia estética com o simbolismo que é, de alguma forma, a linguagem natural da imaginação.

O *símbolo*, «apresentação indirecta da Ideia» nas formas sensíveis, sugere infinitamente mais do que aquilo que está contido no conceito. É isso que se deve entender pela expressão kantiana: «O símbolo dá que pensar.» Todavia, manifesta um carácter essencial que não era visível na ideia estética: o carácter expressivo e a exigência de comunicabilidade. «O *génio* consiste então propriamente numa feliz relação da imaginação e do entendimento, que nenhuma ciência pode ensinar e nenhum ofício faz alcançar, que permite encontrar ideias para um conceito dado e, para essas ideias, a expressão própria para comunicar a outros a disposição subjectiva assim provocada, como acessório do conceito.»

• ***A primeira filosofia da história***

Tendo colocado o homem sob o signo da finitude e reduzido o absoluto ao nível de simples «ideia» da razão, Kant atribui à temporalidade a positividade que lhe havia sido negada pela metafísica tradicional. Assim, não podia evitar deparar-se com a questão da História. O homem é um ser essencialmente histórico como demonstra esta proposição de *Ideia de Uma História Universal Do Ponto de Vista Cosmopolita*: o homem deve «subtrair tudo aquilo que ultrapassa a constituição mecânica da sua existência animal».

A *história* que interessa a Kant não é a do historiador, a saber, o conhecimento do devir empírico do homem, a narração das suas acções singulares, mas a *história filosófica* que, retrocedendo e adoptando um ponto de vista global, considera o devir humano na sua totalidade para lhe descobrir o sentido. Juntamente com a ideia de ordem e regularidade que o ponto de vista estatístico permite descobrir, a história filosófica introduz a ideia de *finalidade*, princípio regulador e de reflexão da razão, hipótese racionalmente fundada que serve de fio condutor à inteligibilidade da história. Este fio condutor é a ideia de uma perfeita realização, não pelo indivíduo cuja vida é demasiado breve, mas pela espécie na sua totalidade, das disposições humanas e, em particular, da razão, cuja única vocação não pode ser outra senão a de realizar o destino ético-político do homem.

O problema consiste, pois, no progresso do género humano e na sua inscrição na história, consistindo a dificuldade, para Kant, em conciliar o *mal radical*, inscrito na natureza finita do homem – «a madeira de que é feito o homem é tão curva que nele não se podem talhar traves direitas» (*Ideia de Uma História Universal*) –, e a fé na efectividade da liberdade no mundo dos fenómenos, na acção voluntária dos indivíduos enquanto seres livres e racionais. A questão consiste, mais precisamente, em compreender como se articulam os dois agentes do progresso, a saber, a natureza e a liberdade.

O *progresso* é concebido principalmente como a realização de um desígnio oculto da natureza que se efectua sem a intervenção consciente e intencional do homem. Nesta perspectiva naturalista, apresenta-se como um processo cego «patologicamente extorquido», ou seja, arrancado ao homem sem ele saber e resultante quase mecanicamente do antagonismo das paixões. O factor dinâmico deste progresso é «a insociável sociabilidade», que obriga o homem a elevar-se e a superar-se: a violência e o dilaceramento conflitual dos egoísmos, sob o efeito da insegurança e da aflição que engendram, obrigam os homens a proteger-se sob uma lei comum. As tendências egoístas para a insociabilidade tornam-se paradoxalmente princípio gerador de ordem e progresso.

Todavia, daqui não resulta que o homem se limite apenas a esperar passivamente a marcha automática do progresso. O advento do Iluminismo assinala o fim do papel da natureza enquanto motor exclusivo do progresso. O Iluminismo foi possível graças à astúcia da natureza; por sua vez, tornou possível a passagem da natureza à liberdade. É a natureza que «prepara o homem para um domínio em que só a razão deterá o poder» (*Crítica da Faculdade do Juízo*, § 83). O homem, tendo compreendido o desígnio da natureza, apropria-se e faz dela a obra prática da sua inteligência. O progresso usurpado é transformado, por homens esclarecidos e conscientes do seu verdadeiro destino ético-jurídico, num progresso livremente consentido. É a razão prática que define agora o sentido da História.

☞ **Conceitos-chave e termos relacionados:**
Analítico, Antinomia, *a priori*, *a posteriori*, Autonomia, Belo, Categoria, Conhecimento, Crítica, Criticismo, Dever, Dialéctica, Entendimento, Espaço, Esquematismo, Estética, Fim, Fenómeno, Finalidade, Génio, Gosto, História, Idealismo, Ideia, Ilusão, Imperativo, Juízo, Lei, Liberdade, Mal radical, Metafísica, Númeno, Paz, Pessoa moral, Progresso, Razão, Sensível, Soberano Bem, Sublime, Sintético, Tempo, Transcendental, Verdade.

☞ **Autores:**
Hegel, Hume, Leibniz, Locke, Rousseau.

☞ **Bibliografia**

M. Castillo, *Kant et l'avenir de la culture*, PUF, 1990; Kant, Vrin, 1997.
G. Deleuze, *La Philosophie critique de Kant*, PUF, 1963.
A. Philonenko, *L'Œuvre de Kant*, Vrin, 1969-1973.
A. Renaut, *Kant aujourd'hui*, «Champs», Flammarion, 1999.
J. Rogozinski, *Le Don de la loi. Kant et l'énigme de l'éthique*, PUF, 1999.
A. Tosel, *Kant révolutionnaire. Droit et politique*, Paris, 1988.
É. Weil, *Problèmes kantiens*, Vrin, 1982.
[R. Vancourt, *Kant*, Edições 70.]

KIERKEGAARD, Sören (1813-1855)

Filósofo dinamarquês precursor do existencialismo, Kierkegaard colocou a questão da existência individual no centro da sua reflexão. «Pensador arrebatado» e revoltado, defende o primado de uma existência activamente contra os sistemas, de um cristianismo sofredor contra uma Igreja instituída. Antes de Heidegger*, que via nele «o único pensador à medida do destino do seu tempo», tematizou a angústia, o desamparo, a finitude existencial, a fuga na neutralidade conformista, a autenticidade como «existência resoluta». A sua vida privada desempenhou um papel omnipresente na sua obra. O seu pai, pastor nas terras pobres da Jutlândia, em criança tinha amaldiçoado Deus. Já como rico fabricante de bonés, o seu remorso aumentou com um pecado, depois confessado a Sören num dia de febre antes da sua morte («tremor de terra», escreverá Kierkegaard no seu *Diário*): a violação da criada pouco antes da morte da sua mulher, dois anos após ter casado. Desposou a sua amante grávida que lhe deu sete filhos, dos quais Sören foi o último. Assolado pelo medo de ser punido por Deus através dos seus filhos, que, com efeito, morreram quase todos, o «melancólico velho» fez reinar uma fé dominada pelo sofrimento e deu ao filho «uma educação estrita e austera quase demencial. Desde a mais tenra infância, a [sua] confiança na vida estava perdida...» Todavia, as qualidades do pai desenvolveram em Sören a imaginação e o espírito crítico. Em 1830, ingressa na universidade de Copenhaga, depois na faculdade de Teologia, lê Schleiermacher e Hegel*, descobre o romantismo alemão, apaixona-se pelo teatro e pela música, escreve uma peça e frequenta o círculo literário e político de P. E. Lind. Em 1834, mergulha na melancolia, receia a loucura e foge do seu pai durante um ano. Em 1840, o diploma de teologia permite-lhe tornar-se pastor; não empreende uma carreira pastoral regular, mas costuma pregar numa igreja, por vezes com uma voz inaudível. Fica noivo de Regina Olsen, de 15 anos. Em Setembro, defende de forma brilhante a sua tese *O Conceito de Ironia Constantemente Atribuído a Sócrates**, em que define a ironia, um traço constante do seu carácter, como a afirmação da subjectividade em face da objectividade, estuda a sua expressão romântica e faz um retrato do ironista que prefigura o do «estético». A sua angústia leva-o a pôr fim ao noivado em Agosto de 1841, mas Regina continua omnipresente nos seus pensamentos. Doente e desesperado, viaja para Berlim onde ficará até Março de 1842. Aí ouve durante alguns meses Marheinecke e os «dislates» de Schelling*, que sucedera a Hegel. De regresso a Copenhaga, inicia a sua «existência patética», cheia de extravagâncias psicológicas, vítima da doença e da angústia. A sua figura peculiar será caricaturada milhares de vezes. Em 1843, destaca-se entre os melhores escritores do seu tempo ao publicar várias obras maiores sob diferentes pseudónimos. *Ou... Ou...*, que termina no *Diário do Sedutor* inspirado na aventura dos seus esponsais, conhece o sucesso. Em dez anos publicou toda a sua obra, cujo sentido definiu: ser «o indivíduo ao serviço do cristianismo». Em 1846, fica profundamente magoado com a campanha satírica desencadeada contra si pelo jornal *O Corsário*. Sem nunca ter renunciado à contestação dos «sacerdotes funcionários» e da Igreja transformada em «companhia de seguros para o além», morre com 42 anos, em serenidade.

☞ **Obras** (os títulos em português correspondem à tradução dos títulos em francês e não dos originais)**:**
Os melhores comentadores classificam as suas obras em função do modo de comunicação escolhido, decisivo para um pensador que deu ao incógnito e ao segredo valor de mensagem a fim de melhor opor à neutralidade a resolução existencial de «ousar dizer Eu»:
1. as obras publicadas sob diversos pseudónimos: Victor Eremita, *A Alternativa, Ou... Ou...* (1843); Johannes de Silentio, *Temor e Tremor* (1843); Constantin Cons-

tantius, *A Repetição* (1843); Frater Taciturnos, *Culpado? Não Culpado?* (1845, no qual volta ao tema dos esponsais); Johannes Climacus, *Fragmentos Filosóficos* (1844); Vigilius Hafniensis, *Diário de um Sedutor* (1843), e em *Ou... Ou...*; *O Conceito de Angústia* (1844); *Etapas no Caminho da Vida* (1845, no qual se encontram vários pseudónimos); Anti-Climacus, *A Doença na Morte* (*O Conceito de Desespero*, 1849), *A Escola do Cristianismo* (1850);

2. as obras assinadas por Kierkegaard: *Post-Scriptum Não Científico e Definitivo aos Fragmentos Filosóficos* (1846); *Julgai Vós Próprios* (1851-1852); *Discursos Edificantes* (1843-1850);

3. os *Papirer: Diário e Inéditos* (1834-1855).

[Nas Edições 70: *Ponto de Vista Explicativo da Minha Obra Como Escritor.*]

- ***O carácter trágico da existência. A angústia. As três modalidades existenciais: estádios estético, ético e religioso***

Antes de Sartre*, escreveu: «O mundo dá-me náuseas, é insípido e não tem nem sal nem sentido.» Para Kierkegaard, ao carácter trágico da existência alia-se uma angústia fundamental, inseparável do desespero e do pecado. A *angústia*, «totalmente diferente do medo e de conceitos semelhantes ligados a algo de preciso», é, antes de mais, a vertigem da «possibilidade da liberdade»; depois, face à descoberta de que a possibilidade que se abre é a do pecado, é angústia de culpabilidade, que pressupõe o erro original. Assim, «graças à fé, a angústia possui um valor educativo absoluto, porque corrói todas as coisas do mundo finito e põe a nu todas as suas ilusões» (*O Conceito de Angústia*). «O homem não pode fugir da angústia porque a ama, não pode dizer verdadeiramente que a ama porque foge dela [...]. A angústia é uma antipatia simpática e uma simpatia antipática.» Para fugir dela, o homem explora diferentes possibilidades existenciais fundamentais, *estádios no caminho da vida*. Em primeiro lugar, duas vias que têm em comum o facto de procurarem o sentido ou o absoluto onde ele não se pode encontrar, na imanência. Na atitude *estética*, a subjectividade goza consigo própria no instante do prazer sensual, mas é uma fuga para a frente: Don Juan, tentando renovar indefinidamente a «primeira vez» do Amor, está condenado a cair na generalização. Na *Ética* ou *Moral*, o indivíduo tenta harmonizar a sua subjectividade com a generalidade do bem e do mal, opta pelo bem, integra-se na comunidade social ordenando a sua vida, principalmente pelo casamento, aceitando a repetição de momentos recatados. «A repetição: eis a realidade e a seriedade da vida.» Mas isso é uma «ingenuidade»: na vida de casado nada existe que possa apaziguar a desordem existencial; o próprio Kierkegaard será conhecido como o «Solitário de Copenhaga». Só uma forma de vida está à altura do desespero, que exige o «salto qualitativo» decisivo: o *religioso*, «consciência da culpa total face a Deus», porque «sem eternidade em nós, não podíamos desesperar». Abrindo-se à mensagem paradoxal do Homem-Deus, o indivíduo descobre um significado para a sua angústia. Encontra um modelo em Abraão que «não procurou a verdade senão no fundo do seu próprio desespero» consentindo, para responder ao apelo de Deus, ser «a Excepção», o Escândalo, colaborando no que poderia ser, mais do que um sacrifício, o acto de um facínora ou de um louco. «Abraão acreditou em virtude do absurdo.» Kierkegaard opõe o seu sacrifício ao de Agamémnon que imola a sua filha no interesse da cidade e «encontra assim a tranquilidade de espírito no geral».

• *A fé: desafio do desespero*

A *fé*, «relação absoluta com o Absoluto», não pertence à escala das normas morais; o existente singular não encontra nela qualquer solução geral; a fé não é um substituto do saber na ausência de certeza, uma opção racional tomada em relação ao futuro como na aposta de Pascal*; em Kierkegaard, a fé tem a dimensão de um «desafio» do desesperado, que opta pelo «paradoxo absoluto», «o abismo vertiginoso que separa o indivíduo do Homem-Deus». Porque o *desespero* – a «doença mortal», o pecado essencial – é a impossibilidade de nos aceitarmos tal como somos, ou seja, finitos, mortais e pecadores, sabendo que a verdadeira morte não é a morte física. Kierkegaard, que deixou entender que não tinha fé, que conhecia a *acedia*, encontra no seu combate para o despertar da fé uma ocasião para falar uma linguagem de verdade contra todas as formas de inautenticidade intelectual: o cristianismo secularizado, banalizado em poder temporal pelo protestantismo, e as mentiras da dialéctica hegeliana indiferente ao sofrimento individual.

Não há conciliação entre os estádios da existência, um «abismo» separa-os; do ético ao religioso, é necessário um «salto qualitativo»: Abraão é dilacerado entre o princípio moral e a ordem de Deus. A fé nunca é senão angústia, experiência sem garantia de uma liberdade que, se escolher a fé, apenas conhecerá «temor e tremor», «incerteza absoluta». Pois, a própria ideia da fé dá vertigem: «Precisamos de uma extraordinária dose de crença para crer que cremos» (*Diário*, ano 1850). «O cristianismo não ensina, edifica», não é uma doutrina mas um *escândalo* – paradoxo absoluto da intrusão do eterno no temporal, do aparecimento do Homem-Deus que introduz uma ruptura na ordem do ser e do tempo. Se não podemos crer nisso, basta amar o seu «mistério essencial». A salvação não está na reconciliação dos contrários, mas na radicalização do paradoxo: se só é autêntico o indivíduo verdadeiramente religioso, é porque consente em não fugir ao desespero. O *humor* – arte de encontrar o sério no irrisório – constitui a melhor transição do ético para o religioso, sendo o único aspecto *sublime* o abandono do Eu à Transcendência, na mensagem que convida a não «ser si», «o Eu que tem sempre dificuldade em ser um eu».

• *O indivíduo contra o sistema. O pensador à prova da existência*

A conciliação perigosa é a dialéctica especulativa. O que Kierkegaard mais receava era «ser reduzido ao estado de parágrafo no sistema de Hegel», esse pretenso «pensador puro» que pensa poder colocar-se num «ponto de vista sem ponto de vista», acabar com o experiência individual e com a subjectividade e que não hesita em «suprimir» (*aufheben*) prontamente tudo o que ignora: «O pensamento domina o sentimento e a imaginação, ensina um pensador sem *pathos* nem paixão; o pensamento domina a ironia e o humor, ensina um pensador totalmente desprovido de qualquer sentido do cómico.» Não tendo a menor consequência no real, a especulação acomoda-se perfeitamente a uma existência de pateta, quando «cremos que um pensador tem a vida humana mais rica», ao contrário de uma pobre rendilheira cujas obras-primas admiramos não sem tristeza, visto o seu triste destino. Antes de Nietzsche*, Kierkegaard é o primeiro pensador explícita e radicalmente antidialéctico. O *Post-Scriptum aos Fragmentos Filosóficos* não tem traços tão irónicos contra «o pensamento histórico-mundial», essa «curiosidade psicológica, [...] habilidade manifestada para reunir e construir nesse meio quimérico que é o ser puro». O grande pensador apenas esqueceu um pormenor na sua totalização triunfante: o indivíduo, o real, o tempo! Pelo termo «o Indivíduo» (*der Enkelte*), Kierkegaard designa a Excepção, o Único, o Singular e até o Solitário, «o indivíduo apaixonado» que empenha a vida no seu pensamento. «Existir verdadeiramente significa tomar consciência da sua existência que se domina por assim dizer à distância da eternidade, estando ao mesmo tempo nela e no devir: na verdade, a tarefa é árdua» (*Post-Scriptum*, II.) Para Kierkegaard, o ateísmo humanista de Feuerbach* mais não faz do que coroar o movimento de secularização que tornou insípido o cristianismo reformado: confundia a fé com uma ética humana, retirando-lhe o carácter paradoxal que faz dela um ponto culminante de existência.

A dimensão religiosa irredutível, inseparável da rebelião kierkegaardiana, salvaguarda, porém, a sua mensagem de toda a divagação irracionalista à maneira de, por exemplo, Schopenhauer*, para quem o desaparecimento do religioso favorece a ilusão de um facto metafísico que escaparia à razão. Da mesma forma, Kierkegaard reconhece a dialéctica exigida pelo pensamento e pela racionalidade, mas uma *dialéctica negativa* sem ponto de partida nem de chegada, que traduz a total impossibilidade do pensamento para se superar a si próprio no afirmativo. Porque «a existência recusa-se ao pensamento; no entanto, o existente é um sujeito pensante», em que «o exercício do pensamento não pode ter continuidade absoluta». Por outras palavras, a pretensão de fundar a filosofia como um saber é uma ilusão: «A incerteza objectiva, conservada na apropriação da interioridade mais apaixonada, é a verdade» (*Ibidem*).

• ***A temporalidade existencial e o primado do futuro. O instante, «átomo da eternidade». A retoma ou redobramento: repetição à frente***

«Não há sistema da existência» porque a temporalidade vivida está nos antípodas do eterno presente do conceito, o eterno tomado como a supressão do *tempo* – «sucessão que passa». O homem é «síntese de temporal e de eterno realizada pelo espírito». Ora, o espírito faz aparecer a «natureza sensível [como] penetrada pela culpabilidade, o pecado; põe em contacto o tempo e a eternidade no *instante*», que «não é, propriamente falando, o átomo do tempo, mas o átomo da eternidade, o primeiro reflexo da eternidade no tempo e, por assim dizer, a sua primeira tentativa de detê-la». A Encarnação é o Instante por excelência: «Quando o espírito se afirma, o Instante torna-se uma evidência.» «É o ambíguo em que o tempo e eternidade estão em contacto, afirmando assim o conceito de *temporalidade*, no qual o tempo interrompe constantemente a eternidade e em que a eternidade penetra incessantemente no tempo.» O primado remete então para o *futuro*, assim compreendido como o eterno, na medida em que resgata o passado. O conceito central do cristianismo é a «plenitude do tempo» que tudo renova e dá lugar a todos os conceitos ignorados pelos Gregos: conversão, redenção, regeneração, salvação, ressurreição, juízo final. Os Gregos «consolavam-se com a Reminiscência», procuravam o eterno passado, ignorando também o instante. «A concepção moderna deve procurar a liberdade no futuro de forma a que a eternidade se abra ao homem como a verdadeira repetição, no devir. [Ela] deve perceber a eternidade a partir do instante, através do futuro» (*A Repetição*). Este é o significado decisivo da *repetição*, retoma da existência «noutro poder dela própria», repetição com fervor do salto qualitativo do que já vivemos, metamorfose instauradora de sentido pela qual nos tornamos no que devemos ser. Assim, repetir pela fé o evento da Encarnação e da Paixão é tornar-se *contemporâneo* de Cristo.

• ***Tornar-se subjectivo. A comunicação indirecta***

A tarefa do pensador consiste em «tornar-se *subjectivo*». O pensador subjectivo não valoriza a sua particularidade contingente e pratica uma dúvida fervorosa: não deixar de ser fiel a si próprio em proveito daquilo que pensa, proteger a tensão nele inaplacável entre existência e transcendência, permanecer um «pensador por conta própria», independente e discordante. Se enviar uma mensagem será como «incógnito» e em «segredo», por vias «indirectas» de comunicação. Com efeito, não se trata de publicar verdades objectivas («a multidão é o engano»), mas dirigir-se em seu nome a cada indivíduo: «inquietar o outro». Há crenças que não admitem a apregoação aos quatro ventos e cuja forma – «a sonoridade» – é tão importante como o conteúdo: «Quando Cristo declara que há uma via eterna e quando o candidato a teologia Pedersen declara que há uma via eterna, ambos dizem o mesmo [...]. No entanto, existe entre eles uma eterna diferença qualitativa» (*Dois Pequenos Tratados Ético-Religiosos*).

Kierkegaard construiu, então, a sua obra de forma «indirecta», «irónica», na derrisão a respeito dos procedimentos didácticos do pensamento objectivo unicamente preocupado com o resultado, e «directa» porque indiferente às subjectividades pensantes. Ele pluraliza a sua mensagem e projecta-a inicialmente através de *pseudónimos*, honrando a diversidade qualitativa dos possíveis existenciais e a liberdade que o leitor deve conservar face ao que não se apresenta como uma demonstração racional visando convencê-lo, mas como experiências irredutivelmente separadas que, no máximo, entram em diálogo. Evita a «linguagem abstracta [que] não mostra realmente o problema da existência e do indivíduo». «A forma do pensador subjectivo é o seu *estilo*»: só o tem verdadeiramente quem nunca dá nada por definitivo, mas que, cada vez que trabalha, «agita as águas da linguagem» de forma a que o termo mais corrente ganhe vida aos seus olhos como se fosse inteiramente novo (*Post-Scriptum*, I). O carácter enigmático das mensagens visa acentuar o carácter impossível da existência, à semelhança do improvisador, entregando-se a arrojadas transposições sem a mediação dos papéis ou à semelhança do génio, «recebendo as suas ordens em pleno mar»! O segredo é, pois, a sua marca existencial: há nele um valor de silêncio, o «silêncio que se esconde numa conversação conduzida com talento [e] que é verdadeiramente o silêncio» (*Diário*, ano 1854), que permite às palavras serem plenamente pronunciadas e entendidas. «Comparada à do poeta, a forma [do pensador subjectivo] será abreviada, comparada à de um dialéctico abstracto, será prolixa.» A mensagem exprime a «dupla reflexão» do pensador subjectivo: «ao pensar, pensa o geral, mas na medida em que ele existe nesse pensamento, assimila-se nele, isola-se sempre cada vez mais». É por isso que a escrita – «a minha obra como escritor» – serviu a Kierkegaard como meio privilegiado para exprimir esse «essencial» que resiste ao pensamento puro: «Basta ser resolutamente homem e não nos transformarmos numa espécie de fantasma...».

☞ **Conceitos-chave e termos relacionados:**
Angústia, Autenticidade, Carne, Conformismo, Conversão, Cristianismo, Desamparo, Desespero, Dialéctica, Ek-sistência, Encarnação, Escolha, Estética, Ética, Existente, Existência, Falta, Fé, Filosofia, Finitude, Geral, Indivíduo, Instante, Ironia, Irracionalismo, Liberdade, Mal, Paradoxo, Pecado, Possibilidade, Possível, Religião, Repetição, Romantismo, Secularização, Sexualidade, Silêncio, Singular, Subjectivo, Subjectividade, Temor, Tempo, Temporalidade.

☞ **Autores:**
Feuerbach, Hegel, Heidegger, Jaspers, Sartre, Sócrates, Stirner.

☞ **Bibliografia**
S. Agacinski, *Aparté: conceptions et morts de Sören Kierkegaard*, Aubier-Flammarion, 1977.
J. Baudrillard, *De la séduction*, Galilée, 1979.
A. Clair, *Kierkegaard. Existence et éthique*, PUF, 1997-1998.
J. Colette, *Kierkegaard et la non-philosophie*, «Tel», Gallimard, 1994.
Ch. Le Blanc, *Kierkegaard*, Les Belles Lettres, 1998.
J.-P. Sartre, *Kierkegaard vivant*, «Idées», Gallimard, 1966.
[P. Mesnard, *Kierkegaard*, Edições 70.]

KOYRÉ, Alexandre (1892-1964)

Filósofo francês e historiador do pensamento científico, filosófico e religioso cuja obra é reconhecida como uma das mais importantes do nosso tempo. Koyré aplicou o seu método histórico-crítico às grandes transformações na concepção do mundo, científico e metafísico, na idade clássica. Nascido na Ucrânia, frequentou as aulas de Husserl* e Hilbert em Göttingen, de Bergson* e Brunschvicg* em Paris. Alistado como voluntário francês na Primeira Guerra Mundial, apoiante de De Gaulle na Segunda Guerra Mundial, socialista revolucionário na Revolução Russa, as suas qualidades humanas serviram um largo espectro intelectual e pessoal e uma actividade de «barqueiro» na qual é comparado ao padre Mersenne. Foi investigador em Paris, na École Pratique des Hautes Études, e em Nova Iorque, na New School for Social Research, dirigiu o Centro de Estudos de História das Ciências e das Técnicas (1958). Inspirou os trabalhos de Kojève* sobre Hegel* e fundou a *Recherches philosophiques.*

☞ **Obras:**
Études galiléennes, 1939; *Mystiques, spirituels, alchimistes du XVIe siècle allemand*, 1955; *Du monde clos à l'univers infini*, 1957; *La Révolution astronomique: Copernic, Képler, Borelli*, 1961; *Études d'histoire de la pensée philosophique*, 1962; *Études newtoniennes*, 1965; *Études d'histoire de la pensée scientifique*, 1966.

• *Do cosmos finito antigo e medieval ao universo infinito moderno*

Com uma forte convicção da unidade do pensamento humano, Koyré analisa as mudanças do pensamento que, entre o século XVI e XVII, acompanharam a «revolução científica» constituída pela nova concepção do espaço e pela nova ciência do movimento. As alterações na representação da moldura espácio-temporal tiveram importantes implicações metafísicas e religiosas, modificando as próprias estruturas do pensamento. No século XVI, opera-se uma revisão completa de conceitos fundamentais: movimento, inércia, espaço, velocidade e aceleração, hipótese, lei, causa e conhecimento. À análise aristotélica, prisioneira das evidências da experiência imediata, sucede um novo modelo de inteligibilidade herdado de Arquimedes.

Galileu e Descartes* concebem o *movimento* já não como uma «acção» que consiste na alteração de um estado (da «potência» ao «acto»), mas como um estado tão real quanto o repouso. Em *Du monde clos à l'univers infini*, Koyré mostra como esta revolução foi antecedida pela «revolução cosmológica» do Renascimento – «destruição do Cosmos» e «infinitização do universo». O Cosmos aristotélico, ordenado (hierarquizado) e finito que dominava ainda o pensamento medieval (com as suas implicações antropocêntricas) dá lugar à ideia de um universo homogéneo e indefinido, e mesmo infinito. O espaço físico deixa de ser um «conjunto de lugares diferenciados» para se tornar o espaço da geometria euclidiana: homogéneo, infinito e idêntico ao espaço real. Nicolau de Cusa e Copérnico foram os primeiros que «planetarizaram» a Terra que, de «simples sentina do mundo», ocupa uma posição paritária com os restantes corpos celestes. Mas a nova cosmologia heliocêntrica significou o fim da divisão aristotélica que ordenava o universo em duas regiões distintas (mundos sublunar e supralunar). A ideia de uma Terra perdida num universo infinito seria ainda reforçada por Giordano Bruno, copernicano panteísta que foi o primeiro a pensar o infinito do mundo e que relativizou todas as antigas oposições, por Kepler, que descobriu as leis dos movimentos planetários, e Galileu com o seu telescópio. O homem tinha «perdido o seu lugar no mundo [...], perdido o próprio mundo que formava o quadro da sua existência e o objecto do seu saber»; tinha de «transformar e substituir não só as suas concepções fundamentais como também as próprias estruturas do pensamento» (*Du monde clos à l'univers infini*).

Em *Études newtoniennes*, Koyré mostra que o modelo da ciência clássica foi a teoria física de Newton, síntese da mecânica terrestre (definida por Descartes e Galileu) e da mecânica celeste (Copérnico, Kepler, Huygens).

- ***A revolução filosófica, condição da revolução cosmológica e científica. Rumo a um ateísmo moderno***

Após o processo de Galileu, iniciou-se o debate crucial sobre as relações entre Deus e Mundo (Descartes, Morus, Malebranche*, Newton, Bentley, Raphson, Leibniz*, Clarke, Berkeley*) que, no final do século XVIII, terminou com o triunfo da ciência newtoniana sobre a cosmologia de Laplace. «O mundo estava cada vez mais em posição de dispensar os serviços do Divino Arquitecto [...]. O Universo infinito da nova cosmologia [...] já não precisava da hipótese de Deus.» O caminho estava livre para a «difusão geral do cepticismo e do "livre pensamento"».

Koyré, na linha do idealismo crítico de Cassirer, revela um certo «platonismo»: para ele, a *revolução científica* moderna é essencialmente teórica e está condicionada por uma «revolução filosófica». Galileu não só era arquimediano como também platónico; as suas experiências de física eram, antes de tudo, experiências de pensamento, *a priori*; o seu matematismo permitiu-lhe intuir, sem o formular, o princípio de inércia, anunciando o fim do aristotelismo medieval. Descartes afirmou esse princípio, que exigia a geometrização do universo (*Études galiléennes*). Foi então que o pensamento científico, substituindo o objecto empírico por um objecto racional matematizado, analisável como um objecto matemático, alterou o conceito de realidade. Esta revolução foi obra do *espírito* humano: a tarefa da história do pensamento científico consiste, para Koyré, em «compreender o caminho desse pensamento no próprio movimento da sua actividade produtora». A ideia de revolução científica como «mudança da estrutura do pensamento» será desenvolvida por Thomas Kuhn. A característica deste como «axiomática subjacente» será retomada por Althusser* («problemática») e Foucault* («epistema»).

☞ **Conceitos-chave e termos relacionados:**
Ateísmo, *Conatus*, Corte (- epistemológico), Cosmologia, Cosmos, *Epistema*, Epistemologia, Espaço, Finito, Física, Geometria, História da filosofia, Homogeneidade, *Impetus*, Indefinido, Inércia, Infinito, Matéria, Mecanismo, Movimento, Mundo, Natureza, Revolução (- científica), Tempo, Teoria (- científica), Universo, Velocidade.

☞ **Autores:**
Aristóteles, Althusser, Bachelard, Descartes, Foucault, Newton, Pascal.

☞ **Bibliografia**
G. Jorland, *La Science dans la philosophie: les recherches épistémologiques d'Alexandre Koyré*, Gallimard, 1981.

L

LACAN, Jacques (1901-1981)

Psiquiatra e psicanalista. Influenciado em grande medida pela linguística moderna, Lacan propõe uma nova leitura de Freud* à luz da análise estrutural e introduz na psicanálise o modelo linguístico que já se havia imposto na biologia e nas outras ciências humanas. Os escritos de Lacan, cujo esoterismo não exclui toda a inteligibilidade, suscitaram um verdadeiro entusiasmo e a escola lacaniana continua, tanto em França como no estrangeiro, a influenciar o movimento psicanalítico.

Nascido em Paris, fez os seus estudos de psiquiatria e defendeu, em 1932, a tese *La Psychose paranoïaque et ses rapports avec la personnalité*, visivelmente influenciado pela leitura de Freud. Liga-se aos surrealistas e frequenta os meios filosóficos de inspiração hegeliana, estruturalista e fenomenológica (amigo de J. Hippolyte, participa no seminário de Kojève* na École des Hautes Études). A adesão de Lacan ao sincronismo da linguística saussureana assinalará o fim do seu fascínio pelas ideias de Hegel*. Mas o relatório de Roma, *Fonctions et champ de la parole et du langage en psychanalyse*, tem ainda traços delas, com a memorável análise que Lacan fez do *Fort-Da*» (A. Green, *O Trabalho do Negativo*). De 1953 até à sua morte, Lacan leccionou um seminário, primeiro no hospital de Sainte-Anne, depois na ENS de Ulm, na faculdade de Direito de Paris e, por fim, na escola que ele próprio fundou. Apesar do hermetismo do seu discurso e do gosto pela provocação, a personalidade muito forte de Lacan atrai um público assíduo e interessado. Nomeado membro titular da Sociedade Psicanalítica de Paris em 1938, Lacan funda a Sociedade Francesa de Psicanálise em 1953. Colocado no *index* da Sociedade Internacional e Psicanalítica em 1963, funda, em 1964, a Escola Freudiana de Paris, que será extinta em 1980 e substituída pela «Causa Freudiana» pouco antes da sua morte, em Setembro de 1981.

☞ **Obras:**

A sua obra consiste em artigos reunidos em *Écrits* (Paris, Seuil, 1966) e assenta essencialmente nas prelecções dos seminários: *Séminaire I*, sobre *Les Écrits techniques de Freud* (1975); *Séminaire II, Le Moi dans la Théorie de Freud e dans la technique de la Psychanalyse* (1977); *Séminaire III, Les Psychoses* (1981); *Séminaire VII, L'Éthique de la psychanalyse* (1986); *Séminaire VIII, Le Transfert* (1991); *Séminaire XI, Les Quatre Concepts fondamentaux de la psychanalyse* (1973); *Séminaire XVII, L'Envers de la psychanalyse* (1961); *Séminaire XX, Encore* (1975). Cite-se também a sua tese: *De la psychose paranoïaque dans ses rapports avec la personnalité*, Seuil, 1975.

• ***O «estádio do espelho»***

Esta descoberta fundamental, momento marcante na evolução do pensamento de Lacan, foi objecto de várias comunicações, entre as quais a pronunciada no XVI Congresso Internacional de Psicanálise, em Zurique (1949), *Le Stade du miroir comme formateur de la fonction du Je*.

O «estádio do espelho», momento em que a criança se reconhece a si própria na sua imagem como *Eu*, é um estado decisivo no desenvolvimento do indivíduo e na aquisição progressiva da identidade. A criança não tem originalmente a experiência do seu corpo como uma totalidade simultaneamente autónoma e unificada; na experiência do espelho, a criança separa-se da fusão primitiva com a mãe, ao mesmo tempo que se liberta «do fantasma do *corpo fragmentado*» (percepção do corpo como dispersão de todos os membros) para aceder à reunificação e à integridade do seu corpo.

O estádio do espelho pode ser decomposto em três momentos: a criança percebe, em primeiro lugar, a imagem que o espelho lhe reenvia como a de um ser real do qual ela se tenta aproximar e tocar; depois, compreende que o outro no espelho é apenas uma imagem e não uma realidade; por fim, não só a criança reconhece que o outro no espelho não é senão uma imagem, como também identifica esse reflexo com a imagem do seu próprio corpo.

Este processo de identificação fundado na relação especular efectua-se no *registo do imaginário*, porque a criança identifica-se com um duplo de si própria, com uma imagem que não é ela mesma mas que lhe permite reconhecer-se. Esta experiência puramente narcísica é anterior a qualquer subjectividade, ou seja, à *ordem simbólica* da palavra e da linguagem. Assim, a relação especular estrutura o sujeito antes de qualquer relação dialéctica com outro pela mediação do discurso. Esta identificação primária da criança com a sua imagem estará na origem de todas as identificações futuras. A criança é levada a reconhecer a sua mãe como outro quando se percebe a si própria como outro.

É com a identificação com o pai que se efectua o acesso à ordem simbólica. O papel essencial do pai não reside na relação vivida, mas na palavra – e mais precisamente na palavra de autoridade: «É no nome do pai que se deve reconhecer o suporte da função simbólica que, desde a aurora dos tempos simbólicos, identifica a sua pessoa com a figura da lei» (*Écrits*, p. 278). Se a mãe reconhece o pai como autor da lei, a criança pode identificar-se com o pai na relação simbólica reconhecendo, por sua vez, o nome do pai. Mas se a mãe nega esse papel fundamental do pai, a criança permanecerá na ordem narcísica do imaginário, ou seja, na sujeição à mãe.

Ao aceder à ordem simbólica, supera a relação dual com a mãe, torna-se sujeito e entra no mundo da cultura e da civilização. Em termos freudianos, pode dizer-se que a identificação com a mãe é «primária» e que a identificação com o pai é «secundária».

• ***Necessidade, pulsão, desejo, procura***

A *necessidade*, falta radical que resulta da desmama do seio materno, sendo essencialmente orgânica, visa um objecto e satisfaz-se com ele. A *pulsão* é, tal como para Freud, uma qualificação erótica da necessidade. É o impulso que exprime a falta do complemento anatómico do corpo da mãe. Ao reencontrar a completude do corpo, ela localiza-se nas zonas erógenas.

Quanto ao *desejo*, que Lacan situa no centro da psicanálise, nasce da experiência e da recordação da satisfação da necessidade e visa menos um objecto determinado do que o prazer perdido que deseja fazer renascer. O desejo torna-se, então, desejo daquilo que é fonte de todas as satisfações, desejo de ser amado. É neste sentido muito hegeliano que é desejo do desejo do outro. «O próprio desejo do homem constitui-se na linha de mediação; é desejo de fazer reconhecer o seu desejo» (*Écrits*, p. 181). «O desejo do homem encontra o seu sentido no desejo do outro, não tanto porque o outro detenha a chave do objecto desejado, mas porque o seu primeiro objectivo é ser reconhecido pelo outro» (*ibidem*, p. 268). Lacan transforma assim a dialéctica da consciência na do desejo.

Por fim, é pela mediação da *procura* que o desejo se inscreve na ordem do simbólico, se mostra na palavra e pode então ser formulado. O desejo produz-se aquém e além da procura, que nunca pode satisfazê-lo e que, incapaz de o saciar, fá-lo sempre renascer. O desejo, prendendo-se no «desfile radical da palavra», aliena-se. Recalcado, une-se ao simbólico: a procura torna-se assim o substituto do desejo na ordem da linguagem. É assim que ganha sentido a célebre fórmula de Lacan: «o Outro, com um O grande, é o lugar do deslocamento da palavra.»

• ***Uma nova concepção do inconsciente***

Um dos contributos mais importantes de Lacan reside no papel primordial atribuído à linguagem na psicanálise.

1. «O *símbolo* manifesta-se primeiro como a morte da coisa e esta morte constitui no sujeito a eternização do seu desejo» (*Écrits*, p. 319). A ordem do simbólico substitui-se ao desejo e tradu-lo.

2. A originalidade de Lacan consiste em ter concebido o *inconsciente como uma língua*, ou seja, como uma rede de significantes que forma um sistema a todos os níveis. «A nossa doutrina baseia-se no facto [...] de o inconsciente ter a estrutura radical da linguagem, de um material funcionar aí segundo leis que são aquelas que o estudo das línguas positivas, das línguas que são ou foram efectivamente faladas, descobre » (*ibidem*, p. 594). O inconsciente é, por assim dizer, tecido pela trama da linguagem e afirma-se através de um texto. Ora, a linguagem remete para a distinção fundamental do significante e do significado. É aqui que Lacan privilegia a rede dos significantes na medida em que esta cria um sistema a todos os níveis e que, na perspectiva saussureana, «cada elemento tem aí a sua função exacta de ser diferente dos outros». Assim, a rede dos significantes comanda o conjunto das significações, tal como a linguagem comanda a fala. A rede dos significados apenas se torna coerente ligando-se ao nível dos significantes; a análise lacaniana resulta assim na afirmação da supremacia do significante.

Além disso, Lacan, fiel à intuição freudiana de que as leis do sonho são equivalentes às da poesia, vai construir uma verdadeira retórica do inconsciente. A sua tese, que é também a do linguista Jakobson, defende que os mecanismos de formação do inconsciente podem ser assimilados aos da linguagem segundo duas figuras fundamentais: a *metáfora* – condensação, substituição –; a *metonímia* – deslocamento, combinação. «A cura opera-se pela restituição das cadeias associativas que sustentam os símbolos até ao acesso à verdade do inconsciente.» Ela implica, então, que o paciente tome consciência de todas as metáforas e metonímias, ou seja, do trabalho de construção fantasmagórico até fazer emergir o significante primeiro.

Compreende-se agora todo o sentido da cura cujo funcionamento assenta inteiramente na fala do paciente. Se o inconsciente é «a parte do discurso concreto que falta à disposição do sujeito para restabelecer a continuidade do seu discurso consciente», a cura não tem outro objecto senão restituir ao sujeito «uma fala plena» que o devolva à ordem simbólica conferindo-lhe a possibilidade de verbalizar aquilo que o seu inconsciente engendrou.

☞ **Conceitos-chave e termos relacionados:**
Desejo, Espelho (Estádio do -), Estrutura, Estruturalismo, Imaginário, Inconsciente, Linguagem, Linguística, Metáfora, Metonímia, Necessidade, Psicanálise, Pulsões, Símbolo, Simbólico (Ordem do -).

☞ **Autores:**
Freud, Hegel, Lévi-Strauss, Saussure.

☞ **Bibliografia**
P.-C. Cathelineau, *Lacan, lecteur d'Aristote*, Éd. de l'Association freudienne internationale, 1998.
R. Chemama (org.) e B. Vandermersch, *Dictionnaire de la Psychanalyse*, Larousse, 1998.
J. Dor, *Introduction à la lecture de Lacan*, Denoël, 1985.
A. Green, *Le Travail du négatif*, Minuit, 1993, pp. 9-14.
A. Juranville, *Lacan et la philosophie*, 2.ª ed., PUF, 1988.
E. Porge, *Lacan, un psychanalyste. Parcours d'un enseignement*, Érès, 2000.
A. Vanier, *Lacan*, Les Belles Lettres, 1998.

LEIBNIZ, Gottfried Wilhelm (1646-1716)

Filósofo e cientista, o maior filósofo alemão anterior a Kant*, e autor do último grande sistema de influência cartesiana, crítico do pensamento de Descartes* em todos os planos: metafísico, físico e matemático. Descobriu o cálculo infinitesimal e a sua obra assinala a vários níveis o início da modernidade. Encontramos na íntegra exposições diversas do seu sistema em *Discurso da Metafísica* (1685), *Novos Ensaios Sobre o Entendimento Humano* (1704), *Ensaios de Teodiceia* (1710), *A Monadologia* (1714). A sua correspondência é importante (com Arnauld, Huyghens, Clarke, entre outros).

Dotado de um conhecimento enciclopédico, foi matemático, físico, teólogo, lógico, químico, engenheiro, historiógrafo, diplomata, jurista, político e o primeiro geólogo. Nascido em Leipzig, indivíduo muito precoce, adquire muito cedo uma cultura imensa. Entra com 15 anos na faculdade de humanidades e filosofia, onde teve como mestre Thomasius, e descobre a filosofia moderna. Com 17 anos, obtém o bacharelato com a sua tese *Dissertação Sobre o Princípio de Individuação*, em que defende que a individualidade é constituída por toda a essência da própria coisa. Aprende as altas matemáticas do seu tempo com Weigel. Torna-se conselheiro do eleitor de Mogúncia (1670) e será bibliotecário e historiador do duque de Brunswick em Hanôver. Integrado em várias missões diplomáticas, viaja por toda a Europa: em Paris, onde fica cinco anos, conhece Arnauld e Malebranche*; descobre o pensamento de Descartes e a teorização matemática de Pascal* (1672); em Londres, conhece Newton e o empirismo de Locke*, que criticará nos *Novos Ensaios*; em Haia, conhece Espinosa*. Espírito atento aos poblemas da Europa, aplica o seu génio de síntese universal aos mais diversos domínios: à unificação do direito alemão e europeu, à defesa da neutralidade dos países renanos contra as intenções hegemónicas de Luís XIV, à cristianização da China que o fascina. Leibniz morreu no esquecimento, mas o século XVII iria conferir-lhe a notoriedade graças à sua *Correspondência* com Clarke em que formula a sua concepção anti-newtoniana do espaço e do tempo. Actualmente, «a epistemologia contemporânea não hesita em apresentar a sua monadologia e a convergência que estabelece entre a metafísica da natureza e a física do indivíduo como a antecipação das investigações contemporâneas mais recentes, nomeadamente as conduzidas no plano da topologia e da "morfodinâmica"» (M. Besnier; *cf.* os trabalhos dos matemáticos R. Thom e J. Petitot).

☞ **Obras** (os títulos em português correspondem à tradução dos títulos em francês e não dos originais)**:**
Acerca da Origem Radical das Coisas (1697); *Novos Ensaios Sobre o Entendimento Humano* (1704); *Ensaios de Teodiceia Sobre a Bondade de Deus, A Liberdade do Homem e a Origem do Mal* (1710); *A Monadologia* (1714); *Princípios da Natureza e da Graça Fundados na Razão* (1718).
[Nas Edições 70: *Discurso da Metafísica.*]

• ***O princípio da razão, fundamento lógico e ontológico***

A experiência do *Cogito* (Eu penso), segundo Leibniz, nada tem de primordial, não pode fundar o conhecimento sem os seus *cogitata*, ou seja, os objectos de pensamento, a matéria e as suas leis, regidos pelos princípios fundamentais da razão. Na origem da verdade encontram-se, então, estas leis do real: o *princípio da razão suficiente* – «nada há sem razão» – do qual derivam o *princípio da continuidade* – «a natureza não procede por saltos» – e o *princípio dos indiscerníveis* – duas coisas não podem ser idênticas, de contrário formariam apenas um ser.

• ***O inato virtual, superação do inatismo cartesiano e do empirismo de Locke***

Estes princípios, origem da verdade, são apenas virtualmente inatos, e precisam da experiência para se desenvolver, mesmo que Leibniz introduza na fórmula de Locke – «nada há no entendimento que não seja percepcionado antes pelos sentidos» – uma alteração decisiva: «se não for o próprio entendimento», com as suas leis da razão constitutivas.

• ***Contra o dualismo cartesiano: a mónada, substância comum à matéria e ao espírito***

A experiência da multiplicidade não pode ser unificada num ponto físico ou num simples agregado; Descartes confundiu a substância corpórea com a extensão; a matéria cartesiana, extensão passiva composta de pontos físicos, não tem as características de uma substância – substrato existente por si, princípio de movimento e de acção –; o movimento é-lhe acrescentado e, passivamente, não pode nem aumentá-lo nem diminuí-lo. Ora, a experiência mostra que se conserva não a quantidade de movimento (mv) mas a quantidade de *força viva* (m^2), nome que Leibniz dá ao produto da massa pelo quadrado da velocidade. O movimento tem então origem na força e Leibniz reduz a *matéria* à *força*, entendida na sua definição física como princípio do movimento (aquilo que faz mover um corpo). A força é a essência comum da matéria e do espírito, por outras palavras, a própria substância, como unidade de força ou *mónada*: substância simples (sem partes), da qual se formam os compostos, ponto metafísico, «átomo puramente espiritual ou formal, análogo a uma alma, que tem o princípio da acção e da passividade na sua espontaneidade». «Autómato espiritual», todas as suas mudanças provêm de um princípio interno. Leibniz nota com rigor que não concebe a força como Aristóteles* concebia a potência, que precisava de um elemento exterior para passar ao acto, mas como o esforço (*apetição*), a propensão para agir que se realiza na ausência de obstáculos. Para explicar o modo de ser da substância-extensão, Descartes tinha de recorrer a Deus, à criação continuada, ao movimento, ao composto; não podia pensar o vazio, nem a autonomia do organismo vivo. Leibniz explica tudo apenas com a noção de força, substância porque necessariamente causa de si. Ela espalha-se a partir de si própria na matéria, em função da concorrência dos corpos, formados pelos «pontos de energia absolutamente simples [...] abolindo a diferença entre a matéria e o espírito» (J. Rivelaygue). As mónadas são reduzidas por um raciocínio *a priori* (*Monadologia*, § 3) e a teoria de Leibniz – que Kant elevou a símbolo do dogmatismo metafísico, que deduz tudo soberbamente ignorando a experiência – pôde ser descrita como um «logicismo radical», um formalismo. A descoberta do triângulo matemático de Pascal constituiu para Leibniz uma revelação, uma chave para decifrar a totalidade do real, do qual retirou o seu próprio «triângulo harmónico», dupla pirâmide de algarismos que mostram as linhas de fuga do infinito e que deixam imaginar um mundo organizado até ao infinito, constituído por sub-sistemas infinitamente organizados – metáfora da matéria «concebida como um jardim cheio de plantas e como um lago cheio de peixes [onde] cada gota dos seus humores é ainda um jardim, um lago» (*Monadologia*, § 67).

• *A mónada, espelho do universo. Hierarquia contínua e entre-expressão das mónadas: as pequenas percepções inconscientes*

O universo, embora composto de unidades indissolúveis, é contínuo e cada mónada constitui uma expressão parcial que, do seu ponto de vista único, «simpatiza» com todo o universo. Assim se expressa o *princípio dos indiscerníveis*: qualquer substância, espelho do universo, compreende uma infinidade de determinações, pela qual difere de qualquer outra. A *percepção* é a forma como cada mónada exprime todas as outras, como representa o múltiplo na unidade. Tudo vive e está cheio de almas, mas que contêm todos os graus de representação – da mais confusa à mais inteligível – do que aconteceu, acontece ou acontecerá. A *Monadologia* distingue:

– no fim da escala, as «mónadas nuas» (a matéria) cujas percepções são inconscientes;

– a seguir, as «mónadas sensíveis», almas das plantas e dos animais, dotadas de percepções conscientes e de apetições espontâneas; as «mónadas racionais» têm a consciência reflectida das suas percepções e a liberdade das suas apetições;

– finalmente, a mónada suprema ou Deus que tem um conhecimento infinito e uma vontade inseparável da acção.

Todas as mónadas, sendo em algum grau espirituais, sentem as mesmas coisas em diversos graus de expressão. Portanto, o animal não é uma máquina e a alma não está sempre a pensar; não é, como em Descartes, definida pela consciência. Não temos consciência de todos os nossos pensamentos: «pequenas percepções» confusas, evanescentes, agem sobre nós de forma obscura, muito diferentes da *apercepção* ou percepção clara e consciente (não percebemos as gotas de água que formam a onda...). Essas pequenas percepções explicam que sejamos atraídos sem saber porquê ou que conheçamos estados de *inquietude*, sentimento vago muito diferente da dor consciente.

- ***Um novo modelo físico para traduzir a continuidade do universo. Uma nova matemática: o cálculo infinitesimal***

O novo modelo físico é a quantidade de força absoluta e total: traduz a continuidade do universo, em que o repouso é apenas um movimento infinitamente retardado e a aceleração se faz por gradação contínua. Se a substância material já não é redutível à extensão, se só é real a força viva dos corpos, a espontaneidade da substância tem agora a ver com a consideração do efeito total futuro do movimento em curso, não se encontra na massa. Para explicar as pequenas solicitações infinitesimais, Leibniz inventa o *cálculo infinitesimal* ou *diferencial*: aritmética do infinito, que segue a evolução de uma força nos diferentes momentos do desenvolvimento.

- ***Uma lógica combinatória: a característica universal***

«Arte de tornar racional», a *lógica* deve abandonar o método hipotético--dedutivo para se tornar numa lógica das substâncias dinâmicas, comportando a lei da série que mostra um ser tal como é. Deve ser *logica inventionis*, favorecer a descoberta. Leibniz imagina uma «arte combinatória», um sistema de notações capaz de retraduzir todo o real em algoritmos e de raciocinar sobre as ideias como um cálculo algébrico: a *característica universal*.

- ***O melhor dos mundos. A harmonia preestabelecida***

A origem da ordem do mundo, contendo a máxima variedade na unidade, só pode ser criação de um *Deus*. Por este conceito, Leibniz designa o ser que possui um entendimento infinito – origem das essências, o «país dos possíveis» –; uma vontade fonte das existências, inseparável do acto, mas que obedece ao princípio de razão.

O *melhor dos mundos possíveis* é, portanto, o nosso, e Deus só pôde actualizar a série de compossíveis (possíveis realizáveis num mesmo mundo) mais perfeita, combinando da melhor forma ordem e diversidade, «potenciando o máximo de possibilidade e de essência». Como as mónadas, indivisíveis e inalteráveis, não comunicam entre si, Leibniz construiu a hipótese de um «artifício divino», a *harmonia preestabelecida* por Deus entre as mónadas (nomeadamente entre a alma e o corpo do homem), que regula previamente o universo de forma a que se harmonizem e, ao mesmo tempo, sigam apenas as suas leis respectivas. Tal permite-lhe conciliar o mecanicismo com o finalismo e transformar o «Mal» numa imagem de Bem. O homem deve adoptar o ponto de vista da totalidade: «Do crime de Sextus nascerá um grande Império.»

- ***A liberdade, espontaneidade da mónada dotada de razão***

A previsão divina, porém, não autoriza a conjectura fácil. Deus foi elevado ao melhor possível não por uma *necessidade lógica* – é necessário aquilo cujo contrário é impossível –, mas por uma *necessidade moral*: a da escolha que caracteriza um agente livre; tornando a *liberdade* humana parte da Criação, ela exprime a espontaneidade da mónada dotada de razão, o seu poder de agir segundo a perfeição da sua própria natureza. Ser livre, para o homem, não é ser indiferente, mas «ser o melhor possível determinado pela sua razão». César tinha de atravessar o Rubicão, mas era livre de não o fazer. A *perfeição* significa o estado de algo quando conhece o seu mais elevado grau de ser. Deus, omnisciente e omnipotente, é perfeito no mais elevado grau. Apesar das aparências, o mundo que criou exprime essa perfeição: Leibniz não diz que ele é perfeito (só Deus o é), mas é impossível, do ponto de vista metafísico, que exista um mais perfeito.

☞ **Conceitos-chave e termos relacionados:**
Alma, Apercepção, Apetição, Característica universal, Combinatória, Composto, Contingência, Continuidade (Princípio de -), Deus (Provas da existência de -), Diferencial, Dinâmica, Dogmatismo, Energia, Espírito, Espontaneidade, Fatalidade, Fatalismo, *Fatum*, Física, Força, Harmonia preestabelecida, Inato, Inconsciência, Indiscerníveis, Infinitesimal, Liberdade, Mal, Matemática, Matéria, Metafísica, Mónada, Movimento, Mundo, Necessidade, Optimismo, Percepção, Perfeição, Perfeito, Possível, Preguiçoso (Argumento do -), Razão (Princípio de -, Princípio de - suficiente), Simples, Simplicidade, Substância, Teodiceia, Verdade, Virtual.

☞ **Autores:**
Descartes, Kant, Locke, Merleau-Ponty, Pascal.

☞ **Bibliografia**

Y. Belaval, *Leibniz, initiation à sa philosophie*, Vrin, 1993.
R. Bouveresse, *Leibniz*, «Que sais-je», PUF, 1994.
F. Burnage e N. Chouchan, *Leibniz et l'infini*, PUF, 1993.
J. Rivelaygue, «La *Monadologie* de Leibniz», *Leçons de métaphysique allemande*, Grasset, t. 1, 1990.
M. Serres, «Leibniz», *Histoire de la philosophie*, «La Pléiade», Gallimard, vol. II, 1975; *Hermès ou la communication*, Minuit, 1969-1980.

LÉVINAS, Emmanuel (1906-1996)

Filósofo francês que renovou a problemática moral com a noção de «relação ética», considerada a dimensão essencial da relação com o Outro. Nascido na Lituânia, em Kovno, num meio judeu, iniciou os seus estudos filosóficos em Estrasburgo em 1923. Entre 1928-29, em Friburg-en-Brisgau, frequenta as aulas de Husserl e Heidegger, cuja influência será determinante no seu pensamento. Em 1930, publica a *Théorie de l'intuition dans la phénoménologie de Husserl*. Mobilizado em 1939, é feito prisioneiro na Alemanha, onde permanece até ao final da guerra. Em «Nome de um cão ou o Direito natural» (*Difficile liberté*), evocará esses tempos em que os excluídos só eram seres humanos aos olhos dos animais. Em 1947, a obra *De l'existence à l'existant* introduz o pensamento de Husserl em França. De 1946 a 1961, Lévinas dirige em Paris a Escola Normal Israelita Oriental, onde dará conferências talmúdicas até ao fim da vida. Em 1961, surge a sua obra principal, a tese *Totalité et infini*. É professor na universidade de Poitiers, na Sorbonne (1967-1973) e na Paris X--Nanterre (1973-1976). A sua concepção original de ética suscita interesse e adesão, e a sua obra é hoje traduzida, comentada e debatida em toda a parte. Separou claramente os trabalhos filosóficos do seu envolvimento activo na causa judaica.

☞ **Obras:**
Homem de diálogo, Lévinas é autor de numerosos artigos e conferências. Estão reunidos principalmente em *Difficile liberté* (1963). Além da sua tese *Totalité et infini*, as suas obras principais são: *Humanisme de l'autre homme* (1972); *Autrement qu'être ou Au-delà de l'essence* (1990); *À l'heure des nations* (1988).

[Nas Edições 70: *Totalidade e Infinito*; *Ética e Infinito*; *Transcendência e Inteligibilidade.*]

• *A ética, «mais do que ser»*

Tal como Kant*, Lévinas atribui à ética a primazia relativamente ao conhecimento teórico e é nela que funda a metafísica. Mas não define a ética como o reconhecimento da universalidade da lei: esta surge na relação vivida com o Outro. Assim, a ética quebra o acordo original entre o Eu e o ser, resgata o Eu do não-sentido anónimo da existência bruta, do *haver* do ser, «insuportável na sua indiferença», a sua monotonia e carácter absurdo. O *Eu*, «a ipseidade, o ser si», individualizado pela particularidade da necessidade e definido pela liberdade e interioridade, possui um ser «elástico», assimilador e expansivo; ele estende a sua identidade a tudo e por toda a parte, só se perde para melhor se encontrar. A sua existência «económica» – divertimento, trabalho – banha-se no ser como se este fosse o seu elemento natural. Esta auto-suficiência egoísta é travada pelo encontro do infinito no outro. A responsabilidade face ao outro faz parecer injusta e violenta a inocência da liberdade, culpabiliza a subjectividade e desencanta o universo solipsista onde reina a identidade do Mesmo.

• *A exterioridade do outro. A relação ética. Rosto, fala*

Para Lévinas, a relação com o outro nada tem de dialéctico: «relação sem relação», cujos termos não se juntam, ela «estabelece-se entre o Mesmo e o Outro sem constituir uma totalidade». Se o Outro rompe o círculo encantado do Eu, se faz surgir a pobreza da sua riqueza, é devido ao carácter inintegrável da sua *exterioridade*. *Totalité et infini*, a principal obra de Lévinas, tem como subtítulo «Essai sur l'extériorité». Essa inversão é a irrupção da «relação ética», que consiste em reconhecer um «próximo», ou seja, um dever e uma dívida infinita relativamente ao Outro. «O Outro, que te é estranho ou indiferente, que não pertence nem à ordem dos teus interesses nem à das tuas afecções, observa-te. [...] Relação de outra ordem que não o conhecimento em que o objecto é investido pelo saber.» O Eu encontra nele aquilo que o «julga», aquilo que resiste à sua expansão egoísta, que «paralisa os seus poderes» (*Totalité et infini*). Ele é convidado a «desembriagar-se», a sair do «sonho acordado» narcísico e pagão da plenitude ontológica, a descobrir que «o ser nunca é [...] a sua própria razão de ser, que o famoso *conatus essendi* não está na origem de todo o direito e de todo o sentido» (*Éthique et infini*). O Outro, sem querer, faz do Eu seu *refém*, opõe uma resistência absoluta ao instinto natural apropriador do Eu.

Tudo começa pelo encontro de um *rosto*, surgimento de um ser irredutível à sua forma plástica, àquilo que dele é *visto*, e que, *de chofre*, transmite uma exigência e a ordem de tomá-lo a cargo, de o não deixar só.

Não se funda aqui uma ética igualitária abstracta, mas uma relação de obrigação eminentemente *desigual*, *assimétrica*, não reversível. A reciprocidade é o caso do Outro, de cada Eu face a Outro; não posso exigi-la nem esperá-la. Ao contrário do que estabelece a análise kantiana da moral, a relação ética não pode ter como origem a autonomia de uma razão prática pura, imanente ao sujeito individual como a universalidade de uma lei impessoal. O sujeito legislador autónomo não é, pois, fonte de ética, mas de egoísmo e *violência*, expansão do Eu fechado à alteridade e que se serve do universal para se autojustificar.

• ***A ética como filosofia primeira***

«Abertura ao infinito», que recupera a interrogação sobre o sentido da transcendência, a ética substitui a metafísica; ela é a *filosofia primeira*. Lévinas reivindica um duplo princípio da «Ideia do Infinito», que é, segundo Platão*, o Bem para lá do Ser, ideia do *desejo* como «indigência daquele que já está satisfeito», e, segundo Descartes*, o das nossas ideias que excede todos os objectos e obriga a afirmar a exterioridade de Deus. Este primado do Bem sobre o Ser condensa a crítica radical feita ao «egoísmo ontológico» de Heidegger, «esquecimento do Outro» pelo enraizamento e o Si, abandono a um «deixar--ser» anónimo, pensamento neutro em que «a justiça não condiciona a verdade».

A exigência infinita de justiça tem também uma dimensão de *santidade*: «certeza de que é preciso ceder ao outro o primeiro lugar em tudo», reversão da ordem normal das coisas, «momento em que, pelo humano, o que está para além do ser – Deus – me vem à ideia». Observa-se a influência crescente desta perspectiva dialogal, na confluência da fenomenologia e da metafísica, sobre a teologia contemporânea em busca de uma abordagem renovada da revelação.

☞ **Conceitos-chave e correlatos:**
Alteridade, Desejo, Deus, Diálogo, Egoísmo, Ética, Eu, Exterioridade, Fala, Filosofia (- primeira), Ideia, Identidade, Infinito, Linguagem, Mesmo, Metafísica, Moral, Ontologia, Outro, Próximo, Reciprocidade, Relação, Santidade, Ser, Transcendência, Violência.

☞ **Autores:**
Husserl, Heidegger.

☞ **Bibliografia**

G. Bailhache, *Le Sujet chez Emmanuel Lévinas. Fragilité et subjectivité*, PUF, 1994.

C. Chalier, *Lévinas, l'utopie de l'humain*, Albin Michel, 1996; *Pour une morale au-delà du savoir. Kant et Lévinas*, Albin Michel, 1998.

F. Guibal, *...Et combien de dieux nouveaux. Emmanuel Lévinas*, Aubier-Montaigne, 1980.

P. Hayat, *Individualisme éthique et philosophie chez Lévinas*, Albin Michel, 1998.

M.-A. Lescourret, *Emmanuel Lévinas*, «Champs», Flammarion, 1996.

LÉVI-STRAUSS, Claude (1908)

Etnólogo e filósofo francês, fundador da *antropologia estrutural* – aplicação dos métodos estruturalistas à antropologia –, professor no Collège de France (1958) e na École des Hautes Études, e membro da Academia Francesa. Em 1934, jovem agregado de Filosofia, ensina em São Paulo e dirige várias expedições etnográficas ao Brasil central, junto dos índios Nambiquaras, Cadiueus, Bororos e Tupi-Cavaíbas, que evocará em *Tristes Tropiques*, a sua autobiografia intelectual e obra de referência. A publicação das suas grandes obras científicas (sobre o parentesco, o totemismo e os mitos) constituiu sempre um acontecimento que provocou nos estudos etnográficos uma «inversão de método» radical, renovou os critérios comparativos e tornou caducas as perspectivas evolucionistas e funcionalistas em vigor.

☞ **Obras:**
Les Structures élémentaires de la parenté (1949); *Anthropologie structurale* (I, 1958, e II, 1974); *La Pensée sauvage* (1962).
[Nas Edições 70: *Tristes Trópicos*; *O Totemismo Hoje*; *Mito e Significado*; *O Olhar Distanciado*; *A Oleira Ciumenta*.]

• ***A antropologia estrutural. A aplicação do método estrutural ao parentesco e ao totemismo.***

Num dos seus primeiros artigos, «L'analyse structurale en anthropologie», Lévi-Strauss formula os princípios do estruturalismo, retirados da linguística de Saussure* e da fonologia de Jakobson, para os adaptar à antropologia. Trata-se de tomar como objecto de estudo já não os fenómenos conscientes, mas a sua infra-estrutura inconsciente; reconhecer aos elementos de um sistema não o estatuto de entidades independentes, mas um valor de posição nas relações que os unem e os opõem, e tomar essas relações como base da análise, tendo estas valor apenas no seio de um sistema de correlações cujas regras devem ser encontradas. O estudo das «Estruturas *elementares* do parentesco» (1947) – em que a escolha do cônjuge é determinada pelo grupo – prova que podemos «resumir a um pequeno número» as regras aparentemente complexas e arbitrárias: «Existem apenas três estruturas possíveis de parentesco; [que] se constroem com a ajuda de duas formas de troca; e essas duas formas de troca dependem de um só carácter diferencial, a saber, o carácter harmónico ou desarmónico do sistema considerado.» O *parentesco* baseia-se na aliança e o *casamento* é uma forma de troca; implica a *proibição do incesto* – interdição universal das relações sexuais entre certos indivíduos aparentados –, cuja versão positiva é constituída pela troca matrimonial e na qual Lévi-Strauss vê a regra fundadora que articula a passagem da natureza à cultura, do *parentesco*, dado biológico, à *união*, que depende da decisão e da relação com o outro. Aquela interdição não é, pois, uma lei biológica da natureza humana, antes a regra que permite a gestão das mulheres da comunidade, obrigando a mulher a deixar o seu meio *natural* (de nascimento) para tomar um esposo num meio (*cultural*) composto de estranhos à sua própria família. A hipótese estrutural aplica-se igualmente às formas *complexas* de parentesco (*Paroles données*, 1976-1982), as que conhecemos, em que a escolha do cônjuge é livre dentro de certos limites. Este carácter estrutural implica exigências mentais universais – a Regra, a reciprocidade (troca), o carácter simbólico (e não puramente económico) da dádiva. A sociedade surge como uma imensa rede de trocas simbólicas.

A mesma hipótese demonstrará a sua riqueza no estudo do *totemismo* – associação entre um grupo social e um animal (um vegetal, um fenómeno cósmico) –, objecto de ritos e interdições. Todas as interpretações anteriores ficarão assim caducas. Lévi-Strauss mostra que a entidade «totemismo», vista como quintessência da primitividade e forma religiosa elementar, não constitui uma instituição isolável e corresponde a uma ilusão fruto dos preconceitos do século XIX que tendiam a valorizar a identificação homem-natureza nas sociedades arcaicas (ex. Freud*, *Totem e Tabu*). Podemos, quando muito, isolar um processo de classificação complexo em que a homologia de estrutura entre séries – natural/social – produz uma equivalência de ordem *lógica* entre facto natural e facto cultural. O totem une um sistema de diferenças numa série natural e um grupo numa série cultural; as espécies naturais são escolhidas como totem «não porque sejam boas para comer, mas porque são boas para pensar», ricas em analogias que permitem, por jogos de metáforas, o relacionamento de séries e a constituição de distâncias pertinentes. O totemismo tem um papel integrador de oposições binárias, torna positivo o que pode ser um obstáculo à integração.

- *Os mitos: uma metalinguagem. Significar a significação*

A análise dos mitos mostra que o método também se aplica a sistemas abertos, e não apenas a sistemas fechados como os de parentesco: «Os mitos permitem descobrir alguns modos de operação do espírito humano constantes ao longo dos séculos e disseminados de tal forma em inúmeros espaços que podemos considerá-los fundamentais.» O sentido de um mito não se deve procurar num invariável exterior ao seu próprio funcionamento numa estrutura, que compreende uma infinidade de versões do mesmo mito. É preciso reintroduzir o mito numa *cadeia significante* (no sentido linguístico) – circulação de um significante puro, independente de qualquer significado ou de qualquer valor semântico). A primeira operação consiste na determinação de unidades de base, os *mitemas*, análogos aos fenómenos na língua, que serão classificados em *conjuntos paradigmáticos* – encadeamentos sintagmáticos e sobreposição de mitemas encontrados em diferentes mitos. Cada mito define-se pelo conjunto (indefinido) das suas versões, constitutivas da cadeia significante. O conteúdo (sentimentos, acções, etc.) não intervém como tal; apenas contam os valores opositivos dos mitemas, a sua posição na cadeia, a substituição de um elemento por outro, como no «sistema» da língua segundo Saussure. Outro elemento retirado da linguística estrutural é o *binarismo* das oposições: o pensamento mítico produz uma «*bricolage*» intelectual a partir de *pares* de categorias empíricas sensíveis (cru/cozido), pares de formas (vazio/cheio), de qualidades e formas (conjunção/disjunção). «Ao retirar a sua matéria da natureza, o pensamento mítico procede como a linguagem, que escolhe os fonemas entre os sons naturais.» «Quis mostrar que qualidades sensíveis muito elementares e negligenciadas (a oposição entre o cru e o cozido, o fresco e o podre, o alto e o baixo) eram utilizadas pelo pensamento mítico como outras tantas peças simbólicas que podem ser diferentemente distribuídas e permitem formular algumas proposições de ordem lógica. As categorias sensíveis recebem um tratamento lógico que duplica os cinco sentidos através de vários códigos fundamentais (social, meteorológico, culinário, sexual, acústico, etc.)» Lévi-Strauss serve-se também de noções lógico-matemáticas – simetria, inversão, equivalências, homologias, isomorfismos – para descrever as *transformações* de conjunto que permitem a hipótese de uma *estrutura comum* a todos os mitos, unindo *sistemas* – conjuntos de elementos – às relações que os unem, segundo relações invariáveis que permitem passar de um conjunto a outro por meio de uma transformação. Chega-se assim aos *conjuntos paradigmáticos* que esclarecem o *sentido* do mito de referência. Um mito só ganha sentido em função do sistema dos mitemas em que participa, e «os mitos, afinal de contas, exprimem todos a mesma coisa»: procurando a coerência, utilizando um número limitado de processos lógicos, fazendo passar a mesma mensagem com a ajuda de diversos códigos, os mitos tentam fornecer soluções gerais imaginárias e intemporais para contradições reais e insolúveis. Lévi-Strauss compara-os à música: tal como esta, fundem as categorias do sensível e do inteligível. O seu carácter distintivo é a *ênfase* – redundância de metáforas por meio de uma pluralidade de códigos – que produz uma espécie de sentido demasiado pleno, «multiplicação de um nível por um ou mais». Não se pode determinar o *sentido* de um mito, cujo carácter próprio consiste em remeter para outro, significar *uma estrutura em vez de um sentido*. «Tal como na língua, a ênfase própria dos mitos tem a função de significar a significação». Por conseguinte, não existe um significado último no mito.

- ***Natureza e cultura: uma invenção humana***

Em última análise, o *mito* surge como o operador de uma culturalização da natureza e de uma naturalização da cultura, os dois extremos entre os quais a vida humana deve encontrar um equilíbrio, sendo uma natureza sem cultura e uma cultura sem natureza. Igualmente, a oposição entre natureza e cultura não é uma propriedade imanente do real, mas uma antinomia própria do espírito humano: «A oposição não é objectiva, são os homens que têm necessidade de a formular.» Todavia, podemos descobrir na lei da estrutura o problema essencial de toda a vida em sociedade: *a dificuldade de viver em conjunto*, de não conseguirmos viver com ou sem os outros. Os mitos geram *afastamentos*, instituem regras do excesso e da perda, da conjunção e da disjunção. Por exemplo, um ritual universal como o *charivari* surge como domínio simbólico de uma disjunção cósmica (eclipse, dia de Ano Novo) ou social (uniões litigiosas).

- ***Um estruturalismo naturalista***

Lévi-Strauss orientou-se sempre mais para um naturalismo da estrutura, um realismo estrutural, ou ainda um estruturalismo *ontológico* e já não apenas *metodológico*. Todas as suas análises contradizem a ideia do Homem como sujeito constituinte («os mitos não têm autor», eles «pensam-se entre si») para afirmar uma «natureza humana» cuja lógica universal não teria outra origem que não a natureza neuronal do cérebro humano que impõe as suas leis ao funcionamento do «espírito». Em *L'Homme nu*, evoca as pesquisas sobre a visão e sobre o córtex cerebral que demonstraram que os dados da percepção são tomados na forma de oposições binárias. Se o binarismo da lógica mítica reproduz a maneira como funciona «a nossa organização nervosa e cerebral (...), não admira que forneça também o denominador comum mais adequado para fazer coincidir experiências humanas que podem parecer superficialmente irredutíveis entre si». O espírito imita a natureza porque ele próprio é natureza, e a estrutura está inscrita na realidade. Isto rejeita o dualismo metafísico tradicional entre ideia e real, abstracto e concreto, sensível e inteligível. Lévi-Strauss sublinha (*Le Regard éloigné*) que os dados da consciência estão entre aqueles dois pólos, «já codificados pelos órgãos sensíveis e pelo cérebro». Postula uma isomorfia entre os processos físico-químicos em que assentam as operações de codificação e os procedimentos seguidos pelo espírito na descodificação. O estruturalismo mais não faz do que redescobrir as leis da natureza. A hipótese cognitivista, evidentemente, é a mais consonante com este materialismo radical – não empirista – e a que melhor permite superar a clivagem natureza/cultura, ciências exactas/ciências humanas. É a perspectiva que Lévi-Strauss adoptou até hoje.

- ***Um humanismo crítico do humanismo***

No entanto, esta antropologia não deixa de ser uma grande lição de humanismo, que alega receber do «pensamento selvagem», em oposição ao arrogante humanismo ocidental etnocêntrico que tem a sua origem no *Cogito*. Lévi-Strauss engloba a filosofia e este humanismo numa mesma crítica do Sujeito, «insuportável criança mimada que ocupou a cena filosófica durante demasiado tempo e impediu todo o trabalho sério ao exigir atenção exclusiva». O racionalismo da subjectividade constituinte separou o homem ocidental da natureza (da qual se diz «mestre e senhor») e tornou-o cego em relação ao Outro. O humanismo correcto «coloca o mundo antes da vida, a vida antes do homem, o respeito pelos outros antes do amor-próprio» (*L'Origine des manières de table*).

A antropologia estrutural reabilita o «pensamento selvagem», até então considerado arcaico ou estritamente funcional, ao demonstrar que esse pensamento é «lógico, no mesmo sentido e na mesma forma que o nosso»; que manifesta nas suas classificações uma mesma curiosidade desinteressada; que já não é servo das necessidades e da afectividade; e que antecipa a ciência, embora seja menos distinto relativamente à percepção e à acção mágica. O que o distingue é o facto de se realizar nos signos e não nos conceitos, de ser uma *lógica do sensível*, combinatória fechada regida por um número finito de leis, enquanto o pensamento científico é um sistema aberto que traduz uma relação diferente com a natureza, capaz de inovar, de criar o facto com a ajuda de estruturas. O pensamento selvagem é uma *ciência do concreto*, cria as suas próprias estruturas por meio de um processo aparentado à *bricolage* (no sentido nobre) a partir dos factos.

Ao propor «às ciências humanas um modelo epistemológico de um poder sem comparação com os que elas antes dispunham» e ao retirar a autoridade à filosofia dominada pela ideia de um sujeito exclusivo doador de sentido, o estruturalismo acautela-se contra uma excessiva valorização da História num «humanismo», como o de Sartre*, fundado na espontaneidade da consciência ou, como no marxismo, numa concepção etnocêntrica da História. Ao mesmo tempo que reintegra o homem na natureza, o antropólogo aprende a fazer justiça a uma certa contingência do facto, a não substanciar a liberdade, que é inseparável de relações inter-humanas em que a «distância» parece necessária, tanto para ser conservada como para dar lugar a alianças, a «passagens»: «O único defeito que pode afligir um grupo humano é o facto de estar só.» A *diversidade* faz a grandeza do homem, é a lição de humanismo e de modéstia própria à crítica do etnocentrismo em *Race et histoire*: respeito pelo Outro, não como o outro «Homem» (outro «Eu» potencial, ou outro homem em geral, identificável e assimilável), mas como portador da cultura a que o antropólogo estruturalista soube fazer justiça e na qual, precisamente, a distância e a diferença possuem um estatuto verdadeiramente constituinte, tanto para a vida social como para a vida intelectual (representações míticas, científicas).

Actualmente, a interpretação naturalista que Lévi-Strauss dá do seu diferencialismo cultural (pela genética das populações, *cf. Race et histoire*) é alvo de críticas: por certo, a «maior diversidade [é] indispensável às sociedades humanas», mas isso implica que uma sociedade possa praticar um certo etnocentrismo, pensar-se acima das outras; «talvez seja esse o preço a pagar para que os sistemas de valores de cada grupo espiritual ou de cada comunidade se conservem.»

A «colaboração positiva entre geneticistas e etnólogos» pode dar ao movimento anti-racismo argumentos mais sólidos do que a crítica puramente cultural, favorecendo uma diferenciação que é a verdadeira fonte do desenvolvimento cultural.

☞ **Conceitos-chave e termos relacionados:** Antropologia, Cultura, Estrutura, Estruturalismo, Etnocentrismo, Etnologia, Identidade, Incesto, Interdição, Mito, Mitologia, Primitivo, Racismo, Totem (ismo), Troca.

☞ **Autores:**
Lévy-Bruhl, Mauss, Montaigne, Rousseau, Saussure.

☞ **Bibliografia**
E. Delruelle, *Claude Lévi-Strauss et la philosophie*, Éd. De Boeck, 1989.
[Catherine Clément, *Claude Lévi-Strauss*, Edições 70.]

LÉVY-BRUHL, Lucien (1857-1939)

Filósofo e sociólogo francês. Aluno da École normale supérieure, professor de Filosofia na Sorbonne, director da *Revue philosophique* (1917), fundador, com M. Rivière e M. Mauss*, do Instituto de Etnologia. O seu nome está ligado a uma monumental síntese a respeito da especificidade da «mentalidade primitiva» elaborada não no terreno mas a partir de uma vasta documentação.

☞ **Obras:**
Les Fonctions mentales dans les sociétés inférieures (1910); *La Mentalité primitive* (1922); *L'Âme primitive* (1927); *Le Surnaturel et la Nature dans la mentalité primitive* (1931); *La Mythologie primitive* (1935); *L'Expérience mystique et les Symboles chez les primitifs* (1938).

O relativismo sociológico de Lévy-Bruhl também se encontra expresso em *La Morale et la Science des mœurs* (1903), PUF, 1971. Nos seus *Carnets* póstumos, o autor reconhece que o dualismo da sua tese central tinha sido um erro: mentalidades lógica e pré-lógica coexistem, a níveis variáveis, em todos os tipos de sociedades.

• *A «mentalidade primitiva»: pré-lógica e «mística»*

Rompendo simultaneamente com o evolucionismo da antropologia inglesa e da sociologia francesa (Durkheim*), assim como com o racionalismo que a domina (identidade do espírito humano), Lévy-Bruhl afirma que existe uma heterogeneidade radical das *mentalidades primitiva* e *moderna* ou civilizada: a «mentalidade primitiva» não é nem uma forma inferior à nossa, nem uma forma infantil ou patológica, mas possui duas características que a distinguem de forma radical:

1. O carácter *pré-lógico*. A mentalidade primitiva, não conceptual, qualitativa e intuitiva, ignora a abstracção e a generalização, o raciocínio lógico, principalmente o princípio de identidade, da não-contradição e as relações de causalidade. Assenta num *princípio de participação* segundo o qual uma coisa pode ser ela própria e outra: o indivíduo «participa» no que o rodeia, o seu pensamento é tanto possuído pelo o objecto como este o possui.

2. O carácter «místico». Fundada na crença em forças sobrenaturais, representações colectivas que favorecem uma percepção homogeneizante da natureza e dos seres, a mentalidade primitiva ignora a análise objectiva, relaciona os fenómenos a forças ocultas – causas primeiras – e interessa-se pouco pelas causas secundárias, estando o mundo visível numa relação quase imediata com o invisível.

A língua, rica em imagens, pobre em conceitos, manifesta a incapacidade lógica e o domínio do concreto; a linguagem por sinais é desenvolvida. A diferenciação numérica é limitada: avalia-se a pluralidade qualitativamente; os números aderem a classes de objectos e por vezes não ultrapassam o número 3.

Os *Carnets* (póstumos) redigidos no final da sua vida, revelam que Lévy-Bruhl tinha levado em conta as críticas e posto em causa a sua hipótese dualista: «A estrutura lógica do espírito humano é a mesma em toda a parte.» A observação dos povos primitivos evidencia aspectos do pensamento humano que tendem a desaparecer nas civilizações que precisam, acima de tudo, de desenvolver as operações intelectuais abstractas. A «mentalidade mística» é «mais marcada e mais facilmente observável nos "primitivos", mas está presente em todo o espírito humano».

• ***Ciência dos costumes contra metamorais***

La Morale et la Science des mœurs (1903) marcou um momento importante, numa época que procurava uma «ciência moral»: o autor, afirmando o primado da estrutura moral sobre o pensamento individual, analisou a «natureza moral», o «facto moral», como um fenómeno da natureza física para demonstrar que «não existe, ou não pode existir, moral teórica». As especulações *metamorais* – morais teóricas de ordem metafísica, sociológica ou biológica – pensaram erradamente poder teorizar acerca do dever-ser; pouco eficazes, são incapazes de modificar a evolução dos costumes. Crêem sem razão numa natureza humana eterna, quando a antropologia demonstra diferenças extremas entre os costumes de diversas civilizações. Lévy-Bruhl propõe constituir uma ciência positiva dos costumes, uma «física moral», cujas regras seriam estabelecidas relativamente a uma dada sociedade e da qual se poderia retirar uma técnica moral aplicada, «arte moral prática, racional», capaz de modificar a realidade moral por meio de processos racionais.

O relativismo científico do autor, objecto de críticas, encontra-se no dualismo que aplica à interpretação do pensamento «primitivo», chegando ao ponto de pôr em causa a universalidade da lógica. Abandonou o dualismo ao criticar uma abordagem analítica demasiado exclusiva: «justapor as duas mentalidades em vez de explicar a sua coexistência e as suas relações.» Assim, esta adição suscita sempre um vivo interesse, não só pela curiosidade, mas também pela sua exploração de modos do pensamento humano em larga medida ocultos.

☞ **Conceitos-chave e termos relacionados:**
Antropologia, Arcaico, Cientismo, Costumes, Dualismo, Etnologia, Lógica, Mentalidade, Moral, Participação, Primitivo.

☞ **Autores:**
Durkheim, Lévi-Strauss, Mauss.

☞ **Bibliografia**

J. Cazeneuve, *Lucien Lévy-Bruhl, sa vie, son œuvre, avec un exposé de sa philosophie*, PUF, 1963.

LOCKE, John (1632-1704)

Filósofo inglês e fundador do empirismo. A obra de Locke constituiu uma referência para todo o pensamento iluminista europeu. Filho de comerciantes puritanos, nascido perto de Bristol, tinha dez anos quando eclodiu a guerra civil. Apaixonado pelas ciências e, sobretudo, pela medicina, foi colaborador do doutor Sydenham (fenomenista médico) e ficou célebre devido a dois tratados médicos. Conselheiro privado e amigo de lorde Ashley, futuro conde de Shaftesbury (avô do filósofo do sentido moral) que se opunha ao absolutismo de Carlos II e seria acusado de republicanismo e de alta traição, seguiu-o no exílio, em França (1675-1679) e na Holanda (1683). Regressou a Inglaterra em 1688, após a chegada ao poder de Guilherme d'Orange, e ocupou vários cargos oficiais, intervindo nas polémicas políticas e económicas. O seu *Ensaio Sobre o Entendimento Humano* obteve um sucesso imediato (quatro edições em vida, 1690, 1694, 1695 e 1700, com adições e correcções). Coste traduziu-o para francês em 1700. Obra de referência do século das Luzes, comentada e criticada por Leibniz* e Kant*, foi determinante no pensamento de Condillac*. O liberalismo político e económico de Locke terá uma influência decisiva na elaboração da Constituição americana (1776) e na Assembleia Constituinte francesa de 1789.

☞ **Obras** (os títulos em português correspondem à tradução dos títulos em francês e não dos originais)**:**
Ensaio Sobre o Entendimento Humano (1690); *Pensamentos Sobre a Educação* (1693); *Da Conduta do Entendimento* (1706, póstumo).
[Nas Edições 70: *Carta sobre a Tolerância*; *Ensaio sobre a Verdadeira Origem, Extensão e Fim do Governo Civil*.]

- ***A experiência, fonte do conhecimento. Um filósofo médico na origem do empirismo inglês***

O método, inspirado em F. Bacon*, é «histórico», ou seja, descritivo, puramente analítico, fundado na observação dos fenómenos e das suas correlações. *O Ensaio* inaugura o tipo de análise que marcará a filosofia do conhecimento no século XVIII, reagindo contra o dogmatismo escolástico com o qual, segundo Locke, Descartes* e os cartesianos (Malebranche*, Gassendi, os neoplatónicos de Cambridge) não romperam, afirmando um inatismo dos princípios que, à partida, proíbe a ciência de compreender as correlações efectivas entre as ideias, logo entre os fenómenos, e tornando supérflua a própria experiência. Porquê recorrer a um princípio inato de contradição? A forma como as ideias se articulam ou não entre si resulta imediatamente da sua relação. Além disso, o reconhecimento universal não é mais evidente no caso de pseudoprincípios inatos do que no de proposições adquiridas. Por último, a verdade e a objectividade podem existir sem a garantia de princípios inatos. Só o espírito do homem responde pelas suas ideias, por mais abstractas que sejam (Deus, regras lógicas, morais): na sua origem está vazio, *tabula rasa*; forja as suas ideias a partir dos dados que lhe são fornecidos pela experiência exterior (sensação), que nele introduz as ideias dos objectos sensíveis, e interior (reflexão), as das operações do espírito. *Ideia* significa principalmente «tudo aquilo que é objecto do entendimento quando um homem pensa» (sensação, imagem, sentidos das palavras, ideias gerais, intenções). As ideias *simples*, recebidas de forma passiva pelo espírito, têm como origem a *sensação* – função da consciência que nos permite apreender impressões vindas do mundo exterior (por exemplo, qualidades sensíveis, espaço) –, a *reflexão* – acto pelo qual o espírito conhece as suas próprias operações –, ou ambas. O espírito é activo quando forja as ideias *complexas*: modos, relações e substâncias, conforme haja combinação, junção ou abstracção. É neste aspecto que o empirismo de Locke diverge do associacionismo e do sensualismo. O *conhecimento* consiste na «percepção da ligação e da conveniência ou da oposição que se verifica entre duas ideias». Os limites do entendimento estão assim traçados: o grau de *certeza* do conhecimento depende da conveniência das ideias com a realidade. Os conhecimentos menos certos (modais) têm a ver com as ideias complexas que resultam de combinações que o espírito opera sem se preocupar com a sua ligação na natureza: por isso, as ideias morais, matemáticas, não nos remetem para nada fora delas próprias. Só a experiência garante a objectividade dos conhecimentos ao remeter para relações fora de nós (substância). Não temos acesso à essência real das coisas, apenas à sua essência nominal. Podemos demonstrar a existência de Deus a partir da nossa própria existência indubitável, mas não podemos ter um conhecimento positivo do infinito, da eternidade, nem das acções de Deus.

Portanto, Locke é mais *realista* do que fenomenista; se o nosso conhecimento está limitado aos dados da experiência sensível e se não podemos conhecer as causas essenciais, elas não deixam de existir nas coisas. As ideias mantêm uma relação objectiva com o real, mas a *causalidade* é relativizada: ela é «tudo aquilo que produz um começo de existência» e que já não está ligado a uma realidade absoluta incognoscível. De forma recíproca, a ideia de *substância* já não remete, como nos cartesianos, para um suporte das qualidades, mas para a acumulação de qualidades segundas regularmente associadas na experiência. É assim que Locke funda o «empirismo médico» que assenta num «optimismo metodológico», um racionalismo que limita o seu relativismo. Este pressupõe uma racionalidade inerente aos fenómenos e visível nas manifestações naturais; concebe as operações racionais como a correlação dos fenómenos nos limites estabelecidos pela experiência. O médico não curaria se não tivesse razões para crer num fundo racional da realidade que justifique que qualquer doença obedeça a uma lei de harmonia capaz de reger as correlações dos fenómenos.

• *Uma semiótica. O pensamento é linguagem*

Locke é visto como um dos iniciadores da filosofia analítica: «É impossível falar de forma clara e distinta acerca do nosso conhecimento, que consiste inteiramente em proposições, sem considerar primeiro a natureza, o uso e a significação da linguagem.» A ideia e a palavra são indissociáveis. Locke divide a ciência em três categorias: o conhecimento das coisas (*Física*), dos meios e dos fins (*Prática*, a moral), dos signos de que o espírito se serve para entender as coisas ou comunicar o conhecimento delas aos outros (*Semeiotikê*, «semiótica», a lógica). Locke não é nominalista, mas *conceptualista*: se o universal é uma invenção do entendimento para seu próprio uso e que apenas diz respeito aos signos e não à existência real das coisas, todavia, as ideias gerais preexistem às palavras. Russell* louvará Locke por este ter descoberto que a linguagem é o instrumento do conhecimento e ter permitido ao empirismo suplantar a experiência imediata. Locke denuncia uma filosofia presa na ratoeira das palavras, «santuário de ignorância e de vaidade em que os abusos de linguagem e algumas formas de falar vagas e sem sentido passam por ser mistérios da ciência». «A filosofia, que mais não é do que o verdadeiro conhecimento das coisas», terá de se empenhar em convencer aqueles que falam essa linguagem «de que isso é apenas uma forma de esconder a ignorância».

• *Uma política da liberdade. A lei natural e o estado natural fundam um direito natural – ou moral – de propriedade*

Locke é considerado o teórico do individualismo moderno e da monarquia constitucional. Em oposição a Hobbes* (*Segundo Tratado do Governo Civil*) e à monarquia absoluta, funda o poder político numa concepção da lei natural e do estado natural que não justifica que o indivíduo coloque todos os seus direitos nas mãos de um soberano absoluto. A existência de um *estado natural* – condição de existência dos homens fora da sociedade civil, que é para Locke uma realidade e não uma ficção – está ligada à existência de uma *lei natural* – expressão (tal como para S. Tomás) de um «decreto da vontade divina» – ou *lei divina* – regra universal do dever e do pecado, critério das acções boas ou más – que a razão (e não apenas a Revelação) nos dá a conhecer como lei da natureza, ordem natural das coisas, graças à experiência sensível. Tal como a ideia de Deus, esta é inata; para dela ter conhecimento, basta pensar segundo a experiência. É a descrição do homem no estado natural que legitima o conceito de lei natural: esta encontra-se em harmonia com a natureza do homem e com a ordem do universo. O estado natural dos homens, seres dotados por Deus de razão e liberdade, não pode, como em Hobbes, ser definido pela instabilidade devido a uma guerra perpétua, mas por uma perfeita *liberdade* – os homens podem dispor da sua pessoa e dos seus bens sem autorização – e *igualdade* (reciprocidade). A paz é a regra, a guerra a excepção que quebra a harmonia da relação homem-natureza e cujos responsáveis são as paixões e o dinheiro.

Não se trata de um estado de licenciosidade: a lei natural – proveniente da recta razão e medida da liberdade – é *moral*. Ela ordena que cada um conserve a sua própria vida, mas que também não lese a dos outros. Assim, adquirem legitimidade moral a *família* e a *propriedade* que, para Locke, caracterizam a existência no estado natural. A propriedade é justificada pelo *trabalho* – que subtrai os objectos ao seu estado comunitário para os distribuir por particulares – e pela hipótese de uma prodigalidade ilimitada da natureza. A mesma lei de natureza que a funda, fixa-lhe os limites.

• *Porquê leis civis e um governo civil?*

As leis *positivas* ou *civis* são promulgadas pelos homens na sociedade para regular as acções dos seus membros. É a regra «da inocência ou do crime», cuja coercividade é proporcional ao poder de que a lei emana, «ou seja, à própria força da sociedade que se empenha em defender a vida, a liberdade e os bens daqueles que vivem de acordo com essas leis, e que tem o poder de retirar, àqueles que as violam, a vida, a liberdade ou os bens». «A vontade de evitar o estado de guerra é uma das principais razões pelas quais os homens abandonaram o estado natural e se constituíram em sociedade.» Como a «fraqueza humana» leva a comportamentos contra *natura* e a lei não escrita está sujeita a contestação, os homens decidiram cindir a sua comunidade em sociedades civis particulares a fim de salvaguardar os seus direitos naturais (à felicidade, à liberdade, à igualdade, à propriedade). As condições da coexistência harmoniosa dos indivíduos iguais e livres são: uma lei positiva, clara para todos; um juiz reconhecido como tal por todos, imparcial e competente; um poder para fazer respeitar a lei. Os homens unem-se para salvaguardar a sua propriedade, ou seja, «as suas vidas, liberdade e fortuna»; o próprio fim da sociedade e do poder torna-se a constituição da Propriedade, aquilo que é próprio a cada um.

• *O contrato, origem do poder político: realização do direito natural*

A passagem para o estado civil opera-se pela convenção voluntária de um *contrato* que não quebra, como o de Hobbes, com o estado natural, mas que permite, pelo contrário, que este cultive de forma mais eficaz a paz que já reina parcialmente nele. Não pode ser nem um pacto de *associação* – uma vez que a sociedade é natural –, nem um pacto de *submissão* – que implicaria uma desigualdade contrária à lei de natureza –, nem corresponder a um simples cálculo de interesses (como o *covenant* de Hobbes). O contrato tem a sua origem apenas no *livre consentimento do povo*, ou seja, no conjunto dos indivíduos que preferiram a vida civil à condição natural, que aceitaram (*consent*) prescindir do seu direito natural de fazer justiça pelas próprias mãos, para o confiar (*trust*) à sociedade por acordo da maioria. Contrariamente ao que indica Hobbes, ao entrar na sociedade civil o indivíduo não aliena todos os seus direitos: ao confiar o cuidado da sua salvaguarda à regulamentação das leis, cede apenas o seu direito de punir.

Toda a soberania pertence ao povo e tal justifica o *direito de insurreição*: o povo tem discernimento para julgar se os magistrados são dignos da confiança atribuída; tem o direito de exonerar um príncipe se ele não cumprir a função de magistrado civil. O Estado é constituído pelos indivíduos e este é o fundamento do *liberalismo* de Locke. A sociedade civil conserva uma autonomia relativamente ao *governo civil*, definido como o direito de fazer leis e de executá-las, recorrendo à força e a sanções penais se necessário tendo em vista apenas o bem público. O indivíduo nada deve à sociedade e esta deve-lhe tudo. A monarquia absoluta é excluída das formas do governo civil.

• ***O primado da lei no Estado. Organização e limites do poder político***

A *separação dos poderes* legislativo e executivo é essencial para a constituição de um povo livre. O poder *legislativo*, o «poder supremo do Estado», é a emanação da vontade do povo. A finalidade da lei é moral, pois define as condições da felicidade dos cidadãos. Para Locke, que encontraria neste ponto a oposição de Rousseau* e de Kant, a *liberdade* é a autodeterminação daquele que delibera tendo em vista a felicidade. A relação entre os poderes é funcional, compreende uma hierarquia orgânica por causa da relação entre lei positiva e lei natural. Há uma moralização da política: a exigência de justiça individual está presente em todos os poderes; o poder *executivo* não deve infringir as leis e o poder *judicial*, entendido como o próprio critério de uma sociedade política (ausente no estado natural), não constitui um poder separado, mas rege todos os poderes.

• ***Uma teoria da cidadania***

Antes de Rousseau, Locke afirmou que não existe liberdade sem leis. A *lei* não tem como objectivo abolir a liberdade, mas torná-la racional ao assegurar-lhe a possibilidade de gerir a coexistência das liberdades. O *direito* também não visa abolir a liberdade, nem travá-la, antes conservá-la e desenvolvê-la.

☞ **Conceitos-chave e termos relacionados:**
Adequado, Cidadão, Complexo, Conceptualismo, Conhecimento (Teoria do -), Constituição, Contrato, Deus, Direito (- natural), Educação, Empirismo (- lógico), Entendimento, Epistemologia, Experiência, Governo, Gramática lógica, Ideia, Inatismo, Indivíduo, Individualismo, Lei, Liberalismo, Liberdade, Linguagem (- natural), Luzes (Filosofia das -), Natureza (Estado de -), Poder(es) (Separação dos -), Positivismo lógico, Povo, Propriedade, Reflexão, República, Semiologia, Sensação, Sentidos, Signo, Soberania, Sociedade, Tábua rasa, Trabalho, Verdade.

☞ **Autores:**
Condillac, Kant, Leibniz, Montesquieu, Russell, Viena (Círculo de), Wittgenstein.

☞ **Bibliografia**

F. Duchesneau, *L'Empirisme de Locke*, La Haye, M. Nijhoff, 1973.
S. Goyard-Fabre, *John Locke et la raison raisonnable*, Vrin, 1986.
Y. Michaud, *Locke*, Bordas, 1986.
[André-Louis Leroy, *Locke*, Edições 70.]

LUCRÉCIO (98-55 a.C.)

Poeta latino que registou em verso o pensamento do seu «mestre» Epicuro* (falecido 200 anos antes) numa obra-prima, o poema didáctico *De rerum natura* (*Da natureza das coisas*), no qual também retoma as ideias de alguns fisiólogos jónicos pré-socráticos (Empédocles). Precisa e radicaliza o materialismo de Epicuro de forma profundamente original, partindo da rejeição da Providência e da finalidade para propor um sistema físico coerente com as trágicas implicações do materialismo para o homem. Significa que este pensamento da natureza não justifica qualquer naturalismo optimista ou lúdico (Cínicos*), pragmático (Sofistas*) ou resignado (Epicuristas), mas uma visão do sentido trágico do destino humano, que nenhum tratado poderia comunicar como a inspiração poética. O carácter «didáctico», ao invés de atenuar a nossa infelicidade de «mortais» perdidos num universo caótico, faz com que dela tomemos consciência e a assumamos com maior lucidez. Escrita em latim, a «densidade é levada ao extremo» (F. Ponge), para dizer a verdade na própria *voz*, sem conceito (J. Kany-Turpin), como se a linguagem fizesse parte da loucura da matéria.

☞ **Obra:**
De rerum natura [*Da Natureza*].

- **O clinamen:** ***institui a liberdade, mas também o acaso absoluto.***
Natura: ***a ausência de natureza. Um materialismo trágico***

Em Lucrécio, a natureza, no sentido de matéria aleatória, substitui a natureza no sentido de ordem mais ou menos organizada, nem que seja pelo movimento regular dos átomos. Tende-se hoje a atribuir a Lucrécio a invenção do *clinamen*, desvio espontâneo dos átomos (os elementos individuais que compõem a matéria) na sua queda, origem de uma indeterminação no universo físico onde se insere a possibilidade da liberdade humana (*cf.* a discussão deste problema em C. Rosset, *L'Anti-Nature*, pp. 169-170). Mesmo que seja pouco provável que Lucrécio tenha sido o único autor do postulado de base do seu poema, esse postulado ganha todo o sentido neste contexto trágico. Por um lado, o homem liberta-se livremente do destino, num universo sem Providência. Conquista a sua autonomia, a lucidez e a força de vontade. Mas Lucrécio vai mais longe e radicaliza por meio do *clinamen* a crítica epicurista da superstição: se a necessidade não exclui mas implica a contingência radical daquilo que existe, se, em última análise, nada explica nada, não há nada que possa ser explicado, não existe qualquer «natureza das coisas» que possa justificar a menor interpretação, a mais pequena crença! O espírito supersticioso, antes de formular explicações religiosas, começa, com efeito, por verificar «naturezas» – do homem, da vida, da morte, do vento, da tempestade, etc. Para Lucrécio, «a "natureza" do homem é não ter qualquer natureza, a "razão" da tempestade e do vento é não ter qualquer razão». «No fundo, *átomo* é apenas um termo cómodo para designar a intuição materialista, a uniformidade constitutiva e ocasional de qualquer coisa existente» (C. Rosset). Lucrécio menospreza todas as interpretações, excepto uma: aquela que faria um fenómeno depender de um rigoroso sistema de causalidade, de um desígnio, de uma finalidade de conjunto. A hipótese do *clinamen* permite justificar que existe alguma coisa, ou seja, algo que não os átomos isolados. Comparado a Epicuro*, o cuidado em colocar o acaso na origem, o interesse pela noite primordial, como aparece em Lucrécio, ganha todo o seu sentido num pensador do caos e do acaso. Lucrécio não se protege contra os golpes do destino – como o faz Epicuro que se aproxima muito do estoicismo por causa do seu naturalismo; vale-se do acaso primordial para rejeitar toda a moral: na ausência de ponto de referência naturalista, que normas justificar, que regras propor no seio de um universo desprovido de leis? Que escolha sugerir ao homem quando não há desejos mais naturais do que outros? Sem dúvida, «Lucrécio, aparentemente como Epicuro, procura a *ataraxia*, a paz de alma. Mas, enquanto Epicuro a fazia depender de uma reflexão moral ao tomar em consideração a natureza das coisas, Lucrécio obtém-na no final de um conflito em que toda a reflexão moral e ideia da natureza pereceram. A paradoxal paz de alma intervém quando se descobre que não havia qualquer ideia a conceber nem qualquer moral a propor num mundo sem natureza: a ausência de inquietude é o resultado (provisório e frágil) da ausência de ideias» (*Ibidem*).

Uma *natureza* sem naturalismo: a dimensão trágica do poema corresponde, pois, à profunda divergência entre Lucrécio e Epicuro. Este funda a sua luta contra a angústia num naturalismo que, sem ser «optimista» como o dos Cínicos – igualmente críticos do artifício e confiantes na harmonia homem-natureza –, lhe permite conjurar o sentido trágico do acaso. Epicuro limita-se a *depurar* a natureza, esvaziá-la do finalismo (platónico e aristotélico), dos deuses e da Providência. Mas não a suprime enquanto tal. «Como muitos dos empreendimentos de desmistificação, a análise crítica de Epicuro parece ter parado ao nível da "laicização"» (C. Rosset, *L'Anti-Nature*). A existência de uma moral fundada na distinção entre os desejos mais ou menos naturais e necessários está próxima do estoicismo, que procura igualmente eximir-se ao reino do acaso para usufruir de determinada harmonia com a natureza. Lucrécio rompe com o naturalismo e afirma um artificialismo: «Lucrécio é o único filósofo da Antiguidade (exceptuando os Sofistas) cujo único preceito moral consistia em *ignorar* a natureza (ou seja, desfazer-se da ilusão de que possa existir uma natureza).» Se ele «estuda» a natureza, se se interessa por ela, é para se assegurar de que nela não se verifica qualquer regra, e não para encontrar nela regras de vida. Para ele, «Natureza» designa apenas os acasos da matéria e o homem deve convencer-se de que a existência *artificial* é o seu próprio meio: na ausência de uma ordem na qual encontraria o seu lugar, está condenado a viver com as aparências decepcionantes, a afrontar o trágico de uma existência insensata que não lhe oferece outra satisfação senão a frustração das suas infelicidades. Desdramatizar a morte (L. III) e desmistificar os prazeres do amor (L. IV) não é adoptar uma atitude racionalista, roubando ao homem as suas ilusões em nome das verdadeiras causas e da verdade da natureza (a *sua* natureza), mas, pelo contrário, revelar que não existe nem natureza ordenada nem razão, que nada foi criado, que tudo o que existe é fruto do acaso, sem origem e sem motivo. «Natureza, razão e deuses são, para o autor do *Rerum natura*, três ilusões afins e permutáveis, tributárias de uma afectividade fundamentalmente religiosa que se recusa a admitir que a existência [...] possa produzir-se sem causa nem desígnio» (C. Rosset). «*Natura* não é senão uma palavra. É por isso que os temas da produção, génese, novidade efémera e mudança, ausentes em Epicuro, estão, pelo contrário, omnipresentes em todo o poema de Lucrécio (e particularmente no L. V), a fim de mostrar o acaso absoluto que substitui a natureza». «Do atomismo de Demócrito*, Epicuro eliminara a referência metafísica ao ser; do atomismo de Epicuro, Lucrécio suprime a ideia de natureza» (*Ibidem*).

• ***Poder da sensação***

Lucrécio é o autor da famosa distinção entre *anima*, a alma propriamente dita, distribuída por todo o corpo, e *animus*, poder de decisão reflectido, espírito arguto e ponderado, que está localizado no peito (o coração) (L. III) – em oposição expressa ao intelectualismo platónico. A alma é uma parte corpórea que vive e morre com o corpo. A morte não é exactamente *nada*, nada contrário ao homem e à sua alma. Ele nada tem a recear dela. O que não significa preparar-se para morrer instalando a morte na sua vida, mas antes, pelo contrário, estar atento ao brilho sensível desta e do mundo, como o demonstra a evocação minuciosa e entusiasta das alegrias do amor que deve precaver contra os seus males (L. IV).

Lucrécio explica a percepção (L. IV) como a descoberta pelos sentidos das partículas emitidas pelos objectos, os *simulacros*, que constituem as qualidades sensíveis, como se estas fossem «imagens» vindas dos próprios objectos. Os sonhos e imagens do nosso espírito devem-se a «simulacros errantes». As sensações são infalíveis, pois consistem num contacto com as películas materiais vindas das próprias coisas. Esta teoria da percepção constitui a base da refutação de todo o finalismo e da desmistificação das ilusões. Portanto, é num plano profundamente pessimista que Lucrécio desmistifica as *crenças religiosas* – expressão de angústias humanas incapazes de criar outra coisa senão poderes ilusórios e temores inúteis. Mas «inventa uma moral do sentimento [...], é o poeta da sensibilidade infinita, sensibilidade ao prazer, a todas as suas inclinações, incluindo a vertigem enlouquecedora das ilusões e até mesmo das perversões [...], a todas as sensações que a riqueza infinita do real nos oferece em abundância [...], da atenção dada aos seres vivos, à singularidade irredutível do indivíduo, à dor, ao luto, à angústia, ao desgosto. Como se [...], ao mergulharmos no cosmos, emergíssemos mais vivos» (C. Labre, Prefácio da tradução de *De rerum natura*, Arlea, 1992).

A alegria não deixa de existir no seio do sentido trágico que devolve o homem à sua inocência. (Nietzsche* considerava-se herdeiro de Epicuro e Lucrécio.) Este é o «paradoxo constante da filosofia trágica [...], jubilar sem razão e especificar o horror do mundo apenas pelo prazer de sublinhar o carácter inalterável da sua alegria». Esta alegria, no caso de Lucrécio, concentra-se normalmente no entusiasmo que lhe inspira aquele de quem se reivindica simples discípulo e que representa como o benfeitor da humanidade: «não só um mestre, mas também um pai, um herói, um deus; as passagens que o celebram adoptam o tom da epopeia» (J. Kany-Turpin). «Para defender e ilustrar esta doutrina que o salvou, [Lucrécio] procede com severidade, com uma lógica obstinada e um sombrio entusiasmo. A argumentação agradável, muitas vezes abstracta e prosaica do seu mestre é substituída pela violenta disputa e pela poesia visionária; e à comédia da natureza, Lucrécio contrapõe o drama cosmológico» (J. Brunschwig).

☞ **Conceitos-chave e termos relacionados:** Atomismo, Átomo, *Clinamen*, Crença, Declinação, Destino, Deus, Fantasia, Fantasma, Fatal, Fatalidade, Fatalismo, *Fatum*, Física, Imagem, Matéria, Materialismo, Naturalismo, Religião, Sensação, Simulacro, Superstição, Trágico.

☞ **Autores:**
Deleuze, Demócrito, Empédocles, Epicuro, Heraclito, Montaigne, Nietzsche, Pré-socráticos.

☞ **Bibliografia**
A. Camus, *L'Homme révolté*, Gallimard, 1979, pp. 46-50.
M. Conche, *Lucrèce et l'expérience*. Éd. de Mégare, 1981.
G. Deleuze, *Logique du sens*, Minuit, 1969, pp. 307-324.
P. Levoyer, *Lucrèce*, Quintette, 1997.
C. Rosset, *L'Anti-Nature*, PUF, 1973, pp. 127-182, 273, 311-312; *Logique du pire*, PUF, 1971, pp. 123-144.
F. Wolff, *Logique de l'élément. Clinamen*, PUF, 1981.

M

MAIMÓNIDES (1135-1204)

Maimónides é, sem dúvida, a maior figura filosófica do judaísmo rabínico. O *Guia dos Perdidos*, escrito para os intelectuais divididos entre a tradição religiosa e o pensamento filosófico da época árabe-aristotélica, inaugura um debate inteiramente novo entre o *Kalam* [argumento cosmológico para a existência de Deus] judeu, que, aliás, para Maimónides é comum às três religiões, e a filosofia greco-muçulmana. Não procura fazer a apologia do judaísmo ou conciliar de forma sistemática a verdade bíblica com a filosofia, mas antes descobrir, para além do sentido literal das metáforas pelas quais se exprimem os profetas, o ponto de partida de um ensinamento racional comum à tradição judaica e à filosofia da época. Assim, àquele que está «perdido» na contradição aparente entre judaísmo e filosofia, Maimónides mostra que se pode ser fiel à tradição religiosa, à revelação judia, empreendendo ao mesmo tempo uma actividade intelectual inteiramente livre.

Maimónides influenciará de forma decisiva tanto o pensamento judaico como a filosofia cristã e muçulmana, e filósofos como São Tomás de Aquino*, Mestre Eckhart e Espinosa* inspiraram-se directamente no seu pensamento.

Moisés ben Maimoun, nascido em Córdova e filho de um talmudista e sábio – matemático e astrónomo –, é obrigado, com treze anos, a fugir da sua cidade natal para escapar às perseguições dos fanáticos muçulmanos. Depois de múltiplas deambulações em Espanha e no Norte de África, a sua família, instalada em Fez, é novamente perseguida e expulsa pelos Almóadas. Maimónides e a família embarcam então para a Terra Santa, chegando a Jerusalém em 1166. Mas a situação precária entre cruzados e muçulmanos obriga-os a fugir para o Egipto. Instalam-se no Cairo, onde Maimónides se torna um médico reputado na corte do sultão Saladino e, por fim, encontra condições favoráveis para a elaboração da sua obra. Esta é de uma importância considerável apesar das suas actividades médicas extenuantes e das numerosas responsabilidades na comunidade judaica. Impõe-se rapidamente como uma autoridade intelectual e espiritual, tanto na comunidade judaica como no mundo árabe. Morreu aos 70 anos no Egipto, onde judeus e muçulmanos lhe prestaram homenagens fúnebres. Foi sepultado em Tiberíade, em terra de Israel.

☞ **Obras:**

Escrita essencialmente em árabe, a sua obra começa com o *Tratado de Lógica*, prossegue com o *Comentário Sobre a Mishna* (análise racional do *Talmude*), a que se liga o *Tratado dos Oito Capítulos*; *O Livro dos Mandamentos* (dedicado aos mandamentos e introdução à *Mishné Tora*); *Mishné Tora* (Repetição da Lei), que compreende *O Livro do Conhecimento*, escrito em hebreu; *O Guia dos Perdidos*, verdadeiro testamento filosófico de Maimónides; por fim, *Epístolas*.

- ***Do Deus de Abraão ao Deus dos filósofos***

Maimónides parte do *Deus moisaico* da *Torá*, Deus pessoal, Deus vivo, Deus humano por excelência, no sentido em que se interessa pelos homens, participa no seu sofrimento, exaspera-se com os seus erros e preocupa-se com o seu destino, sem que a sua transcendência e impassibilidade se alterem; um Deus que se diz possuir vista e ouvido, que ocupa um lugar, possui uma figura, sem que a sua imaterialidade pareça negar-se. Ora, Maimónides, profundamente intelectualista, pretende despojar o Deus judeu, tal como é representado pela imaginação dos fiéis, dos atributos antropocêntricos e antropomórficos em contradição com a sua essência, para se elevar à *ideia filosófica de Deus*, considerada na sua pura significação racional.

Afirma, em primeiro lugar, que se pode demonstrar que Deus é, mas não aquilo que é. A *prova* mais válida da existência de Deus, inspirada na demonstração aristotélica do primeiro motor imóvel e imaterial, é a prova pela contingência do mundo. O mundo não contém em si a causa da sua própria existência, por isso, é um ser de existência possível. Ora, se ele existe, exige uma causa exterior que o faça passar da possibilidade ao acto. Essa causa tem de existir necessariamente, ou seja, a sua existência não depende de nenhuma outra causa. Assim é a existência de Deus, existência de um ser necessário em si mesmo: «É demonstrado por esta especulação que existe um ser que, pela sua própria essência, possui uma existência necessária, e esse ser é aquele cuja existência não tem qualquer causa, no qual não há nenhum desígnio e que, por isso, não é nem um corpo nem uma força num corpo. Esse ser é Deus» (*O Guia dos Perdidos*).

Assim, Maimónides tira da existência necessária de *Deus* algumas ilações acerca da sua essência, ou seja, que é uno, imaterial, incorpóreo, imutável e eterno. Pensar racionalmente a sua essência exige, com rigor, que lhe recusemos qualquer atributo positivo. Deus não tolera nenhuma designação que se acrescente do exterior à sua essência e que introduza ao mesmo tempo uma multiplicidade. Esta é a *teologia negativa* de Maimónides, segundo a qual os atributos essenciais, ou seja, afirmativos e positivos, são incompatíveis com a unidade absoluta de Deus. Não se pode atribuir a Deus a vida, a ciência, a potência, porque, em Deus, vida, ciência e potência confundem-se.

Partindo de uma fórmula talmúdica, a saber, que «a *Torá* se exprimiu na linguagem dos homens», Maimónides desenvolve a ideia essencial segundo a qual, quando se fala de ciência, de vontade ou de potência a respeito de Deus, trata-se de uma simples homonímia e essas noções possuem uma significação radicalmente diferente conforme sejam aplicadas a Deus ou aos homens. Assim, por exemplo, falando de Deus no sentido estrito e literal, o emprego do termo «presciência» é impróprio porque implica que nos coloquemos num ponto de vista temporal ao passo que Deus exclui qualquer temporalidade. Pensar Deus com todo o rigor exige, pois, um esforço de abstracção que o conhecimento vulgar, dominado pela imaginação, não pode realizar. Para se elevar à ideia adequada de Deus, não se deve falar de Deus em termos positivos retirados da linguagem dos homens, mas pensá-lo negativamente por meio de um despojamento sucessivo de todos os atributos afirmativos, que são outras tantas representações antropocêntricas e antropomórficas que traem a sua verdadeira essência.

- ***A exegese racional ou comentário filosófico da Bíblia***

Se confrontarmos a filosofia de inspiração arábica-aristotélica com a tradição moisaica, apercebemo-nos de que o benefício que este confronto acarreta é recíproco. Maimónides parte do princípio de que a finalidade da *Torá*, ou seja, da revelação divina, é a mesma que a da livre investigação racional. A *Torá* ordena conhecer Deus e amá-lo. Maimónides concorda com Averróis* ao afirmar que é a própria lei que manda filosofar: a revelação impele para a filosofia aqueles que estão à sua altura. Sendo uma actividade mental completamente livre, a filosofia toma como objecto tudo o que existe, incluindo a revelação. Especulação cujo instrumento é a razão, a filosofia é um conhecimento conceptual e procede por via demonstrativa, ao passo que a *revelação*, lei dada por Deus aos homens por intermédio dos profetas, dá a conhecer Deus de forma intuitiva. O *saber profético* é a apreensão imediata do seu objecto. Neste sentido, é superior à filosofia porque está em relação directa com as realidades superiores e é capaz de apreender «sem premissas nem conclusões» aquilo que o filósofo só conhece de forma mediata. Para mais, o profeta possui, além da perfeição do entendimento, a da imaginação porque é capaz de expor a revelação numa forma imagética. Mas a sua compreensão do mundo superior não é, porém, uma compreensão imagética. «A exposição imagética daquilo que conhece é a consequência do seu conhecimento transcendente» (Léo Strauss). Não representa na forma de imagens, logo de forma corpórea, as realidades superiores porque as considera corpóreas, que é o caso dos ignorantes, mas porque as apreendeu de maneira global e intuitiva. Neste sentido, o texto profético tem um valor didáctico: esta apreensão intuitiva permite ao profeta tornar a revelação acessível a todos. Maimónides dizia que mais de um homem morreria incrédulo se esperasse demonstrar as suas crenças antes de aderir a elas. Mas se a crença e a revelação precedem a especulação, para Maimónides, a descoberta do verdadeiro sentido dos textos revelados é a tarefa da exegese filosófica. Entre a *Torá* e a filosofia existe a mesma relação que entre a imagem e a sua interpretação alegórica. Os *profetas* transformam o saber inteligível inacessível aos ignorantes em oráculos, símbolos e metáforas. A *exegese filosófica* ou *interpretação alegórica* deve percorrer o caminho em sentido contrário, partindo da imagem para descobrir o seu sentido racional.

Mais precisamente, quando é que se deve recorrer à exegese filosófica? Segundo Maimónides, existe uma reciprocidade entre aquilo que a *Torá* ensina e o que a filosofia demonstra, por isso a interpretação alegórica é exigida quando o texto bíblico no seu sentido literal contradiz aquele duplo ensinamento. Assim, quando o sentido literal é aberrante porque antropomórfico, deve interpretar-se esse texto literal como metáfora, de acordo com o ensino filosófico e com a razão. Portanto, é necessário interpretar todas as passagens que atribuem a corporeidade a Deus. Por exemplo, quando a Escritura diz que Moisés contempla a figura de Deus, deve compreender-se que Moisés tem uma compreensão intuitiva de Deus, que o apreende na sua totalidade. Como afirma Maimónides, o sentido literal de algumas expressões bíblicas é tão ofensivo para Deus quanto a idolatria.

Se, então, a lei ou a revelação manda filosofar, isso significa, no fundo, que convida também à interpretação do sentido literal se este contradiz a razão. Assim, comentário filosófico e exegese alegórica são uma e a mesma coisa. A razão não tem como objectivo, como será o caso no século das Luzes, esclarecer toda a gente, e a filosofia é uma actividade esotérica que deve manter secretas as verdades descobertas pela razão e escondê-las àqueles que não estão aptos para compreender o seu significado profundo.

No entanto, há algumas verdades cuja interpretação deve ser tornada pública, particularmente as que dizem respeito a Deus, à sua existência, unicidade e carácter incorpóreo, ou tudo o que se relacione com a prática moral. Não temos o direito, por exemplo, de deixar quem quer que seja, nem mesmo os ignorantes, crer que Deus é corpóreo, que ocupa um lugar, etc. A finalidade e a própria natureza da Lei revelada exigem que a sua mensagem fundamental seja clara aos olhos de todos.

- ***Uma psicologia e uma antropologia, as únicas capazes de fundar uma ética.***

O conhecimento daquilo que o homem deve ser e deve fazer da sua existência tem de se fundar apenas no conhecimento daquilo que ele é. A originalidade de Maimónides consiste em fundar a ética num *conhecimento psicológico* e *antropológico* do homem. Assim, o *Tratado dos Oito Capítulos* introduz o *Tratado dos Princípios* e pode ser considerado como um dos primeiros tratados de psicologia e antropologia da história ocidental. Esta psicologia compreende uma *análise da alma humana*, das suas funções (imaginação, sentidos, razão), das suas doenças comparadas às do corpo, dos condicionamentos internos e das influências externas que ela sofre, do exame das suas virtudes e dos seus vícios, dos problemas relativos ao domínio de si, ao determinismo e ao livre-arbítrio.

A *visão do homem* que Maimónides propõe é a de um ser racional e livre, senhor do seu destino e responsável pelas suas acções. Tal como Descartes* muito mais tarde, Maimónides é voluntarista e, ao mesmo tempo, profundamente intelectualista. O homem dispõe de *livre-arbítrio*, entendido como poder de fazer ou não fazer, de fazer o bem ou o mal: «Sabei [...] que todas as acções do homem vêm de si próprio, que nenhuma necessidade pesa sobre ele a esse respeito e que nenhuma força estranha o obriga a aspirar a uma virtude ou a um vício.» O voluntarismo de Maimónides encontra um notável exemplo na sua concepção da *virtude* como domínio de si. O homem *verdadeiramente virtuoso* não é tanto aquele que é naturalmente levado ao bem, mas antes aquele que domina com dificuldade as suas inclinações. «Aquele que deseja violar a lei, mas que sabe dominar-se, tem mais excelência e perfeição do que aquele que não sofre esse desejo e não tem qualquer dificuldade em evitar os pecados, de forma que a *virtude* e a *perfeição de um homem* estão na razão directa da força da sua inclinação para as transgressões e da dificuldade que sente para evitá-las.»

No entanto, é o intelectualismo que se destaca em Maimónides, se é verdade que *ser livre* significa ser responsável, ou seja, pensar a verdade e praticar o bem. Aproximamo-nos novamente de Descartes e da concepção de uma liberdade esclarecida. Para Maimónides, a verdadeira *sabedoria*, ou *Hokhma*, «consiste em adquirir as virtudes intelectuais, ou seja, em conceber coisas inteligíveis que possam dar-nos ideias sãs sobre os assuntos metafísicos. Este é o derradeiro fim do homem que dá ao indivíduo humano uma verdadeira perfeição. Ela pertence só a ele, é por ela que obtém a imortalidade e é por ela também que o homem é realmente homem». Esta autêntica sabedoria é, ao mesmo tempo, a mais elevada felicidade porque o homem transcende a sua condição pelo seu intelecto, que se torna semelhante ao «intelecto agente» de Deus.

☞ **Conceitos-chave e termos relacionados:**
Deus, (Ideia filosófica de -, Prova da existência de -), Exegese alegórica, Filosofia, Homem, Livre-arbítrio, Razão, Revelação, Sabedoria, Saber profético, Teologia negativa, Virtude.

☞ **Autores**
Aristóteles, Averróis, Espinosa, São Tomás de Aquino.

☞ **Bibliografia**

G. Haddad, *Maïmonide*, Les Belles Lettres, 1998.

J. Robelin, *Maïmonide et le langage religieux*, PUF, 1991.

C. Sirat, *La Philosophie médiévale en terre d'Islam*, Presses du CNRS, 1988, pp. 179 *ss*.

L. Strauss, *Maïmonide*, «Épiméthée», PUF, 1988.

MAINE DE BIRAN
Marie François Pierre Gontier de Biran, conhecido por (1766-1824)

Foi o iniciador da tradição espiritualista francesa, o «filósofo do Eu», acerca de quem Bergson* escreveu: «No início do século, a França teve um grande metafísico, o maior que produziu desde Descartes* e Malebranche*: Maine de Biran [...]. Ao contrário de Kant* (pois é um erro chamar-lhe o "Kant francês"), [ele] considerava que o espírito humano era capaz, pelo menos num ponto, de aceder ao absoluto e de o converter em objecto das suas especulações. Demonstrou que o conhecimento que temos de nós mesmos, particularmente no sentimento do esforço, é um conhecimento privilegiado, que supera o puro *fenómeno* e que alcança a realidade *em si* – a realidade que Kant declarou inacessível às nossas especulações. Em suma, concebeu a ideia de uma metafísica que se elevaria cada vez mais alto para o espírito em geral, à medida que a consciência mergulhasse cada vez mais nas profundezas da vida interior.» Filho de um médico de Bergerac, Maine de Biran conheceu a vida parisiense durante o Directório antes de se tornar subprefeito (1806) e depois deputado de Bergerac. Apreciado pelos Ideólogos, animou um círculo filosófico (Dégérando, Guizot, V. Cousin, Royer-Collard) e era reconhecido como um mestre, embora tenha publicado poucas obras em vida.

☞ **Obras:**
Mémoire sur l'influence de l'habitude (premiado em 1805 pelo Instituto); *Mémoire sur la décomposition de la pensée* (1807); *Aperception immédiate* (1811); *Essai sur les fondements de la psychologie et sur ses rapports avec l'étude de la nature* (1812, publ. 1859); *Rapports des sciences naturelles avec la psychologie* (1814, publ. 1887), *Fragments relatifs aux fondements de la morale et de la religion* (1818, publ. 1955). O *Journal intime* (publ. parcial 1857, integral em 1927) revela um ser introspectivo, assombrado por contradições, e a dificuldade de escrever uma obra, que recomeçará incessantemente e deixará na forma de milhares de rascunhos e fragmentos.

• ***O facto interior do espírito: o eu, força e princípio de unidade. Crítica de Condillac***

Contra as correntes empirista e materialista, Maine de Biran descobre a vocação de *metafísico*: «Nasci para viver nestes tempos felizes da monarquia, em que Malebranche, Arnauld, Leibniz* e Pascal*, etc., exercitaram de tal forma as faculdades intelectuais». Todavia, próximo dos Ideólogos e apaixonado pela fisiologia, crê no valor dos factos e é um *facto* que opõe ao materialismo e ao sensualismo dominantes o facto da interioridade: a actividade de um eu que se sente *causa* ou *vontade* e que, por isso, alcança um absoluto. Ao contrário de Comte*, rejeita o pensamento dos Ideólogos veiculado por Condillac* por se ter afastado demasiado do ponto de vista da interioridade e ter menosprezado um facto único e original: a *vida interior*. Trata-se verdadeiramente de um *facto* que se deve abordar no plano da experiência e não no da especulação dialéctica (não se opõe o *espiritual* ao *positivo*). Mas este facto, por mais *positivo* que seja, também não pode ser tratado como algo do mundo exterior: a actividade do *Eu* não é uma força vital (Cabanis), mas um dado *psicológico* específico. Coincidente com a origem da vontade e da consciência, o sentimento do Eu é distinto do desejo e irredutível a uma «sensação privilegiada» (sensualismo de Destutt de Tracy). As operações do espírito são uma coisa diferente da sensação transformada: é necessária outra experiência para que a estátua de Condillac não continue a ser simplesmente *odor de rosa*, para que conheça um desdobramento pelo qual um *eu* se distingue das suas maneiras de ser e sente que sente. Não se passa por graus do passivo ao activo.

Ravaisson apelidou o biranismo de *positivismo espiritualista* «que tem por princípio gerador a consciência que o espírito toma de uma existência da qual reconhece que qualquer outra existência deriva e depende e que não é outra senão a sua acção». Espiritualismo porque, rejeitando ao mesmo tempo o racionalismo e o materialismo, Maine de Biran restaura uma concepção *psicológica* da interioridade e reabilita a noção *metafísica* de causa. A condição desse positivismo aplicado à interioridade é um *dualismo metodológico* que esclarece todos os problemas através das clivagens que o eu observa em si próprio (e que a fisiologia ignora): interioridade/exterioridade, actividade/passividade, imanência/transcendência. O *Eu* biraniano não é um sujeito puro, nem Ego universal, nem alma-substância, nem Eu transcendental; ele é acto, relação, relação entre uma força e uma resistência. De resto, o hermetismo da obra de Maine de Biran reside no facto de abordar a intuição da interioridade com as ferramentas mentais e com a linguagem da sua época, ambas marcadas pelo empirismo. Quando consegue encontrar uma expressão apropriada para traduzir o seu tipo de experiência, Maine de Biran prefigura a fenomenologia ou o intuicionismo de Bergson.

• ***Os indicadores do eu: o hábito e o esforço***

Tratando-se de demonstrar, a partir do Eu vivido, o poder do espírito contra o determinismo fisiológico, a questão é saber aquilo que em «mim» é *Eu*. O *hábito* é um indicador privilegiado: mostra que nem tudo em mim é Eu da mesma forma e que existe no eu uma dualidade fundamental entre *passividade* e *actividade*. Aquilo que em mim tem origem numa actividade confunde-se com a passividade: «o Eu identifica-se completamente com esta força agente»;

pelo contrário, a passividade é a marca de um enfraquecimento do *Ego*. O hábito aumenta o passivo, mas estimula o activo ao diminuir o esforço exigido para realizar uma acção; da mesma maneira, permite discernir aquilo que em mim é Eu (vindo da actividade) ou Não-Eu (efeito da passividade).

Inversa e complementar é a experiência do *esforço motor*, «em que se sente o efeito ao mesmo tempo que percebemos a causa»: implica uma tensão de ordem muscular ligada a uma resistência corporal e física e, por isso, leva a supor um *quid* voluntário, capaz de dirigir e refrear as sensações, de dispor da atenção, logo de mover a matéria, provando assim a dualidade da nossa natureza, activa e passiva. O esforço realizado coloca-nos em presença do *facto primitivo do sentido íntimo* – relação entre uma força «hiper-orgânica» (*hiperfísica*), conceito biraniano por excelência que designa aquilo que não é de natureza orgânica, sem ser, porém, de natureza espiritual – e uma resistência a essa força. O esforço funda a assimilação da psicologia numa metafísica que caracteriza o *biranismo* e autoriza a aplicar-lhe o termo pejorativo de *psicologismo*. Se Maine de Biran entende construir uma *psicologia*, distinta da lógica e da fisiologia, é para se adaptar ao seu objecto que, precisamente, não é um objecto, mas um sujeito, um Eu. Identificado com o sentimento do Eu, o *sentimento do esforço* está na origem das noções fundamentais; é a origem da noção de *causa* e de lei de causalidade, que não é nem uma ideia inata (Descartes), nem uma simples lei de sucessão (Hume*), nem uma forma *a priori* (Kant*), mas a expressão do Eu que é o próprio real, o modelo da força eficiente, origem também das noções de liberdade (movimento voluntário não travado) e de necessidade (travado). Muitos mistérios metafísicos desaparecem quando regressamos à experiência íntima; eles nascem quando nos afastamos para exteriorizar o sentimento vivido.

• *O primeiro filósofo da corporeidade e do inconsciente. A crítica do* **cogito** *cartesiano*

O *sentido íntimo* revela a relação indivisível do eu com o seu *corpo-subjectivo* ou corpo próprio, sentido numa relação *sui generis* de *«indistância»* e radicalmente distinta do corpo *objectivo*, conhecido a partir do exterior como uma coisa. Em Maine de Biran, a clivagem não é entre alma e o corpo, mas entre o próprio corpo e corpo objecto; não opõe substâncias, como o dualismo *metafísico*, mas modos de manifestação. Em termos que prefiguram a fenomenologia de Husserl*, Maine de Biran define o *ser* como um modo de manifestação; o seu dualismo, *ontológico* neste sentido, funda-se no privilégio ontológico do Eu, sendo o *corpo subjectivo* dado na experiência interna um modo imanente do ser, e o *corpo objecto* um modo transcendente. O *Ego* não é alma e corpo, mas está radicalmente adaptado a si mesmo: ele é a consciência, que apenas se dá a si exercendo-se sobre o seu outro, sobre «a extensão interior do corpo, objecto da apercepção imediata da qual o Eu se distingue sem nunca se poder separar».

É por isso que a experiência do *cogito* devia limitar-se à auto-revelação do Ego; não devia fundar-se, para além da sua aparição, numa substância pretensamente mais verdadeira que ela. Quando Descartes diz «penso, logo existo», o *eu* da forma «existo» já não é o mesmo que o sujeito da forma «penso»: «Descartes, ao transpor bruscamente toda a distância que separa o facto da existência pessoal ou do sentimento do eu e a noção absoluta de uma coisa pensante, abre a porta a todas as dúvidas sobre a natureza dessa coisa que não é o eu.» Ele estabelece a ligação do pensamento à existência para si, mas não a da existência para si à existência em si (à alma-substância). Este *cogito* teórico não vê na ideia do eu «a pessoa como agente e entidade reflexiva», «a causa livre que [...] se esforça para começar o movimento ou a acção». Não pensamos sempre. Maine de Biran aceita esta experiência do sentido íntimo que Descartes reconhecia sem lhe poder dar sentido. O Eu íntimo é um acto, uma relação activa com o pensamento, que não é da substância ao modo, mas da causa ao efeito, inseparável do corpo próprio e das suas *percepções obscuras*.

• ***Para uma antropologia cristã***

A experiência da autonomia da vida espiritual individual iria conduzir Biran, agnóstico e franco-mação, a uma fé religiosa de inspiração neoplatónica e mística. Para este espiritualismo do espírito encarnado, a razão nada pode dizer sobre as causas primeiras. Além disso, a vida moral não precisa de Deus. A importância do esforço orienta Biran para o estoicismo enquanto moral que melhor se adapta ao homem. No entanto, comprova a incapacidade da sua vontade de criar em si a harmonia. Biran toma em consideração a tendência para crer em circunstâncias de natureza religiosa, mas sem modificar o seu pensamento para lhes deixar espaço livre; tentará repensar o platonismo e o cristianismo para acrescentá-los à sua filosofia do esforço. Os estóicos* ignoravam que a verdadeira paz não residia no autodomínio intelectual, mas num *dom*, que remete para o ponto de vista da *graça*, que supõe uma *anulação do eu*. No final da sua vida, Maine de Biran empenha-se em construir uma antropologia cristã, pois só a visão cristã do homem lhe parece estar à altura da vontade humana e à medida das nossas capacidades.

☞ **Conceitos-chave e termos relacionados:**
Antropologia, Causa, Causalidade, Corpo, Dualismo, *Ego*, Esforço, Espiritualismo, Eu, Força, Graça, Hábito, Ideólogos, Interioridade, Mim, Passividade, Psicologismo, Ser, Vivido.

☞ **Autores:**
Condillac, Descartes, Leibniz, Malebranche, Merleau-Ponty.

☞ **Bibliografia**

F. Azouvi, Maine de Biran. *La science de l'homme*, Vrin, 1995.
H. Gouhier, *Maine de Biran par lui-même*, Seuil, 1970.
P. Montebello, *La Décomposition de la pensée*, Millon, 1994.
A. Antoine, *Maine de Biran. Sujet et politique*, PUF, 1999.

MALEBRANCHE, Nicolas (1638-1715)

A filosofia de Malebranche apresenta-se como uma tentativa de conciliar o método e a física mecanicista de Descartes* com a teologia agostiniana. Ao reunir o que Descartes distinguira, a filosofia e a teologia, pode ser considerado o primeiro filósofo cristão. Malebranche procura, em primeiro lugar, resolver as dificuldades e as contradições do cartesianismo. A sua teoria da visão em Deus permite fazer a economia da veracidade divina que assegura, segundo Descartes, a realidade do mundo exterior. Resolve igualmente o problema cartesiano da misteriosa interacção entre a alma e o corpo com a célebre doutrina do ocasionalismo. Ao mesmo tempo, ao excluir toda a acção da natureza para reter apenas a ligação constante entre os fenómenos, prenuncia Hume* e abre caminho à ciência moderna, contribuindo assim para a elaboração da noção positiva de lei. Além disso, ao afirmar que a experiência só é possível a partir de uma extensão inteligível anterior ao conhecimento dos corpos, anuncia o idealismo transcendental de Kant*.

Nascido em 1638 em Paris, no seio de uma família de parlamentares, inicia, devido a uma saúde frágil, os seus estudos com um preceptor. Descobre sem entusiasmo a filosofia de Aristóteles* no colégio de la Marche e depois a Teologia na Sorbonne. Com 18 anos, entra na Congregação do Oratório, onde se dedica à sua formação religiosa e se inicia na leitura da Bíblia. Em 1664 é ordenado padre e a descoberta e leitura apaixonadas do *Traité de l'homme* de Descartes decidem a sua vocação filosófica e científica. A sua primeira grande obra, *De la recherche de la vérité*, manifesta a grande influência que nele exerceram o pensamento filosófico e as considerações científicas de Descartes. Mantém igualmente uma correspondência contínua com Leibniz* e, quando foi nomeado para a Academia das Ciências em 1699, interveio muitas vezes para impor o cálculo infinitesimal. Morreu em 13 de Outubro de 1715 na Congregação do Oratório que, exceptuando algumas raras viagens, nunca deixou.

☞ **Obras:**

De la recherche de la vérité (1674-1675); *Les Conversations chrétiennes* (1677); *Traité de la nature et de la grâce* (1680); *Méditations chrétiennes* (1683); *Le Traité de morale* (1683); *Entretiens sur la métaphysique et sur la religion* (1688); *Traité sur l'Amour de Dieu* (1697).
[Nas Edições 70: *Diálogo de um Filósofo Cristão e um Filósofo Chinês*.]

• *As sensações, fontes dos nossos erros e os diferentes objectivos do método segundo Malebranche*

A primeira diligência de Malebranche – neste ponto muito próximo de Descartes – é examinar «a natureza das nossas faculdades» e definir «os usos que devemos fazer delas para evitar o erro». Nisto consiste o método (*De la recherche de la vérité*, Prefácio). A sua iniciativa é original na medida em que assenta inteiramente neste postulado: só Deus ilumina os espíritos. Para alcançar a verdade, só nos devemos guiar pela luz da *razão universal*, que é a voz de Deus que fala em nós através das ideias. Ora, «o pecado do primeiro homem enfraqueceu a união do nosso espírito com Deus e fortificou a união da nossa alma com o corpo». O pecado original e a queda fizeram com que a alma se esquecesse que estava naturalmente unida a Deus, comportando-se como se estivesse, por essência, unida ao corpo. Da união com o corpo procedem todos os nossos erros.

Daqui resulta que um verdadeiro procedimento metódico deve corrigir esta aberração. É por isso que o primeiro objectivo do *método*, segundo Malebranche, é essencialmente crítico. As ilusões dos sentidos, as alucinações, dizem-nos que os sentidos e a imaginação não representam qualquer objecto exterior. As *sensações* mais não são do que as modificações subjectivas da nossa alma, advertindo-a do que pode ser útil ou nocivo para a nossa existência. Quanto à *imaginação*, ela designa a faculdade de representar as coisas de forma sensível. Não consiste senão na capacidade que a alma tem de formar as figuras dos seres materiais ausentes, imprimindo-as no cérebro. O *erro* consiste, pois, em julgar que as coisas são tal qual como os sentidos as captam e a imaginação as representa.

As nossas *paixões*, porque se enraízam no sensível e exprimem a submissão do homem ao corpo, também engendram ilusões e erros semelhantes aos dos nossos sentidos. O medo, o amor e o ódio são apenas modificações que nos afectam e tocam e não nos elucidam. Muito pelo contrário, projectam no objecto as nossas próprias disposições internas e criam assim o erro.

O que se deve concluir acerca do método ou do bom uso das nossas faculdades? Em primeiro lugar, que não podemos fiar-nos senão no nosso próprio juízo e discernir apenas pelo nosso espírito. Em segundo lugar, devemos desconfiar de tudo o que se relaciona com a união com o corpo; nesta perspectiva, «não existe outra via para alcançar a luz e a inteligência senão pela concentração» (*Le Traité de morale*). Com efeito, Malebranche define a *atenção* do espírito como «uma oração natural pela qual conseguimos que a razão nos ilumine», oração que não pode desiludir, uma vez que é «o acto pelo qual o espírito se torna digno de receber a luz universal».

- ***A crítica da causalidade e o ocasionalismo***

O ocasionalismo é elaborado por Malebranche para resolver a maior dificuldade levantada pelo dualismo cartesiano e que já fora percebida pela princesa Isabel na sua carta a Descartes de 28 de Maio de 1643. Com efeito, ela dizia-se incapaz de compreender «como é que a alma (não extensa e imaterial) pode mover o corpo». A interacção entre duas substâncias tão heterogéneas como a alma e o corpo é totalmente ininteligível, mas a sua união faz parte da existência comum. Este mistério é dissipado se admitirmos, segundo Malebranche, que não há uma relação de causalidade mas apenas de correspondência entre a alma e o corpo. Nem a alma tem o poder de agir sobre o corpo, nem o corpo tem a capacidade de influenciar a alma, e, de forma mais geral, nenhuma coisa criada tem o poder de produzir um efeito. Daqui se conclui que só Deus possui esse poder. A *teoria das causas ocasionais* é, pois, a doutrina segundo a qual Deus é a única causa real e eficiente, pois só ele tem o poder de produzir e de criar, e os fenómenos que nos surgem na natureza como causa são apenas a ocasião para o exercício da vontade divina. Aquilo a que normalmente chamamos «causas» não são verdadeiras causas eficientes, mas apenas a acção casual cuja origem está em Deus. Malebranche conclui: «De facto, apenas há uma causa, porque só existe um Deus; a natureza ou a força de cada coisa nada é se não for a vontade de Deus; por isso, nenhuma causa natural é uma verdadeira causa, mas apenas uma causa ocasional.»

Se a noção de causa é destituída de qualquer poder efectivo, o que subsiste então da noção de *causalidade natural*? Apenas a ideia de conexão entre fenómenos heterogéneos e do seu encadeamento segundo leis imutáveis estabelecidas por Deus para explicar a transmissão do movimento e a relação entre os corpos. Malebranche, em quem Hume* se inspirou, contribui assim de forma decisiva para a elaboração da concepção moderna da ciência.

- ***A visão em Deus***

O ocasionalismo encontra a sua explicação lógica na teoria da visão em Deus. O ponto de partida da demonstração consiste em lembrar que só Deus tem a capacidade de agir: «Os corpos em si não são visíveis porque não podem agir sobre o nosso espírito nem representá-lo.» Apenas vemos os objectos exteriores por intermédio das ideias. Quando pensamos ver um corpo, na realidade, vemos uma ideia, pois a ideia é o que o espírito «vê», ou seja, o que ele percebe imediatamente, sem que lhe seja possível duvidar do que vê. As ideias são, portanto, os únicos objectos do nosso conhecimento. Mas não estão no interior da alma porque não possuem a mesma natureza.

Enquanto claras e distintas, as ideias são imutáveis, eternas e universais, ao passo que os nossos estados interiores da ordem do sentimento se encontram em tal proximidade que, quanto mais nos são próximos, menos nos elucidam. Obscuros, confusos, particulares e mutáveis, os estados interiores são totalmente heterogéneos em relação às ideias. O inteligível, objecto imediato do espírito, não lhe é, pois, imanente. Uma *ideia*, na medida em que abarca todos os objectos singulares possíveis, é infinita e, enquanto tal, só pode pertencer ao entendimento infinito de Deus. Assim, pode concluir-se logicamente a *teoria da visão em Deus* segundo a qual «só na sabedoria de Deus vemos as verdades eternas imutáveis e necessárias».

Deus deixa-nos ver em si a ideia de um corpo no momento da impressão que produz no nosso próprio corpo. Qualquer ideia que seja clara e distinta é então conhecida em Deus a título de arquétipo das coisas que ela representa e de modelo que presidiu à sua criação. Assim, a visão em Deus permite fazer a economia da veracidade divina, garantia, para Descartes, da conformidade das nossas representações com o mundo exterior. Mas, no seu desenvolvimento último – e esta é a objecção que Berkeley faz a Malebranche –, esta teoria torna ilusório qualquer dualismo e a existência do mundo exterior parece incompreensível e supérflua. A ruptura com o cartesianismo iniciada por Malebranche conduzirá ao imaterialismo de Berkeley.

☞ **Conceitos-chave e termos relacionados:**
Atenção, Causalidade natural, Causas, Erro, Imaginação, Método, Paixão, Razão universal, Sensação, Teoria (- da visão em Deus, - das causas ocasionais).

☞ **Autores:**
Santo Agostinho, Berkeley, Descartes, Merleau-Ponty.

☞ **Bibliografia**

F. Alquié, *Le Cartésianisme de Malebranche*, Vrin, 1974.
J.-C. Bardout, *Malebranche et la métaphysique*, PUF, 1999.
M. Guéroult, *Malebranche*, 3 vol., Aubier, 1955-1959.
M. Merleau-Ponty, *L'Union de l'âme et du corps chez Malebranche, Biran et Bergson*, Vrin, 1968.
G. Rodis-Lewis, *Nicolas Malebranche*, PUF, 1963.

MAQUIAVEL, Nicolau (1469-1527)

Poucas obras desencadearam tantas paixões como a de Maquiavel, pois foi o primeiro filósofo a proclamar abertamente o seu cinismo e realismo políticos. O contributo decisivo de Maquiavel, que provocou escândalo na época mas fez dele o pai da filosofia política moderna, foi, em primeiro lugar, a recusa em fundar a política numa moral natural ou numa ordem religiosa transcendente. Neste sentido, foi o primeiro a laicizar a política que, com ele, conquistou a sua autonomia. Daí resulta uma ruptura total com a filosofia política tradicional e com as grandes utopias. Maquiavel tem consciência de ter aberto um novo caminho ao substituir o modelo ideal por uma teoria positiva da política fundada na análise das condições reais do exercício do poder e que toma em consideração o jogo das paixões e das vicissitudes da história.

Nascido em Florença, no seio de uma família de pequena nobreza, Maquiavel cresceu numa Itália dividida numa vintena de principados com pouco estatuto político e que se tornavam assim uma presa fácil para as potências estrangeiras. Em Florença, assiste ao derrube dos Médicis pelos Franceses e à instituição de uma constituição republicana inspirada no monge Savonarola. Em 1498, Maquiavel torna-se secretário da segunda chancelaria (que reúne os Negócios Estrangeiros, assuntos Militares e Internos). Durante catorze anos, realiza um trabalho extremamente fecundo. Das suas missões diplomáticas ao estrangeiro, particularmente junto de César Bórgia (*cf. O Príncipe*, cap. VII), retirou lições que lhe seriam preciosas para a sua reflexão política. Tornou-se, em 1501, o homem de confiança e o braço direito do gonfaloneiro Pier Soderini, exercendo uma influência considerável sobre a política de Florença. Porém, em 1512, os Espanhóis derrubaram a república e os Médicis retomaram o poder. Feito prisioneiro, torturado e depois exilado, Maquiavel aproveitou a ociosidade forçada para redigir *O Príncipe*, que dedica a Lourenço de Médicis, esperando assim recuperar um papel de conselheiro do poder. Após um breve regresso à vida política em 1526, é novamente afastado e morre em 1527, no mesmo ano do saque de Roma.

☞ **Obras:**
Discurso sobre a Primeira Década de Tito Lívio, 1531 (póstumo); *O Príncipe* (póstumo).

• *O realismo político*

A maior injustiça que a posteridade cometeu em relação a Maquiavel foi ter-se servido do seu nome para designar, com o termo pejorativo «maquiavelismo», um misto de cinismo e imoralidade cujo princípio é «os fins justificam os meios». Ora, a *política*, para Maquiavel, exige antes de tudo uma abordagem realista e objectiva, uma atitude científica que consiste em descobrir leis universalmente válidas com base na experiência e apoiadas por exemplos retirados da História. O problema é de ordem apenas política e com objectivos puramente pragmáticos; não se trata de propor o modelo ideal que deve ser realizado, mas perguntar: como fundar um Estado, ou seja, tomar o poder e conservá-lo? Quais são os meios para governar?

Esta procura de uma política positiva visa deliberadamente o príncipe ou os governantes, pois é neles que se encontra o motor da História. O *Príncipe* é o soberano que exerce o poder real e absoluto e deve, para ter sucesso político, reunir em si a *virtus* e a *fortuna*. A *fortuna* designa as circunstâncias independentes da vontade que o Príncipe deve explorar em boa altura e considerar como ocasião propícia a uma iniciativa audaciosa. Quanto à *virtus*, não deve ser entendida como a virtude moral do sábio, mas como conjunto de qualidades, audácia e astúcia, sagacidade, rápida percepção e celeridade na execução, que constituem de alguma forma o génio político, ou seja, a arte de escolher os meios em função das circunstâncias e de controlar assim o curso dos acontecimentos.

A política deve exercer-se sempre a partir de uma realidade concreta, singular, sobre a qual age com o fim de a transformar. Ora, a natureza da *política* é essencialmente conflituosa, ou seja, consiste no confronto de forças antagónicas. O seu objectivo é, pois, substituir a desordem, criada pelo conflito, pela ordem. Sujeita ao imperativo da eficácia, a margem de acção do político situa-se entre duas exigências contraditórias: o Príncipe não deve sentir-se na obrigação de se guiar pela moral a qualquer preço (não mentir, ser fiel aos compromissos, não recorrer à violência), mas, inversamente, não pode professar um desprezo a respeito de qualquer referência ética, pois os governados esperam que os seus bens, famílias e honras sejam respeitados. Bastante esclarecedores a este respeito são os conselhos sobre a atitude que o Príncipe deve adoptar relativamente à religião: a arte de governar não deve submeter a política à religião, mas utilizar esta em seu proveito, explorar as crenças do povo para melhor o dominar.

- ***Uma antropologia pessimista e a negação de qualquer progresso histórico***

O realismo político de Maquiavel funda-se numa filosofia pessimista do homem e numa concepção imobilista da História: «Quem quiser fundar um Estado e legislar deve partir do princípio que os homens são maus». Para praticar uma política eficiente, o Príncipe deve partir do pressuposto que os homens são «ingratos, inconstantes, falsos» e estão prontos a revelar essa maldade assim que tiverem oportunidade. Se fossem sensatos, seria possível governar apenas com leis. Como o não são, o Príncipe é obrigado a utilizar a astúcia, a duplicidade e até a violência. Por isso, o conhecimento do homem e da psicologia humana é um trunfo indispensável, pois garante a sujeição dos homens às leis sem as quais não pode haver vida social. Além disso, porque apenas agem honestamente se a isso forem obrigados, Maquiavel conclui que só a vida regulada pela lei pode tornar os homens honestos. Por conseguinte, não há moral onde não há Estado.

Maquiavel propõe, então, colocar um conjunto de técnicas inspiradas pelas lições da História ao serviço da conquista e do exercício do poder pessoal. Os seus *conselhos puramente pragmáticos* e não sujeitos a qualquer regra moral foram apelidados maquiavélicos. O Príncipe nunca deve confiar nos sentimentos de fidelidade e amor desinteressado dos súbditos, e o medo que deve inspirar é o melhor garante da dependência, logo da estabilidade do poder. Nesta perspectiva, não deve deixar-se travar «por qualquer consideração de justiça ou injustiça, de humanidade ou crueldade, de modéstia ou glória». Note-se que estas práticas constituem «*meios extraordinários*» aos quais se recorre quando a existência ou a sobrevivência do Estado estão em risco. Aos olhos de Maquiavel, não são absolutamente válidas, em particular quando reina a lei num Estado estável.

Esta filosofia pessimista do homem está ligada, em Maquiavel, à negação de um verdadeiro progresso da civilização. «Ao reflectir na forma como os eventos se passam, penso que o mundo foi sempre semelhante a si próprio e que sempre a bondade e a maldade estiveram em proporção. Mas também acredito que o bem e o mal ultrapassam fronteiras, como podemos constatar, pelas noções que temos dos reinos da Antiguidade, que a diversidade dos costumes distingue uns de outros enquanto o mundo se mantém imutável» (*Discurso sobre a Primeira Década de Tito Lívio*, t. II). A *História* é assim o teatro permanente das paixões que se repete de várias formas, como o afirmará igualmente Schopenhauer*. A consequência desta ausência de progresso global da humanidade traduz-se no facto de uma nação só poder ser próspera às custas de outra, o que é, evidentemente, a causa das guerras.

No entanto, embora o mundo no seu todo se mantenha imutável, é susceptível de melhoramentos parciais, ou seja, provisórios e restritos. A desagregação dos valores transcendentes devolve a liberdade ao homem (o que explica, aliás, que o homem possa ser mau), dá um novo sentido à *acção humana*, acção calculada porque não racional, e que é luta contra a Fortuna: a actividade humana tem então a responsabilidade de criar as normas; é neste primado da acção que os leitores da nossa época, e particularmente Léo Strauss, vêem a modernidade do pensamento político de Maquiavel.

• ***Maquiavel, defensor da tirania ou teórico da liberdade?***

Aquele que prega o absolutismo considera, porém, a liberdade como a finalidade e o princípio de toda a política. Reconhece que o sabor da liberdade não pode ser extirpado do coração daqueles que a conheceram e perderam. Prova disso é que o conquistador deve destruir uma cidade que antes gozava de liberdade se não quiser ser destruído. Maquiavel, longe de ser um admirador dos tiranos, detestava a tirania. Se o uso da força é inevitável tanto no interior de um Estado como entre os Estados, o autor de *O Príncipe* não defende, porém, o exercício da força pura. A força deve estar sempre ao serviço do poder político e o objectivo de Maquiavel é constituir o Estado como força legítima. Assim, Maquiavel é o primeiro pensador a propor a instituição de um exército nacional numa época em que havia apenas tropas de mercenários. Como os Estados se comportam entre si como os indivíduos sem Estado, e uma República não se conserva por muito tempo sem recurso às armas, a guerra é necessária para restaurar a liberdade ou para a assegurar quando está ameaçada. Para Maquiavel, todas as guerras são justas quando necessárias.

Quanto à *república*, embora não se confunda com a democracia e deva ser o resultado de um equilíbrio entre os três regimes, monarquia, aristocracia e democracia, é o ideal mais elevado em política, pois assegura a autonomia de um povo que vive segundo as suas próprias leis.

Por conseguinte, *O Príncipe* não é tanto a descrição cínica dos meios de governar mas a análise dos fundamentos de um Estado cuja finalidade essencial é garantir «a salvação e a liberdade da pátria» (*Discurso sobre a Primeira Década de Tito Lívio,* t. III, 4).

☞ **Conceitos-chave e termos relacionados:**
Estado, Fortuna, História, Maquiavelismo, Poder político, Príncipe, Soberania, Soberano, Tirania, *Virtus*.

☞ **Autores:**
Aron, Hobbes, Schopenhauer, Weil (É.)

☞ **Bibliografia**

J.-F. Fichte, *Machiavel*, Payot, 1981.
C. Lefort, *Le Travail de l'œuvre: Machiavel*, Gallimard, 1972.
M. Senellart, *Machiavélisme et raison d'État*, PUF, 1989.
G. Sfez, *Machiavel, la politique du moindre mal*, PUF, 1999.
[Georges Mounin, *Maquiavel*, Edições 70.]

MARCO AURÉLIO (121-180)

Imperador romano estóico*, Marco Aurélio era filho adoptivo de Adriano e de Antonino, a quem sucedeu em 161. Iniciado ainda muito jovem na prática das virtudes estóicas, envergou com 12 anos o manto do Pórtico (símbolo da escola estóica). Rusticus deu-lhe a ler Epicteto*. Príncipe virtuoso e bom, que iluminou o reino pelas suas qualidades humanas, procurou no estoicismo a coragem para fazer face às suas desventuras pessoais e às múltiplas tragédias de uma época à beira da decadência: invasões (Partos, Germanos, etc., dezassete anos de campanha em dezanove anos de reinado), fomes, peste e revoltas de generais. Em 175, um período de paz permitiu-lhe visitar o Oriente e a Grécia, mas teve de voltar para a guerra no Danúbio onde, cinco anos mais tarde, morreria serenamente vítima de doença. Em 176, fundou em Atenas cátedras de filosofia para as quatro correntes filosóficas principais – o platonismo, o aristotelismo, o estoicismo e o epicurismo – financiadas por fundos imperiais. Porém, Marco Aurélio foi um opositor do cristianismo.

☞ **Obra:**

O imperador filósofo é autor de uma obra, escrita em grego (170-180), que constitui um caso único na história da literatura filosófica: *Ta eis eauton*. Os escoliastas publicaram-na com o título *Os Pensamentos* e, ao longo de sucessivas edições, acompanhou-se de um subtítulo que marca o carácter pessoal e privado do seu conteúdo: «Escritos Para Si Mesmo» (*Ta eis eauton*); «Acerca de Si Próprio», «*De se ipso et ad ipsum*», «Reflexões Sobre Si», «A Mim Próprio». Se Marco Aurélio escreve, com efeito, para si próprio, é à pessoa moral e ao imperador que se dirige, como filósofo, e não como político para quem a filosofia seria um refúgio ou um divertimento.

Pensamentos Para Mim Próprio; *Os Pensamentos*; *Pensamentos*.

• *Natureza e razão. O desejo e o impulso activo*

Marco Aurélio retomou todos os temas estóicos, mas numa perspectiva profundamente pessoal. A sua reflexão é sobretudo de ordem moral: uma ríspida ética da liberdade interior, alicerçada num pessimismo e num sentido do absurdo que o assombram, mas que consegue exorcizar. Ao mesmo tempo, esforçando-se por aplicar o estoicismo na situação de poder em que se encontra, é levado a desenvolver a doutrina ao considerar com mais rigor nesta intenção prática o sentido de alguns conceitos fundamentais ou aprofundando a sua determinação.

Deste modo, faz uma distinção rigorosa entre a *minha* natureza, que, bem entendida, é a razão que o indivíduo partilha com todos os homens, e *a* natureza comum, o poder universal que produz todas as coisas, origem de tudo aquilo que acontece. A exigência estóica – viver de acordo com a natureza – reveste-se assim de um sentido concreto: viver segundo a lei interior da razão. Marco Aurélio retoma, aprofundando-a, a distinção de Epicteto entre desejo – sentimento passivo – e impulso activo – tendência para agir ou se para abster de agir imanente ao agente. Filósofo *e* imperador, faz tudo o que convém à *sua* natureza – razão – agindo para o bem comum, e aceita, como filósofo, «tudo o que acontece no momento próprio à natureza do todo». Ao justificar-se assim, dá um fundamento ontológico à disciplina estóica do desejo e do impulso activo (*cf. Études*, P. Hadot, p. 147).

• *O mestre interior*

Pela noção de *guia-mestre*, *Deus* ou *génio interior*, Marco Aurélio designa a força depositada na alma do homem pela natureza, «princípio hegemónico» racional que comanda as outras partes da alma e os sentidos e que retira a sua força da Razão universal. Esta noção renova a distinção estóica entre o que depende ou não de nós. Embora exista apenas uma ordem, um só Deus ou Natureza, a alma detecta em si uma dissonância e sente-se estranha às coisas do mundo que a perturbam. Descobre o seu poder de se proteger delas modificando as suas opiniões por si mesma através de um processo puramente interior: «Tudo vem de ti, tudo está em ti, tudo volta a ti.»

• *A ataraxia, serenidade do refúgio em si mesmo. O sábio é «íntegro e perfeito»*

A alma alcança a impassibilidade ao compreender que a incoerência do mundo é apenas aparente e que tudo se transforma segundo um princípio imutável, que rege também a alma. Tornar-se indiferente e sereno é «voltar a ser si mesmo», ser capaz de ouvir a voz da Razão universal que não é outra senão a «perfeita disposição da nossa alma». Convém, portanto, «refugiar-se nesse pequeno domínio» que é, para cada qual, si próprio. De acordo com a sua natureza divina e capaz de adaptar os desejos e a conduta ao seu Destino, o *sábio* é «íntegro e perfeito».

- ***O primado do presente. Aproveitar o momento oportuno***

O *presente* é a única realidade temporal concreta que o homem domina, pois passado e futuro escapam-lhe. É no presente que deve gozar a liberdade, aproveitar o *kairos* – «o momento oportuno» para a libertação pela compreensão graças à Razão.

Marco Aurélio dá ao estoicismo a cambiante de uma alma livre e nobre cujo único refúgio se encontra na paz interior, mas uma paz conservada pela Razão, a coragem de estar em harmonia com o mundo, a dignidade de ser homem: «De manhã, quando te custar acordar, que esta ideia te ocorra: é para agir como homem que eu acordo.» Esta obra única, «Evangelho eterno» (Renan), que atravessou os séculos, é uma mensagem em que se atenta pelo seu conteúdo de sabedoria, mas também uma voz íntima, em que a qualidade de cada sentença produz o efeito de fala: «Sente-se uma emoção muito particular ao entrar de certa forma numa intimidade espiritual, no segredo de uma alma, em partilhar assim, directamente, as tentativas de um homem que, fascinado apenas pelo necessário, pelo valor absoluto do bem moral, se esforça por fazer aquilo que, no fundo, todos tentamos fazer: viver em plena consciência, em plena lucidez, viver com intensidade cada instante e conferir um sentido a toda a vida. Falando consigo próprio, temos a impressão de que se dirige a todos nós» (P. Hadot, p. 333).

☞ **Conceitos-chave e termos relacionados:**
Acção, Alma, Apatia, Ataraxia, Cosmopolitismo, Coragem, Desejo, Destino, Estoicismo, Eu, *Fatum*, Impulso, Indiferença, Interioridade, Liberdade, *Logos*, Moral, Morte, Paixão, Presente, Providência, Razão, Sabedoria, Virtude.

☞ **Autores:**
Epicteto, Estóicos, Montaigne, Séneca.

☞ **Bibliografia**
P. Hadot, *La Citadelle intérieure. Introduction aux Pensées de Marc Aurèle*, Fayard, 1992.

MARCUSE, Herbert (1898-1979)

Filósofo alemão da Escola de Franco-forte*, o seu nome está associado aos movimentos de contestação intelectual e estudantil do final dos anos 60 nos Estados Unidos e na Europa. Estudou com Heidegger* na universidade de Friburgo. A influência da fenomenologia fá-lo subscrever ideias existencialistas que iriam influenciar a sua concepção inicial do marxismo – antropológica e ontológica. Colabora no Instituto de Pesquisas Sociais, emigra em 1934 para os Estados Unidos, país onde ensinará até ao fim da sua vida, em Colúmbia, Harvard, Boston e, por fim, em San Diego na Califórnia. Aí faleceu, após se ter tornado o «filósofo da revolta dos jovens», no «ídolo da jovem esquerda», usando as palavras de J. Habermas*, que apreciou e estimou o homem, mas que não lhe reconhecia a imagem mediática, e que propõe hoje uma crítica elaborada do seu pensamento.

☞ **Obras** (os títulos em português correspondem à tradução dos títulos em francês e não dos originais)**:**
Razão e Revolução. Hegel e o Nascimento da Teoria Social (1941); *Eros e Civilização. Contributo a Freud* (1955); *O Homem*

Unidimensional (1964); *O Fim da Utopia* (1967); *Para a Libertação* (1969); *Contra-revolução e Revolta* (1972).
[Nas Edições 70: *A Dimensão Estética*.]

• *Um freudo-marxismo. A civilização contra as pulsões*

Marcuse é o pensador mais representativo da associação entre a psicanálise e o marxismo, tendência dominante das décadas de 50-70. Foi um dos primeiros a indicar os aspectos comuns a Marx* e a Freud*, recorrendo ao «pensamento negativo» da dialéctica hegeliana, como instrumento de crítica social (*cf. A Ontologia de Hegel* e a Teoria da Historicidade*). Em *Eros e Civilização*, interpreta as teorias marxistas da alienação à luz do trabalho freudiano em termos de repressão do *princípio de prazer* (*Eros*). Nas sociedades capitalistas avançadas, as pulsões humanas são recalcadas por um *princípio de realidade* deturpado em *princípio de rendimento*, de *produtividade acrescida*. As exigências da sociedade de abundância, em que a produção já não serve apenas para satisfazer as necessidades elementares e em que o liberalismo pretende «racionalizar-se», suscitam necessidades artificiais, engendram frustração e falsa satisfação. Mas a própria teorização de Freud constitui uma típica construção ideológica burguesa: «a» realidade deve ser interpretada e relativizada pela História. A *sublimação* pela qual Freud compreende a passagem para a civilização implica a sua restituição no conteúdo concreto socioeconómico. Freud negligencia as relações socioeconómicas, aspecto concreto das civilizações. O indivíduo não é uma entidade eterna, e não se trata de adaptá-lo, pela «cura», a uma sociedade que reprime os seus instintos, mas de transformar esta última quando a «sublimação» significa alienação, repressão das mais elevadas capacidades humanas.

• *A libido não genital é revolucionária. Mudemos os instintos*

Só há uma palavra de ordem: erotização geral, que é assim explicada:

1. Re-sexualizar a sublimação. É possível uma cultura que não reprima as pulsões: a sublimação seria aqui «não repressiva», a saber, «sem dessexualização». A nossa época não possui os meios de superar o estado de penúria em que Freud viu a causa da super-repressão social – cujos sintomas maiores, segundo Marcuse, são o fastio pelo trabalho e uma concepção degradada da felicidade – que é segregada pela sociedade do esbanjamento e pela deserotização geral da vida: o recalcado sexual é objecto de comércio (pornografia), o erotismo é adulterado e anexado por mecanismos de opressão. Lamentavelmente, o sexo já não é curioso e especializa-se: «A concentração da energia erótica na sensualidade genital impede a transcendência do Eros para outras "zonas" do corpo e para o seu meio ambiente, obstrui a sua força social revolucionária e formadora» (*O Homem Unidimensional*).

2. Alterar os instintos. As verdadeiras necessidades estão transfiguradas: «relações libidinosas com a mercadoria, com engenhos motorizados agressivos, com a falsa estética do supermercado.» «Mudar a sociedade seria mudar qualitativamente os instintos, seria tornar mais autênticas as relações entre os seres e libertar o aspecto biológico das necessidades estéticas, pois a beleza, o repouso, a harmonia são necessidades orgânicas do homem.» «A verdadeira tendência das pulsões de vida consiste em dar mais unidade e valor à existência» (*Para a Libertação*): a revolução ou será libidinal ou não será nada.

• *A cultura unidimensional*

Mas como – e para quê – mudar a sociedade? O ideal revolucionário está em crise. Geradora de bem-estar e democrática, a sociedade industrial avançada deturpou o potencial revolucionário da libido, tornou-se uma «sociedade fechada» que «uniformiza e integra todas as dimensões da existência», «torna manobráveis e utilizáveis os elementos explosivos e «anti-sociais do inconsciente»: o sonho, a arte, a contracultura, a sexualidade. «Transformou a liberdade num poderoso instrumento de domínio» (*Cultura e Sociedade*). De forma que «o poder do negativo [...] se torna num factor de coesão e de afirmação». Ao perder o seu potencial crítico, a cultura tornou-se «unidimensional», ocultou a sua dimensão de distância a si mesma (a sua «bidimensionalidade», de sujeito e de objecto). Ela é o puro produto da «unidimensão» da razão instrumentalizada (tecnicizada, controladora) que faz com que nada se encontre no seu exterior. A sociedade só parece tão permissiva porque está demasiado bem domesticada.

- ***As novas forças subversivas. A «grande recusa»***

Às novas contradições, mais gritantes, respondem novas forças de subversão, «tornadas totais»: «O mal mostra-se na nudez da sua monstruosidade como contradição total com a essência da expressão e da acção humanas» – brutalidade do imperialismo e do neocolonialismo, destruição da natureza, a decadência dos costumes, etc. A mudança não surgirá das massas: «elas já não são revolucionárias» ou «não têm espontaneamente objectivos justos»; «os grandes partidos de massas tornaram-se obstáculos ao desenvolvimento da consciência». Esclarecê-las será a tarefa dos «focos de protesto mais virulentos»: os grupos mais marginalizados pelo sistema e/ou aqueles «que adquiriram uma *experiência libertadora* nos seus confrontos com a sociedade, nas universidades, na rua, nas lojas, nos guetos» (entrevista com J. Daniel, *De Sartre* à Foucault**, Hachette, 1984): «A revolução cubana ou o Vietname evidenciaram o que é possível fazer; existe uma moralidade, uma humanidade, uma vontade, uma fé, capazes de resistir ao gigantesco poderio técnico e económico da expansão capitalista e de a fazer recuar» (*Para a Libertação*). Mas não há qualquer espontaneidade: «A espontaneidade não é revolucionária por si mesma. O doutrinamento intensivo a que as pessoas estão hoje sujeitas deve ser combatido por uma contra-educação e por uma contra-organização intensivas [...]. Não pode haver revolução sem libertação individual, mas não há libertação individual sem libertação colectiva.»

- ***Mudar a vida antes da subversão total***

Embora entreveja a «subversão total», uma revolução que não pode evitar «a luta contra a morte», Marcuse não tem um programa revolucionário de acção. A subversão é sempre descrita como o resultado de um longo trabalho clandestino com peripécias imprevisíveis. Se hoje fosse possível formar um conceito concreto da «sociedade nova», ela já não seria «nova». «A teoria crítica da sociedade não possui um conceito que permita transpor a distância entre o presente e o futuro; não faz promessas [...], é sempre *negativa*» (*O Homem Unidimensional*).

Podemos, quando muito, imaginando ao contrário a sociedade actual, elaborar uma ideia positiva «teórica», «possível» do futuro. Ora, imaginá-lo é começar a vivê-lo. Marcuse escreve que a teoria crítica «deve tornar-se utopia concreta», considerando que se deve, por isso, instaurar na existência, aqui e agora, um novo modo de vida, uma nova qualidade da felicidade. Esta é a finalidade da «contestação permanente», o modo informal de oposição que visa usar as forças técnicas e sociais em proveito de uma renovação das necessidades pela experimentação de novas formas de vida. Os movimentos alternativos aprenderão a lição: «antes mesmo da mudança das instituições de base, sociais e políticas», «mudar as regras do jogo» manipulador, obstruir de forma concreta e incessante o seu funcionamento perverso. «Não se pode esperar da revolução qualquer mudança qualitativa se os homens que a fizerem estiverem condicionados e presos nas suas mentalidades, necessidades e aspirações pela sociedade de classes; se a revolução não for obra de um novo tipo de homem e de mulher...» Esta «subversão da maneira de viver» encontra-se na recusa do trabalho alienante (sabotagem, etc.), na rejeição da «velha moral», da «hipócrita família burguesa», da «experiência da alegria sem culpabilidade, da vida sem abnegação, da vitória da solidariedade sobre o egoísmo». Libertar-se da influência dos valores capitalistas passa pela «valorização da vida enquanto fim em si mesma», «a autodeterminação» (Entrevista J. Daniel).

- ***Um «homem novo». Rumo a um socialismo erótico-estético de fundamento biológico***

Marcuse radicaliza os temas do jovem Marx* (retirados de Feuerbach*) a respeito do «Homem Total»: não especialização, desenvolvimento de todas as capacidades do indivíduo. Para este «homem novo», para a sua «sensibilidade nova», é preciso uma «antropologia nova», uma «nova moral» e até – o que será objecto de crítica de Habermas – uma «nova técnica» e uma «nova ciência» libertadas da razão dominadora. A partir de «um modo de produção estético-erótico», surgirá então «a convergência da técnica e da arte, do trabalho e do jogo», novas motivações para o trabalho. Sublimadas correctamente («de forma não repressiva»), as pulsões de vida podem fornecer a energia libidinal necessária para a construção de uma realidade para cuja exploração já não seria necessária a repressão do princípio de prazer. As «motivações» encontrar-se-iam então inscritas na estrutura instintiva do homem, cuja sensibilidade seria capaz de distinguir, de forma «biológica», o belo e o feio, o silêncio e o ruído, a ternura e a brutalidade, a inteligência e a estupidez, a alegria e a simples distracção – e de relacionar estas distinções com a oposição entre liberdade e escravidão.

☞ **Conceitos-chave e termos relacionados:**
Alienação, Alienado, Capital (ismo), Civilização, Comunismo, Conformismo, Crise, Cultura, Desejo, Divisão (- do trabalho), Eros, Estética, Ideologia, Imaginação, Inconsciente, Instinto, Liberdade, Libido, Marxismo, Necessidade, Negatividade, Prazer (Princípio de -), Produção, Progresso, Psicanálise, Pulsão, Realidade (Princípio de -), Revolução, Sensibilidade, Socialismo, Sublimação, Trabalho, Utopia.

☞ **Autores:**
Feuerbach, Francoforte (Escola de), Freud, Habermas, Hegel, Marx.

☞ **Bibliografia**
P. Masset, *La Pensée de Herbert Marcuse*, Privat, 1969.
G. Raulet, *Herbert Marcuse, Philosophie de l'émancipation*, PUF, 1992.

MARX, Karl (1818-1883)

Filósofo, economista e teórico do socialismo alemão. Marx conheceu o destino singular do pensador que colocou «a filosofia ao serviço da História», que foi confiscado e petrificado por aquela e que, paralelamente, a alterou. Nos nossos dias, o eclipse «histórico» da ideologia marxista confirma a vasta influência que este pensamento exerceu também no campo do conhecimento (historiografia, sociologia, economia, etc.) e torna possível um novo olhar sobre a sua obra teórica. Ainda hoje se continua a interrogar o estatuto filosófico desta doutrina que foi um dos principais testemunhos da modernidade.

☞ **Obras** (os títulos em português correspondem à tradução dos títulos em francês e não dos originais):
As obras de juventude (1841-1848) são de cariz filosófico e antropológico, orientadas para o ser, as alienações e as perspectivas de libertação do Homem: *Crítica do Direito Político Hegeliano* (1844); *Manuscritos de 1844; A Questão Judaica* (1844); *Teses Sobre Feuerbach** (1845); *A Ideologia Alemã* (com Engels* e Hess, 1845-1846). As obras seguintes são de natureza económica e política: *Manifesto do Partido Comunista* (1848); *Contributo para a Crítica da Economia Política* (1859); *O Capital* (1867-1869).
[Nas Edições 70: *Manuscritos Económico-filosóficos.*]

Nascido em Tréveris num meio burguês, Marx estudou direito em Bona e depois tornou-se doutor em Filosofia (1841) com uma tese sobre o materialismo de Epicuro* e de Demócrito*. Foi director do jornal liberal *Gazeta Renana*, proibido em 1843. A sua vida foi passada no exílio em Paris, Bruxelas e Londres a partir de 1849. Foi a vida de um militante, de um jornalista e de um homem de ciência. Descobre em Paris o pensamento socialista e comunista. Em 1843, inicia a sua amizade e colaboração com Engels, com quem redige o *Manifesto do Partido Comunista* (1848) a pedido da Liga dos Comunistas para o seu 2º Congresso. Em 1864, cria a Associação Internacional dos Trabalhadores (I Internacional).

• *Da crítica da filosofia hegeliana à ciência da transformação das relações sociais. A crítica da economia política clássica*

O jovem Marx foi, no início, um jurista filósofo do círculo dos «Jovens Hegelianos de Esquerda» que viam na dialéctica hegeliana não uma confirmação da ordem estabelecida mas um fermento revolucionário. Liberal, torna-se revolucionário quando passa a considerar a compreensão hegeliana da História como realização da liberdade: «Até agora, os filósofos mais não fizeram do que interpretar o mundo, mas o problema é transformá-lo» (*11ª Tese sobre Feuerbach*). Marx empreende então a «negação-realização da filosofia»: constituir a ciência da transformação das relações sociais que permitirá tornar efectiva a liberdade, pois «não é a consciência dos homens que determina o ser, é o seu ser social que determina a sua consciência». As ditas leis económicas de Adam Smith e Ricardo não são eternas, antes o produto histórico da propriedade capitalista; é o funcionamento desta que se descobre sob as categorias clássicas da produção e da troca: valor, trabalho e salário.

• *O mecanismo de exploração capitalista.* **O Capital**

A obra-prima de Marx, *O Capital. Crítica da Economia Política*, desmonta o mecanismo económico que conduziu o capitalismo a uma exploração sem precedentes do homem pelo homem. Marx faz aqui uma série de análises originais:

1. Interpreta a distinção entre *valor de uso* e *valor de troca* a partir de uma nova definição do valor de troca como «tempo de trabalho socialmente necessário para produzir uma mercadoria». Dinheiro e mercadorias são «desfetichizados», e o valor das mercadorias não é uma coisa que surja de forma mágica (fetiche), depende antes da actividade humana – económica e social – que as produz.

2. O *salário* não paga o produto do trabalho, mas a *força de trabalho*, o conjunto das faculdades físicas e intelectuais que põe em funcionamento.

3. É utilizando a força de trabalho para além do tempo de trabalho necessário à sua reprodução que o empresário obtém uma *mais-valia*, um produto cujo valor excede os custos do valor da sua produção. Esta é a chave do «mistério» do enriquecimento capitalista. Tratado como mercadoria, o trabalhador é *alienado*, tornando-se estranho à sua essência humana.

- ***O materialismo histórico. Infra-estrutura e superestrutura. A ideologia***

Por oposição aos materialismos antigo (atomismo) e moderno (mecanicismo), o materialismo de Marx é «histórico»: o equivalente da «matéria» é aqui a infra-estrutura económica ou *modo de produção*, que compreende as forças de produção (meios de que uma sociedade dispõe para produzir) e as relações sociais de produção (relações entre os indivíduos e os grupos em função do processo de produção). A infra-estrutura está dialéctica e historicamente ligada a uma *superestrutura* do edifício social, constituída pelos fenómenos de consciência (representações, interpretações) e que Marx descreve como «ideologia», base de ideias que traduz de facto a posição dos indivíduos e dos grupos na infra-estrutura. Assim, o *materialismo histórico* é a ciência das leis da evolução social que vê na estrutura económica da sociedade o fundamento real de todas as formas sociopolíticas: «O modo de produção da vida material condiciona o processo de vida social, política e intelectual em geral.»

- ***A teoria da revolução. A luta de classes e a missão histórica do proletariado. O comunismo***

A partir do *Manifesto* de 1848, a análise socioeconómica de Marx centra-se nas noções de *classe* – grupo de indivíduos com a mesma situação económica no seio de relações de produção – e de *luta de classes* – antagonismo que opõe as classes cujos interesses são inconciliáveis (p. ex., burguesia/proletariado). A lógica da economia moderna é a autodestruição pela intensificação da luta de classes. A teoria marxista mais não faz do que acelerar a tomada de consciência pelo proletariado do mecanismo da sua alienação. Anuncia o *comunismo*, sociedade sem Estado na qual, ao mesmo tempo, seria abolida a propriedade privada dos meios de produção e a divisão da sociedade em classes, e em que o homem assim desalienado seria um ser humano completo.

- ***O primeiro pensador da «suspeita»***

Paradoxalmente, esta teoria de dimensão escatológica, inseparável de um optimismo revolucionário, constitui o primeiro pensamento da «suspeita», usando a expressão de Paul Ricoeur. O pensamento que deu lugar a tanto dogmatismo foi, antes de tudo, desmistificador. Marx rompe com a tradição filosófica que menosprezava o devir concreto, a acção, o trabalho, a práxis. Afirma o primado da *praxis* sobre a *theoria*. Na revolução, realiza-se um pensamento dessa relação que, pela primeira vez, tem origem na ciência. Também não existe contradição entre esta visão revolucionária escatológica e o seu alcance filosófico como modelo crítico, desmistificador. Pelo carácter científico, dá lugar, como fará a teoria de Freud, a uma suspeita acerca da compreensão e da consciência imediata que o homem (indivíduo e sociedade) toma de si próprio. Trata-se da descoberta de um verdadeiro *inconsciente* – económico, político e social – e Marx fala já a linguagem do sintoma. A mistificação é em larga medida inconsciente, não pretendida por uns, não reconhecida por outros. Decifrar os mecanismos ocultos para transformar a realidade social é, acima de tudo, admitir fenómenos que dissimulam tanto quanto revelam.

☞ **Conceitos-chave e termos relacionados:**
Alienação, Alienado, Capital (ismo), Classe(s) (luta de -, - social), Colectivismo, Comunismo, Dialéctica, Dinheiro Direito, Economia, Estado, Fetichismo, História (Filosofias da -), Ideologia, Infra-estrutura, Materialismo, Produção, Propriedade, Revolução, Socialismo, Superestrutura, Trabalho (Divisão do -), Troca Valor.

☞ **Autores:**
Engels, Feuerbach, Hegel, Proudhon.

☞ **Bibliografia**
J. Derrida, *Spectres de Marx*, Galilée, 1993.
M. Henry, *Marx*, 2 vols., Gallimard, 1975.
G. Labica, *Le Statut de la philosophie marxiste*, Complexe, 1976.
H. Lefebvre, *Pour connaître la pensée de Karl Marx*, Bordas, 1970.
M. Rubel, *Karl Marx. Essai de biographie intellectuelle*, M. Rivière, 1971.
[G. Bedeschi, *Marx*, Edições 70.]

MAUSS, Marcel (1872-1950)

Sociólogo francês da escola de Durkheim* (seu tio), professor do Collège de France, é considerado o fundador da etnologia francesa e um dos precursores da antropologia moderna. Os seus principais artigos foram coligidos, após a sua morte, em *Sociologie et anthropologie* (1951).

No entanto, Mauss nunca fez trabalho de campo. Em Bordéus, onde estudava filosofia, o ensino de Espinas atraiu a sua atenção para a origem colectiva das artes, costumes e tecnologia. Em Paris, aprende sânscrito, lê as grandes sínteses «etnológicas» da época (Frazer e Tylor), frequenta a École des Hautes Études, onde será nomeado, em 1901, para dirigir estudos de «História das religiões dos povos não civilizados». Critica este título na sua aula inaugural e reivindica a emancipação da etnologia e dos seus métodos relativamente à sociologia. A sua colaboração na revista *L'Année sociologique* ocupará grande parte da sua actividade. Em 1925, foi um dos fundadores do Instituto de Etnologia, onde dá, de 1926 a 1940, «Instruções de etnografia descritiva» que constituirão o primeiro *Manuel d'ethnographie* (1947). Foi professor no Collège de France de 1931 a 1942. Socialista aliado de Jaurès, Mauss participou na fundação do *L'Humanité* em 1904 e leccionou na universidade popular. A sua obra, em grande parte escrita em colaboração, inacabada, repleta de ideias que ultrapassam o quadro da investigação etnográfica (sobre a magia, o indivíduo, o sacrifício, etc.), seduziu escritores como G. Bataille*, R. Queneau, R. Caillois. Inspira hoje, via Bataille, o *Bulletin du MAUSS* (Mouvement anti-utilitariste dans les sciences sociales).

☞ **Obras:**
Esquisse d'une théorie générale de la magie (1902-1903); *Nature et fonction du sacrifice* (1909); *Sociologie et anthropologie* (1989); *Manuel d'ethnographie* (1989).
[Nas Edições 70: *Ensaio sobre a Dádiva*; *Esboço de uma Teoria Geral da Magia.*]

• *A articulação do individual e do social.* O **mana.** *As «técnicas do corpo»*

Visando a aplicação concreta das teorias de Durkheim, mas numa abordagem menos genética, Mauss procura os níveis determinantes em que o individual se articula com o social, em que a sociedade condiciona de forma profunda o homem no seu subconsciente e inconsciente. É o caso, principalmente, do fenómeno a que chama «facto social total» para designar alguns factos da vida social que não se podem apreender num só nível, mas que «põem em movimento [...] a totalidade da sociedade e das suas instituições [...]; são, ao mesmo tempo, jurídicos, económicos, religiosos e até estéticos ou simbólicos, são totalidades». Exemplo disto é o *kula*, tipo de expedição estudada por B. Malinowski. Só o facto social total possui sentido, pois a vida social constitui um sistema no qual todos os aspectos estão organicamente ligados. Esta análise sublinha a intensidade dos laços orgânicos existentes entre os níveis (jurídicos, económicos, etc.) aos quais se pode prender determinado facto social total.

Mauss pretende assim estabelecer uma colaboração entre as diversas ciências humanas, na perspectiva de abordar os factos sociais como expressão de um «homem total», cujos diversos aspectos (psicológicos, económicos, religiosos, etc.) compõem uma unidade concreta e individual. A sua perspectiva prepara o estruturalismo de Lévi-Strauss*: funcionalista, ela avança as noções de «morfologia» e «fisiologia» sociais que fazem surgir «o uso» como determinante para o facto social. As sociedades ditas «primitivas» não seriam «organizações» mais «elementares» do que as nossas, mas antes de uma complexidade diferente. Mauss encontra nelas os fundamentos sociais das grandes categorias intelectuais. Deste modo, o *Mana* – poder mágico sobrenatural difuso (Melanésia, Polinésia, América do Norte) – surge como ponto de articulação do individual com o social e a forma primitiva das noções de substância e de causa.

Com a noção *técnicas do corpo*, Mauss refere-se a um conjunto de atitudes condicionadas pela vida colectiva (caminhar, comer, sentar-se, etc.); até a morte pode ser induzida pela pressão do grupo quando este castiga a violação de um tabu pela rejeição ou pelo ostracismo. A sua análise mais célebre é a da dádiva e da troca em *Essai sur le don* (1924), onde sublinha – numa óptica comparativa que foca, paralelamente às sociedades tradicionais, as sociedades antigas, grega, romana ou hindu – o fundamento social da *dádiva*. Esta é apresentada como um princípio que obriga os indivíduos ou os grupos a manter uma circulação de bens, com a necessidade de aceitar e de retribuir (dádiva/contradádiva). Um exemplo privilegiado é o *potlatch* dos Ameríndios, em que a troca ritual de presentes é acompanhada pela agressividade e culmina na prodigalidade e consumo ostentatórios. Mesmo nas sociedades modernas, verifica-se a função social da dádiva, e as trocas são sobredeterminadas de forma simbólica e não puramente utilitárias. Mauss formula a hipótese de uma *lei geral de compensação*, que abrirá aos etnólogos caminho para novas investigações.

☞ **Conceitos-chave e termos relacionados:**
Corpo (Técnicas do -), Dádiva, Estruturalismo, Etnologia, Funcionalismo, Holismo, Interdição, Magia, Tabu, Troca, Uso.

☞ **Autores:**
Bataille, Baudrillard, Comte, Durkheim, Lévi-Strauss.

☞ **Bibliografia**

J. Cazeneuve, *Sociologie de Marcel Mauss*, PUF, 1968.

B. Karsenti, *Marcel Mauss. Le fait social total*, PUF, 1994.

C. Lévi-Strauss, «Introduction à l'oeuvre de Marcel Mauss», *in*: Mauss, *Essai sur le don. Forme et raison de l'échange dans les sociétés archaïques*, 1923-1924.

MERLEAU-PONTY, Maurice (1908-1961)

Merleau-Ponty foi o filósofo francês mais representativo da corrente fenomenológica husserliana, à qual imprimirá uma inflexão decisiva pela sua crítica do solipsismo e de qualquer forma de dualismo. Demarcou-se progressivamente da corrente existencialista à qual se associa o seu nome, bem como o de Sartre*. Aluno da École normale supérieure, licenciou-se em Filosofia em 1930. Durante os anos de professor nos liceus de Beauvais e de Chartres (1931-1935), descobriu o pensamento de Husserl. Entre 1935 a 1939, na ENS, ocupa as funções de professor assistente. Depois de ter participado na Resistência, defende, em Julho de 1945, as suas duas teses de referência: *La Structure du comportement* e *Phénoménologie de la perception*. A partir de 1948, lecciona as cadeiras de Psicologia Infantil e Pedagogia na universidade de Lião e depois na Sorbonne (1949-1952). Com Sartre, funda em 1945 a revista *Les Temps modernes*. A amizade entre os dois, iniciada no período 1940-1944, não resiste à publicação, em 1955, de *Aventures de la dialéctique*, obra em que Merleau-Ponty rompe com o marxismo após a descoberta dos campos de concentração na URSS e os acontecimentos na Hungria. Professor no Collège de France a partir de 1952 (substitui L. Lavelle que sucedera a Bergson*), Merleau-Ponty deixou inacabada, com a sua morte súbita, a obra profundamente original em que exprimia a sua orientação para uma ontologia. C. Lefort publicá-la-ia em 1964 com o título *Le Visible et l'Invisible* (Gallimard).

☞ **Outras obras:**

Humanisme et terreur (1947); *Sens et non-sens* (1948); *Signes* (1960); *L'Œil et l'Esprit* (1961); *La Prose du monde* (póstumo, 1969); *Le Primat de la perception et ses conséquences philosophiques* (1996).
[Nas Edições 70: *Palestras*.]

• *O primado da percepção*

A partir de *La Structure du comportement*, Merleau-Ponty afasta-se de qualquer forma de dualismo, principalmente sartriano: longe de opor a consciência e o mundo, o para si e o em si, reconhece-lhes uma forma de identidade. Nada se compreenderia da dimensão humana se a consciência fosse uma liberdade pura, para a qual a posse de um corpo constitui o perigo de cair na inércia das coisas. Merleau-Ponty inscreve-se no projecto husserliano de romper com qualquer naturalismo e qualquer substancialismo (da vida ou do espírito), ao adoptar uma perspectiva transcendental – fundar a analítica transcendental do sujeito na descrição fenomenológica da *actividade* da consciência, a sua relação de *intencionalidade* com o mundo. Mas – e esta é a sua originalidade –, desenvolverá aquele projecto através de uma reflexão sobre o contributo das ciências humanas. Assim, a *psicologia da forma* permite escapar à alternativa interioridade/exterioridade, ao mostrar que o organismo não se deixa interpretar nem em termos de mecanismo nem em termos de consciência autónoma e que o comportamento possui um carácter significante: nem efeito físico, nem expressão de uma intenção consciente, mas fenómeno de *forma* (unidade indecomponível, totalidade irredutível à soma das suas partes), induz uma verdadeira *epoché*, suspensão do sentido inocente da natureza. Com efeito, a forma apenas existe a título de significação para uma percepção, e o organismo não é primeiro objecto de ciência, mas aberto à percepção e à *compreensão* imediata. Uma ciência do comportamento não pode abstrair a consciência perceptiva subjacente na reflexão e na ciência, na oposição sujeito-objecto.

Merleau-Ponty é o primeiro filósofo a atribuir um destacado estatuto à *percepção*: experiência primordial, é a operação pela qual se estabelece a relação do homem com o mundo, a base de apoio instintiva de que a reflexão se alimenta na ilusão de se abstrair. Pretende ser fiel à verdade de Husserl ao interpretar o transcendental, para o qual se desviou, não como actos de uma consciência constituinte, mas como «mundo da vida». Substitui a fenomenologia da consciência constituinte por uma fenomenologia do corpo. A consciência é encarnada; o *corpo* vivido – *corpo próprio* ou *corpo sujeito que percepciona* – é o motivo de um mundo existir para Mim, «o veículo do estar-no--mundo» e não o que recebe passivamente as acções do mundo através de uma consciência de si, não um corpo-sujeito para uma consciência (ou uma ciência) que seria separável dela. O *mundo* não é nem um objecto de conhecimento para o corpo, nem um em si opaco, mas o pólo das possibilidades motrizes do corpo; nesta qualidade, manifesta algum sentido. Da mesma forma, o sentir – do mundo pelo corpo – não se reduz a uma receptividade passiva nem a *consciência* é puramente constituinte, ou está perante o mundo como perante o seu outro absoluto: «a consciência perceptiva» é o sujeito de um comportamento. Existir, para ela, significa estar-no-mundo, e as qualidades sensíveis são já significantes para o corpo. Escapa-se a si mesma, imbuída de um *inconsciente* que é inerente à ambiguidade perceptiva e não, como o de Freud*, *na* ou *sob* a consciência: «Ao mesmo tempo que o corpo se retira do mundo objectivo e forma entre o sujeito puro e o objecto um terceiro género de ser, o sujeito perde a sua pureza e transparência»(*Phénoménologie de la perception*, p. 402).

Pensar a consciência como subjectividade empírica, caracterizada por uma existência «para si», foi o erro da filosofia clássica e da psicologia que se dizia científica. «É através do corpo que acedo ao mundo, a experiência táctil [sensível] faz-se ante mim e não está centrada em *mim*» (noção de *campo perceptivo*); o objecto está sempre «incompleto e aberto», a consciência é incompleta e ambígua. Erros complementares são o do realismo – a consciência nunca percepciona inteiramente o que percepciona, mas sempre mais do que o que percepciona – e o do intelectualismo – a transcendência da coisa em relação ao espírito que a percepciona não é o resultado do trabalho do espírito sobre os dados sensíveis, ela verifica-se directamente numa perspectiva.

Nem puro espírito, nem matéria bruta, esta é a modalidade da existência constitutiva da consciência. Ela resolve o paradoxo da percepção do mundo e da interioridade em todos os planos: nem o racionalismo, para o qual a consciência é clara a si mesma (ex. Alain*), nem o cepticismo, para o qual ela está iludida, explicam que se possa rectificar um erro de percepção ou comparar sentimentos verdadeiros ou «falsos». Se a percepção é uma apreensão segundo uma perspectiva, são possíveis regulações perceptivas: «Entre a ilusão e a percepção, a diferença é intrínseca e a verdade da percepção só se pode ler nela mesma», ela é «apreensão correcta», mas «nunca total». Os sentimentos justificam regulações análogas porque o vivido é ambivalente: «Não ignoro os sentimentos que recalco», mas «posso viver mais coisas do que as que observo, o meu ser não se reduz ao que surge expressamente de mim mesmo»; «há em mim sentimentos que não nomeio dessa forma e também alegrias falsas em que não participo inteiramente». Não é necessário dizer que tudo tem um sentido, como o racionalismo, nem que tudo é não-sentido, como o realismo, mas «apenas que há sentido».

- ***A reversibilidade do sensível: carne, quiasma. A ontologia do visível, do «ser selvagem»***

Merleau-Ponty recupera o termo husserliano «carne» para designar o carácter indissociável do corpo e do mundo, a sua textura sensível comum. Mas, em Husserl, a abertura do eu ao mundo é descrita em termos de conhecimento, de posse de um *noema*. Para Merleau-Ponty, tal como duas mãos que se tocam, corpo e mundo fazem parte um do outro numa *conivência anónima, impessoal*. O corpo acede ao mundo sem o conhecer: «Percepcionamos em mim.» Na sua obra póstuma, *Le visible et l'invisible*, Merleau-Ponty articula aquilo que, na *Phénoménologie*, era um sincretismo que dissimulava uma «distinção entre a consciência e o objecto» que, na sua opinião, «tornava os problemas insolúveis». Rompe com a psicologia do vivido para se orientar para uma ontologia que coloca no primeiro plano a noção de carne comum partindo da *reversibilidade do sensível* (do visível, do tangível, etc.). Com efeito, existe uma aptidão do corpo – que sente, que percepciona – para a reversibilidade (imagem do dedo de luva): quando toco na minha mão esquerda com a direita, encontro-a sensível no exacto momento em que lhe toco; ela dá-se como um «objecto subjectivo». Este «mistério da visibilidade» justifica a imagem do *quiasma*: há um «enrolamento do visível sobre o visível» – os visíveis que o nosso corpo vê (os tangíveis que toca, etc.) não estão «diante dele como objectos», mas em seu redor e nele, em parte invisíveis, «cobrindo-lhe do exterior e do interior os olhos e as mãos». O *sentir* já não é definido como a pertença a uma mesma consciência, mas como o voltar a si do visível, adesão carnal do que sente ao sentido, e do sentido ao que sente. O mundo não é, como em Husserl*, o correlato de uma pluralidade de mónadas: um tal mundo seria sem carne, sem espessura, não assentaria em si próprio. Não é porque os «contornos» se confirmam, porque vêm preencher uma unidade de sentido, que afirmo a realidade do objecto: é porque o objecto é imediatamente vivido como oposição do meu corpo que tenho a garantia de que ele me dará perfis concordantes. O *ego* empírico não é oposto ao sujeito transcendental: entre o sujeito e o objecto, há um «terceiro género de ser» que é o corpo vivido, fenomenal, realidade originária e irredutível, que não se junta às coisas do mundo.

- ***A intersubjectividade como intercorporeidade. Crítica do solipsismo husserliano e do dualismo sartriano***

Criador da primeira filosofia do corpo, Merleau-Ponty é também autor da primeira filosofia rigorosa do outro. O estatuto fundamental atribuído ao corpo permite, com efeito, descobrir no «problema do Outro» um dos falsos problemas-tipo da filosofia, criado inteiramente pelo impasse dualista induzido pelo solipsismo. A reversibilidade do sensível torna a existência do outro não só plausível como também necessária: «a mão esquerda» que toca na mão direita é, «simultaneamente, minha e não minha; sou eu que me descubro nela, mas um eu que está fora de si mesmo (...) é já outro». A *relação com o outro* representa apenas uma extensão da relação do corpo consigo mesmo. Se na carne se extingue a oposição do próprio e do não-próprio, a generalidade que faz a unidade do meu corpo abre-o a outros corpos. É inútil recorrer à analogia, quer seja de raciocínio (Descartes*) ou de apresentação (Husserl). Aquilo que o outro sente não é para mim um mistério: «este verde próprio da pradaria sob os meus olhos invade a sua visão sem deixar a minha.» Não há um problema de *alter ego* porque não sou *eu*, não é *ele*, que vêem: «uma visibilidade anónima habita tanto um como outro, uma visão em geral.» Enquanto visibilidade, o mundo anuncia uma multiplicidade de visões. Por isso, deve falar-se de um *duplo quiasma* da carne: a reversibilidade sensível dá-se num entrelaçamento, ajustamento ou envolvimento recíproco entre sujeito e objecto, eu e o mundo, eu e o outro, tornado possível pelo desdobramento do meu corpo no interior e no exterior, e das coisas no seu dentro e fora. Merleau-Ponty chama «quiasma inato» à experiência da intersubjectividade enquanto possibilidade de relação com o outro e compreendida na reversibilidade do sentir. A analogia pressupõe o que ela devia explicar – que eu tenha podido comparar e identificar – as expressões do outro com as minhas!

Merleau-Ponty arrasa pela raiz a teoria sartriana do outro em *O Ser e o Nada* e a sua clivagem entre corpo para si e corpo para o outro: a visibilidade da minha carne não é o inverso da visão do outro; a experiência que faço do outro é fundada pela identidade originária da minha visão e da minha visibilidade. Sartre concebe falsamente a ausência irredutível do outro (inverso da sua visibilidade) como negação imediata da visão e da subjectividade, confunde a aparição do outro com a objectivação do corpo. Escava um abismo entre a visão e a visibilidade; retira a visibilidade do lado exclusivo do objecto e restaura face a ela uma subjectividade pura. O solipsismo persiste porque Sartre se instala na visão pura: se o outro fosse também visão pura, como veríamos a sua visão? «Não somos duas nadificações instaladas em dois universos de Em Si, incompatíveis», mas «duas entradas para o mesmo Ser, sendo cada uma delas apenas acessível a um de nós, mas aparecendo ao outro como praticável em direito», e não, como em Sartre, por «uma espécie de loucura».

Também aqui, o duplo quiasma evita a identidade fusional: cada termo só está no outro se nele estiver absorvido, só é possuído por ele na medida em que o possui. A generalidade da carne não é a obscuridade de um mundo, mas a «membratura da intersubjectividade», «superfície de separação e de união entre mim e o outro que é também o ponto da nossa união», «apenas se mantém individuando-se». O mundo constitui a sua unidade através de incompatibilidades como as do meu mundo e do mundo do outro. Para evitar o solipsismo, foi preciso pensar a relação com o outro como *inter*corporeidade, não como reencontro entre um *ego* e um *alter ego*.

Tal como não há limites do corpo próprio, não se pode fazer uma distinção estrita entre a coisa e o outro: as coisas são «quase companheiros»; cada uma exibe um estilo, é uma forma de articular o mundo. Merleau-Ponty encontra na arte, sobretudo na pintura, a busca por essa intuição originária de um *Ser selvagem* ou *bruto* anterior à reflexão e à análise; porque o Ser é um excesso *relativamente* às suas expressões, há muitas formas de pintar. Cézanne procurou representar a indecisão dos contornos. Na literatura, Claude Simon mostra o tempo constituído por agoras *incompatíveis* cujo nivelamento percebemos no visível, no espaço como relação entre a nossa carne e a carne do mundo, na relação de intromissão entre os corpos e entre estes e o Ser.

A expressão filosófica não tem de rejeitar sistematicamente a ambiguidade literária. Neste contexto de imanência, de relação intrínseca do significado com o significante, a *expressão* é o modo privilegiado de significação, que tende a restituir uma irradiação aquém da separação do signo e do sentido, elaborando-o ou decifrando-o, a reproduzir o vivido na sua riqueza nos limites do dizível, o primeiro estado do sentido como surda «impressão» anterior à separação reflexiva do sujeito e do objecto, remetendo para a sua identidade fundamental.

• ***O desejo, fala originária. A dizibilidade do sensível, fundamento da idealidade***

A tarefa de uma fenomenologia da percepção consiste em «aprender a encontrar a comunicação das consciências num mesmo mundo», pois a nossa própria perspectiva sobre o mundo não tem limites definidos, desliza espontaneamente para a do outro. Desejo e fala são as duas principais formas expressivas da intercorporeidade, na continuidade da percepção e já não opostas entre si como no dualismo clássico. O *desejo* é uma fala originária, visão de um corpo por um corpo *fora-de-si* num ambiente de *surda* solicitação que parece afectar mais o mundo em geral do que apenas um eu. A linguagem pressupõe e cria esse «terreno comum». Porque o sensível não é um ser positivo, faz-se fala, é dizibilidade, não é meramente visível. E o pensamento não é contacto invisível de si consigo (idealidade pura), mas excêntrico a si. A fala realiza aquilo que a percepção esboçava: uma verdadeira intersubjectividade, que supera a alteridade instaurando um universo cultural, racional. No diálogo, cada *ego* exime-se de si para chegar ao outro. Há um quiasma entre as consciências expressivas e o mundo cultural, tal como entre as consciências perceptivas e o mundo percepcionado. Toda a linguagem é «indirecta»: «Nunca deixamos a nossa vida. Nunca vemos a ideia nem a liberdade face-a-face.»

• ***História e política: crítica da dialéctica hegeliana e marxista***

Merleau-Ponty reconheceu no marxismo uma filosofia da historicidade constitutiva do homem e um sentido da ambiguidade capazes de fazer compreender o carácter indeterminado da História, o equívoco dos factos que colocam em questão a sua validade (evolução da URSS, fim do estalinismo, consolidação do capitalismo, guerra fria). A ontologia da relação ambígua do ser social com o Ser permite a Merleau-Ponty não reduzir o marxismo a um positivismo, subordinar o pensamento à história «real», como se o pensamento mais não fosse do que «a expressão» de uma verdade ou de um *sentido* que lhe chegaria do exterior, de uma necessidade objectiva imanente à *praxis* social. Em oposição a Sartre, Merleau-Ponty não considera passado o tempo da filosofia: o Ser da História é irredutível a uma definição do saber, e as «soluções» esperadas do futuro não se comparam às «de um problema de geometria, onde existe o desconhecido, mas não o indeterminado». Marx*, ao encarnar a dialéctica numa classe determinada, pensou encontrar o princípio de uma constituição da totalidade; compreendeu o Ser como totalidade e construiu um novo idealismo. Ora, não se pode pensar a História sem se estar situado nela, confrontado com o mistério de uma «carne da História». «O ultrabolchevismo» da interpretação sartriana do marxismo está ligado a uma ignorância da temporalidade humana autêntica: um tempo que é espaço, um espaço que é tempo.

☞ **Conceitos-chave e termos relacionados:** Alteridade, Ambiguidade, Analogia, Arte, Carne, Comportamento, Consciência, Corpo, Descrição, Desejo, Dialéctica, Dualismo, Existencialismo, Expressão, Fala, Fenomenologia, Filosofia, Forma

(Psicologia da -), Intencional, Intencionalidade, Intersubjectividade, Mundo, Organismo, Outro, Sensível, Sentido, Ser, Solipsismo, Transcendental, Vivido, Visão.

☞ **Autores:**
Alain, Bergson, Heidegger, Husserl, Leibniz, Maine de Biran, Malebranche, Sartre.

☞ **Bibliografia**

R. Barbaras, *De l'être du phénomène. Sur l'ontologie de Merleau-Ponty*, 1990; *Le Tournant de l'expérience. Recherches sur la phénoménologie de Merleau-Ponty*; *Le Désir et la distance. Introduction à une phénoménologie de la perception*, 1999.
C. Lefort, *Sur une colonne absente. Écrits autour de Merleau-Ponty*, 1978.

MILL, John Stuart (1806-1873)

O pensamento matizado de John Stuart Mill, que rejeita qualquer explicação unilateral, pretende abarcar a complexidade e as contradições do real. Este filósofo inglês, simultaneamente epistemólogo, filósofo político, economista e moralista, apresenta a originalidade de apontar sempre as limitações das suas teses, de corrigir as doutrinas que defende. Baseando a investigação científica na indução, mostra os seus perigos e esforça-se por emendar as suas insuficiências; defensor das democracias parlamentares, desconfia da tirania das assembleias e do despotismo da maioria; favorável a uma economia liberal, reconhece a necessidade do intervencionismo; defensor de uma moral utilitária, Mill põe em causa o princípio de utilidade. Uma tal preocupação por conciliar contrários valer-lhe-á a simpatia tanto dos individualistas como dos intervencionistas, dos liberais e dos socialistas. A posteridade, que tirou grande proveito das suas ideias sem, porém, reconhecer o carácter precursor do seu pensamento, nem sempre lhe fez justiça.

John Stuart Mill nasceu em Londres no dia 20 de Maio de 1806. O seu pai, economista, filósofo, teórico do associativismo, testa no filho os seus princípios pedagógicos. J. S. Mill recebe uma educação estrita e austera, sem conhecer verdadeiramente a infância: aprende grego com três anos, latim, lógica e as matemáticas aos oito e, com doze anos, já estuda Aristóteles*, Hobbes* e Ricardo. A partir de 1823, trabalha com o seu pai na Companhia das Índias. Discípulo de Bentham, adere com dezasseis anos à Utilitarian Society. Mas, em 1826, sofre uma crise moral no termo da qual se emancipa da tutela do pai assim como do utilitarismo. O racionalismo rigoroso que, durante toda a sua juventude, abafara a sua personalidade, dá lugar ao sentimento e ao gosto pela poesia. Conhece uma mulher brilhante e culta com quem casará apenas vinte anos mais tarde, em 1851. Esta exerce sobre ele uma profunda influência, particularmente quando, eleito para o Parlamento em 1865, defendeu o direito de voto das mulheres, o controlo da natalidade, o divórcio, a causa dos Negros na Jamaica, o sufrágio universal e a abolição da pena de morte. Morreu perto de Avinhão em 7 de Maio de 1873.

☞ **Obras** (os títulos em português correspondem à tradução dos títulos em francês e não dos originais)**:**
Sistema de Lógica Indutiva e Dedutiva (1843); *Princípios de Economia Política* (1848); *Da Liberdade* (1859); *O Utilitarismo* (1861); *O Governo Representativo* (1861); *As Minhas Memórias, História da Minha Vida e das Minhas Ideias* (1873); *Autobiografia.*

• *Uma epistemologia indutivista*

Mill interroga-se sobre o método comum a toda a investigação científica e, com esse fim, procede ao exame da conformidade dos raciocínios ou inferências. Na tradição empirista anglo-saxónica, afirma que todos os enunciados assentam em factos ou relações, que o raciocínio dedutivo mais não faz do que interpretar um saber que nos chega inteiramente da experiência, sendo apenas uma generalização da indução, e que, em última instância, qualquer raciocínio assenta na indução. Prosseguindo a obra de Bacon*, procura emendar os defeitos do processo indutivo e antecipa os debates e controvérsias acerca da questão do fundamento da indução. Esta consiste num método que, partindo de enunciados singulares resultantes de experiências repetidas, procede por generalização e enuncia leis universais. Ora, em que assenta a indução? Na «pressuposição de que o curso da natureza é uniforme», ou seja, na crença na natureza homogénea e regular das suas manifestações, regida por leis gerais e imutáveis. Mas esta crença não assenta, por sua vez, numa indução? Observamos uma certa regularidade e concluímos um determinismo universal. Se o próprio princípio de causalidade que se considera legitimar a indução se funda numa indução, como escapar ao círculo vicioso?

A resposta é simples. O *fundamento da indução*, «princípio ou axioma da uniformidade da natureza», deve ser postulado porque é indemonstrável e impossível de deduzir rigorosamente da experiência. Resultará, então, como em Hume*, do hábito de vermos os fenómenos suceder-se na mesma ordem? Assentará numa tendência inata da natureza humana? A nossa única certeza é que a indução, embora seja o fundamento de qualquer ciência, é marcada por uma incerteza que lhe é inerente, pois a nossa expectativa pode sempre ser gorada, sendo qualquer generalização susceptível de ser contradita por um facto novo.

Na continuidade de Bacon, Mill propõe regras destinadas a limitar e corrigir as generalizações precipitadas ou demasiado radicais; em particular, aconselha a proceder ordinariamente à experimentação que permite generalizar as observações, confirmá-las ou infirmá-las. Por último, Mill entrega-se ao inventário «dos recursos do espírito humano para determinar as leis da sucessão dos fenómenos» e distingue assim *quatro procedimentos indutivos fundamentais*: os *métodos de concordância*, de *diferença*, de *resíduo* e de *variação concomitante*. Estas quatro regras fornecem técnicas experimentais rigorosas para a determinação dos factos e das relações entre os factos que constituem a indução.

• *As condições da liberdade numa democracia representativa*

Contemporâneo e amigo de Tocqueville*, Mill é um grande pensador da democracia. Tal como Popper*, baseia a sua reflexão social e política na sua epistemologia ao conceber o projecto de constituição de verdadeiras «ciências morais e políticas». Na linha dos pensadores liberais, esforça-se por defender todas as formas de expressão da liberdade. Na esfera privada, a *liberdade* designa o direito de cada um à expressão da sua individualidade, ou seja, daquilo que constitui a sua diferença e a sua originalidade, tanto no domínio do pensamento e da expressão como no do comportamento.

No quadro da vida política e social, a liberdade deve ser definida mais precisamente como o poder que temos de «procurar a felicidade da forma que escolhermos desde que não se tente privar os outros do bem ou obstruir os seus esforços para o obter» (*Da Liberdade*). A *liberdade*, acima de tudo, é o direito soberano do indivíduo de se afirmar contra a opressão e a tirania, quer sejam exercidas no seio da sociedade quer exercidas pelos governantes. Nenhum teórico da democracia defendeu com tanto entusiasmo os direitos do indivíduo contra duas ameaças opostas: a autoridade excessiva do Estado que se intromete na esfera privada do indivíduo e a tirania da opinião maioritária nas democracias modernas.

Para que a soberania do indivíduo, que faz dele um ser com domínio total sobre o seu destino, possa exercer-se plenamente na esfera privada, é preciso que o indivíduo goze também de *liberdade política*, que é a participação efectiva no poder e nas decisões políticas. Ora, numa democracia representativa, o perigo pode vir da tirania das assembleias que, na realidade, são apenas representativas da classe maioritária. «O poder do povo sobre si mesmo», que define a democracia, pouco significa se o povo que governa não for o mesmo que é governado. Para Mill, a democracia é um regime representativo na condição de que a vontade do povo não coincida com a tirania das elites, o despotismo das massas ou o reino da mediocridade. Mas como encontrar a forma de evitar o despotismo da maioria sem perder o benefício de um governo democrático (*O Governo Representativo*)? Uma verdadeira *democracia* é o governo de todos por todos: a classe maioritária não deve dirigir os assuntos públicos segundo o interesse exclusivo da classe e impedir a participação das classes minoritárias cujos interesses e opiniões seriam ignorados. A forma de proteger as minorias contra a tirania da maioria é fazer do debate, da livre discussão, o fundamento de qualquer decisão política, debate em que as opiniões minoritárias teriam a hipótese de ser escutadas, conseguindo pela sua força persuasiva uma influência superior à representação numérica. Em Mill, a definição de democracia como livre participação de todos os indivíduos no debate social está muito próxima daquela que, um século mais tarde, será dada por Arendt*, Habermas* ou Rawls*, para os quais a democracia deve ser um «espaço de discussão público e livre».

No entanto, em Mill, a soberania absoluta do indivíduo está limitada àqueles que possuem a «maturidade das faculdades»: esta manifesta-se pela capacidade de uma livre discussão igualitária, a aptidão para ser persuadido por argumentos racionais aos quais se adere de forma lúcida e livremente consentida. Esta é a definição da ideia de «razão responsável», que explica a importância que Mill atribui à cultura e à educação.

• *Um liberalismo económico moderado*

Mill é considerado um herdeiro dos pioneiros do liberalismo económico, Smith e Ricardo, mas, de facto, realiza uma síntese de tendências contraditórias e dá a sua contribuição pessoal, corrigindo as teses dos seus antecessores. O liberalismo económico é o prolongamento do *liberalismo político* segundo o qual a soberania do Estado deve ter como limite o respeito pelos direitos inalienáveis do indivíduo. A *doutrina económica liberal* defende a ideia de que a livre concorrência, a propriedade privada dos meios de produção e a livre-troca tendem por si mesmas para um equilíbrio entre produção, consumo e distribuição, e engendram espontaneamente, segundo um processo natural, a igualdade e a justiça. Mill não partilha o optimismo de Smith e duvida que o crescimento económico, indissociável do progresso técnico, do capital e do lucro, assegure, através de um processo quase automático, o progresso social e a felicidade dos indivíduos. Nas sociedades industriais, face ao problema das desigualdades e esforçando-se por conciliar o imperativo de eficácia com a exigência de equidade, Mill afirma que a intervenção do Estado, embora não desejável, pode revelar-se necessária a fim de limitar os efeitos nefastos do capitalismo, como a pobreza, as crises económicas, etc. Mill fundamenta a legitimidade desta intervenção fazendo uma distinção entre a produção ou criação de bens e de riquezas sujeita apenas às leis naturais da economia e a distribuição que deve ser uma repartição justa das riquezas e que está sujeita às leis positivas (instituídas pelo homem). Assim, o progresso social, embora ligado ao progresso económico, deve ser cuidadosamente distinguido deste. Para atenuar os efeitos negativos das sociedades industriais, Mill propõe uma série de medidas: a limitação do crescimento demográfico através do controlo de natalidade inspirado no malthusianismo; a associação dos trabalhadores no seio de cooperativas e de diferentes grupos de entreajuda social para permitir o aumento do nível de vida; e a constante insistência na difusão da cultura e da educação.

• ***Uma redefinição do princípio de utilidade na moral***

O *utilitarismo* de Mill não deve ser confundido com a doutrina segundo a qual a justificação moral de uma acção se faz apenas de acordo com os resultados e segundo o critério de eficácia. Deve entender-se o *utilitarismo* como uma teoria dos fins da acção humana. «A única coisa desejável é a felicidade, ou seja, o prazer e a ausência de dor.» Mas, como Platão* e Epicuro*, introduz a noção de qualidade e de hierarquia dos prazeres. Os prazeres desejáveis «não são os de um porco», mas os prazeres ligados às faculdades superiores do espírito: «É preferível ser Sócrates* insatisfeito do que um imbecil satisfeito.»

O fundamento da moralidade é, portanto, a busca da felicidade, que constitui precisamente o *princípio de utilidade*. Mas como articular a busca da felicidade pessoal com o imperativo da utilidade geral? Mill afirma a sua continuidade com o *utilitarismo* de Bentham, fundador desta teoria: «A máxima felicidade para um número máximo de pessoas.» Mas, rejeitando colocar-se apenas no ponto de vista quantitativo que pode não levar em conta o respeito pelo indivíduo enquanto tal, Mill diz claramente rejeitar uma concepção egoísta de utilidade. Com este fim, distingue entre o «útil» (*useful*) e o «expediente» (*expedient*), designando este aquilo que serve o interesse egoísta e pessoal, e a utilidade é o que permite contribuir para a felicidade de todos. Assim, «a *moral utilitarista* reconhece ao ser humano o poder de fazer, para o bem dos outros, o maior sacrifício do seu bem próprio». Egoísmo e altruísmo reconciliam-se, então, na forma mais elevada da auto-realização. Além disso, Mill aproxima-se de Kant*. É verdade que, com a sua epistemologia da indução, rejeita qualquer conhecimento *a priori*, mas privilegia a ideia de dever, a noção de intenção e a de humanidade. A moral torna-se uma síntese complexa de elementos vindos da razão e dos sentimentos, da natureza e da educação, do kantismo e do utilitarismo de Bentham.

☞ **Conceitos-chave e termos relacionados:**
Democracia, Egoísmo, Indução (fundamento da -), Liberalismo (- económico, - político), Liberdade, Método (- de concordância, - de diferença, - de resíduo, - de variação concomitante), Moral utilitarista, Procedimentos indutivos, Utilitarismo, Utilidade (princípio de -).

☞ **Autores:**
Arendt, Bacon, Epicuro, Hume, Kant, Popper, Rawls, Tocqueville.

☞ **Bibliografia**
Gilbert Boss, *John Stuart Mill, Induction et utilité*, PUF, 1990.

MONTAIGNE, Michel Eyquem de (1533-1592)

Na melhor tradição do humanismo da Renascença, Montaigne regressou às raízes do pensamento ocidental ao redescobrir a sabedoria pagã da Antiguidade, e inaugurou uma nova era na história da filosofia ao instaurar, sem adoptar um pensamento sistemático, uma nova relação do saber com o homem. Emancipando a filosofia da tutela da teologia, erigindo a dúvida como método, afirmando a autonomia do juízo, concentrando-se na importância da subjectividade, anuncia as filosofias do indivíduo e a sua leitura inspirou Descartes*, Pascal*, Rousseau* e tantos outros. Atribui à filosofia uma finalidade essencialmente existencial: se a razão se nega na sua função especulativa, ela reconhece-se doravante, em Montaigne, como uma função prática, a função de fixar as finalidades da existência.

Este pensamento espantosamente moderno, que, para exprimir a singularidade de uma visão do mundo e do homem, encontrou uma adequação perfeita entre a ideia e a expressão, continua tão vivo, tão concreto, que qualquer leitor dos *Essais* [*Ensaios*] se reconhece como contemporâneo de Montaigne.

Nascido em 28 de Fevereiro de 1533, Michel Eyquem recebeu do pai uma educação inspirada no humanismo da Renascença, «livre e pouco severa». Desde a infância adquire um perfeito conhecimento do latim que lhe é ensinado como uma segunda língua materna. Os seus mestres, no colégio de Guyenne, em Bordéus, fazem-no descobrir os autores antigos e, após estudos de Direito, é nomeado conselheiro no tribunal dos impostos de Périgueux e depois no parlamento de Bordéus. É nesta altura que Montaigne trava amizade com Étienne de La Boétie, também ele conselheiro no parlamento de Bordéus e autor do *Discours sur la servitude volontaire*. Esta amizade, interrompida quatro anos mais tarde pela morte de La Boétie, foi a única paixão de Montaigne, amizade tão extraordinária «que se acontecer uma vez em três séculos é pouco vulgar» (L. I, cap. 28, «De l'amitié»).

Há já bastante tempo que Montaigne pretendia abandonar a vida pública, e, ao herdar pela morte de seu pai o castelo de Montaigne, retira-se para esse local com 38 anos, depois de se ter demitido do cargo de conselheiro. Aproveita a reforma para levar a cabo a tarefa da auto-reflexão a que dedicou os últimos vinte anos da sua vida. Em 1580, Montaigne publica os dois primeiros livros dos *Ensaios*. Depois empreende uma longa viagem à Itália que será interrompida quando sabe da sua nomeação como *maire* de Bordéus, cargo que aceitará a pedido do rei. No período particularmente agitado das guerras religiosas, assume essa responsabilidade com coragem e resolução, o que lhe vale a sua reeleição em 1583.

Encontra definitivamente a paz da sua biblioteca em 1585, redige os treze novos capítulos que reunirá no terceiro Livro dos *Ensaios* e, tendo feitos seiscentos acrescentos aos dois primeiros livros, desloca-se a Paris para publicar a última edição feita durante a sua vida, a de 1588. Entre 1589 e a sua morte em 1592, prepara uma última edição dos *Ensaios*. Esta é composta por todos os acrescentos rascunhados nas margens de um exemplar da edição de Paris. É este exemplar, cujos acrescentos são da responsabilidade do autor, que será a base da edição póstuma de 1595. Mas seria preciso esperar pelo início do século XX para que fosse publicada, num respeito escrupuloso pelo texto de Montaigne, a edição definitiva.

☞ **Obras:**
Essais.

• *A tentação do estoicismo*

Embora as ideias de Montaigne não formem um sistema, não deixam de estar ordenadas de forma coerente. Para compreender a evolução deste pensamento que, durante os cerca de vinte anos da redacção dos *Ensaios*, nunca parou de se indagar, deve, à partida, levar-se em conta o contexto histórico deste final do século XVI, período de agitações políticas e religiosas, marcado por um abalo das certezas e dos valores consolidados, o que provocou uma verdadeira crise de consciências, traduzindo-se, tanto em Montaigne como em muitos dos seus contemporâneos, numa profunda inquietação moral.

Como lutar contra o sofrimento, contra as paixões, contra a angústia da morte? Como nos elevamos acima da miserável condição humana ou, pelo menos, como nos ajustamos a ela? É no *estoicismo* de Séneca* e Catão que Montaigne procura, antes de tudo, a *sabedoria*. Mas esta parece-lhe rapidamente um ideal demasiado exigente, demasiado heróico, fora do alcance do homem comum com o qual se identifica, moral que tem o defeito principal de ser contradita pelas lições da experiência. Ela é pouco compatível com o seu temperamento e com uma concepção realista da existência a que Montaigne atribui como objectivo essencial a busca de uma felicidade ao nosso alcance, e não a presunçosa e vã tentativa de dominar a nossa natureza.

• *Uma experiência fundamental: o cepticismo como antídoto para a nossa presunção*

A leitura da obra de Plutarco e principalmente a obra de Sexto Empírico revelam a Montaigne o cepticismo da Antiguidade e vão influenciá-lo tanto mais que, por experiência e temperamento, Montaigne estava inclinado a questionar qualquer ideia transmitida, sobretudo quando enunciada de forma dogmática. O *cepticismo* de Montaigne define-se, acima de tudo, como o exercício constante da faculdade de julgar, ou seja, de negar; o acto de pensar, tal como mais tarde em Descartes, identifica-se com o acto de negar. Mas enquanto o pirronismo se encerrava no impasse de uma suspensão do juízo, o cepticismo de Montaigne, mais próximo do socratismo, afirma-se como um projecto nunca concluído da procura da verdade ou, mais precisamente, como exigência da razão em libertar-se de qualquer verdade que ela não tenha determinado enquanto tal. Para Montaigne, a *razão* é um poder de negação que se descobre nessa mesma negação; é uma faculdade soberana, que pode pôr-se em causa e negar-se, segundo a expressão de Pascal, se ultrapassar os seus limites.

Um cepticismo epistemológico e ontológico. Com efeito, não é a razão enquanto faculdade de julgar, logo de duvidar, que Montaigne critica, mas a *razão dogmática*, que pretende estabelecer um conhecimento seguro e oferecer-nos certezas inabaláveis. A passagem essencial dos *Ensaios* é, sobre este ponto, o longo e célebre capítulo XII do Livro II, intitulado «L' Apologie de R. Sebond», em que Montaigne se entrega a um verdadeiro tirocínio, opondo, para denunciar as suas contradições, as diferentes explicações de um mesmo fenómeno e, de forma mais geral, os grandes sistemas filosóficos. Mostra, através de uma infinidade de exemplos, a debilidade e a incapacidade dos modos de conhecimento, o conhecimento sensível e o conhecimento racional. O seu objectivo consiste em rebater a *presunção* humana, «a arrogância desmesurada» dos que fazem «profissão de saber», para ensinar as virtudes da incerteza. Temos de admitir que não dispomos de «um instrumento judicatório» infalível, por outras palavras, um método demonstrativo que nos permita distinguir o verdadeiro do falso no conjunto de explicações contraditórias. Considerando o estado da ciência do seu tempo e na incapacidade de superar a dúvida, Montaigne conclui que a essência das coisas nos é para sempre impenetrável e que, uma vez que «nós, o nosso juízo e todas as coisas mortais correm e giram incessantemente, não se pode determinar nada de certo relativamente a um e a outro, e o observador e o observado estão em contínua mutação e oscilação. Não temos qualquer comunicação com o ser».

Limites deste cepticismo. No entanto, há domínios que Montaigne considera fora do alcance da dúvida e entre estes encontra-se, principalmente, o caso da fé. Como apenas lidamos com aparências, é pura ilusão pretender falar do ser. Para Montaigne, *Deus* não é uma noção filosófica e qualquer discurso sobre Deus humaniza o divino, resumindo-o à representação grotesca e ímpia do nosso entendimento limitado e antropomórfico. Deste ponto de vista, o cepticismo de Montaigne surge como o verdadeiro adversário do racionalismo e o mais seguro aliado da fé, porque situa a verdade sobrenatural da Revelação fora da compreensão do espírito humano.

Este mesmo cepticismo, através de uma reflexão sobre o relativismo dos costumes e das instituições, resulta num certo *conservadorismo* de ordem política. «Parece que não temos outra perspectiva da verdade e da razão senão o exemplo e ideia das opiniões correntes no país onde estamos. Aí é sempre a perfeita religião, a perfeita polícia, a perfeita e completa utilização de todas as coisas...» (L. I, cap. 31). As sociedades são sistemas de tal forma complexos, junção «de diversas peças reunidas de tal forma interligadas, que é impossível mexer somente numa sem que todo o corpo se ressinta» (L. I, cap. 23.) É necessária toda a arrogância da razão humana para pretender emendar as nossas sociedades, e o fruto da «novidade», na maioria das vezes, é um «efeito muito nocivo».

O subjectivismo de Montaigne. O cepticismo desempenhou, assim, um papel determinante na evolução do pensamento de Montaigne. A prática da dúvida, resumida na famosa expressão «O que sei eu?», constitui uma ascese intelectual que liberta da ilusão de saber, uma espécie de purgação para curar os espíritos do dogmatismo e do fanatismo que ele engendra. Mas, de uma forma mais essencial, a incerteza dos nossos conhecimentos não deixa de pressupor a existência de um sujeito cognoscente: qualquer representação intelectual, qualquer verdade à nossa medida, remete para uma subjectividade, não a de um sujeito universal, mas de um sujeito encerrado na relatividade e nos limites da sua singularidade. Criticar a ilusão de objectividade é denunciar uma subjectividade que se ignora e afirmar a exigência de uma consciência de si tanto no conhecimento como na vida. Compreende-se assim a importância da pintura do Eu nos *Ensaios* porque, para Montaigne, todo o saber pertence à ordem do saber de si.

- ***Conhecimento de si e escrita de si: «Fiz tanto o meu livro como o meu livro me fez a mim...»***

«Sou eu que eu pinto... Sou eu mesmo a matéria do meu livro»: esta fórmula, que afirma o *Eu* como objecto privilegiado do exercício de julgar nos *Essais*, deve ser compreendida não como uma descrição complacente do Eu, mas como a redescoberta essencial do preceito socrático que prescreve como primeira tarefa o conhecimento de si mesmo. Ora, nos *Ensaios*, é pela escrita que se realiza este empreendimento, que se apoia no pressuposto da transparência de si a si mesmo e de si ao outro. Para Montaigne, não há qualquer dúvida de que é possível conhecer-se a si mesmo dizendo-se, sendo esta possibilidade garantida por dois princípios para ele evidentes:

– Qualquer sujeito pode ter um acesso imediato e directo a si mesmo na intimidade da sua consciência: «Pelo menos, conheço algo que é um assunto que nenhum homem tratou melhor do que eu e nesse assunto sou o mais sábio homem.»

– Não só a escrita pode transmitir fielmente a experiência íntima do eu, como também o acesso ao discurso confere clareza e inteligibilidade à consciência vaga e flutuante da existência imediata. Montaigne chega ao ponto de afirmar a identidade substancial do livro e do autor: «Andamos a par, o meu livro e Eu.»

Porém, a tentativa de se conhecer a si mesmo encontra obstáculos. A antropologia do autor dos *Ensaios* é solidária da sua ontologia, o mobilismo universal próprio ao *heraclitismo*, e Montaigne é obrigado a verificar que o seu próprio *ser*, tal como o ser das coisas, é, na sua essência, inapreensível. «Se, por acaso, ordenares ao pensamento que agarre o seu ser, é nem mais nem menos como se quisesse agarrar a água: pois, quanto mais fechar e apertar o que flui por natureza, mais perderá aquilo que queria agarrar e segurar.» De um Eu em perpétuo movimento, captamos apenas uma sucessão de aparências: «O Eu neste momento e o Eu de há pouco são dois.» Será que, afinal de contas, o Eu existe, e não será o conhecimento do eu uma tarefa vã?

É evidente que se Montaigne quis descrever o seu *Eu* foi porque esta realidade é problemática: fantasma inconsistente na intimidade do ser, apenas ganha corpo no conhecimento, no exercício do *ensaio*, ou seja, no discurso acerca de si. É o resultado do conhecimento do eu e não o seu ponto de partida. A verdade do Eu não lhe é dada pela vida mas pelo discurso sobre a vida. «Pintando-me para outro, pinto em mim cores mais claras do que as originais. Tanto escrevi o meu livro como ele me escreveu.» (L. II, 18).

Escrevendo-me, provo-me que existo. Mas quem sou eu então? Eu o que sou? A esta questão que pressupõe o «conhece-te a ti mesmo», Montaigne responde: «Não se é ninguém se não se ouvir, se não descobrir em si uma sabedoria mestra que lute contra a instituição e contra a tempestade das paixões que lhe são adversas.» Esta sabedoria, princípio unificador que confere identidade ao eu, é de natureza moral, e a dúvida, em Montaigne, nunca é sobre a capacidade da razão neste domínio: «Tenho as minhas leis e o meu tribunal para me julgar, e este acusa-me mais do que qualquer outro» (L. III, 2). A identidade do Eu revela-se, então, na prática constante de julgar, em particular de julgar moralmente, que dá o mote aos *Ensaios*.

Por conseguinte, o Eu não é um dado prévio, mas uma tarefa a cumprir, sendo o conhecimento do eu indissociável da tomada de consciência do nosso destino ético. A permanência do Eu não é senão a permanência de um princípio que regula a vida, que lhe confere um sentido, que prescreve à consciência aquilo que deve constituir a sua realização.

• *A sabedoria de Montaigne ou a arte de «viver adequadamente»*

Embora Montaigne não ponha em dúvida o dogma cristão da imortalidade da alma e da esperança noutra vida, afasta esta perspectiva porque se trata de uma verdade revelada que se situa fora do nosso juízo e a razão, na sua função prática, apenas pode exercer-se sobre os dados que a experiência lhe fornece. Ora, tomando em conta a nossa finitude, Montaigne restaura a felicidade como a exigência primeira e o objectivo da vida. Inspirado pelo *eudemonismo* da Antiguidade, considera que a busca da felicidade conforme à nossa natureza é o único ideal ao alcance do homem.

No entanto, como viver feliz quando sabemos que vamos morrer? O *meditare mortem* é uma das divisas dos *Essais*. Mas o pensamento de Montaigne sobre este assunto evolui para chegar a uma aceitação mais serena da morte: porquê «perturbar a vida com a inquietação da morte e a morte com a inquietação da vida? Se soubermos viver de forma constante e tranquila, saberemos morrer da mesma forma» (L. III, 13). Portanto, não é sobre morrer bem que se deve meditar, mas sobre viver adequadamente: «Nada há mais belo e legítimo do que celebrar bem e devidamente o homem, nem ciência tão árdua como bem e naturalmente saber viver esta vida» (*Ibidem*).

A *sabedoria* de Montaigne, à partida, é indissociável da tomada de consciência do valor da vida, da dádiva que é a vida. Com a idade, quando a passagem do tempo se faz sentir de forma mais intensa, Montaigne alcança, nos seus últimos *Ensaios*, esta consciência maravilhada e de reconhecimento da dádiva que ainda o habita. É nos últimos anos que pretende desfrutar da vida «pelo dobro dos outros, pois a qualidade do deleite depende da nossa maior ou menor dedicação». A *felicidade* não se prende com a busca hedonista dos prazeres, mas com uma «ciência árdua» que exige muita «aplicação», inscrevendo-se assim na tradição do *epicurismo* antigo. Esta sabedoria funda-se em três princípios: 1) a experiência; 2) a submissão à Natureza; 3) e sobretudo a necessidade de uma consciência sempre alerta, simultaneamente psicológica e moral.

1. Montaigne não considera que a maioria das doutrinas filosóficas nos ensinem a viver. A verdadeira filosofia não é aquela que nos torna mais sábios, mas a que nos torna mais fortes face às vicissitudes da existência, e as únicas lições que nos são verdadeiramente úteis não se encontram nem nos estóicos*, nem nos pirronistas: são as que podemos retirar da *experiência*, ou seja, para Montaigne, da observação da nossa vida interior, do conhecimento do eu que soubermos adquirir. Certamente limitadas e empíricas, as regras de vida retiradas da experiência possuem, porém, o imenso mérito de estarem adaptadas às nossas conveniências: «Da experiência que tenho de Mim, encontro bastante com que me tornar sábio, se fosse bom escoliasta.»

2. Montaigne não concebe a sabedoria como um esforço penoso, mas como um desenvolvimento harmonioso e feliz de todas as faculdades naturais do homem. Assim, o seu relativismo é limitado pela necessidade de se submeter à Natureza. A ideia que Montaigne, tal como o pensamento humanista da Renascença, faz da *Natureza*, remonta ao sentido aristotélico do termo: é «natural» aquilo que possui em si mesmo o princípio interno do seu devir. «A Natureza diligenciou maternalmente que as acções necessárias fossem também agradáveis e nos conviessem não apenas pela razão mas também pelo apetite: é uma injustiça corromper as suas regras.»

3. Por fim, se a Natureza se opõe ao artifício em virtude do qual imaginamos poder emancipar-nos da nossa condição, ela não é contraditória com a arte que a prolonga e leva a seu termo aquilo que delineou. Montaigne enuncia esta arte de viver na fórmula «viver adequadamente», ou seja, com discernimento e moderação, fazendo bom uso do juízo e do livre-arbítrio, faculdades «naturais» ao homem que lhe permitem ocupar o seu lugar na harmonia do cosmos. Assim, a obediência às leis da *consciência* é conforme à natureza humana e, afirma Montaigne, a alegria de uma consciência em paz consigo mesma é também uma «alegria natural». O dever de dar uma dimensão ética à existência exprime-se constantemente pelo uso de expressões como «regrar a conduta», «celebrar devidamente o homem», «desfrutar lealmente do ser».

Esta lucidez apenas se exerce no plano moral. A importância atribuída à subjectividade, à vida interior, o distanciamento em relação ao Eu criado necessariamente pela escrita de si, desenvolve uma consciência reflexiva da vida que, como será também o caso de Rousseau, multiplica o seu deleite. Montaigne aprende progressivamente a cultivar o prazer de viver através de uma vigilante atenção aos prazeres da vida. Esta felicidade atinge-se na sua plenitude, não num *Carpe diem* que mais não é do que uma busca, no divertimento, do esquecimento da morte, mas, pelo contrário, na afirmação do valor do efémero, na apropriação, «quando é bom», de cada instante da vida cuja doçura a consciência «prova», «avalia», «saboreia e mastiga». «Há alguma volúpia que me deleite?» – escreve Montaigne – «Não deixo que os sentidos a furtem, associo-lhe a minha alma, não para se envolver nela mas para se satisfazer, não para se perder nela mas para se encontrar; e ocupa-se, pela sua parte, a ver-se nesse próspero estado, a avaliar, estimar e aumentar a sua felicidade» (L. III, cap. 13).

Viver adequadamente consiste, pois, na aceitação da nossa condição, na arte de saborear o momento que não é inconciliável com a simples felicidade de existir. É, então, «uma absoluta perfeição, como se fosse divina, saber desfrutar lealmente do seu ser».

☞ **Conceitos-chave e termos relacionados:**
Cepticismo, Estoicismo, Eu, Experiência, Heraclitismo, Instrumento judicatório, O que sei eu?, Presunção, Razão, Sabedoria, Viver a propósito.

☞ **Autores:**
Santo Agostinho, Cépticos, Descartes, Epicteto, Estóicos, Heraclito, Séneca.

☞ **Bibliografia**

F. Brahami, *Le Scepticisme de Montaigne*, PUF, 1997.
L. Brunschvicg, *Descartes et Pascal lecteurs de Montaigne*, La Baconnière, 1945.
M. Conche, *Montaigne et la philosophie*, Mégare, 1987.
A. Tournon, *Montaigne. La glose et l'essai*, P.U. de Lyon, 1983; *Montaigne en toutes lettres*, Bordas, 1989.

MONTESQUIEU Charles-Louis de Secondat, barão de La Brède e de (1689-1755)

Primeiro teórico moderno das formas de governo, fundador da teoria constitucional e, de certa maneira, da sociologia, descreveu a racionalidade das leis e mostrou que estas não são fruto do acaso mas de factores naturais e humanos. Nascido no castelo de La Brède, perto de Bordéus, terminou os seus estudos de direito em Paris (1709--1713). Presidente do parlamento de Bordéus, consagrou-se como grande escritor desde o seu primeiro livro, *Lettres persanes* (1721). Depois de ter frequentado a vida mundana e intelectual parisiense e de ser eleito para a Academia Francesa, realizou o *grand tour* pela Europa (1729-1731), verdadeira viagem de estudo cujo relato fez em cadernos plenos de observações de toda a espécie, particularmente de ordem política. *L'Esprit des lois*, editado em Genebra, teve uma publicação agitada: jesuítas e jansenistas acusaram-no de espinosismo, deísmo e heresia, acusações que Montesquieu refutou de forma brilhante em *La Défense de l'Esprit des lois* (1750). Uma recepção triunfal em toda a Europa não impediu que a querela prosseguisse, até que a obra foi condenada pela Sorbonne e colocada no *Index* pela Santa Sé. Montesquieu, apoiado por Voltaire e pelos Enciclopedistas, é reconhecido desde essa altura como o pai dos filósofos iluministas.

☞ **Obras:**

Lettres persanes (1721); *Considérations sur les causes de la grandeur et de la décadence des Romains* (1734); *De l'esprit des lois* (1748), a sua principal obra; *Pensées* (1720-1755).

• *O Espírito das leis*

Montesquieu explica as instituições e as leis humanas através de leis mais gerais das quais os homens não estão conscientes, leis que não provêm de Deus ou do conhecimento da natureza humana, mas do «Espírito das leis» ou «espírito de uma nação e das suas leis» que consiste em relações complexas entre múltiplos factores: a razão humana (caso particular da razão universal) e as realidades físicas (clima, solo) e sociais (tendências, riquezas, costumes, religião). Montesquieu desenvolve uma política pragmática e antiutópica que avalia a racionalidade das instituições em função do seu ajustamento aos fins respectivos que visam (comércio, paz, liberdade, domínio). A sua teoria constitucional tem, pois, um sentido diferente da de Locke*, que é seu precursor mas que se coloca no plano dos princípios do direito político.

• *A liberdade pelas leis*

As leis positivas – «formuladas» pelo legislador e que instauram as formas do direito – são as condições da *liberdade*, que não é para o homem mais do que o reconhecimento do bom fundamento das leis: não fazer o que se quer mas poder fazer o que se deve querer, não ser obrigado a fazer o que não se deve querer. A principal ameaça para as leis é o despotismo que instaura a arbitrariedade. Do mesmo modo, um Estado pode estabelecer como fim a liberdade política, como é o caso da Inglaterra, cuja constituição serve de modelo a Montesquieu.

• *O princípio do governo*

O sentido da *constituição* – conjunto de leis que regem o governo de um Estado – é então assegurar a liberdade através de leis que evitem qualquer perigo de despotismo. Montesquieu articula a tipologia dos *governos* – conjunto de órgãos pelo qual o soberano exerce a autoridade – em função da sua natureza (número de governantes, ausência ou presença de leis) e do seu princípio (as motivações que fazem agir um poder e que conservam a sua autoridade): a natureza do *despotismo* é o poder de um só sem leis e o seu princípio é o medo; na *monarquia*, um só tem o poder, mas é regido por leis e a honra é o seu princípio: numa *república*, ou é todo o povo que governa, segundo o princípio da virtude cívica, «paixão» colectiva da causa pública, e estamos então em *democracia*, ou apenas uma parte do povo, segundo o princípio da moderação, paixão própria a uma *república aristocrática*.

• *A separação de poderes*

O despotismo de um só – indivíduo, corpo ou povo – tem origem na fusão das três instâncias, legislativa, executiva e judicial, que compõem um Estado.

A condição da liberdade é então a *separação dos poderes* – concebida como independência e complementaridade – que assegura a cooperação e garante um funcionamento justo e eficiente. Pela lei da divisão dos poderes, Montesquieu visa a realização da liberdade política; nisto, é moderno: substitui a necessidade de um mecanismo (o funcionamento imanente a poderes separados), pela confiança nos agentes do corpo político, com os riscos que isso implica.

A jovem América aplicará as ideias realistas de Montesquieu, enquanto a França começará por dar preferência a Rousseau* e a um certo voluntarismo.

☞ **Conceitos-chave e termos relacionados:**
Aculturação, Aristocrático, Civilização, Constituição, Cultura, Democrático, Despotismo, Direito, Espírito, Estado, Governo, Iluminismo, Lei, Liberdade, Monarquia, Política, Poder, Povo, Relativismo, República, Tipologia, Virtude.

☞ **Autores:**
Althusser, Arendt, Aron, Hegel, Locke, Maquiavel, Rousseau.

☞ **Bibliografia**
J.-P. Courtois, *Inflexions de la rationalité dans* l'Esprit des lois, PUF, 1999.
S. Goyard-Fabre, *Montesquieu. La Nature, les Lois, la Liberté*, PUF, 1993.
C. Larrère, *Actualité de Montesquieu*, Presses de Sciences Po, 1999.
J. Lechat, *La Politique dans l'Esprit des lois*, Nathan, 1998.

Morin, Edgar (1921)

Sociólogo e filósofo francês, Morin desenvolve uma sociologia da modernidade e pretende esclarecer os novos modos de pensamento – princípio e métodos – gerados pelas mutações científicas contemporâneas (auto-organização, complexidade). Esforça-se por compreender a complexidade antropo-social, incluindo nela a dimensão biológica e a dimensão do imaginário, e por formular uma ética para os problemas fundamentais do nosso tempo. Traçou o seu percurso pessoal de «marginal e marrano», «afectado por uma resistência quase biológica do espírito», em vários textos autobiográficos – *Journal de Californie*, Seuil, 1983; *Autocritique* (1959), Seuil, 1994; *Le Vif du Sujet* (1962), Seuil, 1982; *Mes démons*, Stock, 1994; *Une année Sisyphe*, Seuil, 1995. Morin envolveu-se, desde o início da guerra, na Resistência francesa e no Partido Comunista, do qual seria excluído em 1951. Nomeado para o CNRS em 1950, funda a revista *Arguments* (1957-1963) e, em 1959, o Centro de Estudos de Comunicação de Massas que publica a revista *Communications*. Em 1969-1970, é convidado pelo Salk Institute for Biological Research (San Diego, Califórnia) «para pensar, investigar o sentido da vida e os dados constitutivos do homem, as mutações na ordem biológica e social e o estatuto da investigação científica». Esta pesquisa livre resultará em *La Méthode*. É director de investigação emérito do CNRS.

☞ **Obras:**
L'Homme et la Mort (1951); *L'Esprit du temps* (1962); *Commune en France: la métamorphose de Plodémet* (1967); *La Rumeur d'Orléans* (1969); *Le Paradigme perdu: la nature humaine* (1973); *La Méthode* (1977-1991); *Pour sortir du XXe siècle* (1981); *Science avec conscience* (1982); *Introduction à la pensée complexe* (1990); *Penser l'Europe* (1987); *La Complexité humaine* (1994).

• *O novo paradigma: a complexidade*

A mutação do conhecimento exige que se ultrapassem as fronteiras entre as disciplinas para se elaborar um *meta-*

ponto de vista, *trans*disciplinar (mais do que *inter*disciplinar). Até à primeira metade do século XX, o modo de conhecimento da maioria das ciências consistia na especialização e na abstracção, redução do conhecimento do todo às suas partes. O princípio-chave ou *paradigma* – núcleo de noções que regem todas as teorias e os seus enunciados descritivos e explicativos – era:

1. o *determinismo*: explicação em termos de ordem (leis), que exclui a desordem, o aleatório, o irregular, o desvio, o incerto, o indeterminado, a novidade, assim como a *organização*, produção de novas qualidades por um todo, a realidade mais notável do nosso universo, porque caracteriza, ao mesmo tempo, o átomo, a estrela, o ser vivo e a sociedade;

2. a aplicação da lógica mecânica da *máquina* (artificial) aos problemas do *homem* e do *social*.

Ora, se o conhecimento precisa da abstracção, deve também construir-se por referência ao contexto, hoje planetário, e por referência a um real complexo, que exige um método adequado para o pensar. O princípio de simplificação obrigava a separar e a reduzir. O *princípio de complexidade* (*complexus*, «aquilo que é tecido ao mesmo tempo») convida a agrupar sem uniformizar, ou seja, a distinguir – sem separar – e a juntar.

Esta «reorganização do pensamento» é actualmente necessária para se ter acesso às informações sobre o mundo, mas sobretudo para as articular e organizar. Pois a situação é paradoxal: os princípios insuficientes que permitiram as primeiras descobertas provocaram a sua explosão na nova ideia de *complexidade*. Ora, os princípios ainda sobrevivem, ao passo que o novo princípio de complexidade ainda não emergiu. A mesma ciência – física, biologia – mantém simultaneamente um duplo discurso. É por isso que a «reparadigmatização» do pensamento é o tema-chave de *La Méthode*.

Paralelamente à necessidade de *relacionar* – contextualizar e globalizar –, é preciso encarar o desafio da incerteza: o dogma de um determinismo universal desmoronou-se; o universo não está sujeito à soberania absoluta da ordem, ele é o jogo e o que está em jogo numa relação *dialógica* (relação simultaneamente antagónica, concorrente e complementar) entre a ordem, a desordem e a organização.

O pensamento da complexidade é tripartido:

1. a primeira via de acesso à complexidade do real é a que nos é oferecida pelas *três teorias*: teoria da informação, da cibernética e dos sistemas. Surgidas no início dos anos 40, estas teorias entrecruzaram-se: a teoria da informação permite entrar num universo onde há, ao mesmo tempo, ordem (redundância) e desordem (ruído), e extrair dele algo de novo, ou seja, a própria informação, que se torna então organizadora de uma máquina cibernética. A cibernética, teoria das máquinas autónomas, quebra, pela ideia de retroacção, o princípio de causalidade linear ao introduzir o princípio de laço causal. A causa age sobre o efeito e o efeito sobre a causa, regulação que permite a autonomia de um sistema. Estas retroacções (inflacionistas ou estabilizadoras) são numerosas nos fenómenos económicos, sociais, políticos e psicológicos. A teoria dos sistemas lança as bases de um pensamento da organização cuja primeira lição *sistémica* é que «o todo é *mais* do que a soma das partes». Há, então, qualidades emergentes que podem retroagir sobre as partes do todo. O todo é, por vezes, *menos* do que a soma das partes, e pode inibir algumas qualidades pelos efeitos da organização global;

2. a estas teorias, deve juntar-se a ideia de *auto-organização* e os desenvolvimentos conceptuais que implica: diferença entre máquinas artificiais e «máquinas vivas» que se regeneram permanentemente (von Neumann); descoberta do princípio da «ordem a partir do ruído» (von Foerster); teoria do «acaso organizador» de Atlan (ordem/desordem/organização no nascimento do universo e da vida); «estruturas dissipativas» de Prigogine*, outra forma de organização a partir da desordem – estruturas coerentes constituem-se a partir de um limiar de estimulação e precisam de «dissipar» energia para se conservarem. No ser vivo, suficientemente autónomo para extrair energia e informações do seu ambiente e organizá-lo, fala-se de «auto-eco-organização»;

3. *três princípios*: a) princípio *dialógico*, que une dois princípios ou noções antagónicas indispensáveis para compreender uma mesma realidade (p. ex., corpúsculos e ondas de Niels Bohr); b) de *recursão organizacional*: substitui a noção de regulação por retroacção pela de autoprodução e auto-organização – laço gerador no qual produtos e efeitos são ambos produtores daquilo que os produz (p. ex., os indivíduos humanos que reproduzem um sistema imemorial, mas que não se reproduziria se eles não se tornassem os produtores acasalando; da mesma forma, «estes indivíduos produzem a sociedade pelas suas interacções, mas a sociedade, enquanto todo emergente, origina o carácter humano desses indivíduos fornecendo-lhes a linguagem e a cultura»); c) princípio «*hologramático*»: em alguns sistemas, o todo está também na parte (p. ex., o património genético numa célula, em cada indivíduo, na sua linguagem, cultura e normas), e a sociedade está presente enquanto todo.

• *O novo método do pensamento complexo*

No universo, os princípios de ordem e desordem, separação e junção, autonomia e dependência, são, simultaneamente, complementares, concorrentes e antagónicos: «Não se trata de opor um holismo [...] vazio a um reducionismo sistemático, mas de juntar o concreto das partes à totalidade.» «O *pensamento complexo* é o pensamento que integra a incerteza e que é capaz de conceber a organização. Capaz de unir, contextualizar, globalizar, mas ao mesmo tempo reconhecer o singular e o concreto.» Não abandona os princípios da ciência clássica – ordem, separabilidade e lógica –, mas «integra-os num esquema mais amplo e rico», vaivém incessante de certezas e incertezas, elementar e global, separável e inseparável. O pensamento complexo não se opõe ao pensamento simplificante, ele une simplicidade e complexidade.

• *A nova ciência do homem alia biologia e cultura*

Conciliar o que se considerava independente implica pôr em causa as clivagens que o pensamento transformou em dogmas: homem/natureza, matéria/espírito, sujeito/objecto, causa/efeito, sentimento/razão, uno/múltiplo. Reconciliando a ciência e a filosofia, esboça-se uma *antropologia fundamental*, nova «ciência do homem», multidimensional. Ciência cósmica do homem ou ciência humana do universo, ela junta os saberes actuais sobre a natureza, a vida, a sociedade, a psique, procurando «universais antropológicos» que fundam a diversidade humana na unidade da espécie e permitem organizar humanamente a sua existência individual, social e planetária. Irredutível ao *homo faber* e ao *homo sapiens*, o Homem é *homo sapiens-demens*, ser ao mesmo tempo racional e louco, «animal dotado de irracionalidade», que conhece a *hubris*, o delírio, inventa a magia e o mito. Ser vivo cuja autonomia, na dependência ecológica, emerge como liberdade, o Homem não se prende com uma concepção estritamente biologista, nem insular e sobrenatural (antropologismo), nem ignora a vida e o indivíduo (sociologismo). Nem entidade supra-animal (vulgata antropológica), nem animal (nova vulgata pop-biológica), o homem não se relaciona com um panbiologismo, nem com um panculturalismo, mas com uma verdade mais rica que toma em linha de conta a interdependência da biologia e da cultura. O último capítulo de *Le Paradigme perdu: la nature humaine* lança as suas bases numa lógica da complexidade e da auto-organização.

• ***Ciência com consciência***

«O que definha actualmente não é a noção de Homem, mas a noção insular do homem desligado da natureza e da sua própria natureza [...], a auto-idolatria do Homem, admirando-se na imagem pretensiosa da sua própria racionalidade.» É preciso «considerar o mundo, a vida, o homem, o conhecimento, como *sistemas abertos*», abandonar «a palavra-chave que tudo explica, a litania que pretende resolver tudo». «As verdades polifónicas da complexidade exaltam aqueles que sufocam no pensamento fechado, na ciência fechada, nas verdades limitadas, amputadas e arrogantes.»

Num mundo em crise (política sem consciência, ciência sem filosofia), em que os progressos das ciências são acompanhados pela regressão à barbárie, torna-se urgente encarar «o desafio da complexidade»: lidar com o irracional, fazer dialogar a teoria com a incerteza e a contradição, respeitar a *multidimensionalidade* dos seres e das coisas.

☞ **Conceitos-chave e termos relacionados:**
Aberto, Acaso, Antropologia fundamental, Auto-organização, Autonomia, Biologia, Caos, Ciência, Complexidade, Cibernética, Complexo, Concreto, Conhecimento, Desordem, Determinismo, Ecologia, Homem (Morte do -), *Homo*, Incerteza, Indeterminismo, Informação, Inteligência, Lei, Mundo, Ordem, Organização, Princípio, Simplicidade, Sistema, Teoria, Universo.

☞ **Autores:**
Marx, Montaigne, Prigogine.

☞ **Bibliografia**
J.-B. Fages, *Comprendre Edgar Morin*, Privat, 1980.

N

NIETZSCHE, Friedrich Wilhelm (1844-1900)

A filosofia de Nietzsche constitui-se a partir desta única ambição: defender as manifestações da vida sob todas as suas formas, contra «tudo o que quer morrer em nós», tudo o que tem como objectivo matar a vontade, diminuir as nossas energias criadoras. A sua obra é considerada polémica, escandalosa, intempestiva: ao recusar qualquer sistema ou dogma, pretende assumir até ao fim a independência total do espírito.

Primeiro genealogista das motivações profundas que estão na origem dos nossos ideais, inaugura a era da suspeita e do desencantamento. Mas o seu niilismo radical, que culmina na proclamação da morte de Deus, a rejeição da ontologia, a anulação do ser em proveito da noção de valor, marcam também a aurora de uma nova cultura: Nietzsche mostra-nos a coragem da autenticidade, a força de viver num mundo onde não há já pontos de referência. Exerceu uma influência considerável sobre o pensamento do século XX, contribuindo para a sua delineação.

F. Nietzsche nasceu perto de Leipzig. O seu pai, que perdeu aos 5 anos, era pastor protestante, ele próprio descendente de uma família de prelados. Após estudos universitários brilhantes, orientados para o estudo das línguas antigas e para a filologia clássica, é nomeado, sem tese, professor da universidade de Basileia onde lecciona de 1869 a 1879. Descobre, por acaso e com grande entusiasmo, a obra-prima de Schopenhauer*, que exerce sobre ele um tal fascínio que o orienta depois para a filosofia. Escreve uma tese sobre a *Noção de Organismo em Kant**, revelando já o seu vivo interesse pelos problemas da existência. Este período é igualmente marcado pelo seu encontro com Richard Wagner, a quem dedicará o seu primeiro livro, *O Nascimento da Tragédia*. Todavia, depois de um período passado em Bayreuth, a relação entre os dois altera-se e entra em ruptura.

As suas primeiras obras são marcadas pela tripla influência da Antiguidade, de Schopenhauer e de Wagner. A publicação de *Humano, Demasiado Humano*, em 1878, coincide com a tomada de consciência da precariedade da sua saúde. A experiência da doença desempenha um papel fundamental na existência de Nietzsche. É à doença que deve, em primeiro lugar, o facto de ter abandonado o ensino, de ter obtido uma pensão que lhe assegurou uma existência independente, permitindo-lhe dedicar-se por inteiro à filosofia, viajar e dividir o tempo entre climas mais benéficos para a saúde. Leva uma vida itinerante entre a Itália, Engadina (Sils-Maria) e Nice onde encontra a plenitude de uma vida, «sem temor, sem lamento e sem ressentimento». É assim que descobre a utilidade da doença cuja função positiva consiste essencialmente em despertar pelo instinto de cura as energias vitais adormecidas e concentrar a atenção nos valores do corpo. Tal explica a importância atribuída por Nietzsche à higiene de vida, mas esclarece também, em certa medida, a sua compreensão e a definição da vida como força. Em *Ecce Homo*, reconhece à doença o privilégio de conferir uma clarividência e uma lucidez superiores: ela permite discernir os verdadeiros valores, que vão no sentido do aumento da força vital, e rejeitar tudo aquilo que é «reactivo» (ascetismo, renúncia, ressentimento, etc.). Enfim, a doença é positiva porque, ao mesmo tempo que dita as normas da «vida plena e florescente», permite relativizar a noção de saúde no contexto de uma civilização marcada pela decadência dos instintos vitais: «Digo no caso presente que aquilo a que hoje se chama saudável é um nível inferior daquilo que seria saudável em circunstâncias mais favoráveis», ideia cuja modernidade deve ser aqui sublinhada. É por isso que Nietzsche, apesar do seu sofrimento físico mas também graças a ele, prossegue um trabalho obstinado, e é neste período que elabora a maior parte das suas obras.
Esta concepção positiva da doença não o impede de entrar em desespero quando o sofrimento (problemas visuais, dores de cabeça) se torna demasiado penoso e sente que as suas forças o abandonam inexoravelmente. Em Turim, numa manhã de 1882, vendo um cavalo ferido e maltratado, abraça-se a ele, soluçando, e desmaia. Está então perto da demência; é internado em Iena e depois em Basileia, e é como um homem prostrado, aos cuidados da sua mãe e da irmã, que terminará a vida: morre oito anos mais tarde, em 25 de Agosto de 1900.

Um facto que deve ser evocado nestas considerações biográficas para se compreender as más interpretações de que a filosofia nietzschiana foi vítima consiste no papel da sua irmã Elisabete. Esta desposou, em 1885, um conhecido anti-semita, e ela própria, aquando da chegada de Hitler ao poder, foi completamente favorável ao nazismo. Foi responsável pela falsificação de fragmentos póstumos reunidos sob o título *A Vontade de Poder* que tendiam a converter Nietzsche na caução intelectual do nazismo. Lukács, é certo que numa perspectiva completamente diferente, contribuiu para propagar a lenda de um Nietzsche que prefigurava a ideologia do III *Reich*; critica-lhe, com efeito, o espírito aristocrático, o culto pelo ser de excepção, a apologia da força, a «destruição da razão». De forma inversa, K. Jaspers* e G. Bataille* esforçar-se-ão por ilibar Nietzsche das pretensas afinidades com a ideologia nazi.

☞ **Obras** (os títulos em português correspondem à tradução dos títulos em francês e não dos originais):
Num primeiro período, influenciado pela Antiguidade e por Schopenhauer, Nietzsche escreveu *O Nascimento da Tragédia* (1872); *Considerações Intempestivas* (1876). O segundo período é dominado pelo tema do «livre espírito» e da libertação relativamente aos grandes ideais tradicionais. É a época de: *Humano, Demasiado Humano* (1879); *Aurora* (1881); *A Gaia Ciência* (1882). O terceiro período organiza-se em redor dos grandes conceitos da sua filosofia: vontade de poder, eterno retorno, inversão dos valores, super-homem com: *Assim Falava Zaratustra* (1885); *Para Além do Bem e do Mal* (1886); *A Genealogia da Moral* (1887); *O Caso Wagner* (1888) e *A Vontade de Poder*. [Nas Edições 70: *O Crepúsculo dos Ídolos*; *O Anticristo*; *Ecce Homo*; *A Filosofia na Idade Trágica dos Gregos*.]

• *Dioniso*

A primeira grande obra intempestiva de Nietzsche, *O Nascimento da Tragédia*, é considerada pelo seu autor como o «germe da sua filosofia». *Dioniso*, «o ser mais transbordante de vida», encarna aqui, para além da ebriedade orgíaca, o aspecto excessivo da existência, a vida como poder criador. Este deus grego será um tema constante na filosofia nietzschiana. Por oposição ao arrebatamento dionisíaco, *Apolo* é o símbolo da moderação, do domínio racional e da serenidade.

Estes dois princípios antagónicos encontram a sua reconciliação na tragédia de Sófocles e de Ésquilo. Mas a tragédia morre quando Eurípides, sob a influência socrática, introduz nela um racionalismo responsável pela decadência dos instintos vitais. O espírito dionisíaco sobreviverá, porém, na música alemã e, mais precisamente, nas composições wagnerianas, que Nietzsche considera como o antídoto para o ascetismo socrático e cristão e em que vê o despontar de uma nova cultura capaz de lutar contra a perda do sentido da vida e dos seus valores.

• *O niilismo*

«A minha preocupação mais íntima foi sempre a decadência» (*Considerações Intelectuais*), diz Nietzsche, e é o espectáculo desta que o leva a denunciar a doença mortal dos tempos modernos, a que chama «niilismo». Em Nietzsche, o niilismo é uma noção alvo de muitas definições, cujas diferentes conotações, apesar das suas contradições, mantêm uma relação de filiação lógica. Isto esclarece a seguinte observação enigmática da *Gaia Ciência*: «O último termo seria o niilismo, mas o primeiro não seria igualmente o niilismo?»

O niilismo designa, de uma forma muito geral, a crise que afecta a civilização e que se traduz pelo definhamento das forças vitais, a vitória e o domínio dos fracos sobre os fortes. O *niilismo* designa, acima de tudo, o momento socrático em que a vida se torna reactiva e o pensamento activo. Mas significa também a inversão dos valores vitais pelo cristianismo, que transforma em afirmação de poder o sofrimento e a lassidão de uma vida diminuída. À ausência da vontade de viver corresponde, então, a sua sublimação nos valores morais e religiosos, considerados como superiores à vida: renúncia, abnegação, humildade, piedade, etc. O niilismo é, pois, essencialmente, a vida que deprecia a vida.

Mas, de forma paradoxal, o niilismo designa também, em Nietzsche, o *pessimismo* radical que consiste em denunciar esses mesmos valores tradicionais. Esta segunda forma de niilismo, simbolizada pelo tema da morte de Deus, é a revelação mais terrível do nada de todas as formas do ideal e do supra-sensível. Porém, não é afinal mais do que a consequência lógica da primeira forma, o seu aprofundamento. Manifesta-se quando o homem toma consciência de que os seus ideais não são senão os sintomas de uma vida decadente e mórbida e que a sua função consiste apenas em disfarçar o nada que a negação da vida esconde no coração do homem. Eis a que Nietzsche chama «niilismo psicológico», a perda de todo o sentido: «O que significa o niilismo? Significa que os valores superiores se depreciam, os fins estão ausentes, não há resposta a esta pergunta: para que serve?» A vida e o devir do homem revelam-se então absurdos e sem objectivo. É exactamente este apelo do vazio e do nada que expressa, segundo Nietzsche, o pessimismo de Schopenhauer.

Este niilismo consuma-se depois com a chegada do «terceiro homem», aquele que não tem a coragem de assumir as revelações terríveis do niilismo, porque elas minam o seu querer viver. Cessando de desejar e criar, precipita-se então no nada, estado a que chama «Nirvana» (Schopenhauer), ou então conforma-se com uma felicidade medíocre, com um hedonismo sem grandeza nem real carácter activo.

Mas este «niilismo passivo» apela à sua própria superação no «niilismo activo», e ainda mais no «niilismo extático», que supera o desencantamento, o deleite soturno de uma existência votada ao nada. Destrói os elementos decadentes e abre caminho a uma transmutação de todos os valores e a uma nova ordem de vida. O niilismo, a negação dos ideais que exprimem a negação da vida, consuma-se na sua própria autodestruição quando as forças reactivas se voltam contra si mesmas. O último homem deve superar-se e converter-se no super-homem: «Todos os deuses estão mortos. O que hoje queremos é que o super-homem viva.»

• *Do pragmatismo vital à «gaia ciência»*

A hierarquia dos homens e dos valores faz-se, segundo Nietzsche, através de um único critério de distinção, a vontade de viver: a forma como os homens aceitam ou recusam a vida. A vida é, pois, o valor fundamental, e, se a verdade pode ser perigosa para a vida, a pergunta da filosofia tradicional «O que é a verdade?» deve transformar-se nesta: «Qual é o valor da verdade para a vida?» Será que a torna mais forte ou, pelo contrário, enfraquece-a? Daqui a afirmação polémica de Nietzsche: é *verdadeiro* o que aumenta a vontade de viver; deve ser considerado falso aquilo que coloca a vida em perigo. «É possível que a vida precise, para subsistir, não de verdades inatas mas de erros inatos.» A *verdade* deve ser definida, então, como ilusão vital, ficção útil. «A metafísica, a moral, a religião, a ciência, são consideradas formas diversas de falsidade: precisamos da ajuda delas para crer na vida.» Este é o paradoxo de Nietzsche: aquele que proclama a morte de Deus, que acaba com a metafísica, que inverte os valores morais, é o mesmo que reabilita essas mesmas «verdades» como ilusões necessárias à vida.

A *arte*, neste sentido, ultrapassa infinitamente a verdade, porque não só tece um véu de ilusões destinadas a esconder-nos o abismo – «Temos a arte para não perecermos face à verdade...» – como também, identificando-se com o poder criador da vida, participa na produção e na invenção de formas harmoniosas que nos dissimulam as torpezas da existência e, ao suscitarem a alegria e o entusiasmo, reconciliam-nos com a vida.

Mas será que podemos superar a ilusão vital, mesmo na forma privilegiada da arte? Ao niilismo incompleto do último homem, Nietzsche opõe o «cepticismo viril» do *livre espírito* que, rejeitando qualquer dogma, qualquer moral do medo, qualquer ortodoxia da fraqueza e da hipocrisia, e rejeitando toda a crença, tem a coragem do verdadeiro, ou seja, de «ver as coisas tal como são, trágicas», sem que esta verdade diminua a sua vontade de viver. O seu vigor corresponde «à dose de verdade que pode rigorosamente suportar» sem perecer (*Para Além do Bem e do Mal*). É quando assume de forma plena e sem desfalecer a verdade aterradora do niilismo que descobre, mesmo para além dessa verdade, que a vida é mais forte do que a verdade, porque a verdade da vida reside precisamente na coragem que tem em assumir todos os riscos, no seu poder sempre renovado de se inventar a si própria, no júbilo que o livre espírito sente em «manter-se em equilíbrio sobre todas as leves possibilidades, como se fossem cordas, e até em dançar à beira dos abismos» (*A Gaia Ciência*).

• *A genealogia dos valores tradicionais*

A génese das ilusões de que se alimentam os ideais prende-se com o *espírito livre* que apenas se refere ao seu próprio poder de avaliar. Percebendo nos ideais os sintomas da fraqueza que nega a vida, é como genealogista que Nietzsche desmascara o fundamento biológico deles, a sua origem afectiva e instintiva. A questão que se coloca então não é «o que é a verdade?», mas «o que é que em nós quer a verdade?» (de onde vêm os nossos juízos de valor sobre o verdadeiro ou sobre o falso, o bem ou o mal?) «Precisamos de uma crítica dos valores morais e a validade desses valores deve ser de imediato posta em causa – e, para isso, é absolutamente necessário conhecer as condições e os meios que lhes deram origem, no seio dos quais se desenvolveram e deformaram.» (*A Genealogia da Moral*).

A resposta a estas questões descobre-se então numa *genealogia* do conhecimento e dos valores. Esta deve ser compreendida não como uma crítica especulativa que se opõe às ideias, ao próprio saber, mas como uma génese das motivações profundas que estão na origem da metafísica, da moral e da religião.

A *metafísica*, ao situar a verdade para lá das aparências, num além-mundo, desvaloriza o real sensível que fica reduzido a pura aparência e resvala para o nada. Assim, a crítica genealógica denuncia na metafísica uma ficção que responde à necessidade de estabilidade daqueles a que Nietzsche chama «alucinados do além-mundo», ficção nascida, nos fracos, do sofrimento e da lassidão de viver. Igualmente, os valores morais são o produto do *ressentimento*, sentimento de rancor e amargura sentido por aqueles que são incapazes de criar, conquistar e dominar. Portanto, a *moral tradicional* é um conjunto de valores negativos engendrados pelas forças puramente reactivas dos escravos. Exige uma superação que esta genealogia torna possível: «Superar a moral, fazer com que a moral, num certo sentido, se supere a si mesma, eis talvez o sentido deste longo trabalho secreto que está reservado aos mais subtis» e que consiste precisamente nesta genealogia dos ideais (*Para Além do Bem e do Mal*).

A genealogia funda assim o *imoralismo*, doutrina surgida da vontade dos seres activos, dos espíritos livres capazes de criar os valores e de identificar a noção de bem com o que os fortalece. Aí reside toda a sua força que justifica estar «para além do bem e do mal», operando a inversão dos valores estabelecidos.

• ***A «vontade de poder»***

No regresso à origem dos valores constituído pela genealogia, o facto último que se encontra é o *querer viver* e os seus dois pólos antagónicos: a vontade de vida e a vontade de nada.

O *querer viver* pode limitar-se estritamente à luta pela conservação. Mas se seguir a direcção ascendente da vida, pode intensificar-se até *tornar-se vontade de poder*, ou seja, superação de eu, «tornar-se, enquanto invenção, negação de si, acto de se superar a si próprio». Esta vontade de poder assume o risco da vida arriscando-se a perdê-la para uma melhor realização dos valores vitais. É neste sentido que se deve compreender a célebre expressão de Nietzsche: «O segredo da maior fruição da existência consiste em viver perigosamente.» Mas viver intensa e perigosamente nada tem a ver com o abandono ao arrebatamento selvagem dos instintos. Nietzsche afirma que estes devem ser «dominados». A vontade de poder espiritualiza-se no acto de se superar a si mesma até ao infinito. Aos poderes ascendentes da vida ligam-se os autênticos valores de uma moral aristocrática, o orgulho, a conquista, o domínio, a dureza, moral triunfante dos senhores que consideram as suas acções boas e as dos fracos más.

Porém, remontando ao facto último, encontra-se tanto *a vontade que nega a vida* como a vontade que a ela aspira, tanto a vontade destruidora como a vontade criadora. Como pode a vontade ir contra a vida? Como pode ela desejar o que a enfraquece? Os fracos, enquanto *poder puramente reactivo*, vingam-se da vida que os fez fracos e impotentes e protegem-se dos fortes erigindo como valor o carácter negativo da sua existência. Assim, a *moral dos escravos* faz triunfar os valores negativos, a brandura, a humildade, a renúncia, graças aos quais pensam, por sua vez, subjugar os fortes.

• ***O super-homem***

O super-homem não deve ser compreendido no sentido de uma etapa posterior na evolução. «A questão não é saber que espécie sucederá aos homens na história dos seres. O homem é um fim. A questão é saber que tipo de homem se deve formar, que tipo de homem se deve querer.» Zaratustra ensina aos homens «o propósito do ser individual»: criar, a partir da sua vontade de poder, um homem que, simultaneamente, supere o seu semelhante e se guie pela sua verdade. Portanto, o *super-homem* é esse homem superior cujo poder, livre de qualquer ressentimento, de toda a culpabilidade, de toda a negação, assume plenamente o sentido da vida em todas as suas formas e justifica-a mesmo no que ela tem de mais ambíguo e medonho. Duro em relação aos outros e a si mesmo, livre de espírito e coração, encara então a verdade com lucidez. A sua felicidade é vencer-se a si próprio. Só uma cultura nobre, ligada a uma moral aristocrática, é capaz de educar o homem para a super-humanidade e ensinar-lhe a arte de se superar a si próprio.

• ***O eterno retorno do mesmo***

O devir, para Nietzsche, não é um fluxo linear infinito. Paradoxalmente, é aquilo que volta a si e forma o grande ciclo do eterno retorno do mesmo. Ora, a concepção de uma vontade como poder criador, de uma vida que se reinventa constantemente, a esperança no super-homem, num devir glorioso, serão compatíveis com a repetição de uma história cíclica?

Segundo Nietzsche, o mito do Eterno Retorno está estritamente relacionado com os temas fundamentais do seu pensamento filosófico. Com efeito, o eterno retorno permite dispensar os «além--mundos» e salvaguardar a imanência. Por outro lado, liberta-nos – e isto é o essencial – da maldição da nossa dependência do passado. Por fim, e sobretudo, se admitirmos que o retorno do mesmo é, acima de tudo, o retorno daquilo que merece regressar, surge como princípio de avaliação e de selecção para uma cultura aristocrática que prepara o advento do super-homem.

☞ **Conceitos-chave e termos relacionados:**
Arte, Decadência, Genealogia, Imoralismo, Livre espírito, Metafísica, Moral (-tradicional), Niilismo (- activo, - passivo, - psicológico), Querer viver, Ressentimento, Sobre-humano, Super-homem, Último homem, Verdade, Verdadeiro, Vida, Vontade de poder.

☞ **Autores:**
Bataille, Deleuze, Platão.

☞ **Bibliografia**

G. Deleuze, *Nietzsche et la philosophie*, 1967 [*Nietzsche*, Edições 70].

B. Edelman, *Nietzsche, un continent perdu*, «Perspectives critiques», PUF, 1999.

M. Haar, *Par-delà le nihilisme. Nouveaux essais sur Nietzsche*, PUF, 1998.

O

OCKHAM, Guilherme de (ou OCCAM)
➔ GUILHERME DE OCKHAM

P

PARMÉNIDES
(Século VI a.C.)

Nascido em Eleia, colónia fócia do Sul de Itália, cerca 544-541 a.C., Parménides terá sido aluno de Anaximandro e do pitagórico Ameinias.

☞ **Obra:**
Parece ter escrito apenas uma obra, um poema do qual se conservou cerca de 160 versos, reunidos em 19 fragmentos, escritos numa língua arcaica e muitas vezes obscura. A partir do século XVI, fizeram--se várias tentativas de reconstituição do poema original, das quais a última foi realizada por H. Diels e W. Kranz (1934--1937). *Cf.* G.S. Kirk e J.E. Raven, *Les Présocratiques*, Gallimard, 1988.

Primeiro discurso ontológico do Ocidente, influenciou profundamente a metafísica desde Platão* a Heidegger*, passando por Aristóteles* e pelos neoplatónicos. O poema de Parménides compõe-se de duas partes:

– o prólogo, inspirado na tradição órfica, narra uma viagem iniciática que ilustra a aventura do conhecimento. Dois caminhos se oferecem ao viajante, simbolizando as duas vias que se abrem ao pensamento: a verdade e as opiniões. O caminho da *verdade* é a afirmação da existência do ser: «O ser é e o não-ser não é.» A segunda via, a da *opinião*, afirma, pelo contrário, que o não-ser é, mas tal conduz a um beco sem saída dado que a contradição é estéril. Não podemos conhecer e falar daquilo que não é. O *ser*, portanto, é aquilo que existe sempre e necessariamente, e a *verdade* designa a afirmação necessária deste axioma fundamental e das suas repercussões: «Há o ser».

Parménides apresenta depois as características do ser: o ser é eterno, sem princípio nem fim, sem limites, indivisível e homogéneo, imóvel e esférico (a esfera exprime metaforicamente a unidade sem defeito do ser). O ser, idêntico a si próprio, exclui tudo o que é distinto dele. Presença total e absoluta, engloba numa mesma realidade o pensamento do ser e o ser pensante.

– A segunda parte do poema já não trata do ser, mas da *doxa*. Esta pode ser interpretada como o discurso ambíguo sobre o devir e o múltiplo. É um mero saber conjectural e acidental acerca do mundo das aparências que, sem ser o mundo absoluto do ser, não é, porém, o nada.

Esta segunda parte do poema parece, portanto, contradizer a primeira. Todavia, pode avançar-se uma segunda interpretação: os homens que optam pela segunda via não perceberam o que é a verdade e são escravos das opiniões, ou seja, das diversas representações do que pensam ser a realidade. Parménides dirige-se igualmente aos filósofos da sua época que reduzem a realidade a um princípio único: o fogo, o ar, a água ou os átomos.

Embora Platão tenha reivindicado a influência de Parménides e encontrado, de início, na unidade e na identidade do ser a resposta para o problema do conhecimento, mostrou depois as suas aporias em *Parménides* e consumou o afastamento em *O Sofista* no qual o não-ser já não é o nada, mas alteridade, sem a qual nenhum discurso é possível.

O ensinamento que retemos da leitura de Parménides – e a mensagem que ele lega, através dos séculos, à filosofia ocidental – continua a ser a inegável presença da realidade, sendo a afirmação de que há o ser em vez do nada uma condição prévia necessária a qualquer tentativa de explicação do que existe.

☞ **Conceitos-chave e termos relacionados:**
Identidade, Opinião, Realidade, Ser (Não -), Uno, Verdade.

☞ **Autores:**
Heidegger, Platão, Plotino, Pré-socráticos.

☞ **Bibliografia**
J. Beaufret, *Le Poème de Parménide*, Paris, PUF, 1986.
J.-P. Dumont, *Les Écoles présocratiques*, «Folio Essais», Gallimard, 1995.

PASCAL, Blaise (1623-1662)

O génio de Pascal manifesta-se na extrema diversidade da sua obra e dos temas abordados: matemática, física, retórica, polémica, apologética, exegese de textos bíblicos, experiência mística. A sua modernidade consiste em ter tomado consciência, com uma acuidade excepcional, do carácter trágico da condição humana, marcada pela finitude e pela morte, da solidão do homem num universo em que Deus está ausente, excluído pelo racionalismo científico. Só a fé pode salvar o homem do absurdo e do desespero.

Nascido em Clermont-Ferrand, filho de Étienne Pascal, matemático, jurista e presidente do tribunal dos impostos, perde a mãe aos 3 anos. Em 1632, a família instala-se em Paris. Pascal tem o pai como mestre, tanto no domínio das ciências como no das letras clássicas. Evitando assim o ensino dos colégios, Pascal inicia-se na cultura do seu tempo imune ao jugo da escolástica aristotélica. O seu pai, com efeito, está muito ligado ao padre Mersenne que funda, em 1635, a Academia de Paris, da qual fazem parte cientistas, filósofos e matemáticos. Pascal convive assim com Fermat, Roberval, entre outros, e conhecerá Descartes* em 1647.

Revela-se uma criança extremamente precoce e talentosa. Embora de saúde débil, trabalha bastante e publica em 1640, com 17 anos, o *Essai sur les coniques* [*Tratados das Secções Cónicas*]. Em 1642, inventa a máquina de calcular. Em 1646, descobre as obras de Jansénio, de Arnauld e de Saint-Cyran, e converte-se, tal como a sua família, ao cristianismo austero de Port-Royal. Enquanto a austeridade da sua jovem irmã a leva a enclausurar-se na abadia de Port-Royal em 1652, Pascal prossegue a sua vida social. É durante este período mundano que se liga a alguns libertinos, como o cavaleiro de Méré e o duque de Roannez, e que se dedica à elaboração dos seus trabalhos científicos, em particular sobre o nada e o cálculo de probabilidades. Mas depressa a sua vida lhe parece um contrasenso com a sua fé. Sofre uma grave crise de consciência a partir de 1653, sentindo profundamente a falta daquilo que, numa verdadeira conversão, já não depende apenas da nossa vontade mas da graça divina. Esta crise ocorre na famosa noite de 23 de Novembro de 1654, a segunda e verdadeira conversão de Pascal, anotada no *Memorial*, encontrado no seu fato depois da sua morte: «Certeza, certeza. Sentimento. Alegria. Paz... Meu Deus, abandonar-me-ás? Renúncia total e doce...»

Pascal passa algum tempo em Port-Royal e decide viver doravante de acordo com esta revelação interior. Segue a via do ascetismo e da abnegação total. Morre em 19 de Agosto de 1662 na sequência de uma prolongada e penosa doença.

☞ **Obras:**

Pouco numerosas, publicadas em vida: *Essai sur les coniques* (1640); *Expérience touchant le vide* (1647); *Les Provinciales* (1656-1657, impressão e distribuição clandestina). Obras póstumas: *Prière pour demander à Dieu le bon usage des maladies* (Colónia, 1666); *Pensées de M. Pascal sur la religion et sur quelques autres sujets*, conhecida por «edição de Port-Royal» (1670), *Pensées*; *De l'esprit géométrique, de l'art de persuader* (1728); *Entretien avec M. de Sacy* (1756-1758); *Écrits sur la grâce* (1779).

• *Pascal e a ciência positiva*

Pascal retira da sua experiência de cientista um triplo ensinamento:

1. uma verdadeira concepção experimental da ciência. «As experiências são os únicos princípios da física», escreve ele; mas se a *prova experimental* implica o respeito pelos factos, ela não se limita à experiência. Uma vez afirmados os princípios, a razão apodera-se deles para deduzir todas as consequências que daí resultam de forma rigorosa e submetê-los à verificação experimental;

2. a autonomia da ciência positiva relativamente à filosofia e à religião. Pascal preocupa-se em delimitar com rigor os respectivos domínios em que se exercem a razão e a autoridade e em legitimar a certeza científica no seu próprio campo, o da demonstração e experimentação;

3. o terceiro ensinamento diz respeito à representação do universo. A infinitude que era atributo de Deus torna-se, com a ciência galileana, atributo do mundo criado. Deus é expulso do universo e a física mostra a solidão do homem perdido entre os dois infinitos.

• *O método geométrico*

O realismo de Pascal – profundamente moderno – consiste em não separar o *método geométrico*, a ordem demonstrativa, de uma técnica persuasiva, ela própria ligada a uma psicologia do conhecimento. Com efeito, enquanto o *cogito* cartesiano é desprovido de afectividade e funciona no abstracto e não em relação a um sujeito concreto, para Pascal, a evidência não se impõe sempre por si mesma a seres corrompidos cuja razão e vontade são pervertidas por poderes enganadores. Por isso, é preciso fazer intervir uma arte de persuadir, ou seja, tomar em consideração a psicologia do interlocutor.

Em que consiste o *método geométrico*? A ordem geométrica é a ordem da prova e da demonstração racionais. É a que mais se aproxima do método ideal que consistiria em definir todos os termos e provar todas as proposições: tarefa impossível, porque pressupunha uma regressão até ao infinito. Detemo-nos necessariamente nos indefiníveis, a saber, termos primitivos «tão claros que os obscurecíamos se tentássemos defini-los». Exemplos desses princípios são o espaço, o tempo e o movimento. Detemo-nos também nos indemonstráveis, ou seja, «princípios tão claros que não se encontra melhores para serem testados».

Portanto, não é a razão que conhece os primeiros princípios. Estes são captados pela luz natural, o *instinto* ou o *coração*: «Coração, Instinto, princípios», entendamo-los como uma certeza imediata e intuitiva, um instinto espiritual, que não se identifica com uma intuição racional como em Descartes. «Os princípios sentem-se, as proposições concluem-se, e também certamente o todo embora por diferentes vias.»

A originalidade de Pascal consiste em introduzir na ordem geométrica dois modos de conhecimento: uma ordem racional e outra distinta da razão. Esta distinção associa-se à do espírito de geometria e do espírito de finura. O *espírito de finura* é uma faculdade intuitiva de discernimento que apreende, de forma instantânea e imediata, uma realidade concreta na sua complexidade e subtileza. Em contrapartida, o geómetra é aquele que sabe raciocinar com rigor a partir dos princípios abstractos.

A *arte de persuadir*, arte de suscitar a adesão a uma dada asserção, «consiste tanto na arte de agradar como na de convencer». *Convencer* significa obter a adesão dos espíritos com auxílio de provas racionais, ou seja, utilizando o método geométrico que afirma os princípios e deduz as suas consequências rigorosas. *Agradar* é a arte de aprazer e interessar. As asserções que nos agradam são as que estão de acordo com os nossos desejos, «em união com os objectos da nossa satisfação». Conclui-se deste modo a importância da psicologia nesta retórica que é a arte de se adaptar ao interlocutor em cada caso e circunstância.

• *A autocrítica da razão é o princípio da fé*

A *razão* é a faculdade da prova demonstrativa e experimental, mas o seu exercício implica a tomada de consciência dos seus limites. Trata-se realmente de uma autocrítica, pois os limites não lhe são impostos do exterior: é a razão que verifica que os seus raciocínios estão limitados a princípios que lhe chegam de algures e que a base de qualquer raciocínio não é racional. Mas se a razão se verga face aos indemonstráveis na geometria, modelo de qualquer certeza racional, *a fortiori* deve submeter-se no domínio da fé. «Se as coisas naturais a superam, o que diremos das sobrenaturais?», escreve Pascal. Estando qualquer demonstração limitada pelo indemonstrável, a razão depara-se necessariamente com o limiar de uma ordem que a supera e é levada, pela sua lógica interna e tendência natural, a reconhecer a sua transcendência. «Nada há mais conforme à razão do que a sua negação (...). A derradeira iniciativa da razão é reconhecer que há uma infinidade de coisas que a superam.»

- ***O projecto apologético e o argumento da aposta***

A *apologética* tem como objectivo converter o crente; não transmitir a fé (só Deus o pode) ou demonstrar a existência de Deus (tarefa de que a razão é incapaz), mas indicar ao libertino – o humanista ateu – o caminho da fé fazendo-o desejar que a religião seja verdadeira. É uma arte de persuadir que Pascal apresenta ao colocar-se no ponto de vista do seu interlocutor, falando a sua linguagem. Convém subtrair o descrente à sua indiferença, levá-lo a procurar Deus inquietando-o através do espectáculo da sua miséria, fazendo-o tomar consciência do carácter trágico da sua condição e da importância da salvação.

Pascal empreende então uma análise psicológica e moral do homem, cujas fraquezas sublinha: a razão é o joguete dos poderes enganadores; o *hábito*, convertido em segunda natureza, falseia o nosso juízo; a *imaginação*, alienada pela concupiscência, não pode senão deformar a realidade; o *amor-próprio*, que consiste em «amar-se apenas a si mesmo, pensar apenas em si», faz-nos odiar a verdade revelada pela vaidade desse amor-próprio, pela vacuidade desse eu.

Corrompido pelo orgulho e pelos poderes enganadores, o homem recusa tomar consciência do seu desamparo. Na quietude, o *tédio* revela-lhe o seu nada e, para esquecer o espectáculo da sua miséria, mergulha no *divertimento*. No sentido estrito, este termo significa «modo de se desviar de si próprio». Em Pascal, designa a agitação inquieta da alma que se entrega ao não-essencial para esquecer o espectáculo da sua condição miserável e o sentimento trágico da sua finitude.

É neste contexto que se inscreve o *argumento da aposta* que propõe uma opção de ordem existencial. Não se apoia na razão teórica mas na razão prática que aconselha a avaliar aquilo que está em jogo na fé e no ateísmo: o descrente só optará pela vida cristã se for persuadido de que isso é do seu interesse profundo.

A *aposta* destina-se a mostrar ao libertino que tem tudo a ganhar e nada a perder na aposta na existência de Deus. O argumento assenta no postulado segundo o qual o finito nada é face ao infinito. Suponhamos que se opta por Deus: se Deus existe, terei do ponto de vista da vida cristã renunciado aos prazeres do mundo, mas terei ganho a paz eterna; se Deus não existe, terei rejeitado inutilmente os prazeres do mundo, mas, após a minha morte, regressarei ao nada como todos os homens, um nada em que esses prazeres também já não terão valor. Portanto, temos tudo a ganhar na aposta em Deus, pois o risco é mínimo e o que está em jogo é a felicidade eterna.

- ***A revelação exterior e as provas históricas. A revelação interior: a fé e o papel da alma***

Deus, para Pascal, não é uma noção abstracta, mas o Deus vivo e pessoal, embora invisível e oculto, que fala através de Moisés e dos profetas e se manifesta de forma concreta e histórica na pessoa de Cristo redentor: «Deus de Abraão, Deus de Isaac, Deus de Jacob, não dos filósofos e dos cientistas.»

Deus dá-se a conhecer a todos os homens através dos sinais e das personagens da Escritura, linguagem de duplo sentido que dissimula e desvela ao mesmo tempo. Esta é a revelação exterior e colectiva. A dificuldade de interpretação das provas emana necessariamente do *Deus oculto*. Pascal parte da frase de Isaías: «Na verdade, tu estás oculto.» Deus não está apenas oculto em virtude da sua transcendência, da sua infinidade que ultrapassa o nosso entendimento. Ele quer-se oculto. Se Deus desse provas manifestas da sua existência, a fé seria destruída enquanto tal e transformar-se-ia em certeza: «Se Deus se revelasse continuamente aos homens, não haveria qualquer mérito em acreditar nele, e se nunca se revelasse, haveria pouca fé. Mas esconde-se normalmente e revela-se raramente àqueles que quer pôr ao seu serviço.» A compreensão dos dados históricos (o sentido oculto, «místico») implica uma alma predisposta: «Ele deixou marcas visíveis àqueles que o procuram e não àqueles que o não procuram.»

É preciso distinguir esta revelação exterior da *revelação interior*: Deus sensível ao coração. A *fé* é uma dádiva de Deus, uma *graça* que faz compreender imediatamente e sem provas o que as Escrituras subentendem, a graça particular em que Deus, sem se ocultar, se revela na alma do homem. Uma relação profunda e pessoal estabelece-se, então, entre Deus e a alma: é o Deus que se revela a Moisés na sarça ardente. É também o Deus que se revela a Pascal na célebre noite de fogo, anotada no *Memorial*. Existe evidentemente uma relação estreita entre o Deus da Bíblia e o da revelação interior: «O Deus de Abraão, o Deus de Isaac, o Deus de Jacob, o Deus dos cristãos é um Deus de amor e consolo; é um Deus que preenche a alma e o coração daqueles que ele possui; é um Deus que lhes faz sentir interiormente a sua miséria e a infinita misericórdia divina; que entra em comunhão com as almas; que as enche de humildade, alegria, confiança e amor e que é o seu único destino.»

Aqueles que recebem a graça de Deus «são por si próprios levados pelo seu livre-arbítrio a preferir infalivelmente Deus à criatura» (*Écrits sur la grâce*). O mal, ligado à queda, pode então ser vencido. A graça penetra, regenera a alma corrompida e converte o coração. É próprio desta graça, com efeito, ser eficaz: não dá ao homem um simples poder de que pode servir-se como quiser (como na doutrina molinista), pois o homem corrompido continuaria entregue às suas paixões e faria mau uso de tal poder. A graça dá um «querer ao homem»: por seu intermédio, é Deus que age no homem. Certamente, perdeu a liberdade da indiferença no sentido cartesiano, mas o homem movido pela graça liberta-se da escravidão do pecado e da concupiscência. É livre no sentido em que Deus não o obriga, mas suscita nele uma atracção, «um deleite do bem» que triunfa sobre a atracção pelo mal, «de forma que aqueles a quem Deus se compraz em dar essa graça são por si próprios levados pelo seu livre-arbítrio a preferir infalivelmente Deus à criatura».

☞ **Conceitos-chave e termos relacionados:**
Agradar, Amor-próprio, Apologética, Argumento da aposta, Arte de persuadir, Convencer, Coração, Deus, Divertimento, Espírito (- de finura, - de geometria), Fé, Graça, Instinto, Intuição, Princípios, Razão, Revelação.

☞ **Autores:**
Santo Agostinho, Descartes, Kierkegaard.

☞ **Bibliografia**

F. P. Adorno, *Pascal*, Les Belles Lettres, 2000.
L. Brunschvicg, *Blaise Pascal*, Vrin, 1953.
H. Gouhier, *Blaise Pascal, Commentaires*, Vrin, 1966.
J. Mesnard, *Les Pensées de Pascal*, SEDES, 3ª ed., 1995.
C. Rosset, *Logique du pire*, PUF, 1971, pp. 144-152.

PIAGET, Jean (1896-1980)

Psicólogo e epistemólogo suíço, foi o primeiro a construir e a aplicar métodos científicos na observação da criança. Fundou a psicologia genética e a epistemologia genética que explica o conhecimento pelas etapas da sua formação. Em 1918, frequenta em Zurique o laboratório de Bleuler; em 1919, em Paris, trava conhecimento com Dumas, Lalande e Brunschvicg*. No laboratório de Piéron, inventa o seu original «método clínico» em forma de diálogos com as crianças. Claparède confia-lhe o cargo de chefe de investigação no Instituto J.-J. Rousseau de Genebra que dirigirá a partir de 1941 e onde lecciona Psicologia Infantil e História e Filosofia das Ciências. De 1952 a 1963, lecciona na Sorbonne. Em 1956, funda em Genebra o Centro Internacional de Epistemologia Genética.

☞ **Obras:**
Le Langage et la Pensée chez l'enfant (1923); *La Naissance de l'intelligence chez l'enfant* (1936); *La Construction du réel chez l'enfant* (1937); *La Psychologie de l'intelligence* (1947); *Introduction à l'épistémologie génétique* (1950); *Biologie et connaissance* (1967); *Sagesse et illusions de la philosophie* (1967); *Le Structuralisme* (1968); *Le Possible et le Nécessaire* (1981, 1983) ; [Nas Edições 70 : *Teorias da Linguagem, Teorias da Aprendizagem.*]

• *A psicologia genética da inteligência. O construtivismo de Piaget. Da acção ao pensamento*

Piaget descreve na criança a *génese da inteligência*, na medida em que esta, definida como a forma mais geral de coordenação das acções, envolve «estádios», estruturas de novas condutas que se sucedem numa ordem de desenvolvimento linear, irreversível e sem lacunas. De origem biológica, o termo «génese» designa uma sucessão não aleatória de etapas programadas que visam um estado final necessário. A teoria de Piaget é um *construtivismo*: todo o conhecimento resulta de uma construção dependente de um mecanismo psico-biológico de regulação (reacção a uma perturbação) que implica a criação de novas estruturas. O inatismo é rejeitado, assim como as teorias do conhecimento que, de Descartes* a Husserl*, apontam como fundamento do conhecimento a actividade reflexiva do sujeito. O empirismo também é negado, porque o processo psicológico em acção no *conhecimento* não é a associação dos fenómenos mais elementares, mas a «integração», a «incorporação» ou «assimilação» do objecto a partir de uma acção sobre o mesmo, estando o desenvolvimento do conhecimento dependente da coordenação das acções.

• *Os estádios da inteligência. A aquisição da reversibilidade*

Piaget distingue três fases de desenvolvimento da inteligência, desde o nascimento até ao início da adolescência:

1. no estádio sensório-motor (do nascimento até aos 18-20 meses) domina a inteligência sensório-motora;

2. no estádio pré-operatório (até aos 7-8 anos), a estrutura é de dependência funcional entre acções e objectos e entre objectos;

3. no estádio das operações concretas (dos 7-8 aos 11-12 anos) começa o estádio formal ou abstracto do adulto.

O bebé vive numa indiferenciação relativamente ao mundo exterior («egocentrismo infantil») antes de se descentrar progressivamente até se situar no mundo como um objecto entre outros, cuja realidade e permanência ele constrói. Ao mesmo tempo, constroem-se esquemas que permitem às acções – irreversíveis – interiorizarem-se, alcançando o estatuto de operações *reversíveis*, podendo ser objecto de representações em sistemas. Por volta dos sete ou oito anos, a criança compreende, «de forma em geral súbita», que duas fileiras de dez marcas mais ou menos espaçadas podem, porém, ser iguais em número. A reversibilidade das operações permite a constituição de invariáveis (p. ex., a conservação das qualidades físicas, condições da ideia de número). O estádio formal, caracterizado pela capacidade de combinar as operações em todas as ordens, favorece o pensamento hipotético-dedutivo, ligado à compreensão do possível e do necessário: «A descoberta da reversibilidade operatória assinala a constituição do sujeito epistémico que se liberta da acção própria em proveito de *coordenações gerais da acção, formas* permanentes de reunião, ajustamento, ordenação, correspondência, etc., que ligam umas acções às outras e constituem assim a sua substrutura necessária.» «A irreversibilidade está ligada à consciência do sujeito individual que, concentrando tudo na acção e nas impressões subjectivas que a acompanham, é arrastada pelo fluxo dos processos internos e externos e é iludida pelas configurações aparentes» (*Sagesse et illusions de la philosophie*, p. 148). Piaget define a *lógica* como a expressão das coordenações operatórias necessárias à acção.

• ***Mecanismos e estruturas***

Génese e estrutura são indissociáveis. A cada estádio corresponde uma estrutura operatória privilegiada, que contém em si a própria possibilidade de evolução. A partir de estudos experimentais da génese, na criança, de uma série de noções – causalidade, número, velocidade, movimento, tempo, espaço, símbolo, juízo, raciocínio, etc. –, Piaget esclarece alguns conceitos e mecanismos para explicar o desenvolvimento do conhecimento a partir da coordenação das acções, que estão enraizadas em actividades reflexas, em continuidade com o desenvolvimento biológico.

1. Equilibração, assimilação, acomodação: tal como no desenvolvimento do embrião, o *desenvolvimento* faz-se, simultaneamente, por maturação interna e em função de interacções com o meio ambiente. A cada etapa surge um desequilíbrio entre possibilidades (e/ou conhecimentos) conhecidas e novos problemas a resolver; um processo de *equilibração aumentativa* assegura, ao mesmo tempo, progresso e estabilidade e realiza a passagem para um nível superior de estrutura cognitiva. A equilibração efectua-se por esquemas de assimilação que transformam as percepções para as incorporar em esquemas anteriores e em esquemas de acomodação que modificam as estruturas mentais pela criação de novos esquemas sob a influência de situações externas.

2. Esquemas e estruturas: Piaget chama «esquema» a uma acção interiorizada, instrumento de assimilação transformado por sua vez pelo meio, plano formal de organização que sustenta as acções e permite a repetição delas (p. ex., esquema sensório-motor, perceptivo). Uma *estrutura operatória* é a organização do conjunto dos esquemas ou das operações específicas a cada estádio, do ponto de vista da sua forma e não dos seus conteúdos.

• ***A epistemologia genética. O círculo das ciências***

Com o termo «epistemologia», Piaget engloba a teoria do conhecimento e a filosofia das ciências. Para a *epistemologia genética*, estudo científico das condições do conhecimento e das leis do seu desenvolvimento, as etapas de formação da inteligência são paralelas ao desenvolvimento embriológico. A sucessão das ciências na história obedece à mesma lógica da ontogénese dos conhecimentos (o seu aparecimento sucessivo na evolução do indivíduo). Não há paralelismos, mas mecanismos comuns, dos quais o mecanismo da *abstracção reflexiva*, fundamento da necessidade lógica, é decisivo: tomada de consciência, num determinado estádio do desenvolvimento psicológico, das coordenações da acção, origem de novas operações (sobre as primeiras). O desenvolvimento dos conhecimentos faz-se pela construção de «meta-sistemas que explicam práticas operatórias dos níveis anteriores, tomando essas práticas operatórias como objecto de reflexão» (P. Gréco). A epistemologia genética é, então, *construtivista*: ao invés do empirismo, considera o conhecimento como uma actividade prática ou cognitiva. Ao invés do apriorismo ou inatismo, a epistemologia genética não vê no conhecimento a projecção de estruturas do espírito – um célebre debate opôs Piaget a Chomsky* acerca da aquisição das estruturas da língua. Há uma «dialéctica» do conhecimento, no sentido em que o sujeito se conhece ao conhecer o objecto; tanto no indivíduo como na história da humanidade, «a inteligência estrutura-se funcionando», produz novos instrumentos de conhecimento ao explicar o mundo. Às classificações hierárquicas fixas de tipo positivista (A. Comte*), Piaget opõe um «círculo das ciências» que reproduz o «círculo epistemológico fundamental» do sujeito e do objecto no conhecimento, classificação circular, em que a psicologia (genética) se alia à matemática e à lógica: as operações do sujeito descritas pela psicologia genética são o fundamento de todas as teorias de ordem lógica e matemática. Matemática, física e biologia desembocam na psicologia – que pode explicar como se elaboram os instrumentos, mas sem os reduzir a processos psicológicos (sendo esses instrumentos os mesmos que permitem o conhecimento psicológico). O desenvolvimento da psicologia (e da sociologia) dá sentido às outras ciências. Da mesma forma, todo o progresso da física enriquece a matemática e a biologia; há uma interacção permanente dos domínios conceptuais; o superior não é explicado pelo inferior, como num reducionismo.

• ***«Sabedoria e ilusões da filosofia»***

O alcance filosófico da obra de Piaget é reconhecido. Mas este não poupou as suas críticas à filosofia, denunciando, em *Sagesse et illusions de la philosophie*, algumas pretensões abusivas ao conhecimento apesar da ausência total de métodos para o adquirir (críticas a Husserl*, Bergson*, Sartre*, à psicologia filosófica, etc.). A formação dos filósofos prepara-os, a maior parte das vezes, para tratar dos seus problemas por via puramente reflexiva, «enquanto um facto pressupõe pelo menos uma verificação e mesmo esta não se pode efectuar sem método» (*Sagesse et illusions de la philosophie*, p. 224). Além disso, a função de reflexão é mais fácil do que o «sentido do real» necessário à experimentação, e os doentes mentais que o perderam conservam normalmente a reflexão. «É muito mais económico reflectir e deduzir do que experimentar» (*ibidem*, p. 227). A filosofia «constitui uma "sabedoria", indispensável aos seres racionais para coordenar as diversas actividades do homem, mas não alcança um saber propriamente dito, provido das garantias e dos modos de controlo que caracterizam aquilo a que se chama "conhecimento"» (p.1).

☞ **Conceitos-chave e termos relacionados:**
Acção, Conhecimento, Egocentrismo, Esquema, Estrutura, Estruturalismo, Filosofia, Génese, Genética (Epistemologia -), Inatismo, Inteligência, Lógica, Operação, Psicologia, Reflexão, Sincretismo.

☞ **Autores:**
Bachelard, Bergson, Brunschvicg, Comte.

☞ **Bibliografia**

J.-J. Ducret, *Jean Piaget, savant et philosophe*, I e II, Droz, 1984.
R. Droz e M. Rahmy, *Lire Piaget*, Mardaga, 1987.
P. Moessinger, *La Psychologie moral*, PUF, 1989.

PLATÃO (427-347 a.C.)

É o primeiro dos grandes filósofos e é através dele que conhecemos o pensamento de Sócrates*. Platão transmitiu a mensagem de Sócrates, de quem foi discípulo durante oito anos. Oriundo de uma ilustre família de Atenas, assiste na adolescência ao declínio da sua cidade e vê as suas expectativas políticas goradas por duas vezes: pela oligarquia dos Trinta Tiranos (404) em que, enquanto jovem aristocrata, tinha depositado as esperanças e, sobretudo, tragicamente pela democracia que, em 399, condenou o seu mestre Sócrates à morte, sentença proferida por um tribunal popular composto por mais de quinhentos membros. Após a morte do mestre, exila-se em Mégara com outros discípulos.

De regresso a Atenas, escreve um primeiro grupo de diálogos de juventude chamados «aporéticos», em que Sócrates desempenha o papel de inquiridor irónico, de provocador hábil a frustrar o falso saber dos sofistas* e a fazer os espíritos alcançarem a verdade que detêm sem o saber: *Laques*, *Eutifron*, *Protágoras*, *Ion*, *Hípias Menor*, *Cármides*, assim como a *Apologia de Sócrates*, em que se ouve o sábio diante dos seus juízes.

No decurso das suas viagens, descobre no Egipto a tradição eleata (Parménides*, Zenão) e, na Sicília, os círculos pitagóricos. É aqui que, segundo Platão, em 388, Árquitas de Tarento, o almirante matemático modelo do filósofo-rei, lhe dá a conhecer o jovem de espírito filosófico, Díon, cunhado do príncipe Dionísio I, que será (com os seus amigos) o destinatário das *Cartas* IV, VII, VIII e X. Ameaçado pela inveja de Dionísio, Platão é levado por Díon para um navio espartano que se vira obrigado a fazer escala em Egina, então em guerra contra Atenas. Prisioneiro, vendido como escravo, Platão será resgatado e libertado por um homem de Cirene.

Platão tem 40 anos quando funda, nos jardins de Academos, em 388-87, a sua própria escola, «a Academia», onde ensinará até à morte. A Academia assegurava, através da filosofia, a formação de homens aptos para o governo das cidades – tanto responsáveis políticos como filósofos e sábios – que afluíam vindos de todas as regiões do mundo grego, e muitas cidades adoptaram modelos de constituição inspirados no ideal político platónico.

Platão realizará ainda duas novas viagens pouco pacíficas a Siracusa. Em 367, após a morte de Dionísio I, Díon leva Platão até ao jovem príncipe herdeiro Dionísio II que parecia ser capaz de governar como filósofo, mas que enviou Díon para o exílio. Platão, sempre honrado, permaneceu como refém numa prisão dourada. Por fim, conseguiu regressar a Atenas. Em 361, com 65 anos, empreende uma terceira viagem à Sicília a fim de obter o perdão de Díon, mas em vão. Expulso do palácio, foi salvo por Arquitas. Díon, seguido por vários membros da Academia (não por Platão), reuniu um exército e sublevou-se contra Dionísio, mas foi assassinado por um dos seus próprios partidários. Na *Carta VII* exprime-se a indignação de Platão que, porém, não abandonaria o seu ideal político, uma vez que morreu quando escrevia *As Leis*, obra em que considera as modalidades concretas da aplicação da sua constituição ideal à cidade.

☞ **Obras:**

Classificam-se hoje em dois grupos os diálogos contemporâneos do período que precede e se segue à fundação da Academia: 1) ordem alfabética: *O Banquete*, *Crátilo*, *Eutidemo*, *Górgias*, *Hípias Menor*, *Lísis*, *Menexeno*, *Ménon*, *Fédon*; 2) ordem cronológica: *República*, *Parménides* (escritos ao mesmo tempo), *Teeteto*, *Fedro*, *Timeu*, *Crítias*, *O Sofista*, *O Político*, *Leis*, *Epínimis*, *Cartas I-XIII*.

Em *Teeteto*, *Parménides*, *O Sofista*, *O Político* e *Filebo*, Platão submete a teoria das Ideias a um exame crítico. Em *Timeu* e *Crítias*, faz, juntamente com Sócrates, o balanço do seu pensamento e, posteriormente, efectua um novo balanço em *As Leis*.

[Nas Edições 70: *Laques*; *O Banquete*; *Górgias*; *Apologia de Sócrates*; *Críton*; *Fedro*; *Hípias Maior*; *Hípias Menor*.]

- ***A realidade das Ideias. O mundo supra-sensível. A participação do sensível no inteligível***

Em oposição ao sensualismo, Platão afirma a realidade das *Ideias*, essências universais apreendidas pelo espírito, formas puras eternas, modelos das ideias humanas. As ideias não podem existir no sensível, onde tudo é singular e mutável, por isso deve supor-se que existe um mundo inteligível supra-sensível. O mundo sensível é composto por aparências do mundo inteligível com o qual mantém uma relação de *participação*: o sensível participa na Ideia na medida em que esta, seu modelo, lhe confere o ser e a finalidade.

- ***Parentesco entre a alma e a Ideia. A reminiscência***

Se as Ideias não provêm dos sentidos e se, porém, a *alma* – elemento de sensibilidade e de pensamento que se distingue do corpo – sabe reconhecer a sua verdade superior, Platão supõe que, antes de estar unida a um corpo sensível, a alma contemplou as formas eternas numa vida anterior. A espontaneidade do acto de aprender parece ter a ver com uma dimensão *interior* do espírito e não com o efeito de um ensinamento exterior. Quando, em *Ménon*, o jovem escravo ignorante, correctamente questionado, se mostra capaz de realizar deduções lógicas e operações matemáticas (resolver o problema da duplicação do quadrado), tudo se passa como se a alma fosse o lugar de uma *reminiscência*, como se rememorasse uma verdade já conhecida, já familiar. Não poderia a alma ser imortal, eterna como a verdade universal que ela sabe tão bem reconhecer? Platão exprime esta hipótese sob a forma de mitos: Er, o Panfílio na *República*, a parelha alada no *Fedro*. Esta visão primordial da verdade permanece em nós, ocultada pelo corpo. Os objectos sensíveis fazem recordar essa verdade pela sua semelhança com os objectos ideais. Platão põe em cena, nos seus diálogos, a *maiêutica* de Sócrates, filho de uma parteira. A maiêutica consiste num hábil jogo de perguntas que ajudam o espírito a dar à luz uma verdade que ele encerra sem o saber e mostram, ao mesmo tempo, a cegueira do espírito iludido pelas opiniões que ignora o que encerra, e a possibilidade de um parentesco eterno da alma com uma verdade absoluta.

• ***A alegoria da caverna. A dialéctica***

Platão chama «dialéctica» à conversão do sensível no inteligível, o processo pelo qual a alma abandona as aparências para se abrir ao conhecimento das Ideias verdadeiras. A dialéctica compreende uma fase ascendente – a ascensão do sensível às Ideias – e uma fase descendente – o regresso da alma ao sensível em que agora só vê simulacros. A ascensão dialéctica envolve duas etapas que correspondem a dois níveis do Ser e do conhecimento (*República*, VI, 309 d).

– No plano do Ser. No mundo sensível, elevamo-nos das aparências (sombras e miragens) às coisas sensíveis, aos próprios objectos concretos. Passando ao mundo inteligível, ascendemos aos objectos ideais – matemáticos – às Ideias, e daqui à Ideia suprema, a *Ideia de Bem* ou de *Bem Uno*, que está «para além do Ser em dignidade e em poder».

– No plano do conhecimento. A primeira etapa é o conhecimento do sensível ou *opinião* (*doxa*) que comporta dois níveis: a) a conjectura que tem a ver com as aparências enganadoras deste mundo; b) a crença, forma como percebemos os objectos sensíveis. A segunda etapa é a da *ciência* ou *conhecimento do mundo inteligível* (*épistémè*); esta compreende também dois níveis: a) o *conhecimento discursivo* ou *racional* (*dianoia*), representado essencialmente pela matemática, que tem como objecto os conceitos inteligíveis (Ideias matemáticas); b) a *inteligência* (*nous*), ou o conhecimento que se eleva, para além dos objectos matemáticos, à contemplação das Ideias, objectos últimos do conhecimento dos quais a matemática constitui apenas uma propedêutica, e sobretudo da Ideia de Bem, o brilho do Bem Uno sem o qual não se podia realizar esta ascensão da sombra à luz.

Através da *alegoria da caverna* (*República*, VII, 514a), Platão ilustra a hierarquia das formas do Ser e a conversão ao inteligível: os habitantes de uma gruta, prisioneiros acorrentados desde sempre com as costas voltadas para a entrada, vêem projectadas ao fundo as sombras dos objectos transportados por homens que circulam lá fora e tomam estas sombras por realidades. Os objectos reais são para as sombras o que o mundo das Ideias é para o mundo visível. Por isso, a conversão é penosa: ao deslocar-se para a luz, o prisioneiro é por ela ofuscado mas, ao voltar para junto dos seus antigos companheiros da caverna, passa por mentiroso ou desordeiro. Este é, segundo Platão, o significado filosófico da morte de Sócrates, o justo incompreendido pelos seus semelhantes porque viu a verdade (*Apologia de Sócrates*, *Fédon*).

• ***Amor e filosofia. A verdade do divino***

A Ideia é objecto de um infinito desejo: a alma sente o corpo que a prende «a este mundo» como um exílio fora da sua verdadeira pátria perdida, como «um túmulo» (*sôma*, corpo, *sèma*, túmulo), jogo de palavras do *Fédon*. É preciso saber reconhecer esta forte atracção da Ideia, da grandeza e da beleza da Verdade no cerne de todas as formas de desejo e de amor, mesmo nas mais carnais. *O Banquete* descreve a dialéctica do amor: *Eros* eleva-se da beleza dos corpos à da alma, e daí ao Belo em si até à Ideia absoluta.

A concepção platónica da filosofia tem uma dimensão mística: a *filosofia* é «amor pela sabedoria» no homem que procura ser iluminado por uma luz transcendente. A razão condu-lo a um princípio absoluto que age como uma espécie de revelação. Platão chama «Deus» ao Bem para lá do ser, luz da Verdade cuja visão ofusca o homem e que, contra os deuses da tradição, revela a verdade do divino.

• *A eternidade da alma*

A reminiscência leva a pensar que a alma preexiste ao corpo e que pode, por isso, sobreviver-lhe. Esta é, para Platão, em todo o caso, «uma bela esperança» (*Fédon*). O verdadeiro fim da vida do homem é libertar-se do corpo: a filosofia é «meditação sobre a morte».

A *alma* compreende três partes: a *épithumia* (os sentidos, o desejo); o *thumos* (os impulsos generosos da honra e da coragem); o *logos* (o espírito ou razão), que deve dominar as outras duas, não anulá-las, mas harmonizá-las, atribuindo-lhes a sua finalidade.

• *A virtude. A justiça.*
A política: o filósofo-rei

A alma, cuja vocação profunda é divina, não pode querer o mal enquanto tal senão por falta de discernimento ou ignorância. A finalidade da existência do homem é libertar-se do corpo e a filosofia é «meditação sobre a morte» (*Fédon*). Assim, a *virtude* é a manifestação no carácter da participação nas Ideias, a verdadeira ciência do Bem e do Mal: «ninguém é mau voluntariamente», mas por ignorância. Ser *justo* significa aceder ao conhecimento da harmonia das nossas forças interiores; deste modo, a virtude essencial é a justiça, fundamento das virtudes próprias a cada uma das partes da alma: a temperança é a justiça dos sentidos; a coragem é a justiça do coração; a sabedoria é a justiça do espírito.

Só a filosofia permite uma prática política rigorosa: o poder político não pode ser justo quando se ignora o que é a Justiça em si e as razões pelas quais ela constitui um ideal absoluto. Para que a Cidade seja bem-aventurada, é preciso que os filósofos sejam reis ou que os reis sejam filósofos; a função do Estado deve ser conduzir todos os cidadãos à compreensão do verdadeiro Bem, ou seja, à virtude. Tal como, na alma, a justiça é a virtude que assegura a cada parte a sua função em harmonia com o fim da parte superior (o *logos*), na Cidade a justiça deve garantir o equilíbrio entre as três classes sociais. O melhor regime político será uma *aristocracia* no sentido filosófico, a dos melhores entre os homens, os filósofos que, tendo praticado a dialéctica ascendente, voltam para a ensinar aos restantes. De forma a que o Estado justo tenha uma influência absoluta sobre os cidadãos, deve respeitar-se a igualdade das mulheres, crianças e bens. Platão descreve este Estado na *República*. Depois de ter tentado por duas vezes a aplicação da sua «República» no Sul de Itália, Platão renunciou à sua utopia «comunista», mas defendia que só um filósofo deve dirigir a Cidade.

☞ **Conceitos-chave e termos relacionados:** Absoluto, Alegoria da Caverna, Alma, Amor, Anamnese, Aparência, Aporética, Aporia, Aristocracia, Belo, Bem, Cidade, Ciência, Conhecimento, Conversão, Corpo, Cosmos, Crença, Desejo, Deus, Dialéctica, Divino, Divisão, Em si, Escrita, Essência, Eternidade, Filosofia, Forma, Harmonia, Ideia, Ilusão, Imagem, Imortalidade, Inteligibilidade, Justiça, Lei, *Logos*, Luz, Maiêutica, Matemática, Mito, Modelo, Morte, Múltiplo, *Nous*, Númeno, Opinião, Participação, Política,

Questão, Razão, Realidade, Realismo, Reminis- cência, República, Sabedoria, Sensível, Ser, Sofista, Uno, Verdade, Virtude.

☞ **Autores:**
Aristóteles, Heraclito, Parménides, Plotino, Pré-socráticos, Sócrates, Sofistas.

☞ **Bibliografia**

F. Châtelet, *Platon*, Gallimard, 1965.
A. Jeannnière, *Platon*, Seuil, 1994.
P. Ricoeur, *Être, essence et substance chez Platon et Aristotle* (curso 1953-54), CDU, 1970.
P.-M. Schuhl, *L'Œuvre de Platon*, Vrin, 1971.
[G. Maire, *Platão*, Edições 70.]

PLOTINO (205-270)

Filósofo de língua grega, nascido no Alto Egipto, foi o iniciador da filosofia dita «neoplatónica» – conjunto de doutrinas (de Plotino, Porfírio, Jâmblico, Proclo e Damáscio) que têm origem em Platão* e Aristóteles*, desde o fim da Academia até ao século V. Plotino é o filósofo da Emanação, da Processão e do Êxtase da contemplação e da origem. Inflectiu os temas platónicos (*Parménides** e Livro VII da *República* – o bem para além da essência) no sentido da transcendência, do acesso à contemplação mística e de uma sabedoria com forte conotação religiosa, mas nunca rompe com uma perspectiva racionalista interessada em articular o divino e a realidade de forma inteligível. Apesar do seu antricristianismo, Plotino exercerá uma influência determinante sobre o pensamento cristão.

Na época em que Plotino viveu, iniciou-se o declínio da filosofia grega, cuja data simbólica é 529, o ano do decreto pelo qual o imperador Justiniano confirma o triunfo do cristianismo ao ordenar o encerramento de uma escola de Atenas já deserta. No mundo do século III impregnado de um cristianismo que se constituía em Igreja, a obra arrebatada de Plotino, de original qualidade literária, a preferida de Santo Agostinho* – mas também considerada mais perigosa pela fé –, incluída por Hegel* nas mais elevadas expressões do pensamento humano, constitui a última grande síntese filosófica da antiguidade grega. Segundo a *Vida de Plotino* que nos foi deixada pelo seu discípulo Porfírio, Plotino tinha 28 anos quando, ao procurar em vão o seu mestre filósofo, encontrou-o por fim em Alexandria na pessoa de Amónio (apelidado de «Sacas»), com quem conviveu durante onze anos. Desejoso de conhecer os sábios da Pérsia e da Índia, acompanhou a expedição desastrosa do imperador Gordiano III contra os Persas (243-244). Após o assassinato deste, fundou uma escola em Roma frequentada por toda a sociedade culta. Durante dez anos, o seu ensino foi sempre oral. Mais tarde redigiu os seus tratados, encarregando Porfírio de os corrigir e publicar. Doente, retirou-se para Campânia onde faleceu (em Minturno, a norte de Nápoles) no ano seguinte. Plotino desprezava o corpo, não comia carne e envergonhava-se da condição humana. Todavia, isso era algo corrente na época, e deve considerar-se Plotino o primeiro filósofo da Beleza, cantando a glória do mundo sensível.

☞ **Obras:**
Foi o seu discípulo, Porfírio de Tiro, que organizou a sua obra coligindo 54 tratados que dividiu em seis livros de nove tratados: as *Enéadas* (compostas entre 253-254 e 269-270).

• *Primado do uno, a «insondável nascente»*

«Não basta platonizar para ser neoplatónico. Deve compreender-se Platão numa certa óptica [...], reconhecer como origem de uma processão universal um Princípio absolutamente inefável, simbolicamente denominado "o Uno" ou "o Bem". Deve reconhecer-se na origem de todo o pensamento uma espécie de coincidência mística, igualmente inexprimível, com esse centro universal. A reflexão filosófica consiste em regressar, através do percurso dialéctico, a essa fonte inesgotável da alma, sem qualquer corrupção da essência nem apagamento de sujeito espiritual» (J. Trouillard). Plotino dispõe de uma pista: a segunda parte de *Parménides* de Platão, do qual faz uma exegese original, resumida na V *Enéada* (V. 1, 8). Depois dele, todos os neoplatónicos comentaram este texto.

A teoria de Plotino é, essencialmente, interiorizante: o ideal do sábio consiste em «compreender o sistema, ver o Princípio» e, para isso, «desligar-se de todas as coisas do mundo terrestre». Sendo a alma e Deus de alguma forma «semelhantes», a tarefa é «unir o semelhante ao semelhante». «Se Deus estivesse ausente do mundo, também estaria ausente de nós.» É *em nós* que se deve aprender a descobrir o mundo espiritual, começando pelo pensamento da Unidade espiritual que «está para além do Ser». *Deus* não pode ser senão Presença total, o Uno anterior a todos os seres, mas que, como interioridade e fluidez, corre em todos «como uma insondável nascente» que «dá a sua água a todos os rios sem, porém, se esgotar». O *Uno*, ele próprio não múltiplo mas princípio de multiplicidade, engendra tudo por emanação, segundo um dinamismo incessante e eterno. Plotino morreu dizendo: «Tento fazer regressar o divino que está em nós ao Divino que está no Universo.» A sua concepção imanatista – e imanentista – da transcendência traduz-se no seu desprezo pelos ritos sagrados que eram realizados pelos seus discípulos: «São os deuses que têm de vir a mim, não sou eu que tenho de subir até eles.»

Por este movimento de interiorização, Plotino opõe-se explicitamente tanto aos gnósticos como aos cristãos, que concebem a salvação da alma na exterioridade: de que vale a ideia gnóstica da salvação pelo conhecimento se se trata do conhecimento contingente, *revelado*, de outro mundo, do confronto pueril, maniqueísta, entre forças adventícias – o Mau sensível, o Bom divino? E qual o valor dos mistérios, das iniciações, das transmigrações da Alma, cristãs, pagãs ou orientais, que não constituem acções da alma sobre si mesma, uma descoberta do seu poder inteligível? À multiplicação dos falsos saberes que florescem nas teorias que renovam o platonismo, à ideia da salvação exterior à alma, Plotino responde com uma nova interpretação do platonismo, uma reflexão inovadora e fecunda sobre a relação da Inteligência com o Inteligível que, para além dos avatares da História, atravessará os séculos e irá iluminar o pensamento medieval ocidental. Plotino critica, entre os seus discípulos, a redução do platonismo a uma religiosidade que coisifica as realidades espirituais: para os gnósticos, as almas precipitaram-se no mundo sensível depois de um acontecimento que lhes era alheio, o triunfo do Mal sobre o Bem. Só deixarão a sua prisão carnal quando se inverter a situação, quando o fim do mundo sensível permitir o regresso das almas ao Pleroma. Para Plotino, se o verdadeiro eu não é desse mundo, o seu verdadeiro *lugar* não é outro lugar, um mundo supraterrestre ou supracósmico, de que se encontra afastado pelo espaço celeste; o seu lugar é a sua própria essência espiritual, que não é, como o é para os cristãos, um estado original perdido a que só a graça divina nos pode fazer regressar, mas o eu mais profundo, a verdade interior a essa essência.

• ***O uno ou o bem, acto puro, é incognoscível e não pensa***

O Uno é potência activa, princípio e origem de tudo. À tradição pitagórica, Plotino vai buscar a metáfora da nascente e das raízes. As coisas cujo princípio é o Uno são elas próprias Unas, pela manifestação nelas do Uno. Mas o próprio Uno é uma ideia-limite, a de um puro não-ser, impensável. Porquê a Unidade na origem de tudo? O início do Livro 9 da VI *Enéada* marca a originalidade de Plotino em relação a *Parménides*, em que Platão enfatizava a distinção necessária entre a realidade em si e a realidade para nós dos entes, «simultaneamente parecidos e diferentes». Plotino interessa-se pela harmonia interna que faz de cada ente aquilo que ele é. A alma, que dá aos entes a vida, a forma, a harmonia, é apenas mediadora, manifestando uma *unidade* mais profunda, primitiva. Portanto, o Uno já não é uma mera ideia para pensar as relações entre os entes, como em Platão, mas a fonte primordial de onde brotam os entes. E se o Uno é «acto puro», como o compreendeu Aristóteles, não pode ser, ao mesmo tempo, pensamento.

Toda a dificuldade consiste, pois, em compreender a directriz imanente à harmonia de cada ente como um centro indivisível, parecendo esse carácter indivisível ser incompatível com a unidade total, distribuindo-se (IV, 7, 7). «O génio de Plotino é aceitar este paradoxo e ver nele a prova de que o princípio base é o enigma dos enigmas; e é precisamente por ser incompreensível que esse princípio não pode ser banalizado, nem multiplicado» (M. Piclin). Por isso é que lhe chama «o Uno» e o concebe como único. O seu contrário não é o múltiplo, mas o divisível. O contrário do múltiplo não é a unidade, mas a unicidade (*to monakon*, VI, 8, 7). O Uno não pode dividir-se nem multiplicar-se. Só há um Uno e cada ente é um «traço do Uno» (V, 5, 5). O carácter incognoscível do Uno exige a sua não-banalização: é por isso que a doutrina de Plotino, apesar da atracção que exerceu e continua a exercer em todas as filosofias de tipo iluminista ou gnóstico, não é, como as gnoses, uma henadologia policêntrica, que retira o Uno de múltiplos exemplares.

O Uno ou Bem está presente em cada um de nós, por isso não é debruçando-nos sobre o nosso eu que o descobriremos, nem procurando-o noutra vida e noutro mundo, mas ampliando e elevando a nossa consciência individual (I, 4, 10), identificando-nos com o objecto inteligível. Não há convergência no Uno, mas *regresso* ao Uno (III, 8, 9), superação dos limites: «É o êxtase, a simplificação, o acto de transcender-se, um contacto» (VI, 9, 11). A Emanação – ou Processão – atinge, através da vida cósmica, a Conversão ou Regresso ao Uno.

• ***O emanatismo: processão de três hipóstases – o Uno, a Inteligência e a Alma***

Aparentemente, existe uma ambivalência no pensamento plotiniano. Explica a realidade nos termos do racionalismo grego, mas vive obcecado com a ideia da salvação individual, e o seu pensamento atribui-se a uma época de sincretismo, em que se interpenetram diversas influências que pretendem dar um sentido à vida, muitas vezes à custa de um certo rigor: além da herança da filosofia e do cristianismo em expansão, as religiões místicas da época romana («migrações da Alma»), da Caldeia, da Pérsia, da Grécia, das espiritualidades orientais e cristã. Mas esta ambivalência não ensombra a precisão racionalista de Plotino, legível na sua interpretação original do *Parménides*: o diálogo concluía que as duas hipóteses «o uno é» e «o uno não é» são igualmente insustentáveis; Plotino deduz que o Uno é algo de *sui generis*: «Uma vez que o Uno é a natureza que engendra todas as coisas, ele não pode ser uma delas» (VI, 9). Todas as coisas são a imagem do Uno, mas também a sua deformação. Percebe-se melhor a originalidade da ideia de Plotino já que a sua doutrina das três hipóstases resulta na sua totalidade da análise das hipóteses *positivas* do *Parménides*. É nos termos – platónicos, mas também aristotélicos e estóicos – da hierarquia das realidades que Plotino descreve a experiência interior, a «melhor vida» pela qual «me identifico com o Divino»: hierarquia em que a alma humana oscila entre realidades que lhe são inferiores – a matéria, a vida do corpo – e superiores – Deus e a vida intelectual pura. Plotino demonstra racionalmente a existência desta hierarquia: cada nível da realidade exige um correspondente superior – a unidade do corpo exige a unidade da alma que o anima, a da alma exige a vida da inteligência superior que a esclarece, e esta própria exige o Princípio divino.

Este racionalismo, articulado com o pensamento de ordem mística, explica a concepção subtil que Plotino tem da relação do Uno com a Inteligência (ou Espírito): «O Uno não é aquilo que pensa, mas o que torna o pensamento possível» (VI, 9, 6). Uma vez que é luz, o Uno não precisa de *se* ver: «O pensamento é apenas um olho dado a cegos» (VI, 7, 47). O Uno tem de si uma «supra-intelecção eterna», uma consciência não distanciada de ser a energia criadora, sem necessidade de contemplar os entes que cria. «A sua existência consiste em perceber-se a si mesmo.» A segunda hipóstase, a Inteligência (*nous*, o Espírito), é engendrada pela superabundância criadora do Uno, na medida em que permite a diferença, essencial à inteligibilidade. Plotino compara a Inteligência a Saturno que, ao mutilar o Pai, provocou a cisão no Uno (V, 8, 13).

A *Emanação* é a irradiação involuntária do Uno – ou Deus – cuja energia primitiva engendra a energia derivada por «processão», ou seja, pela actualização de um poder que o próprio Uno não actualiza: não há subtracção na interioridade, mas emergência de novos poderes que têm o Uno como objecto.

A primeira energia derivada é a da Intelecção ou Inteligência, intuição simples do primeiro princípio «dele mesmo por ele mesmo» (V, 4, 2; VI, 7, 38). A *Inteligência* tem como característica virar-se para o Uno mas também para si própria. A visão de si não pertence a Deus, mas apenas à Inteligência; todavia, pertence ao divino e aos deuses cujo pensamento é acessível ao homem.

A outra emanação do Uno é a alma, a *psyché* ou *Alma universal*: é ela que faculta a Unidade conferida pela Inteligência, que é, ao mesmo tempo, inteligência e ser. A alma é a multiplicidade ordenada e inteligível das Ideias segundo Platão, modelos eternos dos entes sensíveis, universo dos pensamentos e das relações que constituem a unidade dos espíritos.

As almas humanas, os *Eu* individuais, resultam de uma «ousadia» (*tolma*): separar-se da Alma universal para «apreciar o prazer de possuir uma vida independente» e «de pertencer apenas a si mesmo». Fazem-no por meio de um impulso natural, entrando em corpos convenientes às suas disposições, mas correm o risco de esquecer a sua filiação divina, fascinadas pela beleza dos corpos em que já não sabem reconhecer a sua própria beleza inteligível (V, 1, 1).

A *Natureza* entra na teoria da Alma: a Inteligência cria a Alma do mundo, que origina as almas individuais. No corpo do mundo, numa posição inferior, está contida uma segunda alma, a Natureza, incapaz da contemplação pura da Alma, e que se volta para a matéria, manifesta a sua acção animando o mundo dos corpos sensíveis.

A *Verdade* é a «luz inteligível» que procede do Uno e possui um significado cosmogónico: a irradiação da luz (*perilampsis*) é uma metáfora para exprimir que «tudo procede do Uno». Os cristãos transpõem esta imagem no Deus pessoal, considerado como a única luz inteligível.

A *Felicidade* não deve ser procurada senão na eternidade da vida intelectiva (I, 5), pela qual Plotino radicaliza o platonismo e se opõe às concepções de Aristóteles, de Epicuro* e dos estóicos. Ela culmina no *Êxtase* místico – «ver o deus que não tem forma nem essência» –, êxtase que Plotino, no dizer de Porfírio, apenas conheceu quatro vezes.

No entanto, Plotino rejeita uma experiência puramente religiosa que não seja, ao mesmo tempo, uma sabedoria, uma iluminação da vida quotidiana e da razão em que o sentido do divino se exprima pela prática da *Virtude*, realização activa do Bem. Os gnósticos enganam-se ao crerem-se salvos por natureza, apenas pelo efeito do poder divino: «Deus mais não é do que uma mera palavra sem a virtude, aquilo que faz ver Deus, pelo progresso para a perfeição» (II, 9, 15, 28). E os cristãos erram ao pedir à graça divina a economia do regresso interior ao Princípio, impossível sem ascese intelectual e sem virtude genuína.

- ***Paradoxo da consciência e do eu humano. O vaivém processão-conversão***

O vaivém é incessante entre a *processão* – do Uno à matéria – e a *conversão* ou ascensão, movimento inverso, em que se inscreve a elevação filosófica à origem. Pois, para Plotino, tudo está em tensão; não existe inacção e o êxtase tem mais a ver com o ideal luminoso do que com a promessa de segurança. Com efeito, tudo se joga numa experiência interior e os níveis de «realidade» são níveis do eu, que é inseparável do modelo eterno do eu existente no pensamento divino. O verdadeiro eu, o eu em Deus, é-nos interior e reconhecêmo-lo nas experiências extáticas privilegiadas que revelam que o nosso contacto com o divino nunca foi interrompido, que podemos sempre restabelecê-lo e aprofundá-lo. Contrariamente à tese gnóstica maniqueísta e primária, «não é verdade que a alma esteja mergulhada por completo no sensível, há nela algo que se conserva sempre no mundo espiritual». No entanto, «nem tudo o que se encontra na alma está actualmente consciente»: temos de despertar esses níveis superiores (e inferiores) que descobrimos pelo raciocínio. Se devemos ignorar algo sensível que não é mau em si mesmo, é para tomar atenção de modo a «perceber as grandes coisas que estão presentes na alma». Ora, a conversão não é simples e a sua dificuldade corresponde à *tensão* constitutiva do eu entre consciência e inconsciência, verdadeiro paradoxo do eu consciente.

Não é extraordinário que nos sintamos mais «nós mesmos» quando, ao perder a consciência, nos elevamos a um nível superior? Daí resulta o assombro que nos invade quando saímos do êxtase: quanto mais intensamente vivida é uma actividade, menos dirigimos para ela a atenção da consciência: «Aquele que lê não está necessariamente consciente de que lê, sobretudo se ler com atenção» (I, 4, 10, 21). Da mesma forma, «a consciência parece enfraquecer os actos que acompanha [...]. Sim, no estado de inconsciência, os seres que alcançam a sabedoria têm uma vida mais intensa. Esta vida não se propaga à consciência, mas concentra-se em si mesma no mesmo ponto» (I, 4, 10, 28). O vaivém é essencial entre os níveis da nossa tensão interior, que são *descontínuos*. Resignemo-nos a conservar apenas uma consciência confusa dos momentos de unidade indizível com o Divino; mas aquele que sai do êxtase não deve pensar que perdeu tudo: «Está suficientemente purificado para não se afastar de Deus [...]; ficou a ganhar: tomou consciência de si, de tal forma que tanto que se demarcou de Deus. Mas, voltando-se para o interior, tem então o todo: a consciência e a unidade com Deus» (V, 8, 11, 4). Os níveis «não se anulam uns aos outros: é o conjunto deles, a sua interacção que constitui a vida interior. Plotino não nos convida ao apagamento da personalidade no *nirvana*», mas a conferir todo o seu significado a experiências que nos fazem suspeitar «que a nossa identidade pessoal pressupõe um absoluto indizível do qual ela é, simultaneamente, emanação e expressão» (P. Hadot).

«Plotino nunca é tão profundo como na sua análise da consciência» (M. Piclin): pensar (alguma coisa) e pensar que se pensa (reflexão, consciência) não são duas intuições diferentes: se a Inteligência «vê uma parte de si mesma por meio de outra parte», «quem distinguirá entre ver uma e ver outra? A parte que contempla ou a parte contemplada?» (V, 3, 5). A distinção existe apenas *no pensamento*: «Não é porque se dividiu que o sujeito que contempla vê as coisas que contempla; estas, pelo contrário, já estavam nele antes de qualquer divisão»; a inteligência só conhece alguma coisa na medida em que se conhece a si própria. Multiplicar os princípios divinos, como o fazem alguns gnósticos (tradição de Valentino, que afirma duas Inteligências, uma que pensa sem consciência e a outra que, consciente, descende na alma, e em *éons* múltiplos, II, 9, 1), significa não compreender que a Inteligência e o Inteligível nascem conjuntamente, a partir da sua relação com o Uno – que «não pensa, mas pelo qual existe pensamento».

É por isso que Plotino refuta o princípio platónico que coloca as Ideias numa posição superior à Inteligência: «a inteligência pode conhecer verdadeiramente sem estar sujeita a esquecer ou a procurar em seu redor» (III, 9, e V, 5); «a verdade não é conformidade com outra coisa, mas consigo própria; ela apenas se refere a si mesma» (V, 3 – *verum index sui* antes de Espinosa*). Tal como Saturno que conserva os filhos que devora, a Inteligência está repleta de coisas engendradas, ela é a vida primeira; nela «a inteligência contempla a luz inteligível que difunde o Primeiro princípio». É «uma luz que vê em si outra e que, por conseguinte, se vê a si própria», enquanto a alma, tal como a Lua, apenas tem uma luz emprestada. Por isso o Uno não é ideia, mas acto; se fosse uma Ideia, faria parte do Inteligível, mas este não pode transcender a Inteligência. Uma tal transcendência só pertence ao Uno.

É claro que Plotino se opõe também à concepção de Aristóteles, que atribui contraditoriamente ao Motor Imóvel um conhecimento do eu: o conhecimento que implica a dualidade, a identidade na diferença (*èn polla*, V, 1) não pode pertencer ao primeiro Princípio, à origem, à primeira hipóstase ou Deus, mas apenas à Inteligência. Ao mesmo tempo, Aristóteles não compreende a riqueza da Inteligência divina que, para ele, é a pura reflexividade vazia do Motor (*pensamento do pensamento*). A contemplação pressupõe um objecto múltiplo, senão é vazia: as Ideias são o próprio objecto da Inteligência divina – e não meros modelos para um Demiurgo (V, 3, 10).

- ***Fim do dualismo antigo. Beleza da Inteligência na vida. Metáfora do hieróglifo***

Plotino vê a Inteligência, que contém as ideias dos seres particulares, todos eles originais (V, 7, 1-2), como uma unidade de múltiplos, da qual emerge toda a grande diversidade dos inteligíveis: «Todas as coisas estão nela repletas de vida e em ebulição [...]; ela tem todas as qualidades tácteis e também todas as que são captadas pelo ouvido. Nela tudo é melodia, tudo é ritmo» (VI, 7, 12, 22). Também é preciso saber olhar o mundo sensível – «ampliar a visão através de uma visão do espírito», não esquecer, como o preguiçoso face à beleza, de se perguntar «de que beleza virá aquela beleza» (II, 9, 16). «Tal como os homens no alto das colinas cujo solo é dourado de luz são banhados por essa luminosidade e ganham as cores do solo que pisam», no universo sensível percebido como mundo de Formas puras, os que contemplam a beleza e a luz «tornam-se seres belos» (V, 8, 10, 26). Cada um tem tudo em si e vê tudo nos outros: «Tudo está em todo o lado, tudo é tudo, cada um é tudo; o esplendor não tem limites» (V, 8, 4, 4). Igualmente, o facto de não se fixar num termo pertence à essência do pensamento porque «se pára, já não pensará mais» (V, 3, 10).

O mundo material não é senão a visibilidade das formas e explica-se por elas. Mas elas são as suas próprias razões, na medida em que são as partes *vivas* (VI, 7, 2, 19) de um mundo que é como um organismo único diferenciado, que tem em si a sua razão de ser, a sabedoria imanente «que não é adquirida pelo raciocínio, porque é sempre incorrupta, sem faltas, e que apenas exige a procura reflectida» (V, 8, 4, 36). Esta sabedoria não é feita de teoremas, «mas é total, é uma unidade» (V, 8, 5, 5). Plotino compara a totalidade orgânica composta por cada Forma ao *hieróglifo*, que exprime imediatamente o seu sentido. O hieróglifo é constituído por «imagens, cada uma é uma coisa designada», e por meio do qual «os sábios do Egipto desenham as coisas com sabedoria». «Cada signo gravado é, pois, uma ciência, um conhecimento, uma coisa real compreendida de forma imediata, e não um raciocínio ou uma deliberação» (V, 8, 6, 1). «Pode dizer-se que as formas plotinianas são hieróglifos que se desenham a si próprios. Assim, a teoria platónica das Ideias metamorfoseia-se em intuição do mistério da Vida», actividade formadora, simples e imediata, irredutível a todas as análises, forma que se forma a si mesma, um saber imediato que atinge a perfeição naturalmente. É na fonte plotiniana que beberão os filósofos modernos da vida (Goethe, Bergson*)» (P. Hadot).

«A natureza contempla»; «A matéria tem como causa a razão» (III, 2, 15): estas fórmulas ganham um novo sentido no mundo antigo. A todos os níveis, a *vida* é contemplação. É o que proclama a Natureza, princípio da vida dos corpos, na bela Prosopopeia do Livro III 8 (8, 4, 1): «Nascido da contemplação, tenho um gosto natural pela contemplação». Contra a tese gnóstica e contra o antropomorfismo do *Timeu* que o inspira, Plotino não faz do mundo sensível a obra de um artífice (racional e reflexivo): o nosso mundo não está separado do mundo espiritual; é o mesmo mundo, mas a um nível diferente. Descobrimos nele uma unidade geral e presente em cada parte, um *mundo de formas* («Não é sempre uma forma que nos inquieta?»), o mundo sensível livre das condições materiais, reduzido à sua «beleza», ao seu depuramento inteligível que transparece no sensível: como terá um Demiurgo procedido para produzir «esta maravilhosa variedade» que existe «em cada ser vivo»! Não foi por as coisas terem de ser assim que se decidiu, após deliberação, a fazê-las assim, mas é por elas serem como são que estão bem (V, 8, 7, 1--40). A Natureza produz organismos, cópias de formas, por meio de uma arte imediata, contemplando apenas os seus modelos, aquilo que a alma, a terceira hipóstase, «espírito de vida», a faz ver do mundo das formas. A própria alma contempla o mundo das formas, que abandona muitas vezes pelo raciocínio, pela especulação, pela acção «que é uma sombra da contemplação e da razão [...], por causa da fraqueza [das] almas», mas aquilo que, na verdade, elas procuram sempre é «ver» através dos olhos da inteligência (III, 8, 4, 33) e mais não fazem do que procurar aquilo que é dado imediatamente pela contemplação: a visão da Beleza, do mundo das formas que se contemplam, ao mesmo tempo modelo e produto num único acto inteligível.

Só uma forma se contempla, o pensamento divino, a beleza em si do *Banquete* de Platão, ou seja, a Inteligência: «Sim, a Inteligência é bela; é a mais bela de todas as coisas [...]; envolve a natureza de todos os seres. O nosso mundo sensível, tão belo, mais não é do que uma sombra ou uma imagem dela [...]; a admiração colhe aquele que a vê, que penetra nela e a ela se une como deve» (III, 8, 11, 26). «Como deve» significa: «tornando-se ele mesmo contemplação [...] tornando-se ele mesmo esse mundo das Formas», indo para além da distinção entre percepção exterior e interior.

O «desprezo pelo corpo» não é, portanto, a rejeição do mundo sensível. É verdade que «esta época tem repugnância pelo corpo. Esta seria uma das razões da hostilidade pagã para com o mistério da Encarnação» (P. Hadot). «Como admitir que o divino se tenha tornado embrião, que, depois do seu nascimento, tenha sido envolvido por faixas, todo sujo de sangue, bílis – e de pior ainda?», dirá Porfírio, discípulo de Plotino (*Contra os Cristãos*, frag. 77). Plotino continua pagão quando pensa a tensão entre a carne e a beleza; não denigre o mundo em proveito de uma personalidade (um Cristo) que pretendia ser mais do que o mundo. Só a Alma universal é imortal e a única esperança de imortalidade pessoal é juntarmo-nos a essa alma do mundo.

A influência do neoplatonismo foi considerável. J. Brun indicou tudo o que separa a mística plotiniana da manifestação da mística cristã, ligada à Revelação e à Encarnação. Todavia, a sabedoria plotiniana será uma das maiores fontes da orientação mística ocidental e árabe na filosofia e o neoplatonismo surge historicamente como a mediação entre os pensamentos antigo e medieval. Através de Dionísio, o Aeropagita, discípulo de Proclo, Plotino influenciou todas as formas ulteriores da mística cristã (místicos renanos, como Mestre Eckhart, Tauler) «e a maioria das formas tomadas pela teologia cristã clássica [...]. É impossível compreender a evolução posterior da teologia cristã sem algum estudo do neoplatonismo, última tentativa do paganismo para se apresentar como teologia filosófica, sendo esta forma de reflexão, aos olhos dos Antigos, simultaneamente a ciência e a existência» (P. Tillich). Note-se que João Escoto, conhecido por «Erigena», no século IX (810-870), o primeiro dos escolásticos, foi também o último dos neoplatónicos – que reinventou o *Parménides* então perdido. O pensamento árabe estava impregnado de neoplatonismo e, enquanto Avicena preferia a dimensão mística da Alma, voltando-se para o Oriente, Averróis* aprofundava a ligação entre a Inteligência e o Inteligível, fornecendo ao Ocidente cristão o essencial da problemática medieval.

Além disso, o emanatismo podia articular-se com as concepções panpsíquicas do universo, herdadas do estoicismo, cuja influência persistente se fez sentir na Renascença, particularmente no século XVI, com Nicolau de Cusa, que traduziu Plotino para latim, Paracelso, Giordano Bruno, Campanella, Dante, que adoptou a concepção plotiniana da Beleza (cara aos românticos ingleses e alemães), e na primeira parte do século XVII (crítica do dualismo cartesiano por Espinosa, realismo dinâmico de Malebranche*, de Leibniz*, etc.).

☞ **Conceitos-chave e termos relacionados:** Absoluto, Alma, Belo, Contemplação, Deus, Emanação (*cf.* Luz), Emanatismo, Energia, Eternidade, Eu, Êxtase, Felicidade, Filosofia, Gnose, Hipóstase, Inteligência, Inteligível, Interioridade, Interiorização, Luz (- inteligível), Misticismo, Monismo, Neoplatonismo, Perfeição, Sabedoria, Transcendência, Unidade, Uno, Verdade, Vida, Virtude, Visão.

☞ **Autores**
Aristóteles, Averróis, Platão.

☞ **Bibliografia**
E. Bréhier, *La Philosophie de Plotin*, Vrin, 1968.
J.-C. Fraisse, *L'Intériorité sans retrait. Lectures de Plotin*, Vrin, 1985.
P. Hadot, *Qu'est-ce que la philosophie antique?*, «Folio», Gallimard, pp. 243-264.

POPPER, Karl (1902-1994)

Karl Popper subverte todos os grandes princípios da epistemologia clássica e propõe um novo método científico e uma nova teoria do conhecimento. Frequenta o Círculo de Viena* cujos princípios fundamentais põe em causa: critério de verificabilidade, princípio da indução, noção de certeza e de evidência científica. Propõe à epistemologia contemporânea princípios inteiramente novos como a «falsificabilidade» e a «falibilidade» (os únicos critérios decisivos, embora negativos, de cientificidade). Afirma o carácter conjectural do conhecimento científico que, sendo objectivo e tendo um alcance ontológico, se desenvolve através de aproximações sucessivas.

Tanto a sua filosofia política como a sua filosofia da história são feitas à imagem da sua epistemologia: contra a clausura do historicismo, reivindica uma sociedade e um futuro livres.

Nascido em Viena, aí fez os seus estudos superiores de Matemática, Física e Filosofia. Em 1928, obtém o doutoramento em Filosofia. Forçado pelo regime nazi a deixar a Áustria, refugia-se na Nova Zelândia onde lecciona Filosofia e permanece até 1945. Graças à amizade do seu compatriota, o economista Hayek, consegue uma cátedra de Lógica e de Metodologia das Ciências na London School of Economics. Leccionou também em várias universidades americanas. Durante toda a sua carreira, participou em numerosas polémicas e distinguiu-se como figura controversa.

☞ **Obras** (os títulos em português correspondem à tradução dos títulos em francês e não dos originais)**:**
Miséria do Historicismo (1944-1945); *A Sociedade Aberta e os Seus Inimigos* (1945); *Lógica da Descoberta Científica* (1959); *Conjecturas e Refutações* (1963); *O Conhecimento Objectivo* (1972); *A Busca Incompleta* (1976); *O Futuro Está em Aberto* (1982); *O Realismo e o Fim da Ciência* (1983), *O Realismo e a Ciência* (1990).
[Nas Edições 70: *O Conhecimento e o Problema Corpo-Mente*; *O Mito do Contexto*; *A Vida é Aprendizagem*.]

• *O critério decisivo da cientificidade: a falsificabilidade*

Para a epistemologia clássica e para os defensores do empirismo lógico, aquilo que não é dedutível analiticamente nem verificável, deve ser excluído da ciência.

Segundo Popper, o importante não é saber quando e em que condição uma teoria é verdadeira, mas onde se situa a demarcação entre ciência e não ciência, em particular entre a ciência autêntica, a de Newton, aperfeiçoada e corrigida por Einstein, e as ideologias como o marxismo ou a psicanálise. Será que existe um critério capaz de estabelecer o estatuto científico de uma teoria ou de um enunciado? Para Popper, a *verificabilidade*, critério de cientificidade para a epistemologia clássica e para o empirismo lógico e que designa a possibilidade de uma hipótese ou uma teoria ser confrontada com a experiência e confirmada ou infirmada por factos precisos, não pode assegurar a validade de uma teoria científica, pois as teorias ditas verificadas sucedem-se e opõem-se sem, porém, serem infalíveis. Em contrapartida, aquilo que caracteriza um enunciado metafísico ou pseudocientífico não é tanto a impossibilidade de o submeter à verificação, mas a sua *infalibilidade*, ou seja, a impossibilidade de estabelecer um protocolo de experiência capaz de o refutar. Um enunciado metafísico ou ideológico não é nem demonstrável nem refutável. Pelo contrário, o que define a cientificidade é a falibilidade. Para Popper, uma teoria é considerada científica se for falsificável.

A *falsificabilidade*, no sentido entendido por Popper, designa a capacidade de uma teoria científica se submeter a um rigoroso método crítico, que implica testes experimentais cruciais capazes de a refutar. Um enunciado é dito «falsificável» se for possível estabelecer a sua incompatibilidade com enunciados de base ou resultados de observações precisas: «Uma teoria que não seja refutável por nenhum resultado que se possa conceber é desprovida de carácter científico. Para as teorias, a irrefutabilidade não é (como normalmente se imagina) uma virtude, mas um defeito. Pôr à prova uma teoria através de testes constitui uma tentativa de demonstrar a sua falsidade (*to falsify*) ou de a refutar. Poder ser testada é poder ser refutada.» Quanto às provas positivas, ou seja, aquelas que «fornecem confirmação», não são, na realidade, senão tentativas falhadas de refutação.

A testabilidade foi sugerida a Popper por Einstein: «Aquilo que mais me impressionou foi o facto de ele considerar a sua teoria insustentável se não resistisse à prova de determinados testes», diz Popper ao falar de Einsteio.

• *O mito da indução*

Popper faz remontar a Bacon* o erro da epistemologia clássica e do empirismo lógico que baseia a investigação científica na *indução*. Ora, esta, inferência que procede por generalização a partir de enunciados singulares – resulta-dos de um número extenso de obser- vações ou de experiências – para concluir enunciados universais – leis ou teorias –, não assenta, segundo Popper, em qualquer fundamento, empírico ou *a priori*. A indução «não pode ser uma verdade puramente lógica como uma tautologia ou um enunciado analítico da lógica dedutiva» (*Lógica da Descoberta Científica*), porque se considera que se funda na experiência. Portanto, baseia a verdade em enunciados sintéticos sempre fortuitos.

É verdade que Kant*, ao fazer do princípio de indução uma categoria do entendimento – o princípio de causalidade –, pensou fornecer uma justificação *a priori* dos enunciados sintéticos. Mas o seu «engenhoso ensaio» não é conclusivo, pois os enunciados sintéticos não têm outro fundamento senão o hábito, como Hume* tinha demonstrado magistralmente.

Segundo Popper, o resultado das experiências está sempre ao nível dos enunciados singulares: acredita-se, erradamente, que a verdade dos enunciados universais é conhecida pela experiência (é o caso do empirismo) ou que ela é uma necessidade *a priori* do entendimento (como o pensava Kant). Mas, por maior que seja o número de observações sobre o qual se apoia a indução, a conclusão que transcende todas as observações continua a ser sempre conjectural. «Está longe de ser evidente, numa perspectiva lógica, que possamos inferir enunciados universais a partir de enunciados singulares por mais numerosos que sejam; qualquer conclusão retirada desta forma pode sempre, com efeito, ser falsa; pouco importa o grande número de cisnes brancos que possamos ter visto, isso não justifica a conclusão de que *todos* os cisnes sejam brancos.»

Popper conclui então que a indução é um mito: «Não há indução porque as teorias universais não são deduzíveis de enunciados singulares», embora possamos *a priori* refutá-las através de enunciados singulares «porque podem contrariar descrições de factos observáveis» (*A Busca Incompleta*). A indução não tem, portanto, qualquer validade científica.

• ***Uma ciência conjectural***

A ideia de um método que permita aceder ao verdadeiro de forma definitiva é utópica. Segundo Popper, *o método científico* caracteriza-se, simultaneamente, pelo seu carácter inventivo, pela audácia das suas respostas e pela função negativa e crítica, que submete as suas hipóteses apenas ao critério de refutabilidade.

Este método procede por tentativas e erros, conjecturas e refutações. Por um lado, prediz, antecipa, conclui por vezes a partir de uma só observação, enuncia leis e estabelece teorias sem passar por verdadeiras provas porque a indução é um mito. É impossível estabelecer com rigor se essas conjecturas são verdadeiras ou mesmo se são verificáveis. Popper rejeita a lógica da probabilidade porque uma hipótese não pode ser uma sequência de enunciados de facto. A ciência arrisca, aposta no improvável, ou seja, no que está mais distante do já conhecido.

Mas, ao mesmo tempo, o método é crítico, uma vez que o único critério decisivo é o critério de refutação. É o rigor dos testes que determina o grau de corroboração das conjecturas e não o número de casos que confirma a hipótese. Só as teorias que oferecem maior resistência aos testes podem ser as melhores aproximações da verdade. Estamos, com Popper, numa epistemologia do grau. Uma vez que a corroboração das hipóteses é sempre provisória, é o seu grau de refutabilidade que preside à escolha.

Portanto, as *teorias* não são certezas adquiridas definitivamente num processo cumulativo, mas enunciados conjecturais, sempre passíveis de revisão e que constituem a ciência provisória, a verdade temporária.

• ***A ciência: um conhecimento aproximado que pressupõe uma ontologia realista***

Ao mesmo tempo que Popper afirma o carácter conjectural de qualquer teoria, admite o carácter objectivo da ciência e «a autonomia do mundo». A ciência não tem uma base infalível, quer se trate dos sentidos ou da razão. Tal como para Bachelard*, a ciência progride por correcções e aproximações sucessivas, por erros corrigidos, mas, no entanto, progride.

Assim, a epistemologia requer a existência de uma realidade independente do sujeito cognoscente. A verdade de uma teoria mesmo aproximada depende desta realidade porque o real é o que resiste à nossa acção. A capacidade de uma teoria sobreviver às tentativas de refutação mais não faz do que demonstrar essa opacidade e resistência do real. A verdade não está, pois, na origem. É o limite assimptótico de um processo sem fim, de uma aproximação cada vez maior ao real.

• ***O indeterminismo e a criatividade do universo***

O realismo ontológico do universo traduz-se na irredutibilidade da dimensão temporal, que o modelo laplaciano do *determinismo universal* tinha rejeitado: com efeito, Popper recusa o postulado de Laplace segundo o qual o universo seria totalmente transparente para uma mente que, num dado instante, conhecesse todas as forças que animam a natureza e as situações respectivas dos seres que a compõem. Laplace afirma que, para uma inteligência superior, «nada seria incerto, e o futuro e o passado estariam perante os seus olhos», o que pressupõe uma negação total de qualquer mudança ou novidade. Ora, para Popper, o «demónio» de Laplace que poderia calcular e prever toda a evolução do universo não é mais do que um mito. Com efeito, estabelece que nenhuma máquina pode prever na totalidade o seu saber futuro, logo a sua influência sobre o mundo. Um mundo que comporta a representação de si próprio não pode ser um mundo fechado. O universo é parcialmente aberto porque parcialmente indeterminado. Note-se que o indeterminismo, em Popper, apenas tem um significado metafísico, a saber, o questionar do modelo laplaciano, e que não significa de todo a rejeição do determinismo entendido como regra metodológica: «a decisão do cientista de nunca pôr fim à procura das leis.»

Mas o indeterminismo não basta para explicar a criatividade do universo. Em *O Universo Incerto*, Popper desenvolve a sua tese dos três mundos:

– por mundo 1 entende o mundo da física, da química e da biologia e do conjunto dos fenómenos naturais;

– por mundo 2, o da consciência;

– por mundo 3, o conjunto das produções do espírito humano, o mundo da cultura e das invenções científicas, das obras de arte, dos valores éticos, etc.

Estes três universos frustram, em graus e níveis diversos, a antecipação racional. Ora, «a criação de uma obra original não pode ser prevista». Além disso, o mundo 3 pode agir sobre o mundo 1 no qual introduz, então, a mudança e a novidade por intermédio do mundo 2: «O homem faz certamente parte da natureza, mas, ao criar o mundo 3, transcende-se a si mesmo e à natureza tal como ela era antes dele.»

• ***O processo do historicismo e a sociedade aberta***

Em Popper, a filosofia política e a filosofia da história são pensadas à imagem da sua epistemologia. Às perguntas basilares (p. ex., «Em que princípios assenta o saber? Quem deve deter a soberania, o filósofo, o povo, a elite ou o proletariado?»), Popper contrapõe a do controlo institucional dos dirigentes. Desmistificando qualquer tentativa utópica de estabelecer a forma ideal da futura sociedade, defende um reformismo sem ilusões.

Mas Popper subverte igualmente a reflexão sobre a história ao pôr em causa o historicismo. Por *historicismo*, deve entender-se todas as doutrinas que afirmam a evolução necessária do devir humano, a sua orientação para uma direcção determinada, a sua subordinação a um plano global. Trata-se em geral de explicações monistas que assentam num único princípio (p. ex., as forças produtivas em Marx*). No sentido restrito e numa forma aparentemente mais científica, o historicismo atribui às ciências sociais a missão de descobrirem, no devir histórico, as leis necessárias de sucessão que tornam possível a previsão exacta da evolução futura das sociedades.

Em todos os casos, segundo Popper, o historicismo não tem qualquer direito ao estatuto de ciência e associa-se às construções utópicas das sociedades ideais. Para além disso, esse projecto não só é quimérico como também inquietante, porque qualquer ideologia globalista, que é um sistema fechado, traz em si os germes do totalitarismo. O historicismo que pretende explicar a mudança é, de facto, uma forma de adesão ao conservadorismo: «Tudo parece passar-se como se o historicismo tentasse consolar-se da perda de um mundo imutável ao acreditar que a mudança pode ser prevista porque é regida por uma lei imutável» (*Miséria do Historicismo*, p. 200 e *ss.*).

À clausura da perspectiva histórica, Popper opõe a via de uma sociedade e de um futuro abertos, que escapa a qualquer fatalismo. Partindo do princípio de que nenhuma totalidade pode ser objecto de estudo da ciência, recusa as leis globais do devir histórico. «Qualquer lei [...] deve ser testada noutros casos antes de poder ser considerada seriamente pela ciência, mas não podemos esperar testar uma hipótese universal nem descobrir uma lei natural aceitável pela ciência se estivermos reduzidos para sempre à observação de um só e único processo» (*Ibidem*, p. 137).

Na história, apenas se pode aceder a domínios fragmentários e a conhecimentos parcelares; Popper associa-se aqui ao ponto de vista do *individualismo metodológico* que considera a história como o resultado de interacções dos comportamentos individuais.

A visão popperiana da história revelou-se profética ao anunciar as mutações do nosso tempo. Com efeito, vimos desfazer-se progressivamente, no século XX, a pretensão da Europa e, depois, do comunismo de realizar a história do mundo.

☞ **Conceitos-chave e correlatos:**
Determinismo universal, Falsificabilidade, Historicismo, Individualismo, Indução, Infalibilidade, Interaccionismo, Método científico.

☞ **Autores:**
Bacon, Bernard, Hegel, Hume, Marx.

☞ **Bibliografia**
R. Bouveresse, *Karl Popper*, Vrin, 1978; *Karl Popper et la science d'aujourd'hui*, Aubier, 1989.
A. Boyer, *Introduction à la lecture de Karl Popper*, PENS, 1994.

PRÉ-SOCRÁTICOS, os

O pensamento pré-socrático representa uma das matrizes da cultura ocidental, a emergência da filosofia na Grécia, o advento do *logos* como princípio de ordem e inteligibilidade, a sua vitória sobre o *mythos*. Formula os grandes temas que vão ocupar a filosofia ocidental: a procura dos princípios (Tales, Anaximandro, Anaxímenes, Heraclito*, os atomistas); a exigência de inteligibilidade matemática (Pitágoras); o problema do uno e do múltiplo, do ser e do não-ser (Heraclito e os Eleatas); a importância do discurso contraditório (Zenão, considerado por Aristóteles* como o inventor da dialéctica); a arte da retórica e da discussão metódica (os sofistas*). Mas deve evocar-se também o sentido da observação da natureza, o interesse pelo real em oposição às ficções míticas impregnadas de divino e sobrenatural, razões que fazem dos «físicos» pré-socráticos os precursores da ciência.

Designa-se pelo termo «pré-socráticos» os primeiros filósofos da Magna Grécia, aqueles cujo pensamento é anterior ao ensino socrático em Atenas. A filosofia nasceu na Jónia (Ásia Menor) no início do século VI a.C. e, quando a cidade de Mileto é destruída em 494, onde a filosofia florescia, esta expande-se para o Sul de Itália e para a Sicília, com os Eleatas e o pitagorismo, e, por fim, para Abdera, na Trácia, com Demócrito* e os atomistas. Os sofistas eram filósofos itinerantes.

Os filósofos pré-socráticos dividem-se em cinco escolas: a escola de Mileto; a de Pitágoras; a de Eleia; a escola atomista de Abdera e a dos sofistas contemporâneos de Sócrates*. A estas deve acrescentar-se filósofos isolados como Heraclito de Éfeso, Empédocles de Agrigento e Anaxágoras de Clazómenas.

O que é comum a todos estes pensadores é, desde logo, a sua imensa curiosidade, a sede de conhecimento tanto sobre a explicação dos fenómenos naturais como as questões sobre a origem do mundo e dos seres, da alma, da sensação, da razão; mais precisamente, põe-se em questão se o mundo terá um fim ou não, quem preside à sua ordenação, etc. A noção de *filosofia*, tal como foi introduzida por Pitágoras, designa tanto a investigação da ciência como a ontologia e as questões relativas à sabedoria. Assim, ao contrário dos mitos que fornecem respostas prontas a questões que não são colocadas de forma explícita, o advento da razão caracteriza-se por um pensamento essencialmente interrogativo, e este questionamento apresenta-se sob várias formas.

• *A procura da* **arché**

Arché designa a origem, o começo, o primordial; mas como nada vem do nada, é o elemento indiferenciado, primordial, o material único de onde tudo procede. Designa igualmente, já no sentido aristotélico, o princípio, o elemento fundador da explicação causal.

Três filósofos sucederam-se em Mileto, a cidade mais próspera da Ásia Menor:

– **Tales** foi o primeiro a introduzir o tema da *arché*. A água é, para este filósofo, a forma primordial da realidade.

– **Anaximandro**, aluno e amigo de Tales, vai mais longe na abstracção, vendo na *arché* não um princípio material, mas o *ápeiron*, o ilimitado, o infinito, de onde derivam, através de uma série de trocas mútuas, os elementos materiais como a terra, a água e o fogo.

– **Anaxímenes**, seu aluno, volta a dar à *arché* o sentido de princípio material, fazendo do ar o meio original da Terra e dos astros, assim como o material da alma e do pensamento.

– Quanto a **Heraclito**, de Éfeso, fez do fogo o princípio único e constitutivo de todas as coisas.

• *O primado da inteligibilidade com o pitagorismo*

A partir de 494 a.C., a vida intelectual desloca-se para as colónias da Magna Grécia e da Sicília. **Pitágoras** irá desenvolver a filosofia do número e **Xenófanes** fundará o Eleatismo. Pitágoras, nascido em 570 a.C., é conhecido principalmente por ter fundado uma seita de tipo órfico cujo objectivo era ensinar um ritual de purificação mantido secreto pelos iniciados. Também é conhecido pela sua doutrina da transmigração das almas: a alma, prisioneira no seu corpo como se fosse um túmulo, está destinada, depois de um julgamento, a numerosas reencarnações em corpos de homens ou de animais. Mas o que constitui a sua originalidade e o distingue das seitas órficas é a sua exigência de inteligibilidade matemática e as suas investigações na geometria e na aritmética. O *pitagorismo* é, deste modo, a concepção segundo a qual o número é o princípio de todas as coisas. A ele se deve a representação do número não linear mas figurativa, a aritmética aplicada à astronomia, à música e à arquitectura, uma mística do número: os números-figuras são os princípios (*arché*), a origem e a raiz de todas as coisas, e a Década (10 = 1+2+3+4) é um número divino que contém o fluxo eterno da criação.

As figuras mais relevantes da escola pitagórica são:

– **Alcméon de Crotona** é considerado o primeiro a ter descoberto dez princípios que formam duas séries paralelas e opostas: limitado/não limitado, luz/sombra, em repouso/em movimento, direita/esquerda, ímpar/par, bem/mal, recto/curvo, macho/fêmea, uno/múltiplo, recto/rectângulo.

– **Filolau de Crotona** (final do século V), a quem se deve descobertas nos domínios da música (tom maior, sustenido), matemática, geometria aplicada e astronomia.

– Pode relacionar-se com o pitagorismo o pensamento de **Empédocles de Agrigento** (século V a.C.) cujo Uno primitivo está, tal como o número pitagórico, submetido ao domínio do par e do ímpar: desta dissociação procedem as mónadas numéricas que constituem os seres materiais, formados pelos quatro elementos, fogo, ar, água e terra, ou «quádrupla raiz». Qualquer mudança acontece quer por combinação, quer por dissociação; a discórdia é o princípio de dissociação e o amor é o princípio de reunificação (*cf. Empédocle* I, II, III, Gallimard, «Tel», 1992).

• ***O uno e o múltiplo, o ser e o não-ser***

Ao positivismo jónico, intuitivo, baseado no sensível e na experiência, opõe-se o racionalismo de Pitágoras, certamente, mas também o do Eleatismo, pouco inclinado para a experiência directa, procurando construir o real pelo pensamento e substituindo os princípios materiais dos físicos jónicos pela única realidade que pode ser pensada: o *Ser* uno, eterno, incriado, indestrutível e imóvel.

– **Xenófanes**, nascido cerca 580 a.C., prenuncia os Eleatas e Parménides*. A física jónica interessa-lhe menos do que a actividade da razão que não se satisfaz com crenças e superstições. Espírito crítico, insurge-se contra as representações antropomórficas dos deuses, as fantasias míticas de Homero e de Hesíodo. Contra o politeísmo, afirma a existência de um *Deus único*, em nada semelhante aos homens, eterno, imóvel, incorpóreo e esférico, que governa todas as coisas pelo poder da sua inteligência.

O Uno de Xenófanes irá inspirar **Parménides*** (primeira metade do século V a.C.), a grande figura da escola eleata e fundador da ontologia. A reformulação de Parménides consiste em opor o uno e o múltiplo, o ser e o devir representado por duas vias, a da *noesis*, conhecimento intelectual, e a da opinião ou da sensação que se difunde e conduz à cosmogonia jónica. A oposição destas duas vias é o ponto de partida de toda a dialéctica filosófica na Grécia.

Parménides teve como aluno **Zenão de Eleia** (ca. 490 a.C.). Aristóteles considera-o o pai da *dialéctica*, arte de refutar o adversário adoptando a sua tese, ou seja, partindo dos princípios por ele admitidos, para chegar a conclusões contraditórias. Zenão é célebre pelos seus *paradoxos* ou *aporias*, raciocínios cuja conclusão contradiz as premissas e que visam apoiar a tese de Parménides ao mostrar, através das contradições dos seus adversários, a impossibilidade do movimento. Assim é o argumento fundado na dicotomia:

partindo do princípio de que uma grandeza é composta por uma infinidade de pontos, a impossibilidade do movimento é concluída pelo facto de o móvel ter de chegar primeiro ao meio do trajecto antes de chegar ao seu termo. Da mesma forma, Aquiles não pode apanhar a tartaruga porque ele atingirá sempre o ponto de onde ela já partiu, e assim infinitamente, uma vez que a distância entre ele e a tartaruga será sempre composta por uma infinidade de pontos. Pode ver-se aqui a relação próxima existente entre os paradoxos e a dialéctica como método de argumentação contraditória.

– Os *atomistas*: **Leucipo** foi o primeiro, seguido de **Demócrito***. Fiéis ao eleatismo, reconhecem um único princípio, o Ser. Mas, como discípulos de Zenão, afirmam que este Ser é necessariamente múltiplo. Assim, *atomismo* designa a desagregação do Ser numa infinidade de partes eternas e indivisíveis, que só podem ser separadas entre si pelo não-ser, ou seja, o vazio. O atomismo é uma teoria materialista que admite a existência de dois princípios: os átomos e o vazio, que correspondem ao Ser e ao não-ser.

– **Anaxágoras**, contemporâneo de Zenão e Leucipo, nasceu em Itália cerca do ano 500 a.C e foi para Atenas por volta de 462. Recusa, por um lado, o atomismo – o elemento mais pequeno não existe e o ser é divisível até ao infinito – e, por outro, o imobilismo de Parménides – o ser mais não é do que fusões e desagregações. Propõe uma nova solução para o antagonismo entre a cosmogonia jónica e o eleatismo. Admite, tal como Parménides, que não há criação ou degradação: «Nada nasce ou é destruído, há uma fusão e desagregação das coisas que existem.» No entanto, tal como os físicos jónicos, Anaxágoras é sensível à infinita diversidade das coisas. O problema consiste, então, em explicar a mudança. Vemos uma coisa derivar de outra. Como é isso possível se não há realmente geração? Anaxágoras responde que o produto existia já no criador e que a produção é apenas separação a partir da fusão primitiva. Anaxágoras professa a teoria segundo a qual o infinito – ou amálgama infinitamente grande – é o primordial, e a *cosmogonia* – ou produção de qualquer coisa – mais não é do que um processo contínuo de desagregação. Porém, coloca-se outra questão: neste infinito perfeitamente homogéneo, qual será a causa do movimento? Um corpo não se move por si só; apenas uma causa exterior à fusão pode produzir o movimento e a desagregação. Para Anaxágoras, a causa da mudança é o *intelecto*. O *nous*, eterno, puro, simples e evidente, é o princípio de desagregação.

☞ **Conceitos-chave e termos relacionados:**
Atomismo, Cosmogonia, Dialéctica, Deus, Elemento, Erística, Intelecto, Paradoxo, Pitagorismo, Princípio, Retórica, Sofística.

☞ **Autores:**
Aristóteles, Demócrito, Heraclito, Lucrécio, Parménides, Platão, Sócrates, Sofistas (Górgias, Protágoras).

☞ **Bibliografia**
J.-P. Dumont, *Les Présocratiques*, «La Pléiade», Gallimard, 1988; *Les Écoles présocratiques*, «Folio Essais», 1995.
A. Jeannière, *Les Présocratiques*, Seuil, 1987.
G. S. Kirk *et al.*, *Les Philosophes présocratiques*, Cerf, 1995.
J.-F. Mattéi, *La Naissance de la raison en Grèce*, PUF, 1990.
F. Nietzsche, *Les philosophes préplatoniques*, Éd. de l'Éclat, 1994.
[J. Brun, *Os Pré-socráticos*, Edições 70.]

PRIGOGINE, Ilya (1917)

Químico russo naturalizado belga, professor na universidade livre de Bruxelas e, a partir de 1967, na universidade do Texas, em Austin. Prémio Nobel da Química em 1977 pelas suas pesquisas em termodinâmica (campo interdisciplinar, incluindo química, biologia, física e cosmologia) sobre as situações de não-equilíbrio e estados de ruptura – que ajudaram ao progresso da ciência do «caos» e das teorias da complexidade. Enquanto a termodinâmica se interessava apenas pelos sistemas fechados (sem troca de energia com o exterior) e pelo equilíbrio (definível por grandezas estatísticas, como a temperatura), Prigogine, na termodinâmica dos sistemas sem equilíbrio, mostrou que nos meios muito desordenados podem surgir e persistir «estruturas dissipativas» de não-equilíbrio – processos caracterizados por um tempo unidireccional –, fenómenos de autoconservação fora de equilíbrio, inúmeros em biologia. Podia agora explicar-se a formação da ordem a partir da desordem ou da ruptura de ordens.

☞ **Obras:**

Três obras elaboram, em colaboração com Isabelle Stengers, filósofa das ciências, as implicações filosóficas e culturais dos recentes progressos científicos: *La Nouvelle Alliance* (1979); *Entre le temps et l'éternité* (1988); *La Fin des certitudes: temps, chaos et les lois de la nature* (1996).

[Nas Edições 70: *O Nascimento do Tempo*.]

• *Para uma nova aliança: entre o homem e a natureza, entre a ciência e a cultura, entre os saberes*

La Nouvelle Alliance responde à frase de J. Monod, em *Le Hasard et la Nécessité* (1970), retirando a lição dos progressos da biologia molecular: «A antiga aliança foi quebrada; o homem sabe, por fim, que está só na imensidão impassível do universo de onde ele emergiu por acaso.» Ora, esta estranheza do homem relativamente ao mundo caracterizava muito mais a ciência *clássica* (*moderna*) que se tinha constituído contra a natureza, fazendo desta a «matéria», «autómato sujeito» a um limitado número de leis (Newton, Laplace). Contra o mundo transparente e previsível dominado pelo determinismo e pela reversibilidade, a ciência *contemporânea* enfatiza a importância do aleatório, do espontâneo e do temporal numa natureza que pode ser inventiva e criadora, que compreende o instável, o irreversível e o não-reproduzível.

Do facto de o cientista se saber agora imerso no mundo que descreve nasce um novo diálogo de reconhecimento mútuo. Chegou a altura de «novas alianças, desde sempre estabelecidas, por muito tempo desconhecidas, entre a história dos homens, das sociedades e dos saberes e a aventura exploradora da natureza». O modelo determinista tinha desencantado o mundo. As novas abordagens inauguram uma «escuta poética» da natureza, face à «descoberta de objectos imprevistos, *quasars* com formidáveis energias, buracos negros fascinantes, problemas de instabilidade, de proliferação, de migração, de estruturações». Influenciado por Bergson* e Whitehead, Prigogine propõe introduzir a vida na ciência, tanto na sua prática como na representação do real que ela investiga.

• *A «flecha do tempo»*

Na mecânica quântica e na cosmologia – as novas «ciências fundamentais» do século XX, fundadas na teoria da relatividade geral – colocam-se agora «as questões que, desde o início, são as da física: o espaço, o tempo e a matéria».

Herdeiras directas da dinâmica clássica, implicaram uma negação radical do tempo (irreversível). A noção de *flecha do tempo* – metáfora do físico inglês Arthur Eddington que traduz a fuga inexorável do tempo, do passado para o futuro, num sentido único irreversível, que implica a não equivalência intrínseca do passado e do futuro – foi relegada, até Einstein, para o domínio da experiência vivida: «O tempo é ilusão.» As descobertas experimentais da física a partir dos anos 50, principalmente os *sistemas caóticos* – cuja evolução é imprevisível, embora seja regida por equações que a podem determinar –, a instabilidade das partículas elementares e a evolução do universo convidam a reabilitar a flecha do tempo, pondo assim em causa o ideal determinista (por uma interpretação probabilista) e o paradigma clássico (segundo princípio da termodinâmica) que identificava o aumento da entropia e a evolução para a desordem.

O *princípio de razão suficiente* (equivalência entre a causa plena e todo o efeito), assim baptizado por Leibniz* e que não era senão o princípio de conceptualização da dinâmica (*cf.* Galileu, Huyghens, Euler, Lagrange), afirmava e simultaneamente dissimulava a impossibilidade de identificar uma diferença intrínseca entre o passado e o futuro.

• ***Um novo modelo de inteligibilidade. Quebra de simetria entre espaço-tempo e matéria***

A *relatividade* geral introduzira a concepção revolucionária de uma relação entre o espaço-tempo e a matéria, mas concebidos como radicalmente simétricos: a presença de matéria determina uma curvatura do espaço-tempo e este determina o movimento dessa matéria. Ora, isto não explica, mais do que a teoria newtoniana do movimento, a gigantesca produção de entropia que deu origem ao *universo*, «produto de uma quebra de simetria entre o espaço-tempo, por um lado, e a matéria, por outro. O «*Big-Bang* escapa às nossas teorias físicas». A noção de início terá sentido em física? Esta é agora a questão da teoria quântica. Prigogine vê nela implicações filosóficas, largamente contestadas por causa dos desvios irracionalistas – «para um misticismo poético», disse-se – a que dão lugar: «Deveremos reconhecer que o tempo separa o homem da natureza ou poderemos construir um modo de inteligibilidade que se abra à ideia do tempo humano como expressão exacerbada de um devir que partilhamos com o universo?»

• ***Um novo pensamento da eternidade***

«A física descobre, na própria origem do universo [...], a diferença intrínseca entre o passado e o futuro, sem a qual não podemos pensar, falar ou agir.» «Condição, ela própria incondicionada, de todos os objectos da física, desde o átomo de hidrogénio até ao próprio universo», «a flecha do tempo impõe-se como novo pensamento da eternidade.» A questão canónica da filosofia «Por que há alguma coisa em vez de nada?» poderia formular-se assim: «Por que razão existe uma flecha do tempo?»

«A questão da eternidade [...] reaparece [na física] sob um novo prisma, na possibilidade de um eterno recomeço, de uma série infinita de universos que traduz a eternidade incondicionada desta flecha do tempo e que confere à física a sua nova coerência. O ideal de eternidade transmitido pela física parecia impor um confronto trágico entre o homem, cuja liberdade pressupõe e afirma o tempo, e um mundo passivo, dominável e transparente ao conhecimento humano.» Ao fixar em «oposições intransponíveis as tensões que marcam, desde a origem, a cultura ocidental», o desenvolvimento das ciências acabou com «o diálogo [...] entre ciências e filosofias» (*Entre le temps et l'éternité*, p. 16). As leis da natureza, tal como as podemos hoje decifrar, são as leis de um universo aberto. Referem-se a probabilidades de evolução, num futuro que não determinam.

☞ **Conceitos-chave e termos relacionados:**
Aberto, Ciência, Devir, Dinâmica, Entropia, Eternidade, Filosofia, Física, Irreversibilidade, Leis, Mecânica, Movimento, Natureza, Princípio de razão suficiente, Probabilidade, Relatividade, Reversibilidade, Sistema, Tempo, Universo.

☞ **Autores:**
Aristóteles, Bergson, Kant, Leibniz, Morin, Newton.

☞ **Bibliografia**
B. Jarrosson, *Invitation à la philosophie des sciences*, «Points», Seuil, 1992, pp. 211-216.

PROTÁGORAS
➔ SOFISTAS, os

PROUDHON, Pierre-Joseph (1809-1865)

«O pensador mais arrojado do socialismo francês» (Marx*), Proudhon exerceu uma influência determinante sobre movimentos intelectuais tão diversos como o anarquismo russo (Bakunine, Kropotkine), a I Internacional, o programa da Comuna de Paris e, sobretudo, o pensamento de Marx e Engels*. Inventor do conceito de *luta de classes*, da noção de autogestão dos trabalhadores, inspirou as diversas formas de federalismo, o sindicalismo e toda a legislação laboral. De Jaurès ao socialismo contemporâneo, todos os movimentos democráticos reformadores reivindicam a influência de Proudhon.

Nascido no Franco Condado no seio de uma família operária, Proudhon trabalha, em criança, como vaqueiro. Graças a bolsas, pôde levar a cabo estudos em Besançon e Paris, onde exerceu as profissões de tipógrafo e impressor. De seguida, dirige uma empresa lionesa de navegação fluvial durante cinco anos e depois dedica-se essencialmente à profissão de jornalista, manifestando um vivo interesse pelos problemas políticos, económicos e sociais. Assume a chefia de redacção do jornal *Le Représentant du Peuple*. Os seus escritos valem-lhe rapidamente, ao mesmo tempo que uma grande popularidade, numerosas inimizades da parte do poder, acusações e processos políticos. Porém, é eleito deputado em 1848 e notabiliza-se com a sua proposta sobre a apropriação pelo Estado de uma parte dos juros sobre alugueres e rendas. Em 1849, funda o primeiro banco popular que fixa como objectivo suprimir os juros. Estas iniciativas valeram-lhe processos judiciais. Depois de se ter refugiado na Suíça, regressa a Paris onde é feito prisioneiro entre 1849 e 1852, três anos que aproveita para ler e publicar. Novamente condenado quando saiu da prisão, exila-se em Bruxelas onde lança as bases de uma filosofia da revolução. De regresso a Paris em 1862, morre três anos mais tarde, com 56 anos, debilitado pelas dificuldades materiais, pela prisão, pelo exílio e por um trabalho intensivo que prosseguiu incansavelmente até ao fim da sua vida.

☞ **Obras:**
Qu'est-ce que la proprieté? ou Recherches sur le principe du droit et du gouvernement (1840); *De la création de l'ordre dans l'humanité* (1843); *Système des contradictions ou Philosophie de la misère* (1846); *Idée générale de la Révolution au XIXe siècle* (1851); *De la justice dans la Révolution et dans l'Église* (1858); *La Guerre et la Paix*

(1861); *De la capacité politique des classes ouvrières* (1865).

- ***O trabalhismo histórico e a noção de força colectiva***

O *trabalhismo histórico* é a teoria segundo a qual o *trabalho*, «actividade inteligente do homem sobre a matéria», força produtiva da sociedade, é o motor da História. O trabalho é, pois, a liberdade que se inscreve no mundo, aquilo pelo qual o homem realiza a sua humanidade. Pela sua dupla organização – divisão e acção comum –, ele é o esforço colectivo dos trabalhadores. «Considerado subjectivamente no trabalhador», o trabalho conduz à teoria da *força colectiva*, que resulta da reunião dos esforços individuais. «Considerado objectivamente no produto», conduz a uma teoria dos bens ou *valores* produzidos pela força colectiva. Em rigor, o valor de uma coisa, para Proudhon, é igual à quantidade de tempo necessário para a produzir. O valor constitui assim a fonte de mais-valia colectiva roubada pelo capitalista.

Daqui resulta uma consequência essencial a respeito da propriedade. No sistema capitalista, o operário apenas recebe um *salário de subsistência* que corresponde ao emprego da força de trabalho. Os operários são assim desapossados das riquezas que produzem e o excedente produtivo constitui o lucro que o capital usurpa de forma ilegítima. A *propriedade*, instituição fundamental do capitalismo considerada um direito absoluto, mais não é do que a apropriação abusiva dos valores que são o produto da força colectiva. Por isso, para Proudhon, cujo pensamento sobre este ponto provocou enorme escândalo, a propriedade assim definida deve ser considerada um roubo e só pode provocar revoltas e a destruição do tecido social.

Observe-se, porém, que ele apenas põe em causa a exploração pelo capital e a apropriação abusiva da força produtiva, e não a «posse», que é o facto de se deter bens sem deles se retirar benefícios.

Percebe-se assim a importância, para Proudhon, de uma ciência do trabalho, de uma economia social científica que é a chave da História. Ela permite que a classe operária tome *consciência de si*, ou seja, do seu lugar e papel na sociedade, e confere-lhe «a capacidade política» de lutar eficazmente contra a opressão dos poderosos (*De la capacité politique des classes ouvrières*).

- ***O pluralismo e a dialéctica serial***

Um axioma domina todo o pensamento proudhoniano: «O mundo moral e o mundo físico assentam numa pluralidade de elementos.» O realismo de Proudhon consiste em respeitar a diversidade e o desenvolvimento antinómico dos seres, princípio de movimento e vida, condição do progresso. O *pluralismo*, que caracteriza o mundo e se manifesta por séries de forças antagónicas, encontra-se no interior da sociedade onde o trabalho e as leis da sua organização suscitam uma pluralidade de seres colectivos que se opõem em pares antitéticos. Esta é a *dialéctica serial* que é constituída por um grupo de encadeamentos antinómicos cujos pólos estão dialecticamente ligados: propriedade privada/produção colectiva, capital/assalariado, concorrência/monopólio, divisão do trabalho/comunidade de acção, despotismo da comunidade/individualismo.

É em nome deste pluralismo que Proudhon critica qualquer forma de absolutismo unitário e redutor, absolutismo estatal ou totalitarismo social. E é também na perspectiva deste pluralismo que Proudhon repensa a dialéctica hegeliana: longe de se afirmar como um discípulo de Hegel*, considera, pelo contrário, a dialéctica hegeliana como um caso particular da dialéctica serial.

Encara as contradições como o confronto sempre renovado entre forças antagónicas e, em particular, entre as forças sociais.

A *dialéctica concreta*, que se aplica tanto à realidade do universo como à realidade humana, admite o momento do negativo, ou seja, da antinomia. Mas não implica necessariamente a superação, quer por exclusão de um dos termos, quer por conservação do que foi negado e integração dos opostos numa realidade superior. A síntese é geralmente superficial e, nos antagonismos inerentes à vida social, ameaça conduzir ao despotismo.

A antinomia, embora insolúvel, não é estática. A *dialéctica proudhoniana* é um antagonismo de forças que se organizam e tendem para um equilíbrio. O momento do antagonismo é fonte de liberdade, enquanto a composição e o equilíbrio de forças é princípio de ordem e solidariedade porque permite uma unidade – mesmo que seja sempre precária – de elementos diversificados, embora sempre complementares.

Em virtude da sua filosofia «ideo-realista», segundo a qual qualquer ideia tem origem numa relação real revelada na acção e percebida pelo entendimento – «Qualquer ideia nasce da acção e a ela deve regressar» (*De la justice dans la Révolution et dans l'Église*) –, a *dialéctica* actua então sobre a realidade e constitui, ao mesmo tempo, «o método absoluto que governa secretamente, por meios diversos, todas as ciências» (*De la création de l'ordre dans l'humanité*). De processo real e efectivo, ela transforma-se em método de pensamento e de acção.

• ***O anarquismo e o seu correlato: o federalismo social e económico***

Os *Estados*, quer se trate de uma monarquia, Estado republicano ou comunista, recorrem todos ao mesmo princípio de autoridade e este, apesar das suas diferentes formas, do autoritarismo absoluto ao despotismo da maioria no sufrágio universal, pressupõe a obediência e a submissão da sociedade civil aos governantes: por natureza, o poder tende para a destruição da liberdade. Proudhon denuncia a violência dos poderes estatais e a alienação política. Se o movimento revolucionário de 1848 não teve êxito, foi porque se via a solução nas reformas políticas ao passo que era preciso procurá-la numa revolução socioeconómica.

Proudhon preconiza o *anarquismo*, definido negativamente como a recusa «do governo do homem pelo homem», a recusa de qualquer violência estatal, seja de esquerda ou de direita. Positivamente, define-o como um regime resolutamente anticentralizador, fundado no princípio federativo e na autonomia de gestão. Ao princípio de autoridade deve suceder a livre organização das forças económicas. O equilíbrio das forças sociais não pode ser realizado através da autoridade, mas deve resultar apenas do consentimento dos cidadãos, da sua livre participação na vida pública e na produção por contratos e trocas.

Desde logo, nas grandes empresas, os operários devem organizar-se em associações, cada uma possuindo uma parte indivisa da propriedade comum, o direito de voto em tudo o que respeita às decisões, a possibilidade de assumir todas as funções de acordo com a sua competência e podendo beneficiar de uma formação na empresa. Proudhon define assim, através desta «autonomia de gestão», aquilo a que mais tarde se chamará «autogestão». Uma tal organização realizaria «uma democracia operária mútua e federativa», preparando o caminho para uma generalização do princípio federativo no plano nacional e internacional.

Com efeito, à autonomia de gestão no plano socioeconómico corresponderia no plano político a descentralização do poder, a auto-administração das regiões que se associariam numa república federal, enquanto a ideia de um mercado comum europeu implicaria, no plano político, a constituição de uma comunidade europeia. Por fim, Proudhon estende o federalismo à ideia de uma confederação internacional, e foi um dos primeiros, depois de Kant*, a ter defendido os princípios de uma sociedade das nações.

☞ **Conceitos-chave e termos relacionados:**
Anarquismo, Autonomia de gestão, Capital, Classe(s), (Consciência de -, Luta de -), Dialéctica serial, Força colectiva, História, Ideologia, Ideo-realismo, Justiça, Pluralismo, Propriedade, Posse, Socialismo, Trabalho, Valor.

☞ **Autores:**
Engels, Hegel, Marx, Stirner.

☞ **Bibliografia**
P. Ansart, *Proudhon*, Le Livre de Poche, 1984.
G. Guy-Grant, *Pour comprendre la pensée de Proudhon*, Paris, 1947.
B. Voyenne, *Le Fédéralisme de P.-J. Proudhon*, Paris, 1973.

R

RAWLS, John (1921)

John Rawls propõe uma definição de justiça simultaneamente ética e política que tenta conciliar a moral kantiana, em particular o princípio da inviolabilidade dos direitos do ser humano, baseado no critério formal da universalidade, com a necessidade de uma ética concreta, visível em determinadas situações socioeconómicas, a das democracias ocidentais em que se impõe uma repartição equitativa dos rendimentos e das riquezas. A sua influência na filosofia política, moral e económica, tanto no mundo anglo-saxónico como em toda a Europa, é considerável e as suas obras suscitaram numerosos debates.

Nascido em Baltimore (EUA), Rawls fez os seus estudos na universidade de Princeton. Leccionou no MIT e na universidade de Harvard, onde foi professor a partir de 1959.

☞ **Obras** (os títulos em português correspondem à tradução dos títulos em francês e não dos originais)**:**
Uma Teoria da Justiça (1971); após a polémica suscitada pela sua publicação, esta obra foi corrigida e completada pela *Teoria da Justiça como Equidade* (1985); *Justiça e Democracia*; *Liberalismo e Política*; J. Habermas e J. Rawls, *Debates Acerca da Justiça Política.*

• *Crítica do utilitarismo*

O *utilitarismo*, com base em Jeremy Bentham (1748-1832) e John Stuart Mill* (1806-1876), designa, na perspectiva criticada por Rawls, uma concepção da justiça fundada na procura do máximo de benefícios para uma comunidade. Uma sociedade é denominada «justa» quando proporciona o máximo bem-estar a todos os seus membros. Porém, objecta Rawls, em nome de um tal princípio quantitativo, a procura de um máximo bem-estar geral pode justificar a exploração de alguns cuja liberdade é sacrificada. A crítica do utilitarismo é, então, de ordem moral e exerce-se em nome dos direitos invioláveis da pessoa.

Por isso, é necessário descobrir os princípios de base de uma cooperação social, que se fundam no benefício de todos e não apenas do maior número.

- ***Os princípios fundamentais da justiça como equidade***

Para Rawls, o *justo* não se identifica com o útil, nem a equidade com o bem-estar social. Rawls opõe ao utilitarismo a sua concepção de *justiça* como equidade, que assenta em dois princípios complementares:

– O primeiro, que põe precisamente em causa o utilitarismo, afirma o carácter «indiscutível» da *igualdade* dos direitos de cada indivíduo às liberdades fundamentais, ao respeito pela pessoa. Verdadeiro imperativo categórico no sentido kantiano, interdita o sacrifício da liberdade de alguns em benefício do bem-estar da maioria.

– Centrado essencialmente nos direitos iguais e invioláveis dos indivíduos, este primeiro princípio é equilibrado por um *princípio de diferença*, que afirma que as desigualdades sociais podem ser justas se beneficiarem todos e, em particular, os mais desfavorecidos. De forma mais precisa, podem admitir-se desigualdades segundo duas condições: por um lado, é necessária a igualdade de oportunidades, ou seja, que os benefícios sejam acessíveis a todos; por outro, a sociedade deve favorecer o crescimento máximo do nível de vida dos menos abastados e não apenas o bem-estar global. A justiça distributiva deve ser, de facto, redistributiva.

Este segundo princípio demonstra a preocupação de se ter em conta as diferenças, uma vez que justifica as desigualdades em nome da justiça distributiva. Ao contrário do primeiro princípio, essencialmente baseado nos direitos invioláveis do indivíduo, o segundo inflecte a reflexão de Rawls para os problemas mais concretos intrínsecos à cooperação social e para os interesses da comunidade e repartição das riquezas. Esforça-se por estabelecer as regras de uma cooperação equitativa em «situação de desigualdade». Tem, por isso, a vantagem de evitar:

– as armadilhas do igualitarismo, uma vez que afirma que há desigualdades justas;

– o risco do formalismo, na medida em que baseia a apreciação do que é justo na observação de situações históricas e socioeconómicas concretas.

No entanto, não se pode confundir a sua posição com o pensamento estritamente liberal, pois reivindica o dever político e ético da sociedade de intervir e regular as desigualdades.

Com efeito, como os dois princípios são hierarquizados, Rawls mostra os limites específicos em que se pode inscrever a desigualdade na repartição das riquezas. O seu excesso da acumulação ameaça a liberdade política e a desigualdade não pode ultrapassar um limite em que os direitos individuais sejam sacrificados às liberdades de base.

- ***O contrato original, fundamento de um consenso entre indivíduos livres e racionais***

Rawls define uma *sociedade humana* como um sistema de cooperação cujos princípios de base devem permitir resolver os conflitos de interesses para benefício de todos. A perspectiva é mais ética do que política porque não se trata tanto de escolher um tipo de governo, mas de descobrir os princípios universalmente válidos destinados a servir de base a uma futura associação. Rawls, fiel ao kantismo, vê na situação de autonomia o verdadeiro fundamento da justiça. Põe-se a seguinte questão: como concretizar esta *situação de autonomia* em que indivíduos livres e iguais definem racionalmente a sua lei?

Rawls recorre a uma ficção comparável à da grande tradição do contrato social e define uma *situação contratual hipotética*, denominada «posição original de igualdade». Esta designa uma situação imaginária, logo sem qualquer realidade histórica, para que podemos sempre transpor-nos em pensamento através de um esforço de abstracção e em que os contratantes, «ao abrigo de um véu de ignorância», podem escolher livre e racionalmente apenas os princípios de base de uma cooperação social, a saber, os princípios de justiça fundados na equidade. A expressão «véu de ignorância» faz recordar a de J. Habermas*, «uma situação ideal de palavra», circunstância também ela original em que cada um está salvaguardado de interferências ou pressões diversas. A primeira das igualdades, que condiciona a instauração de uma sociedade justa, é, com efeito, para Habermas, a da palavra, ou seja, a posição paritária na troca de ideias que permite a livre expressão das reivindicações legítimas de cada um.

Com a metáfora «véu de ignorância», Rawls precisa, então, o sentido desta original proposta de igualdade: «Entre os traços essenciais desta situação, há o facto de ninguém conhecer a sorte que lhe está reservada na repartição das capacidades e dos dons naturais, por exemplo a inteligência, a força, etc.» (*Uma Teoria da Justiça*, p. 37). Assim, um consenso a respeito dos princípios de base de uma cooperação social só pode ser encontrado – para além das diferentes concepções da justiça, dos conflitos entre as doutrinas filosóficas e morais, do relativismo cultural – se os indivíduos se abstraírem de todo o calculismo e estiverem imunes a qualquer sentimento recíproco de ódio ou inveja, em suma, se os contratantes se encontrarem numa situação de total altruísmo. A *justiça*, definida nesta perspectiva, designa, por um lado, a vontade de universalidade dos indivíduos livres e racionais, o fruto das suas decisões autónomas e, por outro, a igualdade dos direitos fundamentais de todos os indivíduos, enfim, o respeito pelas diferenças na medida em que a desigualdade favorece todos, o que pressupõe a busca de um equilíbrio na repartição das riquezas e dos benefícios, procurando considerar as situações concretas, as circunstâncias particulares.

A originalidade e a força da teoria de Rawls residem precisamente na necessidade de ponderação e correcção mútua dos dois princípios de justiça. Foi aliás este interesse pelo compromisso e pelo equilíbrio que valeu a Rawls críticas de sectores opostos: uns criticaram-lhe os princípios insuficientemente igualitários; outros, pelo contrário, achavam que ele não atribuía de forma satisfatória às desigualdades naturais, ou seja, aos mais dotados, o direito de se desenvolverem livremente.

☞ **Conceitos-chave e termos relacionados:**
Contrato original, Justiça, Princípio (- de igualdade, - de diferença, - de justiça fundado na equidade), Situação de autonomia, Utilitarismo, Véu de ignorância.

☞ **Autores:**
Kant, Mill, Ricoeur.

☞ **Bibliografia**

J. Bidet, *John Rawls et la théorie de la justice*, PUF, 1995.
S. Goyard-Fabre, *Individu et justice social. Autour de John Rawls*, Seuil, 1988.
M. Sandel, *Le Libéralisme et les limites de la justice*, Seuil, 1999.

RICOEUR, Paul (1913)

Ricoeur é o principal representante francês das disciplinas hermenêuticas que tentam interpretar e decifrar todos os signos do homem. O seu grande mérito reside, por um lado, em articular o projecto hermenêutico com a abordagem fenomenológica, fazer passar a investigação eidética pelos signos, os símbolos e os textos, e, por outro, fazer convergir os dois empreendimentos e reuni-los numa filosofia reflexiva que supera, simultaneamente, as filosofias do *Cogito* e o objectivismo estruturalista. A assimilação da acção humana a um texto vai permitir-lhe superar também a dicotomia explicação/compreensão nas ciências humanas. O seu projecto hermenêutico faz dele uma das figuras centrais da filosofia contemporânea.

Ricoeur, órfão de pai e mãe, criado pelos avós e depois por uma tia, inicia os seus estudos de Filosofia em Rennes e prossegue-os na Sorbonne. Agregado de Filosofia em 1935, ensina em Colmart e depois em Lorient. Prisioneiro de guerra até 1945, aproveita os seus anos de reclusão para ler Jaspers* e traduzir as *Ideen II* de Husserl*. Depois da libertação, contribui a par de Sartre* e Merleau-Ponty* para a divulgação da fenomenologia alemã. Lecciona na universidade de Estrasburgo de 1950 a 1955 e depois, em 1956, sucede a Jean Hippolyte na Sorbonne. Preocupado com o mal-estar dos estudantes, escolhe deliberadamente, em 1966, a faculdade de Nanterre e é eleito director em 1969. Demite-se um ano mais tarde devido ao seu desacordo com o extremismo esquerdista da universidade. Prosseguiu a sua carreira essencialmente em Lovaina, Montreal, Yale e Chicago. Os anos passados na América foram muito frutuosos e permitiram-lhe integrar na sua reflexão filosófica a hermenêutica de Gadamer*, a ontologia heideggeriana, a filosofia analítica anglo-saxónica, a teoria do agir comunicacional de Habermas* e os pensamentos de Rawls* e H. Arendt*.

☞ **Obras:**

Karl Jaspers et la philosophie de l'existence (em colaboração com Mikael Dufrenne) (1947); *Philosophie de la volonté: I. Le volontaire et l'involontaire* (1950), *II. Finitude et culpabilité* (1960); *Histoire et vérité* (1955); *De l'interprétation: Essai sur Freud* (1965); *Le Conflit des interprétations. Essais d'Herméneutique I* (1969); *La Métaphore vive* (1975); *Temps et récit* (1983-1985); *Du texte à l'action. Essais d'herméneutique II* (1986); *À l'école de la phénoménologie* (1986); *Soi-même comme un autre* (1990); *Lectures I. Autour du politique* (1991); *Lectures II. La contrée des philosophes* (1992); *Lectures III. Aux frontières de la philosophie* (1994); *Le Juste* (1996); *Réflexion faite* (1996); *L'Idéologie et l'utopie* (1997); *La Quête du sens* (1999).

[Nas Edições 70: *Indivíduo e Poder* (P. Ricoeur *et al*); *A Natureza e a Regra* (com Jean-Pierre Changeaux); *Teoria da Interpretação*; *O Discurso da Acção*; *Ideologia e Utopia*; *A Crítica e a Convicção*.]

• *Filosofia reflexiva e hermenêutica*

Em *Ce qui me préoccupe depuis trente ans*, Ricoeur define os pressupostos fundamentais do seu pensamento: a filosofia como reflexão, a filosofia como fenomenologia e o círculo hermenêutico. Mostra a existência de uma filiação desta tripla orientação relativamente às grandes correntes de pensamento que inspiraram a sua filosofia: a tradição reflexiva de Fichte* a Nabert; o movimento fenomenológico desde Husserl a Heidegger*; e a tradição hermenêutica com Schleiermacher, Dilthey e Gadamer. Ao expor as origens do seu pensamento, insiste na importância da revolução linguística, cuja influência, embora não tenha poupado nenhuma daquelas correntes filosóficas, nem mesmo a fenomenologia com Merleau--Ponty e Heidegger, marcou de forma mais particular a hermenêutica: «O ser que pode ser compreendido é linguagem», escreve Gadamer.

A *filosofia reflexiva* desempenha um papel fundamental no pensamento de Ricoeur. É ela que assegura a relação entre a existência e a expressão da existência, a ontologia e a hermenêutica. Não deve ser confundida com a filosofia da consciência imediata de si mesmo (a evidência imediata do *cogito* «é apenas um sentimento e não uma verdade») e designa o movimento pelo qual o sujeito – para além do acto originário de afirmação do eu – se apreende através dos objectos, actos e obras. Assim, a afirmação do eu não é um dado adquirido mas uma tarefa, e a reflexão prolonga-se naturalmente numa hermenêutica, uma vez que «não posso apreender o acto de existir senão nos signos esparsos no mundo».

A *hermenêutica* faz parte dos *métodos compreensivos* que, ao contrário da explicação causal, procedimento comum às ciências exactas e humanas, apenas têm a ver com o mundo humano e partem da expressão para alcançar a interioridade vivida, apreendendo um sentido nos signos exteriores que são as suas manifestações sensíveis. A hermenêutica, no sentido lato, designa os diferentes empreendimentos interpretativos que permitem decifrar os signos e descobrir os seus sentidos: «Não existe hermenêutica geral, não há um cânone universal para a exegese, mas teorias isoladas e contraditórias acerca das regras da interpretação» (*Le Conflit des interprétations*). Ricoeur define dois paradigmas da interpretação:

– O primeiro tipo de interpretação dá-se como retrocesso, como arqueologia, e procura desmascarar as motivações e os interesses ocultos nos signos de duplo sentido. À semelhança das filosofias da suspeita, assume a tarefa de desmistificação das ilusões da consciência e das suas pretensões em erigir-se como origem do sentido. Os filósofos da suspeita, Nietzsche*, Marx* e, particularmente, Freud*, mostraram-nos a necessidade absoluta de passar pelo desvio dos signos para aceder ao sujeito.

– Mas a hermenêutica é também *teleologia* do sujeito de cariz hegeliano em que cada figura encontra o seu sentido não naquela que a precede, mas naquela que se sucede. A hermenêutica é, pois, meditação sobre o sentido que me interpela sob a forma de uma mensagem ou revelação.

A natureza conflituosa das hermenêuticas pode ser superada, pois a arqueologia é a condição prévia da hermenêutica como teleologia do sujeito: «A perda das ilusões da consciência é a condição de toda a reapropriação do verdadeiro sujeito.» A oposição das duas hermenêuticas pode, então, tornar-se complementaridade. E a unidade da filosofia hermenêutica é a tarefa de uma filosofia da reflexão; o sujeito reconstrói-se e re-apreende-se através das suas obras e actos, acolhendo o seu sentido em todos os domínios heterogéneos em que se manifesta: linguagem do desejo, produção onírica ou artística, simbólica do mal, etc.

• ***Fenomenologia e hermenêutica***

Ricoeur pretende conciliar o *projecto fenomenológico* de um regresso às próprias coisas, uma descrição pura do vivido, com o reducionismo das filosofias do conceito. Submete a *pesquisa eidética* – busca da essência e do objecto apreendido numa intuição originária – a uma tripla mediação hermenêutica, a dos signos, dos símbolos e dos textos.

– Em primeiro lugar, mediação pelos

signos: «Por ela é afirmada a natureza essencialmente linguística de toda a experiência humana.»

– Mediação pelos símbolos: o *símbolo*, signo complexo com inúmeras definições, cujo sentido aparente dissimula, sugerindo-lhe um sentido profundo, tem a densidade e a opacidade da imagem. O sentido é indissociável do signo a que adere totalmente. O significante não pode, por conseguinte, desaparecer atrás do sentido, e daí resulta que a explicitação do sentido em significações conceptuais é uma tarefa nunca concluída. Pelas suas inúmeras acepções, o símbolo é a origem de um dinamismo interno: tem a função positiva que lhe foi reconhecida por Kant*, a saber, a de dar que pensar. Ele solicita a reflexão sem que o conceito possa reabsorver ou reduzir o seu sentido e assegura a mediação entre o vivido e o conceito.

– Por fim, a mediação pelos textos ocupa um lugar central na obra de Ricoeur. Se recusa encerrar-se na prisão do texto como os estruturalistas, insiste, porém, na autonomia que o discurso adquire graças à escrita, autonomia relativamente à intenção do locutor, à recepção do leitor e ao contexto da produção do texto, e que tem como efeito «acabar de vez com o ideal cartesiano, fichteano e, de alguma maneira, também husserliano de uma transparência do sujeito ante si mesmo».

A *narração*, sequência de acontecimentos reais ou fictícios, sendo objecto de um discurso ou enunciação narrativa, tem uma relação constitutiva e circular com o tempo: tempo e narração englobam-se mutuamente. «O tempo torna-se tempo humano na medida em que se articula num modelo narrativo, e a narração alcança a sua plena significação quando se torna numa condição da experiência temporal» (*Temps et récit*).

Ricoeur demonstra, no que respeita à narração, até que ponto o recurso à linguística contribui para um enriquecimento considerável da hermenêutica. Já tinha introduzido, a propósito da metáfora, a noção de *inovação semântica*, propriedade que o simbolismo possui de ser inventivo no duplo sentido do termo: no símbolo, inventar e descobrir deixam de se opor. Criar e revelar coincidem. Ora, o texto admite ao mais alto nível esta função heurística e cognitiva. *Contar* é, simultaneamente, criar uma realidade e explicá-la. Se sentimos a necessidade de nos contarmos, é porque se trata do melhor meio de nos conhecermos a nós próprios. O sujeito constitui-se e revela-se a si mesmo através da escrita do eu, certidão e testemunho, por isso a importância da noção de *identidade narrativa*, que designa a reapropriação do sujeito pela mediação da narração: «Uma vida apenas se torna numa existência e só se apreende enquanto tal se estiver em busca de narração.»

• *Da identidade narrativa à identidade moral*

São dados dois modelos para pensar a identidade pessoal e a permanência no tempo: a persistência do carácter corresponde ao pólo do *idem* e a fidelidade à palavra dada ao pólo do *ipse*. A *identidade narrativa* opera a mediação entre os dois modelos e a dialéctica entre *idem* e *ipse* inflecte a teoria narrativa para a ética. Com efeito, a narração desempenha o papel de mediação entre descrição e prescrição, juízo de facto e juízo de valor, na medida em que ela leva em conta, ao mesmo tempo, o dado do carácter e a vontade de se construir a si próprio.

Ricoeur propõe reservar o termo «ética» ao «desejo de uma vida realizada com e para os outros, enquadrada em normas justas» e o termo «moral» ao ponto de vista normativo de que a ética se reveste face à violência, ou seja, à ordem dos imperativos, das normas e das interdições, num mundo em que o consenso sobre as questões não é possível. É evidente que Ricoeur privilegia a *ética*, porque há situações conflituosas em que as aporias resultantes do rigor dos imperativos morais não podem ser resolvidas senão pelo regresso a uma sabedoria prática, recuperando noções éticas basilares, as da «vida boa».

Mas o «viver bem», que é o objectivo da ética, não se limita às relações interpessoais e estende-se às instituições. A *justiça* tem uma dimensão ética, que reside na exigência de *igualdade* e esta corresponde, ao nível da colectividade, à reciprocidade nas relações interpessoais. A ideia de justiça não diz respeito apenas à *moral*, ou seja, às normas e interdições. É por isso que Ricoeur define o *justo* como aquilo que está entre o legal e o bom.

- ***O paradoxo do político***

Ricoeur rejeita qualquer concepção do político que oponha as duas grandes correntes de pensamento: a de Aristóteles*, Rousseau* e Hegel* que afirma a racionalidade do político, e a de Maquiavel*, que insiste na violência e no cinismo inerentes ao poder. Segundo Ricoeur, estas duas correntes correspondem, de facto, aos dois pólos indissociáveis do político; este é o *paradoxo do político*, segundo o qual «o mal político não pode senão brotar da racionalidade específica do político» e «o maior mal adere à maior racionalidade» (*Histoire et vérité*). Ricoeur afirma que é a idealidade do pacto social, o seu carácter fictício e virtual que predispõe o político a mentir. A ideia de contrato implica sempre uma alteração pela qual se passa do estado natural para o estado civil e «é por isso que não temos qualquer acesso a esse grau zero do contrato social» (*Du texte à l'action*). É precisamente porque o *pacto* é um contrato que nunca foi negociado e por «aparecer apenas na tomada de consciência política, na retrospecção, na reflexão» (*ibidem*) que ele pode ser sujeito a desvios.

Assim, se o Estado é íntegro na sua intenção, ou seja, na representação ideal do bem a atingir, enquanto vontade e instância de decisão, está sujeito a desvios. Daí a distinção entre político e política: *o político* é a figura abstracta em que se elaboram teoricamente as regras da organização racional da sociedade civil; quanto à *política*, designa o conjunto de decisões que orientam o destino dos homens e que, estando no centro dos conflitos de interesses, estão sujeitas a corrupção.

Por fim, Ricoeur expõe a fragilidade consubstancial ao *discurso político* que, sem dispor da prova científica, deve poder convencer sem recorrer ao ardil sofístico. Tal como Aristóteles* notava, ele pertence à lógica do provável, da crença, que se situa precisamente entre as certezas do saber e as astúcias da persuasão. Daí a importância que Ricoeur atribui, como H. Arendt, à «formação de uma opinião pública que se expresse livremente». A noção de *espaço público* é realmente uma noção cardinal. Designa a possibilidade concedida a todos os cidadãos de uma democracia de expor e confrontar livremente opiniões em debates públicos, sobre questões de interesse geral, com o objectivo de se alcançar, em todos os conflitos, decisões consensuais. Ora, isso só é possível no termo de uma deliberação que obedeça a regras de negociação que formam uma verdadeira ética da discussão. A *publicidade* [condição de ser público] constitui assim o meio de criticar, controlar e até transformar o exercício do poder no sentido de uma regulação racional.

☞ **Conceitos-chave e termos relacionados:** Compreensão, Espaço público, Ética, Explicação, Fenomenologia, Filosofia reflexiva, Hermenêutica, Identidade narrativa, Igualdade, Interpretação, Justiça, Moral, Narração, Pacto, Político(a), Símbolo.

☞ **Autores:**
Arendt, Freud, Gadamer, Heidegger, Husserl, Jaspers, Rawls.

☞ **Bibliografia**
F. Dosse, *Paul Ricoeur, les sens d'une vie*, La Découverte, 1997.
J. Greish e R. Keaney (org.), *Les Métamorphoses de la raison herméneutique*, Cerf, 1992 (Colóquio de Cérisy).
O. Mougin, *Paul Ricoeur*, «Les contemporaines», Seuil, 1994.
M. Philibert, *Paul Ricoeur ou la liberté selon l'espérance*, Seghers, 1991.

ROUSSEAU, Jean-Jacques (1712-1778)

A ideia fundamental deste autodidacta de génio surgiu na forma do mais provocador paradoxo que se podia enunciar no século das Luzes: uma crítica radical da civilização e do progresso. Este será o ponto de partida de uma reflexão construtiva que, na diversidade formal das obras – autobiografia, romance, tratados filosóficos, etc. – mas também na unidade constante de uma vida e de um pensamento, propõe reformar a sociedade, as instituições, os costumes, a concepção da educação, da moral e da religião.

A biografia de Rousseau é a de uma existência pouco vulgar, difícil, agitada, muitas vezes errante e socialmente marginal.

Nascido em Genebra numa família calvinista, filho de um relojoeiro, Rousseau, com 16 anos, para escapar à «tirania» do mestre que lhe ensina o ofício de gravador, foge e instala-se em França onde exerce os mais diversos ofícios e toma contacto com as mais diversas classes sociais: é sucessivamente aprendiz, lacaio, preceptor, secretário do embaixador de França em Veneza. Mas é em casa de Madame de Warens «nas Charmettes», perto de Chambéry, que conhecerá, entre 1735 e 1740, verdadeiros momentos de felicidade. Empreende a sua formação intelectual de autodidacta e obtém uma sólida cultura literária e filosófica.

A sua obra, de uma excepcional diversidade (dramática, polémica, lírica, filosófica, etc.), foi composta no espaço de dezasseis anos, à excepção das obras autobiográficas, que são póstumas. Após ter ganho o prémio da academia de Dijon pelo seu primeiro discurso, torna-se rapidamente célebre; mas, ao denunciar a degradação e a corrupção do homem na sociedade em pleno século das Luzes, numa altura em que o ideal de progresso está profundamente enraizado nos espíritos, atrai sobre si as críticas mais virulentas.

Em 1757, desentende-se com Diderot e com os enciclopedistas, pensando-se vítima de uma cabala. Após a publicação de *Émile*, em 1762, é perseguido ao mesmo tempo pela França católica e pela Suíça protestante; apedrejado em Motiers, expulso da ilha de S. Pedro, exila-se em Inglaterra. Doravante, viverá como um proscrito, na inquietude e na desconfiança, crendo-se vítima de todas as perseguições. Refugia-se em Ermenonville em casa do marquês de Girardin onde morre em 2 de Julho de 1778, deixando inacabada a sua última obra: *Les Rêveries du promeneur solitaire*. Só tardiamente será apreciado e compreendido em França. Apenas Kant*, seu contemporâneo, admirava a sua obra, prestando-lhe homenagem enquanto filósofo e reconhecendo nele, tal como em Platão*, um dos guias que fizeram progredir a humanidade para o seu verdadeiro destino ético-político.

☞ **Obras:**

Discours sur les sciences et les arts (1750); *Discours sur l'origine et les fondements de l'inégalité parmi les hommes* (1754); *Lettre à M. d'Alembert* (1758); *Julie ou la Nouvelle Heloïse* (1761); *Du contrat social ou Principes du droit politique* (1762); *Émile* (1762); *Projet de constitution pour la Corse* (1765, publ. em 1861); *Les Confessions* (1765-1770); *Considérations sur le gouvernement de Pologne* (1711, publ. em 1782); *Rousseau juge de Jean-Jacques, Dialogues* (1772-1776); *Essai sur l'origine des langues*, onde se fala da melodia e da imitação musical (publicado em 1781); *Les Rêveries du promeneur solitaire* (1776--1778).

• ***O estado natural: postulado teórico e evidência interior***

Partindo da constatação da corrupção profunda do homem na sociedade do seu tempo, Rousseau propõe demonstrar que ela não está ligada à sua natureza mas à socialização nefasta. Para se encontrar a verdadeira natureza do homem é preciso, por meio de um processo metódico, imaginar um «estado natural», ou seja, determinar por supressão um ponto fixo e original a partir do qual se possa traçar a genealogia complexa de uma depravação correlativa aos progressos da sociabilidade.

Esta descrição do estado de natureza deve bastante a uma espécie de evidência interior: Rousseau, pelo poder de uma imaginação que encontra na nostalgia da sua própria inocência os sentimentos espontâneos da natureza, inventa esta condição primitiva do homem que considera irremediavelmente perdida, se alguma vez existiu.

O que caracteriza o homem natural?

– Está próximo da animalidade, vive num estado de dispersão e ignora o trabalho. Porém, distingue-se do animal pela sua *liberdade*: o animal apenas obedece ao instinto, mas o homem «reconhece-se livre de aceitar ou de resistir». Portanto, ele pode fazer tanto o bem como o mal.

– Distingue-se dele também pela sua *perfectibilidade* ou faculdade de se aperfeiçoar. Em potência no homem, ela actualiza-se sob o efeito das circunstâncias e comanda o desenvolvimento de todas as suas faculdades. A perfectibilidade não implica necessariamente o progresso moral, mas significa apenas que o homem é um ser em devir, que pode tornar-se melhor ou pior.

– «O homem é naturalmente bom», foi uma fórmula que se prestou a numerosos contra-sensos. Rousseau entende por ela que não é necessário supor o homem mau por natureza para explicar a sua corrupção: «Não existe perversidade original no coração humano e os primeiros movimentos da natureza são sempre rectos.» Esta *bondade* não é um valor ético e situa-se aquém da consciência do bem e do mal. Constitui «uma moral natural», uma inocência original, uma disposição psicológica em que se equilibram dois sentimentos opostos e complementares: o *amor de si*, que visa a sua própria conservação e deve ser distinguido do *amor-próprio*, sentimento factício nascido na sociedade e que consiste em ligar mais a si do que ao outro, e a *piedade*, que vem do amor de si uma vez que, por identificação com todos os seres que vivem e sofrem, o homem descobre-se idêntico ao outro e sente «uma repugnância inata por ver sofrer o seu semelhante».

Assim caracterizado, o homem da natureza conheceu um estado de felicidade de que poderia nunca ter saído. Como se desencadeou o processo histórico da degenerescência? Como puderam homens bons dar origem a uma sociedade má?

• ***A corrupção do estado natural: «a sociedade nascente dá lugar ao mais horrível estado de guerra»***

É um obstáculo exterior (a penúria devido a alterações climáticas, por exemplo) que arranca o homem primitivo à independência e ociosidade felizes. A adversidade desencadeia o processo de perfectibilidade que se traduz logo pelo desenvolvimento de uma inteligência instrumental. O homem confronta-se com a necessidade do trabalho, condição da sua sobrevivência. Tem então de prever, conservar a memória das suas descobertas: toma consciência da sua dimensão temporal e entra assim na História.

É neste estádio que se formam as sociedades patriarcais, era de ouro da humanidade, imagem concreta da felicidade. Todavia, ao viver em grupo, os homens comparam-se entre si, e estas comparações desenvolvem a sua faculdade de raciocínio. Descobrem que vivem sob o olhar do outro. A importância do parecer coloca-os numa espécie de dependência psicológica relativamente aos seus semelhantes.

Porém, nada é contingente na evolução do processo, porque a perfectibilidade continua latente. A invenção da metalurgia e da agricultura foi contingente mas desencadeou um processo irreversível: a divisão do trabalho. Esta permite produzir mais do que se consome, por isso a superabundância de bens que se vai tornar objecto de cobiça. Todas as condições estão reunidas para que se instaure a forma de *desigualdade social* que se traduz na desigualdade económica: os homens vão disputar a posse do supérfluo, que permite aos mais astutos gozar de uma ociosidade, resultado da exploração do trabalho dos outros.

Esta desigualdade encontra a sua expressão na *propriedade*, apropriação arbitrária daquilo que, pertencendo a todos, não pertence a ninguém. Ora, não sendo a propriedade reconhecida por nenhum direito, apenas pode ser defendida pela força e fica então submetida à lei do mais forte: daí uma guerra de todos contra todos. Encontra-se aqui como ponto de chegada do processo de corrupção do estado de natureza aquilo que Hobbes* considerava um ponto de partida.

• ***O pacto iníquo***

O estado natural apenas termina quando os homens, ao constituírem um governo, instauram uma verdadeira comunidade política. Encontramo-nos no final da evolução descrita por Rousseau: a guerra permanente, a insegurança generalizada, fruto da apropriação abusiva dos bens, exigem uma ordem política que dá um fundamento jurídico à propriedade e institucionaliza por isso a desigualdade. Antes uma ordem injusta do que a anarquia: este é o raciocínio que dá origem ao primeiro estado civil. Os homens celebram um pacto, e em que consiste este pacto? Aceitam renunciar à sua liberdade a favor de um soberano que, em troca da sua obediência, garante a segurança das pessoas e dos bens. Porém, é um pacto *iníquo* e contranatura porque, ao abdicar da sua liberdade, o homem fica despojado da sua própria humanidade e cai na dependência absoluta de um senhor. É uma impostura, porque consolida os privilégios do rico em troca de uma segurança sem objecto para aquele que, nada possuindo, não é ameaçado nas suas posses. Este verdadeiro mau negócio consuma assim a nefasta socialização, ao fundar uma sociedade injusta.

• ***O Contrato Social***

A originalidade de Rousseau consiste em pôr de lado os factos e em raciocinar sobre os princípios: o *Contrato Social* é uma teoria da instituição do social, uma reflexão normativa, obra da razão. Rompendo com a concepção tradicional do direito pela qual este mais não é do que a legitimação da força, Rousseau rejeita o realismo político: aquilo que pertence à ordem do racional não pode ser deduzido da experiência, mas das «exigências da razão pura».

A busca da legitimidade da ordem política levanta então este difícil problema: como conciliar a liberdade natural do homem e a necessidade de uma ordem política? Trata-se de definir as condições de uma ordem social justa, em que a liberdade e a igualdade sejam salvaguardadas de qualquer forma de opressão, na qual cada um, guiando-se por regras comuns imprescindíveis numa sociedade organizada, não obedeça a ninguém em particular.

A solução reside no *povo soberano*, concebido como a única fonte legítima do poder e seu único detentor. Um povo é uma livre associação de indivíduos que, de uma multidão dispersa, constitui um corpo colectivo e moral em virtude de um *Contrato Social*. Este, acto convencional, absolutamente pioneiro e inaugural, caracteriza-se por uma alienação total, livremente consentida, da liberdade natural de cada contratante a toda a comunidade, de forma que esta situação seja «igual para todos». Da renúncia de cada um à sua *vontade particular* nasce a *vontade geral*, vontade do corpo social unido por um interesse comum. É precisamente no exercício desta vontade geral que reside a *soberania do povo*: o povo, enquanto soberano, detém a autoridade suprema. Cada contratante torna-se membro do soberano: ele é *cidadão* porque participa na autoridade soberana e súbdito na medida em que está submetido a ela; mas é uma mesma vontade que, por um lado, faz as leis e, por outro, obedece a elas. Para Rousseau, este é o sentido da *autonomia*: «Cada um obedece apenas a si próprio ao obedecer a todos.»

Ninguém pode ser coagido e a regra que valida esta associação é o livre assentimento dos contratantes. Mas, uma vez aceite a cidadania, é a regra maioritária que determina a vontade geral. É evidente que esta pode entrar então em conflito com a minha vontade particular. Não me encontro alienado à tirania da maioria? Se a *vontade geral*, expressão do interesse comum, vai contra os meus interesses egoístas, a própria lógica do contrato exige que me sinta obrigado, enquanto súbdito que obedece à soberania, por uma decisão que resulta do próprio exercício dessa soberania. Ao obedecer, continuo livre, uma vez que é a mim próprio que obedeço: «Quem recusar obedecer à vontade geral será a isso obrigado por toda a comunidade; o que significa que será forçado a ser livre.»

Mas não pode a vontade geral enganar-se? O povo pode estar enganado, responde Rousseau; porém, a vontade geral está sempre correcta, em princípio, pela sua própria natureza, pois quer sempre o bem comum. Tudo depende da rectidão da deliberação que implica que se distinga entre *vontade geral* e *vontade de todos*. Por «vontade de todos», Rousseau entende «uma soma de vontades particulares» que falseia o jogo da deliberação porque, por essas associações de interesses particulares, já não há tantos votantes quantos cidadãos. Portanto, importa que «não haja sociedade parcial no Estado e que cada cidadão apenas opine segundo ele», «pois a vontade geral só pode resultar da soma das pequenas diferenças».

O resultado da deliberação é a *lei*, expressão imperativa e universal da vontade geral. Assim, o Contrato Social permite passar da dependência dos homens para a dependência das leis. O Estado regido por leis é uma *república*, por oposição ao despotismo, e a concepção de Rousseau da república é uma *democracia directa* onde o povo reunido «delibera em pessoa»: «A vontade não se representa.»

• ***A educação e a moral***

Uma tal organização política nunca existiu e, certamente, nunca existirá: a teoria do Contrato propõe um modelo, um ideal assimptótico que permite denunciar, por um lado, os desvios das sociedades históricas e definir, por outro, o campo de uma experiência da liberdade que permite à nossa perfectibilidade desenvolver-se de acordo com a nossa verdadeira natureza.

É através do desenvolvimento da cultura que o acordo com a natureza pode ser reencontrado. É preciso recriar no homem uma segunda natureza, fruto da arte: *Émile* propõe precisamente uma *educação* que tem como objectivo reinventar o homem da natureza. Consiste em submeter a criança à condição natural para que ganhe o hábito de se sujeitar à dura lei das coisas e não se submeter à vontade arbitrária dos homens. Daí a famosa noção de *educação negativa* que consiste, para o pedagogo, não em instruir precocemente a criança, mas em deixar desenvolver-se, sem degenerar, as suas potencialidades: razão, sociabilidade, consciência moral e cívica. Desta forma, ela adquire, a pouco e pouco, a autonomia e o sentido da liberdade. Aprende a substituir o capricho pela necessidade, o desejo pela lei. A sua razão fortificar-se-á espontaneamente: porque é esclarecida pelas leis eternas da natureza, ela continua saudável e não se entrega às paixões humanas, contrariamente ao espírito do homem corrompido pela sociedade.

Mas a razão não basta para desenvolver na criança o sentido moral cujo princípio é inato, porque a *consciência do bem e do mal* está inscrita no coração humano: «Não retiro estas regras de uma elevada filosofia, mas encontro-as inscritas no fundo do meu coração indelevelmente.» A *moral* de Rousseau é a moral do sentimento iluminado pela razão. Assim, a bondade natural torna-se virtude e o homem virtuoso conhece a felicidade: a impostura e o engano da aparência dão lugar à transparência da consciência, a desigualdade e a exploração dão lugar à reciprocidade e à piedade.

Não nos deu o Ser supremo que move o universo e comanda todas as coisas «a consciência para amar o bem, a razão para o conhecer e a liberdade para o escolher»? (*Profession de foi du Vicaire savoyard*).

☞ **Conceitos-chave e termos relacionados:**
Amor (- de si, - próprio), Autonomia, Contrato Social, Democracia directa, Desigualdade, Educação negativa, Estado de natureza, Lei, Liberdade, Moral, Parecer, Perfectibilidade, Piedade, Povo (- soberano, Soberania do -), Propriedade, Vontade (- de todos, - geral, - particular).

☞ **Autores:**
Hobbes, Kant, Locke, Montaigne, Montesquieu, Séneca.

☞ **Bibliografia**

P. Burgelin, *La Philosophie de l'existence de Jean-Jacques Rousseau*, Slatkine, 1978.
R. Derathé, *Jean-Jacques Rousseau et la science politique de son temps*, Vrin, 1988.
H. Gouhier, *Les Méditations métaphysiques de Jean-Jacques Rousseau*, Vrin, 1984.
J.-P. Starobinski, *La Transparence et l'Obstacle*, «Tel», Gallimard, 1971.

RUSSELL, Bertrand (1872-1970)

Filósofo inglês e estudioso da lógica, Russell foi o iniciador, com G. E. Moore, da *filosofia analítica*, movimento em grande parte anglo-saxónico hostil às especulações metafísicas e que privilegia a análise da linguagem. O contributo essencial de Russell diz respeito à logicização das matemáticas.

☞ **Obras** (os títulos em português correspondem à tradução dos títulos em francês e não dos originais): *Principia Mathematica* (com N. Whitehead, 1910-1913), *Escritos de Lógica Filosófica*; *Problemas de Filosofia* (1912); *O Método Científico na Filosofia. Significado e Verdade* (1940); *O Conhecimento Humano: Extensão e Limites* (1948); *Introdução à Filosofia Matemática* (1921).

Os seus artigos mais importantes («Da denotação», 1905, etc.) estão reunidos em *Escritos de Lógica Filosófica*. Inúmeras obras sobre política, moral, educação, assim como a *História das Minhas Ideias Filosóficas*, dão a conhecer as suas opiniões liberais-socialistas.

Russell foi um intelectual generoso e interventivo – contra a Primeira Guerra Mundial (preso em 1916), pela igualdade das mulheres, pelo desarmamento nuclear, pela nova pedagogia, contra o nazismo e o comunismo. Co-fundador com Sartre* do Tribunal Russell para condenar os crimes de guerra americanos no Vietname. Filho de um lorde, nascido no País de Gales, Russell estudou Matemática e travou amizade com G. E. Moore, que o introduziu na filosofia, e com A. N. Whitehead. Assessor da embaixada em Paris em 1894, foi candidato trabalhista e entrou na Câmara dos Lordes em 1931. Recebeu o prémio Nobel e leccionou nos Estados Unidos a partir de 1938.

• *O atomismo lógico. O princípio de atomicidade ou princípio da análise lógica da linguagem*

Russell procura determinar com rigor a extensão e o grau de certeza do conhecimento e por mostrar os princípios lógicos deste e da sua relação com a experiência, a fim de distinguir as verdades objectivas universais, independentes do espírito, e as percepções subjectivas confusas. Contra o formalismo – segundo o qual a ciência deve excluir a intuição sensível e recorrer apenas a símbolos abstractos –, Russell faz depender a verdade de uma determinada relação com os factos. Afirma o *princípio de análise* – partir dos resultados para chegar às premissas – e o *princípio da navalha de Ockham** – não multiplicar as entidades sem necessidade. Chama «atomismo lógico» à sua concepção segundo a qual as únicas proposições com sentido são as que se relacionam com factos independentes e simples e cuja expressão não contém qualquer variável (p. ex. «isto é vermelho»). Remetendo designadamente para constituintes objectivos, aquelas proposições constituem «átomos lógicos» ou átomos de sentido que correspondem a átomos de realidade, referente mínimo necessário para dar sentido a uma proposição. O *princípio de atomicidade* ou princípio da análise deve permitir reconhecer e isolar a forma lógica – a única pensada – na forma gramatical ordinária, pois esta é fonte de erro tanto como as falsas evidências da intuição ou do instinto: ela suscita equívocos e sustenta um ilogismo inconsciente no pensamento. Este princípio fornece o critério de distinção entre as realidades individuais existentes e as entidades abstractas a que a gramática da linguagem corrente atribui uma existência – não empírica –, cujo carácter ilusório gera pseudoproblemas e argumentações falsamente rigorosas da filosofia.

• *Logicização da matemática. A nova sintaxe lógica e a resolução dos paradoxos pela teoria dos tipos*

A partir destes princípios, Russell lança as bases da lógica formal e pretende resolver a questão do fundamento das verdades matemáticas por uma reconstrução de toda a matemática em termos de lógica (variáveis, funções proposicionais, quantificadores). Com efeito, pensa que a matemática, tal como as outras ciências, é o produto de induções a partir da experiência, mas que não podemos explicá-la de forma empírica nem demonstrar a sua necessidade *a priori*; procura, tal como anteriormente Frege, baseá-la na lógica. As noções-chave são a pertença a uma *classe* – conjunto de objectos que possuem características comuns – e a inclusão de uma classe noutra. Os números inteiros são definidos em termos exclusivamente lógicos, como classes de classes (*Principia Mathematica*, 1902). O sistema lógico deve ser suficientemente rico para permitir a dedução de todas as proposições aritméticas (*Principia Mathematica* e *Introdução à Filosofia Matemática*). Indivíduos, classes, classes de classes, etc., são «tipos lógicos» distintos. Russell resolve os célebres *paradoxos da lógica* (p. ex., o mentiroso) pela distinção dos níveis hierárquicos dos tipos. Um paradoxo resulta de um círculo vicioso: uma totalidade constitui-se como o seu próprio elemento – um enunciado toma-se a ele próprio por objecto, por exemplo, «eu minto». Para evitá-lo, é preciso respeitar o carácter mutuamente exclusivo de cada nível: não se pode aplicar um predicado a uma classe que constitui a sua extensão. Esta eliminação de todas as formas viciosas de autoreferência não poupa, então, as *proposições metafísicas*, que consistem em confusões de tipos, amálgamas de níveis lógicos. O significado de uma proposição – a sua dimensão sintáctica – é determinado por um tipo, que constitui o seu «domínio de significado». Torna-se então possível realizar uma valiosa distinção entre fórmulas significantes (bem formadas) e fórmulas desprovidas de sentido (mal formadas). Estas teses serão determinantes para a filosofia analítica, principalmente para o positivismo lógico (Wittgenstein*, Carnap) e para a sua crítica radical da filosofia tradicional.

• *A teoria das descrições*

Peça fundamental da teoria dos termos e proposições na base da nova sintaxe lógica, a *teoria das descrições*, modelo de análise lógica da linguagem, deve permitir eliminar as expressões enganadoras que, parecendo nomes, levam o pensamento a multiplicar as entidades incertas privadas de referente, o que uma linguagem bem construída deve eliminar. É o caso em particular das «descrições definidas» (por exemplo, «o autor de *Provinciales*» para designar Pascal*, «o actual rei de França» é calvo). Se as decompusermos numa série de asserções (há um x, x reina em França, é para todo y, se y reina actualmente em França, y é então idêntico a x, etc.), substituindo o sujeito gramatical por um sujeito lógico capaz de invalidar o enunciado que não se deixa assim descrever, elas surgem como que possuindo uma falsa unidade, ou seja, constituindo símbolos lógicos incompletos, não podendo, por isso, ser nomes que designam objectos. Só os seus elementos contribuem para conferir um significado às frases que os incluem. A sua redução lógica mostra que nomes próprios (p. ex., Pascal) e descrições definidas («o autor de *Provinciales*») não se sobrepõem: basta enunciar «Bossuet pergunta se Pascal é Pascal»! Para Russell, o *sentido* mais não é do que o referente: só se pode nomear seres reais, um nome «próprio» designa directamente (por definição) um referente único. Assim, a frase «O actual rei de França é calvo» é falsa hoje, segundo Russell, enquanto para Frege, que distingue entre sentido e referência de uma frase, esta frase tem sentido sem possuir referente e, a este título, não é verdadeira nem falsa, não possui qualquer valor de verdade. Russell inaugura assim a análise da linguagem, perspectiva que será muito desenvolvida nos países anglo-saxónicos e que se estende actualmente à filosofia francesa. A *filosofia* torna-se *analítica* na medida em que privilegia a análise lógica das significações e pratica um método anticartesiano, perguntando «o que significa...?» em vez de «que sei eu – e como – com certeza?»

☞ **Conceitos-chave e termos relacionados:** Análise, Analítica (Filosofia -), Atomismo lógico, Classe, Correspondência (Verdade -), Definição, Descrição definida, Empirismo lógico, Entidade, Filosofia, Gramática, Gramatical, Inferência, Linguagem, Lógica, Nome, Paradoxo, Proposição, Sentido, Significação, Termo, Tipo, Verdade.

☞ **Autores**
Guilherme de Ockham, James, Viena (Círculo de), Wittgenstein.

☞ **Bibliografia**
A. Benmakhlouf, *Bertrand Russell. L'Atomisme logique*, PUF, 1996.
P. de Rouillan, *Russell et le cercle des paradoxes*, PUF, 1996.
D. Vernant, *La Philosophie mathématique de Russell*, Vrin, 1993.

S

SANTO AGOSTINHO
➔**Agostinho, Santo**

SANTO ANSELMO DE CANTUÁRIA
➔**Anselmo de Cantuária, Santo**

S. TOMÁS DE AQUINO
➔**Tomás de Aquino, São**

SARTRE, Jean-Paul (1905-1980)

Filósofo, escritor, dramaturgo, Sartre é a figura cimeira das correntes fenomenológicas e existenciais francesas. Da psicologia fenomenológica até à ontologia existencial, desta até ao ponto de vista antropológico e histórico da *Critique de la raison dialectique*, o seu pensamento progrediu sempre. Mas aquilo que constitui a unidade de uma obra rica, variada e em perpétua evolução é a abordagem do homem como infinita liberdade, uma liberdade que procura o seu caminho na opacidade, na ambiguidade própria a toda a facticidade. A sua filosofia do comprometimento levou Sartre, ao longo de toda a sua vida, a desempenhar um papel de primeiro plano nos grandes debates políticos, filosóficos e literários da sua época.

Sartre, tendo perdido o pai pouco depois do seu nascimento, passou a infância entre a sua mãe e os avós em Paris. Criança precoce, como ele próprio sublinha em *Les Mots*, lê com sete anos as grandes obras-primas literárias e manifesta muito cedo a ambição de se tornar escritor. Depois dos estudos secundários no liceu Henry-IV, onde trava amizade com Nizan, estudante em Louis-Le-Grand, integra a ENS de Ulm em 1924, onde tem como condiscípulos aqueles que se tornarão as figuras mais prestigiadas da sua época: R. Aron*, G. Canguilhem*, Merleau-Ponty*, etc. Torna-se professor agregado em 1929. As ambições filosóficas e literárias de Sartre materializam-se com a sua primeira obra, *L'Imagination* (1936), que precede o seu primeiro romance, *La Nausée*. Liga-se a Simone de Beauvoir e formam toda a vida um casal original que se tornou lendário.

Pode dizer-se que há dois grandes períodos na vida de Sartre: o seu período existencialista, até 1939, marcado por uma indiferença política; a guerra de 1939-1945 que suscita a tomada de consciência das responsabilidades do intelectual face à História e o início de um envolvimento político que se tornará cada vez mais radical.

Começa por militar num grupo de intelectuais da Resistência. Aquando da Libertação, abandona o ensino que exercera durante alguns anos para se dedicar à carreira de escritor. Impõe uma imagem de intelectual comprometido, principalmente pelas suas polémicas com os intelectuais comunistas na revista *Les Temps modernes* que criou em 1945 e pela sua participação na luta anticolonialista (guerras da Indochina, da Argélia e do Vietname). Filiado no Partido Comunista Francês até à repressão da insurreição húngara, rompe definitivamente todas as relações com o partido em 1968, aquando da invasão da Checoslováquia. Afirma-se favorável a um «socialismo libertário», assume a defesa dos movimentos anti-imperialistas no mundo e torna-se o guia dos intelectuais de esquerda. Atacado pela cegueira, não deixa de continuar a sua obra e militância. Morre em Paris em Abril de 1980.

☞ **Obras:**

L'Imagination (1936); *La Transcendance de l'ego* (1937); *Esquisse d'une théorie des émotions* (1939); *L'Imaginaire* (1940); *L'Être et le Néant* (1943); *L'existentialisme est un humanisme* (1946); *Cahiers pour une morale* (1947); *Vérité et existence* (1948); *Critique de la raison dialectique*; *L'Espoir maintenant* (1980).

Da diversidade dos géneros que aborda e da abundância das suas obras, retemos essencialmente: 1) romances, teatro: *La Nausée, Le Mur, Les Chemins de la liberté, Les Mouches, Huis-clos, Morts sans sépulture, La Putain respectueuse, Les Mains sales, Le Diable et le bon Dieu, Les Séquestrés d' Altona*; 2) ensaios (crítica política, biografias e psicanálise existencial): *Qu'est-ce que la littérature?, Situations, Réflexion sur la question juive, Saint Genet, comédien et martyre, Les Mots, L'Idiot de la famille.*

• *A intuição existencial*

A intuição que funda a filosofia de Sartre é existencial: é a apreensão pré--reflexiva do nosso ser no mundo e de todas as coisas como pura presença. *La Nausée* (1938) é assim o sentimento quase ontológico da radical contingência e gratuitidade da existência que podia não ser como é ou não ser de todo.

Sartre designa particularmente com o termo «facticidade» o simples facto de todas as coisas existirem, considerado na sua total contingência; de forma mais específica, o termo aplica-se à existência humana, «inscrita no mundo e numa circunstância»: a facticidade é tudo o que não se escolhe, por exemplo, o corpo, a situação histórica e geográfica.

Num sentido mais forte do que facticidade, o *absurdo* designa o carácter da existência na medida em que esta escapa a qualquer conceptualização e não pode ser justificada racionalmente. É tanto a estranheza e a opacidade do mundo quanto a ausência total de razão de ser da minha própria existência, suspensa no vazio, sem possibilidade de recorrer a valores transcendentes.

Assim, porque é totalmente indefinível e irredutível, a existência só pode ser descrita: «Existir é estar simplesmente. Os seres aparecem, deixam-se encontrar, mas nunca podemos fazê-los desaparecer» (*La Nausée*). Em *L'Être et le Néant*, o acento é colocado de forma mais particular no modo de existência especificamente humano. *Existir*, para a consciência, é estar fora de si, projectar-se para além das coisas, para o futuro (sendo este movimento de transcendência expresso pelo prefixo «ex» de existência). Neste sentido, o homem é o único ser que se pode dizer que existe, uma vez que é capaz de se antecipar no futuro, na forma de projecto.

Assim se conclui que a existência precede a essência: o homem não existe no sentido em que é isto ou aquilo. «É ao aventurar-se no mundo, sofrendo e lutando, que se vai definindo, e a definição está sempre em aberto.» O *existencialismo* é, pois, um humanismo centrado na existência na medida em que esta cria a sua própria essência.

• *A absoluta e infinita liberdade do homem*

Se a consciência é a auto-superação do eu, compreende-se que o seu correlato seja a liberdade: existir, num universo contingente e absurdo, que não apresenta qualquer valor transcendente, é orientar pelo seu projecto o sentido do futuro. A existência humana é liberdade na sua efectuação imprevisível, criadora de valor e sentido.

O em-si e o para-si. A análise sartriana parte da oposição fundamental entre a consciência e a coisa, o para si e o em si. O *em-si* é o modo de ser das coisas: são o que são, na sua plenitude sem falhas, ou seja, numa perfeita coincidência consigo próprias. O em-si define-se, portanto, pela sua identidade.

O *para si* é o modo existencial do ser humano que, nunca idêntico a si próprio, nunca é completamente e que se caracteriza pelo movimento de transcendência constituído pela consciência.

As duas modalidades da consciência: intencionalidade, negatividade. A *consciência* é consciência intencional. Segundo o princípio de Husserl*, toda a consciência é consciência de alguma coisa, e uma consciência de nada é um nada de consciência. A consciência só existe na sua relação com outra coisa que não ela própria. Incapaz de se projectar, não tem interioridade e é esta fuga permanente de si, uma fuga absoluta, uma recusa de ser substância, que a constitui como consciência.

A consciência é, portanto, vazia, falha, em suma, nada. A negatividade instalada na consciência constitui o próprio ser, porque a consciência é potência nadificadora. *Nadificar* não significa destruir realmente, mas pôr à distância, anular. É por isso que a negatividade se manifesta de forma exemplar na consciência imaginante como poder de sair do mundo e de o negar, de o afirmar como ausente ou irreal. Mas percepcionar implica que não estamos presos às coisas. A consciência que capta a árvore visa-a como estando lá onde ela não está. Ela é a árvore e não é.

Da mesma forma, eu sou eu e sou, ao mesmo tempo, sempre mais e outro do que sou. Posso a qualquer momento superar as minhas determinações, escapar a todas as definições. Este é o sentido da fórmula paradoxal: «A consciência é o ser que é o que não é, e que não é o que é.»

A liberdade, fonte de angústia. É pela negatividade que o para si se percebe como *liberdade*. Esta identifica-se com o poder nadificador manifestado pela consciência. A liberdade é o poder de sair do mundo, de se evadir do circuito das coisas, de se subtrair à cadeia infinita das causas e dos efeitos. É verdade que a liberdade está sempre em situação e o sujeito não escolhe a situação na qual surge a sua liberdade. Mas escolhe o sentido que lhe dá e, afinal de contas, a relação que a liberdade mantém com uma situação é sempre uma escolha. Com efeito, eu decreto impossível aquilo que recuso tornar possível, considero intolerável a situação que decido não mais tolerar. Ora, podemos sempre fazer recuar os limites do intolerável, possibilitar o impossível. Estas são, para Sartre, as exigências ilimitadas da liberdade, atitude infinitamente orgulhosa que atribui ao homem um poder igual ao de Deus.

Por conseguinte, a *responsabilidade* que designa a aceitação do seu destino pelo existente humano não compreende nem grau nem reserva: logo, é moralmente muito pesada. Consciente de que a sua existência precede a sua essência, de que a sua liberdade é o único fundamento dos valores, de que as suas escolhas envolvem não só a sua própria essência mas também a figura moral de toda a humanidade, o homem sofre a angústia face ao infinito da sua liberdade. A *angústia*, apreensão reflexiva da liberdade por ela mesma, é então o sentimento metafísico de vertigem face ao infinito dos possíveis e à absoluta necessidade de uma liberdade a que não se pode escapar. Pois, de forma paradoxal, se o homem é livre de todas as escolhas possíveis, não pode subtrair-se à necessidade de escolher: é «obrigado a ser livre» e está condenado perpetuamente à responsabilidade.

A má-fé, resposta à angústia. O homem tenta escapar ao sentimento angustiante da sua infinita liberdade por aquilo a que Sartre chama «a má-fé», iludir-se e mentir sobre si próprio, que consiste em fingir que não se é livre, com o pretexto de que estamos submetidos ao determinismo para nos desresponsabilizarmos. Da mesma forma, o *espírito de seriedade* escapa à angústia e à liberdade acreditando na objectividade e na transcendência dos valores.

• *O Outro*

A consciência existe num mundo onde há outras consciências. Enquanto transcendência, o para si esbarra no não-eu que não é objecto, mas também transcendência, ou seja, *outro*. Estas duas liberdades não podem coincidir. Por isso, o encontro com o outro é, por essência, conflituoso. Com efeito, na experiência do olhar, o outro coisifica-me. O próprio amor é um logro e o projecto amoroso totalmente contraditório, porque no amor queremos possuir a liberdade do outro, desejando, ao mesmo tempo, ser amados livremente.

O antagonismo das *praxis* e o «prático-inerte». Os homens vivem em sociedade: como sentem essa existência em conjunto? Sartre começa por estender ao colectivo o conflito primordial das consciências. Em *Critique de la raison dialectique*, o problema abordado é aquele que a sociedade e a história colocam ao filósofo da pura liberdade. Encontramo-nos no campo da *praxis*, que é a transformação do mundo pela acção. Ao contrário de Marx*, Sartre privilegia a *praxis* individual e o livre projecto; considera que o agente histórico só pode ser parcialmente determinado pelas condições materiais.

O conflito das *praxis* surge, então, pela mediação do que Sartre chama «o prático-inerte». O que se deve entender por isto? O *prático-inerte* é a inércia ou resíduo das *praxis*. A *praxis* objectiva-se em obras que permanecem para além da vontade que as produziu. Elas adquirem assim uma certa autonomia que pode constituir um obstáculo às *praxis* futuras ou às dos outros. O prático-inerte é o risco inerente à queda da liberdade que se aprisiona nas suas produções e se volta contra si mesma.

Do antagonismo das *praxis* à coincidência das liberdades. Talvez o conflito mais não seja do que a base das relações com o outro. A separação das consciências está em relação estreita, na

Critique de la raison dialectique, com a noção de *série*. Esta constitui um conjunto de indivíduos sem projecto comum, por exemplo, uma fila de espera na paragem do autocarro. Os indivíduos encontram-se reunidos por acaso na perseguição de um mesmo objectivo, mas não se fundem. A série constitui antes «uma pluralidade de solidões», cada uma delas podendo ser o rival, o inimigo, em todo o caso, o estranho. Portanto, não existe qualquer laço real entre os membros de uma série, nenhuma articulação das suas liberdades.

Assiste-se à dissolução da série e à fusão dos indivíduos num *grupo* quando, a partir de uma situação crítica, de um perigo, de uma necessidade, emerge um projecto comum no seio de uma multiplicidade de indivíduos. A palavra «fusão» exprime que no entusiasmo e na exaltação da acção comum já não se lida com indivíduos isolados, encerrados no prático-inerte, mas com uma coincidência de liberdades em que a *praxis* de cada um se torna a dos outros, a liberdade do outro é reconhecida como idêntica à minha. O termo «fusão» é a palavra de ordem da constituição do *grupo* que «se define pelo objectivo comum que determina a sua *praxis* comum». Mas o grupo, como qualquer *praxis*, como qualquer liberdade, é ameaçado também pela acomodação no prático-inerte. Quando o entusiasmo inicial se desvanece, é preciso, para que o grupo sobreviva, que ele se institucionalize, e a funcionarização cria então a inércia e reintroduz a atomização dos indivíduos.

- ***A psicanálise existencial e o projecto fundamental***

Em Sartre, existe um laço estreito entre literatura e filosofia. O seu estudo sobre Flaubert, em particular, é um notável exemplo disso. Se privilegia a literatura é porque lhe atribui um verdadeiro alcance ontológico, o que se explica pelo princípio base da sua filosofia, a noção de existência como liberdade. A *liberdade*, não sendo essência mas fuga de si próprio, negatividade radical, apenas pode ser «descrita». E descrever a liberdade significa deixá-la manifestar-se nas suas obras. Os romances e o teatro de Sartre não têm outro objectivo senão mostrar, «fazer ver», a realização da liberdade como projecto. O mesmo se pode afirmar em relação às obras críticas porque devemos considerar a própria obra como produto de uma liberdade e tentarmos compreender o projecto fundador do seu autor. Este é, para Sartre, o objectivo da *psicanálise existencial*, método destinado a «esclarecer de forma rigorosamente objectiva as escolhas subjectivas» e a descobrir, através dos projectos particulares e concretos de um indivíduo, o projecto fundamental de que são expressão.

O fascínio que Sartre exerceu sobre as camadas jovens prende-se não só com o seu «teatro da liberdade», com a encenação das suas ideias filosóficas na obra romanesca, mas mais ainda com a personificação exemplar da sua própria filosofia que Sartre constitui, pois nunca deixou de apostar e correr riscos pela liberdade. Lutou incessantemente por uma comunicação «autêntica» e generosa entre os homens. Ultrapassando a constatação do absurdo e afirmando que «a vida humana começa no outro lado do desespero», a filosofia sartriana propõe um optimismo fundado numa esperança activa, numa ética da liberdade sempre por construir.

A influência de Sartre continua a ser considerável no pensamento contemporâneo, embora este nem sempre tenha consciência disso ou o confesse. As suas ideias inspiraram, em particular, todos os movimentos contestatários dos anos 60 e contribuíram para pôr em causa o marxismo dogmático. Esta influência alargou-se também a movimentos tão diversos como a sociologia de Bourdieu*, a antipsiquiatria e a sua crítica da instituição. Mas, sobretudo, a filosofia sartriana encontra toda a sua actualidade graças aos recursos que fornece para criticar o mesmo estruturalismo que provisoriamente menosprezara a fenomenologia. Como poderia uma filosofia da consciência, do projecto existencial e do comprometimento, da total responsabilidade do homem face à humanidade, não contribuir para reabilitar o sujeito contra o discurso, o sentido contra o significante? Face ao reducionismo das ciências humanas, não nos propõe o pensamento sartriano essa filosofia humanista de que a nossa época tanto carece?

☞ **Conceitos-chave e termos relacionados:**
Absurdo, Angústia, Consciência, Contingência, Comprometimento, Dialéctica, Em si, Essência, Existência, Existencialismo, Facticidade, Fé (má -), Fenomenologia, Grupo, Imagem, Imaginação, Intencionalidade, Liberdade, Nada, Para si, Prático-inerte, *Praxis*, Psicanálise existencial, Responsabilidade, Ser.

☞ **Autores:**
Hegel, Heidegger, Husserl, James, Lévi-Strauss, Marx, Merleau-Ponty.

☞ **Bibliografia**

M. Beigbedder, *Sartre*, «Écrivains de toujours», Seuil, 1974.
A. Boschetti, *Sartre et «Les Temps modernes»*, Minuit, 1985.
F. Jeanson, *Le Problème moral et la pensée de Sartre*, Seuil, 1965.
J.-F. Sirinelli, *Sartre, Aron, deux intellectuels dans le siècle*, «Pluriel», Hachette, 1998.
[S. Moravia, *Sartre*, Edições 70.]

SAUSSURE, Ferdinand de (1857-1913)

Linguista suíço, considera-se que a sua obra *Cours de Linguistique Générale* (publicada em 1916) fundou a linguística moderna ao isolar o fenómeno da *língua* como sistema autónomo e fundar assim uma linguística pura, ciência que tem como objecto a língua, tomada em e por si mesma.

Nascido em Genebra, no seio de uma família de cientistas (físicos, naturalistas, geógrafos), Saussure estuda em Leipzig, ainda jovem, o sânscrito, o eslavo antigo e intervém em debates acerca de gramática comparada. Após a publicação da sua primeira obra que lhe confere notoriedade, passa onze anos em Paris onde frequenta as aulas de M. Bréal na École Pratique de Hautes Études e organiza uma conferência sobre gramática comparada. Trava conhecimento com o linguista A. Meillet e, a partir de 1891, lecciona em Genebra.

☞ **Obra:**
Cours de linguistique générale (póstuma), 1916; foram os seus alunos C. Bailly e A. Séchehaye que, entre 1906 e 1911, redigiram a obra a partir de apontamentos.

• *A língua como sistema. A arbitrariedade do signo linguístico. A independência do significante e do significado*

A linguística pré-saussuriana, histórica e comparativa, tratava a língua de forma empirista como uma substância (procurando as causas das modificações nas diferenças de pronúncia, nas associações espontâneas e nas analogias, recorrendo a considerações pouco rigorosas de psicologia individual). Saussure define a língua como uma «forma», um *sistema* organizado de *relações* que compreende unidades mínimas, os *signos linguísticos*, cada um privado de qualquer realidade linguística. O seu valor como signo tem a ver com o facto de funcionarem num sistema de oposições e diferenças, em que cada um ganha o sentido de ser o que os outros não são. É o conjunto de relações que uma palavra mantém com as outras que determina o que Saussure chama o seu *valor linguístico* e que funda a concepção moderna da *arbitrariedade do signo*. O *signo*, portanto, não pode ser compreendido senão na sua relação com a língua: nem na sua relação com o pensamento (lógica de Port-Royal), nem com a sensação (Locke*, Condillac*), nem com realidades biológicas, sociológicas ou históricas (alegadas no século XIX pelos primeiros comparativistas – W. von Humboldt – e foneticistas – F. Bopp, H. Paul); o signo não é um nome que sirva para designar ou evocar uma coisa, mas um elemento convencional num sistema. Antes de relacionar um nome a uma coisa, o signo funde dois aspectos que não possuem qualquer laço necessário entre eles: o *aspecto fónico*, o *significante* – representação física do som ou «imagem acústica» –, e o *aspecto semântico*, o *significado* – aquilo que a palavra exprime, a ideia ou conceito que visa.

• ***Linguagem, língua, fala***

Se o signo não preexiste à língua e se é a língua que lhe permite significar – indicar, transpor-se em algo para se tornar comunicável –, torna-se possível, pela primeira vez, isolar a *língua* como objecto próprio do linguista, com as suas regras e o seu grau de formalização, e empreender uma abordagem científica da linguagem, que era, até então, confundida com a língua. Saussure define-a como a faculdade de constituir uma língua; em si mesma realidade «multiforme e heteróclita», tendo a ver simultaneamente com o físico, o fisiológico e o psíquico, o individual e o social, a *linguagem* não é senão a faculdade geral de comunicar o pensamento por um qualquer sistema de signos, um dos quais é a língua. Esta é «um conjunto de convenções adoptadas pelo corpo social para permitir o exercício da faculdade da linguagem nos indivíduos». A língua é «exterior ao indivíduo que, por si só, não pode criá-la nem modificá-la». Mas a língua não é um dado observável como uma coisa; apenas são dados os enunciados que os homens proferem, que apresentam uma matéria fónica; nada é substancial na língua a não ser esta matéria fónica à qual ela dá forma. É por ela não existir que o linguista tem de construir o seu objecto: «a língua».

A *fala* é a actualização individual e física da língua, o «acto do indivíduo realizando a sua faculdade de linguagem por meio da convenção social que é a língua», sendo aquela constituída, por um lado, pelo *discurso* – as «combinações graças às quais o sujeito falante pode utilizar o código da língua com vista a exprimir o seu pensamento individual – e, por outro, pelos mecanismos psicofísicos que permitem exteriorizar essas combinações».

• ***Sincronia e diacronia***

Assim abordada como um jogo cujos elementos funcionam de forma autónoma segundo as regras internas, sem relação com conteúdos ou com uma experiência vivida, a língua pode tornar-se objecto de uma ciência específica. O problema da sua «origem» já não se coloca em termos de uma relação com instâncias exteriores (povo, natureza, Deus, História). Em substituição do *modelo estrutural* da língua – um todo que é mais do que a soma das suas partes e em que as relações primam sobre as unidades –, o postulado metodológico denominado «de encerramento» será adoptado por muitas formas de estruturalismos, assim como a distinção entre dois tipos de abordagem: em *sincronia* – como um corte, fora de qualquer perspectiva evolutiva – ou segundo a *diacronia* – sucessão temporal de sincronias, que não deve confundir-se com a história ou com a evolução. A perspectiva sincrónica adapta-se às *estruturas* – sistemas de elementos interdependentes e solidários apreensíveis fora do tempo.

• ***A linguística, parte da semiologia***

A linguística devia, segundo Saussure, integrar-se na ciência geral dos signos, a *semiologia*, que estudaria «a vida dos signos no seio da vida social». Para além da língua, a semiologia teria então como objecto os sistemas de escritas, os sinais (militares e marítimos, línguas dos surdos-mudos), os ritos da civilidade, os sistemas de valores convencionais, etc.

L. Hjelmslev (1889-1965) irá radicalizar a concepção da língua como *forma* e, ao desenvolver o projecto de uma ciência geral dos signos, fundará uma *semiologia estrutural* – estudo diferencial dos sistemas de signos em geral.

☞ **Conceitos-chave e termos relacionados:**
Diferença, Discurso, Estrutura, Estrutural, Estruturalismo, Língua, Linguagem, Linguística, Fala, Fonema, Relação, Semiologia, Semiótica, Signo, Significação, Significante/Significado, Sincronia, Sistema.

☞ **Autores:**
Lacan, Lévi-Strauss.

☞ **Bibliografia**

E. Benveniste, *Problèmes de linguistique générale*, «Tel», Gallimard, t. I, 1966, pp. 18-45, t. II, pp. 11-77.
S. Bouquet, *Introduction à la linguistique de Saussure*, Payot, 1997.
F. Gadet, *Saussure. Une science de la langue*, PUF, 1990.
C. Normand, *Saussure*, Les Belles Lettres, 2000.

SCHELLING, Friedrich Wilhelm (1775-1854)

A filosofia de Schelling desenvolveu-se ao longo de sessenta anos. Por isso, não podia deixar de sofrer, se não transformações radicais, pelo menos uma certa evolução. Expor a sua filosofia é traçar o itinerário de um pensamento que, longe de ser uma simples etapa na história do idealismo alemão, se identifica com essa mesma história. A filosofia da identidade tem a originalidade de superar o idealismo unilateral e redutor que se diferencia do dualismo ao privilegiar apenas um termo, o sujeito ou o objecto, o espírito ou a natureza. Schelling concebe o idealismo absoluto não como a superação do subjectivo ou do objectivo, mas como a supressão desta distinção. A última fase do seu pensamento filosófico, ao afirmar a prioridade da existência relativamente à sua essência, irá seduzir Kierkegaard* e anuncia o existencialismo. O seu idealismo estético desempenhou um papel considerável na elaboração e sistematização da estética romântica.

Nascido no estado alemão de Wurtemberg, Schelling é filho de um pastor luterano. Em 1790, ingressa no seminário de Tubinga onde tem como condiscípulos Hölderlin e Hegel*. Interessa-se desde logo pela exegese racionalista das Escrituras. Depois descobre a sua vocação filosófica com a leitura de Fichte*, e as suas primeiras obras são fiéis ao pensamento do seu mestre. É preceptor em Leipzig e publica *A Alma do Mundo*, o que lhe vale ser notado por Goethe. Este consegue-lhe um cargo na Universidade de Iena onde lecciona até 1803, período em que escreve grande parte da sua obra. Desentende-se com Fichte em 1801 e torna-se a figura mais destacada da filosofia da natureza e da identidade. Aceita depois um cargo na universidade de Würzburg, onde o seu ensino, agora mais difícil e obscuro, conhece menor sucesso. Instala-se então em Munique como secretário da Academia de Belas-Artes, mas sente a falta do ensino. Em 1827, consegue uma cátedra na universidade de Munique onde ensina uma nova filosofia, fundada na revelação e radicalmente oposta ao panteísmo que até então professara. No apogeu da sua fama, torna-se presidente da Academia de Ciências e preceptor do príncipe herdeiro Maximiliano de Baviera. Em 1845, termina a sua carreira em Berlim. Durante todos estes anos, continuou a escrever mas publicou cada vez menos. Morre nove anos mais tarde em Ragaz, na Suíça, sem ter conseguido concluir o derradeiro aperfeiçoamento da última fase da sua filosofia.

☞ **Obras** (os títulos em português correspondem à tradução dos títulos em francês e não dos originais):
Do Eu Como Princípio da Filosofia (1795) e *Cartas Filosóficas Sobre o Dogmatismo e o Criticismo* (1795-1796); *A Alma do Mundo* (1798); *Primeiro Esboço de Uma Filosofia da Natureza* (1799); *Sistema do Idealismo Transcendental* (1800), 1978; *Exposição do Meu Sistema de Filosofia* (1801); *Estética* (1802-1803); *As Idades do Mundo* (1811); *Introdução à Filosofia da Mitologia* (póstumo, publ. em 1857); *Filosofia da Revelação* (póstumo); *Filosofia da Arte (1802-1805).*
[Nas Edições 70: *Investigações Filosóficas sobre a Essência da Liberdade Humana.*]

• *A filosofia da natureza ou o idealismo objectivo*

As obras do primeiro período são uma reflexão sobre o criticismo kantiano e um comentário ao idealismo fichteano. O primeiro esboço da filosofia de Schelling é uma *filosofia do eu* que eleva o sujeito ao absoluto. Mas Schelling depressa se afirma insatisfeito com o *idealismo subjectivo* que encerra a totalidade do real na igualdade eu/eu. Assim, opõe-lhe uma *filosofia da natureza* definida como um empirismo absoluto. Com efeito, o que é a *natureza*? Não é a simples produção do eu; a sua riqueza ontológica e a infinita variedade são testemunhas da sua objectividade: domínio da corporeidade, da fenomenalidade, ela oferece-se a uma experiência imediata e irredutível. Mas também é mais do que uma simples exterioridade empírica, pois ela é princípio de actividade e de organização, segundo uma racionalidade não discursiva mas finalista e global, cujo modelo é o organismo e cujo princípio é retirado da *Crítica da Faculdade de Julgar* de Kant*. O *organismo* é uma totalidade singular que tem como característica específica ser, simultaneamente, causa e efeito de si mesmo. Não é um simples produto mas a autoprodução da unidade indivisível dos seus elementos.

Enquanto organismo, a *natureza* é vida e psiquismo cuja unidade orgânica não exclui, porém, as tensões internas e a oposição entre forças antagónicas. A *matéria*, por exemplo, é de essência dinâmica e é constituída por forças antitéticas de atracção e repulsão. Mas se a natureza é vida e psiquismo, é porque o espírito age já na natureza, e aquilo a que se chama *matéria inerte* «mais não é do que uma inteligência sem maturidade». Para além disso, as diversas formas que assume mostram as diferentes etapas pelas quais o espírito se desperta progressivamente.

• *A filosofia da identidade ou o absoluto como unidade*

O idealismo é um esforço para suprimir o dualismo, ou seja, a separação entre o em-si e o para-si, o sujeito e o objecto, privilegiando um dos termos. Ou o absoluto é afirmado como sujeito e a actividade do eu como a única substância real, ou é privilegiada a natureza e constitui a própria raiz do espírito. Mas Schelling também pretende abolir esta disjunção: o que a filosofia da natureza lhe ensinou é que os opostos se implicam mutuamente. Ora, é a percepção da unidade dos opostos no interior de uma totalidade concreta que se torna absoluta numa *filosofia da identidade*. Se natureza e espírito se opõem e condicionam, não será possível ir para além desta oposição até ao princípio único que lhes serve de base comum? A verdade essencial do conflito de opostos não pode residir senão na unidade que sustenta esta oposição, fundamento sem o qual nenhum dos dois termos seria uma realidade. Este princípio a que Schelling chama «absoluto» não é, em si mesmo, nem subjectivo nem objectivo, nem espírito nem natureza, mas unidade do subjectivo e do objectivo. O sujeito e o objecto não são, portanto, substancialmente diferentes um do outro, e o absoluto é precisamente essa indistinção. Esta coincidência imediata do sujeito e do objecto é, por conseguinte, em última instância, conhecimento imediato de eu.

- ***A filosofia tardia de Schelling: como se subtrai o absoluto à sua identidade?***

Será que nos podemos integrar no absoluto como identidade sem cairmos numa filosofia tautológica? Se o absoluto se revela como identidade eterna de si a si mesmo, não se deve então explicar como pode o absoluto subtrair-se à sua ditosa identidade para se aventurar no mundo finito? A partir do conceito de identidade absoluta, como se pode encontrar o mundo diferenciado do relativo, da existência e da história?

Este é o problema levantado pela filosofia da identidade, mas que Schelling recusa colocar nestes termos, porque o *absoluto*, englobando ideal e potencialmente os opostos, não é, porém, unidade vazia e abstracta. A indistinção absoluta, essa «noite em que todos os gatos são pardos», é para Schelling, tal como para Hegel, o absoluto como totalidade realizada. É apenas um primeiro momento abstracto. O absoluto tem uma vida que consiste na manifestação da multiplicidade, na diferenciação relativa dos opostos que nele coincidem. Deve afirmar-se, simultaneamente, a tensão entre o absoluto e a realidade finita como os dois pólos constitutivos do ser. O absoluto encerra, portanto, a necessidade da sua manifestação, da sua revelação.

A filosofia tardia de Schelling afirma-se como uma «filosofia positiva». Esta opõe-se à «filosofia negativa» que, de Descartes* a Hegel, e na sua forma mais perfeita em Espinosa*, presume como ponto de partida o ser enquanto pura essência, totalmente realizada, existindo por si e elevando-se à existência necessária. A filosofia negativa assenta assim no argumento ontológico que deduz a existência necessária de Deus da sua essência eterna. A *filosofia positiva*, pelo contrário, toma como ponto de partida o que a exclui de si mesma, o que a coloca fora de si mesma, ou seja, a pura existência como exterioridade absoluta. Ela também parte de Deus como indivíduo absoluto cuja existência precede a essência.

Deste modo, a filosofia positiva tem como sujeito não um universo abstracto, mas *Deus* concebido como um Deus vivo e pessoal que, a par do seu ser eterno, tem uma vida e um devir eternos. «Deus faz-se a si mesmo e, tão seguramente como se faz a si mesmo, não é algo imutável e intemporal» (Conferências de Estugarda», *Obras Metafísicas*). Este processo baseia-se na «cisão e na diferenciação» que se opera quando Deus se eleva do seu ser, como vontade cega e natureza inconsciente, à consciência pela qual se torna sujeito e pessoa. A *criação* é a actualização da potência e das virtualidades de Deus, o processo pelo qual Deus se cinde da sua essência, suspende a sua existência necessária distinguindo-se dela como se de um filho se tratasse e realizando-se então na natureza e na história. Através desta cisão, sai de si mesmo, numa relação extática com a existência, e a *revelação* é o acto pelo qual Deus se manifesta na existência humana encarnada.

É assim que encontramos o mundo diferenciado do relativo, da existência e da história e que podemos explicar a vontade, a liberdade e o mal. No homem, há tensão entre a natureza enquanto desejo irracional e a natureza transfigurada pelo espírito. O homem pode submeter o desejo ao espírito ou sujeitar o espírito ao desejo. O *mal*, que tem a sua origem nesta cisão nascida da consciência e da liberdade, é então a escolha da natureza irracional em detrimento do espírito, ou seja, a recusa do processo que o eleva à sua mais alta realização.

• ***Uma visão estética do mundo***

A originalidade de Schelling consiste em recusar tratar a arte como um objecto particular e em conceber a própria criação do universo como arte. Podemos qualificar de «estéticos» toda a filosofia e idealismo de Schelling. Com efeito, a *arte* oferece-nos a mais elevada revelação do absoluto, uma vez que é testemunha da mais perfeita união do espírito e da natureza, identidade não formal nem abstracta, porque é o fruto de uma luta entre os opostos e de uma harmonia reencontrada. Só a arte é capaz de os unir harmoniosamente e a *obra de arte*, superação concreta da oscilação do homem entre actividade consciente e actividade inconsciente, liberdade e necessidade, é esta individualidade privilegiada pela qual o absoluto se torna real e objectivo. Tal explica a influência profunda que Schelling exerceu sobre o romantismo alemão, do qual é considerado o verdadeiro teórico.

Os românticos, com efeito, encontraram em Schelling, tanto na filosofia da natureza como na sua filosofia da mitologia ou na sua filosofia da arte, a expressão filosófica e a sistematização das suas intuições e ideias mais caras que constituem a *estética romântica*: a rejeição da interpretação mecanicista e a concepção de uma natureza viva; a afirmação da unidade universal e da identidade entre o espírito e a natureza; a reabilitação da intuição intelectual; a concepção de uma inspiração em que as forças livres e conscientes colaboram com as forças naturais e inconscientes e que, pelas suas origens profundas, nos relaciona com o dinamismo secreto, o poder criador do universo. Por fim, um último tema caro aos românticos encontra a sua justificação racional na filosofia da arte de Schelling: a primazia dada à poesia. Novalis e Schelling subscrevem esta concessão única feita à *poesia* em função de uma filosofia da natureza e da identidade: «Aquilo a que chamamos "natureza"», escreve Schelling, «é um poema cuja maravilhosa e misteriosa escrita continua a ser para nós indecifrável». Apenas a poesia pode restituir a unidade profunda das coisas, pois só uma linguagem metafórica é capaz de traduzir o simbolismo inerente às próprias coisas. A poesia, língua original e primitiva, é a linguagem suprema porque é a mais elevada revelação do absoluto.

☞ **Conceitos-chave e termos relacionados:** Absoluto, Criação, Diferença, Dualismo, Estética romântica, Existência, Filosofia (- da identidade, - da natureza, - negativa, - positiva), Idealismo, Idealismo absoluto, Idealismo subjectivo, Identidade, Mal, Matéria, Obra de arte, Revelação.

☞ **Autores:**
Fichte, Hegel, Heidegger, Jankélévitch, Kant.

☞ **Bibliografia**
M.-C. Challiol-Gillet, *Schelling*, «Que sais-je», PUF, 1996; *Schelling, une philosophie de l'extase*, PUF, 1998.
V. Jankélévitch, *L'Odyssée de la conscience dans la dernière philosophie de Schelling*, Alcan, 1993.
X. Tilliette, *Schelling, une philosophie en devenir*, Vrin, 1970.

SCHOPENHAUER, Arthur (1788-1860)

Última das grandes filosofias idealistas, na esteira de Kant* e da filosofia contemporânea, a doutrina de Schopenhauer constitui a primeira filosofia existencial trágica: «Com 17 anos, fui tolhido pela angústia, tal como Buda na sua juventude quando descobriu a existência da doença, da velhice, do sofrimento e da morte.» «A vida é coisa penosa: tomei a resolução de consagrar a minha a reflectir sobre isso.» Estas observações dão o tom da sua filosofia, que vê na vontade de viver a origem do carácter simultaneamente absurdo, trágico e doloroso da existência. Embora este pessimismo radical tenha sido mal interpretado por grande parte dos seus contemporâneos, Schopenhauer influenciará gerações de filósofos como Nietzsche*, Freud*, Heidegger*, os filósofos do absurdo e Wittgenstein*. Na medida em que a literatura se liga essencialmente a uma representação do carácter trágico da existência, não é de espantar que Schopenhauer tenha exercido uma influência considerável sobre os maiores escritores do nosso tempo como Tolstoi, Kafka, Maupassant, Proust, Céline, T. Mann ou Beckett.

Schopenhauer nasceu em Dantzig, na Alemanha. O seu pai era um negociante abastado, com espírito aberto e ideias liberais, mas de humor instável e que se terá suicidado em 1805. A sua mãe, romancista de sucesso, levava uma vida mundana. Era sem dúvida uma mulher menos frívola e egoísta do que se dizia, com quem Schopenhauer acabou por se incompatibilizar. Em 1809, recebe a sua parte da herança, começa em Göttingen os seus estudos de Medicina, que troca rapidamente pela filosofia: a descoberta do pensamento de Platão*, Kant* e do budismo exercem sobre ele uma influência determinante. Em Berlim, lecciona na universidade durante seis meses como *privat dozent*, mas a sua carreira universitária é curta porque os estudantes trocam as suas aulas pelas de Hegel*. A sua parte da herança permite-lhe renunciar ao ensino. Magoado com este fracasso, tal como pelo silêncio persistente que acolhe a sua obra maior, *O Mundo Como Vontade e Representação* (1818), Schopenhauer considera-se vítima de um conluio por parte dos filósofos universitários que criticará de forma virulenta. Retira-se para Francoforte onde leva uma existência cada vez mais solitária, moderando a sua ansiedade natural através de um quotidiano regrado. As suas últimas obras, os *Parerga* e *Paralipomena* (1851) despertam finalmente a atenção do público e torna-se célebre alguns anos antes da sua morte.

☞ **Obras** (os títulos em português correspondem à tradução dos títulos em francês e não dos originais):
A Quádrupla Raiz do Princípio de Razão Suficiente (1813); *Da Liberdade do Querer no Homem* (1838); *Fundamentos da Moral* (1839); *Parerga* e *Paralipomena* (1851).

• *A «quádrupla raiz do princípio de razão suficiente», matriz da filosofia de Schopenhauer*

Schopenhauer ergue-se contra o uso ontológico do *princípio de razão suficiente*. Este princípio, «segundo o qual nada existe sem razão de ser», foi sempre da maior importância para os filósofos, uma vez que funda a possibilidade de todo o saber. Para Schopenhauer, ele é «a título de representação apenas um meio para pensar muitas coisas numa só». O que abrange, portanto, a formulação muito geral desta «comum expressão» senão as relações ou leis muito específicas a que estão submetidas todas as classes das nossas representações? Este princípio reveste-se de quatro aspectos:

1. lei da causalidade, que se aplica aos objectos da experiência;

2. o princípio de conhecimento que se exerce no domínio dos conceitos e das representações abstractas;

3. o princípio da razão de ser, determinante das relações específicas de posição e de sucessão na intuição *a priori* do espaço e do tempo;

4. por fim, a lei de motivação, que se aplica ao objecto do sentido interno, o sujeito do querer, e que estabelece uma relação necessária entre as acções e os seus motivos.

Apenas a consideração da pluralidade irredutível destas aplicações nos permite escapar à ilusão de que um princípio único governa todas as coisas e de apenas lhe reconhecer um alcance fenoménico.

• *«O verdadeiro filósofo deve ser idealista»*

«Em todas as minhas teorias intervém uma ideia-chave que aplico a todos os fenómenos do mundo.» Este pensamento central que inspira toda a sua obra não funda um sistema, mas desenvolve-se segundo uma unidade orgânica que supõe uma dependência recíproca das partes. Segundo Schopenhauer, por mais heterogéneos que sejam, os temas abordados devem conduzir sempre o espírito a esse único pensamento como se fosse um centro fixo.

Este único pensamento é a transposição da distinção kantiana fenómeno/númeno para a oposição representação (fenómeno)/vontade (coisa em si). A primeira abordagem deste pensamento central é o prolongamento do *idealismo transcendental* (kantiano) que Schopenhauer define nestes termos: o mundo tal como o conhecemos é a nossa representação. Esta está submetida ao princípio de razão: a *matéria* mais não é do que a própria causalidade como lei da experiência. Todavia, Schopenhauer deforma o idealismo kantiano. Por um lado, atribui-lhe um fundamento fisiológico: as representações já não têm como fundamento as categorias do entendimento, mas um substracto fisiológico («o mundo é apenas um sonho do nosso cérebro»). Por outro lado, reduz o fenómeno a uma aparência. O *mundo como minha representação* é um sonho coerente, que não é mais real nem consistente do que os sonhos que ocorrem durante o sono. Neste ponto, Schopenhauer está mais próximo de Platão do que de Kantl.

• *A vontade como essência íntima do ser*

O idealismo convida-nos a deixarmo-nos enganar pelas aparências. Mas a *necessidade metafísica*, esse espanto perante o mundo, a existência, o sofrimento e a morte inevitável, leva-nos a perguntar «se este mundo será apenas representação [...] ou então se não será ainda outra coisa qualquer» (*O Mundo Como Vontade e Representação*). Enquanto exigência de absoluto, a necessidade metafísica leva-nos a considerar o mundo como um enigma a decifrar.

Schopenhauer, rompendo com o intelectualismo, descobre numa experiência interior quase existencial uma outra faceta deste «pensamento único»: o mundo como a *minha vontade*. Com efeito, a vontade manifesta-se, em primeiro lugar, no sujeito encarnado. O sentido interno faz-nos apreender a vontade como estritamente ligada ao nosso corpo. Toda a necessidade e todo o desejo traduzem-se imediatamente por um movimento do corpo e este surge então como «fenómeno» da vontade, a sua «objectivação». Quanto à vontade como determinação racional, ela é apenas o grau superior de uma vontade que é a essência de todos os corpos vivos na escala das formas animais e que encontra a sua expressão mais objectiva na sexualidade. A vontade manifesta-se assim do vegetal ao homem segundo um grau proporcional à complexidade dos seres vivos. Para além disso, por analogia, Schopenhauer entende a *vontade* como uma força cósmica na origem de todas as coisas e que realiza a unidade do ser. Ela é, então, a essência oculta do real, a coisa em si.

Todavia, é preciso perguntar se esta descoberta pela experiência interna da vontade como númeno não será um regresso ao dogmatismo pré-kantiano. A coisa em si será cognoscível? Não há dúvida de que a vontade alcançada pela experiência interior não é objecto de uma intuição intelectual, mas somente psicológica: designa o fenómeno que nos é mais familiar, que ela nos permite apreender na sua objectividade. Mas por outro lado, ao passar do *mundo como minha vontade* ao *mundo como vontade universal*, Schopenhauer pretende alcançar a essência metafísica do ser. Como será possível esta transposição sem incorrer numa contradição? Schopenhauer tem consciência da dificuldade.

É aqui que o princípio de razão suficiente – sob a forma de causalidade – vai desempenhar um papel fundamental. Os *corpos* são apenas a individuação, a particularização da Vontade cósmica que anima a natureza. O princípio de causalidade, princípio de individuação, separa ilusoriamente os seres e oculta-nos a unidade profunda destes. É por isso que, em *Suplementos ao Mundo Como Vontade e Representação*, Schopenhauer se dedica a definir a vontade como *númeno*, a partir do seu atributo fundamental, o *incondicionado*, que implica a negação do princípio de razão suficiente sob três modalidades:

1. o espaço: a vontade permanece una, mesmo que se individualize em seres particulares;

2. o tempo: a vontade é indestrutível, *a morte* é apenas uma ilusão fenomenal; apenas põe fim à vida individual e leva-nos à essência dos desígnios cósmicos;

3. a suspensão do princípio de razão suficiente do ponto de vista da causalidade é *liberdade*. Se o homem, como em Kant, é determinado enquanto fenómeno, ele é causalidade livre enquanto númeno. A vontade como *coisa em si* é, portanto, una, indestrutível e livre. Schopenhauer reconhece que esta ideia já está em germe na concepção kantiana da razão prática. Todavia, em Schopenhauer – é esta a sua originalidade incontestada – o conceito de *vontade* como númeno já não está limitado à ética, nem mesmo à antropologia: ele funda uma verdadeira metafísica da natureza.

• *O querer viver, raiz do mal inerente à existência*

«O mundo como coisa em si é uma grande vontade que não sabe o que quer porque ela não sabe, mas quer simplesmente, precisamente porque é uma vontade e nada mais» (*O Mundo como Vontade e Representação*). Interpretada pela metafísica da vontade, a experiência humana mostra-nos os indivíduos impelidos pelo fluxo incessante do *querer viver*. Este, enquanto não se refere a nada senão a si mesmo, é o absoluto. Mas, enquanto impulso irracional, sem motivo, finalidade ou significado, é fundamentalmente absurdo.

É também trágico e doloroso. A base da vida é o *sofrimento*, porque ela é desejo e porque o desejo é carência. O sofrimento está, portanto, ligado à privação, a essa sede inextinguível do desejo sempre renovada e insaciável. «Mas se a vontade se vir privada de objecto, se uma pronta satisfação vier retirar-lhe todo o motivo de desejar [o homem] cai num vazio horrível, no tédio.» Assim, o querer viver, absurdo e doloroso, caracteriza-se por uma terceira dimensão: o tédio, ligado à saciedade, mal que o homem teme tanto quanto o sofrimento porque pode conduzi-lo ao desespero. O *tédio* é definido por Schopenhauer como «vontade desocupada», ou seja, o estado do homem cuja vontade não tem objecto a que aspirar, sem motivo para desejar, que sente então «o vazio medonho» e «o peso intolerável» da sua existência: «A vida oscila como um pêndulo da direita para a esquerda, do sofrimento para o tédio.»

O *pessimismo* de Schopenhauer é, então, a doutrina segundo a qual a felicidade universalmente procurada só pode ser negativa, ou seja, é suspensão momentânea da dor e o fundamento de toda a vida é o sofrimento. Ele é a lucidez intelectual superior que deve dissipar as nossas ilusões que se devem à individuação: ilusão do *amor*, supremo artifício da espécie para se perpetuar através do indivíduo; ilusão do *acto voluntário*, que afinal de contas não passa de uma justificação da vontade irracional de viver; ilusão do *egoísmo* colérico, ligado ao princípio de individuação, que oculta a unidade original dos seres.

- ***Como apaziguar a dor e escapar ao tédio?***

Não existe, segundo Schopenhauer, solução política e social para a condição trágica do homem. Com efeito, não acredita no progresso da espécie humana. «A história apenas nos mostra em toda a parte a mesma coisa sob formas diversas; os capítulos da história dos povos não diferem, no fundo, senão nos nomes e nas datas. A essência é a mesma.» A *História* é a eterna repetição das mesmas tragédias, guerras, crimes, revoluções. Uma primeira sabedoria consiste, portanto, no a-politismo que supõe a tomada de consciência da inutilidade dos esforços dos que crêem trabalhar para o progresso da humanidade.

De acordo com Schopenhauer, só pode existir uma solução individual. Para um mal radical, é conveniente propor um remédio radical. A dor é inerente à vontade de viver. Ora, a vida não vale esse sofrimento. É, portanto, na negação da vontade de viver que é preciso trabalhar para extirpar o mal pela raiz. Por outras palavras, não se trata de apaziguar os sofrimentos da vida mas de nos libertarmos da vida enquanto sofrimento. Mas o suicídio não é uma solução porque é mais a afirmação da vontade de viver do que a sua negação. Assim, não devemos optar pela *morte* – ainda que ela corresponda ao momento da libertação da individualidade e ao regresso à unidade original.

Schopenhauer considera o prazer estético como uma primeira etapa na via desta libertação. A arte liberta o artista enquanto espectador da dor que ele converte em espectáculo e em representação. O que é *arte*, com efeito, senão a objectivação da vontade cujo espectáculo é fonte de fruição? O prazer estético é fundamentalmente desinteressado, porque nasce do exercício da faculdade de conhecer, independente da vontade. É neste sentido que a arte, ao permitir que o homem suspenda toda a busca interessada e se eleve à pura contemplação, possui inegavelmente uma virtude libertadora. Mas não se trata neste caso senão de uma libertação imperfeita e de uma suspensão provisória do querer viver.

Não será a moral, então, uma etapa superior nessa via da libertação? A afirmação da vontade de viver é, na sua essência, egoísmo colérico e injustiça. Ora, o egoísmo esclarecido pela razão produz o direito objectivo e a *justiça*. Mas esta, virtude racional e política por excelência, só desempenha um papel puramente negativo, porque se limita a impor limitações à crueldade dos egoísmos individuais.

Muito diferente é a *piedade*, que tem por fundamento metafísico a unidade profunda da vontade de viver e da tomada de consciência do carácter ilusório da individuação. Enquanto o egoísmo se atém à realidade fenomenal da individualidade, a piedade pressente a identidade da vontade de viver em mim-mesmo e em outrem e a unidade profunda dos seres.

Por outro lado, a piedade deduz-se analiticamente da definição da moralidade. Querer que o bem de outro se torne o meu próprio bem supõe a experiência de uma identificação. Num primeiro grau, ela é participação na dor do outro e identificação afectiva. Suprime em nós o interesse egoísta. Num grau superior, torna-se princípio directo de acção ao levar-nos a pôr fim à dor de outrem e a zelar pelo nosso semelhante.

Finalmente, para além da arte, da justiça e da piedade, a vontade elevada à mais alta e lúcida consciência de si mesma nega-se no puro *conhecimento*: «Quando já só existe conhecimento, a vontade desvanece-se.» Esta supressão completa-se no ascetismo radical que é uma forma de niilismo místico. Schopenhauer refere-se à noção de *Nirvana*, retirada da filosofia hindu, que designa o fim do desejo. O homem, tendo quebrado todos os laços que o prendem ao mundo fenomenal, pode então aceder ao Todo ou ao Nada.

☞ **Conceitos-chave e termos relacionados:**
Arte, Corpo, Ética, História, Idealismo, Individuação, Intelectualismo, Irracionalismo, Matéria, Metafísica, Morte, Mundo, Necessidade, Niilismo, Nirvana, Panteísmo, Pessimismo, Piedade, Princípio de razão suficiente, Querer viver, Tédio, Trágico, Vontade.

☞ **Autores:**
Bergson, Fichte, Hegel, Kant, Nietzsche, Rousseau, Schelling.

☞ **Bibliografia**

M.-J. Pernin, *Schopenhauer, le déchiffrement de l'énigme du monde*, Bordas, 1992.
P. Perrot, *Schopenhauer*, Quintette, 1997.
A. Philonenko, *Schopenhauer, une philosophie de la tragédie*, Vrin, 1980.
D. Raymond, *Schopenhauer*, Seuil, 1995.
A. Roger, *Vocabulaire de Schopenhauer*, Ellipses Marketing, 1999.
C. Rosset, *Schopenhauer, philosophe de l'absurde*, PUF, 1989.
R. Safransky, *Schopenhauer et les années folles de la philosophie*, PUF, 1990.
E. Sans, *Schopenhauer*, «Que sais-je», PUF, 1990.
[I. Vecchiotti, *Schopenhauer*, Edições 70.]

SÉNECA
(c. 4 a.C. – 65 d.C.)

Lúcio Ânio Séneca, filósofo e político romano, foi a primeira figura do trio estóico* da época imperial, antes de Epicteto* e Marco Aurélio*, e o último grande filósofo de língua latina. Nascido em Córdova, na Andaluzia, filho de Séneca, o Retórico, frequenta em Roma a escola estóica de Sextius e é aluno de Átalo; torna-se questor em 33 e brilhante advogado, prosseguindo na época de Cláudio e Nero uma tripla carreira de homem de negócios, político e homem de letras. Conhece tanto a riqueza e a fama quanto a desgraça. Exilado na Córsega por Messalina, mulher de Cláudio, escreve aí as *Consolações*. Oito anos mais tarde, a nova imperatriz, Agripina, chama-o para ser preceptor do seu filho de 17 ano, o futuro Nero. Séneca desempenhará de facto, com Burro, o papel de regente do Império, antes de se tornar ministro (54-59). Treze anos de compromissos na corte fizeram-no trair os seus princípios (escreve a sátira *Apocoloquintose* sobre a morte do imperador Cláudio). Mas, distanciando-se a pouco e pouco de uma vida corrompida, tirará daí lições. Numa semi-reforma, rodeado de filósofos gregos, escreve novos tratados e a sua maior obra: *Cartas a Lucílio*, seu amigo. Implicado na conjura de Pisão, recebe de Nero ordem para se suicidar que cumpre como um estóico, após ter escutado a leitura do *Fédon*.

☞ **Obras:**

a) *As Consolações*; b) tratados: *Da Brevidade da Vida, Da Clemência; Da Constância do Sábio; Da Felicidade, Da Tranquilidade da Alma; Da Providência, Do Lazer; Questões Naturais*; c) 124 *Cartas a Lucílio*; 9 tragédias, que concebe como preparações para a filosofia através do espectáculo de paixões arrebatas e das altas virtudes, *Medeia, Fedro, Édipo, As Troianas*, futuros modelos para Rotrou, Corneille, Racine.

• *Um humanismo trágico*

Em Séneca, o estoicismo adquire contornos humanos, pessoais e dramáticos, que tendem a privilegiar a análise psicológica e tornam a sua obra viva e actual: «Em primeiro lugar, examino-me, só depois, o universo» (*Carta* 65). Assumindo integralmente a doutrina, repensa-a para conciliar as suas duas vertentes: a ciência universal escatológica e o humanismo, muito limitado por Cícero às funções sociais do homem. A sabedoria adquire uma autonomia em relação ao conhecimento e é numa linguagem «fenomenológica literal» (P. Aubenque) que se exprime a inquietude sobre a condição humana: a um homem «nascido para a morte» (*mortalitas*), que conhece a «náusea», o desgosto de viver (*Da Tranquilidade*), a *acção moral*, arte de viver solidária de uma arte de morrer, quer dizer, de se libertar do pior temor, garante a «tranquilidade» da alma; esta já não se reconhece no simples envolvimento social, mas possui, sem abandonar o plano da imanência, uma vocação divina. A vida moral devolve-nos à autonomia da nossa natureza, de maneira mais negativa do que positiva, uma vez que a felicidade assim alcançada é definida antes de mais pela soma das infelicidades evitadas: a *natura* – aquilo que está em nós e nos é intrínseco – opõe-se à *fortuna* – tudo o que nos afecta a partir do exterior.

Por um lado, o homem não é o centro do mundo. Os dois maiores perigos a evitar são o individualismo hedonista ou cínico que crê poder associar virtude e prazer, e uma das suas formas mais perigosas, o intelectualismo, a falsa filosofia que toma as palavras pela vida. A cultura do espírito não deve sobrepor-se à formação da alma (*Carta* 108). Por outro lado, a ideia de uma unidade, de uma universalidade da condição humana, favorece, em Séneca particularmente, a nova tomada de consciência da igualdade de todos, para além dos papéis sociais face à superior vocação do homem. As páginas onde assume a defesa da humanidade do escravo em *Dos Benefícios* trazem um novo fôlego, pioneiro no pensamento antigo, ainda que possamos ter algumas reservas sobre a sua dimensão política e social (P. Veyne).

• *A arte de ser verdadeiro. O valor do instante, da intensidade*

A arte de viver é, acima de tudo, preocupação consigo mesmo. Séneca propõe aos Romanos, que sobrevalorizam a acção e as tarefas públicas, uma verdadeira conversão a um modo de vida filosófico, uma purificação da relação com o tempo: «meditar», «dialogar consigo mesmo». A vida da barra do tribunal ou do fórum é vã. Favorece a agitação, a «inactividade desordenada» que é o divertimento – ambições políticas, obrigações mundanas (*Carta* 101). Inventadas para escapar à inquieta solidão, estas afastam-nos de nós mesmos. É preciso conhecermo-nos melhor para melhor nos guiarmos na vida. Séneca faz o elogio de uma vida concentrada, total em cada instante: «É próprio de um grande artista ter sabido conter o todo num espaço insignificante» (*Carta* 53). A existência autêntica, que se confunde com a vida da consciência moral, não pretende eximir-se à inexorabilidade do tempo, mas lutar contra a *temporalidade inautêntica*, a «existência insignificante», a incapacidade de viver no presente. Agir segundo a verdade da natureza significa encontrar a eternidade num único instante de liberdade, libertar-se tanto da esperança como do lamento. Pelo contrário, muitos homens idosos morrem *jovens* porque *viveram pouco*. A virtude define-se mais pela intensidade de vida que proporciona do que pelo cumprimento estrito dos deveres. Tal é o sentido da *cura*, atenção vigilante que espreita a *ocasião* presente para a não deixar passar. A felicidade é independente da duração: contrariamente ao que pensa Aristóteles*, «a vida é longa se souberes usá-la.»

Só aquele que compreendeu a contingência da abordagem humana das coisas pode aproveitar o tempo que nos foi destinado. A filosofia ensina-nos a viver plenamente ao mesmo tempo que a saber desprezar a vida: «A vida é pouca coisa, mas é muito mais do que o desprezo pela vida».

• ***Um guia espiritual***

Procurando uma cura para a alma, o moralista ultrapassa o filósofo e Séneca recorre muitas vezes, nas suas exposições metafísicas, a máximas extraídas de outras filosofias, nomeadamente do epicurismo. I. e P. Hadot interpretaram estas contradições e este eclectismo aparentes no quadro da «orientação espiritual» que Séneca praticava, não tanto destinada a demonstrar a validade da doutrina como a torná-la assimilável: «ninguém tem por si mesmo força suficiente para se levantar, é necessário que alguém lhe dê a mão, que alguém o puxe.» A presença do guia espiritual permite exercer um controlo permanente sobre si mesmo, necessário porque «a virtude é árdua».

Séneca eleva ao estatuto de exercícios espirituais a contemplação do mundo, da sua necessidade divina e a contemplação do próprio sábio, o modelo de vida sensata. «Pela minha parte, tenho o hábito de demorar muito tempo a contemplar a sabedoria; vejo-a com a mesma estupefacção com que, noutros momentos, observo o mundo, este mundo que muitas vezes olho como se o visse pela primeira vez» (*Cartas* 64, 6). É necessário ver com outros olhos para contemplar o mundo e a sabedoria como o filósofo: viver o instante não só como se fosse o último, mas também como se fosse o primeiro, objecto de uma admiração sagrada. A este respeito, o sábio é objecto de admiração como são o destino e o mundo. «Em cada homem sábio habita um deus. Qual é ele? Não sei, mas é um deus» (*Cartas* 41, 3-4).

Séneca insiste na distinção entre o sábio perfeito e aquele que se esforça apenas por alcançar a sabedoria, em particular quando não a consegue atingir. A exigência, o esforço e, portanto, o seu êxito fazem parte da sabedoria. Quem nada consegue superar não se torna sábio, não o é. A boa intenção não constitui uma virtude e muito menos uma sabedoria. Também aqui a relação com o tempo é parte integrante da noção de comportamento.

• ***Heroísmo moral. Virtude militante, orgulho estóico***

É pensando sobretudo em Séneca que se estigmatiza (como Pascal*) ou se louva um certo aristocracismo na concepção estóica da virtude: o «orgulho estóico». A inflexão da doutrina num sentido voluntarista não deixa de evocar uma forma de adestramento moral. Séneca teme que a pura liberdade interior, refúgio do estóico, não se coadune com a tendência para a indiferença, aumentando ainda a tendência doentia para a delapidação do tempo; se não dirigirmos o frenesi de actividade para uma finalidade elevada, ela arrisca-se a perverter tanto a acção como a contemplação. No tempo mal gasto, Séneca vê a perda de espiritualidade (*Da Brevidade*). É portanto necessário que o indivíduo tenha controlo de si a todo o instante: «Sê o teu acusador, o teu juiz.» O filósofo é comparado ao soldado ou a um crucificado que carrega o peso de todo um povo que só existe pelo seu sofrimento (*Da Tranquilidade*). A *filosofia*, que é antes de mais conhecimento da «condição humana» (do lugar finito do homem no universo), é comparada a uma fortaleza, «muralha inexpugnável que a fortuna constrói com as suas mil máquinas, sem abrir brechas », enquanto fonte de consolo e serenidade.

Um tal voluntarismo implica uma fé no *progresso moral* – crescimento quantitativo que faz aproximar da mutação qualitativa. Mas Séneca tende a valorizá-lo em si mesmo, mais do que pela sabedoria de que devia apenas ser o meio. Os combates contra a inacção que sustenta uma virtude militante são considerados mais gloriosos do que a virtude inata! Constância e coragem na adversidade são mais valiosas do que a moderação e a adesão aos decretos da Providência recomendados por um estoicismo ortodoxo.

No homem político bem colocado para observar a decadência dos costumes, um pessimismo histórico compensa o optimismo providencialista: a Razão parece ter abandonado este mundo. O homem encontra então nas desgraças, na sua natureza finita, a oportunidade de engrandecimento que o eleva acima do próprio Deus. O que Deus é por natureza, o homem é por virtude (*Da Providência*). Assiste-se assim a uma renovação do pensamento antigo. Na célebre *Carta* 190 que prefigura o primeiro *Discurso* de Rousseau*, Séneca, atribuindo a responsabilidade do fim da idade de ouro à civilização – a propriedade e as técnicas – e reconhecendo na filosofia um produto da decadência, antídoto de um «mundo enfraquecido», deixa transparecer a sua preferência por tempos corrompidos em que a perda da inocência dá pelo menos à virtude a oportunidade de engrandecer o homem, na luta e no trabalho: «Não é a natureza que confere a virtude, mas a *arte* de se tornar bom»; «Não somos sábios, tornamo-nos sábios.»

Após ter influenciado profundamente os Doutores da Igreja, a obra moral de Séneca moldou o pensamento ocidental. A Idade Média e o Renascimento acolheram a sua mensagem com entusiasmo. Teve grandes repercussões no pensamento de Montaigne*, Pascal, apesar das críticas deste à soberba estóica, muito afastada da humildade do cristão, e Rousseau.

☞ **Conceitos-chave e termos relacionados:** Angústia, Autenticidade, Autonomia, Consciência (Exame de -), Coragem, Estoicismo, Existência, Instante, Moral, Morte, Tempo, Temporalidade, Trágico, Virtude, Voluntarismo, Vontade.

☞ **Autores**
Epicteto, Estóicos, Marco Aurélio, Montaigne, Pascal, Rousseau.

☞ **Bibliografia**
P. Grimal, *Sénèque*, Fayard, 1978.
A. Michel, «Sénèque. Le philosophe au service du tiran», *Histoire de la philosophie*, t. 1, 1983, «La Pléiade», Gallimard, p. 834 e ss.

SÓCRATES (ca. 469-399 a.C.)

Não se pode considerar Sócrates apenas como mais um filósofo: a sua personalidade domina toda a tradição filosófica ocidental em que assume, simultaneamente, o papel de pai da filosofia e de paradigma do filósofo. É por isso que pertence de forma indissociável à história e ao mito. Sócrates constitui por si só um acontecimento, ou seja, algo de novo que marca uma data e modifica a história. Com efeito, é aquele cuja arte de questionar fez do conhecimento o sentido último do acto de filosofar. Do mesmo modo, a sua ruptura com os pré-socráticos* e o antagonismo com os sofistas* testemunham a nova orientação que pretende atribuir à filosofia e que se afirma no «conhece-te a ti mesmo», fórmula que contém uma dupla exigência: a concepção do saber como interioridade e o primado concedido à preocupação ética. O mérito de Sócrates é o de ter mostrado que o conhecimento e a conversão da alma se equivalem quando se opta por uma existência recta e filosófica.

Todavia, é pela sua vida e morte que Sócrates pertence à lenda: encarnação perfeita do sábio cuja vida e ensino são indissociáveis, recebeu uma missão dos deuses que cumprirá com a coragem dos mártires da verdade, tornando-se assim na figura emblemática do filósofo perseguido pelo poder e pela opinião da multidão.

Filho de um pedreiro e de uma parteira, Sócrates nasceu no grande século de Atenas, cerca de 469 a.C. O oráculo de Delfos designou-o como o mais sábio dos homens e Sócrates vê aí o sinal de uma missão divina: «Foi Apolo que o mandou viver a filosofar, perscrutando-se a si mesmo e aos outros» (*Apologia de Sócrates*). Doravante, andará pelas ruas de Atenas, nas praças, nos mercados, para questionar os seus concidadãos, desmascarar os falsos saberes e exortá-los a cuidar das suas almas. Encarnando a má consciência dos atenienses, Sócrates incomoda-os no seu conforto intelectual e moral, não deixando de os importunar em toda a parte e a toda a hora, «como um moscardo pica um cavalo». Também não deixa de ter grandes inimigos, mas, ao mesmo tempo, esta força interior que o conduz aos outros e que o incita a usar todos os seus recursos intelectuais e morais ao serviço das suas convicções exerce um verdadeiro fascínio sobre aqueles com quem convive.

Sócrates cumpre com coragem, segundo Platão*, as suas obrigações militares na guerra do Peloponeso e envolve-se na vida política para impor uma ideia de justiça. Sob a tirania dos Trinta, o poder proíbe-lhe a liberdade de expressão; mas o restabelecimento da democracia ainda lhe é menos favorável. Acusado de ímpio e corruptor da juventude, Sócrates é julgado num processo que é narrado na *Apologia*: defende-se com uma ironia que passa pela provocação e que contribui para a condenação por uma grande maioria. Defronta com serenidade a morte e, apesar de não lhe faltarem ocasiões para se evadir, recusa-se a isso, como cidadão respeitador das leis da Cidade.

• *Sócrates não escreveu nada*

Sócrates professa a respeito da *escrita*, que fixa e mata a palavra (*cf. Fedro*, o mito de Tote), a desconfiança que é própria de uma civilização da oralidade. A escrita aumenta a ilusão e a pretensão do saber: ela é apenas um simulacro do pensamento e da palavra viva. Não tendo escrito nada, Sócrates só é conhecido indirectamente através de Platão, Xenofonte e das suas influências múltiplas, até mesmo contraditórias. São os diálogos de juventude de Platão que dão a ideia mais exacta da arte socrática do diálogo. Na maioria *aporéticos*, ou seja, que chegam a impasses, são testemunhos do pensamento essencialmente crítico de Sócrates, que não propõe qualquer doutrina pessoal e que detém apenas uma *sabedoria puramente negativa*, a consciência da sua ignorância.

• ***A arte socrática do diálogo***

A arte socrática do diálogo assenta por inteiro na *maiêutica* ou arte de iluminar os espíritos. Esta funda-se numa concepção do saber como interioridade: o saber é essencialmente reflexivo, acção de se concentrar em si mesmo e de aí descobrir o universal que há em nós. Este é o verdadeiro sentido do «conhece-te a ti mesmo», que não deve ser compreendido como um apelo a uma introspecção de ordem psicológica e individual. O seu sentido profundo é que a verdade não pode ser transmitida ou ensinada a partir do exterior. A maiêutica nada ensina que não saibamos já, como lembra Platão no Livro VII da *República*: a *educação* «não consiste em fazer o olho ver uma vez que ele já o consegue fazer; mas como está mal orientado, olha para onde não deve; a educação altera este estado» (518d). Platão vai buscar a Sócrates a ideia de que o acto filosófico comporta na sua essência uma conversão da alma no próprio âmago de uma diligência reflexiva. Assim, a maiêutica revela às almas aquilo que estas encerram, sem qualquer pretensão de nelas introduzir uma virtude cujos germes já lá não estivessem.

Decorre da definição da maiêutica que a *arte do diálogo* não pode consistir em exposições doutrinárias, mas num cuidadoso questionamento que conduz o interlocutor a extrair a verdade do seu interior e pelas suas próprias capacidades, uma vez que ela não pode ser transmitida ou ensinada a partir do exterior. Assim, a missão de Sócrates consiste essencialmente num despertar crítico e a maiêutica é indissociável da *ironia socrática* (de *euroneia*, interrogação), jogo de perguntas, arte sábia de interrogar, que consiste em distanciar-se das opiniões do interlocutor e das suas próprias, em simular ignorância para obrigar o outro a revelar o seu pseudo-saber. A ironia consiste essencialmente em pôr à prova ou analisar as opiniões expressas pelo interlocutor. Sócrates obriga-o a formular uma opinião que ele finge tomar à letra desenvolvendo todas as suas implicações para revelar as suas contradições e consequências inadmissíveis. O interlocutor, derrotado, abalado na sua convicção, é levado a reconhecer que não sabia verdadeiramente aquilo que julgava saber. A *ironia* procura pôr à prova mais os próprios homens do que as suas ideias, levá-los a perceberem o que são, a manifestar a incoerência dos seus pensamentos e actos. De forma ainda mais subtil, a ironia socrática é a arma mais eficaz contra a hipocrisia: pelo seu próprio procedimento que é o fingimento, imita a hipocrisia para melhor a desmascarar. A sua função é a de denunciar a diferença entre os falsos valores que guiam os atenienses, valores de prestígio e ambição, e aqueles que devem guiar a acção política, os valores fundamentais da Cidade. Exige assim que a aparência seja o reflexo do ser, anulando toda a discordância entre o ser e o parecer.

• ***O ensino socrático***

Mas Sócrates não é apenas aquele que interroga, examina, refuta, e a sua missão não é apenas despertar o espírito crítico. Ele possui um certo número de certezas cuja primeira é a confiança na virtude heurística do diálogo, na sua capacidade de atingir a verdade. A ignorância fingida de Sócrates, longe de ser a de um céptico, é inerente ao procedimento metódico, porque pertence à essência do diálogo submeter a exame todas as opiniões. O confronto dialógico das opiniões é, com efeito, a pedra de toque da objectividade e esta só se pode obter através da intersubjectividade. Para provar o saber é preciso discutir. Mas se a verdade se descobre na intersubjectividade, se ela é aquilo com que Glaucon e Górgias concordam, é na medida em que ambos participam na universalidade do *logos*. O *diálogo* opõe-se assim à *sofística* que visa apenas triunfar sobre o adversário com a ajuda de procedimentos hábeis, persuasão e sedução próprias da retórica, e impor opiniões particulares. Sócrates recusa reduzir o diálogo à utilização das técnicas da retórica. Atribui-lhe uma missão infinitamente mais elevada, a de um processo racional que liberta o homem da ignorância, das suas opiniões subjectivas e apaixonadas, e lhe dá acesso ao saber verdadeiro, ao consenso acerca da verdade e do bem, condições de uma vida moral e política harmoniosas.

O *diálogo socrático* tem como objectivo purificar o discurso, expurgá-lo de contradições, elevando-se do confronto de exemplos e opiniões particulares para definições universais. «Sócrates», diz Aristóteles*, «trata das virtudes éticas e, neste aspecto, procura defini-las universalmente [...]. Tenta descobrir o que são as coisas. O que se deve atribuir a Sócrates são os raciocínios indutivos e as definições universais que estão ambos na origem da ciência» (*Metafísica*).

Sócrates compreendeu que as premissas de uma ciência moral residiam na constituição por via indutiva dos conceitos universais tais como a coragem, a justiça, etc. O indivíduo assim liberto da opinião particular pode viver conforme à razão sabendo o que pode e deve fazer sem se contradizer. Esta tarefa de constituir uma ciência moral é fundamental para Sócrates, que possui a convicção profunda de que a virtude se ensina, de que ninguém é mau voluntariamente e que o *mal* reside apenas na ignorância de si que se toma por um saber. Desta imensa confiança atribuída ao intelecto (o *nous*) resulta o conjunto de certezas que Sócrates defende e que, sem constituir uma doutrina em sentido rigoroso, se encadeia porém com uma perfeita coerência. Assim é a crítica do hedonismo (a virtude e a felicidade não residem no prazer); o elogio da temperança, que é a justiça da alma, uma vez que impõe ao desregramento das paixões a ordem e o domínio da razão; a concepção do político cujo papel é aperfeiçoar os cidadãos fazendo igualmente triunfar o *nous* sobre a *épithumia*; a justiça como ideal de ordem e reciprocidade na Cidade. Desta forma, aperfeiçoar a própria alma e a dos cidadãos são duas tarefas indissociáveis, porque, se o cidadão se dedicar ao exercício da temperança, não cede aos seus interesses particulares e vive sob a conduta da justiça, no respeito pela igualdade e pela reciprocidade.

A doutrina de Sócrates, se assim se pode chamar, é apenas um conjunto de respostas a esta única questão que traduz a sua preocupação existencial e ética fundamental: «De que forma devemos viver a nossa vida para que ela seja a melhor possível?»

☞ **Conceitos-chave e termos relacionados:** Aporia, Diálogo, Educação, Erística, Escrita, Felicidade, Ironia socrática, Justiça, Maiêutica, Mal, Sabedoria, Sofística, Temperança, Virtude.

☞ **Autores:**
Nietzsche, Platão, Sofistas.

☞ **Bibliografia**

A. Baudart, *Histoire de la philosophie, 1. Les pensées fondatrices*, «Cursus», A. Collin, 1993, pp. 23 *ss.* ; *Socrate et le socratisme*, «Synthèse», A. Collin, 1999.
É. Brehier, «Les socratiques», *Histoire de la philosophie*, I, «Quadrige», PUF, 1981, pp. 233 *ss.*
J. Brun, *Socrate*, «Que sais-je?», PUF, 1995.
S. Kofman, *Socrate(s)*, Galilée, 1989.
G. Vlastos, *Socrate, ironie et philosophie morale*, Aubier, 1994.
[F. Adorno, *Sócrates*, Edições 70.]

SOFISTAS, os

Os sofistas são contemporâneos de Sócrates*. Às grandes figuras históricas, tais como Protágoras, Górgias, Hípias, juntam-se personalidades menores, como Trasímaco, ou mesmo fictícias, como Cálicles, representado no *Górgias* de Platão*.

Retóricos e profissionais da educação, mestres na arte do debate, os sofistas visam apenas a eficácia e o que pretendem ensinar aos jovens de Atenas não é a verdade ou a virtude, mas a forma de ser bem sucedido na vida pública. No plano filosófico e ético, a sofística baseia-se nos únicos princípios que justificam o seu uso, ou seja, um cepticismo e um relativismo generalizados.

• *A sofística: retórica e erística*

A *sofística* é simultaneamente *retórica* – o domínio perfeito das artes da linguagem e utilização hábil dos seus processos – e *erística* – a arte da discussão aparentada às artes do combate, que designa os meios de vencer o adversário utilizando como armas os raciocínios ou refutações sofísticos, argumentos enganosos mas convincentes. A erística visa, assim, apenas a derrota do adversário sem consideração pela verdade. Enquanto tal, a sofística pressupõe a arte de dissimular, até mesmo de enganar, de ludibriar. Os sofistas ensinam os seus discípulos «a contradizer-se com à-vontade de maneira a fazer parecer intencionalmente, a uma pessoa convenientemente iludida, uma coisa, ora justa, ora injusta» (Platão, *Protágoras*, 356c-358b).

O sofista é então aquele que, sendo mestre na arte oratória, é capaz de dissertar sabiamente acerca de qualquer assunto, sem nenhuma competência particular, capaz até de prevalecer sobre os próprios especialistas diante de um auditório não informado (Platão, *Górgias*, 459a-c). O fascínio que os sofistas exercem sobre o seu público não visa o intelecto, apesar da subtileza dos seus discursos, mas a afectividade (*épithumia*). Como sob o efeito de um feitiço, a inteligência é embalada e, depois de se render, a retórica tem o caminho livre para seduzir e satisfazer os desejos (Platão, *Eutidemo*, 289c-290a).

• *A doutrina: o homem é a medida de todas as coisas*

Os sofistas constituirão durante meio século de história a *intelligentsia* ateniense. Libertos da tradição que, para eles, nada tem de sagrado, reivindicam o direito de pensar e de agir a seu bel-prazer.

A *sofística* não designa originalmente o domínio das artes da linguagem nem a corrupção da retórica na arte de raciocinar pela qual os sofistas vão cair em descrédito, mas uma forma de cultura, um humanismo que se inscreve contra os valores do passado e que é traduzido pela célebre fórmula de Protágoras, «o homem é a medida de todas as coisas», expressão da nova orientação do pensamento a favor de um relativismo generalizado. Deixando de meditar sobre o Ser ou sobre a Natureza, os sofistas afastam-se das especulações ontológicas e rejeitam os princípios absolutos: o Ser de Parménides é apenas uma quimera. A verdade desvanece-se na contradição universal. A sensação, contraditória e mutável, só fornece a aparência e não o ser. A filosofia dos sofistas caracteriza-se por um cepticismo duplicado por um relativismo.

Porém, paralelamente, favorecem o desenvolvimento da razão e surgem-nos mesmo como os primeiros racionalistas: rejeitando o carácter irracional da tradição, dos costumes e das leis, afirmam a omnipotência do *logos*, entendido desde logo como poder crítico da razão. O abandono de toda a referência de ordem transcendente e o eclipse do absoluto orientam a reflexão para os problemas relativos à realidade humana. Assim, o pensamento dos sofistas desviou-se da Natureza e do Divino para se concentrar no homem e naquilo que o indivíduo vale e alcança por si. Além disso, ao tentar definir o indivíduo relativamente ao grupo social, são levados a interrogar-se sobre os fundamentos da sociedade política e da autoridade da lei. Neste sentido, os sofistas são também os primeiros sociólogos, ao situarem no centro da sua reflexão a oposição *nomos/physis*.

• *A educação sofística*

Um tal humanismo investe na cultura e na técnica. Os sofistas também consideram que a sua tarefa consiste essencialmente na educação: «Considero-me um sofista e a minha tarefa é a educação do homem» (Platão, *Protágoras*, 317b). O termo «sofista» deriva de *sophizestai*, fazer profissão do saber. O *sofista* é aquele que não pratica nenhuma actividade, mas que deve ser capaz de dissertar sabiamente acerca de tudo. É neste sentido que os sofistas não são apenas os mestres da retórica. Eles exploram o poder incomparável da linguagem, poder quase infinito, instrumento de acção sobre o mundo e sobretudo sobre os homens. Assim se conclui o laço estreito entre retórica e política, porque é evidentemente neste domínio que a retórica constitui o instrumento privilegiado da conquista do poder.

O ensino sofístico não se limita ao domínio da retórica como meio de defender e adquirir poder na cidade. Este método de ensino apresenta novos valores, propõe um princípio de vida assente na libertação relativamente às regras morais consideradas absolutas. Mostra como os juízos da consciência moral têm origem na opinião e como variam no tempo e no espaço. Em resumo, os sofistas ensinam, por um lado, a virtuosidade do discurso e, por outro, os valores úteis ao êxito, ao sucesso social. Eles colocam a arte da retórica ao serviço das paixões humanas, do egoísmo e da ambição.

Vemos perfilar-se o risco da demagogia e da tirania, porque o objectivo da sofística é permitir adquirir um poder superior inabalável cujo princípio é a acção liberta de qualquer escrúpulo.

• *Dois grandes sofistas: Górgias e Protágoras*

Górgias (século V a.C.). Originário da Sicília, desloca-se várias vezes a Atenas onde goza de grande reputação. Górgias percorre toda a Grécia, onde ensina retórica. Os testemunhos unânimes reconhecem o fascínio que os seus discursos exerciam. Teve discípulos célebres como Alcibíades e Tucídides.

As suas obras, muito bem conservadas, foram-nos transmitidas essencialmente por Sexto Empírico e Pseudo-Aristóteles. São: *Acerca do não-ente ou da Natureza*; *O Elogio de Helena* e *A Defesa de Palamedes*.

Uma teoria da linguagem. Em Górgias, a sofística funda-se numa teoria da linguagem. Esta assenta numa filosofia do não-ser e da *doxa* – a *opinião* que se exerce sobre o devir mutável e contraditório. A demonstração da sua filosofia apoia-se em três teses sucessivas sobre o *Ser*, articuladas segundo um processo retórico próprio da refutação:

1) o Ser não existe (contraposição da tese eleata);

2) mesmo que exista, é incognoscível;

3) supondo que exista e seja cognoscível, é incomunicável e não podemos dizer nada a seu respeito.

Assim, afirma-se a radical autonomia da *linguagem*: não tendo influência sobre uma realidade estável, ela própria é lugar de contradição. O seu poder de persuasão sobre as almas decorre da ausência total de constrangimento; não estando sujeita a qualquer verdade, a linguagem desenvolve em plena liberdade a sua capacidade de invenção e ilusão. Nada pode resistir a este «grande tirano que, com um corpo imperceptível, realiza os actos mais divinos».

Assim, a *retórica* é um género «em que um único discurso pode encantar e persuadir uma multidão numerosa, mesmo que não diga a verdade».

Protágoras (século V a.C.). Protágoras, o primeiro a reivindicar o título de sofista, percorreu a Magna Grécia para dar aulas de retórica. Deslocou-se várias vezes a Atenas e tornou-se amigo de Péricles. Acusado de impiedade, é condenado à morte e foge para a Sicília onde perece num naufrágio.

A sua obra, que parece ter sido abundante, trata tanto de moral, como de política e ciência. Pouco chegou até nós e conhecemos Protágoras sobretudo através de Platão e de Diógenes Laércio.

Um relativismo radical. Protágoras herda de Demócrito* o *relativismo* das sensações, teoria segundo a qual não existe qualquer realidade fixa e estável, mas fenómenos em perpétuo devir cuja medida são os sentidos. Cada um capta assim as coisas em função das suas disposições próprias variáveis no tempo (Platão, *Teeteto*, 161c).

Enquanto Demócrito se limitava a afirmar que as qualidades sensíveis eram captadas pelos sentidos, Protágoras leva ao extremo a teoria abderiana sustentando que toda a realidade se reduz ao sensível e a verdade se reduz à opinião. É no sentido deste subjectivismo e relativismo radical que se deve, em primeiro lugar, compreender a fórmula: «o homem é a medida de todas as coisas.» Mas podemos também propor uma segunda interpretação, presente também no *Teeteto* de Platão: certas opiniões, mais ou menos verdadeiras, podem no entanto ser melhores do que outras (Platão, *Teeteto*, 166b *ss.*). O papel do sofista, enquanto educador e especialista da arte política, é ajudar o povo a «inverter» as suas más opiniões graças à retórica. O critério de utilidade substitui então a verdade propriamente dita. Cabe ao sábio ou ao sofista fazer com que os fenómenos captados pelos sentidos sejam benfazejos ou úteis: «A sabedoria, o sábio, pouca coisa sei para os contradizer. Eis como, pelo contrário, defino a sabedoria: saber inverter o sentido de todas as coisas que, a qualquer um de nós, parecem e são más, de forma a que nos pareçam e sejam boas» (Platão, *Teeteto*, 166c).

Protágoras, na lógica deste relativismo generalizado, professa mais um *agnosticismo* do que um ateísmo radical. Se o *ateísmo* é uma doutrina que nega ou exclui a existência de deuses, o *agnosticismo* é suspensão de toda a crença, de todo o julgamento, sendo a sua posição extrema a afirmação do carácter incognoscível da realidade: «Acerca dos deuses não posso dizer nada, nem que eles existem, nem que não existem.»

☞ **Conceitos-chave e termos relacionados:**
Agnosticismo, Ateísmo, Cepticismo, Devir, Educação, Erística, Linguagem, *Logos*, Opinião, Relativismo, Retórica, Sabedoria, Ser (Não-), Sofista, Sofística.

☞ **Autores:**
Cépticos, Platão, Sócrates.

☞ **Bibliografia:**
B. Cassin, *L'Effet sophistique*, Gallimard, 1995.
E. Dupréel, *Les Sophistes*, Neuchâtel, Éd. du Griffon, 1948.
J. Moreau, *Platon devant les sophistes*, Vrin, 1987.
G. Romeyer-Dherbey, *Les Sophistes*, «Que-sais-je», PUF, 1995 [*Os Sofistas*, Edições 70].
C. Rosset, *Logique du pire*, PUF, 1971, p. 89-98.
M. Untersteiner, *Les Sophistes*, Vrin, 1993.

STIRNER
Max Johann Caspar Schmidt, conhecido por (1806-1856)

Pensador niilista, precursor do existencialismo, crítico implacável, Stirner insere-se nos primórdios da época «pós-hegeliana». A sua crítica visa todas as correntes intelectuais que pretendem superar o indivíduo: o sistema hegeliano, o socialismo, o comunismo, o liberalismo e o humanismo. Caído no total esquecimento após 1848, foi redescoberto no início do século XX pelo poeta anarquista J.H. Mackay que se empenhou em dar a conhecer a obra e a personagem. Stirner será então «recuperado» pelo anarquismo individualista (oposto ao anarquismo comunista). Mas foi também considerado o homólogo ateu de Kierkegaard* (na mesma época, ambos se insurgem contra Hegel* e os poderes estabelecidos) e precursor de Nietzsche*.

Nascido em Bayreuth, no seio de uma modesta família protestante, frequentou as aulas de Hegel em Berlim, escreveu durante algum tempo na *Gazeta Renana* de Marx*, foi professor numa instituição privada e morreu na miséria. A sua alcunha deve-se à sua grande testa (*Stirn*).

☞ **Obra** (os títulos em português correspondem à tradução dos títulos em francês e não dos originais)**:**
Stirner compôs somente uma obra que fez escândalo e conheceu na sua época um sucesso tão imediato quanto efémero: *O Único e a Sua Propriedade,* (1845). Precursor de muitas opiniões modernas é o seu artigo *O Falso Princípio da Nossa Educação* (1842).

• *O Homem nada é, só eu existo, por acaso*

A revolta existencial de M. Stirner inscreve-se no movimento dos «Jovens Hegelianos» que integrou a título de crítico corrosivo não apenas do idealismo de Hegel mas também e sobretudo dos outros representantes da esquerda hegeliana, em particular Feuerbach* e a sua religião da Humanidade, e até de Marx, que Stirner acusa de ter permanecido «feuerbachiano». *O Único e a Sua Propriedade*, composto por duas partes, «O Homem» e «O Eu», apresenta-se como uma crítica a Feuerbach, tendo por mote a célebre fórmula: «O Homem é para o homem o ser supremo.» O *Homem* ou a *Essência humana* que Feuerbach, num tom ateísta, diviniza em lugar de Deus é apenas uma nova transcendência, um novo fantasma, um ser imaginário, cujos atributos foram subtraídos à única realidade humana digna desse nome, a do *indivíduo* que diz «Eu». O ser humano não é senão um elemento constitutivo da *minha* individualidade; ele é *meu*, tal como o espírito é o *meu* espírito, a carne a *minha* carne. «Nada é, para mim, superior a Mim!» *O Eu* é *minha* propriedade: ele é o «*meu* Eu». Eliminando, depois da transcendência divina, a transcendência humana, elimina-se todos os fantasmas ideais, logo, toda a «religiosidade», teísta ou ateia, tudo o que escapa ao homem e não lhe *pertence.* Deixa de existir o mistério da relação do homem com o ser e o problema da verdade apresenta-se num plano existencial, expresso pela noção de «propriedade», articulada com a de «unicidade».

• ***Eu: o único***

Existe "unicidade" do Eu porque nenhuma norma abstracta pode dar conta *do* eu em geral; ele não exprime um género comum, *aquilo que* nós somos, mas *quem* nós somos: Eu, Tu, Ele... «É pelo simples facto de eu ser *este* Eu único que posso fazer de tudo minha *propriedade*, simplesmente agindo e desenvolvendo-me. Não é como homem que me desenvolvo e não desenvolvo o Homem: sou Eu quem Me desenvolve» (*O Único*, p. 430). Possuir, no sentido de Stirner, não significa ser o proprietário de bens que alienam ainda mais; é tornar-se autónomo, desenvolver o poder que se tem em si, possuir «tudo aquilo do que nos podemos apropriar». «Para ti reverte mais do que o divino, o humano, etc.: reverte para ti o que é *teu.*» «Nenhuma coisa é em si mesma minha propriedade, dado que uma coisa existe independente de mim: só o meu poder é meu.» O mundo é minha propriedade com a condição de que o torne meu enquanto Eu, não enquanto Homem, sem a permissão do Estado, da sociedade humana ou da humanidade. «Cada um devia participar na produção ou no fabrico do que necessita: é o seu negócio, a sua propriedade, e não a propriedade dos membros de tal corporação ou de tal patrão privilegiado» (*Ibidem*, p. 326). O que é que define o valor de uma coisa senão aquilo que dela fazemos: a Bíblia, «O que é ela, o que era ela para cada um? Absolutamente nada mais do que *aquilo que ele faz dela*! Para aquele que não lhe atribui valor, ela não é nada: para aquele que a usa como amuleto, ela tem apenas o valor e o significado de um objecto mágico...» Ao passo que o cristianismo exige que ela seja universal, *o* Livro.

A urgência: libertar este Eu único das grandes «*causas*», pretensamente superiores a ele, que o tornaram *escravo.* Após a Natureza dos Antigos, após Deus, os novos ídolos erguidos pela Revolução igualitária no seu movimento de abolição dos corpos intermédios e dos direitos particulares, o Direito universal, a Nação, o Estado liberal reforçam ainda mais a servidão do Eu. A monarquia absoluta do Estado moderno substituiu a do Antigo Regime, que moderava o poder absoluto através de poderes secundários, o que, diz Stirner, é uma forma de agir «católica» – contentar-se com um reconhecimento exterior do poder –, ao passo que a democracia moderna se mostra «protestante», ao exigir a consonância interna entre cidadão e Nação. É a interiorização da escravatura!

Além disso, o estado liberal autorizava ao indivíduo a posse da propriedade privada, último refúgio para a independência pessoal. Ora, o *comunismo* pretende agora restituir à sociedade esse último vestígio de individualismo. O reino da «indigência universal» anuncia-se!

• ***«Dirigi-vos, portanto, a vós mesmos!»***

Estado, direito, humanidade, estes ídolos modernos possuem-nos, somos vítimas da posse de que o hegelianismo soube apropriar-se, integrando-a numa necessidade dialéctica. Quem se pode erguer contra «O Direito»! É a nova religião: «Os nossos ateus são pessoas devotas.» Nunca nos livraremos destas formas modernas de posse e submissão procedendo, como queria B. Bauer (outro Jovem Hegeliano de esquerda) por um trabalho crítico, mas contrapondo-lhes o Eu pessoal, o puro existente, irredutível ao pensamento, o Eu como «ausência de Pensamento»: «Não será o pensamento mas a Minha ausência de pensamento, ou seja, Eu, o impensável e o incompreensível, que Me libertará da posse.» O termo «Único» significa a indeterminação do indivíduo que diz Eu, o seu carácter irredutível a qualquer definição que o sujeite a uma ordem ou que lhe indique um destino, um dever-ser: «Cabe-Me decidir o que é para mim o direito.» «Dirigi-vos, portanto, a vós mesmos, e não aos deuses ou aos ídolos; descobri em vós o que permanece oculto, iluminai-o e revelai-vos!» (*Ibidem*, p. 190). O Eu de Stirner não é, portanto, o Eu de Fichte que se opõe ao Não-Eu, mas «o meu eu particular», sem essência, ou cuja essência particular só se conhece por se esgotar no desenvolvimento da sua existência precária, aleatória e factual.

- ***Stirner precursor do existencialismo. O elogio do egoísmo contra a mentira idealista***

Antes de Sartre* (e como Kierkegaard), Stirner afirmou o homem como *aquele que existe*, não definido por uma essência, sem vocação nem natureza profunda, sem «causa»: «Se faço remontar a minha origem a Mim, o Único, ela assenta no seu criador efémero e perecível que se consome a si mesmo, e posso dizer: fiz remontar a minha origem ao Nada.» Estas são as primeiras e as últimas frases de *O Único e a Sua Propriedade*. «Um homem não está "destinado" a nada, não tem qualquer "tarefa" ou "vocação", tal como uma planta ou um animal que não têm um "destino". A flor não obedece ao destino de crescer, mas emprega todas as suas forças a usufruir o melhor possível do mundo e a aproveitá-lo [...] Não é no futuro que se encontra esse objecto da nostalgia que é o "verdadeiro homem", mas no presente real. [...] Eu sou o verdadeiro homem [...] Tudo o que é "verdadeiramente humano" é *Minha propriedade.*» «Só quando estou seguro de mim e quando já não me procuro é que sou verdadeiramente minha propriedade. Então possuo-me e é por isso que me empenho e usufruo de mim. Mas, ao invés, quanto mais creio ter ainda que descobrir o meu verdadeiro Eu, mais penso dever agir de forma a que aquele que em mim vive não seja Eu, mas [...] algum fantasma [...]; é-me para sempre interdito usufruir de mim.»

Este é o sentido do «egoísmo» de que Stirner faz um vibrante elogio: contra todos os idealismos que, em nome de um Bem supremo, me impedem de viver, devo ser o Eu omnipotente e não o eu humano. Tenho de reivindicar o egoísmo contra as mentiras da devoção e da abnegação dos idealistas, dos humanistas – egoístas hipócritas, «vergonhosos e pervertidos» – e contra esses «grandes egoístas» que são Deus e os seus equivalentes terrenos. «Votastes a palavra "egoísmo" à execração e ao desprezo, ao passo que se aplica sobretudo a Vós.» Ora, um egoísmo disfarçado é «escravatura, servidão, negação de si».

- ***Contra a sociedade, a associação. A revolta, não a revolução***

Este pensamento é um anti-humanismo de espírito anarquista, mas, acima de tudo, *individualista*. Stirner não exalta a *liberdade*, que considera mais uma entidade engendrada pelo espírito, uma forma como outra qualquer de ocultar a unicidade, e na qual não vê mais do que uma condição negativa para a autonomia e para o desenvolvimento de um Eu individual com capacidades criadoras infinitas. Para o homem, a liberdade confunde-se com os limites da sua propriedade e poder. Trata-se, para aquele, de tornar a ser o Único que é, e para isso de restituir ao indivíduo original todos os poderes de que se apropriaram as normas alienantes. A liberdade não é licença, mas a originalidade realizada. Da mesma forma, defende a revolta – interior, tomada de consciência da nossa unicidade – contra a revolução: esta age no próprio terreno da sociedade, supõe que reconheçamos como válido o cumprimento das leis morais e políticas («religiosidades»), no melhor dos casos criticando-as, como pretendem os hegelianos de esquerda. É certo que a revolta continua a ser um acto intrinsecamente individual que consiste numa tomada de posição do sujeito relativamente ao objecto, sem o modificar. Mas deste modo subtrai-se ao objecto o seu cariz normativo e o sujeito reconhece-se como seu único criador, ao passo que a revolução muda simplesmente de objecto, conservando a ideia de normatividade do objecto intacta. Os nossos revolucionários são, também eles, a este título, «pessoas devotas».

Todavia, a libertação passa pela luta contra o Estado e contra a alienação social. Contra a sociedade tal como ela é, exterior aos indivíduos porque estes não a criaram. Stirner defende a livre associação fundada na mutualidade, com um contrato rescindível sem restrições, cuja flexibilidade respeita as individualidades, adapta-se às necessidades individuais e em que os sacrifícios feitos pela comunidade não traduzem a submissão a um domínio exterior. No quadro da associação, o Eu, sabendo-se criador, conserva a sua soberania. É essa via que melhor convém a *Eus* que se reivindicam «egoístas». Em princípio, a associação só dura enquanto for útil e devemos velar para que ela não se consolide em sociedade porque as organizações criadas pelo homem tendem, ao tornarem-se instituições autónomas, a ameaçar a autonomia dos seus membros. A vantagem da associação não reside no facto de favorecer a liberdade – esta conhecerá sempre limitações –, mas em preservar a individualidade.

Stirner não se opunha de modo algum à organização do trabalho mas esta tinha de ser efectuada por associações que libertassem o indivíduo de trabalhos puramente materiais. Vilipendia o regime da livre concorrência, que avilta o homem e o sujeita ao materialismo, à busca desenfreada dos bens multiplicados pelo materialismo.

A alienação política e social encontra, segundo Stirner, o seu principal aliado no *humanismo*, ideologia da época: cooperar na criação de um homem ideal que reúna em si todas as potencialidades humanas? Tarefa irrealizável e perigosa – esse Homem ideal, em que delegamos as nossas qualidades, ignora o que constitui a originalidade do nosso Eu, convida-nos a realizar precisamente o que é *comum* a todos, a esquecer «o Meu gozo pessoal». Mais uma renúncia em proveito de quimeras!

Todos os Jovens Hegelianos reconheceram em Stirner o seu mais talentoso adversário e responderam-lhe através de artigos ou obras. Feuerbach também respondeu. Marx, que também não nutria grande afecto pelo humanismo feuerbachiano, opunha à consciência criadora individual, valor supremo de Stirner, a sua concepção da *praxis*, a actividade transformadora do homem inseparável das condições históricas concretas, relacionais. «Não há dúvida de que, do ponto de vista social e político, a *praxis* marxista é superior à consciência de Stirner. [...] Também não restam dúvidas de que a transformação da sociedade, por mais perfeita que seja, não resolve todos os problemas da personalidade cuja complexidade ultrapassa largamente os quadros sociais e políticos. [...] O unicismo stirneriano está particularmente apto a contrabalançar a eficácia social da *praxis* marxista. Ao afirmar que cada ser humano possui em si mesmo um valor inato, permite distinguir a dignidade humana do capricho ou do interesse da colectividade. O homem conserva a sua independência relativamente à sociedade, uma vez que é julgado pelo uso que dá às suas próprias capacidades» (H. Arvon).

☞ **Conceitos-chave e termos relacionados:**
Alienação, Anarquismo, Associação, Autonomia, Autoridade, Comunismo, Criação, Egoísmo, Escravo, Essência, Estado, Eu, Existencialismo, Homem, Humanidade, Humanismo, Individualidade, Individualismo, Liberalismo, Liberdade, Niilismo, Revolta, Revolução, Santidade, Sociedade, Trabalho, Uno.

☞ **Autores:**
Engels, Feuerbach, Hegel, Marx, Nietzsche, Proudhon.

☞ **Bibliografia:**
H. Arvon, *Aux sources de l'existentialisme: Max Stirner*, PUF, 1954; Introdução a *Max Stirner ou l'experience du néant*, Seghers, 1973.
D. Dettmeijer (org.), *Max Stirner ou la première confrontation entre Karl Marx et la pensée antiautoritaire*, L'Âge d'homme, 1979.

T

Tomás de Aquino, São (1225-1274)

Filósofo italiano e teólogo dominicano de língua latina, São Tomás de Aquino elaborou, no século XIII, uma magistral síntese do sistema pagão de Aristóteles* e do pensamento dos Doutores da Igreja. Em novos moldes e depois de uma evolução conturbada, o tomismo é uma filosofia ainda hoje presente no seio do pensamento cristão.

Oblato desde os cinco anos, segundo o costume da época, na abadia dos beneditinos do Monte Cassino, São Tomás foi depois enviado pelos monges para a universidade de Nápoles, onde descobriu a ciência grega e árabe e foi seduzido pela recém-formada ordem, então em pleno desenvolvimento, dos dominicanos (os frades pregadores), fundada por S. Domingos (1170-1221), aquando da perseguição movida aos Cátaros. Esta ordem iria estar na origem da renovação intelectual da Igreja. São Tomás escolheu-a contra a vontade da família, que enclausurou o jovem durante mais de um ano. Os dominicanos enviaram-no para os seus conventos de Paris (1245-1248) e de Colónia (1248-1252) para prosseguir os estudos sob o magistério do primeiro grande doutor daquela ordem, o antitradicionalista Alberto Magno, que revelava então Aristóteles aos Latinos e defendia a integração das filosofias grega e árabe na teologia. Depois de receber o título de mestre em Teologia (1256), leccionou em Paris e Nápoles. São Tomás fascinava pelo carácter inovador, mas alimentava a controvérsia com outra grande ordem mendicante, a dos franciscanos (os frades menores), místicos, fiéis ao agostinianismo e avessos ao racionalismo, entre os quais se contava Toscano Boaventura (1221-1274), igualmente doutor em

Paris. Também lhe era hostil uma facção dominicana que não admitia o aristotelismo. Com fama de heresia numa teologia impregnada de platonismo, o pensamento de São Tomás será censurado e parcialmente condenado antes de se tornar a filosofia oficial da Igreja católica romana, prevalecente quase até aos nossos dias. O tomismo dominou todo o século XIII e foi uma referência da Idade Média filosófica em que se constitui a escolástica – a interpretação cristã do sistema de Aristóteles.

☞ **Obras**

Além dos *Comentários de Aristóteles* e das *Questões Disputadas* (*Da Verdade*, *Do Mal*): *Do Ente e da Essência* (1255); *Suma Teológica* (1266-1273); *Suma Contra os Gentios* (1258-1272).
[Nas Edições 70: *A Unidade do Intelecto Contra os Averroístas*.]

• *Autonomia respectiva da razão e da fé*

São Tomás elabora uma distinção rigorosa entre a *razão* – faculdade natural de pensar própria do homem – e a *fé* – adesão aos dogmas da Revelação. Não existe contacto entre elas. A fé resulta de premissas indemonstráveis, a *filosofia* e a *ciência* procedem por afirmações demonstráveis a partir de premissas sensíveis ou puramente lógicas. Os dois tipos de «verdade» não podem, pois, entrar em contradição e devem manter-se «separados». A razão não pode provar que a fé se engana. A fé, pelo contrário, pode detectar falhas na razão, mas nunca se pode passar de evidências sensíveis à verdade revelada. São Tomás opõe-se, simultaneamente, às interpretações do franciscano S. Boaventura que vê sinais divinos nas criaturas, ao racionalismo de Abelardo (1079-1142) que pretendia esclarecer os mistérios fazendo bom uso da razão, e à teoria da «dupla verdade» – a da razão e a da fé – como defendia o aristotelismo de Averróis*.

• *O Deus de Aristóteles e o Deus dos profetas. Teologia natural e teologia revelada*

Foi através da delimitação das esferas da razão e da fé, polémica na altura, que São Tomás pôde adaptar o aristotelismo a dogmas cristãos que estão nos seus antípodas (Deus criador, mundo criado, alma distinta da matéria). Os aspectos da Revelação (pecado original, Redenção, Juízo Final) não podem ser contrários à razão humana: se o homem pode crer no que Deus lhe revelou, é a partir de expectativas imanentes à sua própria razão – a Verdade, o Soberano Bem, a Justiça. «Só Deus pode satisfazer a vontade do homem»: o supranatural não é contra a natureza, é o fim último da natureza. Humanista, São Tomás considera contraditório exaltar Deus à maneira de Santo Agostinho*, reduzindo a nada a sua criatura. A razão do homem é digna do seu criador.

Assim, existe uma *teologia natural ou filosófica* que se funda no conhecimento da natureza e que se eleva por abstracções sucessivas do visível ao invisível, do criado ao Criador. As «cinco vias» pelas quais São Tomás demonstra a existência de Deus pela razão natural mais não são do que as provas de Aristóteles. Mas a teologia natural não substitui a teologia revelada: esta ensina-nos muito mais sobre Deus do que a razão. A filosofia deve estar ao serviço da teologia, ou seja, deve reconhecer-se uma hierarquia das suas verdades respectivas, e as verdades da fé constituem uma finalidade para a razão naquilo que esta tem de melhor.

• *O ser e a essência. Estatuto relevante da existência*

A concepção tomista do divino ajusta-se muito bem ao Deus pagão racional porque São Tomás, ao invés de Santo

Agostinho, não procura Deus numa demanda mística interiorizante, mas no seio de uma reflexão sobre o Ser e sobre a essência das coisas, dos entes. O Ser (*ens*) é a realidade mais universal que se encontra em tudo o que existe, finito ou infinito, real ou conceptual, Deus ou homem. O termo aplica-se ao Criador e às criaturas de forma *analógica*, ou seja, nem unívoca (com um significado idêntico), nem equívoca (sem nada de comum, como defende a teologia negativa segundo a qual a criatura nada pode dizer acerca do sentido de Deus). A *essência* (*essentia* ou *quidditas*, do latim *quid*, «o que») designa o que é tal ente, a sua natureza, ou seja, no que respeita às criaturas, um composto de matéria e forma. A essência determina a existência, tal como a forma determina a matéria: o tomismo é um *essencialismo* – todas as coisas têm a sua natureza predeterminada que devem seguir o melhor possível. Os entes criados diferem hierarquicamente em função da finalidade divina e grau de ser. Porém, a originalidade de São Tomás é o estatuto relevante que atribui à *existência* (*esse*) – «acto dos actos, perfeição das perfeições»: acto fundamental pelo qual a essência se subtrai ao nada, se materializa, e graças ao qual há *substâncias*, realidades individuais concretas que contêm em si as determinações requeridas para existir e que constituem a sua essência. A existência é o que há de mais íntimo e perfeito em cada ser; é mais importante do que o Bem. Por isso, São Tomás orienta a antiga questão do Ser para a do Autor da existência: *Deus* é o ser mais elevado porque é a única essência que possui em si mesma a razão da sua existência, o único ser cuja essência coincide com a existência.

• ***A sabedoria, a devoção do divino, a união da alma com Deus***

Incapaz de uma intuição directa do Bem, o homem recebe a Mensagem evangélica como uma possibilidade de se libertar da inquietação. Mas na filosofia encontra um caminho já traçado para o Bem – pela noção da imortalidade da alma e transcendência. Da *Ética a Nicómaco*, São Tomás retoma a concepção de *sabedoria*, dedicação à causa suprema do universo, felicidade de se aproximar do divino pela contemplação da Verdade.

Quando São Tomás foi canonizado, cinquenta anos após a sua morte, iniciou-se a conturbada história do *tomismo*. A teoria que mais tarde recebeu esta designação não era sinónimo claro de «filosofia cristã» e actualmente não se limita a esta, pois admite outras perspectivas. No início, o pensamento de São Tomás serviu de arma para resistir em duas frentes:

1. ao *averroísmo*, em voga na faculdade das artes (e que se manifesta também no pensamento de Sigério de Brabante, 1240-1248): na síntese de Aristóteles e na do Islão difundida por Averróis, a razão é capaz por si mesma de aceder ao absoluto; este racionalismo intrépido é, evidentemente, perigoso para a fé e não tem qualquer dimensão mística;

2. ao *escotismo*: para João Duns Escoto (1265-1308), o individual não precisa da matéria como princípio de individuação. Possui a sua própria individualidade, nem forma nem matéria, mas *ecceidade*. No século XV, após o abalo suscitado por Guilherme de Ockham*, a reacção antinominalista será favorável ao tomismo. No século XVI, face à Reforma, a Igreja adopta-o de forma ainda mais firme, com as emendas «fideístas» de Thomas Cajétan (1469-1534) no sentido de um racionalismo menos metafísico. É a «Segunda Escolástica». A nova ordem dos jesuítas dar-lhe-á, com F. Suarez (1548-1617), uma orientação original, defendendo o escotismo, o nominalismo e diversas formas de humanismo, em oposição aos dominicanos sobre a graça e a casuística moral. Após uma simplificação nos séculos XVII e XVIII, o tomismo restabeleceu-se no século XIX, correspondendo à reacção do pensamento católico face à influência dos sistemas filosóficos idealistas e críticos – e, de forma mais geral, ao «modernismo». Encontra a sua expressão na encíclica de Leão XIII *Aeterni patris* (1879). O tomismo contemporâneo, conhecido por «neotomismo», caracteriza-se pela tentativa de articular os grandes princípios da doutrina com as novas correntes (kantismo, hegelianismo, existencialismo, lógica moderna) e de as aplicar à reflexão sobre os valores no mundo actual (Maritain, João Paulo II, *A Fé e a Razão, Carta Encíclica Fides et ratio*).

☞ **Conceitos-chave e termos relacionados:**
Analogia, Cosmológica (Argumento ou prova -), Criador, Deus (Provas da existência de -), Dogma, Ecceidade, Eminência, Ente, Equívoco, Escolástica, Esperança, Essência, Essencialismo, Existência, Fé, Intelecto, Metafísica, Quididade, Racionalismo, Razão, Realismo, Revelação, Sabedoria, Ser, Substância, Substancial, Substanciais (Formas -), Teologia, Universal (Querela dos Universais).

☞ **Autores:**
Aristóteles, Averróis, Guilherme de Ockham, Maimónides, Santo Agostinho, Santo Anselmo de Cantuária.

☞ **Bibliografia**

L. J. Elders, *La Métaphysique de saint Thomas d'Aquin dans une perspective historique*, Vrin, 1994.

L. Millet, *Thomas d'Aquin, saint et docteur*, Tequi, 1999.

G. Prouvost, *Thomas d'Aquin et les thomistes*, Cerf, 1996.

P. Tillich, *Histoire de la pensée chrétienne*, Payot, 1970.

J.-P. Torrell, *Initiation à saint Thomas d'Aquin*, Cerf, 1993; *La Somme de saint Thomas*, Cerf, 1998.

[J. Rassam, *Tomás de Aquino*, Edições 70, 1980.]

TOCQUEVILLE, Alexis de (1805-1859)

A modernidade da obra de Tocqueville consiste em ter transferido a reflexão política de um plano puramente teórico para o plano histórico e concreto, de ter partido da observação das sociedades democráticas existentes para formular considerações gerais sobre a democracia. Ao considerar a inevitável progressão das reivindicações igualitárias como o traço mais característico das democracias, percebeu de forma notável as consequências do desvio para a ideologia igualitária e as ameaças que esta constitui para a liberdade. Assim, há mais de século e meio, colocou a tónica nas contradições e falhas das grandes democracias ocidentais que ainda hoje estão longe de ser resolvidas.

Alexis de Tocqueville nasceu em Paris, em 1805, no seio de uma família da velha nobreza normanda. Estudou direito e, em 1827, foi nomeado juiz-auxiliar em Versalhes. A queda de Carlos X e a ascensão de Luís Filipe fazem com que Tocqueville, com o seu amigo G. De Beaumont, se decida a viajar para a América onde se propõem realizar uma pesquisa sobre o sistema penitenciário americano. Mas o verdadeiro objectivo de Tocqueville é observar e analisar o funcionamento de uma grande democracia que não teve de se impor contra os privilégios da aristocracia e se poupou a uma Revolução e aos seus crimes contra a liberdade. Depois de regressar a França, em 1832, publica *De la Démocratie en Amérique*, obra que conheceu um grande sucesso. É eleito deputado da Mancha em 1839. Em 1849, é nomeado ministro dos Negócios Estrangeiros pelo príncipe presidente (Napoleão III), cargo que ocupa apenas alguns meses. O seu estado de saúde e o golpe de estado de Napoleão III levam-no a renunciar à função pública. Tocqueville dedica-se então à sua última obra, *L'Ancien Régime et la Révolution*, que conclui em 1856. Morre em Cannes em 1859, vítima de tuberculose.

☞ **Obras:**

De la Démocratie en Amérique (2 vols.: 1835, 1840); *L'Ancien Régime et la Révolution* (1856).

• ***O progresso constante da igualdade, facto gerador do regime democrático***

Para Tocqueville, não é a liberdade mas antes a igualdade que constitui o carácter distintivo da democracia: «À medida que estudava a sociedade americana, compreendia com cada vez mais clareza que a igualdade de condições era a base de todas as deduções e encontrava-a sempre diante de mim como o ponto central para onde convergiam todas as minhas observações.» O conceito de *igualdade de condições* define, em Tocqueville, a forma que, nas sociedades modernas, assume a reivindicação igualitária. A abrangência do termo «condições» permite designar não só a igualdade formal, mas também a igualdade real das condições materiais de existência no plano económico ou, pelo menos, a redução das desigualdades de riqueza.

O sentido da História reside na aspiração universal à igualdade cujo progresso efectivo produz uma mutação irreversível da ordem social para o regime democrático: «Não se encontram, por assim dizer, grandes acontecimentos desde há 700 anos que tenham beneficiado a igualdade.»

• ***Da paixão pela igualdade à aceitação da servidão***

O antagonismo entre igualdade e liberdade. Para Tocqueville, as democracias deformam-se devido a um antagonismo radical entre igualdade e liberdade: uma exigência crescente de igualdade que abarca todos os aspectos da existência, e em particular à dimensão económica e social, só se pode realizar às custas da liberdade, pelo menos da *liberdade* tal como é concebida pelos modernos: «o direito imprescritível» de cada indivíduo «a viver independente dos seus semelhantes naquilo que só a ele respeita e a reger como entender o seu próprio destino» (*De la Démocratie en Amérique*). Esta concepção opõe-se à dos antigos que por liberdade designavam a liberdade política, ou seja, o direito de todos os cidadãos a participarem na soberania. Ora, Tocqueville entende que estas duas concepções de liberdade são afins, pois só o envolvimento nos assuntos públicos, a participação de todos na soberania, permite assegurar a independência do indivíduo. Neste sentido, a liberdade é uma virtude política que protege as democracias dos riscos da igualdade tal como Tocqueville os representa.

A abordagem de Tocqueville da *igualdade* oferece a particularidade de não conter uma interrogação sobre o seu fundamento ético e político, de não fazer qualquer referência à ideia de justiça. Considerando-a simples evidência, Tocqueville interessa-se apenas pela descrição das suas manifestações sociais, dos seus efeitos de nivelamento dos Estados e dos valores. Força irracional na História, sem base moral, ao contrário da liberdade, a igualdade está por essência sujeita à degenerescência e, de forma mais precisa, à perversão naquilo a que hoje chamaríamos «a ideologia igualitarista».

É na perspectiva desta problemática das relações entre a liberdade e a igualdade que se deve situar a tese de Tocqueville para perceber a sua originalidade: com efeito, este afirma que uma tendência excessiva para o igualitarismo é uma ameaça à liberdade e que o maior risco a que se expõem as democracias modernas é o resvalar insidioso dessas sociedades para uma nova forma de despotismo.

Consequências nefastas da «paixão» pela igualdade: a concentração dos poderes. «A primeira e a mais viva das paixões provocadas pela igualdade de condições é o amor por esta mesma igualdade» (*De la Démocratie en Amérique*, t. 2, p. 119). Quando o *amor pela igualdade* se transforma em *paixão pela igualdade*, perverte-se e torna-se tirânico. Sempre insatisfeita, a igualdade instaura na evolução do corpo social uma dinâmica que, de forma insidiosa mas segura, provoca uma massificação anuladora de todas as diferenças. Assemelha-se mais ao ódio pelos privilégios do que a uma exigência de justiça.

A igualdade de condições tem por efeito:

– a *atomização do corpo social*. Tocqueville designa assim a formação de aglomerados de indivíduos sem real ligação entre si: cada indivíduo está despojado da sua singularidade, todos parecem inteiramente intersubstituíveis;

– o *individualismo*, definido como «um sentimento ponderado e tranquilo que predispõe cada cidadão a distinguir-se da massa dos seus semelhantes e a isolar-se com a sua família e amigos; de forma que, depois de ter criado assim uma pequena sociedade que habita, abandona a grande sociedade a si mesma» (*De la Démocratie en Amérique*). A paixão que o sustenta é o amor pelo bem-estar e prazeres materiais;

– o *materialismo*, favorecido pela multiplicação das pequenas fortunas, que é comum na classe média. O materialismo engendra uma moral hedonista sob efeito da qual o individualismo degenera em egoísmo: «O individualismo inicialmente apenas faz secar a fonte das virtudes públicas; mas, a longo prazo, ataca e destrói todas as outras e vai, por fim, converter-se em egoísmo» (*ibidem*, t. II, p. 125).

A acção conjugada destes factores produz, no plano político, a *concentração de poderes*, ou seja, a emergência «de um poder único e central que rege todos os cidadãos». Ao rejeitar qualquer poder intermédio, o homem atomizado das sociedades democráticas concebe espontaneamente «o pensamento de um governo único, uniforme e forte». Assim, através da lógica paradoxal do igualitarismo, as democracias contêm a sua negação virtual e incorrem no despotismo.

O Estado tutelar, forma inédita deste novo despotismo. «O despotismo parece-me particularmente temível nas eras democráticas», escreve Tocqueville, ainda que o termo «despotismo» não traduza a sua ideia de forma exacta. Trata-se antes de «um poder imenso e tutelar, que se encarrega exclusivamente de assegurar o bem-estar (dos cidadãos) e de velar pela sorte deles». Este novo Leviatã é «absoluto, regular, previdente e benigno. Assemelhar-se-ia ao poder paternal se, como este, tivesse como objectivo preparar os homens para a idade adulta; mas, pelo contrário, apenas quer fixá-los irrevogavelmente na infância (...) Não pode poupá-los inteiramente ao incómodo de pensar e às dificuldades da vida?» É assim que Tocqueville define o *Estado tutelar* todo-poderoso, forma que o despotismo toma nas democracias modernas.

• *Será a degenerescência da democracia uma fatalidade?*

«As nações actuais apenas fazem com que nelas não haja igualdade de condições; mas depende delas que a igualdade as conduza à servidão ou à liberdade, às luzes ou à barbárie, à prosperidade ou às misérias» (*De la Démocratie en Amérique*, t. II, p. 402). Resta definir os meios de que dispõem as sociedades para corrigir as falhas inerentes ao Estado democrático, mais precisamente a atomização do corpo social e o individualismo.

A comparação entre as democracias francesa e a americana leva Tocqueville a aderir ao pensamento utilitarista, através do que chama «a doutrina do interesse evidente». Concretamente, trata-se de fazer com que os indivíduos se interessem pelos destinos da colectividade e incitá-los a reconquistar uma parte da soberania contra as pretensões abusivas do Estado. Como só um poder pode limitar outro, é preciso recriar *poderes intermédios*, ou seja, uma delegação de poder a nível regional que limite as ambições do poder central. Não existe antagonismo entre a delegação do poder e o seu exercício directo se se delimitar de forma clara os respectivos campos de aplicação: os representantes do povo escolhidos por sufrágio universal têm como missão gerir os assuntos gerais do país; mas é indispensável que a gestão dos assuntos particulares seja assumida pelos que têm directamente a ver com eles a nível regional. Na América, esta participação toma a forma de múltiplas *associações civis*, que têm como objectivo «reanimar a vida política em todo o país, a fim de multiplicar, para os cidadãos, as ocasiões de agirem em conjunto e de lhes fazer sentir todos os dias que dependem uns dos outros» (*ibidem*, t. II, p. 133).

Todos as outras soluções propostas por Tocqueville visam salvaguardar a dignidade e a autonomia do indivíduo. Um dos instrumentos mais eficazes do controlo do poder é uma imprensa livre, uma tribuna em que cada cidadão possa exprimir-se e defender-se: «A imprensa é, por excelência, o instrumento democrático da liberdade.»

Por fim, o último meio é preservar a independência do poder judicial. Face a um governo com tendência a controlar o mais ínfimo detalhe da vida do indivíduo, «a força dos tribunais foi sempre a melhor garantia para a independência individual [porque] os direitos e os interesses particulares estão sempre ameaçados se o poder judicial não se desenvolver e expandir à medida que as condições se forem tornando iguais».

Num sistema político em que, por causa da igualização das condições, a força do poder central se reforça indefinidamente enquanto os cidadãos se encontram cada vez mais divididos, isolados e sem defesa, incorre-se de forma inevitável na servidão se as instituições, por um lado, e a vontade comum dos cidadãos, por outro, não concorrerem para conservar a liberdade política, fundamento de todas as formas de liberdade e, afinal de contas, a própria justiça.

☞ **Conceitos-chave e termos relacionados:**
Associações (- civis, - políticas), Atomização do corpo social, Despotismo, Estado tutelar, Igualdade (- de condições), Individualismo, Liberdade (- dos antigos, - dos modernos), Materialismo, Paixão pela igualdade, Poderes intermédios.

☞ **Autores:**
Aron, Mill, Montesquieu.

☞ **Bibliografia**

J.-M. Besnier, *Lecture de Tocqueville. Égalité et liberté*, Belin, 1985.

P. Manent, *Tocqueville et la nature de la démocratie*, Julliard, 1982.

F. Mélonio, *Tocqueville et les Français*, Aubier, 1993.

S. Mill, *Essais sur Tocqueville et la société américaine*, Vrin, 1994.

V

VIENA, Círculo de

Designa-se assim o grupo de pensadores que, no período entre as duas guerras, associaram os seus nomes ao movimento chamado «empirismo lógico» ou «positivismo lógico» – o termo «positivismo» marca a rejeição da especulação metafísica – cujas teses e discussões que suscitaram estão no centro da filosofia contemporânea. Em redor de M. Schlick (1882-1936) reuniram-se, a partir de 1922, filósofos (F. Waismann), físicos e matemáticos (H. Hahn, K. Gödel) e economistas (O. Neurath). Em 1926, junta-se a estes R. Carnap, aluno de Frege, cujo radicalismo antifilosófico resume a orientação do Círculo. Tomando como base a epistemologia de E. Mach (físico vienense, 1838-1916), o empirismo de Russell* e o *Tractatus* de Wittgenstein, o movimento pretende travar uma luta militante contra o idealismo dominante do pensamento alemão que favorece o pensamento irracionalista da época na filosofia e na política.

☞ **Obras** (os títulos em português correspondem à tradução dos títulos em francês e não dos originais):
O Manifesto do Círculo, *A Concepção Científica do Mundo, o Círculo de Viena* (1929), *Manifesto do Círculo de Viena e Outros Escritos*, R. Carnap *et al.*; *A Estrutura Lógica do Mundo* (1928), R. Carnap; as Actas dos congressos, de 1929, em Praga, até 1930, em Cambridge; a revista *Erkenntnis* a partir de 1930.

- ***Análise dos pseudo-enunciados da metafísica através do método verificacionista***

O Círculo ambiciona tornar científica a filosofia, dotando-a de uma linguagem tão rigorosa quanto a das teorias físicas. Mach adopta como princípios epistemológicos a opção pela evidência em detrimento da sistematização e a ideia de explicação, nas ciências, como sinónimo de descrição simplificada. Uma lei física contenta-se em resumir experiências passadas sem qualquer relação com experiências futuras. O método do *empirismo lógico* é a *análise lógica*: através da lógica simbólica e da referência aos dados sensíveis, ela corrige a linguagem vulgar, fonte de falsos problemas, e traça assim o limite entre as verdades *lógicas* – ou *analíticas* – e as verdades *empíricas* – ou *sintéticas*. As proposições da ciência são ou de natureza lógica ou de natureza empírica; as da filosofia, pelo contrário, não são lógicas nem empíricas e, por isso mesmo, são *destituídas de sentido*, pois «o sentido de um enunciado é o método da sua verificação». O *princípio de verificação* afirma que «se não existe nenhum meio para dizer quando um enunciado é verdadeiro, então o enunciado não tem sentido». Ora, as proposições filosóficas (de tipo metafísico) escapam a qualquer verificação empírica. Carnap ilustra a inanidade destas por meio de uma análise de enunciados da obra de Heidegger* *O Que É a Metafísica?* (p. ex., «o nada nadifica»). A metafísica não corresponde, como pensa Kant*, a um uso inevitável das capacidades teóricas da razão, mas antes às suas divagações quando segue a gramática enquanto pensa que está a obedecer à lógica. A tarefa da filosofia consiste, pois, em levar em conta os sucessos que, desde o século de Kant, coroaram os enunciados científicos, e em desembaraçar a linguagem e o pensamento dos pseudo-enunciados, aqueles que levam a crer que o homem pode ter um conhecimento directo da essência e dos valores. Por «empirismo», Carnap entende «a posição teórica segundo a qual não existe conhecimento sintético *a priori*». Longe de seguir Kant, que deduz as verdades matemáticas a partir da experiência, Carnap considera-as tautologias.

- ***A distinção qualitativa entre enunciados lógico-matemáticos e enunciados empíricos: solução para o impasse do empirismo clássico***

O empirismo clássico não demonstra a validade dos enunciados lógicos e matemáticos, que reduz a generalidades empíricas. O Círculo de Viena afirma, pelo contrário, uma distinção qualitativa entre enunciados científicos e empíricos; um *enunciado empírico* é válido se for verificável pela experiência; os *enunciados lógicos* são tautologias verdadeiras por definição e necessárias por convenção, analíticas, à semelhança das convenções do vocabulário («os celibatários, pessoas não casadas»). Nada nos dizem, nem sobre o mundo nem sobre as verdades eternas. Os enunciados da física são enunciados protocolares, simples constatações *a posteriori*, que retiram o seu sentido do sistema lógico em que estão integrados e a sua verdade de um processo de verificação. A distinção kantiana entre juízos analíticos e juízos sintéticos é assim anulada.

A *filosofia* deve, pois, pôr em prática as alterações propostas por Russell e Wittgenstein. Já não se define como um sistema de conhecimento, mas «como um sistema de actos pelos quais o significado dos enunciados é revelado ou determinado. Já não se apresenta como o resultado de um trabalho solitário, mas de uma reflexão colectiva. Já não se situa nas margens da ciência, mas considera-se a lógica interna da ciência, a prova da sua convertibilidade na linguagem empírica ou formal» (J.-M. Besnier).

«O insucesso do positivismo lógico» (o Círculo de Viena dispersou-se em 1938) está ligado ao racionalismo demasiado restrito que defendia. Os críticos apontavam-lhe principalmente o carácter excessivo do princípio de verificação, o reducionismo da análise lógica.

☞ **Conceitos-chave e termos relacionados:**
Análise, Analítica (Filosofia -), Cientificidade, Descrição definida, Enunciado, Gramática, Juízo, Lógica (- simbólica), Lógico (Atomismo -, Empirismo -, Positivismo -), Metafísica, Sentido, Significação, Sintético, Tautologia, Verificação.

☞ **Autores:**
James, Popper, Russell, Wittgenstein.

☞ **Bibliografia**
C. Hempel, *Éléments d'épistémologie*, A. Colin, 1996.
A. Soulez (org.), *Manifeste du Cercle de Vienne et autres écrits*,PUF, 1985.

W

WEBER, Max (1864-1920)

Max Weber foi um dos grandes fundadores da sociologia moderna. Ao recusar, tal como Dilthey, o positivismo cientista e o método puramente explicativo para promover uma sociologia abrangente, exerceu uma influência determinante em todas as correntes contemporâneas.

Max Weber nasceu na Alemanha, em Erfurt, onde o seu pai prosseguia uma carreira política. Fez os seus estudos em Berlim e depois em Heidelberga onde estudou Direito, Economia e Filosofia. Em 1889, defende a sua tese de doutoramento e obtém uma cátedra de Economia Política na universidade de Friburgo. Devido a uma depressão nervosa, deixa de leccionar em 1903, parte para os Estados Unidos e funda a célebre revista *Archiv für Sozial Wissenschaft und Social Politik*. Retoma a actividade de professor em 1919, leccionando a cadeira de Sociologia na universidade de Munique. Uma segunda depressão nervosa não o impede de prosseguir a redacção das suas obras, e continuará a leccionar até à sua morte em 1920.

☞ **Obras** (os títulos em português correspondem à tradução dos títulos em francês e não dos originais)**:**
A Ética Protestante e o Espírito do Capitalismo (1904-1905); *A Vocação do Cientista e a Vocação do Político* (1919); *Ensaio Sobre a Teoria da Ciência* (1922); *Economia e Sociedade* (1922);
[Nas Edições 70: *Conceitos Sociológicos Fundamentais*.]

• *Ciências da natureza e ciências do homem*

Cada *ciência*, segundo M. Weber, é um ponto de vista coerente sobre a realidade. Sendo esta infinita, a ciência é, por essência, parcial e inacabada. Apresenta-se como um sistema de conceitos abstractos mais ou menos aproximativos. Qualquer ciência, além disso, contém um certo número de pressupostos gerais e específicos que se referem a um conjunto de crenças e de valores.

As *ciências da natureza* têm como objecto a matéria inerte e procedem por aprofundamento de uma determinada realidade, embora infinita. As *ciências do homem* distinguem-se assim das ciências da natureza:

1. pelo carácter inconcluso do seu objecto, ser histórico em perpétuo devir;

2. pela utilização de «tipos ideais», construções abstractas de uma espécie particular, uma vez que se destinam a delimitar os fenómenos na sua singularidade histórica. Com efeito, não são conceitos genéricos, nem médias estatísticas, mas o produto de uma síntese abstracta que reagrupa o que é comum a vários fenómenos concretos. Na qualidade de construções racionais utópicas, a que não corresponde qualquer realidade chamam-se «ideais». O *ideal-tipo* é essencialmente um conceito heurístico;

3. pelo recurso ao *pluralismo causal*. Por um lado, as relações que as actividades humanas estabelecem entre os homens estão em perpétua reciprocidade. Mas, por outro, o determinismo nunca é unilateral e todo o comportamento humano resulta de uma convergência de múltiplas causas que se descobrem ao eliminarmos por abstracção este ou aquele antecedente para observar se os acontecimentos se produzem ou não;

4. pela referência a um sistema de valores e crenças.

No entanto, não se deve confundir a *relação com os valores* (*Wertbezeihung*), ou seja, a relação necessária que as acções humanas têm com ideais (por exemplo, a igualdade e a liberdade, na análise da democracia num dado momento da história) com *juízos de valor* (*Werturteil*), ou seja, as avaliações subjectivas e as convicções pessoais do cientista. A validade de um facto científico de qualquer natureza não depende em nada de opiniões políticas ou ideológicas, mas de regras de controlo e verificação que servem para a certificar.

M. Weber introduz como princípio pedagógico e ético a *neutralidade axiológica* nas ciências humanas: esta não consiste em eliminar os dados, mas em recusar atribuir um alcance universal a análises que pressupõem sempre o recurso a um conjunto de dados iniciais.

• *Uma sociologia compreensiva*

«A sociologia é uma ciência que procura compreender a acção social, interpretando-a, e explicar causalmente a sua evolução e efeitos.» Como se debruça sobre a acção humana cujo carácter próprio é ter um sentido, ou seja, procurar alcançar objectivos e promover valores, a sociologia não pode esclarecer a realidade social apenas através da explicação causal. O método nas ciências do homem preconizado por M. Weber é aquilo a que ele chama «explicação compreensiva». Esta completa a explicação causal por meio de um estudo das motivações e pela *interpretação* que procura apreender o sentido que os agentes sociais dão às suas actividades. Assim, o método compreensivo permite uma abordagem mais singular dos comportamentos, pois não nos devemos esquecer que o particular, o individual, nas ciências humanas, é o referente mais importante. Weber põe já em prática o *individualismo metodológico*, segundo o qual explicar um fenómeno social significa convertê-lo na consequência lógica das acções individuais.

É este método compreensivo que M. Weber aplica em *A Ética Protestante e o Espírito do Capitalismo* para demostrar que o *capitalismo* não está apenas ligado à sede do lucro e à exploração do homem, como defendem os marxistas, mas que é a acumulação do capital tendo em vista a sua organização racional, no contexto de uma ética puritana que condena o consumo e o prazer, a fruição da riqueza, e que, paralelamente, privilegia o reinvestimento dos produtos do trabalho.

• *A filosofia e a ética da acção*

Em *Economia e Sociedade*, M. Weber propõe uma *tipologia das acções humanas* segundo o grau de racionalidade. Distingue assim: o comportamento afectivo, que se manifesta sob o signo da emoção, paixão ou sentimento; a actividade quotidiana que se guia pela rotina; a actividade racional ligada aos valores, ditada pela convicção independentemente da consideração das consequências ou das hipóteses de sucesso; por fim, a actividade racional tendo em vista um objectivo, que calcula os meios mais apropriados de acordo com a finalidade e prevê as consequências, visando a máxima eficácia.

O antagonismo entre estes dois últimos tipos de acção coloca o problema das relações entre ética e política, por um lado, e, de forma mais geral, o da escolha dos valores, da determinação dos fins consignados à acção.

Não se deve esperar que a ciência se pronuncie sobre as questões axiológicas. A ciência não oferece qualquer resposta ao problema ético – como devemos viver? – nem ao problema político – como agir no seio da comunidade? Não pode escolher os fins: «Uma ciência empírica não indica o que se deve fazer, mas apenas o que se pode e, se necessário, o que se quer fazer.»

O problema da escolha dos valores é tanto mais crucial já que a racionalização crescente da ciência no mundo moderno, e também a desagregação do cristianismo, e o pluralismo dos valores cuja unidade perdida cada um reivindica para seu proveito, são responsáveis por um «mundo desencantado» no duplo sentido da palavra «desencantado»: despoetizado, despojado da sua graça, mas também fonte de desordem e de depressão moral. Face a este desencantamento, só duas éticas são possíveis:

1. A *ética da convicção*, que obedece apenas à atracção dos valores e se coloca incondicionalmente ao serviço do seu objectivo. Esta é a atitude de qualquer homem que se apaixona por um ideal: enraizado na sua verdade, não se interroga sobre a adaptação dos meios aos fins, tal como não pensa nas hipóteses de sucesso ou nas eventuais consequências negativas. O poder da convicção, a sinceridade e a fidelidade a uma causa têm como contrapartida o utopismo ou, pior, o fanatismo. De certa forma, a ética da convicção está votada ao insucesso num mundo irracional em que a causa maior se arrisca sempre a ser corrompida pelos meios e em que qualquer acção ética deve necessariamente adequar-se à realidade.

2. A *ética da responsabilidade*, que tem em conta os meios de que se dispõe, as consequências da acção projectada e avalia as hipóteses de êxito a fim de agir de forma mais eficaz. O homem de responsabilidade é capaz, em caso de necessidade, de renunciar à acção, mesmo pela mais nobre das causas, se as consequências consideradas de forma lúcida forem susceptíveis de comprometer o objectivo a atingir.

Longe de se oporem radicalmente, estas duas éticas podem e devem ser reconciliadas, e «o homem autêntico» que Weber preconiza deve mostrar-se capaz de colocar o seu sentido de responsabilidade ao serviço das suas convicções.

☞ **Conceitos-chave e termos relacionados:**
Acção, Capitalização, Ciências (- da natureza, - do homem), Compreensão, Ética (- de convicção, - de responsabilidade), Explicação, Individualismo metodológico, Interpretação, Sociologia, Tipo(s) (Ideal -, - ideais).

☞ **Autores:**
Aron, Bourdieu, Durkheim.

☞ **Bibliografia**

R. Aron, *La Sociologie allemande contemporaine*, PUF, 1981.

J. Freund, *Sociologie de Max Weber*, PUF, 1966.

P. Kaesler, *Max Weber, sa vie, son œuvre, son influence*, Fayard, 1996.

P. Raynaud, *Max Weber et les dilemmes de la raison moderne*, «Quadrige», PUF, 1987.

[Nas Edições 70, Laurent Fleury, *Max Weber*]

WEIL, Éric (1904-1977)

Filósofo francês nascido na Alemanha (Parchim, Meclemburgo). Pode considerar-se Weil como o Hegel* moderno, dado que condensa num *sistema lógico* todos os métodos reflexivos. Porém, embora conserve na filosofia a noção de sistema, fá-lo de modo original, compreendendo Hegel de forma completamente diferente.

Judeu, emigrou em 1933, durante o nazismo, e naturalizou-se francês em 1938. Amigo de A. Koyré e de A. Kojéve, participa em Paris no seminário destes na EHSS. Funda com G. Bataille* a revista *Critique* em 1946. A tese *Logique de la philosophie* (1950) é a sua obra principal. É professor na universidade de Lille entre 1956 e 1968 e, posteriormente, em Nice. O pensamento de Weil conservou sempre a força do seu brilho para além da efemeridade.

☞ **Obras:**
Todas as suas obras são importantes e principalmente os seus comentários sobre Kant* e Hegel: *Hegel et l'État* (1950); *Problèmes kantiens* (1963); *Logique de la philosophie* (1950); *Philosophie politique* (1956); *Philosophie morale* (1961); *Essai sur la nature, l'histoire et la politique* (1999).

• ***Razão e violência***

Na Introdução à *Logique de la philosophie* – «Philosophie et violence» –, Weil formula o problema que hoje se coloca à filosofia, o problema da relação entre a razão e a violência. A filosofia concluiu a reflexão absoluta sobre si mesma com Hegel, que englobou todas as teorias num discurso sistemático co-extensivo à sua sucessão na História. Mas se Hegel pensa ser possível reduzir todos os discursos a um só, é porque não considera o facto de que a razão não é um absoluto que se impõe por si mesmo, mas uma livre escolha do indivíduo. Escolha injustificável porque feita sempre em detrimento de outra escolha possível, a violência. A filosofia deve pensar-se agora como *uma* possibilidade que subentende um *duplo*: a violência. Por isso, a filosofia deve compreender que tem apenas origem na violência e renunciar a qualquer sistema totalizante para pensar o que não pode abolir: o carácter irredutível da liberdade relativamente à razão, a possibilidade sempre oferecida à liberdade de se afirmar pela razão *ou* pela violência. É um ponto de vista radicalmente novo: sem renunciar à razão, a *filosofia* deixa de tender para um discurso totalmente racional, não tendo a razão outro poder senão o que lhe é conferido por uma liberdade capaz de preferi-la à violência. A filosofia tem de pensar a diversidade irredutível das *atitudes* humanas; ela tornar-se-á *sistema* para não excluir nenhuma destas, mas só na medida em que as concebe como representações, não da verdade em si, mas do *sentido* – noção pela qual Weil designa uma unidade meramente formal e vazia, que articula uma pluralidade irredutível de discursos, em que liberdade e verdade se mantêm separadas e a realidade não se identifica com o discurso. Por isso, Weil afirma-se mais kantiano do que hegeliano.

• ***Atitudes e categorias. A lógica da filosofia: lógica da liberdade, lógica do sentido***

Estas *atitudes* vividas, elevando-se ao discurso, convertem-se em *categorias filosóficas. Logique de la philosophie* assume a tarefa de as englobar numa articulação que constitui um sistema, sem, porém, compor um discurso único, como em Hegel. Com efeito, elas são as figuras do sentido possibilitadas pela liberdade do homem quando esta se articula no discurso como razão *e* violência. Da mesma forma, categoria e atitude não coincidem necessariamente: há um atraso do discurso *filosófico* em relação ao discurso *implícito* da atitude, que só se formula quando o homem começa a preterir uma atitude em favor de outra, a tomar consciência do que já não quer, quando rejeita uma atitude prévia.

Weil propõe uma classificação ordenada e exaustiva das categorias segundo as formas de pensar a relação da liberdade com o *discurso* – ou seja, com a sua própria compreensão teórica, no sentido que dá à sua escolha do discurso, da razão: cada categoria é a afirmação, pela liberdade, de um conteúdo de sentido, a explicitação da sua preferência pela razão. A ordem lógica não será o autodesenvolvimento imanente da razão, mas das invenções da liberdade, recusando esta um conteúdo de sentido para se atribuir outro. O filósofo não parte de uma *ideia verdadeira* – como seria ela? –, mas da *ideia de verdade*: «Toda a filosofia mais não é do que a clarificação e a explicação de diversas interpretações dessa ideia, dos seus diferentes sentidos possíveis, sem que alguma dessas interpretações se imponha como a única verdadeira excluindo as outras. Todas as interpretações da verdade têm um sentido e o discurso da filosofia tenta articular esses diversos sentidos segundo uma lógica específica e adequada, uma lógica do sentido. A própria ideia verdadeira mais não é do que uma das interpretações possíveis e razoáveis da ideia de verdade» (G. Kirscher). A primeira categoria, simples e basilar, é então a *Verdade*, conteúdo mínimo de sentido correspondente à rejeição da violência e à opção pelo discurso, ideia de um discurso elementar e total, abrangente na sua unidade, mas que ignora ainda a consciência de si. A última categoria, a mais complexa, é o *Sentido*, autoconsciência profunda da liberdade na medida em que sabe que não pode coincidir com a verdade que visa.

As categorias primitivas pensam, mas não se pensam a si próprias: Verdade, Não-sentido, Verdadeiro/Falso, Certeza. As categorias antigas, gregas – Discussão, Objecto, Eu – e semíticas – Deus –, pensam-se a si mesmas, mas ignoram ainda a liberdade do sujeito filosófico. As categorias modernas caracterizam-se pela reflexividade: Condição, Consciência, Inteligência, Personalidade, Absoluto, Obra, Finito, Acção, Sentido. Sócrates* ilustra a Discussão, primeira categoria que se pensa a si própria: perda da Certeza, procura a verdade como razão imanente a uma linguagem coerente; ela é determinação da verdade na linguagem. À Discussão (sem fim), a categoria do Objecto (ilustrada pela Ideia platónica) contrapõe que o objecto da linguagem é mais importante do que esta; ela é a razão entendida como absoluta, radicalmente outra, objecto de contemplação (*théoria*). A categoria do Eu é ilustrada pelo epicurismo e estoicismo; o homem coloca pela primeira vez a questão do sentido: o Eu não se reconhece no Objecto, quer encontrar a sua própria felicidade na razão. A solução epicurista consiste em libertar o Eu do medo, o estoicismo consiste em compreender que o real é racional para o homem, mas assim o Eu é rejeitado por si mesmo. Na categoria de Deus, o Eu, em si, converte-se para si: o Eu absoluto, Deus, restitui ao Eu a sua própria imagem. A última categoria, o Sentido, é uma unidade formal que compreende a diversidade das categorias respeitando o seu carácter irredutível – ao invés do Saber absoluto hegeliano que o desconsidera. «A forma do sentido é o infinito da filosofia, que é discurso absolutamente coerente da liberdade ao longo da sua evolução» (*Logique de la philosophie*, p. 424). O sentido é a forma vazia que permite compreender como se articulam as outras categorias *concretas* num discurso coerente: todas são livres esquematizações do sentido formal. Ela própria não é concreta, não tem *atitude* própria (não há sentido em si). «É nela que as categorias revelam o seu ser: elas são as articulações do sentido» (*ibidem* p. 429).

• ***A noção de retoma***

O homem de uma só atitude na maioria da vezes não chega a descobrir a sua própria categoria, o seu discurso implícito: tal seria uma coincidência entre vida e discurso que define o que se chama «sabedoria». Há tantos tipos de *sabedoria* quantas as atitudes/categorias. Raramente a reflexão filosófica alcança a sua consciência categorial pura (por exemplo, Epicuro* ao pensar o Eu). Na maior parte das vezes, a reflexão ou o discurso repartem-se coerentemente pelas diversas categorias, sendo uma delas a dominante: por exemplo, o Objecto em Platão*, a Personalidade em Nietzsche*, o Finito em Heidegger*. Qualquer categoria tem uma relação com as categorias anteriores – de rejeição, admiração, compreensão ou superação – e posteriores – de desconhecimento ou obstinação. Weil chama «retoma» à «compreensão de uma nova atitude (ou categoria) sob uma categoria precedente, compreensão realizada na e por essa atitude». Qualquer nova reflexão filosófica tende a *retomar* o discurso de uma categoria que supera, antes de definir a sua própria categoria. Por exemplo, Kant não encontrou o discurso correspondente à sua categoria, continua a exprimir-se na linguagem inadequada da metafísica do ser na tentativa – bem sucedida segundo Weil – de se libertar dela. Weil assume como tarefa converter o pensamento de Kant da linguagem do *ser* para a do *sentido*. Weil retém de Hegel a vontade de compreender através de um discurso sistemático o modo como a razão pode encontrar em si mesma a negatividade absoluta e, em relação a Kant, conserva o carácter irredutível da antinomia razão/violência, que faz da própria *vontade* de compreender *um facto* irredutível.

☞ **Conceitos-chave e termos relacionados:**
Categoria, Discurso, Filosofia, Liberdade, Lógica, Razão, Sabedoria, Sábio, Sentido, Violência.

☞ **Autores:**
Fichte, Hegel, Kant.

☞ **Bibliografia**

P. Canivez, *Weil*, Les Belles Lettres, 1999.
G. Kirscher, *La philosophie d'Éric Weil*, PUF, 1989; *Figures de la violence e de la modernité*, Presses universitaires de Lille, 1992; *Éric Weil ou la raison de la philosophie*, PU du Septentrion, 1999.

WEIL, Simone (1909-1943)

A obra de Simone Weil – nisto reside a sua originalidade – é inseparável da vida empenhada da autora e das suas experiências. Neste sentido, descreve menos do que comove e a sua vida e morte fazem parte integrante da doutrina de Weil.

Nascida em Paris numa família judia, Simone Weil, depois de ter sido aluna de Alain* no liceu Henri-IV, ingressa na ENS de Ulm e torna-se professora agregada de Filosofia. Durante os primeiros anos de ensino, milita activamente no contexto de um sindicalismo revolucionário. Entre 1934 e 1935, o seu envolvimento político leva-a a trabalhar numa fábrica e depois a participar na guerra civil de Espanha contra o franquismo. Quando Hitler toma o poder e invade Praga, Simone apela à luta armada contra o nazismo. Em 1941, junta-se à França livre em Londres com a firme intenção de se envolver na Resistência na França ocupada. Todavia, doente, morre de fome em Ashford, no Kent.

☞ **Obras:**
a) Obras de inspiração social e política, sendo as mais importantes: *La Condition*

ouvrière (1934-35); *Oppression et liberté* (1955); *Écrits historiques et politiques* (1960); b) obras filosóficas propriamente espirituais: *L'Enracinement* (1949); *L'Attente de Dieu* (1950); *La Connaissance surnaturelle* (1950). A publicação das obras e a atribuição dos títulos são póstumas.

• *O trabalho alienado, o trabalho livre*

S. Weil baseia a reflexão sobre o trabalho nas experiências pessoais, relatadas no seu diário. Considera a condição operária o paradigma da infelicidade. O *trabalho alienado* consiste em tarefas parcelares e repetitivas que o operário não tem interesse em executar. Caracteriza-se pela incompreensão total «da finalidade do trabalho» e por uma relação arbitrária entre trabalho e salário. No entanto, S. Weil não vê nesta servidão a natureza intrínseca e incontornável do trabalho, mas um efeito da conjuntura histórica das relações de classe. O trabalho pode constituir uma forma real de liberdade, e o *trabalho livre* implica que a concepção do trabalho e a sua execução não estejam separadas, que o trabalhador compreenda a realidade mecânica do seu trabalho. Por último, requer uma finalidade ética, o reconhecimento da humanidade do operário.

• *Uma análise política realista e visionária*

S. Weil percebe com lucidez as razões profundas do crescimento do nazismo. Não se deve, em rigor, à ascensão de Hitler, que foi apenas o catalisador das enfermidades das sociedades modernas. Sem elaborar com exactidão uma filosofia política e social, Weil analisa, com um realismo quase visionário, o processo de evolução comum a todas as sociedades, quer sejam capitalistas ou comunistas. Segundo S. Weil, existe uma relação de causa e efeito entre o progressivo domínio da natureza e a opressão social. A lógica do progresso técnico e do desenvolvimento das forças de produção não engendra a emancipação da humanidade, mas a opressão, ou seja, o domínio do homem pelo homem.

• *A experiência mística e a mensagem espiritual*

A *experiência mística* é a revelação de um Deus que é pura presença e que não é definível por nenhum conceito. Só «este conhecimento sobrenatural» pode ensinar-nos o caminho da *salvação*. Esta exige uma total abnegação que permite que Deus se revele em nós. Consiste numa anulação do eu, o eu que não tem outra realidade que não a sua ligação a si mesmo.

Trata-se de aceitar não ser nada. A *sabedoria* deve ser concebida como total alheamento e como «abandono da esfera terrena», ou seja, da materialidade que sufoca a alma, da pressão egoísta sobre o eu e as suas falsas necessidades. Só a *infelicidade*, concebida como a provação humana da necessidade em oposição radical ao desejo, e a virtude purificadora do sofrimento podem ajudar a este despojamento e fazer-nos aceder ao conhecimento das nossas verdadeiras necessidades. Encontra-se este mesmo apagamento do eu na contemplação estética que constitui uma verdadeira «despersonalização». A pura alegria proporcionada pela arte opõe-se ao prazer ligado à posse do objecto. Da mesma forma, na ordem do conhecimento, «a atenção pura» é anulação do eu em proveito do aparecimento do real.

Para S. Weil, a *sabedoria* não é, como na tradição antiga, uma ascese solitária em direcção ao aperfeiçoamento do eu. A abnegação deve levar a um envolvimento pessoal, a uma solidariedade que se materializa na luta contra os sofrimentos e as injustiças sociais.

☞ **Conceitos-chave e termos relacionados:**
Ascese, Envolvimento, Deus, Infelicidade, Mística (Experiência -), Opressão, Sabedoria, Salvação, Totalitarismo, Trabalho (- alienado, - livre).

☞ **Autores:**
Marx.

☞ **Bibliografia**
S. Courtine-Denamy, *Trois femmes dans de sombres temps. E. Stein, H. Arendt, S. Weil*, A. Michel, 1997.
G. Kahn, *Simone Weil, philosophe, historien et mystique*, Aubier-Montaigne, 1978.
B. Saint-Sernin, *L'Action politique selon Simone Weil*, Cerf, 1988.
M. Vetö, *La Métaphysique religieuse de Simone Weil*, Vrin, 1971.

WITTGENSTEIN, Ludwig (1889-1951)

Lógico e filósofo austríaco naturalizado inglês, Wittgenstein foi inicialmente influenciado por Frege e Russell*, dos quais se afastou numa segunda fase do seu pensamento. Contribuiu para fundar a filosofia anglo-saxónica da linguagem e para a centrar na análise dos «pseudoproblemas» da filosofia.

A vida de Wittgenstein foi passada sob o signo de uma busca de autenticidade intelectual e existencial. Nascido numa grande família da burguesia vienense intelectual e artística (o seu pai era um magnata da indústria e mecenas da arte de vanguarda), e da qual muitos membros se suicidaram, Wittgenstein começou por ser engenheiro aeronáutico. Partiu para Inglaterra em 1908, depois para Cambridge a conselho de Frege, onde frequentou as aulas de Russell, que se tornou seu amigo e que escreverá sobre ele: «Wittgenstein é talvez o exemplo mais perfeito que conheci do génio tal como o concebemos tradicionalmente: apaixonado, profundo, intenso e dominador. Tinha uma espécie de pureza que nunca vi em ninguém, a não ser em G. E. Moore». Wittgenstein construiu para si uma cabana na Noruega para onde se retirava; alistou-se no exército austríaco em 1914, foi professor primário na Áustria, de 1920 a 1929, jardineiro-aprendiz num mosteiro e arquitecto. De 1930 a 1939, leccionou em Cambridge e depois combateu nas forças aliadas. Lendário ainda em vida, é descrito por G. H. von Whrigt como «um homem reservado, músico maravilhoso, que viveu no limite da loucura».

☞ **Obras** (os títulos em português correspondem à tradução dos textos em francês e não aos originais)**:**
As obras principais, que correspondem a dois momentos muito distintos da teorização de Wittgenstein, são o *Tratado Lógico-Filosófico* (1921), a única obra publicada em vida, e as *Investigações Filosóficas* (1936-1949), publicadas em 1953. As restantes obras não deixaram de aumentar o seu prestígio e influência: *Notas Sobre os Fundamentos das Matemáticas* (1937-1944); *Aulas e Conversas Sobre Estética, Psicologia e Crença Religiosa* (1938-1946); *Gramática Filosófica.*
[Nas Edições 70: *Anotações sobre as Cores*; *Fichas* [*Zettel*]; *Da Certeza*; *Cultura e Valor*; *O Livro Azul*; *O Livro Castanho*; *Cadernos, 1914-1916*]

• *O primeiro Wittgenstein:* Tractatus Logico-philosophicus *(1921). Proposições e pseudoproposições. A tautologia. Os limites da expressão*

Nesta primeira obra (publicada em alemão em 1921, e depois, em 1922, em inglês com um prefácio de Russell), escrita de forma muito original num estilo aforístico, Wittgenstein procura identificar as limitações do pensamento, aquilo que consegue exprimir. Com efeito, pretendemos sempre pensar o que não se deixa pensar; ora, o limite entre o pensável e o não-pensável deve ser procurado na linguagem, e não no pensamento, que, se soubesse o que não pode pensar, pensá-lo-ia de qualquer forma: «Aquilo que está para além deste limite não tem sentido.» Para «determinar o dizível e o indizível», Wittgenstein introduz a noção-chave de *tautologia* – proposição cujo predicado repete o sujeito: por exemplo, o ser vivo é aquilo que vive. Desenvolve esta ideia na linha do *atomismo lógico* de Russell, segundo o qual a única linguagem válida é a que representa circunstâncias concretas. Uma vez que qualquer proposição é decomponível em proposições «atómicas» elementares («átomos lógicos») que representam as situações, Wittgenstein define a *proposição* como uma *imagem da realidade*: uma proposição só é verdadeira se se referir a um estado de coisas concreto. Ora, ela só pode fazê-lo se tiver *sentido*, ou seja, se for imagem de um estado de coisas *possível*, de uma combinação possível de coisas. Este sentido é conferido à proposição pela sua «forma lógica»: uma proposição combina elementos segundo uma estrutura que corresponde ou não a uma combinação de elementos – ou seja, de objectos – no mundo. A «forma lógica», portanto, é comum à proposição e à circunstância que traduz; não pode ser representada nem figurada por uma proposição; mais não faz do que «mostrar» silenciosamente «a própria estrutura da proposição». As propriedades internas das coisas (as suas propriedades de estrutura) escapam a qualquer enunciação proposicional; só podemos fazer ver como elas «se mostram em silêncio». Wittgenstein formula uma *teoria da linguagem pictórica*: a única linguagem provida de sentido é a que produz uma imagem do mundo; logo, não se pode falar da própria linguagem, das leis lógicas. Pela mesma razão, os limites do exprimível coincidem com os do mundo, pois não se pode exprimir nem o sentido global do mundo, nem a posição do sujeito no mundo: «Os limites da minha linguagem são os limites do meu mundo. O resto não se diz, mas mostra-se. Acerca do que não se pode falar, tem de se ficar em silêncio» (célebres últimas frases do *Tractatus*). Wittgenstein, tal como Russell, vê no *Tractatus* a possibilidade de uma língua ideal universal puramente lógica, cuja estrutura formal seria capaz de exprimir toda a estrutura lógica do mundo (o conjunto das ligações possíveis entre os factos).

Se a proposição é a imagem dos factos e se o sentido da proposição depende da possibilidade da sua concordância (a verdadeira) ou da sua discordância (a falsa) com os factos, dispomos assim de um critério que permite qualificar como «pseudoproposições» as proposições que não representam qualquer facto. Só as ciências da natureza possuem proposições autênticas, com sentido. Pelo contrário, são «tautológicas» as proposições que são sempre verdadeiras ou sempre falsas seja qual for a circunstância (por exemplo, na lógica, «chove ou não chove» é uma proposição sempre verdadeira seja qual for o estado do céu). Não são imagens da realidade, não dão informações acerca do mundo. Também não se deve confundi-las com verdades *a priori* ou com leis do pensamento exterior à experiência. Entre as proposições tautológicas, Wittgenstein distingue, por um lado, as da lógica e das matemáticas que são desprovidas de sentido (*sinnlos*) mas que não são contra-sensos (*unsinning*, insensatas), na medida em que pertencem ao simbolismo. Por outro lado, as proposições da metafísica (tais como as da ética e da estética, que se referem ao valor) constituem, pelo contrário, *pseudoproposições* «insensatas», contra-sensos, na medida em que assentam na falta de concordância entre a forma gramatical (plena de ambiguidades) da linguagem vulgar e a forma lógica. Os famosos «problemas» da filosofia correspondem, de facto, a enigmas ilusórios, nascidos de enunciados mal construídos. A tarefa da filosofia consiste em eliminar do pensamento as impurezas que estão na origem de pseudoproposições, mas qualquer filosofia se invalida a si mesma: assim, as proposições do *Tractatus* conduzem à sua própria anulação porque, se as compreendemos, compreendêmo-las como não tendo sentido.

As proposições lógicas definem a estrutura da linguagem, ou seja, determinam o que pode ser dito acerca do mundo (e, ao mesmo tempo, a configuração deste), o universo dos *possíveis* – das coisas que podem ser ditas –, tal como as regras do jogo de xadrez definem todas as posições possíveis das peças no tabuleiro. A «evidência» dessas proposições tautológicas prende-se com o facto de «mostrarem o que são». O mesmo se passa nas matemáticas que, segundo Wittgenstein, mais não são do que um «método de lógica».

Este logicismo dá lugar a um «misticismo» (no sentido figurado, do grego *muo*, fechar, calar, guardar silêncio): a lógica (forma da representação), condição do mundo e da linguagem, tal como a ética, a estética e todas as questões a respeito dos juízos de valor e o sentido da vida são de natureza «transcendental»; não podem traduzir-se em termos de questões susceptíveis de respostas em forma de proposições; só podemos mostrá-las em «silêncio», pois constituem o «limite interno» do próprio mundo. Pertencem à categoria do «indizível»: aquilo que é apenas «silêncio» ou tem de ser «tacitamente mostrado». «Existe o inexprimível. Mostra-se. É o místico.»

• *O segundo Wittgenstein.* **Investigações Filosóficas** *(1953). Os jogos de linguagem*

A «segunda filosofia» de Wittgenstein é uma revisão do logicismo e da concepção da linguagem pictórica. Esta, na linha de Frege e Russell, interpretava a significação como a designação de objectos – presentes ou ausentes – à maneira de um gesto ostensivo. Wittgenstein interessa-se agora pela utilização da linguagem que não visa mostrar *coisas*, mas produzir múltiplas *acções*: ordenar, contar, conjecturar, inventar, jogar, solicitar, maldizer, rogar, etc. Nestes casos, a significação não reside na relação com os objectos, segundo o modelo simplista do nome próprio; a linguagem é como uma caixa de ferramentas, cuja função só compreendemos se as relacionarmos com uma actividade humana, com o uso no contexto da *colectividade* e de determinada *actividade*. Wittgenstein introduz a noção de *jogos de linguagem* para designar a associação entre a palavra (o termo empregado numa linguagem) e a actividade humana em que é empregue. A actividade linguística seria um conjunto de jogos de linguagem enredados. Esta noção serve para mostrar, por um lado, que o uso da linguagem consiste em práticas colectivas, «formas de vida» «naturais», de uma diversidade prodigiosa e às quais não prestamos atenção, mas, por outro, que esse uso obedece, tal como nos jogos, a regras que não são objecto de uma convenção explícita e que apresentam antes o carácter de factos sociais. Orientamo-nos assim para uma concepção *pragmática* da linguagem diametralmente oposta à do *Tractatus* e às ideias mais difundidas sobre a linguagem. Segundo estas, a linguagem é um sistema de signos destinado a representar os factos reais e a comunicar essas representações; obedece a uma combinação lógica idêntica em todos os sujeitos falantes (monologismo); é *referencial*: a significação dos seus signos remete para referentes (objectos, factos de todo o tipo, ideais ou empíricos). Todas estas características são erróneas pois a linguagem é uma *actividade diversa* que implica imediatamente o *diálogo*, a interlocução: se ela apenas existe na *efectividade* do seu uso múltiplo em situação dialógica, se é composta por jogos irredutíveis inseparáveis de formas de vida, não se pode encontrar na base da linguagem um código universal que crie de forma unívoca em todos os sujeitos falantes proposições que representam factos. As regras lógicas não exprimem qualquer verdade ontológica; são convenções linguísticas anteriores a qualquer ideia de correspondência entre lógica e mundo. Não existe uma forma lógica geral do pensamento.

O *sentido* de uma expressão linguística não é o seu referente, pois a palavra ou o enunciado têm como elemento natural diversos e intricados jogos de linguagem. Há uma ruptura com a concepção idealista ou mentalista mas também empirista do sentido, que tendem a fazer deste um objecto (material ou ideia) cujo signo seria a etiqueta. Nem representacional nem referencial, a linguagem não pode ser, como na concepção clássica do *Tractatus*, objecto de uma delimitação teórica – lógica, linguística – capaz de analisar os seus elementos (signos) e regras combinatórias.

É a noção de *jogos de linguagem* que confere à filosofia o seu estatuto «terapêutico». Segundo Wittgenstein, os pseudoproblemas da filosofia, os seus enigmas e perplexidades têm origem no facto de ela própria constituir um jogo de linguagem muito particular: a filosofia rompe com a imanência das nossas práticas linguísticas para adoptar um ponto de vista que se considera superior, exterior à diversidade prática dos jogos de linguagem e privilegia, de facto, *um* uso de uma palavra acreditando fornecer *o* sentido único e essencial dessa palavra (por exemplo, a procura socrática *da* definição). Se existe um uso legítimo da *filosofia*, é como descrição dos jogos de linguagem-formas de vida – limite para além do qual nenhuma questão tem sentido. Assim anular-se-ão os enigmas da filosofia, causados pela ruptura da imanência do sujeito falante com as práticas linguísticas múltiplas e complexas, e tornar-se-ão visíveis as intricações entre a linguagem e o real (o contexto, as circunstâncias), a linguagem e a acção (contexto do comportamento, da práxis interindividual, social), permitindo restituir os termos e os casos problemáticos da filosofia à imanência livre, complexa e diversa dos jogos de linguagem, e à sua prática não problemática.

Wittgenstein entrevê a abordagem pragmática na linguística e na filosofia da linguagem, nomeadamente na sua orientação para o estudo da linguagem vulgar. É o inspirador da filosofia «da linguagem vulgar» que se difundiu em Inglaterra nos anos 50 (P. F. Strawson, G. Ryle, J. L. Austin e a noção de «actos de fala») e procede à análise da linguagem quotidiana a fim de tornar visíveis os artifícios que estão na origem dos falsos problemas da filosofia. Esta, pelo contrário, deve travar «uma luta contra o fascínio das formas de expressão».

☞ **Conceitos-chave e termos relacionados:** Atomicidade (Princípio de -), Atomismo lógico, Discurso, Empirismo lógico, Enunciação, Enunciado, Estruturalismo, Expressão, Facto, Filosofia, Gramática, Imagem, Inefável, Interioridade, Jogo, Língua, Linguagem (Actos de -), Linguística, Lógica (- formal), Místico, Mundo, Possível, Pragmática, Problema, Proposição, Regras, Sentido, Significação, Silêncio, Tautologia, Uso, Verdade.

☞ **Autores:**
Guilherme de Ockham, James, Popper, Russell, Viena (Círculo de).

☞ **Bibliografia**

J. Bouveresse, *La Parole malheureuse*, Minuit, 1971.
S. Cavell, *Les Voix de la raison*, Seuil, 1996.
C. Chauviré, *Ludwig Wittgenstein*, Seuil, 1989.
J.-P. Cometti, *Philosopher avec Wittgenstein*, PUF, 1956.
S. Kripke, *Règles et langage privé*, Seuil, 1996.
G. Lock, *Wittgenstein. Philosophie, logique, thérapeutique*, PUF, 1992.
F. Schmitz, *Wittgenstein*, Les Belles Lettres, 1999.
[Aldo G. Gargani, *Wittgenstein*, Edições 70.]

Índice de entradas

As entradas foram redigidas pelos seguintes autores:

N. BARAQUIN
Adorno,
Alain,
Anselmo de Cantuária, Santo
Aristóteles,
Aron,
Averróis,
Bataille,
Baudrillard,
Bernard,
Bourdieu,
Brunschvicg,
Cépticos,
Chomsky,
Cínicos,
Comte,
Condillac,
Deleuze,
Derrida,
Durkheim,
Engels,
Epicteto,
Epicuro,
Estóicos,
Feuerbach,
Fichte,
Francoforte, (Escola de)
Freud,
Gadamer,
Guilherme de Ockham,
Habermas,
Hegel,
Heidegger,
Husserl,
James,
Jankélévitch,
Jaspers,
Kierkegaard,
Koyré,
Leibniz,
Lévi-Bruhl,
Lévinas
Lévi-Strauss,
Locke,
Lucrécio,
Maine de Biran,
Marco Aurélio,
Marcuse,
Marx,
Mauss,
Merleau-Ponty,
Montesquieu,
Morin,
Piaget,
Platão,
Plotino,
Prigogine,
Russell,
Saussure,
Séneca,
Stirner,
Tomás de Aquino, São
Viena, (Círculo de)
Weil,
Wittgenstein,

J. LAFFITTE
Agostinho, Santo
Althusser,
Arendt,
Bachelard,
Bacon,
Bergson,
Berkeley,
Canguilhem,
Cavaillès,
Cournot,
Demócrito,
Descartes,
Espinosa,
Foucault,
Halbwachs,
Heraclito,
Hobbes,
Hume,
Jung,
Kant,
Lacan,
Maimónides,
Malebranche,
Maquiavel,
Mill,
Montaigne,
Nietzsche,
Parménides,
Pascal,
Popper,
Pré-socráticos,
Proudhon,
Rawls,
Ricoeur,
Rousseau,
Sartre,
Schelling,
Schopenhauer,
Sócrates,
Sofistas,
Tocqueville,
Weber,
Weil